U0900139

中国表面活性剂行业年鉴
（2010—2011）

ALMANAC OF CHINA SURFACTANTS INDUSTRY

PCSD 表面活性剂和洗涤剂行业生产力促进中心／编
Edited by Productivity Promotion Center of Surfactants & Detergents

中国轻工业出版社

2012年11月

图书在版编目（CIP）数据

中国表面活性剂行业年鉴. 2010—2011／表面活性剂和洗涤剂行业生产力促进中心编. —北京：中国轻工业出版社，2012.11

ISBN 978-7-5019-8997-3

Ⅰ. ①中… Ⅱ. ①表… Ⅲ. ①表面活性剂－化学工业－中国－2010—2011－年鉴 Ⅳ. ①F426.7-54

中国版本图书馆CIP数据核字（2012）第223662号

责任编辑：童树春　　责任终审：劳国强　　封面设计：锋尚设计
版式设计：锋尚设计　　责任校对：燕　杰　　责任监印：马金路

出版发行：中国轻工业出版社（北京东长安街6号，邮编：100740）
印　　刷：北京昊天国彩印刷有限公司
经　　销：各地新华书店
版　　次：2012年11月第1版第1次印刷
开　　本：787×1092　1/16　印张：27.25
字　　数：675千字　插页：8
书　　号：ISBN 978-7-5019-8997-3　定价：480.00元
邮购电话：010-65241695　传真：010-65128352
发行电话：010-85119835　85119793　传真：010-85113293
网　　址：http：//www.chlip.com.cn
Email：club@chlip.com.cn
如发现图书残缺请直接与我社邮购联系调换
120766K4X101HBW

编撰委员会

主　　编：王万绪

执行编委：（以姓氏笔画排序）

马建中　方银军　任少华　张　辉　李秋小　李海军

杨永年　杨军刚　陈　韬　孟巨光　金勤勇　徐宝财

程　宁　童　年

编辑撰稿：（以姓氏笔画排序）

王志刚　王吉星　王恒强　王　镇　王泽云　牛金平

孙永强　张宝莲　张春峰　张　静　李伟年　李向阳

李运玲　李保林　李晓辉　李泉清　杨玉喜　罗希权

周继维　姚晨之　赵永杰　赵新宇　曹玉英　梁雪静

裴　鸿

执行编辑：赵永杰　李伟年

广告策划：卫海军　张艳红

联系电话：（0351）4070639（太原）（010）58937468（北京）

电子邮箱：pcsd_china@126.com；sdcinfo@126.com

网　　址：www.cicdci.net.cn

表面活性剂和洗涤剂行业生产力促进中心

第一届理事会组成

理事长单位：中国日用化学工业研究院

常务理事单位：（排名不分前后）

北京绿伞化学股份有限公司
广州浪奇实业股份有限公司
广州天赐高新材料股份有限公司
广州星业科技股份有限公司
重庆海帆生化科技有限公司
伽蓝（集团）股份有限公司
浙江赞宇科技股份有限公司
天津浩元精细化工有限公司
中轻化工股份有限公司
辽宁华兴集团化工股份公司
陕西科技大学
北京工商大学

编撰说明

《中国表面活性剂行业年鉴（2010—2011）》是由表面活性剂和洗涤剂行业生产力促进中心，根据中国表面活性剂行业产品、市场、技术、原料、应用及发展趋势而主持编撰的专业性年鉴。《中国表面活性剂行业年鉴（2010—2011）》是目前国内唯一逐年辑录有关中国表面活性剂工业的资料性工具书。随着中国表面活性剂工业的快速发展，为全面及时准确地反映我国表面活性剂行业的发展与变化，提供相关资讯，推动技术进步和促进经贸活动的发展，引导资金投向，2012年编写了第一卷即《中国表面活性剂行业年鉴（2010—2011）》。

《中国表面活性剂行业年鉴（2010—2011）》由表面活性剂和洗涤剂行业生产力促进中心组织业内相关企业、行业组织、协会机构及高等院校等在广泛收集资料、深入调查研究的基础上联合编撰而成，由中国轻工业出版社出版。本卷年鉴共分12个部分。为介绍行业的振兴规划、产业结构和转型升级，特编入行业综述篇；精心编排了表面活性剂原料，技术装备与建设项目，标准与检测等；为扩大信息量，产品与市场综述篇编入了行业的最新资料，并按产品类别进行了统计分析；为反映行业的动态，记录企业的发展，本卷年鉴编入了行业大事记和主要生产企业简介。

本卷《年鉴》在组织、编辑和出版过程中，得到相关政府机构、企事业单位和专家的大力支持、积极配合和热情指导，在此表示最诚挚的谢意。

恳请广大读者对本卷年鉴给予积极的关注和热情的指导。

《中国表面活性剂行业年鉴》编撰委员会

2012年11月

目录

一 行业综述

二 产品与市场

三 技术装备与建设项目

四 表面活性剂主要原料

五 行业标准

六 科技与成果

七 应用篇章

八 主要生产企业

九 行业大事记

十 行业机构与协会组织

十一 企业名录

CONTENTS

1. INDUSTRY INTRODUCTION

2. PRODUCTS & MARKET

3. TECHNOLOGY & EQUIPMENT

4. MAIN RAW MATERIALS

5. INDUSTRY STANDARD

6. TECHNOLOGY & ACHIEVEMENTS

7. APPLICATIONS

8. MAIN PRODUCTION ENTERPRISES

9. INDUSTRY EVENTS OF INDUSTRY

10. INSTITUTIONS & ORGANIZATIONS

11. ENTERPRISE DIRECTORY

一

行 业 综 述

INDUSTRY INTRODUCTION

中国表面活性剂技术发展简述

新中国成立初期，我国就已经开展了多种表面活性剂的合成工艺、设备与性能测试等一系列工作。早期就已经完成石油磺酸钠、烷基苯磺酸钠、脂肪醇硫酸钠、石油磺酸苯酚酯、乳化剂STH（烷基磺酰胺乙酸钠）、脂肪醇硫酸钠、石蜡氧化制脂肪醇、仲烷基硫酸钠、椰子油及其酯高压氢化制伯醇、伯脂肪醇乙氧基化等产品的中试试验。

1 烷基苯工艺研究

长链烷烃脱氢制烷基苯是20世纪60年代后期由美国环球油品公司（UOP）首先成功开发出的一条新的工艺路线。1968年，轻工业部日用化学工业研究所（以下简称日化所，现为中国日用化学工业研究院）与其他院所、企业共同协作，对烷烃脱氢催化剂载体、非铂及含铂催化剂组分以及制备方法，正构原料煤油预处理方法，脱氢工艺条件，烯烃在三氯化铝催化下烷基化工艺，回收油的循环使用，中间馏分利用，废催化剂的再生，粗烷基苯精馏、磺化、中和与喷粉等进行了系统的研究和开发。1975年，日化所研制出了粒度小、堆比重低、孔径大和强度高的γ-Al_2O_3小球，不仅性能符合脱氢催化剂的要求，而且与UOP油柱成型相比，更具有原料成本低、操作周期短和工艺设备简单等优点。

2 烷基苯SO_3磺化工艺与设备

烷基苯用气体SO_3磺化是国际上20世纪60年代发展起来的一种新工艺。为彻底改变我国烷基苯磺化生产技术状况，20世纪60年代中期，轻工业部食品科学研究所（现为日化院）以气体SO_3作为磺化剂，先后进行了罐组及双膜式磺化的工艺与设备的系统研究。1966年以国产精烷基苯为原料，用发烟硫酸气提SO_3作为磺化剂，实现了连续磺化扩大试验。1970年，在SO_3罐组连续磺化研究工作的基础上，自行设计、制造和安装了双膜磺化装置，采用空气干燥、燃硫及SO_2转化、膜式磺化、尾气吸收四大工艺过程，进行了工艺与设备的开发研究。1972年，以日化所SO_3双膜磺化研究成果为基础，进行了扩大试验。

3 合成脂肪酸

1960年5月，轻工业部为解决制皂工业油脂原料困难的问题，在轻工系统内大力开展了合成脂肪酸工业。在合成脂肪酸扩大试验进行的同时，还先后在实验室开展了“石蜡制取合成脂肪酸的研究”、“石蜡氧化新技术的研究”、“国产软蜡制取合成脂肪酸的氧化性能试验”、“石蜡规格对氧化制取合成皂用脂肪酸的影响”、“不皂化物回用对石蜡氧化结果的影响”、“国产含油石蜡的发汗性能试验”、“关于国产蜡下油用作合成脂肪酸的原料问题”、“石蜡氧化合成脂肪酸副产品综合利用的试验”、“C_{5-9}酸催化加氢制脂肪醇试验”、“合成C_{5-9}酸丁醇酯化试验”及“合成脂肪酸生产过程中硫酸钠回收试验”等一系列研究和开发。1964年，我国第2套合成脂肪酸装置在天津建成投产后，大连、沈阳、广州及郑州等地的合成脂肪酸车间（或厂）陆续于20世纪60年代后期投产。

4 全面发展时期

20世纪70年代，国际上的表面活性剂品种与数量、各种功能型洗涤剂、专用洗涤剂以及各工业领域的助剂等都得到了飞速发展。“环保”意识和“回归自然”概念也日趋高涨。

4.1 表面活性剂的研发

从20世纪70年代末开始，根据日化产品和各种工业助剂发展的需要，先后进行了胺类阳离子、咪唑啉型两性表面活性剂，以及新型阴离子、非离子等表面活性剂的大量研究开发工作，很多项目还被列为国家重点攻关项目。20世纪80年代，大部分成果被陆续转化为了规模化生产。

4.1.1 阴离子表面活性剂

在我国合成洗涤剂工业创建初期，主要开发和生产的是阴离子表面活性剂，而且品种主要是烷基苯磺酸钠。改革开放后，为适应发展的需要，日化所在原有研究的基础上，先后开发了多种新型阴离子表面活性剂，并很快都实现了工业化，及时满足了相关行业的发展需求。

（1）脂肪醇醚硫酸盐（AES）、脂肪酸甲酯磺酸盐（MES）生产技术和列管式磺化器的研究开发

日化所在SO_3罐组及双膜磺化器研制基础上，又综合了引进的国外多种磺化器工艺、设备和仪表控制的特点，1986年确定自主开发列管式磺化器。该项目受到轻工业部的极大重视，当年即被列为国家“七五”重点科技攻关项目。1988年5月完成了第1套列管式磺化器的制造，1990年9月通过了轻工业部组织的技术鉴定和“七五”攻关项目验收，并被国家科委列为“推广技术”。该装置已在国内推广多套，AES和MES的生产技术也日臻成熟，AES的产量仅次于烷基苯磺酸盐，成为了我国第二大阴离子表面活性剂的主要品种。

（2）醇（酚）醚新型阴离子表面活性剂

1987年，鉴于我国醇（酚）醚产量和品种的不断增多以及各工业领域对新型阴离子表面活性剂的需求，以AEO_3，AEO_9和TX-10等为原料，采用不同的工艺路线，进行了羧基型、磷酸酯盐型和磺酸盐型3种类型阴离子表面活性剂的合成研究。1989年11月，该项目被列为轻工业部科技发展基金项目。经过3年多的研究，成功地开发出了不同疏水链，不同乙氧基聚合度的醇（酚）醚磺基琥珀酸单酯二钠盐、磷酸酯盐及羧酸盐3个类型十几个品种的合成技术。1996年，醇醚羧酸盐工程化技术研究又被列为“九五”国家重点科技攻关项目。试验采用正交优选法优化了醇醚羧甲基化工艺条件，成功研究了氯乙酸的干混制法，设计了200 t / 年装置，完成了工程化模拟试验，提出了1 000 t / 年工业化装置的基础设计文件。2000年，国家轻工业局验收认为，该项目技术水平和产品质量达到国际同期先进水平，解决了氯乙酸钠制备工艺和设备难题，提供了工程放大数据，技术和产品具有很好的社会和经济效益。2005年该项目获得了中国发明专利证书。

（3）SO_3磺化制α-烯烃磺酸盐（AOS）

1990年，在联合国援助项目引进的磺化中试装置上，进行了气体SO_3磺化α-烯烃制AOS的研究。该项目于1991年被列为了国家“八五”重点科技攻关项目。该项目于1996年1月通过了技术鉴定和“八五”攻关项目验收，并于1996年获得了国家“重大成果”奖。

在工业助剂的研究开发方面，根据不同行业发展需要或企业要求，先后开发的工业助剂主要

有：客车外皮专用洗涤剂、羽绒加工用洗涤剂、毛皮加工用DG-系列专用脱脂净洗剂、毛皮及皮革专用加脂剂、皮革加脂促进剂、山羊绒净洗剂、皮革防水剂、服装革加脂剂、毛皮酸性染料低温染色助剂、食品乳化剂、PC系列输奶管道净洗剂、蛋白饮料乳化稳定剂、金属高速切削降温乳化油、金属清洗与防锈剂、高效无毒水基切削液、漆膜剥离剂、甘蔗和甜菜制糖工业用促进剂、糖用脱色剂、糖用杀菌剂、磷酸工业用消泡剂、高效常温粉状水基金属清洗剂、焊接防溅剂、废纸脱墨剂、油田用TB-1稠油清洗剂、稠油高效破乳剂及提高石油采收率用的重烷基苯磺酸盐驱油剂等。其中，很多项目都被列为了国家重点科技攻关项目、国家扶植出口产品科研项目、轻工科技计划项目、轻工业部科技发展基金项目、轻工业部专项合同项目以及省、市重点项目等。

在配方研究中，为使配方更加科学合理，更好掌握各组分间相互作用机理，充分发挥各组分的协同增效作用，还专项进行了很多基础和应用理论方面的研究。完成的主要研究项目有："阴、非离子表面活性剂临界胶束浓度测定"、"非离子表面活性剂浊点指数测定"、"加酶洗衣粉中酶活力测定方法改进"、"表面活性剂润湿力测定"、"非离子表面活性剂亲水亲油平衡值的测定"、"表面活性剂和聚合物的相互作用及体系相行为的研究"、"阳离子表面活性剂的配伍性能及其基础配方研究"、"阴阳离子表面活性剂复配技术的研究"、"表面活性剂浓溶液体系相行为、流变性与稳定性研究"、"表面活性剂及助剂对层状液晶形成的影响"、"复配阴阳离子表面活性剂的去污性能研究"、"餐具洗涤剂去污力评价方法研究"、"洗涤剂去污力测定方法的研究"、"洗涤剂物理性能测定方法研究"及"X-射线衍射法测定肥皂晶相"等。

4.1.2 阳离子表面活性剂

1981年，用裂解烯烃为原料开展了"烯烃制阳离子表面活性剂"的合成研究。后因裂解烯烃组成复杂，工艺路线较长，1984年转向了工艺简便、产品质量高的"醇一步法制叔胺"的开发。此后，又采用不同原料、不同工艺开发了多种阳离子表面活性剂，满足了国内相关行业不断发展的需求。

1981年，在开发咪唑啉型两性表面活性剂的过程中，随着工业助剂发展的需要，利用硬脂酸同时进行了单烷基和双烷基两种咪唑啉型阳离子表面活性剂的研究开发。1989年完成了100 t / 年规模的单烷基或双烷基咪唑啉硫酸二甲（乙）酯阳离子表面活性剂的中试制备，技术水平和产品质量都达到了国际先进水平。在咪唑啉型表面活性剂研究的基础上，开展了长链烷基咪唑啉酯季铵盐的制备研究。

鉴于长链脂肪烷基季铵盐疏水性强、溶解度低，应用受到一定限制，1989年开展了烷基聚氧乙烯基阳离子表面活性剂的合成研究。采用醇醚催化胺化工艺路线，通过催化剂的制备、筛选和合成工艺的优化，成功地制得了单、双长链烷基醇醚叔胺，经氯甲烷或氯化苄季铵化，分别合成了单烷基聚氧乙烯基三甲基氯化铵、双烷基聚氧乙烯基二甲基氯化铵和烷基聚氧乙烯基二甲基苄基氯化铵，通过400 t / 年模拟的生产装置试验。

4.1.3 非离子表面活性剂

20世纪80年代初，随着日化产品和工业助剂的快速发展，日化所对山苍籽核仁油制脂肪醇、烷醇酰胺、椰子油及C_{16-18}不饱和脂肪酸合成单乙醇酰胺聚氧乙烯醚，葡萄糖和脂肪醇合成烷基多苷，淀粉水解糖制葡胺类和葡糖苷聚氧乙烯脂肪酸酯、脂肪酸甲酯乙氧基化物等各种非离子表面活性剂，开展了一系列研究开发。1988年，在长治合成化学厂和湘潭电化厂分别开展了250 t / 年和500 t / 年预酯化酯交换中试。1989年，在长治合成化学厂完成了500 t / 年烷醇酰胺的中试，并于1990年形成了1 000 t / 年的生产能力。

4.1.4 烷基糖苷（APG）

由于APG具有很强的降低表面张力能力，泡沫丰富细腻且稳定，无毒无刺激，生物降解快且完全，复配性好，协同增效作用强，被认为是新一代绿色表面活性剂。1978年在法国率先实现工业化生产，同时，许多国家也在进行开发研究。1987年，中国日化院采用葡萄糖与丁醇催化缩水，然后同长链醇进行酯交换的方法进行了实验室小试，并对催化剂制备和过量醇回收进行了深入研究。1991年初通过了轻工业部组织的技术鉴定，并于同年被列为了国家“八五”攻关项目。项目在100 t / 年APG装置上进行了扩试，调整和筛选了催化剂，优化了工艺条件，解决了高碳醇的分离难题，技术水平和产品质量均达到了预期要求。1993年与广东省广宁县中南精细化工厂合作，1995年完成了1 000 t / 年APG中试，填补了国内空白，合成工艺、设备与产品质量均达到了国际先进水平，1995年12月通过了轻工业部组织的“八五”国家重点攻关项目验收，1999年该项目获得了国家发明专利证书。

4.1.5 脂肪酸聚甘油酯

随着我国食品工业的发展，对添加剂品种和数量需求也随之增加。但原有国产食品乳化剂多为脂肪酸单甘酯，使用效果和应用领域均受到很大限制。为此，1985年进行了甘油聚合，再与食用油脂进行酯交换，经精制得到聚甘油酯。由于聚甘油酯具有独特的优点，除食品工业应用外，也广泛用于纺织、橡胶、油漆、涂料和润滑等工业领域，1986年9月，该项目被列为国家“七五”科技攻关项目。通过扩试和30 t / 年聚甘油酯中试，调整简化了工艺，掌握了控制甘油聚合度的方法，扩展了油脂原料，拓展了产品品种，并通过了卫生防疫部门的检测，达到了国外同类产品水平。1994年被列为了国家“八五”科技攻关项目。1995年4月建成了500 t / 年工业生产装置。该套装置工艺合理，易于操作，甘油聚合度易于控制，填补了国内空白，产品质量达到国外同类产品水平，并已在北京、上海、山西、河北和长春等地的冰淇淋、冷饮、糖果、面包、起酥油、人造黄油和巧克力等食品工业中得到广泛应用。

4.1.6 脂肪酸单甘油酯

单脂肪酸甘油酯是Ber Thelot 最初于1853 年在实验室通过脂肪酸与甘油直接酯化制成。1929年在美国最先实现了工业化生产，所得产品是单甘酯、二甘酯及甘油等的混合物。直到1943年，人们才利用分子蒸馏法提纯出高纯度单甘酯产品。由于高纯度单甘酯优良的乳化性能、巨大的市场需求以及丰厚的产品利润，促使人们不断研究开发其合成及分离提纯工艺，使单甘酯的生产原料、制备途径以及提纯手段丰富多样。目前商业化的合成方法有：直接酯化法、脂肪酸甲酯甘油醇解法、油脂甘油醇解法、环氧化物直接反应法、化学保护法、酶催化合成法、分子蒸馏法和超临界萃取法。

4.2 新产品、新技术的开发研究

由于全球环境不断恶化，人们的环保意识亦愈来愈强。寻求更为环保的原料、产品，开发无污染的生产工艺过程，已成为全球研究开发的趋势。从20世纪末以来，除已完成的改进双孔低密度氧化铝载体综合性能研究、烷基多苷工程化研究、醇醚羧酸盐工程化研究及长链烷基二甲基叔胺固定床研究等新产品和新工艺项目外，还对新型“绿色”表面活性剂、环保产品，以及其他行业所需的专用表面活性剂等进行了许多研究开发。

4.2.1 脂肪酸甲酯乙氧化物（FMEE）

FMEE是一种新型的非离子表面活性剂，与醇醚（如AEO_9）相比，具有毒性和刺激性小，综合性能优良，原料成本低及生产工艺流程短等许多优点。20世纪90年代中期，许多国外公司都对其进行了研究开发，并有少数公司已实现工业化生产。日化所利用脂肪酸甲酯的研究优势，开展了“脂肪酸甲酯直接乙氧基化研究”，并于1998年被列为了国家轻工业局的轻工业科技项目。2002年，该项目又被列为了山西省科技项目。2003年，该项目的产业化研究又被列为了山西省重点技术创新项目，并建立了24 t / 年催化剂装置，完成了催化剂的生产试验。

试验产品的物化性能和表面活性全面测试研究表明，FMEE不仅与AEO_9性能相似，而且表面张力、水溶速度、对油的乳化力，以及毒性、刺激性等均优于AEO_9，可作为AEO_9替代品种，很快得到了国内几家洗衣粉大厂的应用。该项目于2004年12月通过了山西省科学技术厅组织的技术鉴定，肯定了FMEE确系“绿色”表面活性剂。自主开发的催化剂活性高、选择性好，优于国外同类产品，整个工艺已属成熟的产业化技术。

4.2.2 重烷基苯磺酸盐驱油剂

2003年5月，日化院在中国石油勘探开发科学研究院承担的国家973项目“大幅度提高石油采收率的基础研究”中，分担了“化学驱油剂表面活性剂的分子设计与合成研究”课题。鉴于我国提高采油率所用驱油剂多为重烷基苯磺酸盐，着重进行了“重烷基苯磺酸盐驱油剂提高石油采收率的基础研究”。课题主要是从分子结构上研究重烷基苯磺酸盐提高采收率的理论基础，以供合理配制重烷基苯磺酸盐高效驱油剂，为高效驱油剂的配制和应用提供了科学依据。

重烷基苯是洗涤剂烷基苯生产中的副产物，是一种包含有单烷基苯、二烷基苯、烷基茚满、烷基萘满及多烷基苯等多种组分的混合物，所以很难由通用的磺化方法制得合格产品。虽然对气体SO_3磺化技术的研究已很成熟，也有包括喷射反应器在内的各种磺化器的设计经验，但由于气体SO_3磺化属瞬间快速和高放热反应，重烷基苯磺化产物黏度又高，所以膜式磺化中出现结焦堵塞和过磺化在所难免。为此，对烟酸釜式、气体SO_3膜式和喷射式3种磺化器进行比较。结果发现，喷射式磺化器更为适合。通过喷嘴和反应器的反复设计、试验和修改，以及大量的工艺条件调整，不仅研制成功了结构简单、操作方便、生产弹性大及适应范围广的喷射式磺化器，而且通过工艺优化，生产出了质量优于国内外的优质产品，为重烷基苯磺酸盐驱油剂的合理配制和国家973项目的推进，提供了很好的技术保证。

4.2.3 高碳α- 烯烃磺酸盐

在研究油田用表面活性剂的过程中，发现C_{20-24} α–高碳烯烃磺酸盐在国外已作为提高采油率的一种有效驱油剂。2002年，日化院采用膜式磺化器对其进行了实验室的磺化研究，但因其碳链太长，凝固点也高，所以不可按一般膜式磺化条件进行合成，后经设备和工艺参数的相应调整，如调节供料比例，改善系统保温等，成功地完成了小试和扩试，顺利地制得了预期产品。产品经相关石油部门测试确认，高碳α–烯烃磺酸盐不仅是配制无碱型二元驱油剂的高效活性物，而且更是高温、高矿化度油井用驱油剂的有效组分。该技术已用于沿海某生产厂，为油田提供此产品。

4.2.4 N–烷基葡萄糖酰胺

这是一种由天然脂肪酸和葡萄糖为原料合成的生物降解度高、性能温和、低毒和低刺激、表面活性好、对生物和环境极为安全和极具发展潜力的新型非离子表面活性剂。2003年，在探索研究的基础上，该项目被列为了国家科学院所专项资金项目。该合成为葡萄糖同甲胺反应先生成葡糖亚胺，然后催化加氢为葡糖胺，最后与月桂酸甲酯催化酰胺化制得产品。通过加氢催化剂的制备和筛选，以及整个工艺过程和溶剂的优化，在气相色谱和红外光谱的配合下，成功取得并首创了葡萄糖亚胺常压加氢催化剂制备和合成工艺的理想结果。

4.2.5 自乳化型农药微乳化新剂型及其助剂

普通O/W型微乳农药虽有原液自身稳定性好的特点，但稀释使用时乳液结构即遭破坏，严重影响其药效作用。为此，2004年根据含硅表面活性剂合成研究及性能测试的结果，日化院同武汉大学、武汉天惠生物工程有限公司合作，共同承担了国家“十五”科技攻关项目。试验采用胺基硅氧烷与二硅氧烷催化制得三硅氧烷，然后同*D*–葡萄糖酸δ–内酯反应，再用末端含有环氧乙基的化合物改性，即得一系列含葡萄糖酰胺的三硅氧烷表面活性剂。通过界面性能、接触角和水解性等的测定，选出作为自乳化型农药微乳液的最佳助剂。中试制得微乳助剂后，又在不同物质和植物表面进行了润湿性、铺展性和最佳使用浓度的测试，经仲丁威、阿维菌素农药、有机溶剂、油相和水相多元组分溶解试验，绘制了拟三元平衡相图，研究了农药及硅表面活性剂对相行为的影响，进行了表面张力、接触角和电导率等测定。经对大田和果树进行试验后表明，不仅效果优于原用乳油，而且也较大幅度地降低了生产成本。2005年10月，该项目通过了中国化工科学技术研究总院组织的“十五”攻关项目验收。

4.3 科研成果获奖情况

（1）长链正构烷烃脱氢催化剂及担体的研究，轻工业部重大成果二等奖，获奖单位：大连油脂化学厂，1981年。

（2）双膜式SO_3磺化工程，国家科委重大成果二等奖，获奖单位：上海合成洗涤剂厂、轻工业部日化研究所、轻工业部北京轻工业设计院、轻工业部安阳轻机研究所，1985年。

（3）长链烷烃脱氢催化剂，轻工业部重大成果二等奖，获奖单位：轻工业部日化研究所、中国科学院大连物化所、南京烷基苯厂，1981年。

（4）合成C_{5-9}酸的单离技术及辛酸锌做固化剂，二等奖，获奖单位：无锡轻工业学院。

（5）利用发生炉煤气生产三聚磷酸钠工业试验，一等奖，获奖单位：轻工业部北京轻工业设计院、昆明三聚磷酸钠厂。

（6）香皂连续煮皂生产线，二等奖，获奖单位：上海制皂厂。

（7）环氧乙烷皂化废水处理试验的装置，二等奖，获奖单位：上海高桥化工三厂。

（8）咪唑啉衍生物乙酸钠基型两性表面活性剂的研制；轻工业部科技进步二等奖，获奖单位：轻工业部日化研究所，1987年。

（9）工业性油脂无触媒高压连续水解生产工艺与设备，一等奖，获奖单位：上海制皂厂、轻工业部北京设计院。

（10）高质量烷基醇酰胺的生产技术，二等奖，获奖单位：天津轻工业化学研究所。

（11）预酯化酯交换制脂肪酸甲酯的生产技术，轻工业部科技进步二等奖，获奖单位：轻工业部日化研究所。

（12）咪唑啉系列阳离子表面活性剂新品种开发，轻工业部科技进步二等奖，获奖单位：轻工业部日化研究所。

（13）山苍籽核油，椰子油烷醇酰胺的生产技术及物化性能，轻工业部科技进步二等奖，获奖单位：轻工业部日化研究所，1991年。

（14）发酵法甘油，一等奖，获奖单位：无锡轻工业大学。

（15）年产万吨柠檬酸钠生产新工艺及工业化研究，二等奖，获奖单位：无锡中亚化学有限公司、无锡轻工大学。

（16）甲酯磺酸盐物化性能水解稳定性/配伍性能及在洗涤剂中的应用研究，二等奖，获奖单位：中国日用化学工业研究院，1995年。

（17）醇一步法制叔胺，轻工业部科技进步一等奖，获奖单位：中国日用化学工业研究院。

（18）山苍籽核油、椰子油超级烷醇酰胺的生产技术及物化性能，轻工业部二等奖，获奖单位：中国日用化学工业研究院及其相关单位。

（19）FJEE-11型实验室三氧化硫磺化装置，中国轻工业联合会科技进步二等奖，获奖单位：中国日用化学工业研究院。

（20）新型绿色表面活性剂烷基糖苷的工程化及产业化，中国轻工业联合会科技进步一等奖，获奖单位：中国日用化学工业研究院。

（21）蝶片式静电除尘器，中国轻工业联合会科技进步二等奖，获奖单位：中国日用化学工业研究院及相关单位。

（22）重烷基苯的喷射磺化装置及工艺技术开发，中国轻工业联合会科学技术进步奖二等奖，获奖单位：中国日用化学工业研究院。

5 工程化技术和专用设备的开发

在日化和表面活性剂工业蓬勃发展的今天，自主创新研究和工业生产改善，对专用设备和测试仪器提出了更高的要求。为此，要加强研制和开发多种产品，及时满足各方面的需求。

在磺酸盐及硫酸盐型表面活性剂的生产中，多种类型的磺化装置技术已十分成熟，但国内仍缺乏实验室探索新工艺、开发新产品和检验磺化原料等目的的小型轻便磺化装置。2004年，日化院在多年研制磺化装置的基础上，为便于实验室操作，采用SO_2为起始原料，研制成功了实验室磺化装置。该装置采用电加热器干燥空气，涡流加热控制钢瓶内SO_2压力，然后以稳定的SO_2气量送入转化器，并可根据不同需要调节磺化器和老化、中和以及产品水解等工序的配套设备。由于此套装置设计合理、适用范围广、操作简便、环境清洁和节约能源，所以很快得到推广应用，并受到用户的一致好评。2004年该装置获得国家发明专利权，2007年获中国轻工联合会颁发的科技进步二等奖。

6 应用基础研究

1999年，山西省科委依托日化院建立了表面活性剂山西省重点实验室，表面活性剂学科研究也被列为了山西省基础性研究重点学科。该实验室于2000年还升级为了省、部共建重点学科实验室。依此为契机，应用基础研究很快得到加强，并初步形成了自己的特色，在国内胶体与界面化学领域研究中已占有一定的地位。2000年以来，先后承担了国家自然科学基金会“表面活性剂绿色化学基础研究”项目、973预研项目“两亲分子有序组合材料及其应用基础研究”、国家自然科学基金会重点项目“新型两亲分子有序组合体的构筑、结构和功能调控研究”和973项目子课题“重烷基苯磺酸盐驱油剂提高石油采收率的基础研究”。

中国表面活性剂行业研发现状及发展趋势

1 国内外发展概况

表面活性剂是重要的精细化工产品，素有“工业味精”之称，在工业、农业、国防及日常生活中都有着广泛的应用。经过近几十年的发展，表面活性剂已经从扮演传统日用化工产品，如洗涤用品中主活性物的单一角色，逐渐扩展为国民经济各个重要产业部门中不可或缺的功能负载型材料，并正在快速渗透到各高新技术领域。事实证明，表面活性剂能提升大多数国民经济重要产业部门的技术水平，并能对信息技术、生物技术、能源技术和新材料等高新技术发展构成强力支撑。在人类面临资源、能源和水源危机的产业转型期，节能减排、增收节支将成为开发产业技术的重要导向。在许多主要产业部门，如建筑材料、纺织印染、原油开发、农药、造纸及皮革、高分子材料和食品加工等产业中，表面活性剂已经成为支撑其科技进步和产业发展的必需功能负载型有机化工原材料。

目前全球表面活性剂（不包括肥皂）的年产量已在1 500万t以上，而且仍在以2%~3%的速度增长，远高于人口增长率，品种已有4 000种以上。20世纪90年代以来，新型表面活性剂的研究和开发十分活跃，主要方向是开发对人体温和、环境友好和生态适应性、高活性、多功能以及突破传统概念的新型表面活性剂。在表面活性剂市场中，除了皂类外，直链烷基苯磺酸盐（LAS）、醇醚硫酸盐、脂肪醇硫酸盐、烷基酚乙氧基化物和醇乙氧基化物等五大类表面活性剂约占60%的份额，其余40%的市场份额中包含阳离子及两性离子表面活性剂、淀粉基表面活性剂和具有特殊功能的表面活性剂，其中生物基表面活性剂的发展速度超过了大宗表面活性剂品种的发展，越来越受到行业的重视。

随着石油资源的日益紧张及环境污染问题的日趋严重，表面活性剂行业和全球其他行业一样也面临着原料来源和发展模式的转变。充分利用天然和可再生资源，开发“环境友好”的绿色产品以及绿色化学工艺已成为当前化学、化工及其交叉学科的热点。利用可再生资源缓解行业对石油产品的依赖程度，开发清洁生产技术，走可持续发展之路，已成为行业发展的必然方向。同时，利用自然可再生原料得到的新型表面活性剂多为环境友好型产品，有利于行业向绿色化方向的转型。功能性与绿色化是表面活性剂可持续发展的主流趋势。

经过新中国成立以来60多年的发展，尤其是改革开放40多年来的发展，我国表面活性剂行业从无到有，从小到大，取得了巨大的成就，已建立起比较完善的表面活性剂的生产和研发体系，形成了大量具有自主知识产权的产品，不断涌现出新的品种。我国表面活性剂主要品种除能够满足国内需求外，每年还有一定规模的出口。20世纪80年代中期，我国表面活性剂年产量只有30万t，2008年达到380万t，约占世界表面活性剂年总产量的20%，实现本行业销售额500多亿元。工业用表面活性剂的产量已经超过了民用表面活性剂，成为表面活性剂工业的主体。在20年间，我国表面活性剂产量增长了11倍，且还在以每年5%~6%的速度增长，明显高于国外同期2%~3%的平均增长速度。这充分说明了我国表面活性剂行业的技术进步充满活力。国民经济和高新技术持续快速的发展，对表面活性剂品种和产量提出了更大的需求。仅以使用表面活性剂为主要原料的日用化工行业计，2009年民用洗涤用品销售额已达到1 000亿元、化妆品销售额已达到1 400亿元、口腔卫生与清洁用品已达到90亿元。除了品种和产量的明显增加以外，表面活性剂的生产装备大部分也实现了国产化，为行业的快速可持续发展奠定了良好的基础。

我国表面活性剂行业的发展过程也是不断进行自主创新和技术进步的过程。我国采用国内技术开发与引进国外先进技术相结合的方针，提高了行业整体的技术水平。国内开发的1.6 t / h和3.8 t / h SO_3磺化技术已成功推广使用。从国外引进结合自主研发的烷基苯、脂肪醇、油脂水解等成套设备，以及相应的醇醚生产装置开辟了原料的来源。

在研究开发方面，全行业科技成果不断涌现。一些涉及表面活性剂行业的科研成果先后获得了26项国家科技进步奖，92项部级科技进步奖。如长链烷烃脱氢催化剂已经基本达到国际水品，其中催化剂载体已经出口到一些国外公司加以使用。“工业性油脂无触媒高压连续水解”等成果已被生产企业使用。咪唑啉两性表面活性剂、脂肪醇常压制叔胺等已在国内建厂。一些配方成果也陆续转化为生产力。表面活性剂行业以自主技术创新和引进消化吸收相结合，在大宗表面活性剂产业化技术、关键装备开发及表面活性剂功能性产品开发方面取得了明显进步，为我国表面活性剂行业的发展奠定了基础。

2 国内产业现状

自20世纪60年代以来，经过40余年的建设，我国表面活性剂工业由最初的肥皂发展成为集科研开发、人才培养、生产及应用技术相结合的完整行业体系，其应用领域已从家用洗涤用品、个人清洁保护用品和工业与公共设施清洗用品拓展到了国民经济的其他领域。特别是改革开放以来，随着我国整体工业技术水平的快速提高，表面活性剂/洗涤剂工业取得了长足的进步，已基本满足了国内需求。2008年，表面活性剂 / 洗涤剂行业总产值1 400亿元，年增长率达8%，为国民经济的快速增长做出了贡献。

表面活性剂作为一类具有亲油亲水性能的特殊功能型化工产品，其研发、生产及应用都有较高的技术含量。表面活性剂工业的发展与其产品及工艺技术进步密切相关。自“六五”以来，表面活性剂领域的技术创新与进步就一直受到国家的重视和支持，关键技术的开发以“国家科技攻关项目”的形式立项研究，取得了丰硕的成果，大大缩小了我国表面活性剂工业与国际先进水平的差距，促进了行业的快速发展。

“六五”期间，表面活性剂领域的国家科技攻关刚刚起步，只有一个项目（糖用表面活性剂）立项，而在“七五”期间共有25个课题包括在国家“七五”科技攻关项目中，涉及表面活性剂创新品种的开发，如MES、咪唑啉和聚甘油脂等，表面活性剂原料如脂肪醇、脂肪胺和壬基酚制备工艺，以及表面活性剂制备工艺，如乙氧基化、磺化/硫酸化，并进行了表面活性剂在不同领域的应用技术研究，如食品工业、皮革工业和纺织工业。绝大多数项目按要求完成了任务，为我国表面活性剂行业的发展奠定了良好的基础。

“八五”期间，表面活性剂领域又得到了国家的大力支持，纳入国家“八五”攻关项目的共有15个专题，除表面活性剂新品种，如烷基多苷、AOS及酰胺系列表面活性剂等以及油化产品，如脂肪胺、脂肪醇等的制备工艺开发之外，还对表面活性剂领域的先进装备，如环路反应器、外循环式喷雾式乙氧基化装置都进行了开发研究，攻关结果达到了预期目标，提升了我国表面活性剂行业的工艺及装备技术水平。

“九五”期间，表面活性剂领域仍有14个专题被纳入国家科技攻关计划，除了继续对表面活性剂原料及绿色化品种给予投入以外，更加注重表面活性剂应用技术的研究，如阴–阳离子表面活性剂的复配技术、无磷洗涤剂的配方技术以及表面活性剂在食品、农业及皮革工业中的应用等，进一步扩展了表面活性剂的应用领域，促进了表面活性剂工业与国民经济其他领域的结合。

“十五”期间，由于国家机构调整等方面的原因，表面活性剂领域整体没有能列入国家攻关计划中，只有中国日化院在农药项目中列入一个有机硅表面活性剂研发的子课题。“十五”国家攻关项目缺失是表面活性剂行业发展中的一个缺憾。但是有几十年的发展史和七、八、九三届国家科技攻关的基础，表面活性剂行业仍取得了明显的进步，在原料、工艺、装备及新品种的开发等方面均有突破性的进展。

“十一五”期间，受消费水平和整个行业生产技术的影响，油脂基、绿色温和及高效型表面活性剂成为行业发展的热点。行业和消费产品结构的调整明确了未来表面活性剂行业的发展方向，基本明确了“十二五”期间行业的发展重点和趋势。

2.1 表面活性剂原料

表面活性剂制造业所用大宗原料主要有烷基苯、脂肪醇、脂肪酸和脂肪胺，其技术水平对表面活性剂行业的发展有着直接的影响。

2.1.1 烷基苯

国内烷基苯生产商有南京烷基苯厂、金桐公司和抚顺洗化厂，“十五”期间主要有以下几方面的工作：

（1）7.2万t / 年的装置扩产到10万t / 年。金桐公司、南烷厂和抚顺洗化厂都根据各自的技术路线将原有的7.2万t / 年的装置改造成10万t / 年的装置，从改造后装置的运行状况看是成功的。到目前为止，国内烷基苯总产能已经超过45万t/年。

（2）脱氢催化剂载体的产业化。“十五”期间，中国日用化学工业研究院解决了一系列工程化问题，将自主开发的γ-Al_2O_3载体由原来的25 t / 年的规模成功扩产到80 t / 年的规模，实现了产业化，满足了国内市场需求。

（3）脱氢催化剂性能的改进。南京烷基苯厂和抚顺洗化厂近几年都在脱氢催化剂性能改进方面做了大量的工作，如调整铂金负载量等。目前南烷厂的NDC–6和抚顺洗化厂的DF–2催化剂都能很好地替代进口催化剂，并且有部分出口。

（4）双烯选择加氢工艺及催化剂的开发。南烷厂于2000年开发出DSH–2选择加氢工艺及催化剂，打破了UOP公司对该技术的垄断。应用DSH–2工艺及催化剂后重烷苯及焦油量下降，烷基苯产量提高了5%。

（5）国产分子筛的研究开发。南京烷基苯厂近几年自主开发的分子筛已完全可以替代进口产品。

（6）新工艺的探索。用固体酸替代HF做烷基化催化剂已有初步的实验结果。另外，超临界脱氢工艺的研究，虽然还处于小试研究阶段，但不失为很好的思路。

2.1.2 脂肪醇

目前国内脂肪醇生产厂商达十余家，除抚顺洗化厂的一套5万t / 年的羰基合成醇和吉化的一套10万t / 年的齐格勒醇的生产装置外，其余均为天然醇。天然脂肪醇生产及销售受油脂价格的影响颇大，“十五”期间天然脂肪醇的发展呈起伏状，但国内相关单位还是在技术进步方面做了不少工作。

（1）羰基合成醇催化剂的国产化。抚顺洗化厂所用的生产羰基合成醇催化剂已由中科院兰州化物所自主开发的催化剂替代进口催化剂，可以实现国产化。

（2）甲酯加氢制脂肪醇催化剂的改进。中国日用化学工业研究院新开发的催化剂小试和扩试实验表明，其性能比传统的甲酯加氢催化剂有明显提高，有待进行产业化验证。

（3）在装置方面，浙江凤凰化工公司进行了两个反应器串连的技术开发，使装置产能提高了一倍。江门吉利达悬浮床装置顺利投产，产品质量良好。

2.1.3 脂肪胺

脂肪胺工业在“十五”期间技术增长较快，生产技术也取得了明显的进步，主要表现在：

（1）脂肪胺生产的规模化技术。国内脂肪胺单套生产装置的产能已由千吨级的规模发展到5 000 t / 年以上的规模，在此过程中解决了一系列工程化问题。

（2）制备脂肪胺所用催化剂的水平不断提高。其中脂肪醇胺化催化剂的性能达到了国际先进水平。由中国日用化学工业研究院开发的脂肪酸制腈催化剂比传统的ZnO催化剂反应温度下降40℃。

（3）新型环路胺化装置开发成功，反应时间缩短了50%以上。

（4）由中国日用化学工业研究院研究开发的脂肪醇固定床催化胺化制叔胺的工艺经扩试研究显示出比搅拌釜工艺具有明显的优势，有待进行更大规模的试验。

（5）除开发性的工作之外，近几年国内在脂肪醇胺化催化剂的基础理论研究方面做了大量的工作。中国日用化学工业研究院对Cu-Ni体系催化剂的组成与性能的关系做了比较系统的研究，使脂肪醇胺化催化剂的理论研究在国际上沉寂达十多年之后又有了新的突破。

2.1.4 脂肪酸

到“十五”末期，国内脂肪酸生产工艺的技术水平和国外先进技术相比仍有较大差距。从20世纪90年代后期至“十五”期间，国内相关单位通过引进和自主开发相结合，在脂肪酸生产工艺上取得了进步。

（1）国内自主开发了油脂单塔高压水解制脂肪酸工艺，装置运转正常，产品质量稳定。

（2）在脂肪酸分离技术方面，国内有关单位采用了降膜蒸发、分子蒸馏等先进技术，提高了分离效率，稳定了产品质量。虽然装置规模较小，但已为规模化应用奠定了良好的基础。

（3）有关单位开发了油脂水解产生的废水的处理及回用技术，并实施了工业化，为脂肪酸行业的可持续发展创造了条件。

2.2 大宗表面活性剂生产工艺

大宗表面活性剂包括阴离子和非离子型表面活性剂，其制备所涉及的典型工艺为磺化和乙氧基化。磺化和乙氧基化工艺在引进技术、消化吸收的基础上，我国企业和研究设计单位做了大量的工作。

（1）中国国内SO_3磺化装置及技术的发展是引进与自主开发并行。“十五”前期，国内开发的磺化装置有23套，但一般为1 t / h的小型设备，而国际上发展趋势是5 t / h以上的装置。“十五”期间，国内相关单位注重较大规模磺化技术的开发，在引进消化吸收的基础上成功开发设计出3 t / h以上磺化装置，有17套3.8 t / h，7套5t/h以上的磺化装置投入工业化应用，打破了国外公司的垄断。

（2）喷射式磺化反应器的研究与开发。除传统的膜式SO_3磺化技术以外，喷射式磺化工艺也是一种选择，且喷射式磺化工艺具有反应器结构简单，对物料黏度要求范围较宽等优点。国内相关单位对喷射式磺化工艺的研究与开发给予了充分的关注并开展了工作，在MES制备及重烷基苯的磺化等方面取得了初步的结果。

（3）乙氧基化工艺在国内也是引进与自主开发并进，通过多年的研发投入，国内相关单位已经掌握了喷雾式乙氧基化工艺技术和装置设计与制造技术。目前国内已基本淘汰了传统的釜式乙氧基化装置。除喷雾式磺化装置以外，原东方化工厂（现北京罗地亚）和中国日化院分别引进了喷射式乙氧基化装置，并用于非离子表面活性剂的生产和新品种的开发。

（4）新型乙氧基化催化剂的研究与开发。传统的乙氧基化反应是带有活泼氢的起始物与环氧乙烷加成，只需要KOH等碱性物质做催化剂即可。而国际上近年来开发的FMEE是由惰性脂肪酸甲酯和环乙氧烷进行插入式加成反应，其关键技术是环氧乙烷插入式反应催化剂。国内相关单位紧跟国际发展趋势，抓紧进行插入式乙氧基化反应催化剂的研发。中国日化院自主开发的催化剂已进行了工业化实验，用该催化剂制备的FMEE产品也已进行了工业化应用实验，证明FMEE可完全替代在洗衣粉中添加的醇醚类非离子表面活性剂。

2.3 新型表面活性剂的研究与开发

由于表面活性剂一般作为活性组分存在于复配型的最终产品中，因此表面活性剂对人体的温和性、安全性及环境相容性一直为人们所关注。国际上表面活性剂行业一直强调可持续发展，致力于新型“绿色”表面活性剂的开发。国内表面活性剂行业紧跟世界发展潮流，在新型绿色表面活性剂的研究开发方面做了大量工作，取得了明显的进步。此外，为了适应不同领域的应用要求，在功能型表面活性剂与特种表面活性剂的合成上也取得了一些进展。

（1）烷基糖苷（APG）

烷基多苷为典型的温和型绿色表面活性剂，在国际上已是成熟的产品，经过十几年的努力，国内相关单位开发出了拥有自主知识产权的烷基多苷制造技术，工艺技术已由起初的工程化问题相对简单、工艺复杂且产品质量差的“两步法”，发展到先进的“一步法”，近几年在产品的色泽、气味等指标上取得了明显的改善，产品总体质量已达到国际先进水平。除目前已经实施的千吨级的产业化装置之外，中国日用化学工业研究院已经于2011年完成了15 000 t / 年装置的投产。随着国内APG市场的日渐成熟，APG的规模化生产已不会久远。

（2）醇醚羧酸盐（AEC）

AEC是一种性能非常温和的阴离子型表面活性剂，通常由醇醚和氯乙酸钠的缩合反应制备，涉及比较复杂的工程化问题。国内相关单位在AEC制备工艺上进行了重大改进，取得了突破，避免了由于粉状氯乙酸钠制备所涉及的工程化问题，为该产品的产业化奠定了基础。目前国内已经具备建立3000 t / 年规模的产业化装置的技术，一旦市场成熟，即可迅速推开。为降低氯乙酸含量，中国日化院已经成功开发了氧化法制备AEC的工艺路线，实现了小规模的中试生产。

（3）脂肪酸甲酯乙氧基化物（FMEE）

FMEE是近几年发展起来的新型非离子表面活性剂，其制备技术的关键是甲酯和环氧乙烷进行插入式反应的催化剂。国内近几年已开发出适用于大规模生产的催化剂，并进行了产业化规模的制备实验，产品也经过了工业化应用实验。目前国内已具备进行万吨级规模的产业化的能力。

（4）葡糖酰胺（AGA）

AGA为一类性能优良的温和型表面活性剂，但其制备工艺具有较高的技术含量，尤其是亚胺加氢工艺及催化剂具有一定的难度。国内近几年致力于该产品的开发，小试及扩试规模已取得突破，有待开展更大规模的实验，进行工艺及工程化技术的完善。

（5）脂肪酸甲酯磺酸钠（MES）

MES多年来一直为国内表面活性剂行业所关注，并在制备技术、分析方法及性能评价等方面做了大量工作。“十五”期间，一些单位又进行了甲酯的喷射式磺化工艺的开发，并取得了初步的结果，到2011年年底，国内MES的产能已超过35万 t / 年。浪奇公司已经成功将其应用于液体洗涤剂配方中，产品表现出优良的去污和洗涤性能。

（6）新型两性离子表面活性剂

两性离子表面活性剂一般都具有良好的温和性能。传统的两性表面活性剂主要有甜菜碱型及咪唑啉型表面活性剂，这些类型的表面活性剂的制备要用氯乙酸钠为原料，而氯乙酸钠对人体有较强的刺激。因此上述两类产品中氯乙酸钠含量的控制是至关重要的。而一些新品种，如羟磺基甜菜碱的制备工艺不用氯乙酸钠为原料，可以避免其残留问题。国内一些单位已经开发出羟磺基甜菜碱，并已有产品投放到市场，为下游产品制造商提供了更多的选择。

（7）功能型表面活性剂与特种表面活性剂

为了加速纺织功能助剂及整理剂的国产化，近年来国内一批封端醇醚、快速渗透剂已取得技术性的突破并进入市场。含硅表面活性剂亦在有机硅聚季铵盐、环氧改性硅油及糖基有机硅表面活性剂等取得了良好的技术进展，有的已实现了产业化。食品乳化剂柠檬酸甘油酯已批量投入生产，产品质量达到美国FDA要求。

2.4 表面活性剂在洗涤剂行业的应用

表面活性剂发展的最初应用领域为合成洗涤剂工业。虽然现在表面活性剂的应用远远超出单一的洗涤剂行业而成为“工业味精”，但洗涤剂行业仍然是表面活性剂最重要的应用领域。国内洗涤剂产品目前以粉状洗涤剂为主，液洗处于上升发展时期。

（1）洗衣粉的规模化生产技术。国内单套装置的洗衣粉生产规模与国际先进水平有较大差距，主要是喷粉塔的设计与制造技术水平不高，核心问题是多层喷枪喷粉塔的设计与制造技术。国内相关单位对此已给予充分的关注，近来一些单位对两层喷枪的喷粉塔设计与制造进行了比较充分的研究，准备实施。

（2）液体洗衣剂的配方技术。液体洗衣剂的快速发展是国际潮流，国内相关单位对液洗的配方技术进行了比较深入的研究与开发，除了普遍的液洗配方以外，还开发出固含量达到50%以上的结构型液体洗衣剂，达到国际先进水平，为国内液洗市场的扩展打好了基础。

（3）餐具洗涤剂的配制技术取得明显进步。国内某单位以APG为主活性成分配制的浓缩餐洗可在稀释10倍以后正常使用，大大提高了产品的性价比，深受市场欢迎。为了提高生活质量，保护人体健康，在SARS疫情期间及以后，一批带有抗菌抑菌功能的洗手液及其他液体洗涤剂相继面市。特别是利用我国丰富的中草药及植物资源，研究其生物活性物与表面活性剂相互作用，配制成有护肤、止痒和抑菌功能的个人清洁护理用品，受到顾客的青睐。

（4）工业与公共设施清洗用品。近年来我国工业与公共设施清洗用品不仅发展速度快，而且技术含量日益提升。实际体现在防锈水基清洗剂的开发及符合应用产业特点的产品开发，如啤酒生产厂、食品厂所需的抑菌型清洗用品和抑菌型的公共设施清洗用品等。最近，信息电子产业的精细清洗的研发亦在国内展开。

2.5 表面活性剂在高新技术领域中的应用

除了在洗涤用品中作为活性组分应用以外，表面活性剂由于其独特的两亲特性及其在溶液中的特殊存在方式、物理化学作用，使其在高新技术领域具有广阔的应用前景。“十五”期间，国内的相关研究单位对于表面活性剂在改造传统产业以及高新技术领域的应用研究方面取得的进展主要有以下方面：

（1）在新材料领域，利用表面活性剂分散、改性纳米粉体方面已取得一些生产性成果。如利用表面活性剂分散纳米Al_2O_3用于仿古陶瓷的生产，已大幅度提高了成品率；分散纳米ZnO、TiO_2用于涂料，所生产的抗菌环保内墙涂料及外墙保洁涂料已投放市场；分散纳米$CaCO_3$用于塑料混炼及PVC原位聚合已进入生产性试验。在利用表面活性剂合成纳米材料与纳米介孔材料方面已成为当前材料领域的研究热点之一，实验室已取得显著成果。

（2）在能源领域，近年来较为突出的技术进展是大庆等油田的试验，试验表明重烷基苯磺酸盐可用于三次采油。尽管超低界面张力的稳定，碱度调控对地层的影响及驱油机理等尚在进一步研究中，但总体驱油效果是好的，可望用于生产。同时特定稠油的乳化已实现了产业化。微乳燃油特别是微乳柴油的研究及表面活性剂在生物柴油中的应用研究均在逐步深入，有望成为表面活性剂行业的一大客户。

（3）农药、医药与生命科学领域。近年来，为了解决乳油农药中的甲苯、二甲苯污染及提高药效，我国微乳农药的登记数呈直线上升，发展比较迅速，这在一定程度上推进了新型表面活性剂的合成（如L-77，改进L-77，APG及其衍生物等）和微乳技术的发展。

利用表面活性剂进行药物剂型转换，制备缓释控释药物，拆分手性化合物，探索其用于提纯DNA、传输DNA的可能等已成为医药生命科学领域的研究热点。但目前除药物剂型转换已取得一些阶段性成果外，其余基本上还处于应用基础的研究阶段。

如上所述，“十五”期间虽然表面活性剂领域没有国家攻关项目立项，但经过相关企业、研究单位及高等院校的努力，仍然取得明显进步。国家相关部门也注意到了表面活性剂领域的技术需求。“十一五”表面活性剂行业又重见光明，经过相关单位的积极争取和科技部的大力支持，有5个课题（含十三个子课题）被列入“国家科技支撑计划”，5个课题分别为：① 油脂基绿色表面活性剂制造工艺研究开发及应用示范；② 油脂乙氧基化物和脂肪酸甲酯磺酸钠产业化及应用技术开发；③ 温和型表面活性剂醇醚羧酸钠、醇醚葡糖苷制备工艺研究开发；④ 无溶剂连续季铵化和脂肪酸乙基磺酸钠——香皂一体化清洁生产工艺产业化；⑤ 改性羧酸盐和磺酸盐表面活性剂的研发及应用示范。上述课题的研究内容涉及表面活性剂行业发展的绿色化工程技术、节能降耗技术和高质量产品制备技术等行业共性技术，涵盖了新型催化技术及关键的反应设备、产品及绿色化的工艺技术。

虽然表面活性剂领域“十一五国家支撑计划项目”只有670万的国家资金投入，平均每个子课题的国家经费为50万元，但对于表面活性剂行业来说是很大的鼓舞。首先表面活性剂行业同仁认识到，本领域的研发又被提升到了国家层面，体现了国家对表面活性剂行业发展的重视，是一种导向性鼓励；再者，通过“十一五项目”的组织实施，表面活性剂行业进一步理清了发展思路，明确了表面活性剂行业的绿色化、功能化的发展方向，提炼出行业发展的关键问题，其意义不仅在于“十一五”期间，对于今后一段时间的发展都有一定的指导意义。

“十一五支撑计划项目”通过表面活性剂的分子结构设计、反应器形式、工艺流程、高效催化剂及应用技术的原始和集成创新，突破了绿色化工程、高质量产品制备、节能降耗、催化和关键反应设备等行业的共性和关键性技术问题，建成万吨级油脂乙氧基化物和脂肪酸甲酯磺酸钠产业化示范基地各一个；完成烷基甜菜碱两性表面活性剂、多聚甘油酯、酯基季铵盐、温和型表面活性剂醇醚羧酸钠和醇醚葡糖苷制备工艺的研究，并达到中试规模；建成无溶剂连续季铵化和脂肪酸乙基磺酸钠清洁生产工艺产业化生产线各一条；建成高效廉价驱油用改性羧酸盐和磺酸盐表面活性剂生产应用基地一个；培养一批学科交叉、从事表面活性剂相关基础、开发和应用研究经验的高素质研发人才。目前项目已全部结束，等待验收。

3“十二五”期间战略目标和重点发展方向

表面活性剂的绿色化、功能化是行业发展的主导方向。表面活性剂的绿色化包括传统产业生产工艺的绿色化和产品品种的绿色化。通过技术创新，对目前传统产业的工艺进行技术改造，实现节能减排，同时，开发对环境友好、皮肤友好的新品种来代替传统产品，加快我国表面活性剂的绿色化进程。

国民经济的发展及技术进步发展史显示，很多重大产业，如能源、机械和石油等的发展，表面活性剂起着至关重要的作用，开发合适的表面活性剂，不仅有可能降低制造业过程产生的三废问题，提高工艺进步，还有可能提高产业的产品质量，降低消耗。国民经济的发展需要表面活性剂的功能化发展，针对不同产业的开发提供功能化的表面活性剂新品种。

（1）以天然可再生资源为原料的绿色表面活性剂的制备技术开发及推广应用。表面活性剂一般作为活性组分存在于复配型的最终产品中，应用于各个领域。因此，表面活性剂对人体的温和性、安全性及环境相容性一直为人们所关注。发达国家一直强调表面活性剂行业的可持续发展，致力于开发新型的“绿色”表面活性剂，尤其是在20世纪90年代形成的开发表面活性剂的绿色化潮流至今不衰。随着人们生活水平的提高，自我保护意识及环保意识不断增强，对产品安全性要求也会越来越严格，因此，对人体温和、环境友好的绿色表面活性剂的迅速发展是必然趋势。

我国石油资源紧缺，更突出了我国发展以天然可再生资源为原料的表面活性剂制备技术的重要性。我国生物质资源丰富，而表面活性剂年产量只有百万吨，故利用天然可再生原料生产表面活性剂不会与人口争抢生物质资源，而利用油脂及淀粉等原料生产新型表面活性剂及掌握开发系列品种的关键技术，除符合轻工业振兴规划中提出的发展绿色化表面活性剂的要求外，也符合国家解决“三农”问题的政策导向。

（2）特殊功能的表面活性剂新品种工艺和应用技术的开发及推广。目前我国表面活性剂品种约1 600种，不足世界已有品种的40%。我国表面活性剂行业大而不强，主要表现之一就是功能型品种缺乏。大宗表面活性剂产品的生产经过国家组织的几个五年计划的技术攻关及对先进工艺、关键设备的引进、消化吸收已经基本实现国产化，而所短缺的正是传统应用领域需求的技术含量高、产品质量高和性价比高的表面活性剂新品种，以及新兴应用领域需求的具有特殊功能的表面活性剂新品种。这一现状造成我国众多行业必须使用的含表面活性剂的大量中高档助剂主要依赖进口，这不仅成为制约我国表面活性剂行业自身健康发展的关键，还成为制约相关行业技术进步和产业可持续发展的瓶颈。如民用洗涤用品领域，需要开发油脂基温和型、适合于无磷洗涤剂的主表面活性剂、易漂洗节水型表面活性剂的合成技术。在原油开发领域，需要高效廉价的表面活性剂，这样才能使提高原油采收率的重要技术手段——二元或三元复合驱技术在国内各大油田进行规模化实施。在石油开采及工业清洗等行业，对耐高温、强碱和高矿化度的特殊表面活性剂的需求非常迫切。

（3）表面活性剂绿色化生产技术及清洁生产工艺的开发及推广应用。我国表面活性剂行业核心竞争力差，表面活性剂中间体和产品工艺技术及工程化水平不高，如大多数生产工艺均为间歇式操作，反应的动力及热能消耗都比连续式工艺高30%以上。化工产品制造工艺绿色化的主要内容包括制备工艺路线的优化及产品纯度提高等几方面。如采用原子经济反应，实现制造过程零排放；减少反应步骤，缩短工艺流程；采用无毒无害原料，提高制造过程及产品的安全性。除工艺技术以外，规模化、连续化及其他特殊功能的生产装备的开发及应用也值得关注。

（4）表面活性剂的绿色化应用。表面活性剂的主要应用领域—洗涤剂行业的产品结构调整要向绿色化、多功能化及节水、环保方向发展。产品绿色化即产品的制造过程、使用过程及使用过后都要对人体、环境无害。要继续关注磷酸盐和水体富氧化的问题和其他比较敏感的环境问题，注重产品的功能化和实用性，提高产品档次。

由于表面活性剂能对界面过程产生较大的影响，因此往往能有效地改进相关的工艺过程，能改善产品的质量、节能降耗、优化环境，使产品剂型及使用过程实现绿色化。如微乳农药技术可大量减少农药剂型中的甲苯、二甲苯等有机溶剂；微乳燃油技术，可使NO_x排量减少1 / 3。

（5）通过在上述重点方向组织不同层次的技术攻关和产业布局，表面活性剂行业要达到以下战略性目标：以轻工业振兴规划及国家产业政策为导向，积极落实科学发展观；以绿色化作为技术开发升级的主导，全面提高行业的创新能力和技术水平；改变我国表面活性剂行业大而弱的现状，缩小同发达国家的差距。预计到“十二五”末，我国表面活性剂总产量将达到450万t，表面活性剂品种将达到2 500种以上。主要表面活性剂及大宗原料的生产技术将达到世界先进水平，主要装备的国产化率达到85%以上。我国表面活性剂行业的整体技术水平要基本达到发达国家2008年的水平，行业主体企业的技术及装备水平基本达到国际先进水平，个别产品的制备技术达到国际领先。

表面活性剂行业的调整

1 发展原则

（1）稳定和开拓国际市场

积极应对贸易摩擦，巩固美国、欧洲和日本等传统国际市场，实施出口多元化战略，积极开拓中东、俄罗斯、非洲、北欧、东南亚和西亚等新兴市场。一是支持骨干企业通过多种方式“走出去”，在主要销售市场设立物流中心和分销中心；二是建立经贸合作区，积极推进海外工业园区和经贸合作区建设；三是继续支持外贸专业市场建设，建设针对东南亚、中亚和东北亚等地区的轻工产品边境贸易专业市场，在中东、北欧和俄罗斯等有条件的地区组建中国轻工产品贸易中心，加强对外宣传，方便货物、人员出入境；四是发挥加工贸易作用，支持企业扩大加工贸易。

（2）提高重点装备自主化水平

在引进消化吸收再创新的基础上，突破重点装备关键技术，加快装备自主化，推进关键技术创新与产业化。采取产学研结合模式，支持新型微生物高浓废水处理复合材料、特色功能表面活性剂、新能源电池、污染物减排与废弃物资源化利用等关键技术、设备的创新与产业化，提升行业总体技术水平。支持表面活性剂行业推广应用绿色表面活性剂，实现绿色功能性产品产业化，推进企业节能减排，支持发展市场短缺产品，优化产品结构，提高自给率。

（3）支持优势品牌企业跨地区兼并重组、技术改造和创新能力建设，推动产业整合，提高产业集中度，增强品牌企业实力引导企业开拓国际市场，提高自主品牌的知名度和竞争力。支持国内有实力的企业“走出去”，实施本地化生产，拓展国际市场，扩大产品覆盖面，提高品牌影响力。完善认证和检测制度，积极开展与主要贸易伙伴国多层面的交流与合作，提高国际社会对我国检测、认证结果的认可度，树立自主品牌国际形象。

（4）加大法律宣传力度，加强企业自律，全面提高企业素质，增强企业守法经营意识和社会责任感。

深化企业改革，加快现代企业制度建设，完善公司治理结构，提高企业管理的科学性。树立现代管理理念，加强企业管理，提高经营决策、产品设计、资源配置、产品生产、质量管理和市场开拓等水平，增强对市场需求的快速反应能力，努力开发适销对路产品，通过管理提高效益。重视人才培训，提高员工素质，合理配置人力资源。

（5）建立产业退出机制

明确淘汰标准，量化淘汰指标，加大淘汰力度。力争3年内淘汰一批技术装备落后、能源消耗高和环保不达标的落后产能。

2 政策措施

（1）加强技术创新和技术改造

支持重点装备自主化、关键技术创新与产业化，支持提高重点行业技术装备水平、推进节能减排、强化食品加工安全以及自主品牌建设等。

（2）加大金融支持力度

尽快落实《国务院办公厅关于当前金融促进经济发展的若干意见》（国办发〔2008〕126号），鼓励金融机构加大对企业信贷支持力度，对一些基本面较好、带动就业明显和信用记录较好但暂时出现经营困难的企业给予信贷支持，为企业提供风险保障。建立和完善中央集中式的、以互联网为基础的动产和权利担保登记中心，简化登记手续，降低登记收费，落实债权人的担保权益。

（3）大力扶持中小企业

现有支持中小企业发展的专项资金（基金）等应向行业企业倾斜，中央外贸发展基金要加大对符合条件的轻工企业巩固和开拓国外市场的支持力度。按照有关规定，对中小型轻工企业要实施缓缴社会保险费或降低相关社会保险费率等政策。

（4）鼓励兼并重组和淘汰落后产能

认真落实有关兼并重组的政策，在流动资金、债务核定和职工安置等方面给予支持。对于实施兼并重组企业的技术创新、技术改造应给予优先支持。各级政府要加大对轻工业重点行业淘汰落后产能的力度，解决好职工安置、企业转产和债务化解等问题，促进社会和谐稳定。

（5）发挥行业协会作用

充分发挥行业协会在产业发展、技术进步、标准制定、贸易促进、行业准入和公共服务等方面的作用。建立轻工业经济运行及预测预警信息平台，及时反映行业情况和问题，引导企业落实产业政策，加强行业自律。

3 结构调整

（1）力求全面反映结构调整和产业升级的方向和内容。

（2）更加注重增强自主创新能力。在38个鼓励类条目中，有28个条目主要是新技术、新工艺、新装备、新产品的研发、设计与应用内容。

（3）更加注重对产能过剩行业的限制和引导。

（4）特别注重落实可持续发展的要求。按照建设资源节约型和环境友好型社会的要求，在相应条目中大量增加了节能减排、清洁生产和资源循环利用的相关内容。

（5）力求表述严谨、界限清晰。凡列入目录中的条目，原则上均细化到具体产品、技术、工艺和装备等，能够提出技术经济指标的都予以明确，准确反映产业政策要求，确保表述准确并具有可操作性。

4 投资方向

（1）原药。开发高效、低毒、低残留和环境友好型农药，提高农药产品的安全性、环保性。通过改进生产工艺，提高生产技术水平，提高收率，提高原料的利用率、提高纯度、减少有害副产物种类及含量。

（2）制剂。改善制剂配方，发展专用助剂，提高加工技术工程化水平，推广新型制剂，提高农药制剂的稳定性、安全性。

（3）专用涂料。以功能性涂料为饰面的外墙保温技术，具有阻燃效果的隔热材料与耐大气腐蚀的反射型隔热材料相结合的保温涂料。

（4）纺织印染助剂。适应新型纺织纤维和新型染整技术需要的环保型专用印染助剂。

（5）有机硅材料。提高有机硅单体生产技术水平和产品质量，推进下游产品的发展和加工应用及核心技术产业化，推进甲基苯基二氯硅烷及其四环体产业化。

（6）氟材料。加强全氟醚单体及其尖端全氟聚合物关键技术与系列产品的产业化，发展环境友好型ODS替代品、三氟单体及其系列产品以及含氟电子化学品、新能源含氟材料等高性能含氟精细化学品。

（7）安全型高性能食品及饲料添加剂（如蛋氨酸等）、环保型水处理剂、环保型塑料添加剂、高性能电子化学品、无卤阻燃剂和低汞/无汞催化剂，环保型吸水剂、水处理剂、功能性膜材料、高性能高品质胶黏剂和光固化型压敏胶等。

绿色表面活性剂

1 国内洗涤剂市场发展趋势及其对表面活性剂的影响

据中国洗涤用品工业协会的统计数据，近几年我国洗涤剂行业表现出持续快速增长的趋势。2011年合成洗涤剂总量达到851.13万t，同比增长18.98%，其中合成洗衣粉373.58万t，同比增长4.06%。液体洗涤剂增长幅度最大，2011年产量达477.55万t，同比增长34.01%，其中洗衣液的同比增速更是超过18%。在家居清洁产品中的比例也由2009年的5%增长到2011年的8.5%。洗涤剂总量的持续增长必定拉动表面活性剂行业的快速增长。

液体洗涤剂的快速增长不仅对表面活性剂产量的需求产生了巨大的影响，而且对表面活性剂产品结构也提出了新的要求。出于对洗衣液产品配方的稳定性以及常用无机洗涤助剂难以加入等因素的考虑，用于液体洗涤剂的表面活性剂要求具有良好的配伍性和抗硬水性能。同时，具有较强的去污力和较低的泡沫。另外，液体洗涤剂通常带给消费者绿色环保的理念，因此，液体洗涤剂的配方除了传统洗涤剂用表面活性剂LAS、AES和AEO外，MES、FMEE以及植物油酸等绿色表面活性剂的需求量将增大。

2010—2011年，石油价格的快速上涨使得下游表面活性剂的成本大幅增加。以烷基苯为例，2011年4月的价格为14 500元 / t，比2010年同期增长了2 500元 / t，增长幅度达20%。非离子表面活性剂AEO_9价格的涨幅更是达到40%以上。石化原料的上涨，使得以油脂和淀粉等生物质资源为原料的绿色表面活性剂从成本上具有了竞争性，从而推动了其生产和应用技术的进步。

2 几种重要绿色表面活性剂的进展及趋势

2.1 脂肪酸甲酯磺酸盐

脂肪酸甲酯磺酸盐（MES）是近年来国内外最受关注的新型绿色表面活性剂，其上游原料一般采用棕榈硬脂，经过分流切割及加氢得到不同碳链分布的饱和脂肪酸甲酯，然后经磺化、老化、漂白、再酯化以及中和等工艺过程生产出MES。国外从20世纪五六十年代就开始了MES生产技术的开发，但长期以来，MES生产技术中产品二钠盐含量高和色泽深的问题并没有得到很好的解决，因而影响了其在洗涤剂中的推广应用。2000年后，国外公司如美国Chemithon、Stepan，意大利Ballestra以及日本Lion公司等MES生产技术已取得突破，并实现了工业化生产，但由于成本等因素还是推广缓慢。近几年，随着石油价格的飞涨，烷基苯价格出现了前所未有的高价位，过高的成本进一步刺激了MES的开发热潮。2010年以来，MES的生产技术已经全面成熟。马来西亚KLK，国内浙江赞宇、南风化工和浪奇公司的MES项目已经完成，并有批量的合格MES产品上市。

对于MES在洗涤剂中的应用技术，国内多家公司和研究机构都有不同程度的研究。南风化工自2005年以来一直致力于MES的生产和应用技术的研究，2009年，率先在洗衣粉中进行了工业化应用，2010年成功应用于液体洗涤剂中。新原料的应用对提高洗涤剂产品的性能、改善洗涤剂对环境的影响、优化配方结构和降低成本都起到了关键作用。

2.2 脂肪酸甲酯乙氧基化物

脂肪酸甲酯乙氧基化物（FMEE）是以氢化脂肪酸甲酯为原料，经乙氧基化合成的一种非离子型表面活性剂。适合作为洗涤剂用的表面活性剂FMEE一般以中碳链的椰子油或棕榈仁油为原料，环氧乙烷的加成数以7~10为宜。与目前洗涤剂常用的AEO类非离子表面活性剂相比，其去污性能相当，在中性及弱碱性条件下稳定，在pH大于10或小于3的情况下稳定性较差，其末端酯键可能发生分解，但在家居清洁产品的pH范围内比较稳定。由于FMEE分子结构采用甲基封端，因而泡沫较低，易于漂洗，适合于低泡类洗涤剂的生产。另外，甲基封端及酯键结构使得FMEE更温和，其刺激性明显低于醇醚，具有较好的皮肤相容性。对油脂的增溶力及乳化力强，易于生物降解。在成本方面，由于脂肪酸甲酯的价格要远远低于脂肪醇，因而具有明显的价格竞争优势。

中国日用化学工业研究院和江南大学都对FMEE的生产技术进行了深入研究，并于2000年前后相继完成了中试。中国日用化学工业研究院在2001年和2002年分别在金山石化助剂厂和抚顺合成洗涤剂厂进行了工业化生产，得到了批量的质量稳定的FMEE产品，现已稳定生产。与此同时，南风化工与中国日用化学工业研究院合作进行了FMEE在洗衣粉中的应用技术研究，在系列FMEE品种中筛选出了环氧乙烷加成数为8的产品，具有最佳的洗涤性能，并对配方中水分及pH对FMEE稳定性的影响进行了研究，同时解决了生产工艺上的一些问题。2002年，南风化工完成了FMEE应用的工业化试车，并在国内洗涤剂生产中率先进行了批量工业化应用，从而加快了FMEE产业化的步伐。未来几年，在性能与价格的优势条件下，FMEE将在部分产品，尤其是在液体洗涤剂中替代AEO类产品，从而得到广泛的应用。

2.3 烷基葡萄糖苷

烷基糖苷（APG）是由葡萄糖和中碳链脂肪醇为原料生产的一种新型绿色非离子表面活性剂。其主要特点是：温和无刺激、泡沫丰富细腻、稳泡性能好、具有较强的配伍性、可与多种类型的表面活性剂复配、协同效应明显，尤其是可以大大降低配方中阴离子表面活性剂的刺激性，还具有较强的广谱抗菌活性、耐强碱以及抗盐性强。适用于洗发香波、沐浴液、洗面奶、洗手液、餐具洗涤剂、工业清洗剂及工业乳化剂等领域。

20世纪80年代，中国日用化学工业研究院和大连理工大学率先开展了APG的研究工作。目前，国内APG生产技术已经成熟。中国日用化学工业研究院上海发凯化工有限公司、石家庄金莫尔化学品有限公司等多家公司生产的APG产品质量已完全达到了国外同类产品的标准，并在餐具洗涤剂和洗手液等洗涤用品领域广泛应用。随着个人护理品需求的快速增长，APG的需求与生产将会迅速增长，成为个人与家庭清洗领域的重要表面活性剂品种之一。

2.4 聚甘油脂肪酸酯

随着生物柴油的快速发展以及国内多家油脂水解项目的投产，副产品甘油的产量急剧增加，从而导致甘油价格大幅下降。因此，甘油的综合利用关系到油脂上下游相关产业链的发展。聚甘油脂肪酸酯（PGFE）以甘油为原料经聚合反应生成多聚甘油，然后与不同碳链的脂肪酸反应生成一系列多元醇酯类的非离子表面活性剂。由于聚合度、脂肪酸种类以及酯化度的不同，使得聚甘油脂肪酸酯具有较宽的HLB值范围，因而可以应用于日化和食品等不同的领域。

聚甘油脂肪酸酯具有较强的乳化、分散、渗透及溶化力，且无毒无害，是联合国粮农组织、世界卫生组织和欧共体确认的高安全性食品添加剂。除在食品行业做乳化剂外，在日化行业中还可用作乳化剂、润湿和分散剂，并有稳定、调理和控制黏度的作用。

聚甘油脂肪酸酯合成分2步进行，首先是甘油在230℃以上，在碱催化剂作用下脱水聚合生成聚甘油，然后聚甘油进一步酯化或酯交换得到聚甘油脂肪酸酯。我国聚甘油酯的开发和应用技术的研究最初由北京市化工研究院和天津市轻工业技术研究所进行，中国日用化学工业研究院承担的“七五”攻关项目于1995年完成了500 t / 年的工业化装置生产。目前，国内已有辽宁科海、济南东润和广州至友等多个厂家生产系列聚甘油脂肪酸酯产品，显示出广阔的市场发展前景。

2.5 改性油脂

改性油脂是一类新型的非离子表面活性剂，以天然油脂为原料，经过改性反应再与环氧乙烷在催化剂作用下直接进行加成反应得到。通过选择不同的油脂种类或调节环氧乙烷的加合数，可形成一系列不同HLB值的产品，从而应用于不同的领域。

改性油脂的主要特点是：具有良好的生物降解性、产品毒性小、对环境无污染，属于绿色表面活性剂，而且产品性能温和，对皮肤的刺激性小，可广泛应用于化妆品、个人护理品和洗手液等高档次配方体系中。润湿和乳化力强可用作农药乳化剂和增稠剂等。水溶性好、去污力与AEO_{-9}相当，易于配成液体洗涤剂产品。产品泡沫低且易于漂洗，属于低泡类产品。国内中国日用化学工业研究院最早开发了此类产品，现已完成了中试，产业化技术基本成熟。南风化工对其在液洗产品中的应用性能进行了研究，结果显示，改性油脂具有良好的配伍性、去污力和较低的刺激性，适用于多种家用洗涤产品中。

2.6 植物油酸

油酸的分子结构为顺-9-十八碳烯酸，在实际的商品中往往含有少量的亚油酸和其他碳链结构的脂肪酸。国内植物油酸的油源主要分为豆油酸、棉油酸和菜油酸。除了在二聚酸、树脂和油墨等传统工业领域中的应用外，植物油酸在表面活性剂和洗涤剂领域的应用近年来发展迅速。

在粉状洗涤剂和液体洗涤剂中，与传统的皂粉相比，油酸的溶解性、配伍性和去污力更好，且在工业化生产上操作更加方便。因此，目前国内皂粉的生产已大都采用油酸来代替牛羊油生产皂基。在液体洗涤剂中，采用油酸的配方体系不仅可以有效控制洗衣液的泡沫，而且对皮脂类的污垢还有特殊的去污效果，同时在成本方面还有较大的优势。因此，可以预测，随着液体洗涤剂市场的快速增长，植物油酸在洗涤剂领域的应用将更加广泛。

3 未来发展方向

目前，全球各个领域都越来越重视用天然和可再生原料来代替石油下游产品。我国“十一五”国家科技支撑计划重点项目中，“特殊功能表面活性剂的绿色化工程技术”课题充分体现了国家对表面活性剂绿色化、可持续发展战略的支持。其中MES、FMEE、APG、PGFE和脂肪酰基羟乙基磺酸钠等绿色表面活性剂的工程化技术均得到了重点支持，现大部分已经取得突破并实现工业化生产。可以预测，在“十二五”期间，这些新型绿色表面活性剂的产业化和应用技术将进一步完善，从而推动我国洗涤剂行业的可持续健康发展。

二

产品与市场

PRODUCTS & MARKET

全球表面活性剂市场

全球表面活性剂市场由于经济增长水平的差异，不同地域出现不同的增长热点。诸如，在北美和欧洲等发达国家，传统表面活性剂产品已基本趋于饱和。消费水平和消费观念的转变，促使这些地域的主表面活性剂产品已经发生结构性调整，以天然油脂衍生的绿色环保和低耗等高附加值表面活性剂产品成为主要消费对象，一些倡导环保健康的国家颁布了相关行业标准和规范，把节能减排和无毒害放在消费理念的首位，同时也带动一些高技术产业的快速向前发展。

同时，国际表面活性剂巨头也开始通过新基地项目建设和企业兼并收购等手段，将自己的市场重点扩展到诸如中国、印度和巴西在内的新兴市场，这也是“十一五”期间中国表面活性剂及相关行业快速发展的一个主要原因。

1 全球表面活性剂发展现状

可再生原料生产的绿色表面活性剂因具有环保、安全等优势越来越受市场和消费者青睐。与此相比较，石油基表面活性剂产品成本偏高，从而促使天然油脂基和生物表面活性剂等绿色产品将进一步占据市场主导地位。

有数据显示，目前全球以天然油脂为原料衍生的表面活性剂产品市场年增长率约为6.0%，明显高于合成表面活性剂2.5%~3.5%的增长速度。虽然2008年突如其来的金融危机致使全球经济出现低迷状况，但是用于家用和个人护理行业的绿色表面活性剂需求依然保持强劲增长。在亚太地区，绿色消费需求同样表现出持续和强劲的增长势头，巴西、南非和俄国等新兴市场表面活性剂增长速度明显。

与传统石油基表面活性剂产品相比，绿色表面活性剂的优势在于具有充足的原料供应、良好的性能、成本不断降低的趋势以及市场竞争的需要。特别是由于油价一直在高位运行，而亚洲棕榈油供应能力越来越强，近年来油脂化学品开始逐渐取代石油基表面活性剂原料的市场主导地位。

2005年，天然醇及衍生产品占据了全球洗涤剂原料50%的市场份额，而2010年这个比例已经提高到65%，而且随着多个天然醇扩产投资计划的相继落实，这一趋势将持续下去。此外，随着天然醇中十二烷基、十四烷基、十六烷基和十八烷基产品产能的增加，其在日化领域、纺织印染、石油和矿物开采等工业应用的市场份额也将进一步增加。

目前在表面活性剂终端产品市场，各类洗涤产品的竞争十分激烈，很多生产商以绿色、安全和天然作为卖点吸引消费者眼球，作为区别于其竞争对手的产品策略，这也是支撑绿色表面活性剂市场的重要因素。同时欧盟和北美等发达国家出台了一系列措施，要求降低石油基表面活性剂产品在纺织和印染等领域的应用比例，把环保和安全消费理念引入到实际应用中。

2 市场及产品结构分析

有数据显示，2000年全球表面活性剂产量大约在1 080万t，市场消耗量为1 025万t。到2005年，全球表面活性剂产量达到了1 280万t，总消耗量超过了1 150万t。截至2010年年底，全球表面活性剂产能超过了1 800万t / 年，产量为1 540万t，市场消耗量为1 450万t，产量和消耗量较2005年分别增长了20.31%和26.09%。

图1和图2给出1985—2015年全球表面活性剂的产量、市场需求及增长情况，可看出，过去20多年来，全球表面活性剂产量一直保持稳定增长态势，在天然衍生表面活性剂产品快速增长的带动下，除1995年实现7.28%年均增长率外，全球产量年均增长率基本保持在3.0%，消耗量也基本维持3.2%的增长幅度。

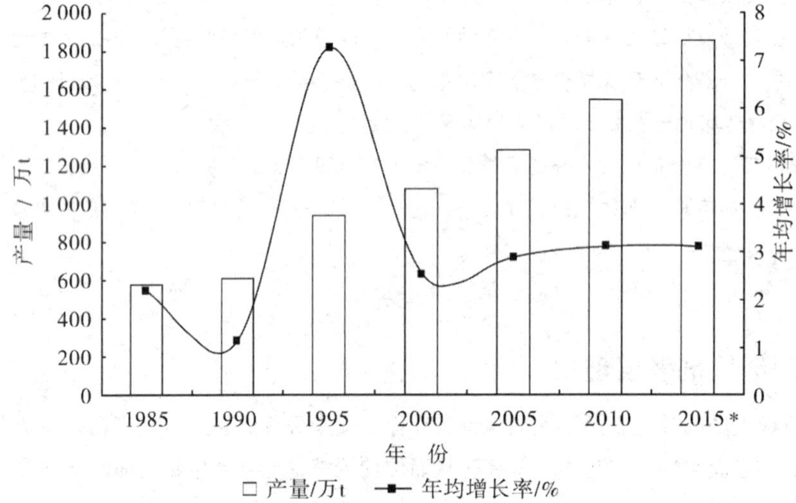

注：*表示2015年统计为预测值

图1　1985—2015年全球表面活性剂产量统计分析

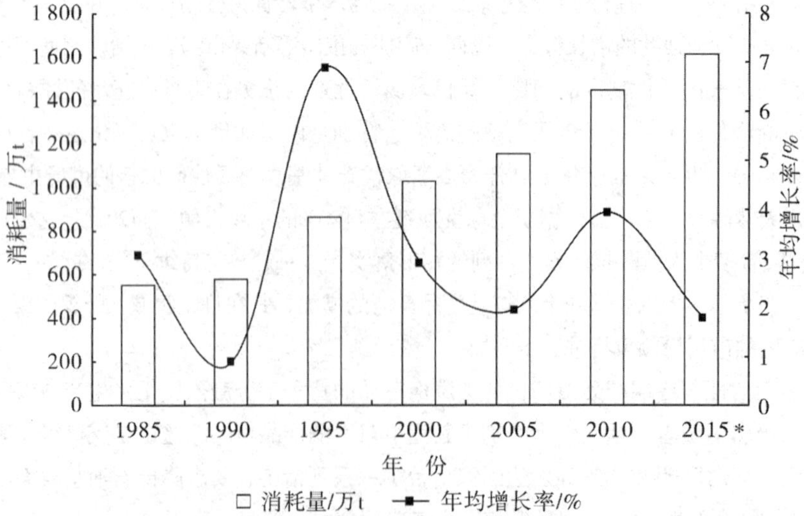

注：*表示2015年统计为预测值

图2　1985—2015年全球表面活性剂消耗量统计

图3给出1990—2015年全球表面活性剂细分产品需求比例。2010年，阴离子表面活性剂的市场占有率为56.5%，较2005年59.3%减少了近3个百分点，相反，非离子表面活性剂同比增长了3个百分点，阳离子和其他类型表面活性剂的增长表现不是很明显。需要重点说明的是：有机硅有机氟和磷酸衍生的表面活性剂的工业消耗量以每年5.0%的速度快速增长。预计到2015年，全球表面活性剂的市场结构将发生很大变化，阴离子产品市场比例较2010年减少4个百分点，达到52.5%，非离子达到39.5%甚至超过40%，阳离子和两性等其他产品比例将接近或超过12%。

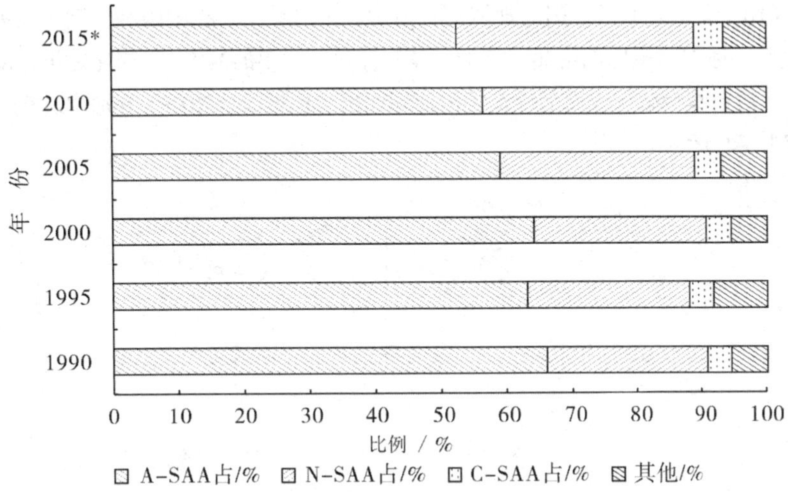

注：*表示2015年统计为预测值，A-SAA为阴离子，N-SAA为非离子，C-SAA为阳离子

图3 不同种类表面活性剂的市场发展趋势

从图3看出，目前全球表面活性剂市场结构还是以阴离子、非离子和阳离子为主，三者市场占有率超过了90%，两性及其他类型的表面活性剂占6%~8%，细分市场来看，以LAS为代表的传统表面活性剂的市场份额保持稳定，阴离子表面活性剂仍然作为主要产品使用，整体需求量有所增长，只是近几年产品结构发生了转变。有数据显示，2000年，全球LAS消耗量为350万t，2005年LAS的全球消耗量增加到420万t，2007—2010年，全球LAS的市场消耗量基本保持在430万t左右，相比之下，以MES，AOS，AESA和AS等为代表的新型阴离子表面活性剂的消耗量在逐步上升，预计到2015年，该系列产品总的消耗量将超过100万t，市场占有率将超过6.2%。

同时，全球主要消费地域的表面活性剂产品结构发生了很大变化，以北美和欧洲为代表的发达国家已经开始将可生物降解的阴离子和非离子表面活性剂作为主要发展对象，而发展中国家的LAS消耗量在过去几年保持稳定增长。如巴西、南非和印度等国LAS的年均增长率过去五年基本维持在3.5%以上。以中国为代表的快速发展中国家，消费水平和消费观念快速转变，国内表面活性剂结构也已开始转变。再加上国家节能减排政策的倡导，以烷基苯为原料的传统洗衣粉快速消费产品已经开始逐步被浓缩粉或液体洗涤剂所替代。同样工业用表面活性剂由于受节能减排政策的引导，产品结构也发生调整。有数据显示2011年，中国液体洗涤剂产量达到了477万t，在一定程度上带动了国内绿色和油脂类型表面活性剂行业的快速发展。

3 地域消费结构

北美、西欧和亚洲作为全球表面活性剂的主要消费地域，消耗总量超过了75%，其中亚洲地区在中国和印度的带动下，消耗市场份额已由2005年的35%增至2010年的40%。北美和西欧由于受到金融危机的影响，其经济在2008—2010年出现低迷，虽然2011年初已经开始复苏，但表面活性剂的消耗量基本保持不变，到2011年年底，这两个地区的表面活性剂消耗量份额较2009年有2%左右的增长，相比之下，中国表面活性剂的年均增长率超过了5%，产能增长更是超过了6%。

图4给出2010年全球表面活性剂的地域消费结构。可以看出，在中国和印度等发展中国家的带动下，亚洲表面活性剂消耗比例由2009年的32%上升到2010年的34.5%，相比之下，欧洲和北美等发达国家由于经济持续疲软，表面活性剂的消耗同期出现负增长，2010年分别为21.0%和29.5%，分别较2009年减少了1.5和3.0个百分点。

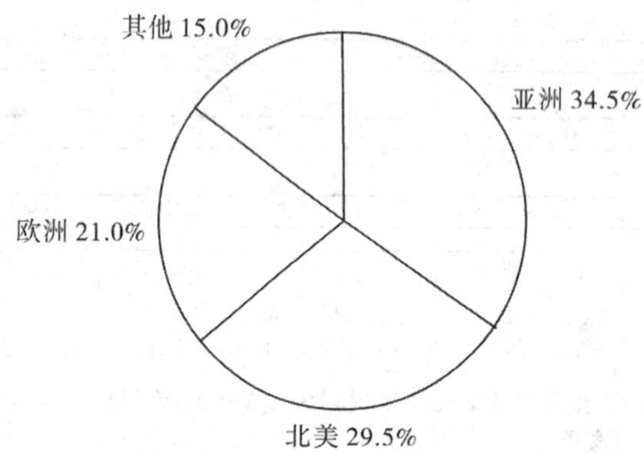

图4 2010年表面活性剂地域消费结构

4 未来发展分析

从过去发展趋势来分析，未来表面活性剂产业发展将逐步趋于理性化和规范化，企业在新建或扩建项目时已开始进行前期的市场调研等基础工作。随着表面活性剂行业的快速发展、市场结构的不断调整及产品结构的多元化，预计到2015年，全球表面活性剂的产量将达到1 850万t，消耗量将达到1 600万t。其中非离子和阳离子的市场占有率总和将超过40%，阴离子市场比例将基本维持在52%~54%之间，但阴离子表面活性剂产品结构将发生很大变化，传统的石油基表面活性剂产品逐步被醇醚硫酸盐或磺酸盐所取代。这主要得益于3个原因：一是政策导向；二是新产品项目大力扩建；三是消费者对新产品青睐度的增加。从目前全球消费结构来看，欧洲石油基表面活性剂比例较北美和亚洲大，亚洲凭借优良的天然油脂原料，近几年天然表面活性剂发展较快。

中国表面活性剂生产及市场

1 生产状况

2010年，我国主要表面活性剂生产企业大约有600多家（包括民用和工业表面活性剂生产企业），可生产的产品种类2 000种左右，加上烷基苯、脂肪酸、脂肪醇和脂肪胺等主要原料生产企业，国内企业总数超过1 000余家，其中阴离子表面活性剂生产企业主要有320余家（产能达5 000 t以上的企业有150余家，占到46.9%），包括烷基苯磺酸盐、脂肪酸盐和脂肪醇聚氧乙烯醚硫酸盐等在内产品的总产能超过了225万t / 年；非离子表面活性剂生产企业接近110家（产能达5 000 t级以上企业超过70家），产能超过135万t / 年；脂肪醇和脂肪胺及阳离子生产企业大约有90家，总产能接近50万t / 年；包括甜菜碱在内的其他表面活性剂企业80家的产能在15万t~20万t / 年。除此之外，我国表面活性剂市场还存在相当一部分以进口为主的外贸公司，这些公司每年从国外进口表面活性剂产品同样占国内5%~8%的市场份额。2009年国内表面活性剂实际进口量为33.8万t，出口量为14.8万t，净进口量为19万t，2010年随着众多表面活性剂项目的建成投产，进口量有所减少，为30.9万t，出口量出现突跃型增长，为22.3万t，实际净进口量为8.5万t。较2009年的19万t减少了55.3%。图1和图2显示出2005—2012年国内表面活性剂的市场情况。

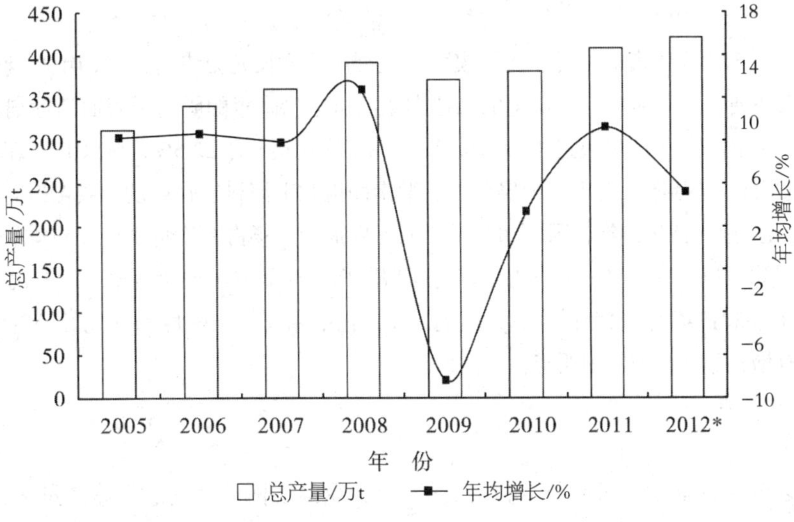

注：*为2012年预测数据，增长为年均增长率

图1 2005—2012年国内表面活性剂产量统计情况

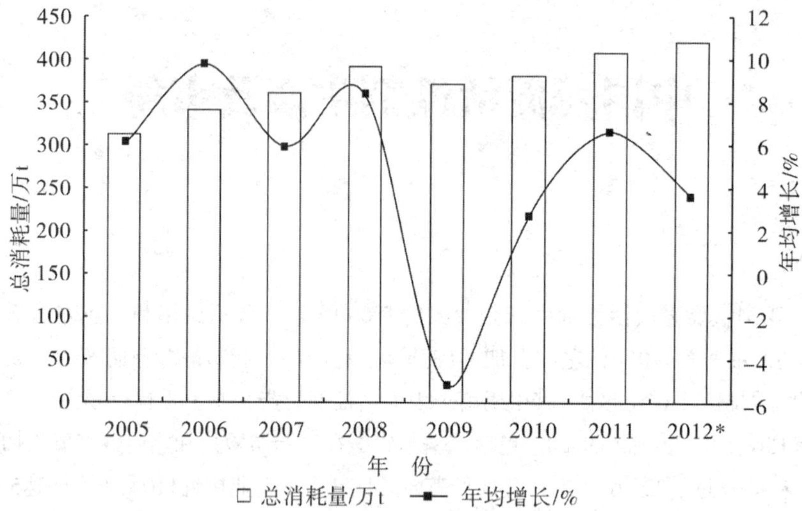

注：*为2012年预测数据，增长为年均增长率

图2 2005—2012年国内表面活性剂消耗统计情况

2 市场结构

2009年国内表面活性剂产量为350万t，消耗量为369万t，其中阴离子消耗205万t，占55.5%；非离子消耗119万t，占32.2%（其中AEO产品比例达到了17.7%）；阳离子消耗35万t，占9.5%；两性离子及其他类型表面活性剂消耗量为11.5万t，占3.1%。2010年年，国内表面活性剂产品产量为370万t，实际消耗量为378.6万t，其中，阴离子消耗量约合200万t，比例占52.8%；非离子为129.2万t，占34.1%，阳离子消耗38万t，占10.1%，两性及其他类型产品消耗13.3万t，比例为3.53%。

2010年，以AEO为代表的一类非离子表面活性剂产品增长尤为快速，2010年产量已经占非离子总产量的55%还要多。同时以AEO衍生的其他类型的可生物降解的阴离子表面活性剂也实现快速增长。2009年，国内仅AES产量超过了28万t，较2008年同比增长了22.5%，到2010年年底，AES的产量更是突破32万t，包括浙江赞宇、中轻化工、湖南丽臣和上海科宁在内的主要AES生产企业的总产能超过了37万t。预计到2015年，国内阴离子表面活性剂的市场占有率将维持在52%左右，产品结构将发生很大变化，以AES，AOS和AS为代表的新型阴离子产品将出现快速增长，非离子表面活性剂的市场占有率较2011年增加2个百分点，达到36%，包括阳离子、两性和其他类型的表面活性剂的市场占有率有增长趋势，但不很明显。

3 市场分析

从国内表面活性剂的产量趋势分析，过去7年，我国表面活性剂的整体产量增长基本维持在6.0%的年均增长率。2011年国内产量超过了400万t，较2010年370万t增加了8.11%。预计到2012年，产量将达到425万t，较2011年增长6.25%。

从产品消耗来看，2010年国内所有行业消耗表面活性剂的量大约在378.6万t，较2009年的369万t增加了约2.6%。2011年国内表面活性剂的消耗量达到了400.6万t，较2011年增长了约5.8%。

同时可看出，2009年，受金融危机影响，国内表面活性剂生产出现负增长，由于相关下游产业进出口受损，致使表面活性剂的消耗量也同样出现负增长。进入2010年后，随着经济的复苏，表面活性剂产业也相应进入增长时期。2010年国内表面活性剂缺口10万t左右，当年净进口量为8.5万t，基本填补了当年的市场缺口。到2011年年底，国内表面活性剂进出口市场基本持平，均为27万t。氟硅类等特种类型表面活性剂的进口量将增加，随着国内装备和技术的不断革新，传统表面活性剂的进口量将逐步减少，对朝鲜、俄罗斯、日本和印度等国的出口量将逐步加大。预计到2015年，中国将成为表面活性剂主要出口国。

近几年我国表面活性剂产业的发展特征是：阴离子用量表现为稳定增长，但市场占有率基本保持不变，维持在53%左右，产品结构出现转变，随着传统粉状洗涤剂逐步被浓缩粉及液体洗涤剂所替代，以醇醚硫酸盐、脂肪醇硫酸盐及脂肪酸甲酯磺酸盐等为代表的阴离子表面活性剂的用量将逐步增长。非离子表面活性剂作为国内目前发展最快的一种产品，年均增长超过了8%，2010—2011年全年国内乙氧基化装置完成新建、扩建和改建项目产能为20万t，尤其是窄分布乙氧基化产品备受纺织行业消费者的青睐。

4 我国表面活性剂行业发展呈现新形势

目前，我国表面活性剂／洗涤剂工业已有相当大的规模，装备和技术已越来越向国际水平靠拢，产品产量、种类和质量都有大幅增长和提高。有关专家提出，进入新世纪，这一行业将在产品结构、应用和市场开发上呈现新的形势。

（1）洗涤用品及基本原料迄今已趋于饱和，如烷基苯、脂肪醇、脂肪胺、脂肪酸和脂肪醇醚等基本原料中，除烷基苯外，其他产品生产能力及产量都已超出或大大超出国内需求，因此大宗表面活性剂的原料、品种及装备将无需增加产能。而随着洗涤用品行业发展所带来原料消耗的增长却小于基本原料的增长。20世纪80年代我国洗涤用品总产量的平均年增长速度为7.6%；进入20世纪90年代，1996—2011年平均增长维持在4.5%，预计2012年以后很可能为3.5%~4.0%，因此，表面活性剂／洗涤剂工业的产品结构将向着有利于环境保护、对皮肤刺激性小、节能、节水和高效的方向发展。

由于洗涤用品及基本原料趋于饱和，表面活性剂／洗涤剂原料的发展除了在原来的基础上改进或开发新催化剂，改进工艺，加强高新技术在这些领域的应用，提高工艺装置的自动化与智能化能力，以期降低单耗、能耗、有害杂质含量，适合不同要求，提高产品质量等措施以外，开发环境友好、易生物降解和温和型及功能型的表面活性剂及洗涤用品将是21世纪表面活性剂／洗涤剂工业的工作重点。如进一步发展MES、AOS、AS和APG等表面活性剂，使其尽快形成一定的生产能力，同时有机硅、有机氟及双亲水基等一些功能型特殊表面活性剂将会进一步得到开发和应用。

（2）表面活性剂除在造纸、食品、建筑、交通、水处理和农业等方面开发应用之外，还会大力拓展其在纺织和能源方面的应用。纺织助剂依然是表面活性剂工业应用的一个重点。能源工业将成为我国表面活性剂应用的另一热点，特别是在三次采油和重油远距离输送方面的应用将得到加强。另外表面活性剂在材料科学、能源科学、环境科学和生命科学及信息科学方面也将得到进一步的应用。拓宽表面活性剂的应用领域，探索其在高新技术领域中的应用，将成为我国表面活性剂／洗涤剂行业的热门课题。

（3）与发达国家相比，我国表面活性剂相关产品的消费量仍然偏低，消费量增长潜力很大。2009年，我国表面活性剂人均消费约1.3 kg，其中以天然油脂基为主的醇系表面活性剂占25.0%左右，而日本人均消费已达3.5 kg，其中醇系表面活性剂约占85.71%，北美人均消费已达3.8 kg，其中醇系表面活性剂约占57.89%。我国表面活性剂行业无论是在消费总量方面还是在产品结构升级方面均具有巨大的市场潜力。

伴随着我国表面活性剂产品需求总量的不断增长，表面活性剂需求的结构变化也在不断的推进。一方面传统的石油基表面活性剂的需求随着市场总需求的增长仍然维持一定的增长速度，但增速显著低于其他产品和整个行业需求的增速；另一方面，以AES和MES为代表的天然油脂基表面活性剂产品因其更高的性价比、更优的环境友好程度与更可靠的化学安全性，呈现快速增长态势，其增幅明显高于表面活性剂全行业和其他传统产品，并且表面活性剂全行业需求的持续增长也为包括天然油脂基表面活性剂在内更多性能优良的新型表面活性剂产品提供了广阔的增长空间。

5 未来表面活性剂发展趋势

（1）高分子表面活性剂

所谓高分子表面活性剂是指相对分子质量在千数以上且具有表面活性的物质。高分子表面活性剂在分散稳定性、凝聚功能、流变特性、成膜性、生物相容性以及粘结性等方面独具优势。我国已能根据水质和水垢的种类，通过分子设计合成出达国际一流的表面活性剂。合成高表面活性兼具一定功能的高分子表面活性剂，成为近年来表面活性剂合成研究的热点课题之一。通过分子设计开发出兼具破乳、脱水、降凝、降黏等多功能破乳剂及适合处理稠油开采的水和三采聚驱，ASP 强化采油用水的阳离子破乳剂和新型多功能破乳剂，是具有国际竞争能力且有自主知识产权的科研成果，部分成果已向国外转让。今后研发重点是适用于海洋采油、稠油采油用破乳剂。

（2）特种表面活性剂

特种表面活性剂是指含氟、硅、硼等两性表面活性剂，也是研发重点。含氟表面活性剂与普通表面活性剂相比，突出的性能是高表面活性、高耐热稳定性、高化学惰性，既憎水又憎油。含氟表面活性剂无毒或毒性非常小，这也是它的优势。在设计分子时采用表面活性剂复配技术，使含氟表面活性剂混合体系的综合性能显著提高。含硅表面活性剂不仅具有耐高温、耐气候老化、无毒、无腐蚀及较高生理惰性等特点，还具有较高表面活性、乳化、分散、润湿、抗静电、消泡和稳泡等性能，是仅次于含氟表面活性剂的重要特殊表面活性剂品种。如聚硅醚类表面活性剂，在不同温度范围内，同一种既可用作消泡剂，也可用作稳泡剂，具有重要的应用价值；以有机季铵盐为代表的阳离子含硅表面活性剂还具有较强杀菌能力，对人体呈生理惰性，不刺激皮肤。含硼表面活性剂是一类新型特殊表面活性剂，是一种半极性非离子型化合物。含硼表面活性剂在高温下极稳定，可以水解，具有优良的表面活性及抗菌性，毒性较低。

（3）生物表面活性剂

考虑到环境因素，我国科研部门正在积极开发可降解的生物表面活性剂。如氨基酸型表面活性剂属于以生物物质为基础的表面活性剂，可通过生物技术或化学方法使用可循环的原材料（氨基酸、糖类和植物油）来合成。氨基酸型表面活性剂不仅对环境和生物的安全性高，对头发和皮肤作用温和，刺激性小、低毒、去污能力强、生物降解性能好，而且还具有与其他各种表面活性剂相容性较好的性能以及具有良好的抑菌和杀菌功能。国外对氨基酸型表面活性剂的研究非常积极，不少研究成果已经实现商品化。由于国内对氨基酸型表面活性剂的研究起步较晚且相对落后，目前被广泛使用的表面活性剂大多数仍然是依赖进口来满足市场迫切需求。因此，我国系统研究和开发氨基酸型表面活性剂将具有很大的社会效益和经济效益。

（4）天然植物表面活性剂

顾名思义，以天然植物提取物为原料，衍生或制备的表面活性剂产品，通过棕榈油等天然油脂深加工，可制备不同碳链、不同性能的表面活性剂产品，该系列产品具有安全、绿色环保和可循环优势，目前被消费广泛青睐，除此之外，寡聚糖和皂苷素等新兴植物表面活性剂也被广泛研究和应用。未来天然产品在个人护理品和纺织行业应用比例将不断加大，市场潜力将被不断挖掘和开拓。

中国阴离子表面活性剂产销统计

1 发展现状

在表面活性剂工业中，阴离子表面活性剂是发展最早、产量最大、品种最多、工业化最成熟的一类，主要包括羧酸盐型、磺酸盐型、硫酸（酯）盐型和磷酸（酯）盐型，其中产量最大、应用最广的是磺酸盐型和硫酸盐型，其产品主要有十二烷基苯磺酸钠（简称LAS）、脂肪醇聚氧乙烯醚硫酸钠（简称AES）、脂肪醇硫酸钠（简称AS）、脂肪醇醚硫酸铵（简称AESA）、脂肪醇硫酸铵（简称LSA）和α-烯基磺酸钠（简称AOS）；产量居其次的是羧酸盐型，如脂肪酸的钠盐、钙盐和其他金属盐类，钠盐主要用做肥（香）皂，近年来我国肥（香）皂年产量保持在85万t左右，而钙盐及其他金属盐主要用于工业领域，如硬脂酸钙主要用于塑胶行业。由于脂肪酸盐类比较古老，常不被归在现代表面活性剂的范畴内。其他的阴离子表面活性剂还有脂肪醇（醚）磷酸酯盐（MAP）、脂肪醇醚羧酸盐（AEC）、磺基琥珀酸酯盐以及氨基酸盐等品种。近年来，我国阴离子表面活性剂工业已有相当大的规模，装备和技术已越来越向国际水平靠拢，产品产量、种类和质量都有大幅度的增长和提高。

20世纪60年代以后，由于各种膜式磺化反应器的研制成功和气体三氧化硫作为磺化剂和硫酸化剂的工艺日臻完善，使磺酸盐和硫酸盐表面活性剂的制造成本降低，产品质量提高。虽然近年来醇系表面活性剂，特别是醇系非离子表面活性剂得以迅速发展，但是阴离子表面活性剂在市场中仍占有重要地位。

2 国内主要阴离子表面活性剂的生产状况

2.1 烷基苯磺酸（LAS）

LAS是产量最大的阴离子表面活性剂，多年来一直在洗涤剂行业中起着重要的作用。作为家庭和工业清洗剂用的最主要的表面活性剂，其生产与消费规模不断扩大。由于生产烷基苯磺酸的厂家多，难以统计完全，故以国内烷基苯（LAB）表观消费量乘1.34倍（按1 t LAB可产1.34 t LAS计）来估算烷基苯磺酸的产量应该是比较接近实际的。前几年，我国主要有抚顺石化、金陵石化烷基苯厂、金桐石化和江苏金桐4家烷基苯生产企业，总产能超过50万t / 年。2009年以来，抚顺石化和金陵石化均已完成对烷基苯装置的扩能改造，到2011年底，国内烷基苯的总产能接近65万 t / 年，2012年，太仓10万 t / 年烷基苯投产，预期总产能将达到75万 t / 年。

自2004年以来，烷基苯产量基本稳定在48万t~50万t。2005—2011年国内烷基苯的表观消费量和以此估算的LAS产量如图1所示。

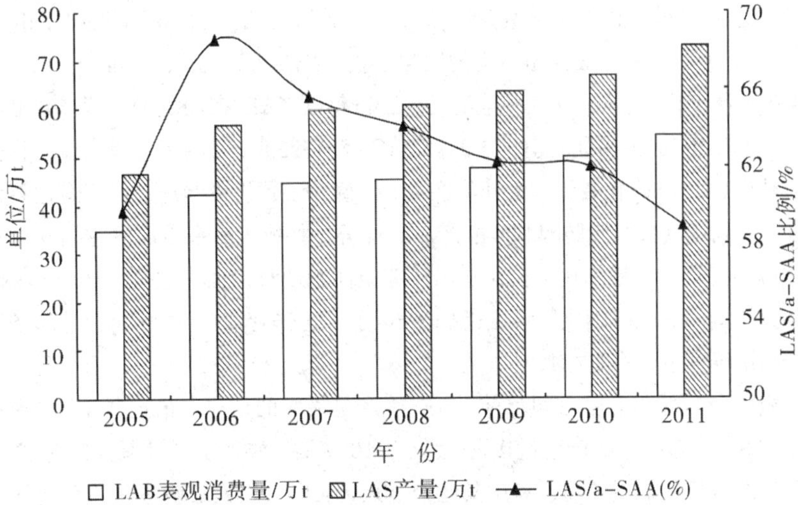

图1 2005—2011年国内LAB表观消费量和LAS产量

国内烷基苯不论是数量还是质量不仅完全能满足国内市场的需求，而且进入国际市场的数量也在逐年增加。但是，随着石油价格的不断上涨，对环境、生态及使用安全性的日益关注，以及醇系表面活性剂、MES和AOS等更具优势或竞争力产品的快速发展及替代，未来国内LAS使用量占比将呈逐步下降的趋势。

2.2 脂肪醇聚氧乙烯醚硫酸盐（AES）

AES是烷基硫酸盐的改性产物，它是由脂肪醇聚氧乙烯醚（一般为AEO_2和AEO_3）经三氧化硫硫酸化，再用相应的碱中和制得。AES由于在亲水基和疏水基中间嵌入了聚氧乙烯链，因而兼具非离子和阴离子表面活性剂的一些特性，其溶解性、抗硬水性、起泡性和润湿力均优于烷基硫酸盐，且刺激性也低。因而，它可取代配方中使用的烷基硫酸盐而广泛用于餐具洗涤剂、香波和浴液等液洗产品中，特别是在液体洗衣剂中也有使用，致使其消费量呈现稳定地增长。

国内AES生产所用的原料以天然醇醚为主，所需的醇醚原料，除了部分生产厂家如吉化、科宁、沙索和罗地亚等有自己的乙氧基化生产装置外，其他一些AES生产企业大都是在市场上采购脂肪醇，然后委托有乙氧基化生产装置的企业加工成脂肪醇醚，但也有少数厂家直接从市场上购买醇醚。因此AES 生产厂家直接面对的是脂肪醇原料供应商。

生产脂肪醇醚时，使用的脂肪醇可以是合成脂肪醇，也可以是天然脂肪醇，国内早期以合成脂肪醇为主，目前使用的大多是C_{12-14}天然脂肪醇。AES产量的迅速增长促使了国内天然脂肪醇的生产技术和生产装置快速发展。据统计，目前国内天然醇主要生产商有：辽宁华兴、连云港沙索／益海、如皋德源、商丘龙宇和无锡东泰等近10余家，总产能超过40万t／年。

目前，AES主要生产企业有浙江赞宇、上海科宁、湖南丽臣、中轻化工和金桐系列工厂（包括天津天智、四川金桐和广州立智），其产销量均在3万t／年以上，占有主要市场。除上述5家外，还有上海花王化学、南京沙索，他们都仅有一套规模不大的磺化装置，以生产AES为主，最近几年的年产销量均在万吨以上，在市场上也占有一定的份额。国内也有不少曾经生产过AES的磺化装置如大连华能、辽宁白猫的装置，或因规模较小缺乏竞争力，或因生产方向改变等诸多原因现已停产，还有原本与洗衣粉生产装置配套的磺化装置而生产AES的也减少了，逐步退出了市场。另外，吉化电石厂有两套从美国Chemithon公司引进的磺化装置，规模分别为5 t / h和3 t / h，主产品为AES。2009年该厂AES产量仅1万余吨，开工严重不足，2011年以来AES市场更少有其产品出现。辽宁华兴集团公司从意大利Ballestra公司同时引进了2套5.0 t / h和1套3.8 t / h的多管膜式磺化装置。同时，还把原黑龙江合洗厂1.0 t / h磺化装置和大连华能2.0t / h磺化装置折价购进，使其磺化装置总产能达到16.8 t / h。该公司利用其自产脂肪醇和醇醚产品的优势，将成为醇系表面活性剂的主要生产者。另外，生产天然醇的无锡东泰精细化工公司在向江苏镇江搬迁时，也将建1套3.0 t / h的磺化装置。这样，到2012年，全国三氧化硫磺化装置（指1 t / h以上）达96套，总的生产能力将达到220 t / h，磺化产品的生产与市场竞争必将更加激烈。

（1）浙江赞宇科技股份有限公司目前是AES生产量最大的公司，最近几年以较快的速度递增，该公司2009年AES（含铵盐）的产销量接近6万t（以100%活性物计），特别是AES钠盐的产量位列全国首位。主要生产基地在嘉兴乍浦，利用其地处嘉兴化工园区、紧靠硫酸厂的有利条件，采用先进的液体三氧化硫蒸发直接用于磺化的工艺，工艺流程缩短，工艺空气直接使用硫酸厂的排空尾气，公用工程和大部分原料取自园区，经管道输送，既节约了投资，又节省了运输费用，达到了节能减排的目的。目前，该公司在嘉兴基地已陆续建设了4套磺化装置，其中3套规模均为3.8 t / h，1套1.6 t / h。这些装置中有3套可用来生产AES。另外，该公司还在四川眉山（1.6 t / h）和湖南邵阳（1.0 t / h）建有生产AES 的生产装置，目前拥有磺化生产能力达15.6 t / h。同时还利用江苏徐州、陕西西安、广东中山和浙江绍兴等其他企业的磺化装置加工AES，实际控制的磺化装置能力超过20 t / h，发展势头强劲。浙江赞宇这几套磺化装置中有的是专门用于生产AES的，有的是以生产AES为主，兼而生产LAS、AS和AOS等产品的，同时还使用这些装置进行油脂磺化和脂肪酸甲酯磺酸盐等新产品的开发，该公司已经成为国内磺化产品品种最多、规模最大的企业。

（2）中轻化工股份有限公司也是一家专门生产磺化产品供应市场的企业，总部在杭州，2009年AES钠盐和铵盐的总产销量分别为3.6万t和3.7万t。中轻化工从1996年即开始利用从美国Chemithon公司引进的磺化装置生产AES，其后又开发了其铵盐和三乙醇胺盐产品，也能生产LAS、AS和AOS等磺化产品。最近几年来，中轻化工的生产规模、产品品种和市场份额也得到了较快的发展，该公司在浙江萧山和绍兴各有2套磺化装置，总的生产能力达到10.8 t / h，其中，在绍兴生产装置的生产能力分别为3.8 t / h和5.0 t / h，均为国产多管膜式磺化装置。2009年该公司完成了对徐州汉高的收购，又拥有了1套3.0 t / h的磺化装置。另外，中轻化工与广东江门财新确立了加工合作关系，也可以生产AES。因此，中轻化工也是国内AES的主要生产企业，在市场上具有一定的竞争力。

（3）湖南丽臣奥威实业有限公司的前身是湖南日化总厂，是国内最早实现AES工业化生产的企业。早在1986年，就在意大利Ballestra公司进口的磺化装置进行AES试车，这套装置生产规模为1.0 t / h。当时由于这套磺化装置主要是用来生产烷基苯磺酸而引进的，国内对AES的生产工艺尚不很了解，AES产品质量尚不稳定，色泽较黄、气泡较多。湖南日化总厂经合资与改制后成为湖南丽臣奥威实业有限公司，其AES的生产得到了很大的发展，该公司从2002—2005年间先后从意大利Ballestra公司引进了3套大型磺化装置（规模为2套3.0 t / h和1套3.8 t / h），其中有2套可用来生产AES。2009年，该公司AES（含铵盐）的总产量接近3.9万t。该公司最近又在上海金山投资建成一套3.8 t / h的磺化生产装置，以生产AS为主，也可生产AES。

（4）上海科宁是一家合资企业，自1998年引进了一套意大利Ballestra公司生产装置（磺化器为

120N反应管，相当于5.0 t / h），有AES的钠盐、铵盐及AS产品供应市场，2009年该公司AES（含铵盐）的总产量为5.3万t（经了解为70%含量的产品，折算为100%活性物计为3.7万t）。该公司最近几年AES的生产还是比较稳定的。

在阴离子表面活性剂的产量中，AES产量仅次于LAS，其增长速度明显高于整个表面活性剂行业的增长水平，图2列出了近年来我国AES产量及年递增率。

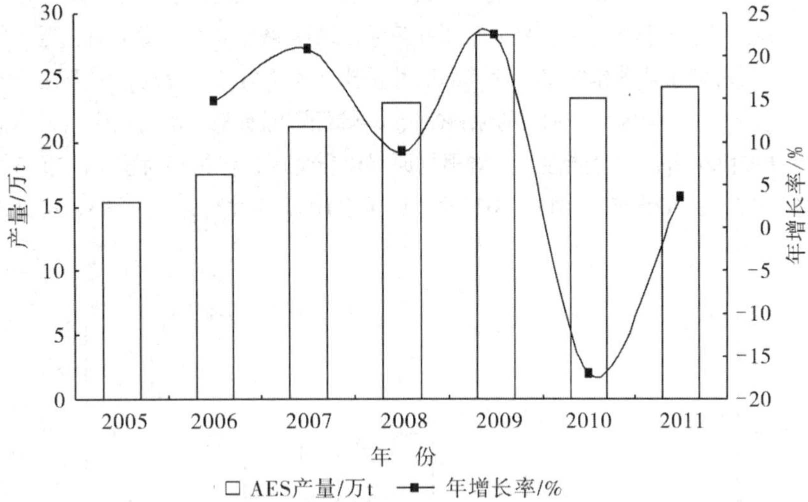

图2 2005—2011年我国AES的产量及年递增率

2.3 脂肪醇硫酸钠（AS）

AS是由脂肪醇（C_{12-14}醇）与三氧化硫直接硫酸化，再与碱中和制得，其钠盐主要用作为牙膏的发泡剂，也有部分与AES等复配应用于各种洗涤剂配方中，在工业上也有使用。该产品主要以粉状、针状等固体产品的形态在市场上销售，也有少部分30%的液体产品。目前，我国AS的生产企业主要有长治澳尼克、上海白猫股份、山东俱进和四川亿丰等，2007年的产量均在5 000 t~7 000 t（100%活性物统计）之间。另外，还有北京罗地亚、广州立智、中轻化工和浙江赞宇等，其产量均在2 000 t / 年以下。目前我国脂肪醇硫酸钠的年产量约为3万t左右，供应作牙膏发泡剂是绰绰有余的，因此，其应用领域尚待进一步拓宽。

需要指出的是：目前，国内均采用30%的液体脂肪醇硫酸钠进行喷雾干燥法生产粉状产品，再由粉状脂肪醇硫酸钠（K_{12}）进一步加工成针状产品的方法有待进一步改进。喷雾干燥法能耗大、产品损耗大，若能在脂肪醇硫酸中和时制成活性物70%以上的浆料，再用刮膜干燥或真空湍流干燥等方式除去水分，则可达到节能、降耗以及环保的清洁生产要求。据了解，湖南丽臣奥威在上海金山建设的一套3.8 t / h磺化装置带有进口的活性物刮膜干燥装置，可直接生产AS的固体产品。

2.4 脂肪醇硫酸铵（LSA）和脂肪醇醚硫酸铵（AESA）

LSA和AESA泡沫丰富而细腻，pH与皮肤接近，对皮肤温和，特别适用于配制高档香波、洗面奶、沐浴液和洗手液等。主要的生产厂家有湖南丽臣、中轻化工、浙江赞宇、上海科宁、上海花王化学和广州立智等。另外，还有广州宝洁和湖北丝宝为自产自用，北京罗地亚的铵盐产品主要供宝洁公司。根据洗协表委会2007年的统计，这两种产品年产量为2.6万t左右。由于有较多自用产品和专供产品未能统计得到，估计这两种产品实际年产量应不低于5万t。

2.5 α-烯基磺酸钠（AOS）

AOS是继LAS、AEO和AES之后出现的又一种可规模生产和应用的表面活性剂，它具有表面活性高、易生物降解、用量大和用途广的特点。2002年我国AOS产量首次突破1万t。近几年来，AOS因其优良的性能，低价的市场营销策略，使产品的性价比和竞争力大大提高，因而在国内得到很好的推广应用和快速的发展。但因生产AOS的原料C_{12-18} α-烯烃资源有限，市场供应紧张，价格上扬，使AOS不具备进一步快速增长的可能性，只能根据原料供应情况，保持相对稳定的市场份额。根据中国洗协表委会的统计，2005年—2011年AOS的产量（以100%活性物计）见图3，可见，AOS产量基本稳定在3.5万t~6万t。

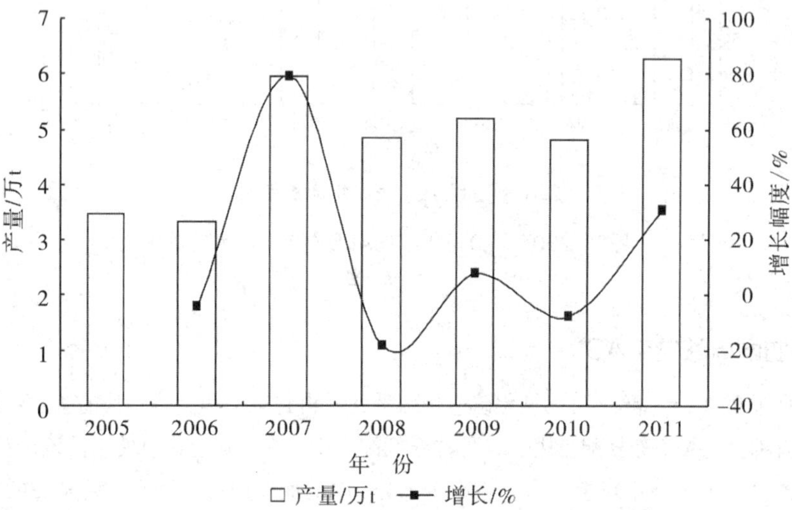

图3 2005—2011年我国AOS的产量及增长情况

2.6 脂肪酸甲酯磺酸盐（MES）

MES是以天然油脂为原料制成的一种绿色、环保型表面活性剂，作为LAS的替代品，适合无磷条件，耐硬水，符合我国国情，具有良好的去污性、钙皂分散性、乳化性、增溶性和生物降解性，其发展和应用前景广阔。

MES是由天然油脂经酯交换、磺化后制得的阴离子表面活性剂，具有优异的去污力、抗硬水性，适于配制低温洗涤剂和无磷洗涤剂，对皮肤温和，生物降解性好，其综合性能明显优于LAS，与AES相近。从原料供应、价格及性能上看，MES有可能部分取代目前广泛使用的LAS，并有望成为21世纪的主要表面活性剂品种之一。MES是近年来行业内极为关注且急待开发的天然油脂基表面活性剂新产品，但其商业推广主要受制于生产技术与配方应用上的问题，即生产上如何控制和提高产品质量，特别是产品的色泽、二钠盐含量以及活性物的干燥工艺和装置；在配方应用上，在碱性条件下热稳定性较差，传统洗衣粉工艺难以适应。

广州浪奇实业股份有限公司与外国公司合资在广州南沙组建的广州奇宁化工有限公司，从美国Chemithon公司引进一套5.0 t / h的SO_3磺化装置，专门用于生产MES，2011年试车以及部分达产。浙江赞宇科技股份有限公司通过自己的研发力量，从实验室研究到中试放大，对脂肪酸甲酯的三氧化硫磺化技术及MES的二钠盐测试技术、性能以及应用等进行了广泛的研究。现已在嘉兴乍浦生产基地建成年产3万t脂肪酸甲酯磺酸盐的生产装置，已完成试生产，产品交由洗衣粉生产厂家进行配方应用试验，取得了成功，二期的年产3万t脂肪酸甲磺酸盐项目也计划在近两年内建成投产。

表1列出了近两年内国内生产MES的主要企业。虽然海清规划产能超过20万t，但由于技术和装置运行稳定，实际产量在5万t左右，相比之下，广州浪奇依靠进口装置，过去一段时间产量和市场还是比较稳定，产品很大一部分用于自己下游产品的开发和生产。

表1 国内MES主要生产企业和生产能力

序号	企业名称	产能 /（万t·年$^{-1}$）	备 注
1	浙江赞宇	6.0	自主开发的技术及装置
2	广州奇宁	3.6	Chemithon技术及装置
3	山东金轮	6.0	自有技术，国产装置
4	山东福海	3.0	江南大学设计，国产装置
5	江苏海清	5.0	自有技术，总规划20万t

2.7 烷基醚羧酸盐（AEC）

在国内，中国日用化学工业研究院于20世纪80年代后期开始进行AEC系列产品的开发，20世纪90年代末有批量产品供应市场，目前，已建成300 t / 年的生产装置。AEC的突出特点之一是与皮肤相容性好，易与阴、阳离子表面活性剂复配，尤其是在个人护理用品中采用AEC，能提高配方的兼容性，使阴、阳离子间的活性抑制作用得到降低。另外，AEC具有优异的耐硬水、耐电解质的能力，并能耐高温，在240 ℃下不分解，适于用作高温油井的驱油剂。

2.8 其他阴离子表面活性剂

（1）磺基琥珀酸酯钠盐

磺基琥珀酸酯钠盐具有较低的表面张力、优良的起泡力、稳泡性和低毒性，可广泛应用于日用化工、石油钻井、建筑、涂料、农药及高分子聚合等工业。我国磺基琥珀酸酯钠盐系列表面活性剂的研究始于20世纪60年代，20世纪90年代其研发和生产得到较快发展。目前，我国脂肪醇（醚）磺基琥珀酸酯钠盐的生产规模大多是小批量的间歇生产，主要分布在广州、上海、辽宁、四川和江苏等地。

（2）磷酸酯盐类、硼酸酯盐类及氨基酸盐类

阴离子表面活性剂除以上用量较大的几类外，还有磷酸盐类、硼酸盐类及氨基酸盐类等。这些表面活性剂目前产销量不大，但均具有某些独特的性能。如由脂肪酸烷醇酰胺经硼酸化或磷酸化进一步得到的脂肪酸烷醇酰胺酯类表面活性剂，稳定性较好、刺激性低、生物降解性好，可广泛应用

于化妆品、洗涤剂、纺织、皮革、塑料、造纸、农药和金属清洗等领域；又如N-酰基氨基酸盐既具有良好的表面活性又具有良好的抑菌杀菌性能，且易于生物降解，因而可广泛应用于化妆品、牙膏、食品添加剂、金属清洗加工、矿石浮选、石油三采、丝绸染整和皮革处理等行业。

（3）磺化油脂及硫酸化油脂

天然油脂可以直接采用三氧化硫磺化、烟酸硫酸化或氧化亚硫酸化等工艺制备各种表面活性剂，该类表面活性剂应用于皮革、选矿、纺织印染和金属清洗等多个领域。常见的产品有硫酸化蓖麻油、氧化亚硫酸化菜油、磺化牛蹄油和磺化油脂等。如浙江赞宇生产的磺化油SS，是一种以天然油脂经三氧化硫气相膜式磺化制备的新型磺化类皮革加脂材料，可单独加脂，也可与其他加脂剂混合使用，能赋予皮革柔软丰满的手感，与其他加脂材料相容性好。

（4）烷基二苯醚二磺酸盐（ADPODS）

ADPODS是最早实现工业化的双亲水基Gemini型表面活性剂，是由二苯醚经烷基化、磺化及中和后所得的一种高效阴离子表面活性剂。由于其独特的双磺酸盐结构，使之具有优异的水溶解性、耦合性及表面活性，卓越的去污性能、分散能力及抗硬水能力，在强酸、强碱、高浓度无机盐和漂白剂溶液中均有很好的溶解性和稳定性。

迄今为止，ADPODS的工业化产品主要由美国DOW化学品公司生产。近年来，这类表面活性剂在高分子乳液聚合工业、三次石油开采、土壤净化、纺织及洗涤剂等领域得到了应用。国内也有人研究，但距离工业化还有相当长的路要走。最近，李君采用α-十六烯与二苯醚烷基化后再经磺化制得ADPODS，反应产物中活性物为58.44%，单程收率达44.8%以上，并考察了在三元弱碱复合驱方面的应用。中国日化院自主开发了以脂肪醇为烷基化试剂制备ADPODS的工艺路线，采用自制的固体酸催化剂，脂肪醇转化率大于65%，单烷基化率大于90%，且催化剂分离过程简单，易于实现工业化。再者，脂肪醇由可再生的天然油脂制备而成，我国油脂资源相对丰富，成本相对较低，尤其是$C_{16\sim18}$天然醇供大于求，价格较低，且碳链长度适合作三次采油用表面活性剂的疏水基。如这个工艺路线实现了工业化生产，其产品的发展潜力很大。

2.9 醇系阴离子表面活性剂近年来的产量变化状况

醇系阴离子表面活性剂是指以脂肪醇或脂肪醇醚为原料，经SO_3硫酸化后用NaOH或NH_4OH中和所得的脂肪醇（醚）的钠盐（以AS和AES表示）或铵盐（以LSA和AESA表示）。我国醇系阴离子表面活性剂（AES，AS，AESA和LSA）近年来的产量及占比见表2（数据来源主要为中国洗协表面活性剂专业委员会的统计数据，也包括根据市场调研获取的数据进行了修正和补充）。

表2　近年我国醇系阴离子表面活性剂的产量及比例

（产量：万t；比例：%）

年份	合计		AES		AS		AESA		LSA	
	产量	比例	产量	比例	产量	比例	产量	比例	产量	比例
2005年	20.00	100	15.25	76.3	1.44	7.2	2.04	10.2	1.27	6.3
2006年	22.40	100	17.51	78.2	2.04	9.1	1.72	7.7	1.13	5.0

续表

年份	合计		AES		AS		AESA		LSA	
	产量	比例	产量	比例	产量	比例	产量	比例	产量	比例
2007年	25.84	100	21.16	81.9	2.08	8.0	1.52	5.9	1.09	4.2
2008年	27.24	100	23.27	85.4	1.78	6.5	1.26	4.6	0.93	3.4
2009年	33.48	100	28.23	84.3	2.38	7.1	1.77	5.3	1.10	3.3
2010年	28.75	100	23.40	81.4	2.35	8.2	1.85	6.4	1.15	4.0
2011年	30.12	100	24.20	80.3	2.35	7.8	2.07	6.9	1.50	5.0

3 展望分析

经过建国以来60多年的发展，尤其是改革开放30多年来的发展，我国表面活性剂行业从无到有、从小到大，取得了巨大的成就，已建立起比较完善的表面活性剂的生产和研发体系，形成了大量的具有自主知识产权的产品，不断涌现新的品种，表面活性剂主要品种除能够满足国内需求外，每年还有一定数量的出口。20世纪80年代中期我国洗涤用表面活性剂年产量只有30万t，2009年达150万t，且还在以每年5%~6%的速度增长，明显高于国外同期2%~3%的增长速度，同期我国工业表面活性剂也实现了7%~9%的快速增长。充分说明了我国表面活性剂行业的技术进步充满活力，而国民经济和高新技术持续快速地发展，又对表面活性剂品种、数量和质量提出了更高的需求，我国表面活性剂将朝着下述方向发展：

（1）以可再生资源为原料生产的表面活性剂将得到较快发展

随着人们对环境保护的重视，各国越来越关注环境的影响。从长远的眼光看，使用可再生的动植物资源，生产可降解的、温和的表面活性剂，将是今后表面活性剂的发展趋势。对人体皮肤的刺激性与安全性也是洗涤剂产品的一项重要指标，因此选择低刺激、对人体温和的表面活性剂来降低洗涤剂对皮肤的刺激性和安全性显得越来越重要，也将得到较快的发展。如随着MES的大量上市，将会部分取代以石油为资源的LAS。

（2）传统表面活性剂的改性及新型表面活性剂的开发将受到重视

我国已是表面活性剂生产大国，但不是强国。一些传统表面活性剂产品供应还较充足，所短缺的正是技术含量及性价比高的新品种，特别是适合用于生产液体洗涤剂和浓缩型洗涤剂以及其他工业应用所需的特殊表面活性剂品种非常缺乏，一些特殊品种仍需从国外进口。因此，国内企业必须进一步调整产品结构，不断地开发出新型表面活性剂产品以满足市场需求，特别是开发资源可再生、环境友好、性能温和、节能节水和多功能化的产品以推动我国表面活性剂工业向前发展。

（3）扩大表面活性剂的应用领域成为今后研究重点

随着我国表面活性剂工业的发展，其应用不再仅仅局限于民用，而应更多地向工业领域扩展。今后应不断开发表面活性剂在各领域，尤其是高新技术、节能环保、三次采油和生物医药领域的应用，充分发挥表面活性剂“工业味精”的作用。

（4）生产工艺改进、节能降耗将成为企业的主要课题

随着我国阴离子表面活性剂总体用量的持续稳定增长，各生产企业产能的扩张，表面活性剂企

业之间的竞争将不可避免，要想在激烈的竞争中处于有利地位，首先要使反应过程尽可能地高转化率、高选择性和少排放，甚至是零排放，这既涉及反应路线的选取、高效催化剂的研制，又涉及工艺流程的确定、反应器及单元操作设备的开发。其次，降低生产成本、节能降耗以及副产物的综合利用也是我国表面活性剂工业生产中另一个值得关注的问题。

（5）表面活性剂相关法律法规越来越引起重视

当今表面活性剂的生物降解性、与环境的相容性、毒性、对人体的温和性、刺激性、有害物质的含量等均已引起各界的广泛重视。近十几年来，国内外在这方面做了大量的研发工作，如APG、MES、醇醚羧酸盐和脂肪酸聚甘油酯等温和型表面活性剂的开发；降低某些表面活性剂中副产物的含量（如AES中二噁烷含量、CAB中氯乙酸钠含量、AOS中磺内酯含量）并制定相关的标准。欧盟2005年实施的“欧盟议会和欧盟委员会关于洗涤剂第648/2004/EC号法规”对表面活性剂生物降解性也作了严格的规定，检测内容从初级生物降解性扩展到最终生物降解性，要求初级生物降解度大于80%、最终生物降解度大于60%，未通过初级降解检测的产品不得批准上市，未通过最终可降解性检测的产品将被列入另类产品。

中国非离子表面活性剂产销统计

1 国内主要非离子表面活性剂生产企业产销状况

2009—2011年，可谓是中国非离子表面活性剂发展最快的两年，据数据统计，近两年国内新建乙氧基化装置产能超过了20万t。截至2011年年底，国内所有非离子表面活性剂总产能超过130万t。但由于市场的基本趋于饱和态势，整体形势表现为开工率不高，实际产量为100万t左右（包括民用和工业用非离子表面活性剂）。中国洗涤用品工业协会依托中国日用化学工业研究院相关部门针对国内主要非离子表面活性剂生产企业进行统计，具体产销和市场情况见表1。

表1 2000—2011年国内主要非离子表面活性剂生产企业产销状况

年份	统计数 / 家	产量 / 万t	增幅 / %
2000年	13	13.0	—
2001年	13	18.4	41.54
2002年	13	18.4	0.00
2003年	14	25.0	35.87
2004年	14	23.8	-4.80
2005年	15	25.4	6.72
2006年	15	28.2	11.02
2007年	15	31.1	10.28
2008年	16	24.8	-20.26
2009年	16	40.9	64.92
2010年	16	50.3	22.98
2011年	16	56.67	12.66

从表1中可看出，截至2011年年底，统计的16家主要非离子表面活性剂生产企业产量超过了56万t，占全国非离子产量的比例超过了43.4%，目前国内主要非离子表面活性剂生产企业主要有北京罗地亚东方化工有限公司、辽阳华兴化学品公司、辽宁奥克化学集团公司、抚顺石油化工合成洗涤剂厂、中国三江化工有限公司、江苏钟山化工有限公司、吉化公司电石厂和上海科宁油脂化学品有限公司。其产能均超过5.0万t / 年，开工率基本维持在每年85%以上。市场产品结构表现传统产品基本趋于饱和状态，尤其是NP系列、吐温系列、斯潘系列产品目前生产趋于饱和，以多元醇和嵌段共聚物产品成为未来非离子的主要发展对象，2011年国内多元醇的产量超过15万t。

主要非离子表面活性剂生产企业产销情况见图1。

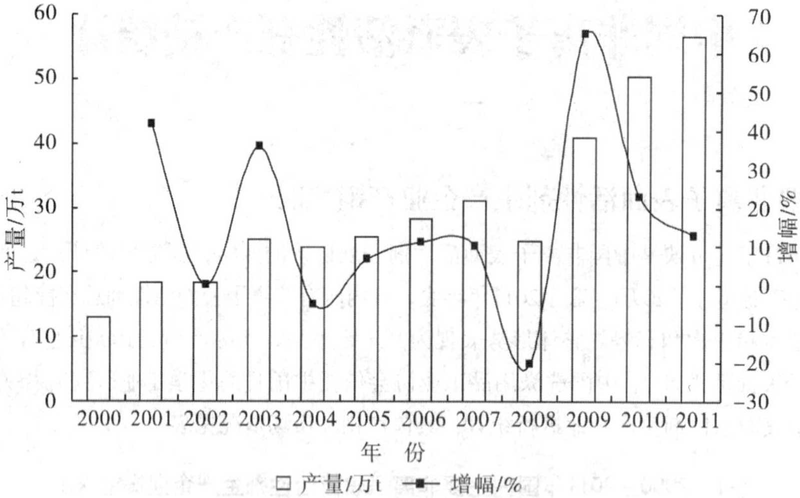

图1 统计主要非离子表面活性剂生产企业产销情况

从图1中可看出，2004—2007年，国内非离子产品生产增长还是比较平稳的，每年的增长幅度基本维持在10%左右，2008年受金融危机的影响，产量减少了20%，随着新项目建成投产和国内经济的快速复苏，2009年和2010年国内主要非离子生产企业产量增长幅度分别为64.9%和24.9%，2011年国内乙氧基化项目产能增长了近20万t，从目前的情况来看，预计到2012年年底，国内非离子表面活性剂的总产量将超过150万t，占据表面活性剂的市场比例将进一步提高。表2给出了2010年和2011年非离子表面活性剂的细分产品的产销情况。

表2 2010年和2011年非离子表面活性剂细分产品结构产销情况

主要产品类别	2010年		2011年	
	产量 / t	销量 / t	产量 / t	销量 / t
脂肪醇聚氧乙烯醚	338 644.8	208 343.2	426 843.40	316 612.06
AEO_9+AEO_7	35 889.9	36 874.6	48 537.00	49 537.76
AEO_3+AEO_2	87 609.9	81 395.6	141 362.00	138 687.90
聚醚	160 180	58 349	188 409.00	109 589.15
其他（除EO数2,3,7,9之外的AEO和PEG等）	54 965	31 724	48 535.40	18 797.25
脂肪胺聚氧乙烯醚	8 358	8 113	754.95	843.33
脂肪酸聚氧乙烯酯	600	590	560.00	540.00
烷基酚聚氧乙烯醚	16 451	14 546	18 110.00 [a]	18 593.10
其他（包括多元醇酯、烷醇酰胺、APG等）	139 201.4	138 684.9	121 140.73	117 131.31
合计	503 255.2	370 277.1	566 674.08	453 719.80

注：a表示2011年度的烷基酚聚氧乙烯醚由壬基酚聚氧乙烯醚和辛基酚聚氧乙烯醚分别为18 084 t和26 t组成。

可以看出，AEO产品占非离子总产量比例接近14%，过去两年产销基本处于平衡。烷基酚由于小产量企业在政策下逐步关闭，国内需求还是比较稳定的，有相当一部分是进口产品。包括多元醇、烷醇酰胺和APG在内的新型非离子表面活性剂过去两年发展迅速，产量比例已经接近40%。

2 产品结构分布（见图2～图3）

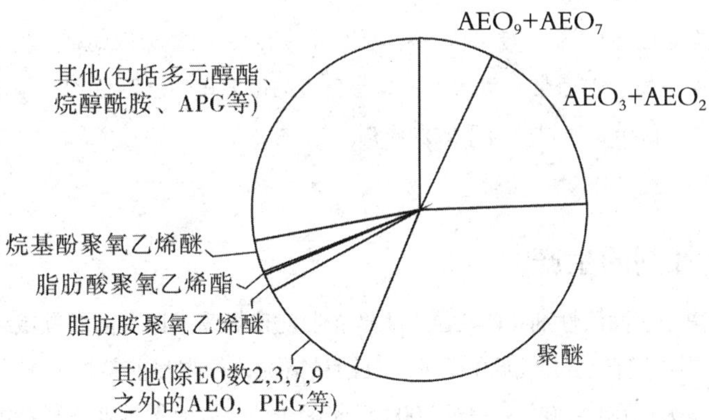

图2　2010年非离子表面活性剂产品结构分布图

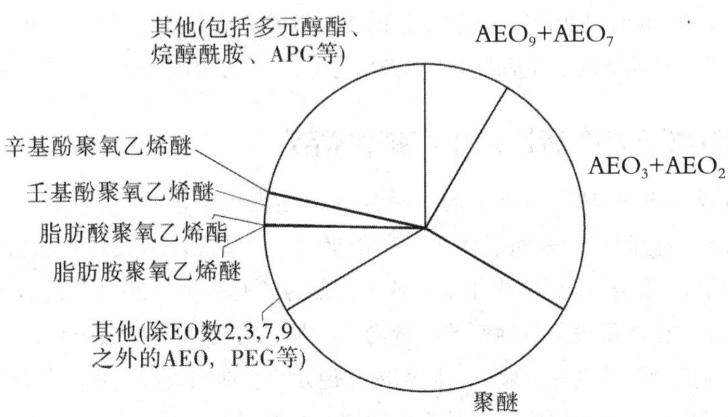

图3　2011年非离子表面活性剂产品结构分布图

通过对比2010年和2011年国内非离子表面活性剂的产品结构发现，产品结构基本没有大的变化，但是需要引起注意的是脂肪醇聚氧乙烯醚中AEO$_3$和AEO$_2$增幅较大，达到约60%，速度惊人，值得分析。说明未来EO数产品成为主要发展方向和市场需求。这主要得益于下游行业需求量的增加。

中国阳离子表面活性剂产销统计

阳离子表面活性剂（C-SAA）一般用作织物柔软剂、油漆、油墨印刷助剂、抗静电剂、杀菌剂、沥青乳化剂等。因为一般基质的表面带有负离子，当带正电的阳离子表面活性剂与基质接触时就会与其表面的污物结合，而不去溶解污物所以一般不做洗涤剂。

1 阳离子表面活性剂的生产

2011年，国内阳离子表面活性剂（C-SAA）生产企业对市场需求以及需求领域结构都很敏感，很多中型企业不愿意向外界透露自己的产能和产量以及销量情况，依据目前掌握的情况，目前国内C-SAA生产规模以上企业数量大概在15~20家，超过5 000 t / 年的企业主要有罗地亚飞翔精细化工有限公司、上海金山经纬化工有限公司、天津先光化工有限公司、天津天女化工集团、博兴华润油脂化学有限公司、厦门英诺威化工有限公司、山东长链化学有限公司和河南道纯化工有限公司等15多家，总产能占国内C-SAA 55%以上的市场。预计到2012年年底，国内C-SAA生产企业数还将增加2~3家，而且产能都将超过1万t / 年，多数企业的产品结构以烷基阳离子季铵盐为主，另外，咪唑啉生产企业也将有所增加。

2 国内季铵盐阳离子表面活性剂生产销售情况

烷基季铵盐作为一种重要的阳离子表面活性剂，国内市场消耗比例超过了60%。表1给出2000—2011年主要季铵盐阳离子表面活性剂生产企业的产销情况。从表1中数据大概可以了解到，阳离子用量较非离子和阴离子少，国内主要企业的产能也不是很大，2011年，如果不计算新纳入2家企业产量情况，国内阳离子表面活性剂的产量增长不是很明显。博兴华润和飞翔化工过去两年面临管理和股权交接，产量和销量有所减少，同期内其他几家企业增长幅度也不是很明显。

阻碍国内阳离子发展的主要原因：一是应用领域有待扩展，二是下游相关产业正面临改革和转型阶段，国内很大一部分用于护理产品的阳离子表面活性剂出口国外，真正在国内销售的阳离子产品的比例目前只占60%左右。所以对一些计划新上脂肪胺或阳离子企业而言，应该注意产品的多元化和应用扩展，不应单一追求量的规模化。

表1 主要季铵盐阳离子表面活性剂生产企业总产销量状况

年份	统计数 / 家	产量 / t	同比增长 / %	销量 / t	同比增长 / %
2000年	4	2 390	—	2 734	—
2001年	5	5 047	111.2	4 675	71.0
2002年	4	5 798	14.9	5 246	12.2
2003年	5	8 397	44.8	8 277	57.8

续表

年份	统计数 / 家	产量 / t	同比增长 / %	销量 / t	同比增长 / %
2004年	5	13 071	55.7	12 779	54.4
2005年	5	18 600	42.3	18 102	41.7
2006年	5	25 996	39.8	24 056	32.9
2007年	6	31 692	21.9	30 346	26.1
2008年	4	44 540	40.5	41 748	37.6
2009年	4	56 000	25.7	54 000	29.3
2010年	4	58 000	3.60	57 000	5.56
2011年	4	72 300	24.66	68 500	20.18

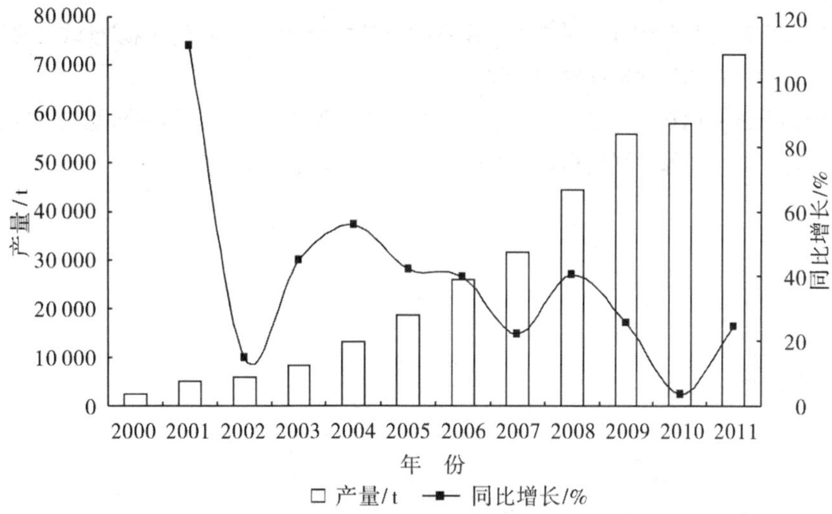

图1 2000—2011年国内主要季铵盐阳离子表面活性剂生产企业产量状况

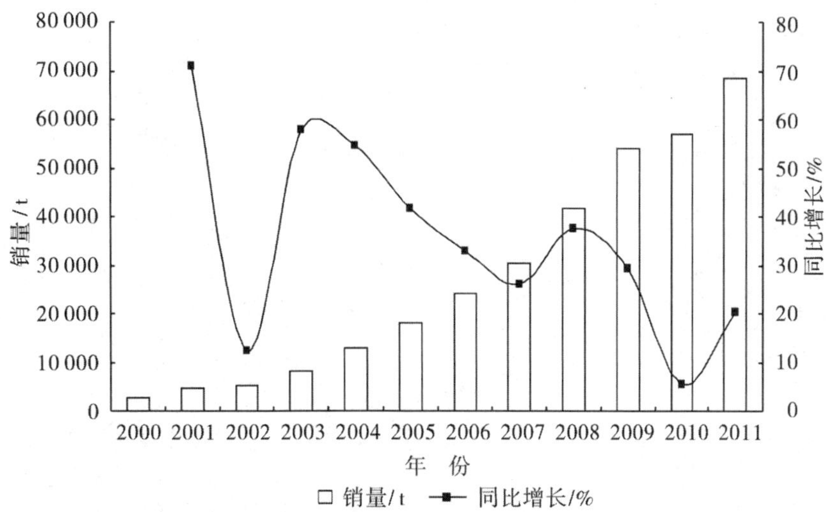

图2 2000—2011年国内主要阳离子表面活性剂生产企业销量状况

从表1、图1和图2中可看出，不管是产量还是销量，每年的增长幅度虽然保持下降趋势，但是从目前的生产技术和产品种类来看，质量上和数量上较2005年以前有了质的飞跃。通过计算可知，2003年以前，主要季铵盐生产企业的平均产量为1 000 t /（年·家），2006年达到了5 000 t /（年·家），到2009年，更是达到了10 000 t /（年·家）。说明我国阳离子表面活性剂规模已接近或达到世界先进水平。但随着国家一系列环保政策和行业规范出台，生产和市场局面将发生变化。

3 国内阳离子表面活性剂市场分析

（1）由于受技术和设备水平的限制，国内传统阳离子表面活性剂市场已经趋于饱和，具有高性能和高附加值的产品还需进口，且出口单价均低于进口单价。

（2）具有规模的生产企业已经或者即将被国际跨国公司兼并或股买。如罗地亚收购飞翔，KLK收购上海金山经纬，阿克苏贝尔收购博兴华润、天女与台资公司联合等，整体表现为国际巨头之间的激烈竞争。

（3）兼并和重组有利于国外先进技术和设备的引进，同时满足国家节能减排政策的要求，为阳离子表面活性剂的创新和长期发展提供基础。

（4）传统的石油基原料逐步被东南亚的天然脂肪酸酯类所替代。包括油脂氨化衍生阳离子表面活性剂由于复合安全、环保和绿色理念，将成为未来几年的主要发展方向。

中国两性表面活性剂产销统计

中国表面活性剂产品中涉及两性产品的主要有氨基酸型表面活性剂、甜菜碱型表面活性剂（羧基甜菜碱、磺基甜菜碱和磷酸酯甜菜碱等）、咪唑啉型表面活性剂和氧化胺型表面活性剂等。

截至2010年年底，国内两性表面活性剂生产企业数超过了20家，年产能超过9.5万 t，其中涉及甜菜碱的两性表面活性剂的企业数占80%，年产能在6.3万t以上，涉及氨基酸表面活性剂的产能在9 000 t / 年~10 000 t / 年；涉及咪唑啉和氧化胺两性表面活性剂的年产能在1万t左右，其中有相当一部分产品属企业定制产品。

应用方面，甜菜碱表面活性剂使用量较大，主要用于儿童化妆品、儿童护肤品和香波类护发产品等，其中尤以椰油酰胺基丙基甜菜碱为多，其次就是烷基类甜菜碱产品，2010年，国内甜菜碱类表面活性剂的交易量在5.3万 t左右，较2009年同比下降了1.7%。但在上游氯乙酸等原料充足的趋势下，甜菜碱的生产产能有所增加，出现产量下降的主要原因是开工率的下降和原料成本上涨等。

图1给出2005—2010年国内两性表面活性剂的产销情况。截至2011年年底，国内两性表面活性剂的产量达到了7.05万t，销量更是达到了6.98万t，虽然较2010年有所减少，但是行业需求增长带动未来国内两性表面活性剂产品增长比例保持在20%以上。

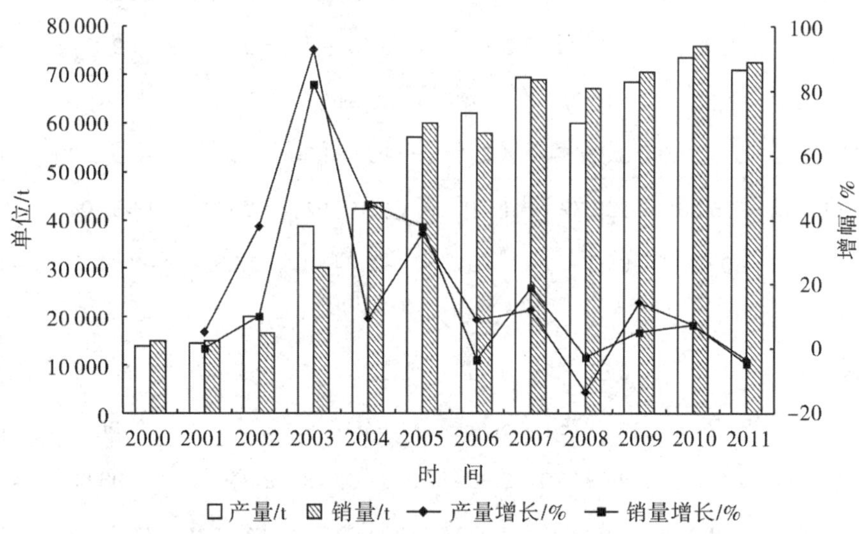

图1 2005—2010年国内两性表面活性剂的产销情况

到2012年，国内两性表面活性剂的市场将出现正增长，预计增长比例在6.5%以上。由于市场比例较少，对整个表面活性剂市场影响不大。

中国表面活性剂进出口统计

1 整体概况

海关进出口数据将表面活性剂主要分为阴离子、非离子、阳离子和其他4类。2005—2011年国内表面活性剂主要产品进出口情况见表1。

表1 2005—2011年国内表面活性剂主要产品进出口情况

种类＼年份	2005年	2006年	2007年	2008年	2009年	2010年	2011年
阴离子表面活性剂							
进口量 / 万t	3.50	4.28	4.64	4.31	5.03	5.48	5.42
增幅 / %	—	22.29	8.41	−7.11	16.71	8.95	−1.09
进口额/万美元	5 509.70	6 923.20	8 472.90	9 168.40	9 851.20	12 361.50	14 675.50
进口均价：美元 / t	1 574.20	1 617.57	1 826.06	2 127.24	1 958.49	2 255.75	2 707.66
出口量 / 万t	4.07	3.41	3.88	6.55	6.31	7.89	9.93
增幅 / %	—	−16.22	13.78	68.81	−3.66	25.04	25.86
出口额/万美元	3 806.90	3 364.90	4 721.30	10 584.20	7 998.00	10 912.20	16 602.50
出口均价：美元 / t	935.36	986.77	1 216.83	1 615.91	1 267.51	1 383.04	1 671.95
净进口量[a] / 万t	−0.57	0.87	0.76	−2.24	−1.28	−2.41	−4.51
阳离子表面活性剂							
进口量 / 万t	1.02	0.89	0.95	0.88	0.90	1.27	1.12
增幅 / %	—	−12.75	6.74	−7.37	2.27	41.11	−11.81
进口额/万美元	2 552.30	2 599.70	2 887.50	3 082.40	2 856.10	4 196.50	4 207.80
进口均价：美元 / t	2 502.25	2 921.01	3 039.47	3 502.73	3 173.44	3 304.33	3 756.96
出口量 / 万t	1.11	1.31	2.05	2.70	3.45	4.70	5.28
增幅 / %	—	18.02	56.49	31.71	27.78	36.23	12.34
出口额/万美元	1 642.10	2 042.90	2 887.50	3 082.40	2 856.10	9 857.30	13 412.90
出口均价：美元 / t	1 479.37	1 559.47	1 408.54	1 141.63	827.86	2 097.30	2 540.32
净进口量[a] / 万t	−0.09	−0.42	−1.10	−1.82	−2.55	−3.43	−4.16

续表

种类＼年份	2005年	2006年	2007年	2008年	2009年	2010年	2011年
非离子表面活性剂							
进口量 / 万t	17.26	18.21	22.79	22.46	27.15	23.29	20.30
增幅 / %	—	5.50	25.15	−1.45	20.88	−14.22	−12.84
进口额/万美元	28 516.40	31 442.60	41 277.90	50 348.80	46 768.60	51 085.80	55 967.00
进口均价：美元 / t	1 652.17	1 726.67	1 811.23	2 241.71	1 722.60	2 193.47	2 757.00
出口量 / 万t	0.70	0.74	1.18	1.72	1.95	3.67	5.17
增幅 / %	—	5.71	59.46	45.76	13.37	88.21	40.87
出口额/万美元	1 262.00	1 343.80	2 429.80	4 305.90	4 807.00	8 340.00	13 196.20
出口均价：美元 / t	1 802.86	1 815.95	2 059.15	2 503.43	2 465.13	2 272.48	2 552.46
净进口量[a] / 万t	16.56	17.47	21.61	20.74	25.20	19.62	15.13
其他表面活性剂							
进口量 / 万t	1.34	0.92	0.89	0.88	0.71	0.89	0.90
增幅 / %	—	−31.34	−3.26	−1.12	−19.32	25.35	0.56
进口额/万美元	2 465.00	2 491.80	2 529.50	2 472.90	2 062.80	2 374.70	2 728.70
进口均价：美元 / t	1 839.55	2 708.48	2 842.13	2 810.11	2 905.35	2 668.20	3 048.83
出口量 / 万t	1.43	2.11	2.88	3.73	3.12	6.06	6.73
增幅 / %	—	47.55	36.49	29.51	−16.35	94.23	11.06
出口额/万美元	1 672.33	2 368.90	3 738.70	5 385.30	4 180.70	11 088.70	17 618.00
出口均价：美元 / t	1 169.46	1 122.70	1 298.16	1 443.78	1 339.97	1 829.82	2 617.83
净进口量[a] / 万t	−0.09	−1.19	−1.99	−2.85	−2.41	−5.17	−5.84
合计							
进口量 / 万t	23.12	24.30	29.27	28.53	33.79	30.93	27.74
增幅 / %	—	5.10	20.45	−2.53	18.44	−8.46	−10.33
进口额/万美元	39 043.40	43 457.30	55 167.80	65 072.50	61 538.70	70 018.50	77 579.00
进口均价：美元 / t	1 688.73	1 788.37	1 884.79	2 280.84	1 821.21	2 263.77	2 797.15
出口量 / 万t	7.31	7.57	9.99	14.70	14.83	22.32	27.11
增幅 / %	—	3.56	31.97	47.15	0.88	50.51	21.46
出口额/万美元	8 383.33	9 120.50	13 777.30	23 357.80	19 841.80	40 198.20	60 829.60

续表

种类 \ 年份	2005年	2006年	2007年	2008年	2009年	2010年	2011年
出口均价：美元 / t	1 146.83	1 204.82	1 379.11	1 588.97	1 337.95	1 800.99	2 243.81
净进口量[a] / 万t	15.81	16.73	19.28	13.83	18.96	8.61	0.63

注：a表示当年产品进口量与出口量的差，负值表示以出口为主。

图1~图5给出我国近几年主要表面活性剂的细分产品的进出口情况。

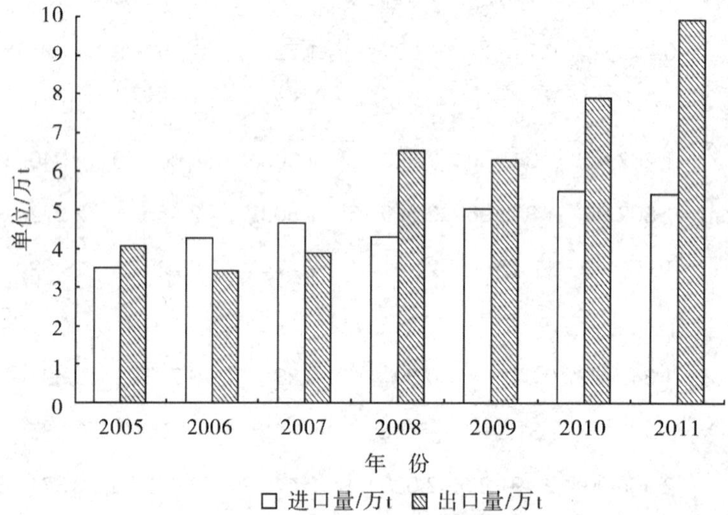

（a）2005—2011年阴离子表面活性剂的进出口量统计

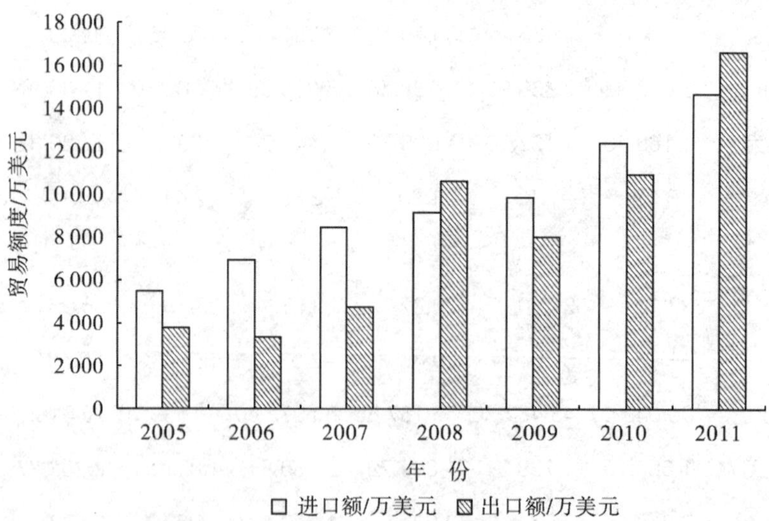

（b）2005—2011年阴离子表面活性剂的进出口额统计

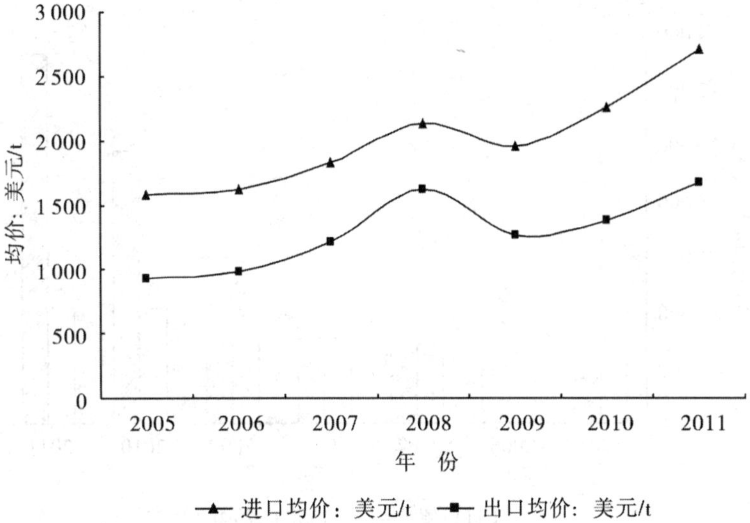

（c）2005—2011年阴离子表面活性剂的进出口价格统计

图1 2005—2011年阴离子表面活性剂进出口统计分析

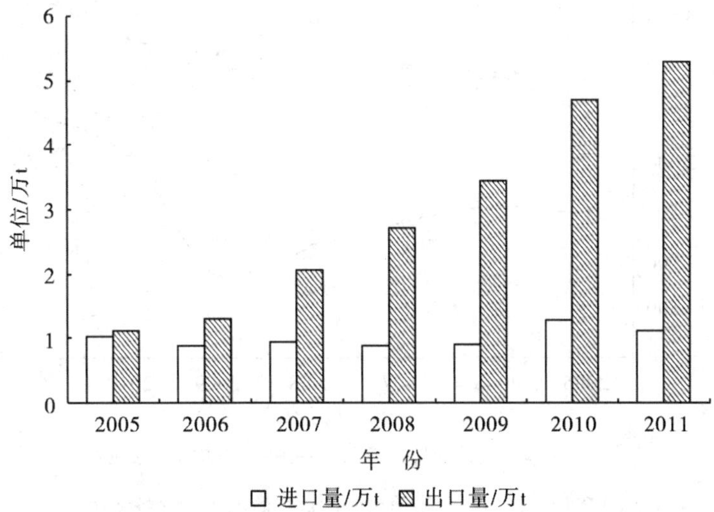

（a）2005—2011年阳离子表面活性剂的进出口量统计

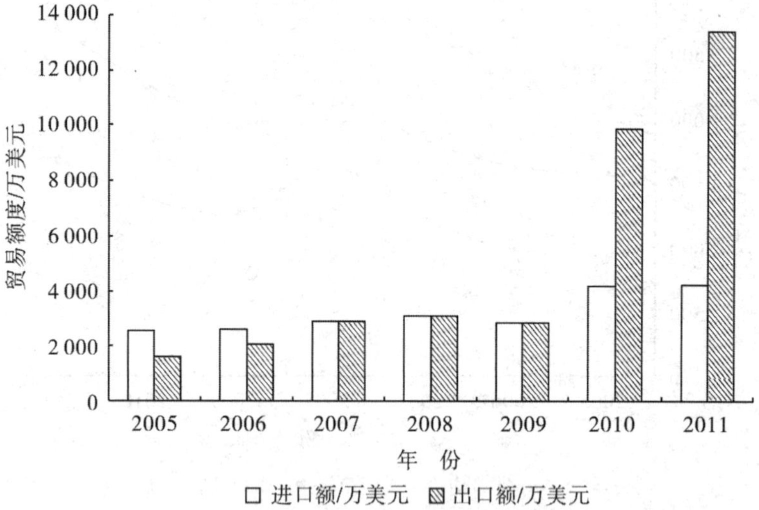

（b）2005—2011年阳离子表面活性剂的进出口额统计

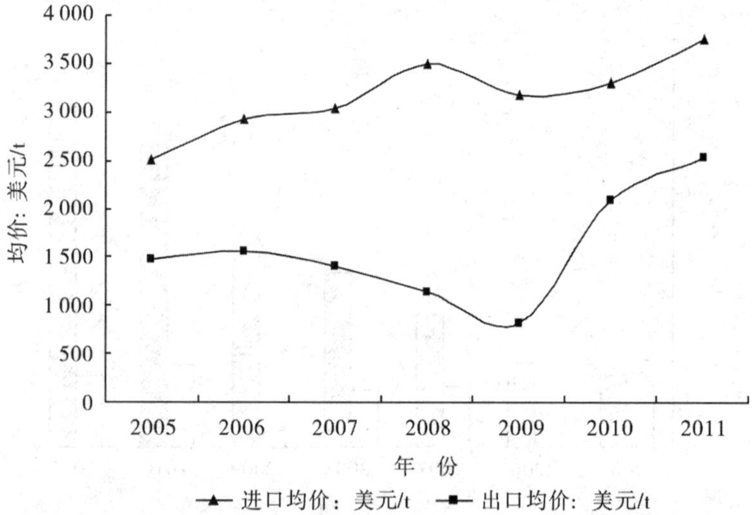

（c）2005—2011年阳离子表面活性剂的进出口价格统计

图2　2005—2011年阳离子表面活性剂的进出口统计分析

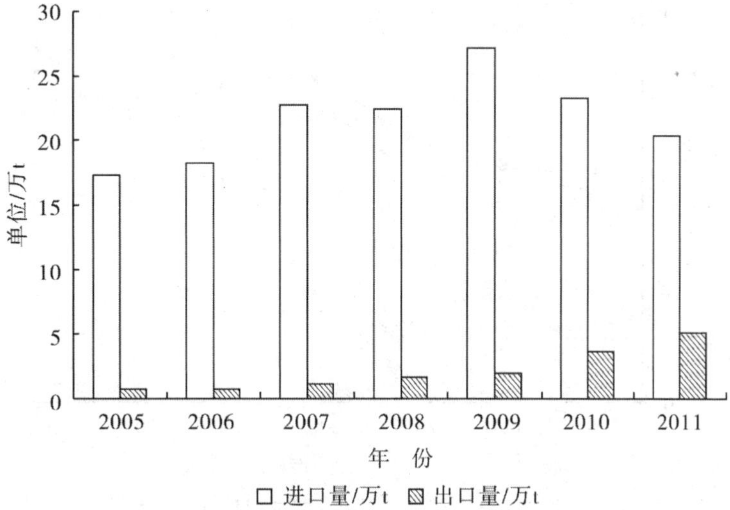

（a）2005—2011年非离子表面活性剂的进出口量统计

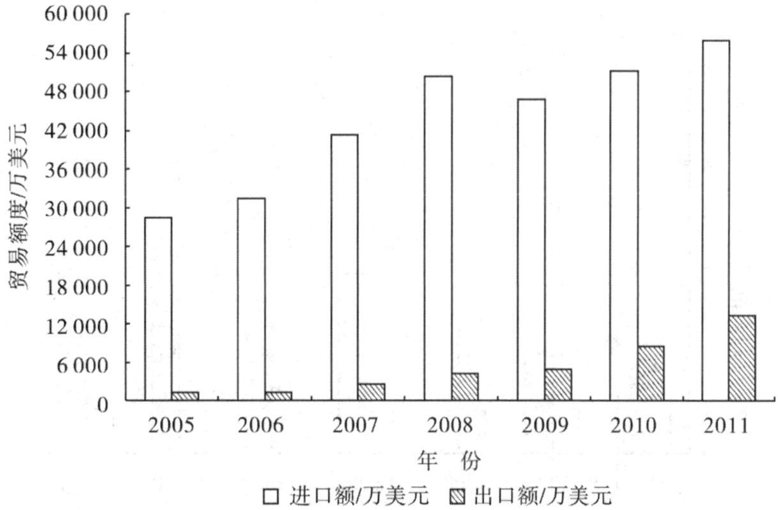

（b）2005—2011年非离子表面活性剂的进出口额统计

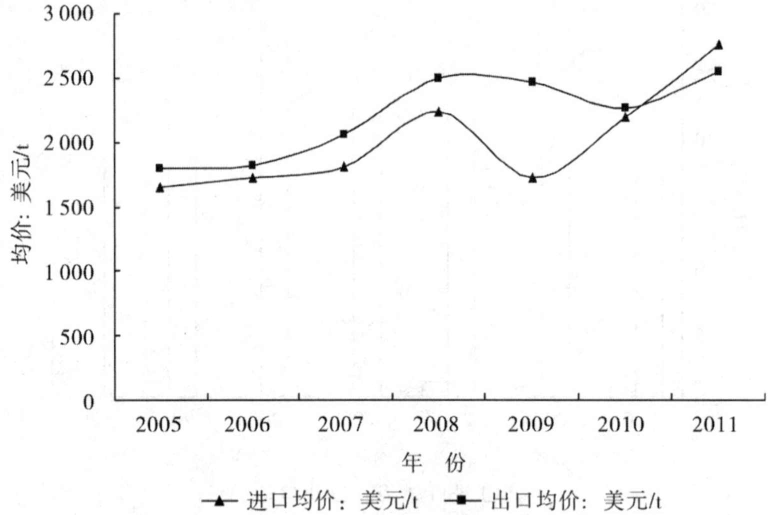

（c）2005—2011年非离子表面活性剂的进出口价格统计

图3　2005—2011年非离子表面活性剂进出口统计分析

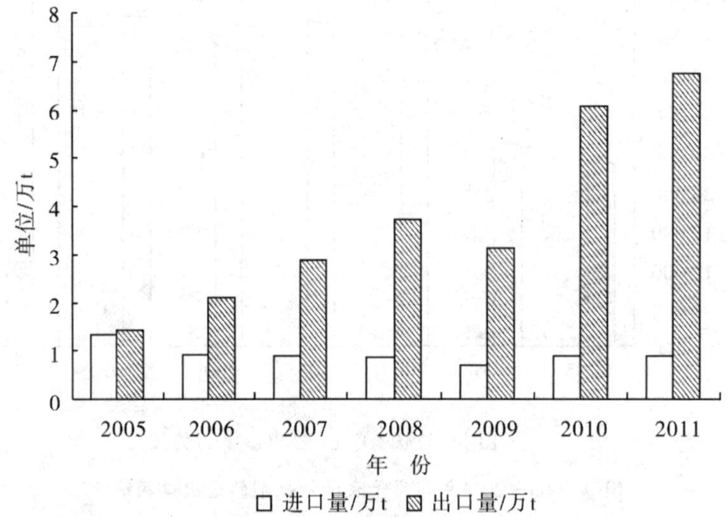

（a）2005—2011年其他离子表面活性剂的进出口量统计

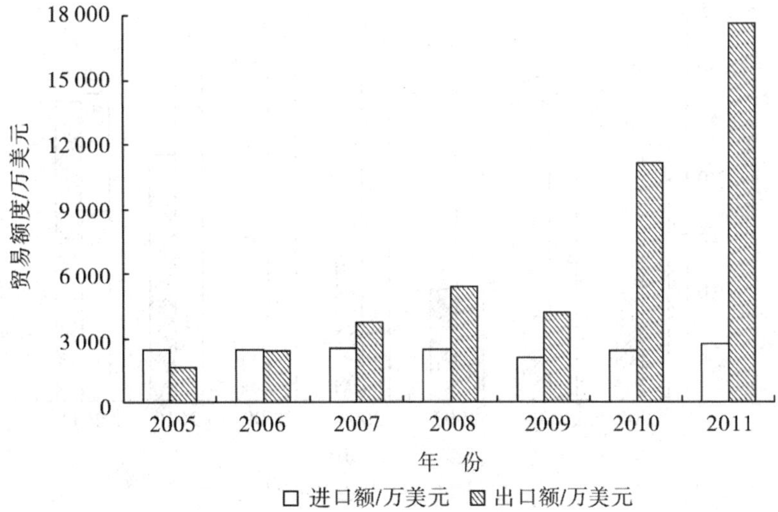

（b）2005—2011年其他离子表面活性剂的进出口额统计

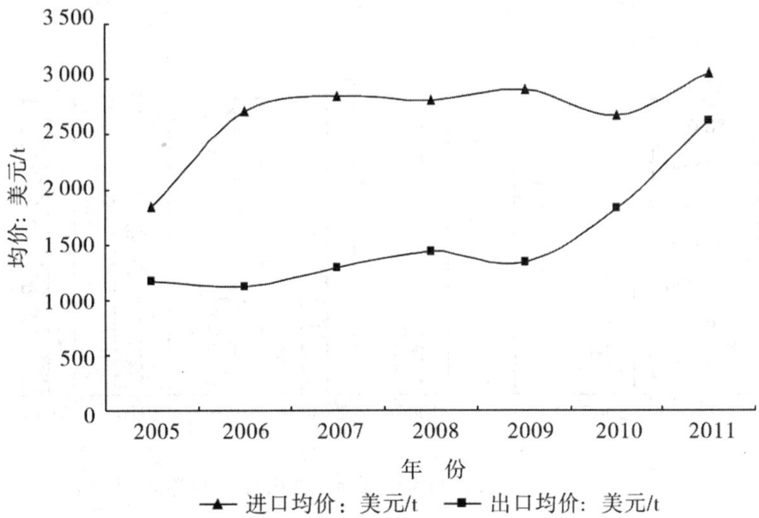

（c）2005—2011年其他离子表面活性剂的进出口价格统计

图4 其他非离子表面活性剂进出口统计分析

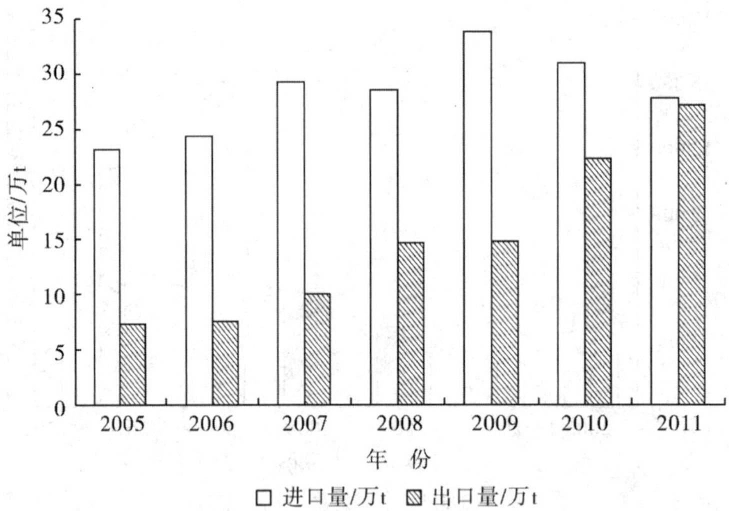

（a）2005—2011年国内表面活性剂的进出口量统计

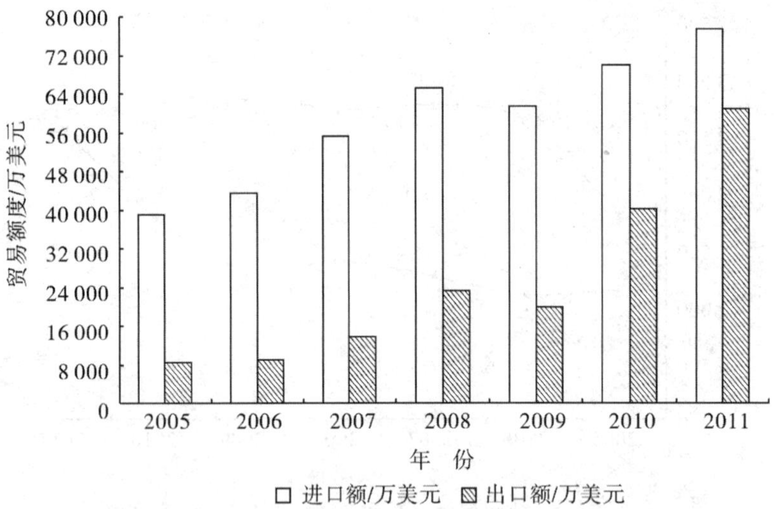

（b）2005—2011年国内表面活性剂的进出口额统计

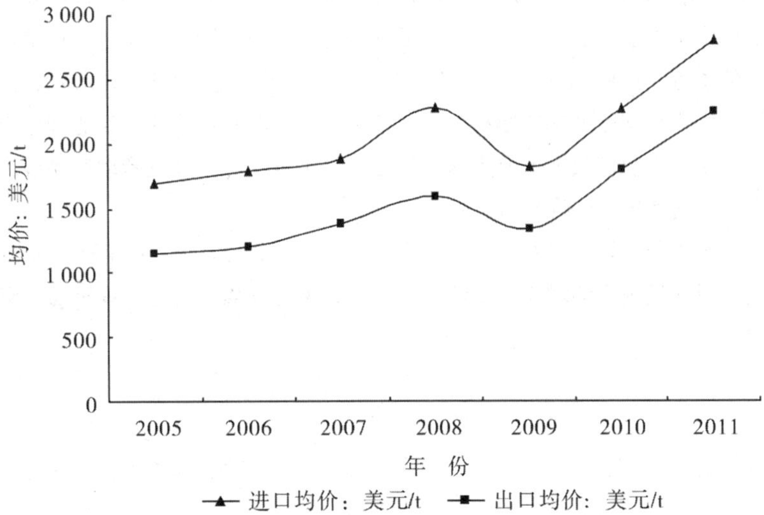

（c）2005—2011年国内表面活性剂的进出口价格统计

图5 2005—2011年国内表面活性剂进出口统计分析

从图中可以看出，进出口量、贸易额和均价均在2008年达到最高，之后随着全球经济的低迷进入低谷，进入2009年，随着各国一系列刺激经济政策的实施，我国的表面活性剂进出口在各个方面均创新高，业内人士关注的价格也是一路走高，或许和石油价格一直在高位运行不无关系。可以预见，在不久的将来，随着人们越来越关注环保，实施可持续发展，石油基表面活性剂产品比例会有所下降，对石油的依赖程度会降低。目前国内许多日化企业正在加紧产品的绿色化开发，实现原材料绿色化，产品工艺绿色化，进而实现最终产品的绿色化成为必然趋势。

2 进出口分析

单从数据和图表中的分析可以看出，2005—2011年，虽然每年阴离子表面活性剂的市场需求量超过了150万t，但年进出口总量却均低于10万t，贸易额度没有超过2.0亿美元，说明阴离子表面活性剂在国内市场的供求基本保持平衡，而其中超过75%以上的阴离子产品主要用于洗涤行业和纺织行业等工业领域。其中洗涤产品需求比例达到了50%。作为人口大国，洗涤产品每年消耗阴离子表面活性剂产品量在65万t以上，而且这种趋势在未来10年内不会发生很大变化。从产品结构上分析，我国出口阴离子表面活性剂产品主要作为洗涤原料，而进口产品有相当一部分用于石油开采和纺织行业，诸如烷基苯磺酸盐等传统洗涤原料国内生产完全可以满足，受政策限制，一些高附加值产品却因技术和设备限制，发展受阻，因此建议国内阴离子生产企业要走多元化产品发展路线。

从进出口价格上来看，我国每年阴离子产品进口价格较出口高出500美元/t以上，这种差别不单单表现在数值上，更说明了国内产品的质量和附加值低成为阻碍阴离子发展的主要瓶颈。随着MES、AOS和AES等新兴阴离子产品项目的不断建设以及应用潜力的开拓，未来我国阴离子产品从结构上将会出现巨大转折，传统产品的比例将会逐年降低。

相比较阴离子产品，我国每年出口阳离子表面活性剂产品量远远超过进口产品，诸如2010年和

2011年，国内阳离子表面活性剂产品的出口量较进口量高出3.4万t和4.2万t。仅出口量分别占当年产量的比例为28.5%和33.5%，近1 / 3产品出口。但面临一个严重的问题就是进出口单价相差太大，出口价格较进口价低了近1 000美元 / t，金融危机期间更是相差超过了1 500美元 / t，主要原因有：一是出口产品主要以个人护理产品配方原料为主，二是国内市场基本饱和，企业开始走向国际化竞争路线，主要阳离子生产企业被收购也成为这种趋势的一个推动力。开发新型产品成为国内阳离子生产企业的唯一出路，这首先应该将产品应用定位到工业领域。

比较阴离子和阳离子产品，国内非离子产品出现供不应求的局面，每年进口量超过了20万t，随着国内乙氧基化项目建设规模的增长，预计到2015年，国内非离子将会出现贸易平衡局面，国内市场基本形成供求平衡。

中国表面活性剂生产企业上市公司

1 中国三江精细化工有限公司

1.1 公司介绍

中国三江为中国最大规模的民营环氧乙烷及AEO表面活性剂生产商兼供应商。其主要产品为环氧乙烷及AEO表面活性剂，乃家居清洁产品及化妆品的核心成分。表面活性剂产品广泛应用于生产洗涤液、化妆品及软膏等家居清洁产品。

按产量划分的市场份额计算，公司在中国环氧乙烷市场的份额由2008年约11%上升至2009年约19%；在中国AEO表面活性剂市场的份额由2008年约7%上升至2009年约13%。截至2011年，集团环氧乙烷及表面活性剂的总计划产能分别约为18万 t / 年及23万 t / 年，其中AEO市场份额继续保持18%的比例。

1.2 股市发行情况

中国三江2010年9月宣布其全球发售股份于香港联合交易所有限公司主板上市之详情。全球发售25 240万股股份，其中22 716万股股份以国际配售形式发售，其余的2 524万股股份将于香港公开发售于公众人士（国际及公开发售股份数目可予调整）。公众持股量将为扩大后总股本约25.01%。

每股股份发售价介于港币2.38~3.38元之间，每手1 000股，连同其他交易费用，每手共港币3 414.11元。按发售价计算，2009年12月31日止，年度过往市盈率分别为8.7倍及12.3倍。

在扣除相关开支后，发售价为每股股份2.88港元（即指示性发售价范围每股股份2.38港元至3.38港元的中位数），全球发售所得款项净额合计估计约为672.7百万港元。将主要用作投资于：（1）最多67%用作展开计划年产能分别为6.0万 t及10.0万 t 的环氧乙烷生产设施第3期及第4期兴建工程；（2）最多15%用于中国现有表面活性剂生产或相关业务的潜在收购机会；（3）最多12%向由湖南石油化学株式会社与中国三江共同成立的中外合营公司三江湖石作出注资及投资。注资将用作兴建三江湖石生产环氧乙烷的生产设施；（4）最多6%用作建造乙烯储存罐，总储存量约为22 000 m^3，以及余额将用作一般营运资金。

1.3 2010—2011年股市运行情况

表1和表2 为三江化工股份近几年的营业收入情况，2011年全年营业额达到了20.78亿元，较2010年的15.82亿元增加了31.35%。过去两年公司继续保持盈利状态。

表1　重要财务指标

单位：百万元

报表类型	2011年年报	2011年中报	2010年年报	2010年中报
营业额	2 078.188 0	894.440 0	1 582.526 0	831.240 0
损益额	404.769 0	158.220 0	266.126 0	110.695 0
盈利或亏损	盈利	盈利	盈利	盈利
变动幅度	52.096 7	42.933 2	9.935 3	−17.771 6

表2　资产负债表

单位：百万元

报表类型	2011年报	2010年报	2009年报	2008年报	2007年报
非流动资产	1340.688	1270.284	1020.083	1034.69	856.225
流动资产	2221.756	1266.758	616.895	737.11	712.662
流动负债	1928.18	1120.96	1280.458	1280.449	1267.245
净流动资产/（负债）	293.576	145.798	−663.563	−543.339	−554.583
非流动负债	47.053	81.271	122.322	153.11	80.341
净资产/（负债）	1584.759	1332.775	234.36	301.85	194.129
储备	1497.451	1244.356	233.459	301.85	194.129
银行贷款（流动负债）	1435.829	745.4	629.986	647.963	568.287
非流动银行贷款	—	48.36	89.5	139	80
总资产	3562.444	2537.042	1636.978	1771.8	1568.887
总负债	1977.685	1204.267	1402.618	1469.95	1374.758

2 辽宁奥克化学股份有限公司

2.1 企业介绍

辽宁奥克化学集团是以表面活性剂、油田化学品、农药助剂、聚乙二醇及纳米材料等专用化学品的研究、开发、生产和应用为核心的辽宁省民营高新技术企业、省级信誉AAA企业、市优秀科技企业、市级明星企业、区科技先进企业、优秀管理企业、科技先导企业和市重点扶持企业。奥克已在2000年通过了ISO9001国际质量体系认证。奥克拥有一支由享受国务院政府特殊津贴的专家、教授、博士和硕士等组成的高素质员工队伍。奥克始终以环氧乙烷和环氧丙烷为原料的表面活性剂的研究开发与应用为奥克基础发展领域，在开发、生产及应用以环氧乙烷、环氧丙烷为原料的表面活性剂的研究、开发、生产与应用方面始终处于国内领先水平，并形成了极具特色的奥克核心技术专长和OX系列产品，拥有12 000t年聚醚产品生产能力；奥克有多项技术被列入国家重大科研成果，多项成果获国家和省级科技进步奖，奥克发表专业学术论文60多篇。

目前，奥克已经与大连理工大学、北京石油大学、俄罗斯科学院石化研究所、美国斯坦福大学纳米材料研发中心建立了广泛深入的合作关系。并将加速资本运作、实现跳跃式发展，建成以表面活性剂、纳米材料和医药中间体为重点发展领域的奥克高科技产业集团。

2.2 股市运行以及利润分配情况（见图1）

在辽宁奥克化学股份有限公司2011年度权益分派实施公告中指出，公司2011年度权益分派方案为：以公司2011年12月31日的总股本259 200 000股为基数，向全体股东每10 股派现金红利3.30元（含税；扣税后，个人、证券投资基金、QFII、RQFII实际每10股派2.97元；对于QFII、RQFII外的其他非居民企业，本公司未代扣代缴所得税，由纳税人在所得发生地缴纳）。

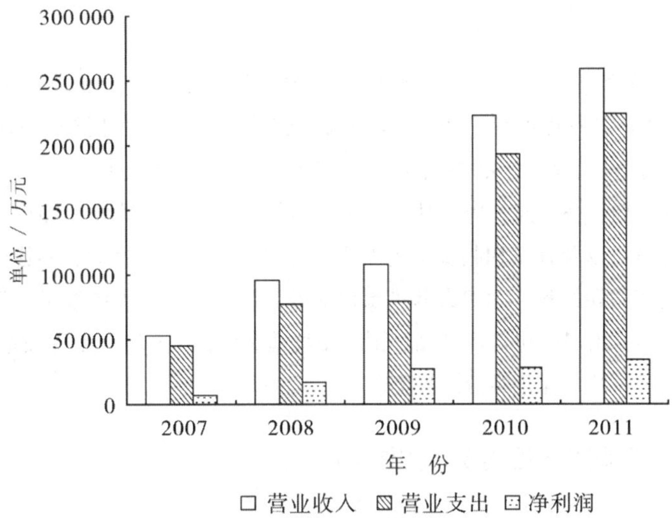

图1 奥克股份利润分配

图2为2011年奥克主营产品地区分布情况，奥克产品市场主要集中在华东和华北等经济发展速度快的地区，比例分别为39.32%和25.05%，中南地区作为主要营销地区之一，比例也达到了13.27%。东北、华北和中南三个地区市场比例达到了77.6%。随着公司的不断发展，未来产品出口比例可能出现增长。从产品结构分析（图3），聚醚单体和切割液成为公司营业收入主要来源，比例分别为52.07%和43.05%。当然成本支出也主要集中在这两块，比例分别为53.2%和41.7%。

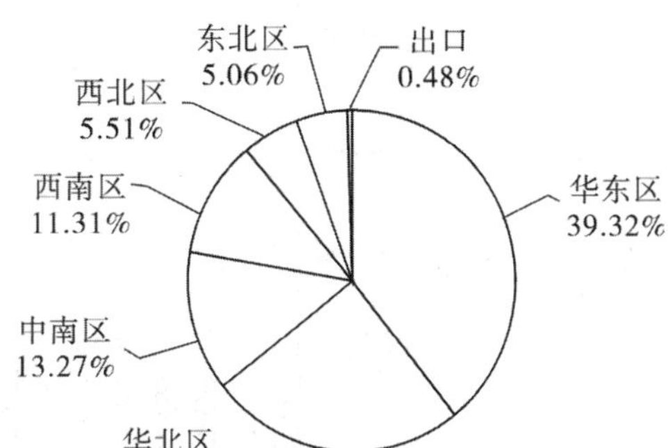

图2 主营产品地区分布

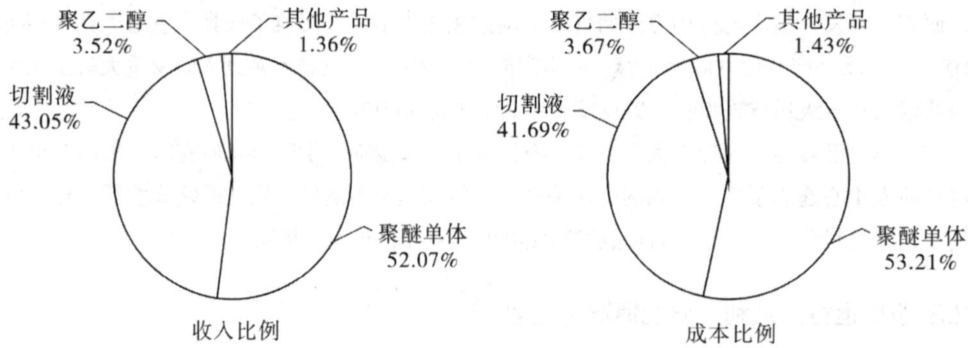

图3　奥克主营产品收入和成本

3 广州浪奇实业股份有限公司

3.1 公司介绍

公司前身系广州浪奇实业公司，1992年11月始进行股份制改组，始将原公司净资产折为国家股4 887.533 5万股，定向募集职工股1 200万股，经次年9月至10月首次公开发行，上市时总股份8 127.533 5万股；职工股1 179.978万股于1995年3月24日上市交易。

（1）制造合成洗涤剂、香（药）皂、甘油、化妆品、十二烷基苯磺酸、AES、各类表面活性剂、塑料制品、纸类包装材料以及开发和制造市场需要的其他产品；（2）批发、零售公司自产产品以及适应市场需要的其他产品和原料；（3）自营进出口业务：进口公司所需的技术、设备、仪器、工模具、包装物和原辅材料；出口公司自产产品和国际市场适销的商品；（4）为相关企业提供咨询服务、技术转让，发展第三产业及多元化经营的投资。

3.2 股市运行以及利润分配情况（见图4）

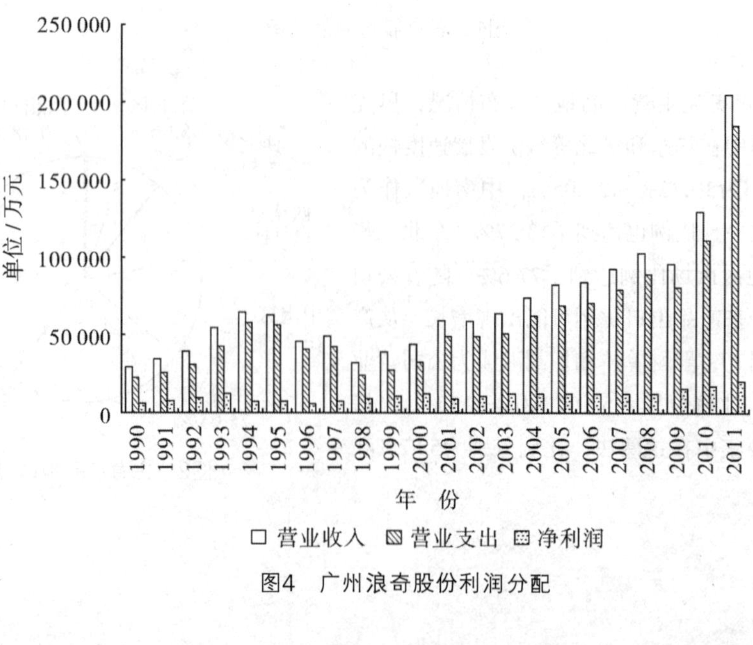

图4　广州浪奇股份利润分配

广州浪奇表面活性剂生产主要以MES为主，销售业主要以华南和中南地区为主，很大一部分用于自己下游洗涤产品原料。原料自给率达到了50%以上。

4 浙江传化股份有限公司

4.1 公司介绍

传化集团创建于1986年，是一家多元化民营企业集团，集团主要事业包括化工、物流、农业、科技城、投资等五大事业领域，2010年，集团拥有员工7400多名；实现工业和服务业总收入145.8亿元、利润8.76亿元、上缴税金6.6亿元；位列“中国企业500强”、“中国民营企业500强”、“中国最具价值品牌500强”。

4.2 股市运行以及利润分配情况

图5为传化2001—2011年公司营业收入、营业支出和净利润情况，2010年和2011年公司营业收入分别接近25亿元和30亿元。2011年公司利润更是达到了5亿元。年均增长幅度在4.5%左右。

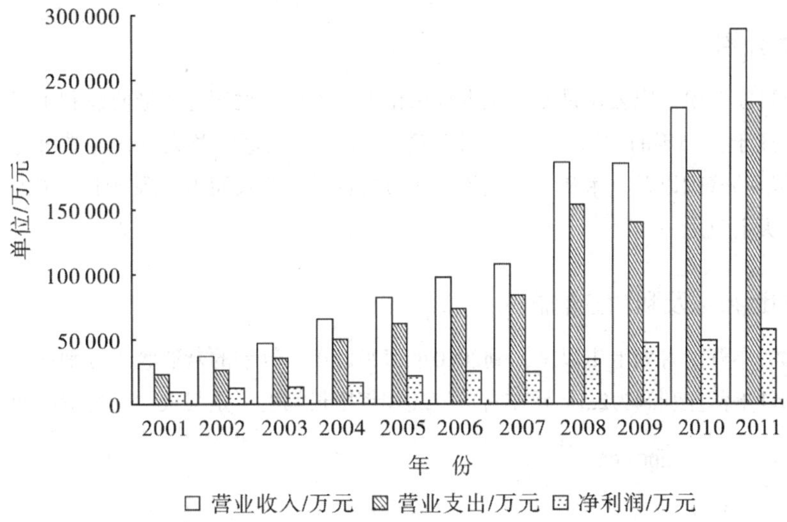

图5 浙江传化集团利润结构分配

图6和图7为2011年传化集团主营收入情况，公司收入地区分布集中在华南和华东地区，这两个地区经济发展快速和企业集中地区，从地区收入来看，二者比例分别达到了51.94%和44.06%，合计超过了95%，其中产品主要以印染助剂和皮革化油剂为主，二者收入比例占公司总比例分别为41%和38%，合计79%，成本预算分别为35%和41%，合计76%，利润的很大一部分依靠纺织助剂收入。

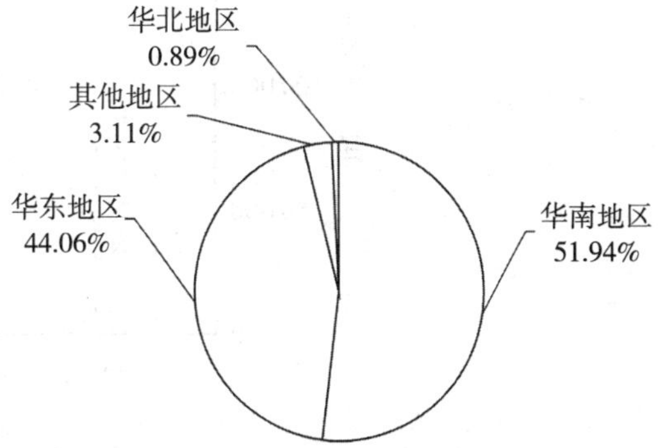

图6 主营产品地区分布

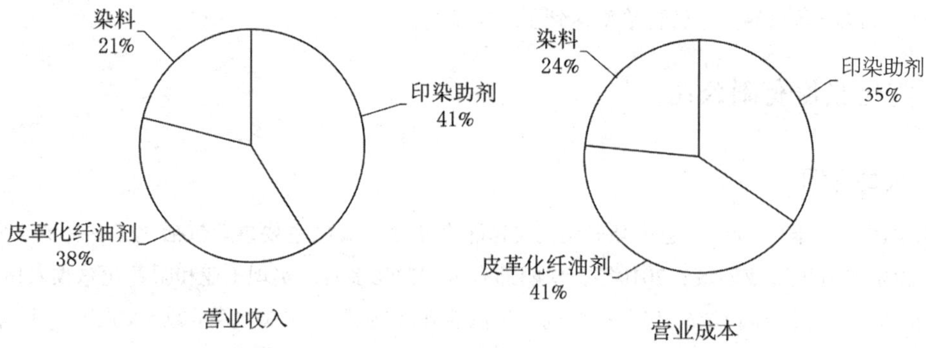

营业收入（产品和行业）

图7　传化集团主营产品收入和成本预算

5 浙江赞宇科技股份有限公司

5.1 公司介绍

浙江赞宇科技股份有限公司是专业从事日用化工、表面活性剂等领域研发和生产的高新技术企业。前身是创建于1965年的“浙江省轻工业研究所”。公司历经改革大潮，经受市场洗礼，凭借先进的理念、科学的管理以及技术和人才优势，在市场竞争中脱颖而出，现已成为国内研究和生产表面活性剂的龙头企业之一。

5.2 股市运行以及利润分配情况

公司从2009年开始筹划上市以来，到2010年和2011年，赞宇的营业收入分别达到了13亿元和18亿元左右。2011年营业利润为2.5亿元左右，较2010年增长幅度不是很大，分配情况如图8。

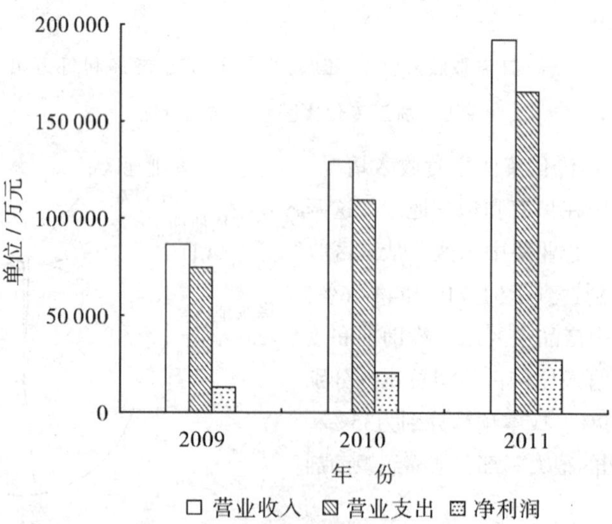

图8　浙江赞宇科技股份利润分配

图9和图10为2011年赞宇科技主营产品和营业收入以及支出等情况，公司市场收入集中在华东和华南地区，公司表面活性剂产品表现多元化，主要以AES、AOS、MES和6501为主，收入比例分别为62.54%、10.05%、7.25%和6.41%，合计超过了86.2%；成本支出比例分别为62.27%、10.55%、6.66%和6.82%，合计86.3%。

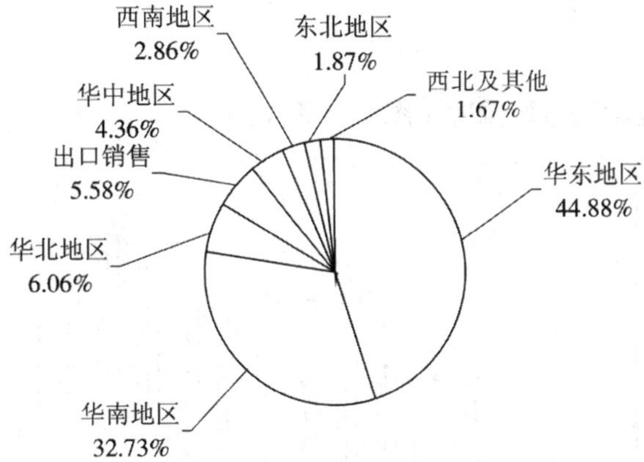

图9 主营产品地区分布

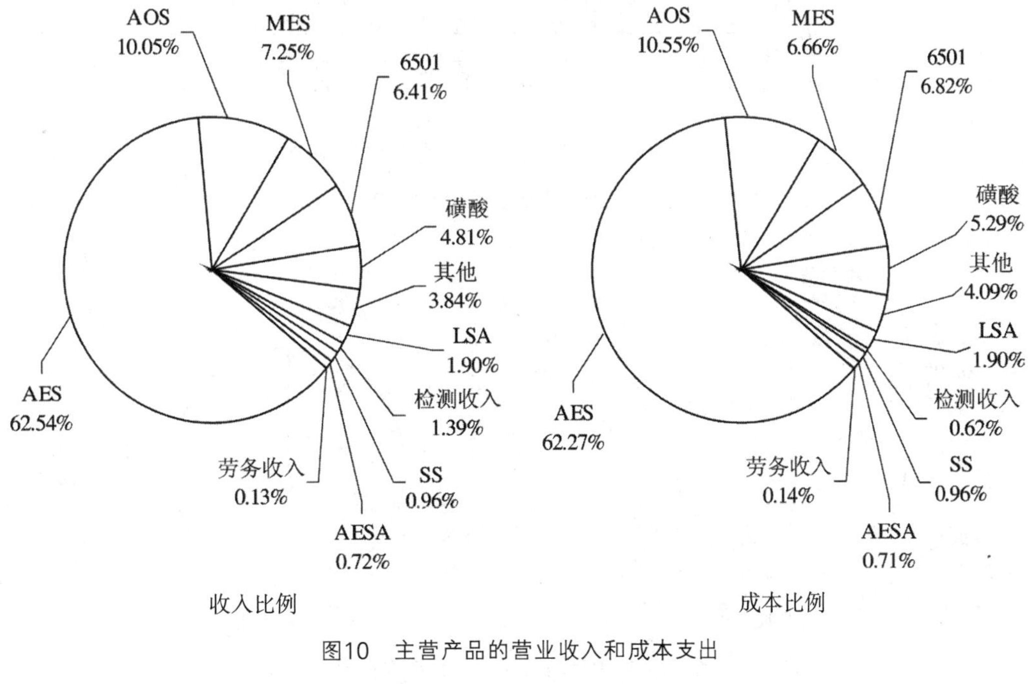

图10 主营产品的营业收入和成本支出

6 南风化工集团股份有限公司

6.1 公司介绍

南风化工集团股份有限公司，是一个跨全国十个省（市）区、跨行业的特大型企业集团。主要产品三大系列：一是无机盐系列，包括元明粉、硫化碱、硫酸钡、硫酸镁、大苏打、硫氢化钠、氯化钡等产品。二是洗涤剂系列，包括洗衣粉、皂类、液洗、牙膏等产品，其中洗衣粉、皂类、液洗的产销量目前均在全国名列前茅。三是化肥系列，包括硫酸钾、复混肥等，其中硫酸钾产销量中国首位。它是目前中国最大的无机盐、洗涤剂、钾肥生产基地。除此之外，还有制药、旅游、包装、高科技等产业。

公司主要以终端产品和无机化工原料生产为主，表面活性剂生产在西安南风分公司，产品以传统阴离子表面活性剂为主。

6.2 股市运行以及利润分配情况（图11、图12）

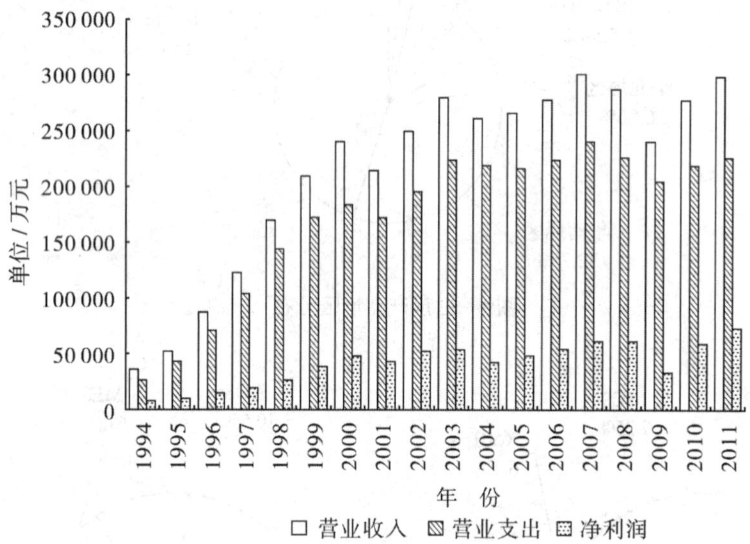

图11　南风股份利润分配结构

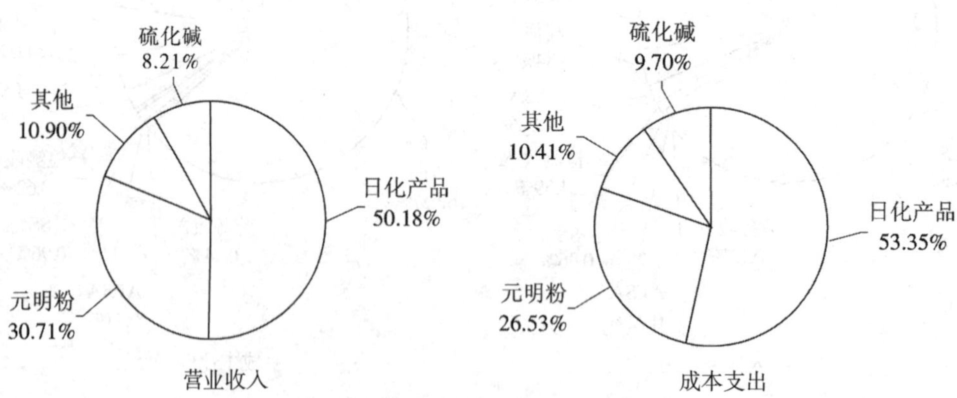

图12　主营产品营业收入和成本核算

7 广东德美精细化工股份有限公司

7.1 公司介绍

广东德美精细化工股份有限公司是以纺织印染助剂研发、生产为主业，兼营其他精细化学品的专业化学公司，具有产品设计、开发、生产、销售和提供专业服务的能力，是国家级高新技术企业。

公司目前已形成纺织助剂为主，油墨、皮化助剂等多元化的产品结构。在主营业务纺织印染助剂方面，至今已向市场推出产品200多种，部分新产品达到国际同类先进产品水平。历年来多次获得省、市、化工部科学技术进步奖，多项产品填补国家空白，匀染剂NA-H、固色剂TCD-R、热熔染色匀染剂PA、涤纶超细旦纤维匀染剂3630等多个产品被评为国家级新产品。

7.2 营销和收入情况

德美化工2011年营业总收入10.39亿元，与2010年同期对比下降5.52%，其中纺化营业收入7.91亿元，同比增长5.59%；德美瓦克公司营业收入1.78亿元，同比增长6.44%；美龙营业收入2.17亿元，同比下降4.74%（未抵消业务模块之间的内部收入），2011年实现净利润1.74亿元，同比下降53.95%。利润分配情况见图13。

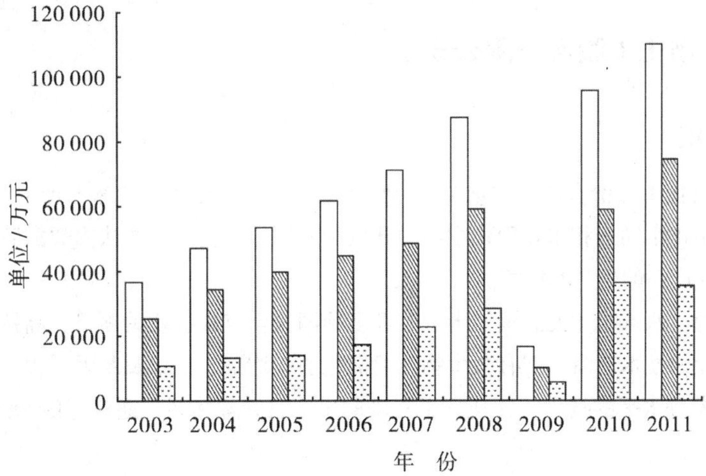

图13 德美化工利润分配

德美作为国内主要纺织助剂企业，为避免与传化直接市场碰撞，将市场扩展到中南和华东地区，市场收入比例分别为39.04%和54.63%，合计超过了93%。在主要产品结构中，纺织助剂收入和支出比例分别达到了75.7%和73.6%，环戊烷作为第二主营产品，收入和成本支出比例分别为21.04%和23.04%，作为原料很大一部分用于内部消化。见图14、图15。

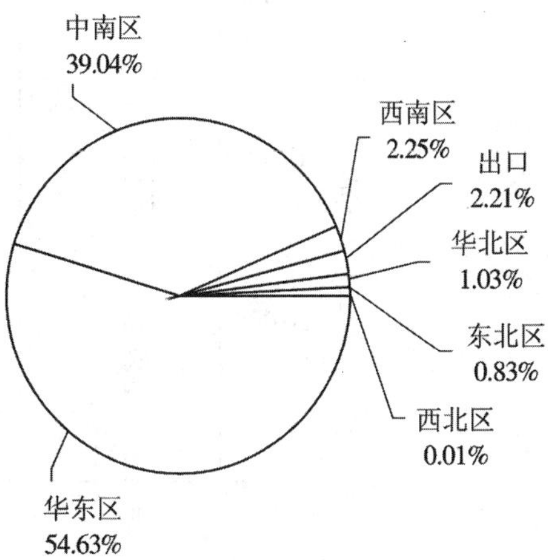

图14 主营产品地区收入

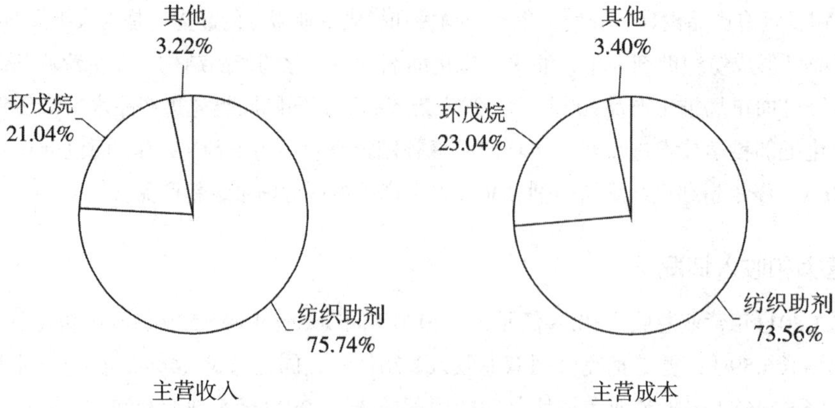

图15 主营产品营业收入和成本核算

8 山东宝莫生物化工股份有限公司

8.1 公司介绍

山东宝莫生物化工股份有限公司成立于1996年，2010年9月15日在深圳证券交易所成功上市，公司致力于驱油用化学助剂和水处理化学品的开发和应用；主营微生物法丙烯酰胺、聚丙烯酰胺和表面活性剂等系列产品的生产和销售。

公司先后承担“八五”、“九五”、“十五”等多项国家重点科技攻关项目、高技术产业化示范工程，始终站在行业的技术前沿，拥有微生物连续催化法、均聚、共聚及基因工程、大分子设计工程等多项具有国际先进水平的技术，并建立了先进的生产、管理体系，通过了ISO9001、ISO14001和OHSAS18001体系认证。

8.2 财务情况

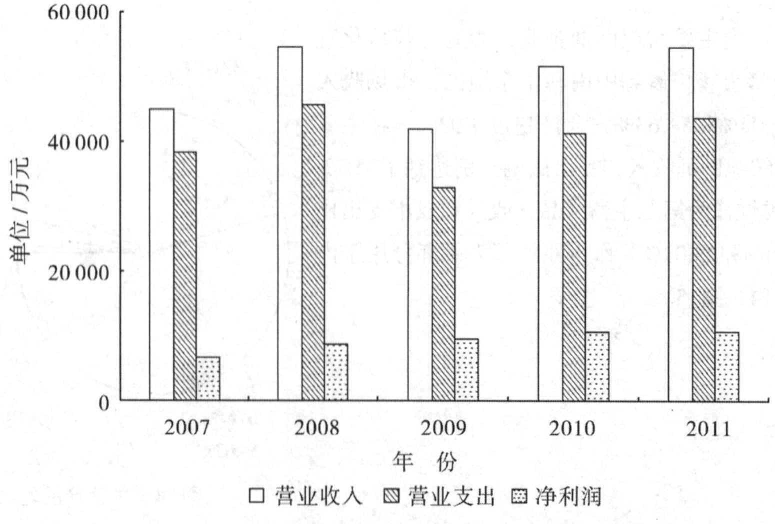

图16 宝莫股份利润分配

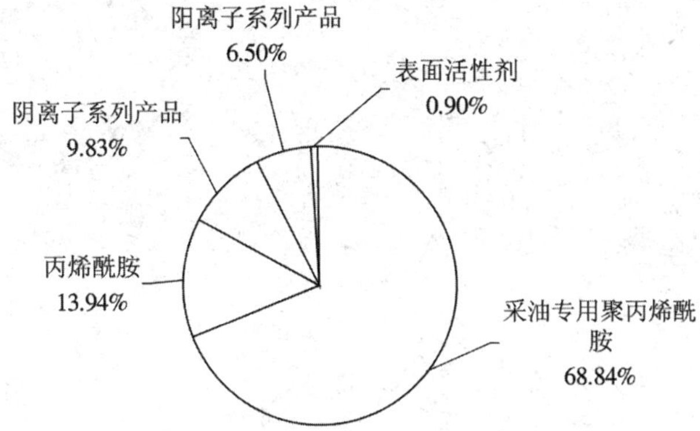

主营收入

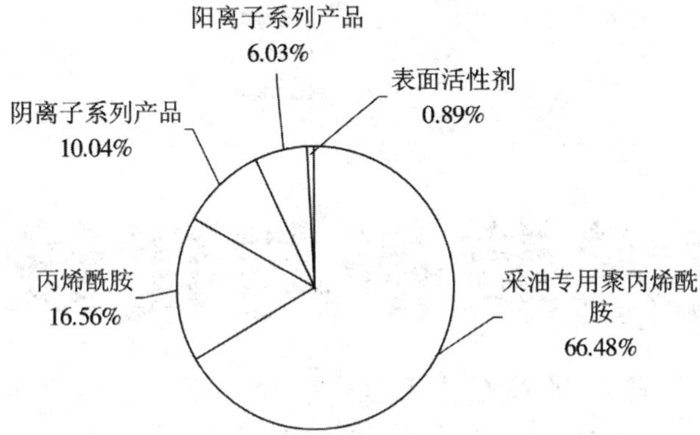

主营成本

图17 宝莫主营产品收入和成本支出情况

宝莫生物化工研究领域集中在采油领域，产品以聚丙烯酰胺和丙烯酰胺为主，国内销售比例超过了98%，公司掌握领先技术，收入毛利率达到了19.85%，远远高出精细化工行业平均毛利率，其中采油聚丙烯酰胺毛利率达到了22.59%，阳离子系列产品，阴离子系列产品和表面活性剂的毛利率分别为25.65%，18.13%和20.24%。（详见图16、图17）

三

技术装备与建设项目

TECHNOLOGY & EQUIPMENT

中国磺化/硫酸化技术与装备

磺化是将磺基（—SO_3H）引入有机物分子中的一类反应，在日用化工、制药、染料、农药、聚合物和石油化工等领域都有着极其重要的作用。

工业上常用的磺化剂有硫酸、发烟硫酸、SO_3、氯磺酸和亚硫酸盐等，各种磺化剂具有不同的特点，适用于不同的场合。其中，SO_3磺化反应作为典型的“原子经济性反应”，不仅可使反应原料中的原子100%进入到产物中，实现了废物的零排放，而且反应速率快，产品收率高，从绿色化学及其技术商业化的角度考虑均实现了“绿色化”。目前，国内主要采用SO_3气体膜式磺化工艺生产烷基苯磺酸、脂肪醇/醇醚硫酸盐（AS，AES）和α-烯基磺酸盐（AOS）等传统阴离子表面活性剂，产品质量已达到了国际先进水平；而且SO_3气体磺化技术正在由洗涤剂行业逐渐向石油、皮革和染料等行业拓展。另外，由于环保因素的影响，制药、染料、农药、聚合物、石油化工、水泥、磺酸型离子交换树脂和某些有机合成反应的中间体等场合常用的硫酸、发烟硫酸及氯磺酸磺化工艺正趋于淘汰，并逐渐被液体SO_3所替代。药物及中间体的合成具有品种多、批量小、产品纯度要求高等特点，因此，主要采用釜式间歇磺化/硫酸化工艺，并开发了一些特殊的硫酸化工艺，如采用硫酸和正丙醇组成的非均相体系进行硫酸化，可以克服均相体系的缺陷，而且硫酸和正丙醇组成的反应体系能重复使用，反应产物分离简单，产品纯度高，该法适宜于多糖类的硫酸化。

主要介绍几种不同SO_3磺化工艺的特点以及SO_3气体膜式磺化装置在我国的发展历程、现状及趋势。

1 三氧化硫磺化工艺

根据SO_3的状态，可以将SO_3磺化工艺分气体磺化、液体磺化两种。其中，前者以连续法为主，后者以间歇法或罐组式连续法为主。

1.1 三氧化硫气体磺化工艺

SO_3气体一般由发烟硫酸气提法、液体SO_2转化法、燃硫法、液体SO_3气化法得到，其中，前两种适合于实验室或多品种小规模的生产模式，后两种适用于大规模工业化生产模式。

SO_3气体磺化装置由空气干燥系统、SO_3气体发生系统、磺化系统、中和系统及尾气处理系统五部分组成。其核心设备是SO_3气体磺化反应器，不同磺化产品和生产规模对磺化器有不同的要求。

常见的SO_3气体磺化反应器可分为搅拌鼓泡式、膜式、喷射式三大类，其中，膜式又可分为降膜和升膜两类。另外，尚有组合式和改进型，组合式是几组/种反应器的简单组合，改进型是针对不同物料对某类反应器内部结构作相应的改进。以下主要介绍几种不同的磺化反应器。

1.1.1 搅拌鼓泡式磺化反应器

气液鼓泡式反应器是一种气体以气泡形态分散于液相中的气液接触反应设备，具有较大的液体持有量和相际接触面，传质和传热效率高，适用于缓慢化学反应和高度放热的情况，结构简单，操作稳定，投资和维修费用低，但液相返混程度高。

以气相SO_3为磺化剂的罐组式磺化反应器是由一组搅拌鼓泡式反应器所组成（见图1），各釜呈阶梯状排列，以形成一定的位差，便于液体物料依次从前一个反应釜溢流至下一釜内。串联罐组的数目一般为4～6个釜串联，最少的为3个，具体数量由装置的生产能力决定。有机物料首先加入第一釜，然后依次溢流至下一釜中，SO_3和空气按一定比例从各个反应釜底部的分布器通入，与罐内的有机液层进行反应，气体通入量根据各反应釜要求的转化率而定，一般以第一釜为最多，并依次减少，使大部分反应在物料黏度较低的第一釜中完成。反应热通过夹套及罐内的冷却盘管传出，并借助反应釜内的高速涡轮搅拌器强化气液接触反应的传质、传热效率。罐组式反应系统的规模较小，产量低，原料返混和短路现象严重，停留时间较长，容易导致副反应，产品质量差。我国曾在20世纪60年代开发过此类磺化装置，为洗衣粉装置配套生产而设计，现在已很少使用，基本上被SO_3气体膜式磺化装置所替代。但在磺化一些高黏度物料时，该类反应器具有一定的优势。

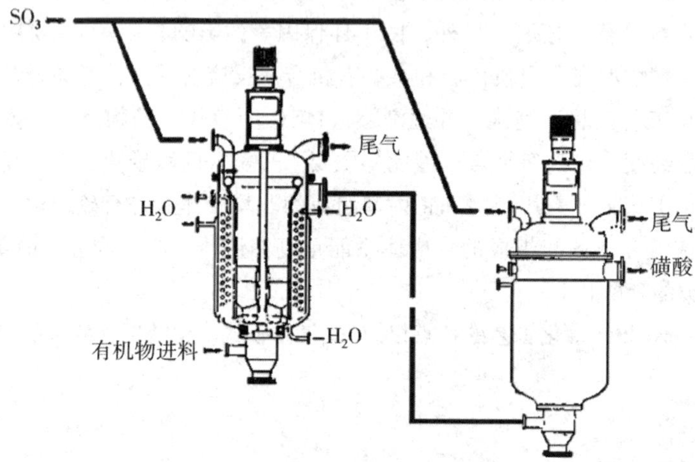

图1　以气相SO_3为磺化剂的罐组式磺化反应器

1.1.2　SO_3气体膜式反应器

膜式反应器是液体以膜状运动下与气相进行接触的气–液反应器，结构类似于立式壳式换热器，必须垂直安装，其中降膜反应器内液体物料及气体均由反应器顶部进入，二者并流而下，气液混合物由反应器底部排出，进入气液分离器。升膜反应器则与此相反，液体物料及气体同时从反应器底部进入，并流而上，然后从顶部排出。在膜式反应器中，气体流速在某一范围内时，管壁的液膜呈湍流环状脉动，同时伴有旋转运动，升膜反应器湍流波尤为显著，这些湍流波起到了混合的作用，强化了液相内的传质。

国内外最常见的SO_3气体膜式磺化器主要为列管单膜（图2）和双膜（图3）两大类降膜式磺化器；升膜式磺化器数量相对较少，由日本花王肥皂公司研发并制造，在国内仅有一套。单管升膜磺化器类似于单管降膜磺化器，用于大规模磺化生产的工业化升膜磺化器实际上是由多管并列组合的升膜反应器进行第一级反应，用单管降膜反应器进行第二级反应。其中，第一级反应的磺化深度在75%～95%之间，剩余部分在第二级反应中。升膜磺化器的液相传质效率明显高于降膜磺化器，磺化产品质量优于降膜，但能耗高于降膜，结构较降膜反应器复杂，因此，推广程度不及降膜磺化器。膜式反应器具有传质较好，停留时间短，操作强度大的优点，但同时膜式磺化反应器也有其缺点：结构复杂，设备加工制造精度及安装精度要求较高，投资费用大；操作弹性小，不适合经常开停车的情况以及小批量、多品种的生产模式。

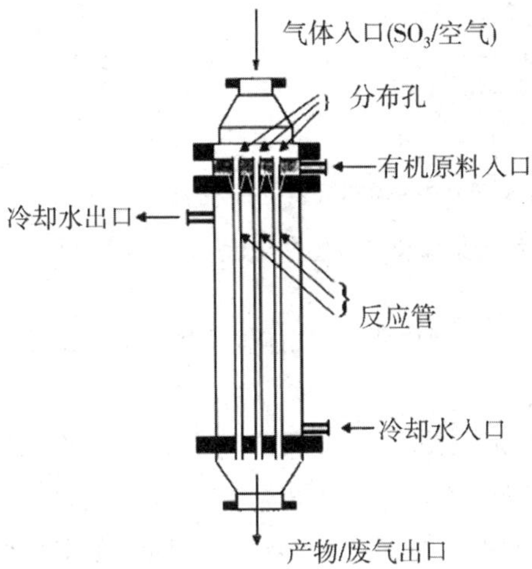

图2　列管膜式磺化反应器

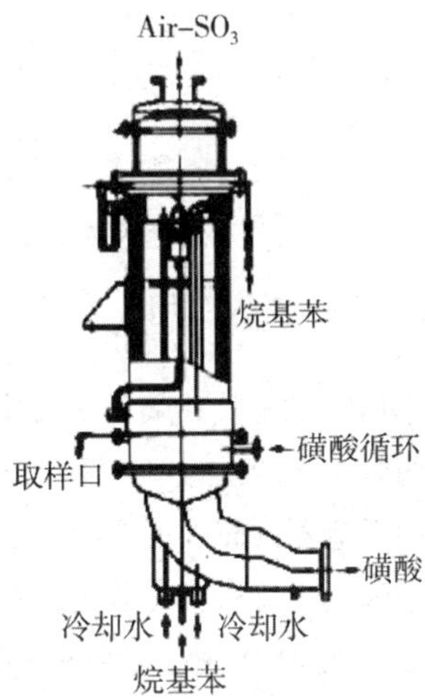

图3　双膜式磺化反应器

1.1.3 喷射反应器

喷射反应器是近几十年迅速发展起来的多相反应器，多用于气液两相反应，也可用于含催化剂等悬浮颗粒的气液固三相反应。其原理是利用高速流动相去卷吸其他相，使各相密切接触，继而在反应器内均匀分散或悬浮，并完成反应。喷射反应器是一大类反应器的总称，主要是由喷嘴、反应釜体及其他附属装置（如气液分离器，换热器，循环泵等）组成。根据射流喷嘴在反应器内的不同位置，有上喷式、下喷式及水平式喷射反应器之分。根据反应流体的种类，可分为液-液、液-气和气-液喷射反应器等。而根据反应工艺过程的不同，有一次喷射反应式，也有利用循环泵将物料多次循环的所谓喷射环路反应器（jet loop reactor）（有时简称为环路、环流或回路反应器）。反应器喷嘴的类型也有很多种，如文丘里喷嘴、环状喷嘴、槽状喷嘴、单孔喷嘴、多孔喷嘴、单级喷嘴和多级喷嘴等。此外，喷嘴的进气方式也有不同，若气相由其他相卷吸引入，即构成引射式喷嘴；而如果气相是由泵打入，则为喷射式喷嘴。

喷射磺化反应器是发展相对较晚的一类磺化反应器，主要用于SO_3气相磺化。

Chemithon公司研制的冲击喷射式反应器（Impact Jet Reactor）是众多喷射反应器中的一种，其核心部件是文丘里喷嘴。SO_3/空气混合物通过文丘里喷嘴将有机物雾化（有机物在进入文丘里喷嘴之前也可先由压缩空气雾化），形成巨大的表面积，同时在喷嘴喉管及扩散部进行瞬间剧烈的磺化/硫酸化反应。反应混合物紧接着被低温循环物料急冷降温，避免体系温度过高，影响产品色泽，其工艺流程如图4所示。

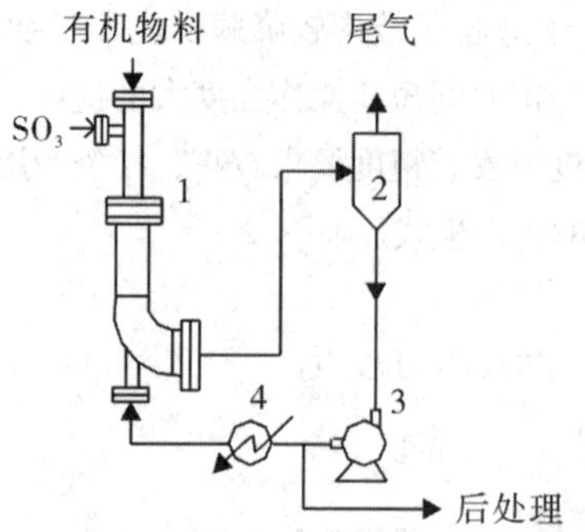

1—喷射反应器；2—气液分离器；3—循环泵；4—换热器

图4　Chemithon公司的喷射磺化反应工艺流程

天津大学研究的上喷式喷射环流磺化反应器，主要用于SO_3气体磺化甲苯制备对甲苯磺酸，其工艺流程见图5。

实验前向反应器内充入反应液（甲苯），然后启动循环泵，再通入N_2和SO_3的混合物，开始磺化反应，部分被磺化产物从反应器底部引出，并与来自贮罐的新鲜甲苯计量混合，冷却后由喷嘴中心孔打入反应器，而SO_3/N_2则由喷嘴的环隙喷入反应器，如此反复循环。为防止产物黏度剧增引起喷射困难，一般控制甲苯转化率在30%~40%之间，而SO_3则几乎完全被吸收。降膜反应器和喷射反应器的对比试验研究表明：降膜反应器生产的甲苯磺酸质量较差，产物中间位副产物含量高，而喷射反应器由于采用了强制外循环换热器，有效地解决了除热降温的问题，因而间位副产物低含量，产品质量较好。

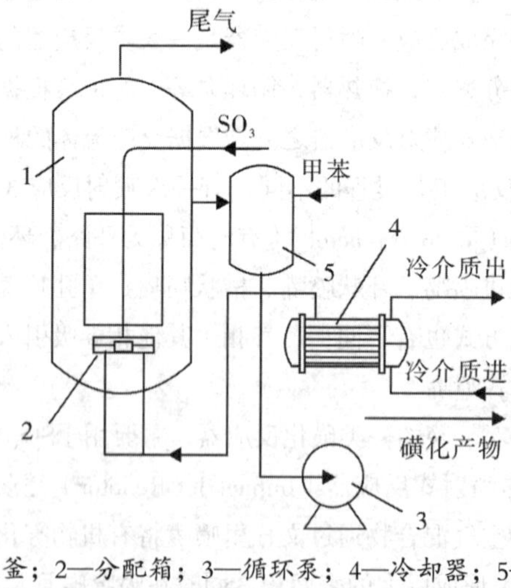

1—反应釜；2—分配箱；3—循环泵；4—冷却器；5—中间罐

图5　天津大学喷射磺化反应器及其工艺流程

喷射磺化反应器具有结构简单、紧凑，运行稳定，开停车方便，制造维修成本低廉等优点。但上述两种喷射磺化反应器一次喷射磺化转化率较低，需依赖循环泵将物料进行多次循环喷射，以提高总转化率。物料的多次循环不仅使工艺复杂化且物料返混严重，不利于其推广应用。

中国日用化学工业研究院（以下简称中国日化院）正在研制一种高气液比的气液类喷射反应器，利用高速流动的气体在喷嘴喉部卷吸冲击并破碎泵入的液体原料，使相对少量的液体以小液滴的形式分散于气流中。该类反应器结构完全不同于美国Chemithon公司和天津大学的喷射环路磺化反应器，气液接触时间短，无返混，传质效率高，能显著提高扩散传质控制过程，且结构简单，设备投资小，生产弹性大，可以同时适用规模化大生产和小批量、多品种两类生产模式的需求。初步试验结果表明，喷射磺化反应器对烷基苯、脂肪酸甲酯的磺化率大于95%，制备的烷基苯磺酸、脂肪酸甲酯磺酸的产品质量与膜式磺化反应器相当，特别是喷射反应器制备的重烷基苯磺酸盐产品色泽浅、活性物含量高，降低原油/水界面张力的能力优于膜式磺化器制备的重烷基苯磺酸盐。

1.2 液体三氧化硫磺化工艺

液体SO_3磺化工艺一般分液体SO_3/溶剂、SO_3/络合物磺化法两大类，工艺和设备相对简单，但生产效率低。

液体SO_3/溶剂应用较广泛，尤其适用于代替现有的发烟硫酸釜式磺化工艺，主要用于不活泼液态有机物（如取代芳烃）的磺化，产物在反应温度下黏度不大。此类反应大多在溶剂中进行，按溶剂的种类可分为无机和有机两类。无机溶剂法一般以硫酸为溶剂，将原料溶于硫酸中，通入气体SO_3或滴加液体SO_3逐步进行反应，该法技术简单，通用性强，可代替发烟硫酸法。有机溶剂法又可分为两种：①将被磺化物溶于溶剂中，然后通入SO_3气体；②先将SO_3溶于溶剂中，再滴加至被磺化物中。常用的溶剂有：二氯乙烷、四氯乙烷、石油醚、硝基甲烷和二氧化硫等。

SO_3/络合物磺化法是使SO_3与三甲胺、N,N-二甲酰胺和1, 4-二氧六环等有机物形成络合物，或与萤石、硅酸盐、二氧化硅（硅胶）、钛-硅酸盐、硅酸硼、黏土和磷酸铝等形成无机载体络合物，降低SO_3的反应活性，从而提高反应的选择性和产品纯度，适用于小批量精细化工产品的制备。

目前，液体SO_3磺化工艺在制备染料中间体时应用较多。染料中间体主要分苯系、萘系、蒽醌系和杂环系等，传统磺化工艺一般为发烟硫酸法和氯磺酸法，不仅产生大量废酸、环境污染严重，而且产品杂质含量高，质量差。目前，国外一些大公司在J酸、H酸、γ-酸、DSD酸、吐氏酸、周位酸和间苯二酚等产品的生产中均采用SO_3在有机溶剂中进行磺化的方法；国内一些单位正在对多种染料中间体的磺化工艺进行改进。

聚合物及其他高分子化合物的磺化通常采用硫酸作磺化剂，用液体SO_3代替硫酸不仅从技术上是可行的，而且对设备的改动较少，将是未来的发展趋势。

胜利油田3 万t / 年石油磺酸盐装置是国内最大的液体SO_3连续磺化装置，由四台带有搅拌和换热器的磺化反应釜组成，各釜呈阶梯状排列，以形成一定的位差，便于液体物料依次从前一个反应釜溢流至下一釜内，工艺流程见图6。

将原料油、溶剂（氯代烷）、液体SO_3同时加入磺化反应釜R-101A中，并在其中进行磺化反应，反应放出的热量由反应釜夹套、内盘管及换热器带走。磺化反应生成的石油磺酸及未磺化的原料油溢流至磺化反应釜 R-101B，未磺化的原料油继续与新加入的磺化剂进行磺化反应。同样，反应热由反应釜夹套、内盘管及换热器取走。R-101C以此类推，R-101D中的反应热由反应釜夹套及内盘管带走，未设换热器。从R-101D溢流出来的石油磺酸直接去中和单元中和，生成石油磺酸盐。四台磺化反应釜的反应温度控制范围分别为：R-101A（-5 ± 2）℃，R-101B（5 ± 2）℃，R-101C

（5±2）℃，R-101D（15±2）℃。

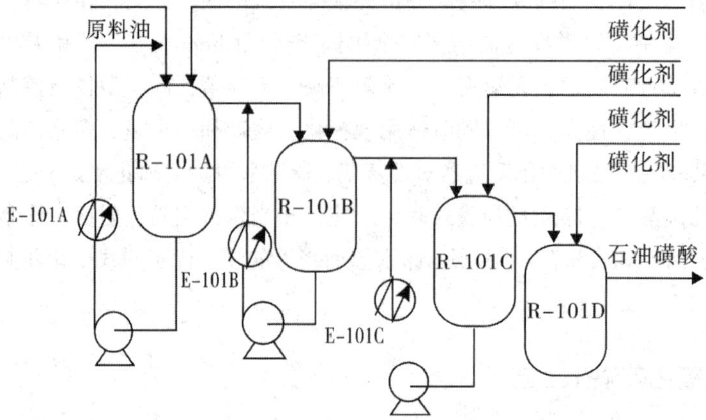

图6　胜利油田石油磺酸盐生产工艺流程

2 三氧化硫气体磺化装置发展历程及现状

SO_3气体磺化技术于20世纪50年代后期最先在国外洗涤剂工业中开始应用，以意大利Ballestra公司的多管膜式磺化工艺、美国Chemithon公司的双膜式磺化工艺技术为主要代表。据不完全统计，以上两家公司在全球已建有各种规模的工业化磺化装置分别为234套和166套，单套磺化反应器规模最大为8 t / h，最小为1 t /h，均代表了世界先进水平。许多世界知名跨国公司如美国宝洁（P&G）、德国汉高（Henkl）、英国联合利华（Unilever）等公司都使用他们的技术和设备。其主要产品为烷基苯磺酸、醇醚硫酸盐、脂肪醇硫酸盐、*α*-烯烃磺酸盐等多种阴离子表面活性剂。

我国SO_3气体磺化技术的研究始于20世纪60年代，由当时的轻工业部食品工业科学研究所（现为中国日用化学工业研究院）进行了罐组式SO_3连续磺化的小试和扩试研究，并由当时的轻工业部北京设计院（现为中国中轻国际工程有限公司，以下简称中轻国际）先后在广西桂林与湖南邵阳等地建设了与年产万吨洗衣粉生产装置配套的罐组式SO_3磺化装置，生产规模为0.5 t / h（以100%烷基苯磺酸钠计）。这是我国最早使用SO_3磺化技术用于烷基苯磺化实现产业化生产。在这期间，上海、天津和大连的工厂和研究所等单位也进行了SO_3磺化技术的研究开发工作。

20世纪70年代以后，中国日化院开展了降膜式SO_3磺化技术的中试研究，设计开发出带多孔分布器与二次保护风技术的双膜磺化反应器。该中试项目完成后，中国日化院与中轻国际、上海合成洗涤剂厂（现为上海和黄白猫）等单位合作进行双膜SO_3磺化装置的产业化开发，在上海白猫建立了一套规模产能为0.88t / h的SO_3磺化装置，用于烷基苯的磺化。该项目取得了圆满成功，并先后获得了1978年全国科学大会奖和1982年国家科技进步二等奖。这种国产化的SO_3气体磺化技术除了上海白猫建设了5套磺化生产装置外，还先后推广到成都、江西鹰潭（二套）、杭州万里及昆明等地，最大规模为2 t/ h，主要用于生产烷基苯磺酸。上海白猫有一套装置用于低浓度脂肪醇醚硫酸钠盐的生产，以自用为主。

20世纪70年代末期，南京烷基苯厂（现为南京金陵石化公司）从意大利M.M（现代机械）公司引进1.0 t / h的双膜磺化装置，这是我国首次从国外引进的SO_3磺化技术与磺化装置。

20世纪80年代，我国日化企业大批从国外进口SO_3磺化技术与生产装置。这期间引进的SO_3磺化装置主要有意大利Ballestra公司和Mazzoni公司的多管降膜磺化装置及美国Chemithon公司的双膜磺化装置。这些装置的生产规模均较小，因为当时主要考虑与洗衣粉生产装置配套，一般为1.0 t/ h，1.6 t/ h或2.0 t/ h，以烷基苯磺化为主，但都配有中和系统，仅有一套规模为3.0 t / h的多管膜式磺化装置（南京烷基苯厂从意大利Ballestra公司引进）。与此同时，由中国日化院牵头，会同轻工业部设计院等单位，开展了对国外SO_3磺化技术的消化吸收工作，承担了“列管膜式磺化器的研制”的国家“七五”科技攻关项目（1986—1990年），并于1990年在当时的太原合成洗涤剂厂实现了多管膜式磺化反应器和SO_3磺化装置的国产化，生产规模为1.0 t/ h。之后，国产化SO_3磺化技术和装置迅速在日化行业中得到推广。

20世纪80年代中期至90年代末，我国通过国产化推广与技术引进相结合，SO_3磺化技术得到快速发展，促使SO_3磺化装置向大型化、产品多样化发展，计算机控制技术在SO_3磺化装置中也得到很好的应用，SO_3磺化技术日趋成熟。

从2000年至今，我国SO_3磺化技术取得了更大的进展，SO_3磺化装置国产化的水平达到或接近世界先进水平，磺化装置也逐步向大型化发展。据不完全统计，2000年至今国内建成的SO_3磺化装置共67套（见表1 ~ 表4），总生产能力约172 t/ h（不含2000年之前建成的磺化装置），其中，单套生产能力5 ~ 6 t/ h的磺化装置共7套，生产能力合计为37 t/ h（表1）；单套生产能力3.8 t/ h的磺化装置共21套，生产能力合计为79.8 t/ h（表2）；单套生产能力3 t/ h的磺化装置共6套，生产能力合计18 t/ h（表3）；以上三者生产能力之和为134.8 t/ h，占国内磺化总生产能力的78.4%。另外，2010、2011年建成或在建的磺化装置共12套（见表4），其中包括6 t/ h磺化装置1套，5 t/ h磺化装置1套，3.8 t/ h磺化装置7套，3 t/ h磺化装置1套，2 t/ h磺化装置2套，生产能力合计44.6 t/ h，占国内磺化总生产能力的26%。

表1 2000—2011年国内建成的5t/h及6t/h的磺化装置

序号	企业名称	技术来源	规模（$t·h^{-1}$）	主要产品	投产时间/年
1	吉化电石厂	Chemithon	3 + 5	AES	2002
2	抚顺洗化厂	Ballestra	5*	LAS	2005
3	天津天智精细化工	Ballestra	5	LAS	2005
4	中轻化工股份有限公司	国产多管	5	AES/K12	2007
5	广州浪奇	Chemithon	5	MES	2011
6	安徽金桐化学	国产多管	5	LAS	2011
7	江苏海清生物科技	Ballestra	6	MES	2011
	合计		37		

注：*磺化器为144根管，实际能力为6 t/ h。

表2 2000—2011年国内建成的3.8 t/h磺化装置

序号	企业名称	技术来源	规模（$t·h^{-1}$）	主要产品	投产时间/年
1	四川金桐	Ballestra	3.8	LAS	2001
2	中轻化工股份有限公司	国产多管	3.8	AES/K12	2004

续表

序号	企业名称	技术来源	规模（$t \cdot h^{-1}$）	主要产品	投产时间/年
3	天津天智精细化工	Ballestra	3.8	LAS	2005
4	菏泽俱进	国产多管	3.8	LAS	2005
5	丽臣奥威	Ballestra	3.8	AES/LAS	2005
6	广州立智	Ballestra	3.8	LAS/AES/AOS	2005
7	四川金桐	Ballestra	3.8	LAS/AES/AOS	2006
8	浙江赞宇科技	国产多管	3.8	AES/AOS/AS	2006
9	浙江赞宇科技	国产多管	3.8	AES/AOS/MES	2007
10	广州立白	国产多管	3.8	LAS	2007
11	安阳兴亚	国产多管	3.8	AES	2007
12	浙江赞宇科技	国产多管	3.8	AES/AOS/MES	2009
13	天津天智精细化工（大港分公司）	Ballestra	3.8	LAS/AES	2009
14	安徽金桐	国产多管	3.8	LAS	2010
15	丽臣奥威	Ballestra	3.8	AES/LAS	2011
16	惠州智盛	国产多管	3.8	LAS/ AES	2011
17	上海奥威日化	Ballestra	3.8	LAS、AES	2010
18	山东金轮工贸公司	国产多管	3.8×2	MES	在建
19	浙江赞宇科技	Ballestra	3.8×2	AES	在建
	合计		79.8		

表3　2000—2011年国内建成的3t/h磺化装置

序号	企业名称	技术来源	规模（$t \cdot h^{-1}$）	主要产品	投产时间/年
1	安庆南风	Ballestra	3.0	LAS/AES/AOS	2000
2	吉化电石厂	Chemithon	3.0＋5.0	AES	2002
3	丽臣奥威	Ballestra	3.0	AES/LAS/AOS	2002
4	丽臣奥威	Ballestra	3.0	AES/LAS	2004
5	丽臣奥威	Ballestra	3.0	AES/LAS	2004
6	无锡东泰化工	国产多管	3.0	AES	2011
	合计		18		

表4　2000—2011年国内建成的2 t/h及更小的磺化装置

序号	企业名称	技术来源	规模（$t\cdot h^{-1}$）	主要产品	投产时间/年
1	山东临淄汇丰化工	国产多管	0.5	LAS	2000
2	厦门金桐	国产多管	1.6	LAS	2000
3	天津天智精细化工	Ballestra	2.0	LAS	2000
4	中轻化工股份	Chemithon	1.0	AES	2000
5	韶关兴亚	国产多管	1.0	LAS	2001
6	丹阳恒洁日化	国产多管	0.3	LAS	2001
7	广州立白	国产多管	1.6	LAS	2001
8	广州中山凯达精细化工	Ballestra	1.6	LAS/AES	2002
9	大庆东昊	Chemithon	0.75	重烷苯磺酸盐	2002
10	金陵石化（成都）	国产多管	1.6	LAS	2002
11	大同蓝浪洗涤剂厂	国产多管	0.8	LAS	2002
12	洛阳明花洗涤剂股份	国产多管	1.6	LAS	2002扩产改造
13	抚顺石化北天华阳	国产多管	1.0	LAS	2002技术改造
14	安阳兴亚	国产多管	1.0	LAS	2003
15	安阳德隆	国产多管	0.5	LAS	2003
16	济南海华	国产多管	1.6	LAS	2003
17	山东金轮工贸	国产多管	0.5	MES	2003
18	淄博俱进化工	国产多管	0.7	K12	2003
19	上海帝京	国产多管	1.6	LAS	2003
20	韶关兴亚	国产多管	1.6	LAS	2003
21	南京佳家乐化工	国产多管	0.6	LAS	2003
22	南京佳家乐化工	国产多管	0.6	LAS	2004
23	南京佳家乐化工	国产多管	0.6	LAS	2004
24	浙江赞成邵阳工厂	Ballestra	1.6	LAS/AES	2004
25	金路德清洁有限公司	国产多管	0.3	MES	2004
26	平阳县五联化工厂	国产多管	0.5	油脂磺化	2004
27	四川绵竹亿丰油脂化学	国产多管	1.0	K12	2005
28	青岛化工助剂厂	国产多管	0.5	油脂磺化	2005

续表

序号	企业名称	技术来源	规模（$t·h^{-1}$）	主要产品	投产时间/年
29	南京燕子矶泡花碱总厂	国产多管	0.6	LAS	2005
30	句容明新日用化工	国产多管	0.6	LAS	2005
31	奥奇丽股份（贺州）	国产多管	0.6	LAS/AES	2005
32	大庆东昊	国产多管	1.6	重烷苯磺酸盐	2006
33	大庆炼化	国产多管	1.0	石油磺酸盐	2007
34	广州浪奇	国产多管	0.5	LAS	2007
35	邹平福海油脂化工	国产多管	1.6	LAS/MES	2009
36	桂林立白	国产多管	2.0	LAS	2009 扩产改造
	合计		37.05		

表5　2010—2011年国内建成或在建的磺化装置

序号	企业名称	技术来源	规模（$t·h^{-1}$）	主要产品	投产时间/年
1	安徽金桐	国产多管	3.8	LAS	2010
2	桂林立白	国产多管	2	LAS	2009扩产改造
3	安徽金桐化学	国产多管	5	LAS	2011
4	丽臣奥威	Ballestra	3.8	AES/LAS	2011
5	无锡东泰化工	国产多管	3	AES	2011
6	惠州智盛	国产多管	3.8	LAS/ AES	2011
7	山东金轮工贸公司	国产多管	3.8×2	MES	在建
8	江苏海清生物科技	Ballestra	6	MES	2011
9	河北纳利鑫洗化	国产多管	2	AES	2011
10	浙江赞宇科技	Ballestra	3.8×2	AES	在建
	合计		44.6		

从表1~表5中可看出：

（1）从磺化器的结构来看，国内已建或在建磺化装置以列管膜式磺化反应器为主，尤其是国产化的磺化装置，双膜磺化器在国内相对较少。

（2）从磺化产品的品种来看，最早的磺化装置主要生产烷基苯磺酸、脂肪醇/醇醚硫酸盐（AS、AES），之后扩展到α-烯基磺酸盐（AOS）、重烷基苯磺酸盐，特别是2010年以来专业生产脂肪酸甲酯磺酸盐（MES）的磺化装置急剧增加，浙江赞宇科技股份有限公司、山东省金轮化工有限责任公司、广州浪奇实业股份有限公司、江苏海清生物科技有限公司先后建成或正在建的MES生产装置的总生产能力已达到17.9 t / h。

（3）从磺化厂家来看，早期的磺化装置主要为洗衣粉装置配套，目前除此之外，已形成两大趋势，其一是原料厂家进一步生产磺化产品，如抚顺洗化厂、金陵石化、金桐等；其二是出现了一些专业磺化厂家，如中轻化工股份有限公司、浙江赞宇科技公司、湖南丽臣等，各自拥有多套SO_3磺化装置，分布在全国各地，为下游用户提供各类磺化/硫酸化产品。

3 发展趋势

（1）目前国内磺化装置主要为SO_3气体膜式磺化反应器，磺化装置正向大型化、集约化快速发展，国产化水平已达到或接近世界水平。

（2）国内SO_3磺化产品主要为烷基苯磺酸、脂肪醇/醇醚硫酸盐（AS，AES）、α-烯基磺酸盐（AOS）等中等长度烷链、适用于民用洗涤的阴离子表面活性剂，长链及特殊疏水基结构的表面活性剂品种极少，产量极低，不能满足其他行业的需求，亟待研究开发。

（3）SO_3气体磺化工艺在洗涤行业已非常成熟，但在工业磺化领域的应用仍处于探索阶段，目前存在的最大问题是直接用现有的膜式磺化器磺化具有高黏度、易结焦等性质的原料，因此，应加强对不同性质原料磺化机理以及不同类型反应器传质传热机理的研究，从而指导磺化反应器及工艺参数的改进。

（4）鉴于工业磺化产品种类多，原料复杂，液体SO_3磺化工艺的应用场合相对较多，因此，液体SO_3有望成为制备工业磺化产品的首选磺化剂，而且适合于多品种、小批量生产模式的磺化工艺及磺化反应器将成为未来发展的方向之一。

中国乙氧基化技术与装备

非离子表面活性剂在表面活性剂产业中占有举足轻重的地位，在各行业中的消耗量逐年增加。目前，非离子表面活性剂仍以醇醚（直链天然醇/合成支链醇）为主，大约占非离子表面活性剂的80%以上，乙氧基化技术是生产非离子表面活性剂最为重要的技术，聚氧乙烯型表面活性剂具有优良的生物降解性和对硬水的适应性，广泛应用于合成纤维的洗涤及低温洗涤，在非离子表面活性剂中居主导地位。近二十年来，乙氧基化技术及装备均取得了长足的进步，新品种、新技术不断出现，新装备的逐步升级换代，都显示出了乙氧基化技术蓬勃的生命力。

1 反应工艺

1.1 含活泼氢原料的乙氧基化

1.1.1 直链脂肪醇（天然醇）聚氧乙烯醚

直链脂肪醇的乙氧基化产品为无色透明液体或白色糊状固体，都能溶于水，无毒，有良好的润湿、渗透、乳化、分散、增溶和洗涤性能。它是脂肪醇与环氧乙烷在催化剂存在下，通过开环反应制得的。

脂肪醇聚氧乙烯醚（AEO，简称醇醚）是非离子型聚氧乙烯表面活性剂中最重要的品种。1999年，国内醇醚的需求量约为16万 t，其中国内实际生产量仅为10万 t左右，进口约6万 t，产品的70%以上作为日用化工原料，用于洗涤用品生产。南风化工集团公司是国内该类表面活性剂需求量最大的企业，年需求AEO_3和AEO_9约为9 000 t。其他需求量较大的企业还有上海白猫有限公司、广州浪奇公司、广东江门化工厂、金桐石油化工有限公司、宝洁（中国）有限公司、联合利华有限公司和上海花王有限公司等。

EO加合数分布的宽窄对产品的物化性质及使用性能都有很大影响，在洗涤剂工业中，无论是从过程控制还是产品的性能考虑都要求分布尽可能窄，以取得良好的使用效果。因而就近十年来乙氧基化催化剂的研究状况和发展趋势来看，重点都是围绕着控制和窄化脂肪醇聚氧乙烯醚产物的相对分子质量分布和降低副产物来进行的，其中能使AEO产品分布指数达到50%以上者称之为窄分布催化剂。

催化剂按产物的EO分布宽窄可分为宽分布催化剂和窄分布催化剂两类。宽分布催化剂是指碱性催化剂，如NaOH，KOH和C_2H_5ONa等，碱性催化剂活性不是太高，但产品分布宽，是目前工业上最常用的乙氧基化催化剂。窄分布催化剂有两种类型，一类是酸性催化剂，主要有质子酸和路易斯酸（如B，Fe，Zn和Al等的卤化物及有机复合物）、金属硫酸盐、磷酸盐、碱金属氟硼酸盐、H_2SO_4和H_3PO_4等。酸性催化剂有显著的窄分布作用，特别是在低EO加合数时，其分布曲线可接近于理论推导的Poisson分布或Florry分布，但由于反应时生成有毒物，实际生产中不常用。第二类是碱土金属盐催化剂，如醋酸钙、氢氧化钡和羧酸镁等，这类催化剂的碱性较NaOH和KOH弱，具有明显的窄分布效果。

脂肪醇在一定条件下与碱性催化剂反应，生成具有碱性的盐和水，再经脱水制成链起始剂。脂肪醇在反应器内与气化的环氧乙烷发生反应，生成乙氧基化缩合物。如果反应中应用碱性催化剂，则粗产品显碱性，需经醋酸中和至略显酸性。在反应系统正常操作过程中会产生含有环氧乙烷的废气，它们不能直接排放，需经酸、碱吸收，待环氧乙烷含量降到30 mg/ L以下才可排入大气。

1.1.2 支链醇（合成醇）聚氧乙烯醚

长期以来，脂肪醇表面活性剂产品中，无论合成醇或天然醇都以直链产品占据主导地位。近年来，人们在研究中发现，支链产品也具有许多特殊的优良性能，因此开始更多关注这类表面活性剂。其合成方法与直链醇类似，但在性能方面与直链醇存在较大差异。巴斯夫、壳牌和Sasol等公司先后推出了优化后的支链化脂肪醇聚氧乙烯醚产品。

壳牌公司和汉高等公司脂肪醇聚氧乙烯醚产品中脂肪醇的支链主要是2-烷基支链型，产品主要为2-甲基，2-乙基，2-丙基等支链，支链的含量在10%~20%之间。Sasol公司脂肪醇聚氧乙烯醚的支链和壳牌公司产品不同，2-位支链中仅有2-甲基支链，不含2-乙基、丙基等其他2-位支链，其他支链可能主要为二甲基支链。支链含量在40%~50%之间。巴斯夫的XL和XP脂肪醇聚氧乙烯醚系列产品中碳链主要是以C_{10}格尔贝特醇为主的支链醇，为2-丙基支链醇，支链含量为100%。巴斯夫的LUTENSOL脂肪醇聚氧乙烯醚系列中碳链主要是以C_{13}的异构醇为主，这种醇支链比较复杂，不仅包括所有2-位支链系列，还包括更多二支链以上的支链，支链含量接近100%。

资料表明，支链程度高的产品如XP，XL等系列产品的润湿能力明显高出其他支链化程度低的产品，支链化程度对脂肪醇聚氧乙烯醚的润湿力影响最大，但支链化程度和产品的一些性能如去污能力和泡沫等并没有规律性的关系，而是与碳链分布、EO分布和支链等多因素有关。这些经优化后的支链化产品在某些特征方面表现出了优异效果，可应用于纺织及造纸的低HLB值乳化剂、脱脂剂，纺织和造纸处理、颜料、蜡/树脂分散剂，硬表面洗涤剂，农业化学品，油漆和涂料等。

1.1.3 烷基酚聚氧乙烯醚

烷基酚聚氧乙烯醚（APE）是一种重要的非离子表面活性剂，由烷基酚和环氧乙烷通过乙氧基化反应聚合而成。由于APE具有良好的润湿性、渗透性、乳化性和去污力，在脱脂力和乳化方面具有脂肪醇聚氧乙烯醚不可替代的性能，被广泛应用于各行各业，其市场占有率正稳步上升。常用的APE可分为辛基酚聚氧乙烯醚（OP系列）和壬基酚聚氧乙烯醚（NP系列）。目前，该类表面活性剂大量应用于工业领域（见表1），如配制油溶性洗涤剂与乳化剂、水溶性纺织品洗涤剂、湿润剂、农药与除草剂的乳化剂、皮革工业助剂及油田钻井的乳化剂，目前全国需求量为3 万 t~4 万 t。

表1 APE的用途与EO分子数的关系

EO分子数	用 途
1.5	消泡剂、破乳剂、石油分散剂
4	油溶性洗涤剂、分散剂、乳化剂、合成阴离子硫酸酯的中间体
6	造纸机械毛毯洗涤剂、纸张脱墨剂

续表

EO分子数	用　途
9	农药乳化剂、纺织加工整理剂、制革工业润湿剂和渗透剂
10	轻垢型和重垢型洗涤剂、酸洗和碱洗润湿剂
15	高温分散剂、合成橡胶乳液囊合乳化剂、脂肪蜡和油乳化剂
20	高浓度电解质润湿剂，合成胶乳稳定剂
30	醋酸乙烯乳液囊合乳化剂、匀染剂、钙皂分散剂

烷基酚与环氧乙烷的加成聚合乙氧基化反应是生产酚醚的关键，此反应是在高温、加压和催化剂存在下进行的。催化剂有碱催化剂和非碱催化剂之分，用量一般为起始量的0.1%~0.5%，投料比则根据品种来确定。在生产过程中，须先对原料进行脱水等预处理，反应结束后完成中和、脱色的操作之后再进行精制。

1.1.4 脂肪胺聚氧乙烯醚

脂肪胺的乙氧基化是指对脂肪胺进行环氧乙烷加成，反应的结果是在脂肪胺分子中引入羟乙基或聚氧乙烯基，使其成为带有阳离子特性的非离子型表面活性剂。这类表面活性剂被广泛应用于配制洗涤剂、农药乳化剂、纺织印染助剂、油田助剂以及用作染料和颜料等精细化学品的加工助剂。

乙氧基化脂肪胺在环氧乙烷加成数较低时具有阳离子型表面活性剂的性质，随着加成数的增加，性质也逐渐从阳离子型向非离子型转化。这类表面活性剂可以通过选择不同的烷基碳链和环氧乙烷加成数，获得不同的化学和物理性能，满足不同领域的应用需求。

脂肪胺的乙氧基化反应包括叔胺化反应和链增长反应两个阶段。脂肪胺的叔胺化反应在循环喷雾反应器中进行：向主反应器中加入脂肪胺，用氮气置换移除反应体系中的氧，启动循环泵使物料从主反应器底部抽出，经过换热器后以雾滴的形式喷入到主反应器的气相中，通过在换热器中通入蒸气使物料温度升至反应温度，然后用氮气将环氧乙烷计量槽内的环氧乙烷压入主反应器，用控制环氧乙烷的加入速度和控制换热器中冷却水的流量来控制反应温度。当与脂肪胺的摩尔比为1：2的环氧乙烷通入主反应器后且主反应器压力不再下降时，叔胺化反应结束，得到脂肪烷基二羟乙基叔胺。脂肪烷基二羟乙基叔胺的链增长反应：向主反应器中加入一定量的催化剂，将物料升至指定温度，用氮气将环氧乙烷计量槽内的环氧乙烷压入主反应器，用换热器移出反应热，直到与脂肪胺的摩尔比为1：3的环氧乙烷全部加入主反应器且主反应器压力不再下降时，降温，用冰乙酸中和反应物，得到产物乙氧基化脂肪胺。

1.1.5 乙氧基化酰胺醚

乙氧基化烷醇酰胺是目前研究较为活跃的一类烷醇酰胺衍生物，这类表面活性剂几乎无毒性，易于生物降解，且与皮肤亲和性好，可防止皮肤皲裂，对LAS，AS及无机盐有良好的相容性和协同效应，可用于香波和沐浴露等洗涤剂。乙氧基化烷醇酰胺一般由烷醇酰胺和环氧乙烷在压力容器中于碱性或酸性条件下反应制得。以十八酸为原料可合成出一系列不饱和乙氧基化脂肪酸单乙醇酰胺，研究结果显示，酰胺键的存在有利于氢键的形成，可降低临界胶束浓度（cmc）；而双键的存在提高了分子的亲水性，但同时也阻碍了表面活性剂胶团聚合，使氢键的形成变难，cmc增大。

1.1.6 乙氧基化脂肪酸

脂肪酸乙氧基化物是非离子表面活性剂，其第一步反应按SN_2机理进行：

$$RCOO^- + H_2C\underset{O}{\diagdown\!\!\diagup}CH_2 \longrightarrow RCOO-CH_2CH_2-O^- + RCOOH$$

$$\rightleftharpoons RCOOCH_2CH_2OH + RCOO^-$$

只要存在游离脂肪酸，就只发生加成反应，先生成乙二醇单酯，再按下式进行乙氧基化反应：

$$RCOOCH_2CH_2OH + nH_2C\underset{O}{\diagdown\!\!\diagup}CH_2 \longrightarrow RCOO(CH_2CH_2O)_{n+1}H$$

常用的催化剂有氢氧化钾、氢氧化钠、碳酸钾和碳酸钠。高选择性催化剂有伯、仲、叔胺或氧化胺，可以生成单酯。上述乙氧基化粗产品中可含有聚乙二醇的单酯和二酯、游离聚乙二醇和游离脂肪酸，分子中的环氧乙烷含量亦不相同。

脂肪酸环氧乙烷加合物在工业上极为重要，可作为医药、化妆品和食品工业的乳化剂。它们的润湿性能可用于油漆和合成纤维的生产，还可作为乙烯基，次乙基和氨基甲酸乙酯塑料的增塑剂。

1.1.7 聚乙二醇

聚乙二醇（PEG）是由重复的氧乙烯基组成的线性链状结构，两端各有1个羟基，相对分子质量在200~8 000之间。随相对分子质量的增加，聚乙二醇由无色无臭的黏稠液体逐渐变为蜡状固体；毒性则随相对分子质量的增大而减弱；相对分子质量在4 000以上的聚乙二醇呈中性，无毒且具有良好的生物相容性，对人体安全。工业上聚乙二醇是由环氧乙烷与水或乙二醇，以氢氧化钠或氢氧化钾为催化剂，在聚合釜内进行加成聚合而得到的。反应按阴离子聚合机理进行，为不可逆的强放热反应。实际合成过程中，由于受反应器体积、环氧乙烷通入量及催化剂浓度等因素影响，不能一步合成较高相对分子质量的聚乙二醇，需要进行分步合成。制备相对分子质量较大的产品时，通常使用相对分子质量较低的聚乙二醇作引发剂。乙二醇是合成聚乙二醇的重要原料，同时从乙二醇衍生出来的许多化学产品的应用范围也非常广泛，如应用于合成纤维、合成树脂、防冻剂、增塑剂、表面活性剂和炸药及化妆品等。生产乙二醇的公司主要有UCC公司（工厂在美国和加拿大）、壳牌公司（分布在美国、荷兰、新加坡）、SABIC公司（沙特阿拉伯）、Dow化学公司、巴斯夫公司、Occidental（美国）、Hoechst公司（美国、德国）和三菱公司（日本、沙特阿拉伯）等。

国内合成乙二醇使用的原料为乙烯，采用环氧乙烷水合法和硫酸催化水合法制取。反应可采用气相或液相聚合，工业上大多采用液相聚合，以氢氧化钾或氢氧化钠作催化剂。反应在装有循环泵和外交换器的钢质反应器或带有机械搅拌的间歇反应器内进行。完成聚合反应后得到的产品，还应后处理(包括中和、吸附、脱水、过滤和精馏等单元)，这样使得残留的催化剂经中和、过滤而除掉；采用吸附、脱水和蒸馏等手段可将其他杂质除去，以获得含水量低（$w < 0.05\%$）、色泽浅、无异味、性能良好、均一的产品。

1.1.8 吐温系列

吐温是山梨醇脂肪酸酯和环氧乙烷的缩合物，为一类非离子型去污剂。吐温实际上是同类型的系列产品，一般分为吐温-20，吐温-40，吐温-60和吐温-80多种，其中吐温-60为硬脂酸酯；吐温-80为油酸酯；吐温-20为月桂酸酯，为聚氧乙烯去水山梨醇单月桂酸酯和一部分聚氧乙烯双去水山梨醇单月桂酸酯的混合物。由于聚山梨酯分子中有较多的亲水性基团——聚氧乙烯基，故亲水性强，为一种非离子型去污剂。其具体用途如下：① 生物学实验中乳化蛋白。② 在生物学实验中作封闭剂。③ 常作为水包油（O/W）型乳化剂，使其他物质均匀在溶液中分散，主要用于农药、食品、化妆品。与其他乳化剂如月桂醇硫酸钠或司盘类合用，能增加乳剂的稳定性。吐温可用来使精油乳化后溶解于水液体中，完全发挥作用。相对来说，吐温-20更温和一些，吐温-80的乳化性更强一些。④ 药用：可作某些药物的增溶剂；有溶血作用；在溶液中可起到干扰抑菌剂的作用。

1.1.9 烯丙醇聚氧乙烯醚/甲基烯丙醇聚氧乙烯醚/聚乙二醇单甲醚

烯丙醇聚氧乙烯醚（APEG）是烯丙醇与环氧乙烷的聚合物。其性能及应用如下：系列产品无毒、无刺激性，能溶于水及多种有机溶剂，化学性质稳定；属非离子型表面活性剂，带有活性基团，能与活泼氢或双键反应，可用于改性硅油接枝、高分子材料分散剂。是合成聚羧酸系高性能减水剂的重要原料，合成的减水剂不仅具有高分散性及分散保持能力，同时具备掺量低、减水率高、适应性好、增强效果好、耐久性好、不锈蚀钢筋和环境友好等优点，可应用于现场搅拌及远距离输送的高性能、高强度混凝土。

甲基烯丙醇与环氧乙烷在催化剂的存在下进行聚合反应制得甲基烯丙醇聚氧乙烯醚（TPEG）。TPEG主要用于制备聚羧酸系的混凝土减水剂。使用TPEG制得的第四代混凝土减水剂具有较高的性能，如掺量更低、减水量更高、混凝土拌合物的流动性和流动保持性好、塌落损失率低、增强效果潜力大以及收缩率低等特点。

聚乙二醇单甲醚（MPEG）是由乙二醇甲醚与环氧乙烷在碱催化剂的存在下进行聚合反应制得的。聚乙二醇单甲醚具有良好的水溶性、润湿性、润滑性和生理惰性，对人体温和无刺激，在化妆品和制药工业中应用广泛。可选取不同相对分子质量的产品来改变产品的黏度、吸湿性和组织结构。相对分子质量低的产品（相对分子质量小于2 000）适于作润湿剂和稠度调节剂，用于膏霜、乳液、牙膏和剃须膏等。相对分子质量高的产品适用于唇膏、除臭棒、香皂、剃须皂、粉底和美容化妆品等。在清洗剂中，也用作悬浮剂和增稠剂。在制药工业中，用作油膏、乳剂、软膏、洗剂和栓剂的基质。也有将MPEG与丙烯酸反应制得MPEG丙烯酸酸酯，用作制备聚羧酸盐高效水泥减水剂的主要原材料。

1.1.10 蓖麻油聚氧乙烯醚

蓖麻油聚氧乙烯醚是蓖麻油与环氧乙烷的加成物，市售商品代号为EL-20（20EO），EL-40（40EO），EL-80（80EO）以及 HEL-20（20EO，氢化蓖麻油）。EL-20和HEL-20可作为腈纶纤维等的纺丝油剂组成，也可配制织造油剂，使浆纱柔软平滑，便于织造，也可作乳化剂、扩散剂、润湿剂使用，且HEL-20具有高温下结焦低的特点。EL-40为水包油型乳化剂，在毛纺工业中作毛油，具有良好的抗静电性，与其他抗静电剂拼混使用效果更佳，还用于油墨、制药、农药等行业作乳化剂使用。EL-80可作腈纶、维纶和丙纶等化纤油剂的组分，具有抗静电性和乳化作用，也可作有机磷农药乐果的乳化剂，乳液聚合乳化剂，毛油的乳化剂，广泛用于纺织印染、涂料和油墨等行业，还用作各种油品的乳化剂。

1.2 不含活泼氢的原料

1.2.1 脂肪酸甲酯乙氧基化物

由脂肪酸甲酯直接与环氧乙烷反应得到目的产物脂肪酸甲酯乙氧基化物（FMEE），利用传统的乙氧基化装置即可满足要求，反应条件与醇类乙氧基化的条件相近（170 ~180 ℃，0.5 MPa），直接以脂肪酸甲酯为原料来制备FMEE，既降低了生产成本，又可以减少向环境中排放三废，对工业生产和环保都非常有利。然而本工艺必须用特殊的乙氧基化催化剂方可有效的完成反应，常规的乙氧基化催化剂对于脂肪酸甲酯几乎不具备催化活性。对于脂肪酸甲酯这类不含活泼氢原料的乙氧基化，常规的碱催化剂如KOH，NaOH，$NaOCH_3$等无法达到理想的催化效果，不仅反应速度慢，副产物聚乙二醇含量高，而且反应转化率低，未反应甲酯含量高达40%；据研究，由于催化剂催化机理不同，并非所有的窄分布催化剂都可以达到催化乙氧基化脂肪酸甲酯的目的，如镧系窄分布催化剂就无法催化不含活泼氢的原料。

目前文献报道用于脂肪酸甲酯乙氧基化的催化剂主要有两类：① Mg/Al复合金属氧化物催化剂，日本Lion公司、德国Henkel公司、中国日化院和无锡轻工大学等采用的基本都是该体系催化剂。② Ca/Al的有机醇盐，德国Condea公司、波兰重有机所采用的是该类催化剂。

1.2.2 天然油脂乙氧基化物

天然油脂乙氧基化物是一种具有优异性能的醚-酯型非离子表面活性剂，由天然油脂与环氧乙烷直接加成得到。与传统非离子表面活性剂相比，由于原料取自天然油脂，故对油脂增溶力强，且易生物降解，具有生态毒性低，刺激性小等优点。天然油脂乙氧基化物的这些优点正符合国际表面活性剂的低泡高效、绿色、低成本的发展趋势，具有良好的发展前景。

目前文献报道用于天然油脂乙氧基化的催化剂仅有德国Condea公司采用的Ca/Al的有机醇盐类催化剂和中国日化究院采用自制的催化剂MCT-09进行了油脂乙氧基化的合成试验。

合成过程中首先由于催化剂（氧化镁和金属铝等复合型催化剂）表面的氧化镁所产生的碱性中心与外加铝离子酸性中心所形成的双官能团效应，使得脂肪酸甲酯分裂成酰基阳离子和甲氧基阴离子，形成中间吸附物，接着EO被极化，与酸性中心铝之间产生强烈吸引，从而甲氧基亲核进攻，环氧乙烷开环聚合。另外通过$CH_3OCH_2CH_2O^-$阴离子重新成键，酰基阳离子从催化剂表面化学解吸，以上即为阴离子配位共聚机理。

对于脂肪酸三甘油酯，从分子结构分析，可一步反应得到油脂乙氧基化物；但由于空间位阻的原因，羰基位具有一定的化学反应惰性，环氧乙烷开环聚合难度要大于FMEE。

1.2.3 聚丙烯酸甲酯乙氧基化物（PMA）

接枝型高分子表面活性剂是指有一条主链上带有几条支链，亲水链段可以为主链也可以为支链，由主链和支链构成梳状亲水亲油的高分子结构。其表面活性取决于分子中的亲水链段和疏水链段在溶液中的形态，以及两种链段的构型和组成比。采用不同的合成方法可以获得预定的接枝型高分子表面活性剂。

采用自由基溶液聚合的方法来合成较低相对分子质量的PMA，以四氢呋喃为溶剂、偶氮二异丁腈为引发剂、正十二硫醇为链转移剂。向装有搅拌和回流装置的四口烧瓶中加入四氢呋喃和正十二硫醇，45 ℃时开始滴加丙烯酸甲酯和催化剂的混合液，滴加完毕后，70 ℃ 下反应7 h，后停止加热和搅拌，将反应溶液倒入4倍体积的去离子水中纯化聚合物，静置6 h分层后将下层黏稠物放入烘箱中，105 ℃恒温10 h，以除去其中残存的去离子水和溶剂四氢呋喃，最后得略带黄色的黏稠液体聚丙烯酸甲酯。

将一定量的聚丙烯酸甲酯与催化剂MCT- 09加入到1 L的不锈钢高压反应釜中，升温至80 ℃，真空脱除系统内的低沸点物质和水。真空、氮气0.3 MPa、放空至0.01 MPa，置换3次，升温至195 ℃，导入一定量的环氧乙烷，开始诱导反应，待压力降至0.1 MPa时，连续导入环氧乙烷（维持环氧乙烷储罐压力恒定使系统环氧乙烷压力恒定）。环氧乙烷消耗量用电子秤减量法计算，待加至理论量时，停止环氧乙烷进料，老化至压力恒定，冷却至80 ℃，真空脱除反应体系中未反应的环氧乙烷气体，充氮气出料，得到一定加合数的产品。接枝型高分子表面活性剂因其结构明确且结构可调而具有特殊的性能，在许多领域里面都具有很高的应用价值，虽然其直接商品化的产品不多，但随着接枝型高分子表面活性剂的深入研究，在经济方面和性能方面都将会有所突破而获得实际应用。

2 反应装备

目前我国聚醚生产工业上采用的反应器主要有釜式反应器、意大利Press反应器、瑞士Buss环路反应器及连续管道化反应器。前3种反应器均存在一定的返混，使反应物的相对分子质量分布变宽，且不能实现连续化生产，而使用连续管道化反应器则可以消除反应物料的返混，使产品的相对分子质量分布达到设计要求，同时反应中产生的热量也可以及时传出。

自聚氧乙烯醚型表面活性剂工业化以来，搅拌釜式反应装置一直占据着乙氧基化装置的重要地位。1962年，意大利PRESS公司推出循环喷雾反应器，此举开创了乙氧基化反应器向大型化、现代化方向发展的局面，极大地推动了乙氧基化装置的发展，促进了乙氧基化产品质量的进步和安全防护水平的提升。如今，循环喷雾反应装置已经发展到第四代，已经有包括中国在内的十几个国家采用了此类装置，总产能超过了100万t / 年。

1988年瑞士BUSS公司开发出一种称为环路反应器的乙氧基化反应器，以其独特的设计获得了更高的气/液混合效果，反应过程的传质效果和安全性能再次得到提升。此外，近年来又报道了一种管道反应器，使用该反应器可实现聚氧乙烯醚型表面活性剂的连续化生产。

2.1 搅拌釜式反应器

传统的搅拌釜式反应器多为不锈钢材质，为了加强传热和传质效果，釜内一般设有换热盘管。反应过程是将起始剂和催化剂等投入釜内，从釜底通过分布器通入液态或气态的环氧乙烷与釜内的物料进行加成反应，依靠釜内换热盘管内的冷却水移去反应热，并用搅拌器和挡板加强传质效果，

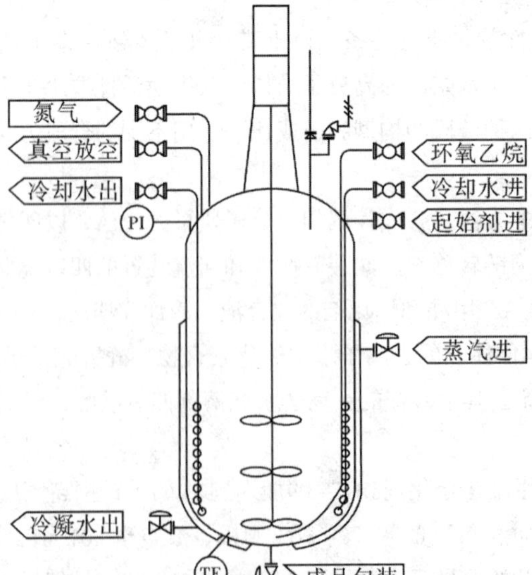

图1　搅拌釜式乙氧基反应器

为了适应反应过程中釜内物料液位高度的增长，一般设多层搅拌。搅拌釜式乙氧基反应器及其工艺流程见图1。

这种反应器的优点是反应器制造简单；与之配套的生产工艺成熟；能够适应黏度较大的起始剂，也能够适应凝固点较高的起始剂；反应器内物料混合均匀。缺点是反应装置内气相部分含有转动及机械密封部件，这些部件在转动过程中有可能产生火花，这对低闪点和宽爆炸极限的环氧乙烷而言存在安全隐患；环氧乙烷从液相物料中进入反应体系，存在碱性物料倒吸并返回环氧乙烷计量槽而存在环氧乙烷剧烈聚合导致发生爆炸的危险；换热面积和传质效率不高，以致在其内进行乙氧基化反应的速度和效率均较低。

搅拌釜式反应器的乙氧基化反应过程为：起始剂和催化剂加入反应器后，升温到反应温度，环氧乙烷通过进料管进入反应器底部并在搅拌下与起始剂反应，通过控制环氧乙烷的加料速度和换热盘管中冷却水的流量控制反应温度。

2.2 外循环喷雾式反应器

意大利PRESS公司开发的外循环喷雾反应器采用将起始剂以雾滴的形式喷入到反应器上部的环氧乙烷气体中的方式，强化反应过程的传质，同时辅以外部循环换热器，增强传热效果。这种装置的发明和推广，极大地推动了乙氧基化装置的发展，促进了乙氧基化产品质量的提高和安全防护水平的提升。循环喷雾反应装置及工艺流程如图2所示。

循环喷雾反应装置的乙氧基化反应过程为：将反应器下部的起始剂用循环泵抽出，经过循环换热器后，以雾滴的形式喷洒到反应器的气相中，与气相中的环氧乙烷进行加成反应，反应热由循环换热器中的冷却水移出。

为了适应反应釜内物料量的变化，反应器一般设计为上大下小，或者采用大小两套反应器串联使用。为适应凝固点稍高的起始剂，反应器一般设有外夹套加热用于防止投料和起始阶段起始剂凝固。循环喷雾反应器增大了气/液接触面而强化了传质，反应物料分布均匀，使得反应可在较高的温度下进行，反应速率也得到很大提高，环氧乙烷的加成速率可达搅拌釜式反应器的4倍，因而操作周期短、产物色泽好，即使用于生产相对分子质量较高的产品，也不需进行脱色处理；反应过程中液相含有的未反应的环氧乙烷的量大幅减少，因而聚乙二醇等副反应产物能减少到较低程度；在反应系统内，反应物与环氧乙烷接触的机会均等，且以相同的轨迹进行循环，不存在死角和返混现象，产品的相对分子质量分布较窄；气相部分无运动部件，消除了产生火花的风险，安全性能得到极大提高；环氧乙烷从反应器的气相进入，可有效防止倒吸事故；反应器的容积利用率高，相对分子质量增长比较大。循环喷雾反应器的缺点是不适应熔点较高的固体起始剂（如硬脂酰胺等）的乙氧基化反应，也不适合起始剂或产物黏度较大的乙氧基化反应。

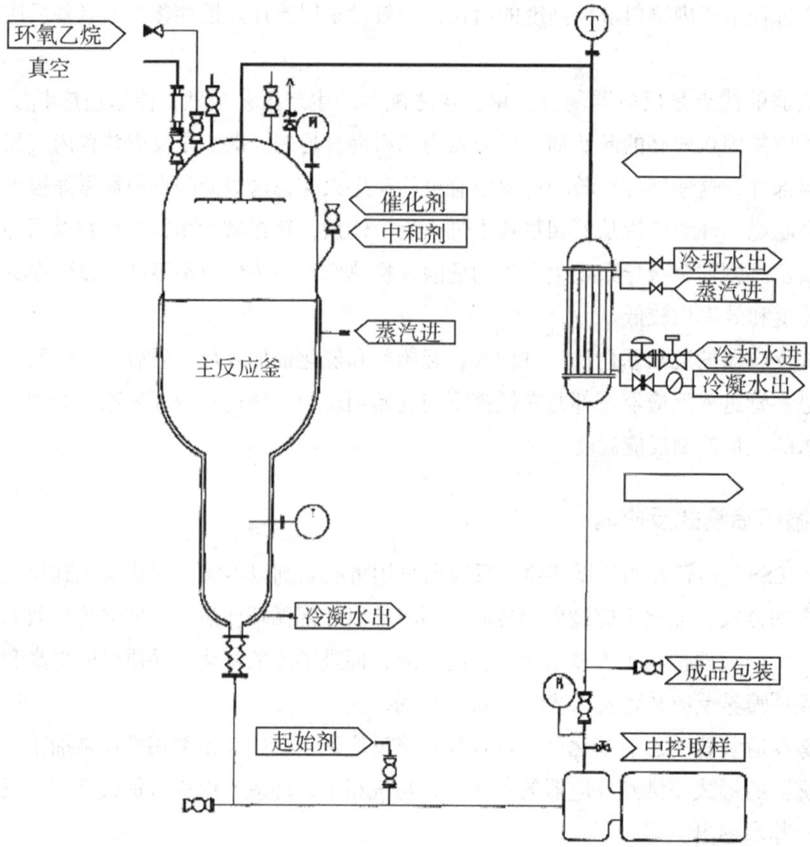

图2 循环喷雾反应装置及工艺流程

2.3 循环喷射式反应器

瑞士BUSS公司基于其30多年加氢反应器的设计经验，将环路反应器应用到乙氧基化反应中。该装置采用独特的向下喷射液体的高效反应器，并采用抗突发压力的工程设计，装置提供了极高的安全性和极大的生产能力。环路反应装置及工艺流程如图3所示。

环路反应装置的乙氧基化反应过程为：将反应器下部的起始剂用循环泵抽出，经循环换热器加热后，从高效混合反应器的喷嘴返回到反应器中。由于喷嘴的混合作用，物料高速流过喷嘴时产生局部负压，环氧乙烷从位于反应器内部的吸气孔吸入喷嘴并与待反应物料混合并发生反应。环路反应器不仅液相循环，而且气相也在不断循环，气、液相物料均处于动态，减少了气相因处于静止状态而发生环氧乙烷自聚的可能，既提高了质量又保证了安全；反应速率较循环喷雾反应器更高，混合得更均匀，副产物含量更低，从而使得乙氧基化产物的质量更好；由于反应完全迅速，气相中残余环氧乙烷的含量可在1 mg / L以下；装置的特殊设计，无需设置通向大气的爆破膜，不存在环氧乙烷突发进入大气的可能，消除了反应过程中的突发环境风险。

环路反应器的缺点：每一个反应批次体积增长比较低，要生产较高相对分子质量的产物，需分批进行，增加了操作难度；不适合高黏度乙氧基化产物的生产；脱水效果稍差等。

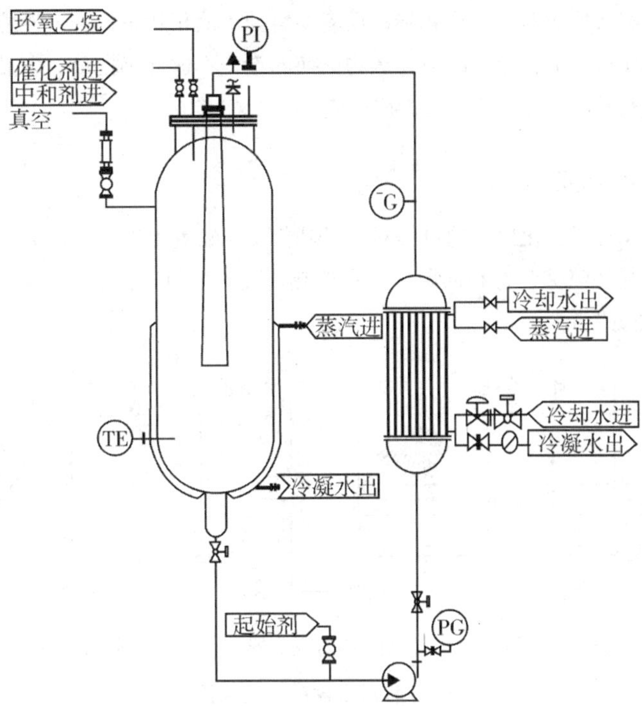

图3　环路反应装置

2.4 连续管式反应器

连续管式反应器的乙氧基化反应是将起始剂在原料配制槽内脱水并加热到反应温度，通过进料泵与环氧乙烷输送泵输送的环氧乙烷一起进入管道反应器并连续发生加成反应，反应热通过反应器外部的冷却水移出。完成反应的物料经产品冷却器冷却到后处理温度后进入后处理釜，进行中和、漂白等后处理操作。连续管道乙氧基化反应器及其工艺流程图如图4所示。

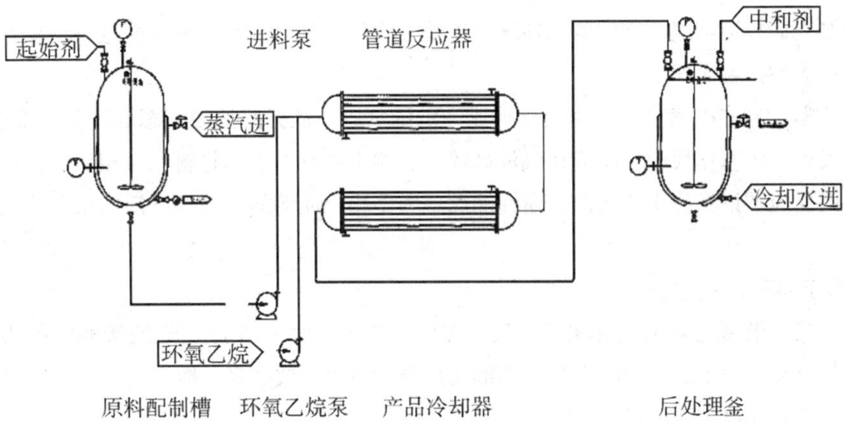

图4　连续管道乙氧基化反应器及其工艺流程

管道连续乙氧基化反应装置的特点是：反应过程很短，停留时间通常不超过10 min，使反应装置的空时产率比搅拌釜式反应器提高近40倍；反应物料处于液相状态，安全性能进一步提高；反应过程连续进行，产物质量更加稳定。缺点是产物更换困难，不适合小批量、多品种的生产。目前这类装置多用于低分子氨或胺与环氧乙烷的加成反应。

2.5 几种反应器的比较

环氧乙烷的性质及乙氧基化反应的过程对乙氧基化反应装置提出了特殊的要求。目前工业上使用的搅拌釜式装置、循环喷雾装置和回路装置在传热传质、加料方式和安全设施等方面各具特点。3种反应器的对比简图见图5。

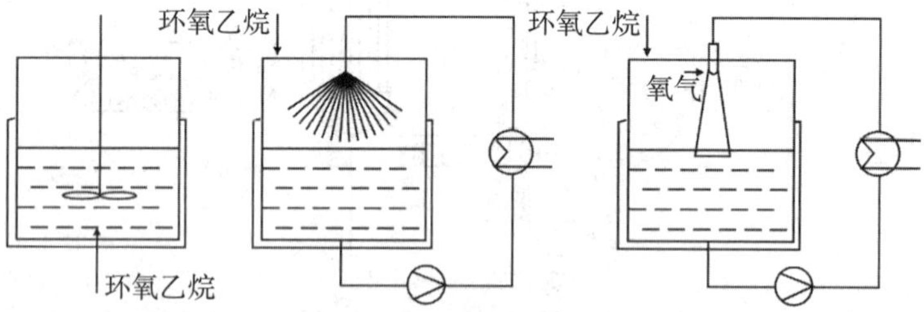

图5　3种反应器的对比简图

2.5.1 传热效果比较

搅拌釜式反应器采用内盘管传热，受结构影响，不能设计较大的传热面积，传热系数较低，使反应速度受传热效率的限制。循环喷雾反应装置和环路反应装置采用外部列管式或螺旋板式换热器，可以根据反应的要求选择合适的传热面积和较高的传热系数。

2.5.2 传质效果比较

搅拌釜式反应器一般为安装有内换热盘管的多层搅拌反应装置，环氧乙烷以液体的方式从反应器的底部加入，反应在液相物料中进行，反应器上部气相部分为氮气和气态环氧乙烷。

循环喷雾反应器环氧乙烷进入反应器气相空间立即蒸发气化，起始剂经过喷嘴以雾滴的形式进入反应器，与充满反应器气相空间的气体环氧乙烷发生反应。反应在气液界面进行，雾状的物料与环氧乙烷有极大的接触面积。

环路反应器物料在喷嘴中的高速流动形成一定的负压，从旁路抽吸气态的环氧乙烷进入喷嘴，充分混合时发生乙氧基化反应。反应在气液高效混合器中进行，液体物料和气相环氧乙烷都处于流动状态。环路反应器以其优秀的气液传质性能而成为多相反应器的首选，广泛应用于烷氧基化反应过程中。

2.5.3 反应速率比较

循环喷雾反应装置起始剂呈雾状喷入反应器的气相中，大大增加了气/液接触面积从而强化了传质效果，使反应速率得到极大的提高。外部换热器能力大、效率高，能够确保移出反应热。环氧乙烷的加成速率是搅拌釜式装置的4倍。

环路反应装置中，起始剂和环氧乙烷均处于运动状态，动态的气液接触使传质效果进一步加强，反应速率较循环喷雾反应装置提高30%左右。反应结束后，用于老化的时间也多为3~4 min，较循环喷雾反应装置大大缩短。

2.5.4 安全性能比较

搅拌釜式反应器气相部分存在运动部件，在反应过程中，存在火花和泄漏的可能。循环喷雾装置和环路装置气相部分没有运动部件，泄漏的几率大大减少。搅拌釜式反应器环氧乙烷从反应器底部进入到系统的液相中，一旦反应器压力高于环氧乙烷计量槽的压力，含有碱性催化剂的液相物料就可能倒入环氧乙烷计量槽，引发环氧乙烷的聚合而极易发生事故。

循环喷雾反应器和环路反应器环氧乙烷直接进入反应器顶部的气相中，并立即气化，不存在碱性物料倒入环氧乙烷计量槽的可能，安全性能大大优于搅拌釜式反应装置。循环喷雾反应器和环路反应器反应速率高，进入反应器的环氧乙烷迅速反应完全，反应装置内环氧乙烷存在量少，遇突发事故时，对物料的温度和压力影响小，安全性能优于搅拌釜式反应器。

环路反应器顶部气相中氮气的分压大于60%，反应过程中环氧乙烷完全处于爆炸极限之外，从根本上消除了爆炸的可能性。且装置为抗突发压力冲击设计，反应器炸不开，装置不设置爆破片，安全性能得到了极大提高。

2.5.5 生产灵活性

搅拌釜式装置由于搅拌桨和换热盘管以及盘管支撑装置的存在，物料排空后仍有余料粘附在搅拌桨和盘管上，需要较长的物料排空时间和大量的设备清洗水，影响切换产品的效率。循环喷雾反应装置和回路反应装置的反应器和换热回路内壁光滑，无内件，无死角，易于清洗，便于快速切换不同产品。

循环喷雾反应装置和环路反应装置采用外循环换热，为使物料循环顺利进行，初始阶段起始剂投入量较大，反应装置的链增长比能达到1：7左右。搅拌釜式反应装置的链增长比能达到1：10以上。为提高装置的链增长比，部分循环喷雾反应装置采用大小两套外部循环系统或者采用大小两套反应器串联的方式提高链增长比。链增长比较高的产品具有更好的产品适应性，可以一次合成较大相对分子质量的产物。

2.5.6 环境保护比较

循环喷雾反应器和环路反应器传质效果好，反应结束后气相和液相部分含有的环氧乙烷均较搅拌釜式反应器更低，排放出的环氧乙烷少，对环境影响更小。

环路反应器本身的安全设计无环氧乙烷突发进入大气的可能，排放气中环氧乙烷含量极低，有利于保护环境。

3 结论

循环喷雾反应器和环路反应器在传质方面存在显著的区别，环路反应器气液两相均处于运动之中，气液相传质系数大，混合更加均匀，反应过程中不存在反应集中在液滴表面而形成局部热点的现象，环氧乙烷气相部分也在循环中参与反应，更有利于得到色泽较浅、相对分子质量分布更均匀和副产物更少的产物。循环喷雾反应装置和环路反应装置均采用物料外部循环、环氧乙烷进入反应器气相中，反应过程中气相部分不存在运动部件，较好地防止静电爆炸和物料倒吸到环氧乙烷计量槽等危险，反应过程中传质、传热效果均较传统釜式反应器有极大的提高。它们的安全性、生产效率和产品质量均大大优于传统的搅拌釜式反应器，是先进的乙氧基化反应装置。

中国脂肪胺生产技术与装备

高级脂肪胺系列产品是指碳链长度在C_{8-24}范围内的一大类有机胺化合物，主要可分为伯胺、仲胺、叔胺和多胺等，是三大油脂化学（脂肪醇、脂肪酸和脂肪胺）的主要中间体之一。脂肪胺是阳离子和两性表面活性剂的主要原料，广泛应用于化工、纺织、印染、石油开采、轻工日化、医药卫生和采矿及机械等领域，用作纺织柔软剂、矿物浮选剂、沥青乳化剂、金属缓蚀剂、杀菌消毒剂、抗静电剂及分散剂等。

高级脂肪胺的生产路线主要有两条：第一条是以脂肪酸为原料，首先脂肪酸和氨反应生成脂肪腈，脂肪腈加氢反应生成脂肪伯胺或仲胺，伯胺或仲胺加氢甲基化生成叔胺，伯胺经腈乙基化后加氢可生成二胺，二胺进一步经腈乙基化、加氢可生成三胺，以此类推。然后由伯胺、仲胺、叔胺和多胺生成表面活性剂衍生物；第二条是以脂肪醇为原料，和二甲胺反应生成单烷基二甲基叔胺，和一甲胺反应生成双烷基一甲基叔胺，和氨反应生成三烷基叔胺，再由叔胺生成表面活性剂衍生物。

国内生产的脂肪胺以伯胺、叔胺为主，叔胺产量占脂肪胺的60%以上，单烷基叔胺是其最主要的品种。江苏张家港飞翔化工有限公司是国内最大的脂肪胺类产品生产企业，伯胺、叔胺总产量在5 万t以上。以脂肪胺为起点的下游表面活性剂发展也非常迅猛，该公司的阳离子活性剂产销量，居美国宝洁和日本花王之后，在国际排名中位列第三。山东博兴华润油脂主要以自产的脂肪酸为原料，生产牛油基和棕榈油基的脂肪伯胺，年产量在3万t左右。另外，泸天化（四川天宇油脂）利用自产的硬脂酸每年生产伯胺5 000 t，天津天女和上海经纬化工分别有数千吨的叔胺生产能力。

脂肪胺及其衍生物系列产品品种非常多，下面主要介绍一些已获得比较广泛应用的脂肪胺及其衍生物产品的生产技术与装备。

1 脂肪酸生产脂肪胺的工艺技术

脂肪酸为原料生产高级脂肪胺的工艺路线始于20世纪40年代，有相对较长的历史。国内以脂肪酸氨化法制脂肪腈再加氢制得脂肪胺的工艺技术开发相对比较落后，加之受油脂原料和市场尚未开拓等因素的影响，脂肪胺生产在20世纪90年代以前发展缓慢。在20世纪90年代以后开始逐步引进国外先进技术和装置，先后有四川天宇油脂、山东博兴华润油脂和江苏张家港飞翔等厂家引进了几套具有规模的由脂肪酸生产脂肪胺的装置，至此国内的脂肪胺才有了快速增长。

1.1 脂肪酸制伯、仲、叔胺

以脂肪酸为原料，首先和氨反应生成脂肪腈，生产过程是脂肪酸与气体氨在脱水催化剂氧化锌的存在下，于270~320 ℃在液相中反应，反应压力为0.25~0.35 MPa，先生成脂肪酸胺盐，随后脂肪酸胺盐加热脱水成脂肪酰胺，最后形成脂肪腈；脂肪腈在催化剂存在下加氢反应生成脂肪伯胺或仲胺。国内引进的意大利GIANAZZA公司脂肪胺的技术，生产伯胺反应温度一般控制在120~150 ℃，反应压力控制在1.2~2.0 MPa 条件下进行，同时引入氨可提高伯胺的选择性，抑制仲胺的生成，其产品收率可以达到96%以上。生产仲胺的反应温度一般控制在200~220 ℃，反应压力控制在1.5~2.0 MPa 条件下并连续排气除氨。在一定反应时间后，产物泵入过滤器除去催化剂。

脂肪酸制脂肪腈、伯胺与仲胺的反应式如下：

$$RCOOH + NH_3 \xrightarrow{-H_2O} RCONH_2 \longrightarrow RCN$$

$$RCN + 2H_2 \xrightarrow{Cat} RCH_2NH_2$$

$$2RCN + 4H_2 \xrightarrow{Cat} RCH_2NHCH_2R + NH_3$$

叔胺的生产一般是用伯、仲胺与甲醛或甲醇还原甲基化法，反应温度为120~130 ℃，反应压力为1.0~1.5 MPa。以伯胺为原料来生产单烷基二甲基叔胺，主要有三种方法，分别是：

（1）伯胺甲醛甲酸法

$$RCH_2NH_2 + 2HCHO + 2HCOOH \longrightarrow RCH_2N(CH_3)_2 + 2H_2O + 2CO_2$$

（2）胺甲醛加氢法

$$RCH_2NH_2 + 2HCHO + 2H_2 \longrightarrow RCH_2N(CH_3)_2 + 2H_2O$$

（3）伯胺甲醇一步法

$$RCH_2NH_2 + 2CH_3OH \longrightarrow RCH_2N(CH_3)_2 + 2H_2O$$

由于脂肪酸制脂肪腈、脂肪腈制伯胺和伯胺制叔胺的工艺比较复杂，工艺路线比较长，设备投资大，在20世纪80年代末期我国研究开发了脂肪醇一步法胺化制叔胺的技术以后，由伯胺制叔胺的工艺，生产厂家已不再使用，脂肪酸法主要用于伯胺和仲胺的生产。目前只有部分生产伯、仲胺的厂家在使用上述第二种方法由仲胺与甲醛进行还原性烷基化反应生产少量的叔胺，反应过程主要为氢化牛油脂肪酸、硬脂酸→脂肪腈→仲胺→双烷基叔胺，再由双烷基叔胺和氯甲烷季铵化生产季铵盐，以用于织物柔软剂和抗静电剂等。

1.2 脂肪酸制多胺

由脂肪酸制得伯胺，伯胺与丙烯腈缩合生成腈乙基胺：

$$RNH_2 + CH_2{=}CHCN \longrightarrow RNHCH_2CH_2CN$$

腈乙基胺在催化剂存在下加氢得到二胺：

$$RNHCH_2CH_2CN + 2H_2 \longrightarrow RNH(CH_2)_3NH_2$$

二胺再次与丙烯腈缩合生成腈乙基二胺，腈乙基二胺在催化剂存在下加氢得到三胺：

$$RNH(CH_2)_3NH_2 + CH_2{=}CHCN \longrightarrow RNH(CH_2)_3NHCH_2CH_2CN \xrightarrow{2H_2} RNH(CH_2)_3NH(CH_2)_3NH_2$$

2 脂肪醇生产脂肪胺的工艺技术

20世纪80年代以来，国内以中国日化研究院为首开发的脂肪醇常压一步法制叔胺的工艺路线由于工艺简单、反应条件温和、固定成本和可变成本低，具有明显的经济效益，而且产品收率高、纯度高及三废少迅速得以发展，目前是我国生产脂肪叔胺的主要方法。

长链脂肪醇和不同的起始胺（二甲胺Me_2NH，一甲胺$MeNH_2$，氨NH_3）一步胺化可以生成具有不同结构的叔胺，反应式如下所示：

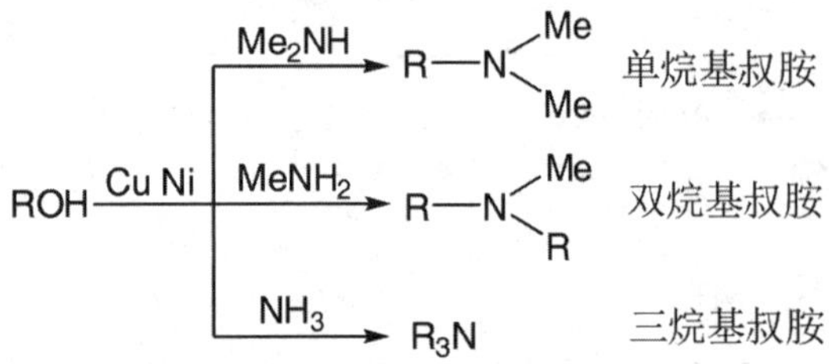

三类叔胺中的单长链烷基叔胺产量最大，国际上占叔胺总产量的60%以上，国内则达到80%以上，其次为双长链甲基叔胺，三长链烷基叔胺产量最小。就催化剂性能讲，国内开发的催化剂如中国日化院在“七五”期间开发的G-20催化剂具有世界先进水平，以此催化剂为核心的胺化技术获得国家科技进步二等奖。

3 脂肪胺衍生物及其应用

3.1 伯、仲胺衍生物及其应用

伯胺可直接用作防腐剂、润滑剂、脱模剂、油品添加剂、颜料添加剂、增稠剂、润湿剂、化肥防结块剂、成模剂、浮选剂、疏水剂、防水添加剂和蜡乳等。

仲胺一般不直接使用，主要作为生产双烷基叔胺及季铵盐的原料，用于织物的柔软剂和抗静电剂。

伯、仲胺的主要用途是作为化学中间体，生产各种各样的表面活性剂衍生物，下面对常用的衍生物做简要介绍。

3.1.1 生产阳离子表面活性剂

生产胺盐：伯、仲胺用盐酸、醋酸或其他酸中和可以制得阳离子表面活性剂，这类表面活性剂能溶于水，并且有良好的表面活性。

生产季铵盐：一类重要的季铵盐是仲胺用甲醛还原甲基化来生产双烷基甲基叔胺，再由双烷基叔胺和氯甲烷季铵化生产季铵盐，其主要产品为二硬脂基二甲基氯化铵，用于织物柔软剂。

生产木质素胺：十二胺和木质素磺酸盐或磺化碱木质素反应生成木质素胺，然后和石油磺酸盐复配，可以有效地降低表面张力，用于石油的乳化降粘，可使黏度下降90%并形成稳定的乳液。用作驱油剂时可提高原油的采收率。由脂肪胺、木质素和甲醛等可制得高级脂肪胺/甲醛改性木质素季铵盐阳离子沥青乳化剂。

生产胍类表面活性剂：用十二胺、腈胺和醋酸反应可以制取醋酸十二胍。醋酸十二胍是一种用途广泛的表面活性剂，除用作农药外，可用作杀菌剂，还可用作洗涤剂，用于洗涤护理头发、清洗机械设备等。

3.1.2 生产非离子表面活性剂

脂肪伯胺与环氧乙烷反应可以生成不同链长的脂肪胺聚氧乙烯醚，经适当调节分子中亲水和亲油基团的比例后，这种非离子表面活性剂具有极佳的去污洗涤性能，在不同织物和不同洗涤环境中均表现出很好的适应性。也可用作抗静电剂、乳化剂、发泡剂、缓蚀剂、破乳剂、润湿剂、钻井泥浆添加剂、匀染剂和织物整理剂。它们还可用有机酸或无机酸中和，生成一系列有特殊性能的新型表面活性剂。用无机酸中和后水溶性增加，用有机酸中和后油溶性增加。在纺织工业中可用于染色助剂、退浆剂和拔丝润滑剂等，多达50摩尔的环氧乙烷加成胺在拔丝过程中润滑丝线，同时清洗丝线，也能防止产生静电荷，在纺织工业中也用作乳化剂，最普通的应用是使有机物与水的乳化，通常使用的是15摩尔的乙氧基化大豆油胺。

3.1.3 生产两性表面活性剂

十二胺与丙烯酸甲酯反应经皂化中和后得N-十二烷基氨基丙酸，易溶于水，易生物降解，耐硬水，对皮肤的刺激性很小，毒性也较小。可用作起泡剂、乳化剂、缓蚀剂、液体洗涤剂、香波、护发剂、柔软剂和抗静电剂等。

十四胺和氯乙酸钠在碱性条件下生成N-十四烷基甘氨酸钠，具有良好的润湿能力、杀菌能力和洗涤能力，且毒性很低，并具有生物降解性好、对皮肤刺激性小的优点。

3.2 叔胺衍生物及其应用

叔胺可直接用于防腐剂、燃料油添加剂、杀菌剂、稀有金属的萃取剂、聚丙烯与聚乙烯抗静电剂的有效成分、聚氨酯泡沫有效的促进剂和凝固剂、环氧树脂的促进剂和凝固剂、合成或天然橡胶的脱模剂、胶片和底板的稳定剂和感光剂、颜料分散剂、抗黏结剂、工艺助剂、光泽剂和臭味清除剂等。

脂肪叔胺的主要用途是生产阳离子和两性离子衍生物，主要品种有十二烷基二甲基苄基氯化铵（1227）、十二烷基三甲基氯化铵（1231）、十八烷基三甲基氯化铵（1831）、双十八烷基二甲基氯化铵（D1821）、十二烷基氧化胺（OA）及十二烷基甜菜碱（BS-12）等，主要产品的反应路线如下图所示：

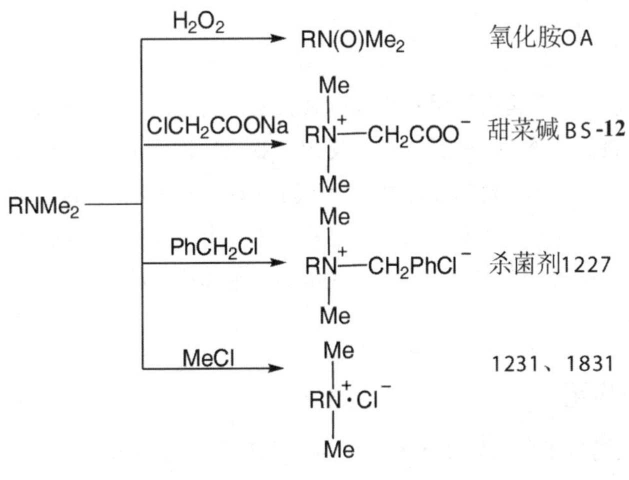

3.2.1 生产阳离子表面活性剂

由叔胺和烷基化试剂生产季铵盐，烷基化试剂有卤代烷、硫酸二甲酯和氯化苄等，季铵盐是所有阳离子表面活性剂中用量最大的一类产品，其主要用途有：

（1）作织物柔软剂，用量最大的品种是双硬脂基二甲基氯化铵（D1821），作为纤维调理剂，在家用洗衣的最后漂洗中加入，使织物具有柔软的手感和抗静电特性。

（2）作杀菌剂，主要杀菌剂的品种有十二烷基二甲基苄基氯化铵（1227）、双烷基（C_{8-10}）甲基氯化铵和十二烷基三甲基氯化铵（1231）等，季铵盐用于杀菌目的的领域有：家用、医用和工业杀菌、消毒、清洗、防霉；游泳池中灭藻等；洗衣过程中消毒；油田微生物杀菌等。

（3）作头发调理剂，主要品种有十六/十八烷基三甲基氯化铵（1631/1831），用于香波、护发素，使头发柔顺光滑。

（4）其他用途，制备有机膨润土，经季铵盐改性剂插层复合制得的阳离子有机膨润土，层间距增大，层间域成为疏水环境，表面电荷增加，从而吸附性能大大改善，去除水中有机物的能力比原土高几十到几百倍；季铵盐还可作为酸洗缓蚀剂，除去热轧钢鳞片或钢铁制品表面的氧化物；用作农药的表面活性剂和乳化剂，且有杀虫杀菌效果；季铵盐加到汽车清洗剂的最后漂洗液中，加速清洗表面的风干；季铵盐用作油漆工业的添加剂，可增加颜料的疏水性，改进颜料的油润性，增加分散性；在油田钻探用来配制钻井油浆以及用作各种金属加工业中的润滑剂等。季铵盐的用途十分广泛，很难概括全面，在此只是介绍其中一部分的主要应用。

烷基二甲基氧化胺（OA）主要由单长链二甲基叔胺和过氧化氢反应生成，由于N略带阳电荷，而O略带阴电荷，具有弱阳离子性，可将这一类列入阳离子类的表面活性剂，也有将其列为非离子表面活性剂。它的特点为：易溶于水和乙醇等极性溶剂中，在碱性至中性条件下与各类阴离子、阳离子、两性离子表面活性剂有很好的配伍性，具有优良的泡沫、增稠和去污性能，被广泛用于餐具洗涤剂和个人护理用品中，如调理香波、浴液、洗面奶、泡沫制剂、轻垢性丝毛洗涤剂、餐洗剂、漂白消毒性洗涤剂。在化妆品中使用，可作为保湿剂、乳化剂、增稠剂和杀菌防腐剂。在其他领域用于纺织印染助剂，用于灭火配方中增加水中泡沫量，是良好的增泡剂和稳定剂，亦可作为医疗器械的清洗消毒成分。

另外，近年来以叔胺为原料，研究开发了许多的Gemini型双子阳离子表面活性剂品种，与传统的季铵盐相比，具有更优良的性能。一些合成方法相对简单、成本较低的Gemini型阳离子季铵盐已在杀菌、缓蚀和驱油中得到了工业应用。

3.2.2 生产两性表面活性剂

两性表面活性剂甜菜碱（BS-12）主要是由二甲基叔胺和氯乙酸、氢氧化钠反应制得，具有许多优良性能，作为抗静电剂、柔软剂、洗涤剂、润湿剂用于纺织行业；日化行业可用于香波、高级洗涤剂及婴儿化妆品中；还可作钙皂分散剂、燃料添加剂、金属防锈剂、消毒剂和杀菌剂等。

目前还有一类羟丙基磺基甜菜碱在工业上也得到了广泛应用，由二甲基叔胺和环氧氯丙烷、亚硫酸氢钠反应制得，具有比甜菜碱 BS-12 更优良的润湿力、泡沫力和泡沫稳定性及优异的钙皂分散力、耐酸、耐碱及耐盐。

3.3 二胺及多胺衍生物及其应用

烷基丙撑二胺系列在国外广泛用作纸张的防水剂和柔软剂、防锈剂、涂料添加剂、颜料处理剂、中裂型沥青乳化剂、汽油添加剂、防冻剂、矿物浮选剂和絮凝剂、织物柔软剂、水中防污剂、分散磁性材料。国内主要用作建筑沥青乳化剂、矿砂浮选剂、高效清洗剂和润滑添加剂和缓蚀剂等。

二胺可进一步衍生成其他化合物，如多胺、甜菜碱-氧化胺型衍生物、二胺的醋酸盐和油酸盐。二胺与甲醛进行加氢反应可得到N-脂肪烷基-1，3-丙撑二胺，主要用作乳化剂、腐蚀抑制剂、分散剂和化学中间体等。

三胺、四胺及其衍生物可作为采矿工业的浮选剂、乳化剂、沥青的黏结剂、防水处理剂、腐蚀抑制剂、分散剂、润滑剂和颜料加工添加剂等。

N，N-二（3-氨基丙基）脂肪烷基胺型多胺可作生物杀灭剂（消毒、杀菌和除藻剂）、食品工业清洗剂、家庭硬表面清洗、腐蚀抑制剂、乳化剂、颜料加工添加剂、颜料分散剂和链条润滑剂等。

4 脂肪胺生产装备

图1、图2和图3为脂肪酸制备脂肪腈以及脂肪腈制备脂肪胺的技术装备示意图。

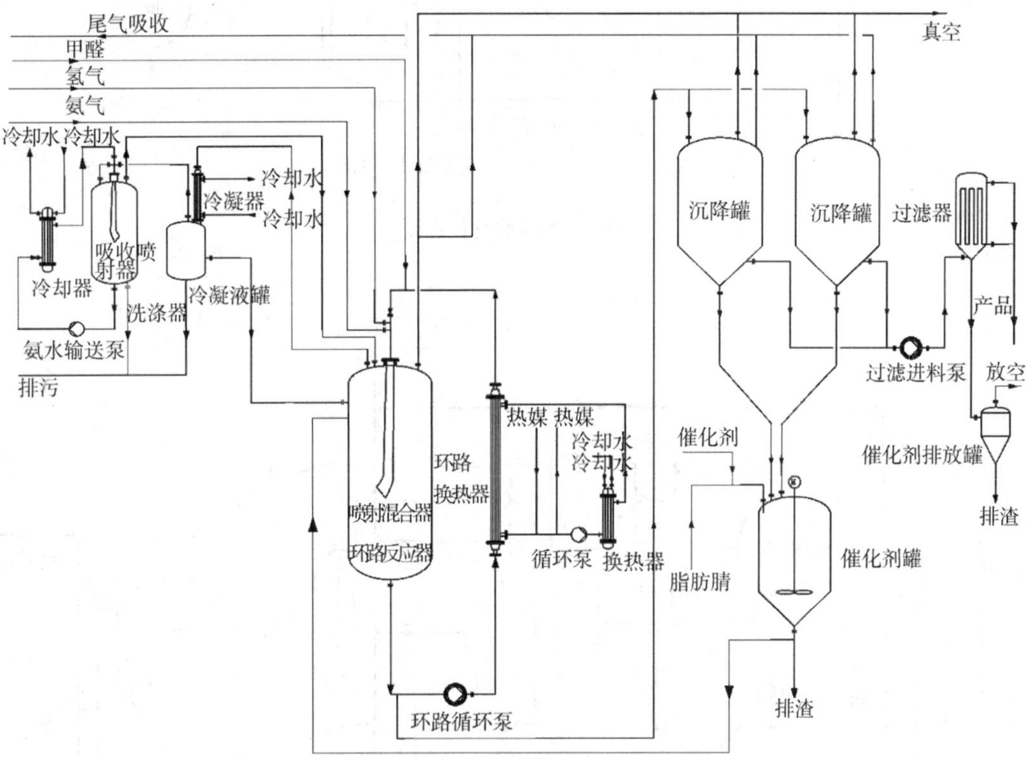

图1 脂肪酸制备脂肪胺的装置示意图

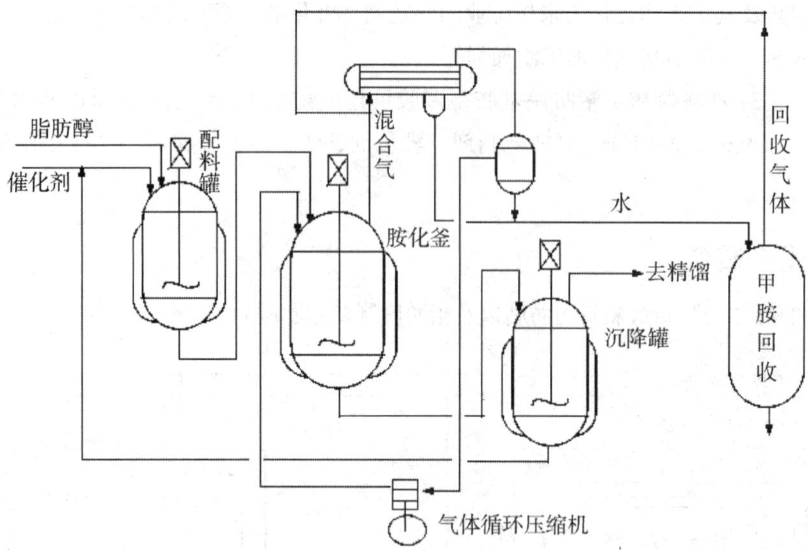

图2　普通胺化反应釜

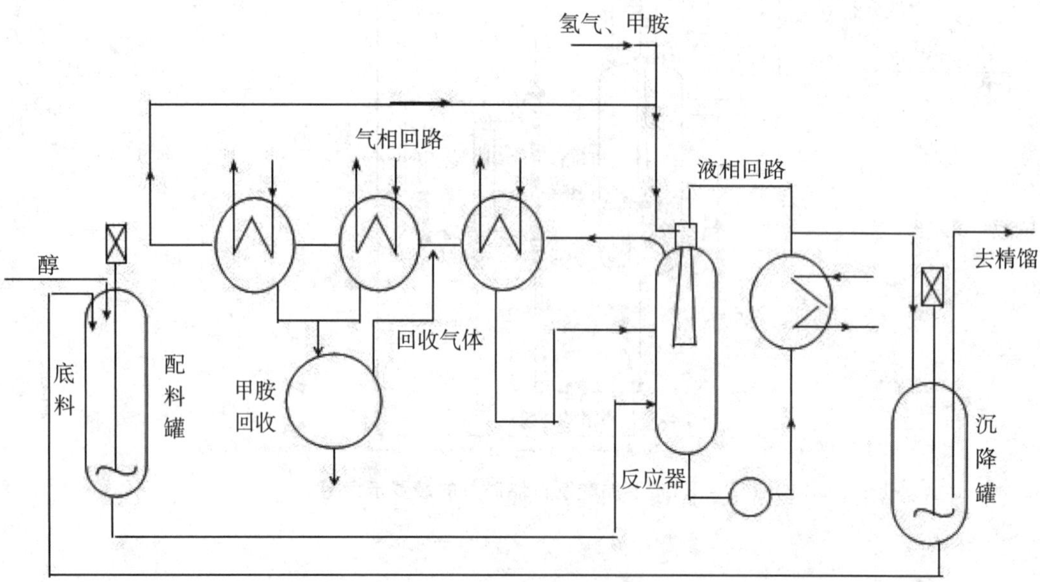

图3　环路胺化反应器

脂肪胺生产工艺中最关键的设备是反应器，在工业生产中应用最多的主要有两种：搅拌式反应器和环路反应器。

现在国内还有相当一部分企业使用传统的搅拌釜式胺化反应器，该设备最大的优点是制造简单、运行稳定、安装维修方便和价格便宜等，适宜于间歇式分批操作，单套设备可达到年产几千吨的规模。但其缺点也是相当明显的，那就是在气液固三相之间存在传质、传热效率低，返混严重，反应时间长，得率较低等缺点。规模越大，问题越突出。

诸如罗地亚飞翔、阿克苏等国外大公司大多采用环路反应器（Loop Reactor）来生产脂肪胺，环路反应器主要是由反应釜、文丘里喷射混合器、液相循环泵及外置换热器等部件构成的反应装置，其关键部件为文丘里喷射器和液相循环泵，采用循环泵将反应物料通过环路反应器内顶部的专用喷嘴喷入，强化了气液固三相之间的传质过程，并通过外置换热器解决传热问题，使反应速度、传质效率、操作系数的弹性空间大为扩大，是搅拌釜式反应器的良好替代品，对相同规模而言，环路反应器的体积是搅拌反应器的一半。

环路反应器的基本特点是：①混合均匀，气泡最小直径可达10^{-6} cm；②气液接触面积大，整个反应器内混合非常均匀，没有温度梯度，反应器底部不会出现温度过热现象；③催化剂悬浮效果好，优于传统的搅拌式反应器，使催化剂每批消耗率约0.1%；④环路反应器放大效应好，操作弹性好。

国内也有企业开发和引进了环路反应器进行脂肪胺的生产。比如，在以脂肪酸路线生产脂肪胺技术方面，山东博兴华润油脂、江苏张家港飞翔全套引进了意大利gianazza公司的脂肪胺生产装置与技术，同时引进了环路反应器。江苏张家港飞翔在消化引进技术的基础上，开发了国产化先进的环路反应器，该环路反应器反应效率高，催化剂消耗低，产品得率高，使反应时间缩短50%以上。同时，对脂肪胺装置进行了一系列工程化放大，解决了技术瓶颈，使单套生产装置的年生产能力由千吨级发展到万吨级以上，工艺技术达到国际水平。在以脂肪醇生产脂肪叔胺的装置方面，中国日化院引进了EC.Chem公司1 000t / 年的环路反应器，改善了传质，缩短了反应时间。

另外，目前国内正在研究开发的有固定床反应器，将其用于脂肪醇催化胺化制叔胺，经扩试研究，显示出比搅拌釜工艺明显的优势，但有待进行更大规模的试验。采用固定床工艺可使物料瞬间通过反应器完成转化，具有操作简便、产量大、产品质量稳定等特点，但同时要求适应此工艺的催化剂具有高活性、高选择性及寿命长等特点。用固定床反应器易于解决传质和规模化问题，但工艺开发水平目前还没有达到工业化的程度，中国日化院在此方面的开发工作卓有成效。固定床胺化工艺的工业化将是脂肪胺行业的一次重大飞跃。

5 发展趋势

从国内市场来看，由于我国经济的快速发展，带动了高级脂肪胺的消耗急剧上升，国内企业应该大力开发和完善脂肪胺系列产品及其衍生产品，以满足不断增长的市场需要；加强脂肪胺生产新工艺的开发和研究，进一步提升工程化装备技术水平，使脂肪胺生产达到资源节约、能源节约、环保的要求；进一步提高产品质量，满足国内市场的同时，大力开拓和发展国际市场；加强脂肪胺及其衍生产品的应用技术研究，积极推动脂肪胺工业更快更好地发展。

2008—2011年行业项目申请

表1～表5给出了我国2008—2011年间表面活性剂及其相关行业项目申请和建设情况，从项目申请到公布情况来看，近几年项目建设逐步呈现良性循环，企业不再单一追求规模化市场，而转向产品结构和应用领域的多元化。助剂类产品成为未来表面活性剂行业的新宠，预计到2015年，工业表面活性剂的市场容量将超过65%，洗涤类产品用表面活性剂产品趋于安全和环保理念，在发达城市，洗衣粉将逐步被合成洗涤剂所替代。工业领域中，纺织助剂、塑料添加剂和橡胶添加剂成为未来行业的热点。

表1　表面活性剂类项目申请

项目名称	地区	投资额/万元
年产3.6万t有机硅表面活性剂项目	华东	40 000
年产6 000t内增塑单体及阴离子表面活性剂工程	华南	2 200
年产6万t表面活性剂（二期）项目	华东	8 000
烷基糖苷（APG）10 000t扩产项目	华东	4 000
表面活性剂生产线建设项目	华东	4 000
非离子型表面活性剂项目	华东	200 000
表面活性剂、壬基酚生产项目	华东	20 000
兰州市A-TIG焊接表面活性剂产业化开发项目	西北	5 800
表面活性剂及消毒剂原料生产项目	西南	3 000
年产2万t二甲基乙醇胺、1万t丙烯酰胺、5万t聚丙烯酰胺、3万t磺酸盐类表面活性剂（50%水溶液）项目	华中	35 000
年产3万t安全高效绿色表面活性剂项目	华中	2 900
年产2 000t耐温抗盐表面活性剂合成中试项目	华东	9 716
绿色表面活性剂生产项目	华东	2 000
年产3.7万t表面活性剂、精细化学品等生产建设项目	华东	8 000
年产10万t农药助剂与表面活性剂研发生产装置项目	华东	56 760
年产3万t表面活性剂工程	华东	10 000
年产8万t天然脂肪醇和12万t非离子表面活性剂项目	华东	9 980万美元
年产6 000t表面活性剂项目	华东	4 100
年产40万t功能性表面活性剂项目	华东	120 000
年产6万t非离子表面活性剂项目	华东	8 000
年产表面活性剂15 000t、水泥助磨剂5 000t和氯醚树脂5 000t项目	华东	2 000

续表

项目名称	地区	投资额/万元
年产2 000t表面活性剂迁建扩建项目	华东	2 390
年产10万t农药助剂与表面活性剂研发生产装置工程	华东	53 000
年产2万t二甲基乙醇胺、5万t造纸化学品、3万t丙烯酰胺和聚丙烯酰胺、磺酸盐类表面活性剂项目	华中	35 000
年产5 000t表面活性剂项目	华东	1 000
年产2.5万t表面活性剂老厂区技改项目	华东	4 500
年产4万t环保型农药水剂助剂及表面活性剂技改扩建	华东	5 00
绿色表面活性剂产业化基地建设项目	华北	5 000
年产4万t表面活性剂技改项目	华东	5 000
年产1万t特种表面活性剂产品建设项目	华中	12 300
年产3万t新型表面活性剂新建项目	华东	4 500
年产7.5万t表面活性剂项目	华东	16 000
年产8 000t表面活性剂项目	华东	5 855
年产16万t乙级（丙）醇胺、非离子表面活性剂及聚醚多元醇系列项目	华东	15 000
年产15 000t农药助剂及表面活性剂项目	华东	5 000
年产1.6万t表面活性剂和3万t精制甘油项目	华东	3 608
年产500t二氯和年产500t有机硅表面活性剂项目	华中	8 000
年产10万tMES专业生产项目	华东	33 500
年产7.6万tAES建设项目	华东	6 000
智盛表面活性剂项目	华南	12 000
益海嘉里（东莞）精细化工项目	华南	55 700

表2　烷基苯、脂肪醇、脂肪酸及其他脂肪类产品

项目名称	地区	投资额/万元
年产2 000t烷基苯磺酸项目	华东	5 019
支直链烷基苯磺酸和磺酸盐项目	华东	3 000
烷基苯装置项目	华东	102 776
年产20万t烷基苯装置工程	华东	106 960
年产10 000t十二烷基苯磺酸生产线项目	华中	1 000
年产16 000t烷基苯磺酸新建项目	华东	3 200
20万t/年放空氢气回收生产脂肪醇（酸）项目	华东	100 000
年产2万t精脂肪酸项目	西北	20 000

续表

项目名称	地区	投资额/万元
年产150 000t脂肪酸、20 000t油酸、15 650t甘油、32 500t皂基工程	华东	22 000
年产16万t天然脂肪醇工程	东北	20 000
年产2.2万t硬脂酸、1.5万t/年天然脂肪醇项目	华中	12 961
年产10万t脂肪酸项目	华东	62 000
脂肪酸、二聚酸及聚酰胺树脂项目	华南	2 000
年产10 000t长碳链脂肪酸项目	华东	5 000
年产1万t脂肪族系列减水剂及5 000t洗发有机硅护理剂	华中	2 000
年产2 000t烷基苯磺酸项目	华东	5 019
支直链烷基苯磺酸和磺酸盐项目	华东	3 000
烷基苯装置项目	华东	102 776
年产20万t烷基苯装置工程	华东	106 960
年产10 000t十二烷基苯磺酸生产线项目	华中	1 000
年产16 000t烷基苯磺酸新建项目	华东	3 200
年产7.6万t脂肪醇聚氧乙烯醚硫酸钠	华东	15 000
5 000t/年烷基多苷和10 000t/年脂肪族高效减水剂项目	华东	3 105
年产8万t天然脂肪醇和12万t非离子表面活性剂项目	华东	9 980万美元
年产25 000t脂肪酸甲酯（生物柴油）生产线项目	华中	6 850
年产12万t脂肪醇聚氧乙烯醚生产项目	华中	81 202
年产6 000t脂肪酸类系列产品项目	华中	2 000
脂肪酸甘油酯项目	华东	11 000
年产万吨精炼米糠油及脂肪酸项目	华中	7 103
角质酶及脂肪酸生产线建设项目	华中	21 000
年产3万t脂肪醇聚氧乙烯醚项目	华中	12 000
年产5 000t脂肪酸生产项目	华中	2 750
年产1万t脂肪酸及1万t油酸项目	华东	7 500
年产1.2万t脂肪酸生产线项目	华中	1 500
年产1.2万t油酸、1 800t硬脂酸、3 500t沥青生产项目	华东	2 000
年产3 000t脂肪酸酰胺及1 000t硅树脂涂剂项目	西南	15 000

表3　环氧乙烷、环氧丙烷和乙醇胺等其他项目

项目名称	地区	投资额/万元
年产30万t生物法环氧乙烷（三期）项目	东北	200 000
年产12万t生物法环氧乙烷（二期）项目	东北	120 000
环氧乙烷生产项目	华东	10 000
（二期）10万t/年环氧乙烷工程	华东	60 000
20万t环氧乙烷装置工程	华东	180 381
年产3万t产环氧乙烷衍生物工程	东北	800
环氧乙烷/乙二醇项目	华东	175 000
环氧乙烷分装项目	华中	500
年产环氧乙烷衍生物工程	东北	800
产环氧乙烷衍生物（一期）项目	东北	1 000
6万t环氧乙烷项目	东北	70 000
8万t环氧乙烷精深加工产业项目	东北	60 000
环氧乙烷及正己烷生产项目	西南	10 000
环氧乙烷及配套乙醇胺、羟烷基酯、醇醚、二氧化碳项目	华东	155 336
年产4万t环氧乙烷深加工项目	华南	7 660
年产4万t环氧乙烷装置建设项目	华中	38 100
年产4万t环氧乙烷项目	华中	36 000
年产25万t环氧乙烷项目	西北	158 900
环氧乙烷贮运站项目	华东	3 799
年产4万t环氧乙烷项目配套热电站工程	东北	8 051
年产4万t环氧乙烷项目配套热电站工程	东北	8 051
年产30万t环氧丙烷系列项目	华东	700 000
年产8万t环氧丙烷生产工程	华东	20 000
年产22万t环氧丙烷衍生物工程	东北	7 000
年产8万t环氧丙烷（二期）工程	华东	20 000
年产15万t环氧丙烷工程	华中	74 000
年产10万t环氧丙烷建设工程	华东	50 000

续表

项目名称	地区	投资额/万元
年产8万t环氧丙烷项目	华东	35 264
年产8万t环氧丙烷项目	华东	35 264
年产20万tHPPO法环氧丙烷项目	华东	126 410
年产10万t环氧丙烷搬迁技术改造项目	华东	80 000
年产6万t环氧丙烷项目	华东	34 510
年产5万t环氧丙烷扩建项目	华中	28 580
年产8万t环氧丙烷扩建项目	华东	33 670
环氧丙烷一体化一期项目	华东	200 000
过氧化氢氧化丙烯法生产环氧丙烷项目	华中	28 580
年生产500t手性环氧氯丙烷医药工程	华东	8 500
5万t/年环氧氯丙烷及5万t/年环氧树脂工程	华中	77 564
环氧氯丙烷生产线项目	华东	254 291
年产10万t环氧氯丙烷工程	华东	3 000
10万t环氧氯丙烷项目	华东	86 845
甘油法环氧氯丙烷项目	华东	40 000
年产1万t环氧氯丙烷项目	华北	11 675
环氧氯丙烷（ECH）生产项目	华东	26 190
环氧氯丙烷、稀释剂等产品生产	华南	10 000
氯化苯及甘油法环氧氯丙烷项目	华北	11 675
年产5.5万t环氧氯丙烷项目	华东	25 000
年产15万t环氧氯丙烷、年产8万t环氧树脂工程	华中	150 000
年产9万t环氧氯丙烷扩建	华东	20 000
年产6万t甘油法环氧氯丙烷项目	华东	40 000
年产10万t环氧氯丙烷项目	华北	47 600
年产10万t环氧氯丙烷项目	华东	64 000
年产5万t氯乙酸、3万t环氧氯丙烷项目	华东	38 000
年产5万t苯胺、年产2万t环氧氯丙烷项目	华东	12 000
环氧氯丙烷、液体环氧树脂一体化项目	华东	350 200

续表

项目名称	地区	投资额/万元
年产12万t环氧氯丙烷项目	华东	180 000
3万t环氧氯丙烷项目	华东	19 719
环氧氯丙烷、液体环氧树脂一体化项目	华东	490 000
年产5万t乙醇胺工程	华东	20 000
新建年产3万t乙醇胺项目	华中	18 000
年产1万t异戊烯和5万t乙醇胺项目	华东	6 000
年产3万t/天乙醇胺项目	华中	18 000
年产4万t乙醇胺及其衍生物生产项目	华中	58 000
年产2万t乙醇胺装置项目	华中	10 624
年产4 600万t乙醇胺装置项目	华南	19 305
年产3万t三乙醇胺生产线项目	华中	6 000

表4 工业应用产品项目

项目名称	地区	投资额/万元
年产3万t高效减水剂生产线工程	西北	1 156
年产7 000t涂料及10 000t减水剂工程	华南	3 500
减水剂生产基地建设工程	华中	4 928
高效减水剂制造项目	华南	1 950
年产1万t聚羧酸减水剂母液工程	东北	5 000
年产40万t减水剂产品项目	华北	30 000
萘系减水剂生产项目	华北	3 000
年产20万t减水剂项目	华中	11 500
年产5万t减水剂生产项目	西北	3 000
高效减水剂生产项目	华东	3 105
20万t/年高性能混凝土减水剂研发项目	华中	10 000
年产5万t减水剂项目	华中	3 000
聚羧酸减水剂生产项目	东北	3 000
萘系高效减水剂生产项目	东北	5 000

续表

项目名称	地区	投资额/万元
年产2万t聚羧酸系高效减水剂项目	华南	2 400
减水剂及其配套TPEG起始剂项目	西南	13 517
高性能减水剂生产建设项目	华中	3 145
高效减水剂生产项目	华东	2 200
聚羧酸减水剂母料技改项目	华东	2 000
年产1.5万t NF减水剂生产项目	华东	4 200
年产1万t脂肪族系列减水剂及5 000t档发有机硅护理剂	华中	2 000
年产25 000t萘系减水剂及25 000t聚羧酸减水剂项目	华东	3 300
高效减水剂生产项目	华东	5 000
高性能减水剂生产项目	华北	7 000
萘系减水剂、精萘及MF生产项目	西北	11 964
年产10万t甲醛、20万t高效减水剂项目	华东	10 000
5 000t/年烷基多苷和10 000t/年脂肪族高效减水项目	华东	3 105
年产1万t萘系高效减水剂项目	西北	15 000
年产6万t各类酯类聚羧酸系减水剂项目	华南	1 000
年产10万t高效减水剂项目	华北	9 200
工业废弃物循环利用年产20万t减水剂项目	华中	11 600
年产2万t高效减水剂生产项目	华东	3 500
年产30万t减水剂项目	华东	50 000
年产20万t减水剂项目	华中	11 500
年产2万t聚羧酸高效减水剂项目	华中	3 000
年产8万t萘系及聚羧酸系高效减水剂项目	西南	2 800
年产8万t聚羧酸高性能减水剂项目	华东	48 000
年产4 000t新型聚羧酸高效水泥减水剂项目	华中	1 100
年产5万t减水剂项目	华中	1 600
年产3万t减水剂项目	华中	1 000
年产12万t混凝土减水剂建设项目	华南	2 600
年产5万t聚羧酸高性能混凝土减水剂项目	华中	6 495

续表

项目名称	地区	投资额/万元
2万t脂肪族高效减水剂项目	华中	1 200
年产5万t聚羧酸高性能混凝土减水剂项目	华中	6 495
年产5万t减水剂项目	华中	15 000
年产聚醚多元醇4万t聚合物多元醇1万t	华东	10 000
年产8万t多元醇扩产工程	华东	9 000
4万t聚醚多元醇项目	华东	10 500
年产10万t环氧大豆油，10万t大豆油	华东	3 870
聚醚多元醇、聚合物多元醇项目	华东	15 934
年产3万t聚氨酯材料工程	华东	13 200
年产10万t环氧大豆油、10万t大豆油	华东	7 000
植物聚醚酯多元醇项目	华中	3 500
年产2万t新型聚酯多元醇树脂项目	华北	7 583
多元醇、预聚体和聚氨酯泡棉制品生产项目	华东	25 000
年产12万t聚醚多元醇、2万t药用项目	华东	25 256
聚合多元醇生产线项目	华东	10 949
年产20万t聚醚多元醇新材料项目	华东	87 000
年产5万t树脂多元醇项目	华东	29 000
年产6.5万t生物法多元醇和1.15万t项目	华东	25 000
年产10万t环氧大豆油、10万t大豆油项目	华东	7 000
年产6万t多元醇聚氨酯生产项目	华中	33 000
年产5万t生物多元醇项目	东北	5 858
年产高固含量聚合物多元醇48 000t项目	华东	15 100
年产20万t聚醚多元醇新材料项目	华东	102 075
年产36 000t聚合物聚醚多元醇项目	华东	14 000
5万t/年聚醚多元醇项目	华东	17 000
年产3万t聚醚多元醇项目	华东	15 000
聚醚酯多元醇生产项目	华中	12 000
年产16万t聚醚多元醇技扩项目	华东	4 500

续表

项目名称	地区	投资额/万元
聚醚多元醇系列产品项目	华东	4 906
利用农林废弃物生产植物聚醚酯多元醇项目	华中	3 500
年产16万t乙（丙）醇胺、非离子表面活性剂项目	华东	4900
聚醚酯多元醇项目	华中	12 000
乙（丙）醇胺、非离子表面活性剂项目	华东	15 000
年产10万t聚醚多元醇项目	华南	30 000
年产10万t多元醇项目	华东	127 000
石油磺酸盐及配套工程	华东	163 472
年产2万t二甲基乙醇胺、1万t丙烯酰项目	华中	35 000
支直链烷基苯磺酸和磺酸盐项目	华东	3 000
年产1万t磺酸盐系列产品项目	东北	3 000
磺酸盐生产项目	东北	2 800
年产2万t木质素磺酸盐项目	华中	5 000

表5　纺织、印染、造纸和皮革等化学品项目

项目名称	地区	投资额/万元
年产1.75万t纺织印染助剂系列产品项目	华东	11 212
年产6万t表面活性剂、助剂生产项目	华东	30 000
年产1万t多功能钻井液助剂项目	华中	3 000
年产复配500t环保固色剂、1 000t皂项目	华东	1 006
年产5 000t尿素脂助剂项目	华东	4 000
年产8.2万t橡胶助剂及配套中间体建设项目	华中	36 500
造纸助剂和混凝土外加剂生产线技术改造项目	西南	2 600
年产5 000t橡胶助剂项目	华中	2 500
年产8.2万t橡胶助剂及配套中间体建设项目	华中	36 500
年产6 000t原油生产井下助剂建设项目	华中	4 200
年产3万t混凝土外加剂、造纸助剂项目	西南	2 600
年产3.5万t石油钻采助剂及钻井项目	华中	15 000

续表

项目名称	地区	投资额/万元
年产4 500t纺织印染助剂及水性树脂工程	西南	6 000
年产3.5万t石油钻采助剂及钻井建设项目	华中	15 000
助剂、添加剂生产建设项目	华东	10 000
助剂公司6万t石油助剂建设项目	华中	11 000
年产20万t溶剂油、10万t炼油助剂建设项目	华中	30 000
橡胶助剂及其研发中心（一期）工程	华东	35 750
L–天门冬酰胺，N–乙酰基–L–蛋氨工程	华东	850
年产2 400t环烷酸类（异辛酸类）涂料项目	华东	3 007
化学品、助剂和添加剂工程(vip)	华东	10 000
年产16 000t环保纺织助剂项目	华东	5 000
年产5 000t有机硅化纤助剂项目	华中	1 051
纺织印染助剂系列产品生产项目	华东	6 112
年产1 200t有机颜料及助剂项目	华中	1 550
年产5 000t高性能助剂和5 000t包装材	华东	2 000
维生素系列产品、皮革助剂等相关产品建设项目	西南	16 000
助剂及包装材料搬迁项目	华东	10 900
涂料助剂生产项目	华东	2 550
嘉兴北化高分子助剂公司建设项目	华东	2 600
环保设备及化工助剂建设项目	华东	5 000
丁苯橡胶助剂项目	东北	26 000
年产1.6万t油田助剂项目	西北	5 000
油田助剂及精细化工产品生产项目	西北	4 600
年产3 000t预分散橡胶母粒生产项目	华东	2 600
涂料及纺织助剂生产项目	华东	10 029
橡塑助剂、化学试剂生产线建设项目	华北	1 500
橡胶助剂及其研发中心（一期）工程	华东	35 750
年产4万t橡胶助剂生产项目	华北	50 000
磷酸铁锂及PVC助剂系列产品生产项目	西北	4 700

续表

项目名称	地区	投资额/万元
金属热处理剂、织助剂等催化剂生产线项目	华中	1 600
年产10万t橡胶助剂项目	华中	70 000
磷矿石浮选剂及肥料生产过程助剂项目	华中	90 000
磷酸铁锂及PVC助剂生产项目	西北	4 700
年产助剂1.5万t新装置增建及催化剂项目	华东	2 000万美元
年产500t炼油助剂生产项目	华中	3 000
高分子材料助剂生产项目	华北	9 990
年产1万t石油助剂生产项目	华中	3 300
年产5 000t油田化学助剂生产项目	华中	3 110
年产1万t农药乳化剂、微乳助剂建设项目	华中	3 000
年产2万t高性能子午线轮胎配套专用化学品项目	华东	20 000
年产5 000t油田助剂加工项目	华中	12 000
PU、PE树脂及PU、PVC处理助剂工程	华东	9 882
农用化学品助剂生产项目	东北	3 000
包装材料及环保助剂生产项目	华中	2 738
年产5 000t树脂、5 000t助剂项目	华南	1 500
硝酸异辛酯、多晶硅切削液及石油化工项目	西北	7 800
年产3万t橡胶助剂项目	华中	17 530
年产2 000t油田助剂项目	华中	1 200
橡胶助剂生产线项目	华中	100 000
无卤塑料助剂生产线项目	华南	1 500
年产10万t农药助剂与表面活性剂研发项目	华东	56 760
年产3 000t石油助剂建设项目	华中	4 500
化工橡胶助剂生产项目	华中	2 500
PU、PE树脂及PU、PVC处理助剂工程	华东	9 882
年产1.6万t树脂、4 000t助剂	华南	12 071
年产1 000t油田助剂项目	华中	1 000
年产1.69万t汽车用品和化学助剂	华南	4 600

续表

项目名称	地区	投资额/万元
阳谷华泰化工股份公司拟投建橡胶助剂	华东	42 000
年产40 000t塑料助剂项目	华南	4 000
年产3 000t农药乳化剂	华中	3 600
年产1万t造纸助剂生产项目	华中	600
年产10万t橡胶助剂	华中	70 000
年产10万t农药助剂与表面活性剂研发	华东	53 000
年产3 000t新型油田助剂项目	华东	7 600
年产8 000t各类化学助剂项目	西北	5 034
年产5.2万t橡胶助剂生产基地建设项目	华东	8 000
年产4万t环保型农药水剂助剂及表面活性剂项目	华东	500
年产300t生物酶助剂生产项目	华中	2 000
年产5万t冶金助剂项目	华北	2 242
年产1万t油田助剂生产线建设项目	华中	5 500
纺织助剂和电子化学品项目	华南	1 100
扩建年产4万t化工助剂工程	华东	4 000
年产不溶性硫磺、紫外线吸收剂UV系列	华东	11 000
年产12 000t活性氧化锌、2 000t橡胶助剂项目	华南	450万美元
产1万t高效造纸助剂项目	华中	2 000
化学助剂生产项目	华东	1 000
化工助剂厂搬迁项目	华东	3 060
年产2 150t塑料助剂扩建项目	华东	7 178
年产1 500t石油助剂生产项目	华北	3 000
橡胶助剂有机废弃物综合利用项目	华中	4 300
年产3 000t石油助剂生产项目	华中	3 000
年产3万t石油助剂生产线项目	华中	1 500
年产1万t造纸助剂项目	华中	2 100
橡胶助剂有机废弃物综合利用项目	华中	4 300
年产7万t橡胶助剂迁建改造项目	华北	28 000

续表

项目名称	地区	投资额/万元
年产2 000t油田助剂	华中	1 200
年产1万t各类石油化工助剂及添加剂	华东	8 750
年产15 000t农药助剂及表面活性剂项目	华东	5 000
年产5 000t燃油助剂塑料添加剂项目	华东	5 400
年处理1 700t抗氧剂残液生产橡胶活化剂	华中	1 200
上海天坛助剂年产2万t聚丙烯酰胺项目	华东	24 000
长顺能源公司石油助剂生产项目	华中	500
年产万t水性树脂、助剂生产线项目	华东	3 600
年产3 000t橡胶助剂TMTM含氰废水处理剂	华中	1 516
润滑脂、石油助剂、污水处理剂	华中	1 000
年产3 000t墙体、船体涂料助剂项目	华中	4 000
年产1万t橡塑材料助剂	华中	8 520
年产1 000t橡胶助剂产品项目	华中	1 200
1万t石油助剂项目	华中	5 000

综上可知，在众多化工项目建设面前，政府应该理智，不应该为了眼前的经济利益而随意审批，化工行业项目设计内容繁杂，环保设备必须跟上，不能将牺牲环境作为新项目建设的代价，这也是近几年我国精细化工项目呈现良性循环的主要原因。

从地方到中央，虽然申报的项目建设种类繁多，但由于种种原因，目前真正实现项目土建和投产的并不多，分析其原因，关键是国家产业结构政策的约束。改革开放30多年，我国众多化工产业和项目建设都是在牺牲环境的基础上建立起来的，这种意识已经开始逐步被社会所谴责，为了实现精细化工产业、家居生活以及城市建设等各方面的和谐，中国政府在产业结构调整方面已经开始逐步与发达国家接轨。

另一方面，我国精细化工项目建设批复也要符合“十二五”国家经济结构调整和发展计划要求，对于一些耗能大和产能低的项目，政府基本上给予否定，而规模性项目成为大型企业的主要投资方向，同时政府在产品低于需求方面也给予了支持态度。

四

表面活性剂主要原料

MAIN RAW MATERIALS

烷 基 苯

烷基苯包括直链烷基苯（LAB）和支链烷基苯（BAB）。由于BAB制成的洗涤剂不易生物降解，使用后排入水域，污染环境，现已较少使用。LAB是洗涤剂行业的主要生产原料，几乎所有的LAB都通过磺化制成直链烷基苯磺酸盐（LAS）。LAS在洗涤剂配方中的广泛应用开始于20世纪60年代，由于其生产成本低，加工、配方和应用性能好及环境安全性高，一直受到洗涤剂行业的青睐，是家庭和工业清洗剂用的最主要的表面活性剂，其生产与消费规模不断扩大。

1 全球烷基苯产销概况

2004年以来，全球烷基苯总生产能力基本保持在300万t / 年以上，呈逐年上升的趋势。2006年全球烷基苯产能为367万t / 年，主要分布如下：亚太地区154.1万t / 年，海湾地区和非洲62.4万t / 年，北美和墨西哥55.1万t / 年，拉美36.7万t / 年，西欧47.7万t / 年，东欧11.0万t / 年。2007年全球基本没有新生产装置投产，2008年仅有埃及石化控股公司在埃及亚历山大的一套10万t / 年新装置投产，2010—2011年，中国台湾和桐20万t / 年烷基苯项目在南京开工建设，预计2012年前后投产，成为当年内全球最大的烷基苯项目。到2011年，全球烷基苯总产能为380万 t / 年。

据Colin A. Houston & Associates咨询公司称，2011—2015年全球LAB市场需求将以年均2.5%的速度小幅增长；非洲、东欧和中东地区将引领世界增长需求，年均增长率将达到4.4%；包括墨西哥在内的北美地区增长速度较低，年均增长率为1.5%；拉丁美洲市场将以年均1.3%的速度低速增长；中西欧地区需求将处于停滞状态，预计年均增长率仅为0.4%。

由于市场需求疲软以及新增产能陆续投产，2006年全球LAB市场已供应过剩。2005—2006年沙特和卡塔尔新建LAB生产装置的投产，把全球LAB生产装置开工率拉到80%以下，低开工率局面将会持续5年。2007年全球共计有20万t / 年装置产能关闭。

因为成本上升，竞争激烈，定价能力相对较弱造成LAB市场盈利能力下降，2008年美国LAB交付价为1 850 ~ 1 950美元 / t，欧洲为1 300 ~ 1 350欧元/t，亚洲1 750~ 1 850美元 / t。

2 直链烷基苯生产技术

LAB生产主要由$C_{10\sim14}$烯烃（或卤代烃）与苯进行烷基化反应制成，传统技术以$AlCl_3$或HF为催化剂，其生产路线主要有：①正构烷烃氯化生成氯代烷烃，再在$AlCl_3$催化剂存在下和苯进行烷基化反应；②正构烷烃氯化生成氯代烷烃，再脱氯化氢生成相应的烯烃，然后再和苯进行烷基化反应；③正构烷烃在铂催化剂催化下直接脱氢生成烯烃，再在HF催化剂存在下和苯进行反应生成LAB。第3种方法又称为UOP（美国环球油品公司）工艺。由于氯化法物耗高，脱氯化氢法反应转化率低，工艺流程过于复杂，所以自20世纪80年代以后建立的生产装置大多采用UOP的HF法。

为了克服HF法中存在的HF储运和废液处理等方面存在的缺点，UOP和Petresa公司后来又开发成功并工业化了以SiO_2-Al_2O_3固体酸为催化剂的Detal新工艺。

2.1 UOP的Pacol-HF工艺

完整的UOP HF法工艺包括两个主要部分：一是从煤油馏分中分离出正构烷烃，即Molex工艺；二是正构烷烃脱氢和随后的烷基化过程，即Pacol-HF工艺。Pacol-HF工艺中的烷基化反应过程一般要求苯和直链烯烃的摩尔比（简称苯烯比）控制在（5～12）：1，HF和烃类的体积比（简称酸烃比）控制在（1.5～2.0）：1，以减少反应副产物，提高烷基苯的收率。用该法制得的产品合成的表面活性剂生物降解性好、活性高、色泽浅，可用来配制高品质洗涤剂用品，同时各有关工序效率都较高。例如Molex脱蜡过程可以在回收率大于97%的条件下获得纯度大于99%的正构烷烃；Pacol脱氢过程可以在很高的空速下达到平衡转化率，目的产物烯烃的选择性高达90%以上；HF烷基化过程则可以使正构单烯烃几乎全部转化为烷基化物。

长链正构烷烃脱氢生产烯烃的过程会进一步发生深度脱氢而生成双烯和芳烃。为了解决这个问题，近年来UOP又开发了双烯选择性加氢（Define）和分子筛液相脱芳烃（PEP）工艺技术，并将其与现行的UOP工艺组合在一起。

Define工艺的特点是：①与Pacol-HF工艺配套只需很低费用；②在正构烷烃和苯用量相同的情况下，LAB产量可提高5%；③降低了LAB中重烷基化物含量；④由于原料转化率较高，所以仅采用单级烷基化反应系统，而且再生HF量也可以大幅度减少，再生系统规模也相应缩小。据称一套5万t / 年LAB装置采用Pacol-HF工艺，其HF再生塔直径为1.8 m，而采用Pacol-Define-HF结合工艺，7.2万t / 年LAB装置的HF再生塔直径反而缩小为1.2 m，装置建设费用显著降低，而且反应系统内的HF总量也减少了40%。

用分子筛液相吸附法除去脱氢反应液中芳烃的PEP技术的特点是：①LAB收率提高了3%~5%；②重烷基苯产量下降了60%~70%；③脱氢反应液中的芳烃质量分数由5%降低到了0.1%，使烷基化和脱氢工艺催化剂寿命延长。

2.2 UOP的Detal工艺

UOP的Detal工艺的核心部分是烯烃和苯混合并流在含固体酸催化剂的固定床反应器上进行反应。整个反应在液相中进行，温度和压力都较温和，反应物直接进入分馏阶段，省去了HF汽提塔、氯化铝处理器及整个HF再生部分和尾气处理部分。在Detal工业生产装置中，采用的是双固定床反应器，反应和再生分别在2台反应器中同时进行，每24 h切换一次，从而实现了过程的连续化。催化剂再生也改为苯冲洗，避免了非反应物的引入。由于Detal工艺采用的是将复合SiO_2-Al_2O_3用HF或NH_4F处理后而得到的氟化硅铝，无腐蚀性，所以整个生产装置都可以用碳钢制造。

现行的Detal工艺也采用了Pacol-Define-PEP-Detal结合形式。工艺研究表明，在Detal工艺中采用PEP，可使反应温度从133 ℃降低到116 ℃，使Detal催化剂的选择性从88.3%提高到93.4%，使LAB产品的直链度由92.9%提高到94.2%。

2.3 HF法和Detal工艺技术比较

与HF法相比，Detal工艺的优点是：催化剂活性与HF法相同，但LAB收率大于HF法；简化了工艺流程，无须HF回收及处理系统等特殊控制和回收设备，故投资比HF法节省15%；产品LAB的质量分数高达95%，高于HF法（93%）；而且LAB中的副产物二苯基异构体（它在液体洗涤剂产品中具有更好的溶解性能，是希望得到的产品）质量分数高达25%，而HF法仅15%；由于Detal工艺过程没有腐蚀性介质，因此维修费用也大幅度降低。UOP对8万t / 年产能规模的2种工艺进行了经济性比较，其Detal装置的建设费用可比相同规模的HF法装置减少500万美元。当然，Detal工艺也存在着催化剂再生较为麻烦、能耗较高、原料单耗高等不足之处。

3 国内烷基苯生产

我国于20世纪80年代初开始生产烷基苯，进入20世纪90年代后，产量增长较快。1990年我国烷基苯产量为7.28万t，1995年上升到16.23万t，“八五”期间年均增长率为17.4%。1999年产量增长到34万t，“九五”前4年年均增长率高达20.3%。2000年产量为31.46万t，“九五”期间，我国烷基苯产量净增15万t。2001年我国有烷基苯生产企业10家（包含重烷基苯生产企业），其中年产量在1万t以上的企业有5家，超过5万t的企业有3家，它们分别是抚顺石化公司、金陵石化公司和金桐石化公司，其烷基苯当年产量分别为13万t，10.26万t和8.89万t，分别占全国总产量的35.7%，28.2%和24.4%。

由于我国烷基苯生产起步较晚，为满足国内需求，从20世纪70年代中期开始进口烷基苯。1995年以后，国内产量增长较快，进口量减少。2000年我国进口烷基苯4.47万t，约占当年国内表观消费量的12.4%；2001年进口0.34万t，仅占当年国内表观消费量的0.9%。与此同时，我国烷基苯消费增长也较快。1990年表观消费量为15.81万t，1995年上升到24.28万t，2000年增长到35.93万t，“九五”期间年均增长率为8.2%，2001年表观消费量增长到36.6万t。

烷基苯主要用于合成洗涤剂。1995年我国合成洗涤剂产量为299.8万t，2000年产量为297.5万t，与1995年持平。2001年我国合成洗涤剂产量增长到311.6万t。我国合成洗涤剂人均占有量2001年为2.5 kg，远低于美国、日本等工业发达国家水平，也低于世界人均消费4 kg水平，拥有较大发展潜力。2002年国内市场对烷基苯的需求量约为37万t，2003年达到38万t。

国内烷基苯生产企业主要有金陵石化公司烷基苯厂、金桐石化公司和抚顺石化公司洗化厂等。截至2010年年底，国内烷基苯总产能超过50万t / 年，加上新改进和扩建项目，到2011年年底，国内主要烷基苯生产企业的烷基苯总产能超过60万t / 年。

3.1 金陵石化

截至2011年底，金陵石化已经拥有28万t / 年的烷基苯生产产能。过去几年，由于环保政策的加大、国际原油价格的波动以及自身技术和装备的限制，烷基苯一直没有实现较高规模的生产。

为了顺应新形势发展要求，公司对烷基苯联合装置进行了第5次“技术改造”，以实现产能提高，成本降低，排放减少的目标。经多次论证研究，烷基苯联合装置扩容减排改造工程于2010年6月正式拉开帷幕，经过近60天的“停车改造”，重点解决了烷基苯联合装置的生产“瓶颈”和含硫气体回收环节问题，新建了氢气提纯、瓦斯脱硫、硫磺回收等环保减排装置，相对新建同规模装置节省投资3亿元以上。

2010年10月，金陵石化完成对30年前引进的老装置进行国产化技术改造和催化剂技术改进。其中烷基苯产能提高了30%，同时，单位产品能耗下降20%，并实现了将生产过程中产生的含硫气体全部处理回收，每年减少二氧化硫排放约5 000余吨。目前已成为国内烷基苯与轻蜡产能最大的联合装置。

2008年金融危机和2010年设备和技术改造阶段，金陵石化企业降低了烷基苯的生产规模，产量同比均减少了5%。随着国内经济的恢复和设备完成改造，2011年烷基苯实现了5%的增长率，产销量均超过了6.0万t。

3.2 金桐石油化工有限公司

金桐石油化工有限公司系中国石化集团资产经营管理有限公司与英属维尔京群岛宝智投资有限公司（台湾和桐化学股份有限公司全资子公司）合资组建的中外合资经营企业。金桐石油化工有限公司的主要生产装置为：设计能力10万t / 年烷基苯装置；2万t / 年烷基苯磺酸装置。该公司主要产品有：直链烷基苯、烷基苯磺酸。副产品有：重烷基苯、焦油、轻质油。金桐石油化工有限公司采用引进的国外先进技术和部分关键设备，生产全过程采用世界上先进的DCS集散控制系统。

金桐石油化工有限公司根据目前国际和国内市场的发展，在巩固本业的前提下，扩大生产规模和市场布局，搞好多元化发展，如：在厦门成立厦门金桐合成洗涤剂有限公司，在四川成立四川金桐石油化工有限公司和四川金桐精细化学有限公司，在安徽成立安徽金桐精细化学有限公司，在南京成立南京富鑫通讯创业投资有限公司。投资双方还在南京成立江苏金桐化学工业有限公司。

3.3 抚顺石化

作为日用化工的龙头产品，烷基苯是抚顺石化的主要盈利产业链，也是该公司建设的石蜡、润滑油基础油、烷基苯、合成树脂4大世界级原料之一。2010年10月，抚顺石化公司洗涤剂化工厂举行庆典，庆祝该公司烷基苯二套装置扩能改造工程顺利完成。紧接着，10月19日，烷基苯一套装置改造开始。装置改造完成后，总生产能力将达到35万t / 年，抚顺石化公司将从亚洲最大跃为世界领先的表面活性剂原料生产基地。

抚顺石化烷基苯扩能改造项目包括烷基苯共2套装置，产能包括28万t / 年日用烷基苯、2万t / 年驱油用烷基苯。通过优化设计，投资7 450万元。

2010年，抚顺石化公司抓住合成洗涤剂市场日益增长的有利时机迅速出击，实施烷基苯扩能改造。改造中，抚顺石化立足于盘活存量资产，节省投资，缩短建设时间，力争实现当年立项、当年建设、当年投产。

据悉，国家三次采油重点实验室磺化中试反应装置将在抚顺石化公司建设。该公司表示，将抓住油田对驱油用烷基苯的需求，通过2～3年时间，取得重液蜡生产驱油用烷基苯的工艺，应用自主知识产权技术建设10万t / 年驱油用烷基苯工程。未来10年内，抚顺石化公司洗涤剂化工厂烷基苯装置将形成45万t / 年规模，即28万t / 年日用烷基苯、12万t / 年驱油用烷基苯、5万t / 年脂肪醇（进行当中）。日用烷基苯与驱油用烷基苯结构比例由93：7调整到70：30，使企业产品结构得到根本调整。

3.4 江苏金桐表面活性剂有限公司

2010年9月15日，江苏金桐表面活性剂有限公司20万t / 年烷基苯项目在南京化学工业园区举行开工奠基仪式。江苏金桐表面活性剂有限公司是由江苏金桐化学工业有限公司独资组建的表面活性剂生产企业。项目总投资10亿元人民币，计划建设2套10万t / 年烷基苯装置，预计2012年建成投产。项目装置采用国际领先的UOP脱氢-HF烷基化技术和关键设备，生产全过程采用世界上先进的DCS集散控制系统实现信息化管理，装备达国际先进水平。该项目建成后，将使南京地区的烷基苯生产能力达到50万t / 年，总规模位居世界前列，亚洲第一。在满足国内市场需求的同时，进一步提升产品出口能力，形成较强的国际竞争优势。

江苏金桐化学工业有限公司是由中国石化集团与台湾和桐化学股份有限公司在南京组建的合资企业。1993年，中国石化集团公司资产经营管理有限公司与英属维尔京群岛宝智投资有限公司合资成立了金桐石油化工有限公司。2001年，双方再度合资组建了江苏金桐化学工业有限公司，形成了金桐石化系列公司。

4 国内烷基苯的进出口状况

图1给出了2005—2011年我国十二烷基苯的进出口状况。2005年和2006年是我国十二烷基苯生产旺盛时期，两年出口量分别超过了1.6万t和1.0万t。金融危机后期阶段，受全球石油价格的影响，国内进口量出现较大的负增长，2009—2011年三年间，年均进口十二烷基苯量在1.0万t左右。

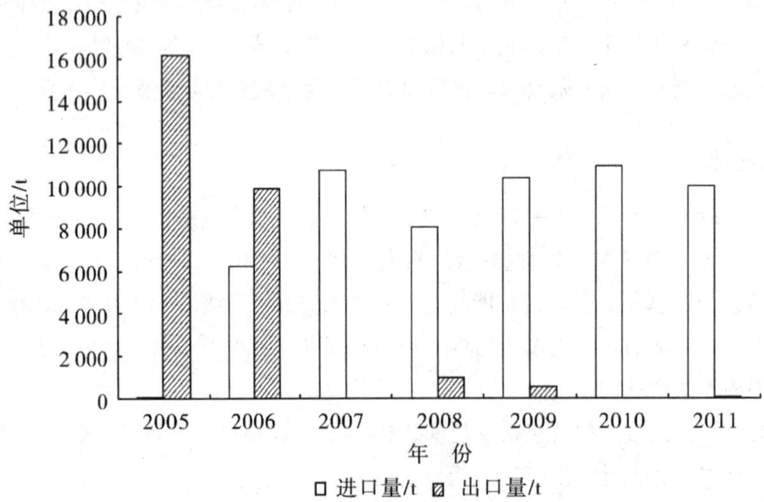

（a）2005—2011年十二烷基苯进出口量统计

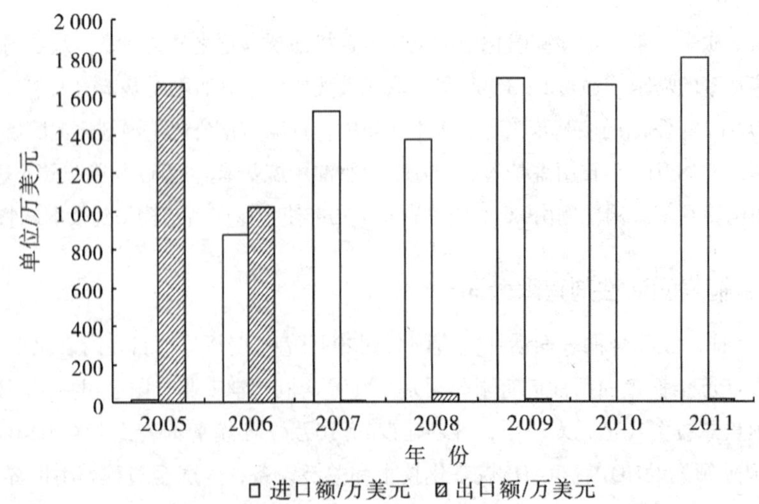

（b）2005—2011年十二烷基苯进出口额统计

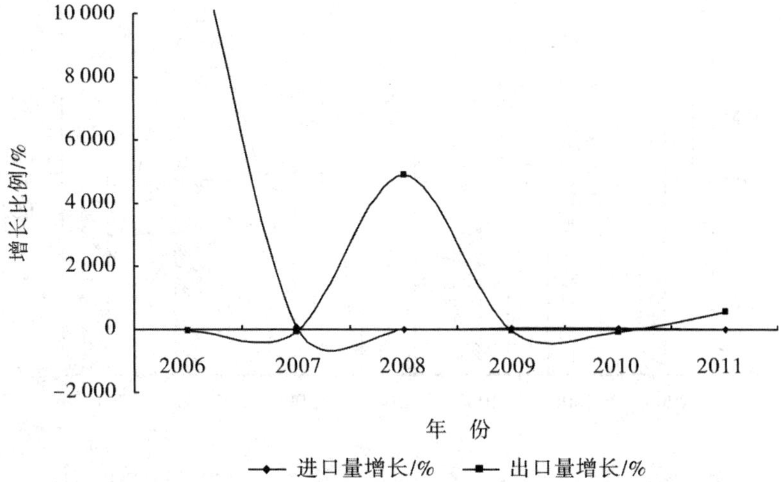

（c）2006—2011年十二烷基苯进出口量增长趋势

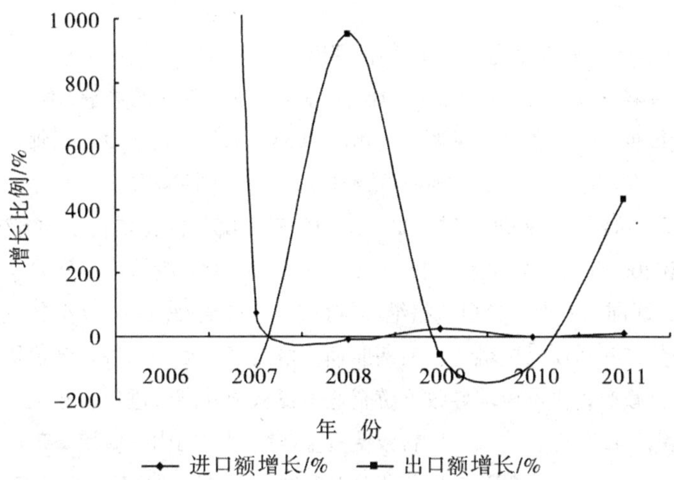

（d）2006—2011年十二烷基苯进出口额增长趋势

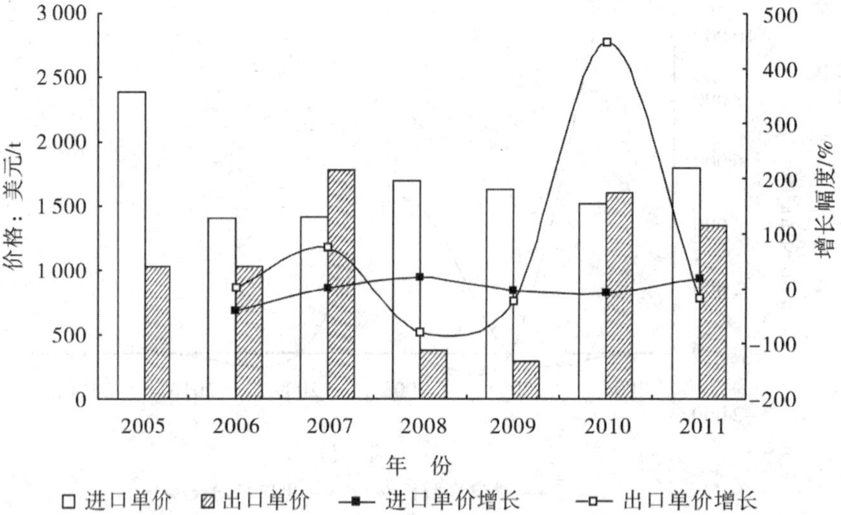

（e）2005—2011年十二烷基苯进出口价格统计

图1　我国十二烷基苯的进出口状况

从图1中可看出，十二烷基苯的进出口额和进出口量保持同一趋势运动。2005年我国出口量为16 200 t，而进口量仅44 t；2007—2011年，我国烷基苯进口保持较大的数量，维持在8 000 t～11 000 t，相比之下，出口量很少，一定程度上说明国内市场对十二烷基苯需求量在增加，主要原因有二：一是工业用烷基苯需求在快速增长；二是国内下游洗涤产品的刚性需求。

同样从图1中c和d可看出，2006年进口量和进口额较2005年同比增长了100倍多。对比进出口价格（图1e），2008和2009年受国际金融危机影响，国内出口十二烷基苯价格大跌，出口价格仅保持在400美元 / t以下，而同一时期，进口价格继续维持在1 600美元 / t左右。分析其原因：国内烷基苯生产企业对经济形势判断错误，金融危机前期原油价格高涨带动全球烷基苯价格上扬，而国内企业却因为生产成本问题减产，供不应求导致下游企业不得从国外高价进口；相反，国内企业却大量进口原料，金融危机爆发后，因盲目库存原料致使资金链断裂，国内一些烷基苯厂为短期内实现资金回笼，不惜低价出口。这种现象在以前几乎没有出现过，盲目性项目建设和生产成为危机根源。

5 结语

随着全球烷基苯生产装置的陆续投产，产能不断扩大，然而其生产受到原料石油价格的制约，在当前油价高企的状况下，生产成本不断提高。另外，LAS受到其替代油脂基表面活性剂的冲击，消费量增速变缓，作为其原料的烷基苯消费量也相应增长缓慢。当前，烷基苯市场的总体情况是供过于求。

环氧乙烷

环氧乙烷（EO）是一种重要的有机合成原料，是乙烯工程的主要下游产品之一，常温常压下为无色气体，气味似醚，化学性质活泼，可与多种物质反应，遇水则缓慢反应生成乙二醇，穿透力强，对大多数物品无损害。各种微生物对环氧乙烷敏感，而且细菌繁殖体和芽孢对环氧乙烷的敏感性差异很小。

目前环氧乙烷基本上是由乙烯与氧气在银盐催化剂存在下通过固定床反应器直接气相氧化，再经管式反应器加压用水吸收、解吸、精馏制得成品。

环氧乙烷主要用于生产乙二醇（EG）；其次也用于生产非离子型表面活性剂、聚醚多元醇、乙醇胺类、环氧乙烷醚类、多胺类（包括哌嗪）、羟乙基纤维素、氯化胆碱和具有特殊功能的液体等，应用于洗涤、印染、电子、医药、农药、纺织、造纸、汽车、石油开采与炼制等众多领域。

1 全球环氧乙烷市场

截至2011年，世界环氧乙烷生产能力达到2 700万t / 年。2011年产量和消费量在2 000万t以上。2011年世界环氧乙烷供需状况见图1。

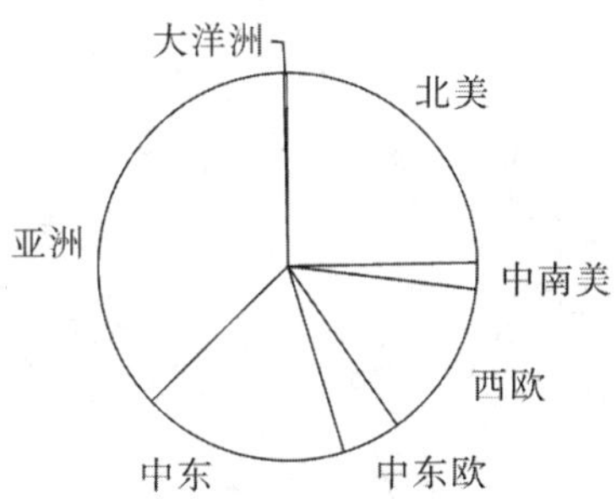

（a）产能分布

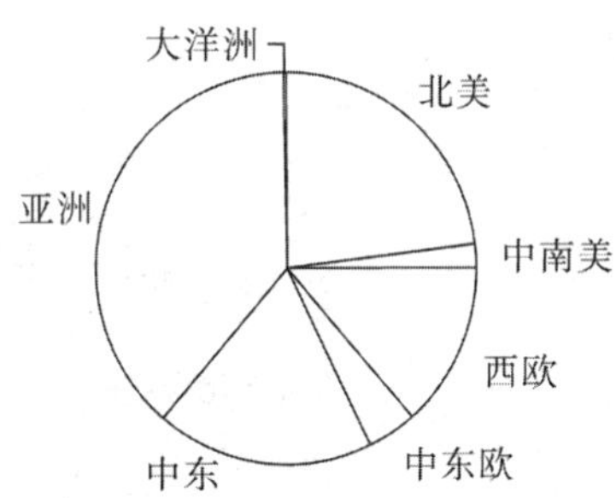

（b）需求分布

图1 2011年世界环氧乙烷供需情况

随着世界石化行业快速发展，尤其是乙烯项目及下游配套装置新增较多，亚洲及中东地区的增速较快，老牌发达地区北美及西欧环氧乙烷生产能力增速较缓甚至出现负增长。近年来，世界环氧乙烷生产呈现以下主要趋势：一是少数发达国家和地区的跨国公司仍然控制着先进的环氧乙烷核心生产技术；二是生产装置逐渐趋于大型化，而且建设地点向乙烯原材料来源丰富、价格低廉的地区集中；三是环氧乙烷的生产装置扩建仍然以与乙二醇配套为主。

世界环氧乙烷大型生产企业欧美占有绝对优势，尤其以北美和西欧地区居多。2011年世界环氧乙烷主要生产商及产能情况见图2。

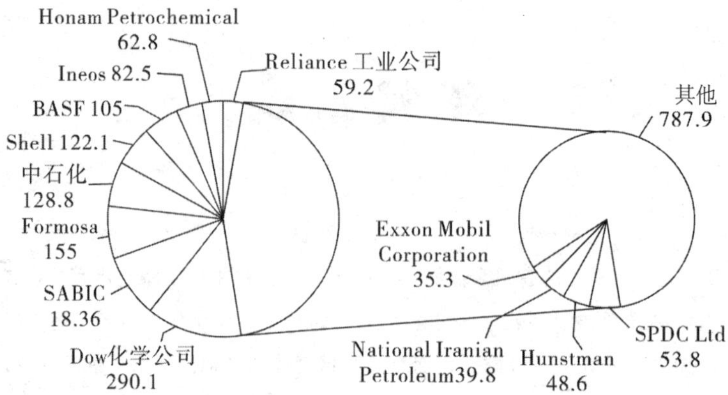

产能：万t/年

图2　2011年世界环氧乙烷主要生产商产能情况

产能情况：2008—2013年间产能年均增长率5.8%，预计2013年世界环氧乙烷生产能力将达到2 808万t / 年左右；2013—2018年间产能年均增长率2.1%，预计2018年世界环氧乙烷生产能力将达到3 099万t / 年。

需求情况：2008—2013年间年均需求增长率约4.4%，预计到2013年世界环氧乙烷需求量将达到2 360万t；2013—2018年间年均需求增长率3.1%，预计2018年世界环氧乙烷需求量达到2 753万t。

2001—2011年间，由于下游需求旺盛，世界环氧乙烷年均消费增长率为4%左右，从1 424万t增至1 950万t。世界环氧乙烷主要用于生产乙二醇、表面活性剂、乙醇胺、乙二醇醚等。2011年世界环氧乙烷消费构成见图3。

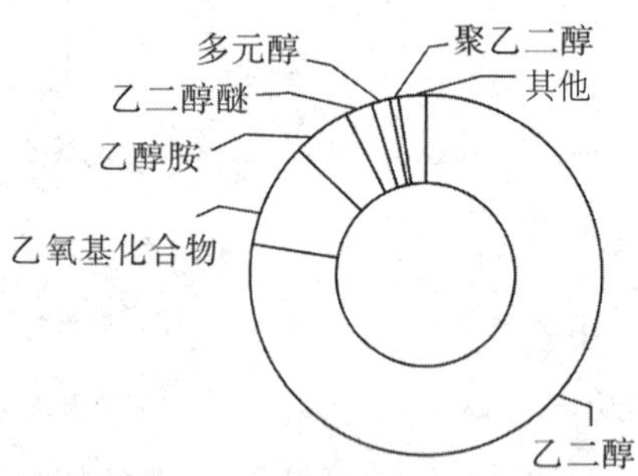

图3　2011年世界环氧乙烷市场消费构成

2 国内环氧乙烷市场

国内环氧乙烷的生产始于20世纪60年代，采用以乙醇为原料的氯醇法工艺生产环氧乙烷。20世纪70年代后期，随着北京燕山石油化工公司和辽阳石油化纤公司分别引进的美国SD公司和美国UCC公司的2套环氧乙烷/乙二醇联产生产装置的建成投产，国内环氧乙烷的生产改为以乙烯为原料进行。

目前，国内环氧乙烷和乙二醇多为联产装置，厂家可根据市场情况及时调整环氧乙烷和乙二醇的生产比例，以达到最佳经济收益。中石油吉林石油化工公司（原吉联公司）有一套装置单独生产环氧乙烷而没有联产乙二醇，另一套装置则全部用于生产乙二醇；新疆独山子石化的装置有单独生产环氧乙烷的能力，但由于目前该地区还没有环氧乙烷市场，因此也全部用于生产乙二醇。

近年来，环氧乙烷生产能力的增加主要来自两大石化集团，中国石化集团下属的上海石化公司是目前国内最大的环氧乙烷生产厂家，2011年其环氧乙烷的生产能力超过55万t / 年。

民营企业近年也开始逐步进入环氧乙烷行业。2004年11月，丰原宿州生物化工有限公司2万t / 年环氧乙烷生产装置投产，并于12月正式投产，是国内唯一一条以玉米为原料生产乙烯、环氧乙烷的生产线。

2006年初与2008年年底，浙江嘉兴三江化工有限公司6万t / 年以及第二套7万t / 年环氧乙烷装置投产，更进一步增加了国内民营企业在环氧乙烷行业的份额。2011年，扬子江–巴斯夫投产扩建商品环氧乙烷项目，其产能超过10万t / 年。

近年来，在需求持续增加的带动下，国内环氧乙烷新项目不断上马，环氧乙烷生产能力稳步增加。2000—2010年，环氧乙烷的生产能力从90.7万t / 年增长到255万t / 年，产量从87万t增长到235万t以上。2010年，国内主要有14家企业的17套环氧乙烷生产装置，总生产能力超过240万t / 年，商品环氧乙烷生产能力达到75万t / 年。2010年国内环氧乙烷主要生产企业生产情况见图4。

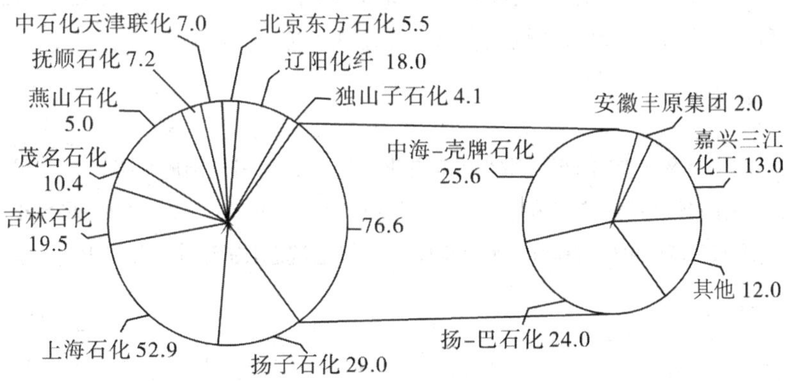

图4 2010年国内环氧乙烷主要生产企业生产情况

2010年国内新建2套环氧乙烷装置投产，包括：2010年2月初，中沙（天津）石化有限公司（中石化和沙特基础工业公司（SABIC）的合资公司）设计产能为4万/单套（合计36万t / 年）环氧乙烷/乙二醇装置投产;2010年4月，盘锦乙烯20万t / 年环氧乙烷/乙二醇项目（含10万t / 年精制环氧乙烷）投产。2015年以前，还有多套环氧乙烷装置投产，预计2015年我国环氧乙烷生产能力将达到507万t / 年。

3 国内环氧乙烷进出口状况

环氧乙烷属危险化学品，国际贸易量很少，国际贸易主要体现在下游产品。2000—2011年国内环氧乙烷进出口情况见图5。

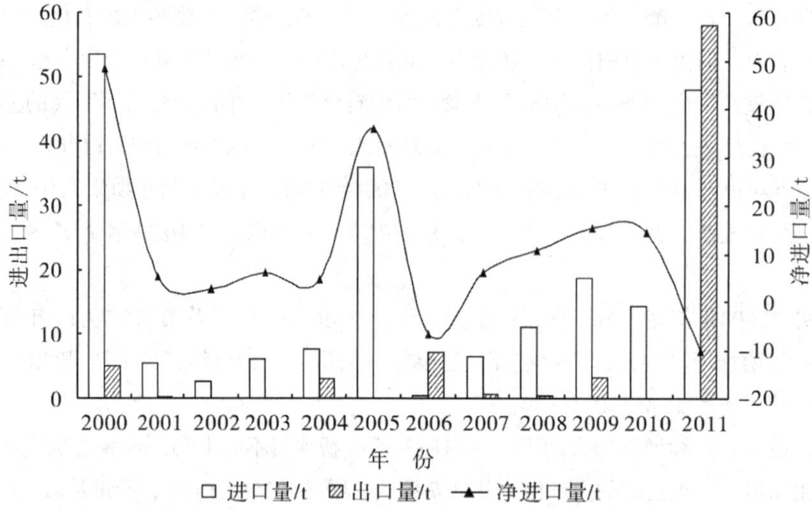

图5　2000—2011年国内环氧乙烷进出口情况

从统计数据可看出，近年来国内环氧乙烷进口量很少，主要以其下游产品的形式进口。扩建商品环氧乙烷项目成为未来国内环氧乙烷生产企业的重中之重。

4 国内需求状况

近10年来，国内环氧乙烷生产和消费保持快速增长。2000年，国内环氧乙烷产量和消费量为87万t。到2011年，国内环氧乙烷产量和消费量分别达到240万t和230万t。2002—2011年期间，国内环氧乙烷产量年均增长率为8.9%。2000—2011年国内环氧乙烷总体产量情况见图6。

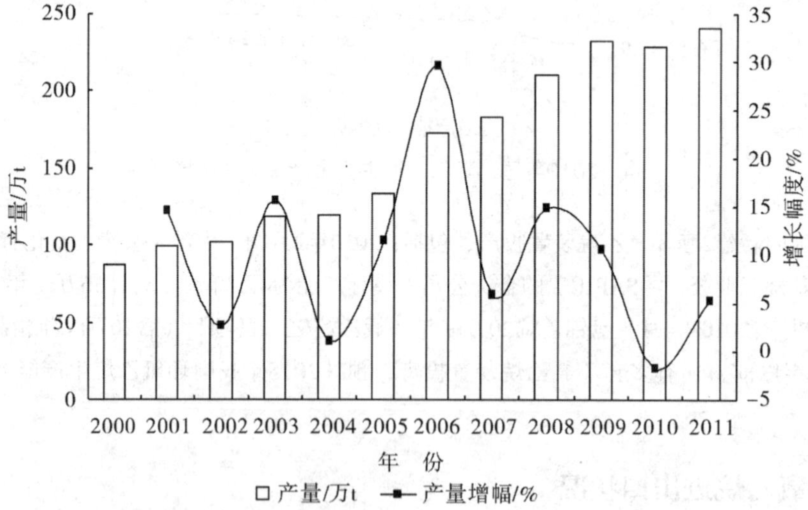

图6　2000—2011年国内环氧乙烷产量及增幅情况

2011年，国内环氧乙烷表观消费量约为230万t，其主要用于生产乙二醇，占总消费量的73.5%；其余26.5%分别用于生产非离子型表面活性剂、聚醚多元醇、乙醇胺、乙二醇醚等。2011年国内环氧乙烷消费构成及2015年需求预测见图7。

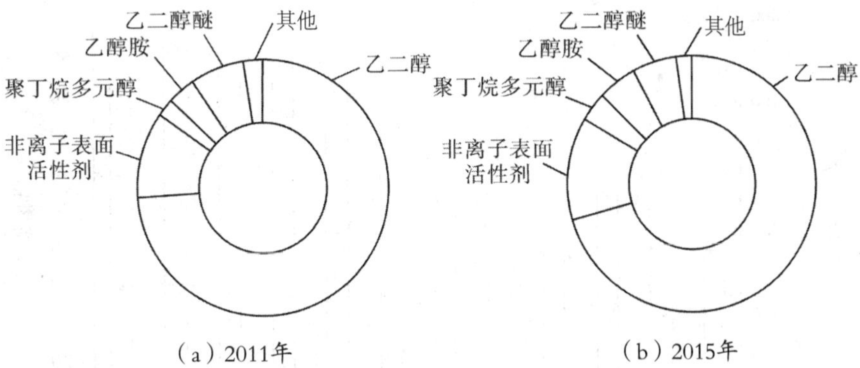

图7 2011年国内环氧乙烷消费构成及2015年需求预测

预计2015年国内环氧乙烷需求量将达到496万t左右，2011—2015年间年均需求增长率为16.60%，届时除联产乙二醇消耗环氧乙烷外，商品环氧乙烷的需求量高达146万t。预计2020年国内环氧乙烷需求量将达到730万t左右，2015—2020年间年均需求增长率为8%，乙二醇仍是环氧乙烷最大的需求领域。

5 价格态势

乙烯价格和国际原油价格具有很强的相关性，因此世界环氧乙烷市场价格一方面受国际原油价格波动的影响，同时也与世界环氧乙烷供求情况相关。预计今后几年国际原油价格仍将保持上涨趋势并高位震荡，相应的环氧乙烷市场价格将在900~ 1 600美元 / t间波动。

图8给出了2000—2011年国外环氧乙烷的价格走势。由图8可看出，国际原油价格以及政治环境对产品价格影响较大。当国际环境波动较大或原油价格上涨时，环氧乙烷价格表现出增长态势。2011年受伊朗和利比亚等局势影响，欧美等发达国家的环氧乙烷价格已经飙升超过1 600美元 / t，而且这种增长在2012年还将继续。同时，日本大地震也促使环氧乙烷价格上涨，全球表现出最高。

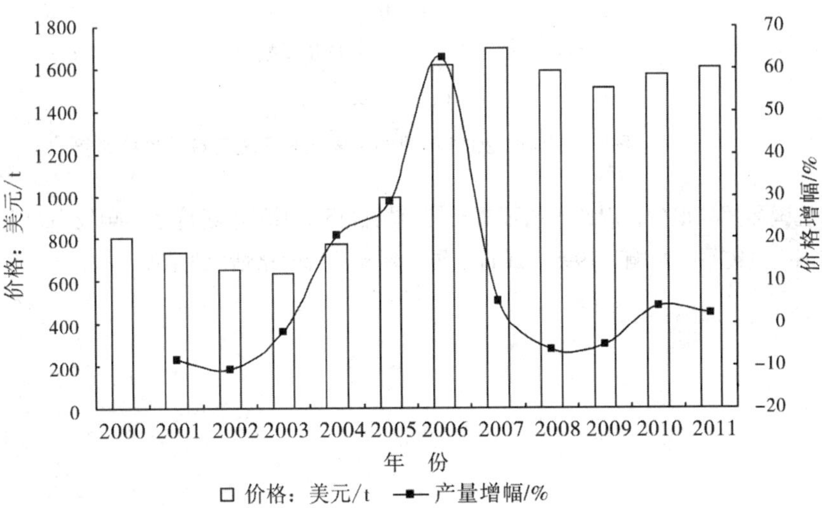

(a) 美国

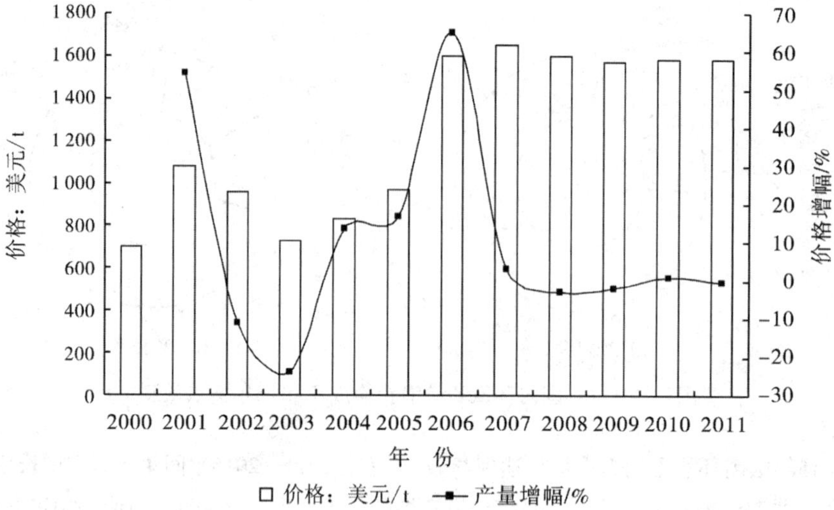

（b）德国

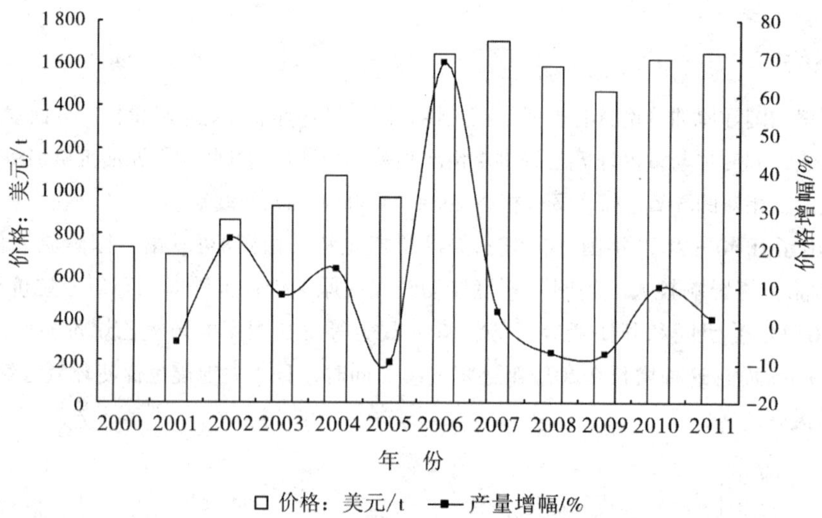

（c）日本

图8 2000—2011年国外主要地区环氧乙烷的价格走势

环氧乙烷国际贸易很少，因此国内环氧乙烷市场价格受国际市场价格影响较小，主要受国内外原油价格和国内供需平衡影响。1995—2011年国内环氧乙烷价格情况见图9。

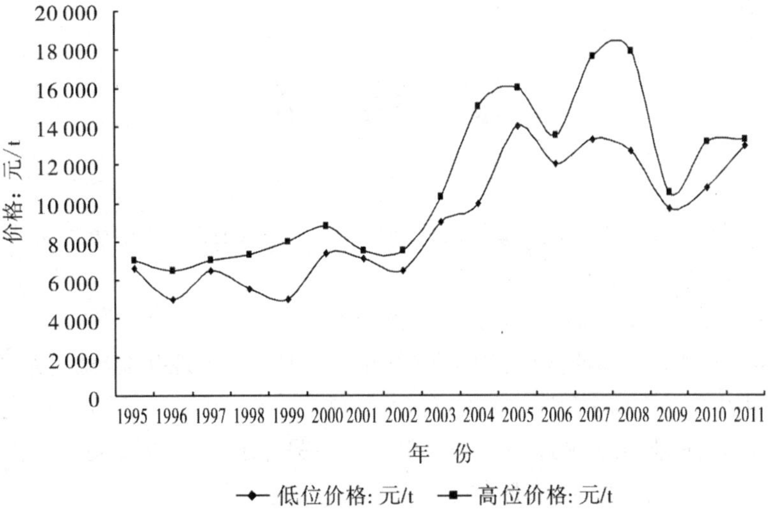

图9 1995—2011年国内环氧乙烷价格走势

1995—2003年，环氧乙烷的价格变化区间在6 000～9 000元/t。1999年下半年受国际市场原油及乙烯原料价格大幅攀升的影响，环氧乙烷也随之上涨，到2000年6月价格最高达到8 900元 / t。2000年后又开始逐渐回落，2001年和2002年，市场价格比较稳定，基本维持在6 400～7 500元 / t之间。

2003年1～3月份，由于环氧乙烷市场供不应求，聚酯切片价格大幅上涨，带动了环氧乙烷价格的上涨，市场价格在7 200～7 800元 / t之间，2003年底达到10 300元/t。2004—2005年，受国际市场原油及乙烯原料价格大幅攀升的影响，国内环氧乙烷价格也随之大涨，2005年6月价格已突破16 000元 / t，创历史最高水平。

2006年国内环氧乙烷价格有所回落，基本维持在12 500～14 000元/t之间，2007年环氧乙烷价格稳中有升，价格区间在13 200～18 000元/t。2008年中期环氧乙烷的价格达到历史高位的18 200元/t后，开如逐步下降，直至降到2008年末的9 200元 / t。2011年全年环氧乙烷价格保持在13 000元 / t左右。

受原油价格波动，国内环氧乙烷价格过去10年整体表现增长趋势，这种局势给下游产品开发和生产带来负面影响，例如乙二醇和非离子表面活性剂产品价格表现为增长。而且2008年一年最高位价格和最低位价格差别达到了6 000元 / t。无法预料的价格波动对单一乙二醇产业企业而言是致命的打击。

6 结语

由于环氧乙烷的危险性，国际贸易量很少，其价格主要受国际原油价格波动的影响。当前国内环氧乙烷供求基本平衡，总量都在稳步增长，受原油影响价格保持上涨趋势并高位震荡。

脂 肪 醇

脂肪醇是一种含有饱和及不饱和碳链的化合物，通式为ROH，R一般为C_{6-18}的烃基。它是生产表面活性剂的主要原料之一，用量仅次于烷基苯，位居第二。

按照原料来源不同，脂肪醇通常被分为天然醇和合成醇。

天然醇是指以天然动植物油脂为原料制得的产品。一般情况下是由油脂通过酯交换反应制得脂肪酸甲酯，也可以将油脂水解的脂肪酸通过酯化反应制得脂肪酸甲酯，而后通过加氢制得脂肪醇。以脂肪酸甲酯加氢制取脂肪醇的方法被称作“甲酯法”。另外还有一种方法是“蜡酯法”，它是以脂肪酸为原料，先将一份脂肪酸与一份脂肪醇混合后经过加氢制得二份脂肪醇，其中的一份脂肪醇作为最终产品，而另一份脂肪醇循环回到氢化反应器中再次使用。该法实质上是在反应器中，脂肪酸与脂肪醇首先反应生成脂肪酸脂肪酯（即“腊酯”），而后通过加氢制得脂肪醇，即在一个反应器内完成了两步反应。

目前，大规模使用的天然醇生产工艺有以下4种：

（1）Davy（戴维）工艺：该工艺是以脂肪酸甲脂为原料，利用循环氢气气提的方式将脂肪酸甲酯气化后，在固定于反应器内的催化剂（即所谓的固定床技术）的催化作用下，脂肪酸甲脂与氢气以气相形态进行反应生成脂肪醇。由于采用了均一的气相反应，加上非常大的氢气流量和特殊催化剂，所以该工艺的加氢压力仅需4 MPa左右，被称为低压加氢。

（2）Henkel（汉高）工艺：该工艺是以脂肪酸甲脂为原料，在固定床反应器中以液相形式加氢制取脂肪醇。它的特点是采用了高压酯交换技术，可以较高酸价的油脂为原料。

（3）P&G（宝洁）工艺：与上述2个工艺相同，P&G（宝洁）工艺也是以脂肪酸甲脂为原料，通过加氢来生产脂肪醇。不同之处在于它采用了流动床加氢技术，即催化剂是均匀悬浮在物料中的。

（4）Lurgi（鲁奇）工艺：该工艺采用的是“蜡酯法”技术。该工艺以脂肪酸为原料，采用固定床反应器加氢制取脂肪醇。

上述的后3种工艺，所需的加氢压力为20 ~ 25 MPa，被称为高压加氢。

合成醇是指以石油为原料制取的脂肪醇。目前形成大规模生产的主要有：羰基合成醇、齐格勒合成醇和正构烷烃氧化制仲醇3种工艺。其中羰基合成醇（OXO醇）是在羰基化催化剂存在下，烯烃和一氧化碳、氢气反应，得到比原料烯烃多一个碳的醛，再将醛还原成脂肪醇。经过改进的OXO法，可一步直接生产羰基合成醇。齐格勒合成醇是在三乙基铝中将过量的乙烯聚合成为高级烷基铝，然后用空气氧化，经水解得到高级醇。正构烷烃氧化制仲醇是将正构烷烃与氧在硼酸的存在下，经氧化反应生成脂肪醇。

合成醇是以不可再生的石油作为原料，存在资源紧缺价格高、生产工艺复杂、装置投资大、环境压力大等不利因素，所以呈现出逐年萎缩减量的态势。

此外，Sasol公司于2002年开发了一种以煤为原料生产脂肪醇的技术。由于现有的生产能力小，衍生物性能及生物降解性尚需进行深入研究，大规模的生产和应用还有待时日。

以石油为原料只能制得饱和脂肪醇，当要制备不饱和脂肪醇时，天然油脂将是唯一的原料来源。

1 全球脂肪醇生产及市场分析

表1为2011年全球脂肪醇产能名列前13位的生产商及产能情况，图1为各生产商的产能比例情况。

表1 全球主要脂肪醇生产企业及产能情况

序号	生产企业	生产基地	产能/（万t·年$^{-1}$）
1	沙索（Sasol）	德国、美国、意大利、南非、中国	55.0
2	壳牌（Shell）	美国、英国	50.0
3	科宁护理	德国、法国和美国	33.0
4	花王化学	马来西亚和菲律宾	30.0
5	宝洁公司	美国、马来西亚	19.5
6	生态绿（Ecogreen）	印度尼西亚	19.0
7	辽阳华兴	中国	12.0
8	金星公司	印度	12.0
9	泰国石油天然气化学公司	泰国	11.0
10	春金（Musim Mas）	印度尼西亚	10.0
11	Oleomas（KLK）	马来西亚	12.0
12	德源（Teck Guan）	中国	10.0
13	埃默里油脂化学	马来西亚	8.0
合计			283.5

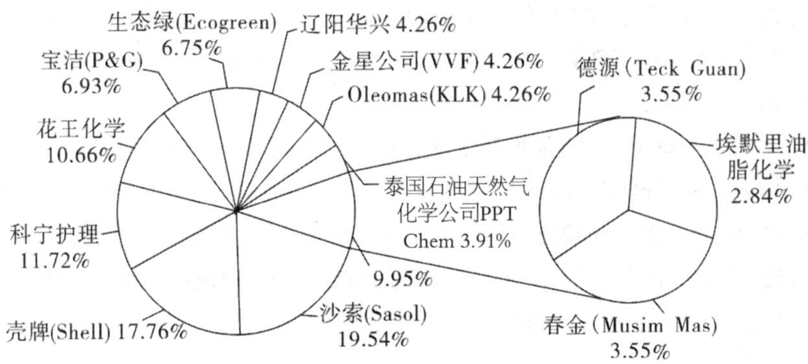

图1 全球主要脂肪醇生产企业的产能占有情况

高碳脂肪醇的需求取决于下游产品尤其是表面活性剂的需求情况。近几年来，全球各种表面活性剂需求量正在稳步增长，年增长率约为3%；特别是亚太地区，工业表面活性剂的需求年增长率为4.7%，家用表面活性剂为3.6%，护肤用表面活性剂则高达7.7%。带动未来全球高碳脂肪醇的年均需求增长率为3.1%。

目前全球正在建设中的脂肪醇新装置主要有8套，见表2。

表2　全球正在建设中的脂肪醇新装置

序号	生产企业	生产基地	产能/（万t·年$^{-1}$）
1	威尔玛	印度尼西亚	15.0
2	嘉化能源化工	中国乍浦	13.5
3	巴斯夫	中国南京	12.0
4	春金	印度尼西亚	10.0
5	沙比克	沙特阿拉伯	8.3
6	奥克斯汀诺	巴西	8.0
7	益海/沙索	中国连云港	6.0
8	恒翔化工	中国兰溪	4.0
总计			76.8

2011年年初，全球脂肪醇的产能估计达到340.0万t / 年，未来2年估计会再提高80万t / 年，到2013年将超过400万t / 年。春金（Musim Mas）、威尔玛（Wilmar 2套）、沙比克（SABIC，沙特基础化学品公司）、奥克斯汀诺（Oxiteno）和浙江嘉化能源化工等新建装置，以及PT Backrie（东马，Domba Mas）将要重新开车的装置总数达12个之多。这些新增的产能都是天然脂肪醇，大多数建造在亚洲，并将集中在2012年年底到2013年年初开车。2011年，亚洲在运转的脂肪醇产能超过160.0万t / 年，约占全球总产能的50%。相反，2011年合成脂肪醇的总产能下降到100.0万t / 年，占全球总产能的30%，即天然脂肪醇产能占全球总产能的70%。2011年，由于需求旺盛及原料油脂的价格高企，C_{12-14}醇价格创下新高，2011年一季度曾超过4 000美元 / t。长链脂肪醇因为需求超过产量也达到历史高价，峰值达2 200美元 / t。

图2给出了2011年全球主要地区脂肪醇市场份额。由图2可看出，欧洲、北美和亚洲成为全球主要脂肪醇消费市场，比例分别为33.3%、27.5%和28.5%，其中中国比例为14.5%。预计到2015年，中国脂肪醇市场比例将增长到16.5%甚至更高，从消费产品成分和结构来看，国内有很大一部分依靠进口产品。比较而言，欧洲和中东脂肪醇市场很大一部分来源于合成脂肪醇，欧洲合成脂肪醇的比例在30%～35%之间，中东脂肪醇大约有65%为合成脂肪醇。

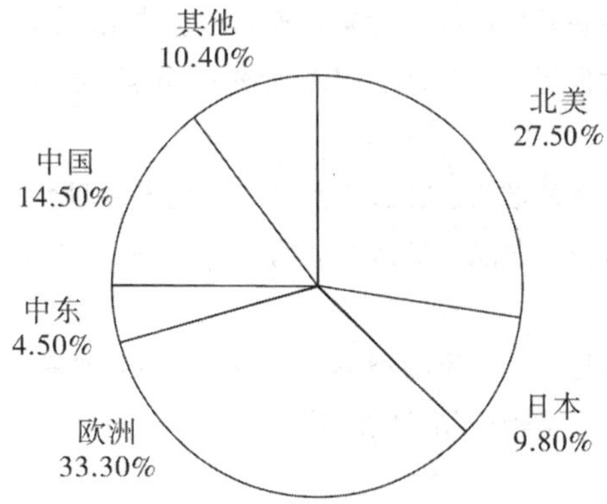

图2 2011年全球主要地区脂肪醇市场份额

2 欧洲脂肪醇生产及市场分析

美国著名的咨询公司弗若斯特沙利文公司在发表的行业研究报告中指出，在快速发展的东欧市场带动下，欧洲脂肪醇市场步入平稳发展阶段。但和任何市场一样，欧洲脂肪醇市场面临的挑战与机遇并存，一些大型生产商正在积极寻求变革，以保持其领先地位。

有数据显示，2008年欧洲脂肪醇市场规模达到10.11亿欧元，产量约为67万t。预计2009—2015年，欧洲市场脂肪醇销售额及产量的年均复合增长率将分别达到6.1%和3.4%。作为更加环保的产品，天然脂肪醇在欧洲更受青睐。鉴于新产品的涌现及下游领域的拓展，天然脂肪醇市场的规模将以更快的速度增长，2011年欧洲市场的天然脂肪醇产量已占到总产量的65%。

脂肪醇作为合成润湿剂、分散剂、增溶剂和润滑剂等多种精细化学用品的基础化工原料，广泛应用于清洁、个人护理用品及工业领域。

清洁行业的清洁产品包括洗涤剂、洗洁精以及其他家庭用清洁用品等。脂肪醇是制造阴离子和非离子表面活性剂的主要原料，而后者是清洁剂的重要组分。据估计，2008年欧洲用于清洁行业的脂肪醇销售额达7.09亿欧元，其中天然脂肪醇占57.0%。由于环保且价格低廉，天然脂肪醇的份额将会越来越大，预计2008—2015年欧洲在清洁行业的脂肪醇用量将以8.2%的年均速度增长。2008年欧洲用于个人护理用品的脂肪醇销售额为1.954亿欧元，2011年这个数值已经达到了2.7亿欧元，预计未来几年内，该市场将保持3.5%的年均增长率。

在欧洲，用于包括塑料、纺织、皮革、水处理及金属加工等工业领域的脂肪醇用量约占10%。脂肪醇在塑料行业被用作增塑剂、润滑剂及稳定剂，而在皮革和纺织行业被用作油剂、润湿剂、软化剂及匀染剂。在工业用途中，按产量统计，天然脂肪醇和合成脂肪醇的市场份额分别为59.9%和40.1%，合成脂肪醇的价格要比天然的高11%。2008年欧洲工业用脂肪醇的市场约为1.06亿欧元，2010年和2011年分别为1.3亿欧元和1.45亿欧元，未来几年的增长率约为5.4%。

欧洲脂肪醇市场的产业集中度较高，100多家脂肪醇生产商中排名前三位的厂商市场份额总和达到了65.0%。主要的脂肪醇生产商有科宁、沙索烯烃和表面活性剂、Ecogreen Oleochemicals、壳牌化工和百事美公司等。

近年来，面临来自地区外供应商的竞争以及替代产品的威胁，欧洲脂肪醇生产商开始探索新的市场战略。由于亚洲地区的原料供应充足，再加上装置运行成本较低，欧洲的脂肪醇生产商纷纷向亚太地区扩张。另外，欧洲脂肪醇生产商通过兼并收购和扩建来增加产量、扩大市场规模，这种行为在使产业集中度提高的同时也提高了其他公司进入该市场的门槛。目前欧洲脂肪醇市场面临的主要机遇有：

一是价格上涨带来了销售额的增长。在过去几年中，由于原材料的上涨，导致脂肪醇的价格上涨了近50%。同时，下游强劲的需求也是价格上涨的原因之一。从2007年至今，欧洲脂肪醇市场销售额已经增长了26%。

二是快速发展的东欧市场带动了整个欧洲市场的增长。近年来东欧经济的发展及人们生活水平的提高使市场对家庭清洁和个人护理用品的需求快速增长。此外，一些大型跨国公司，凭借优异的产品质量也吸引了很多下游用户。

三是相关厂商积极扩展产业链并寻找原料的替代品。一些欧洲脂肪醇生产商正着力于降低产品的生产成本以便在竞争中处于更有利的地位。他们开始尝试向上进行产业整合，尤其是通过低价收购原材料供应商来降低生产成本。同时，他们也在积极寻找其他的农产品，来替代现有价格高昂的原料。

而价格竞争以及替代产品的出现则是该市场面临的主要挑战。目前，欧洲脂肪醇市场的价格竞争依然激烈，相关厂商试图通过压低自身产品价格以获得更大的市场份额。但是，价格的下降无疑会导致销售额的减少并最终降低厂商的利润。另外脂肪醇还面临来自其衍生物替代的威胁。因为脂肪醇衍生物可以用于几乎所有使用脂肪醇的场合，且性能更好、价格更低，所以很多脂肪醇生产商也生产脂肪醇衍生物以使产品多样化。虽然这种做法为终端用户提供了更多的选择，但是脂肪醇的销量因此会受到影响。

3 中国脂肪醇生产及市场分析

3.1 脂肪醇生产技术及市场

我国在20世纪50年代末期开始进行脂肪醇的生产技术研究，60年代初开始小规模的生产，至今尚有少量的“国产工艺”存在，代表性的企业有浙江恒祥、上海双乐和绵竹化工等。所谓的“国产工艺”，主要是当时为了尽可能降低投资成本，从而在国外汉高、宝洁的技术基础上，在控制技术、精馏工艺等方面做了大幅度的简化，虽然投资是节省了，但是不可避免的是装置的性能、产品的质量指标也明显下降了。另外，为了利用高酸价的低质油脂作为原料，有的生产企业如当时的兰溪凤凰化工，采用了“预酯化”技术，即预先对油脂中的游离脂肪酸进行酯化，在降低了酸价以后再进入常规的生产过程。由于高酸价的油脂除了酸价高以外，还存在一些副反应的产物，所以以其为原料生产的脂肪醇只能应用于低端市场。

20世纪90年代，国内相继建设了以大连华能、广东江门为代表的数套采用引进技术的脂肪醇生产装置，使得国内的脂肪醇生产技术水平有了很大的提高。进入21世纪后，我国国民经济迅猛发展，人民生活水平大幅提高，促进了对洗涤用脂肪醇的需求。在老厂相继技改扩产的同时，民营资本和外资也相继进入本领域，新建了一批大规模高水平的脂肪醇生产装置。

2006年我国高碳脂肪醇产能接近20万t / 年，但开工率仅为40%~50%。随着醇系表面活性剂的快速发展，我国从2007年开始掀起高碳脂肪醇的建设热潮，新建和扩建装置十分踊跃。沙索和益海合资在连云港采用戴维技术新建了6万t / 年天然脂肪醇装置，于2007年投产；辽阳华兴集团在完成

2万t/年天然脂肪醇装置扩建任务后，又立即启动了新建8万t/年的新装置，据称目前已经形成了22万t/年的天然脂肪醇生产规模，是目前国内最大的脂肪醇生产企业；德源高科在江苏如皋采用鲁奇技术建设了10万t/年的脂肪醇生产装置，其中脂肪酸部分于2008年投产，脂肪醇部分也已经于2010年年底投产；武汉四方行、无锡东泰化工、浙江恒翔化工等企业也都在挖潜改造或新建装置，扩大高碳脂肪醇的生产能力。

在上述众多企业纷纷新建、扩产装置的同时，由于受国际金融危机以及全球脂肪醇市场竞争进一步加剧的影响，原料油脂和产品脂肪醇的价格大起大落，国内一些原有的技术落后、产能偏小的脂肪醇生产企业，如大连华能（1.5万t/年，天然醇）、上海中乐（2.0万t/年，天然醇）、上海双鹿（1.0万t/年，天然醇）、抚顺洗化（5.0万t/年，羰基合成醇）和中轻江门（1.3万t/年，天然醇）等开工效率较低。

截至目前，国内在运行的脂肪醇装置情况统计见表3（未统计合成醇，产能约6.5万t/年），产能分布见图3。

表3 目前国内在运行的天然脂肪醇装置

序号	企业名称	产能/（万t·年$^{-1}$）	产品
1	辽宁华兴集团化工股份公司	22.0	天然醇
2	无锡东泰精细化工有限公司	2.0	天然醇
3	浙江恒翔化工有限公司	1.5	天然醇
4	河南商丘龙宇化工有限公司	4.0	天然醇
5	连云港沙索-益海化工	6.0	天然醇
6	德源（中国）高科有限公司	10.0	天然醇
7	武汉四方行化工有限公司	1.5	天然醇
合计		47.0	

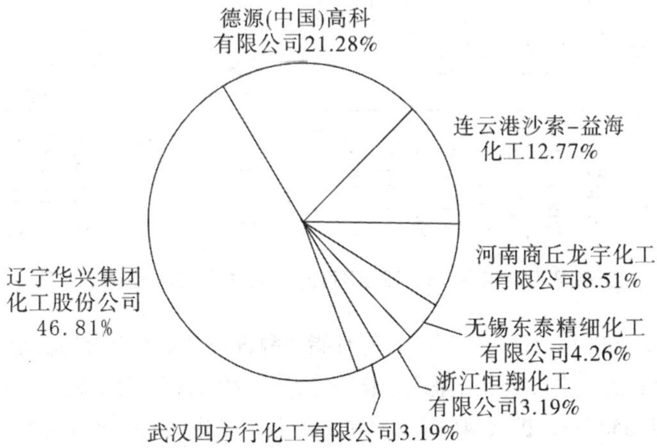

图3 国内脂肪醇生产企业及产能分布

3.2 脂肪醇的进出口状况

目前国内脂肪醇生产大多数采用国外仿照技术工艺，设备投资较大，且设备由于具有氢化装置，根据市场行情调整产品结构难度较大。国内还有很大一部分脂肪醇依靠进口，2009—2011年，国内脂肪醇年均进口量基本维持在20万t左右，而出口量很少，最大单月出口量在3 000 t左右，见图4。

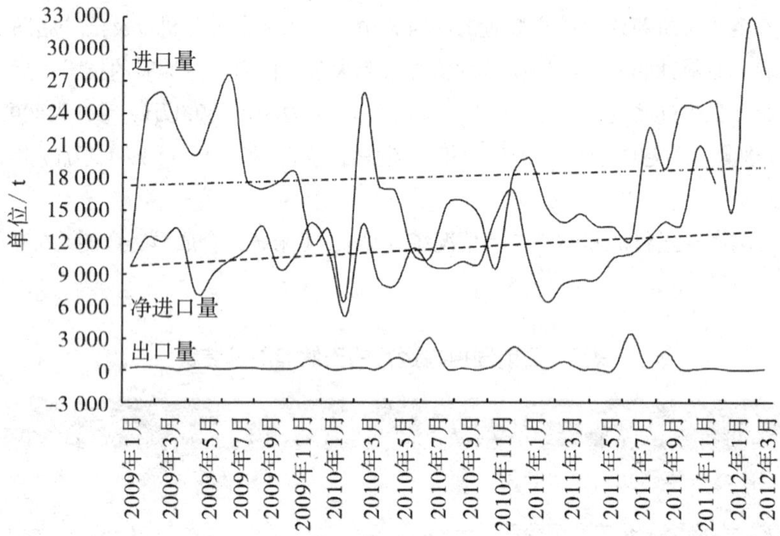

图4　2009年1月—2012年3月国内脂肪醇的进出口情况

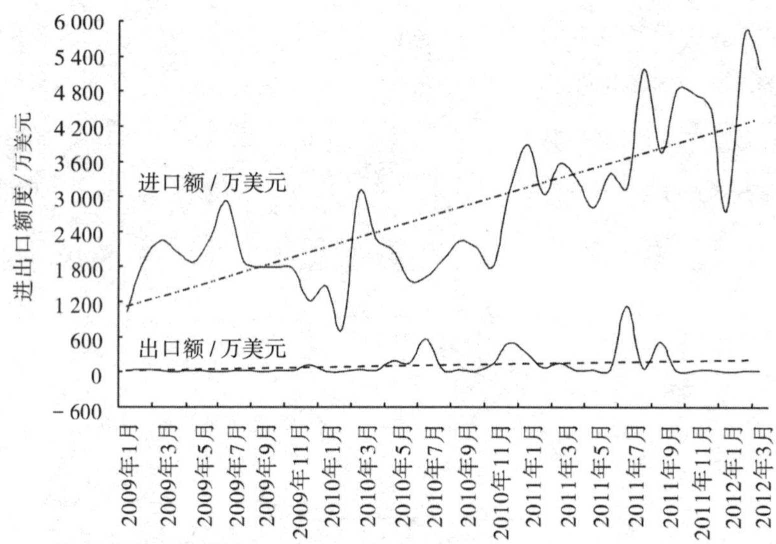

图5　2009年1月—2012年3月国内脂肪醇的进出口额情况

由图4可以看出，2009年1月—2012年3月每月脂肪醇进口量基本上保持稳定，维持在1.5万～2.5万t之间。由图5可以看出，进口额单月呈现增长态势，2012年3月单月脂肪醇进口额达到了5 500万美元，较2009年1月高出358.3%，扩大国内项目产能和产量，是降低依赖进口的主要手段。而单独以脂肪醇为产业发展，市场风险较大，一般企业需要将上下游产业结合起来做，但对设备提出更高的要求，基建和设备投资对于一般中小企业而言是一种冒险。从目前国内新开建的脂肪醇项目来看，主要以规模企业和外资投资为主。

图6给出了2009年1月—2012年3月国内进出口脂肪醇价格走势，可以看出，2011年3月份和8月份分别出现2次高价位运行，出口均价分别达到了3 000美元 / t和3 300美元 / t，进口均价达到了2 500美元 / t，主要是由于地域消费集中引起的。未来一段时间进口脂肪醇价格有走低的趋势，但是随着进口原料上涨，很有可能带动短期内脂肪醇价格上扬。

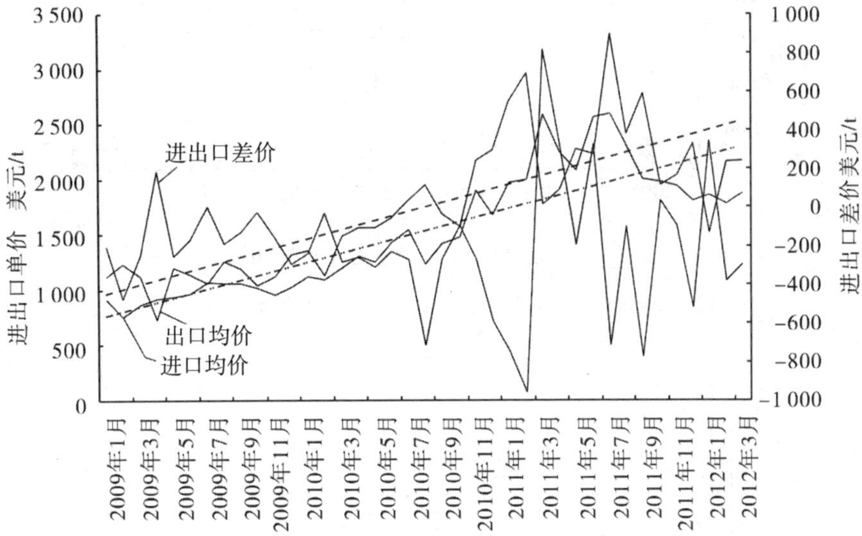

图6 2009年—2012年3月国内脂肪醇的进出口价格走势

总结分析，受短期内棕榈油进口价格、进口脂肪酸和脂肪醇的影响，国内脂肪醇的市场发展很不稳定，尤其是脂肪醇依赖进口，可能会对下游产业造成一定的影响，上下游产业的持续利润对抗和僵持成为可能。

图7为2005—2011年国内十二醇、十六醇和十八醇的进出口情况。过去5年国内脂肪醇的进口还是比较平稳的，最高在2010年，进口量接近2.4万t，最低进口量出现在2006年也达到了1.6万t。随着国内脂肪醇生产企业的新项目建设和产能增加，脂肪醇的进口将减少，但市场需求依然紧俏。

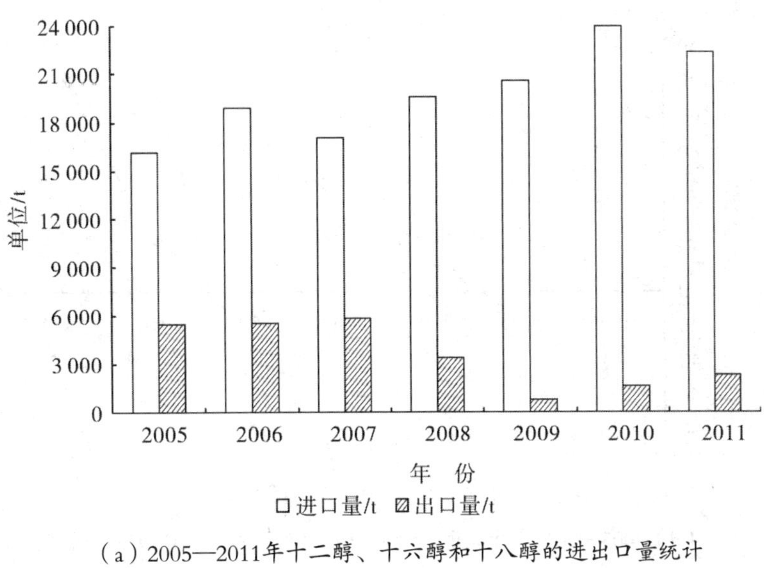

（a）2005—2011年十二醇、十六醇和十八醇的进出口量统计

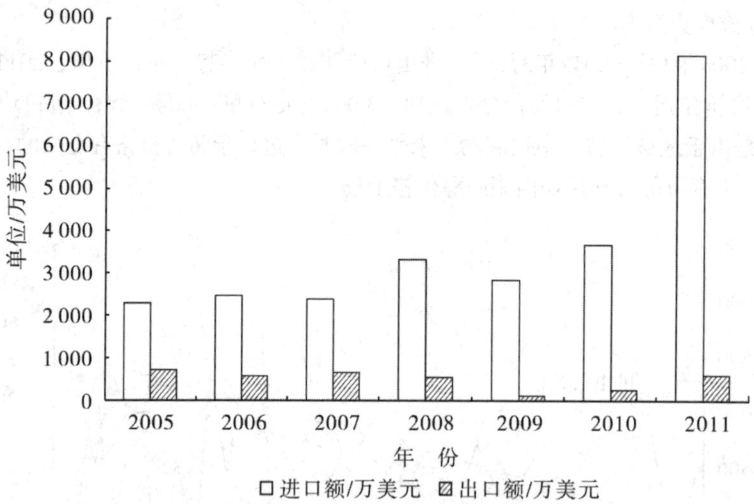

（b）2005—2011年十二、十六和十八醇的进出口额统计

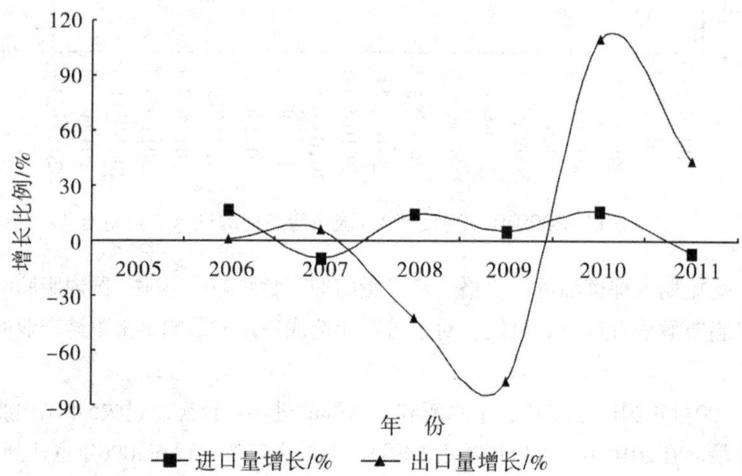

（c）2005—2011年十二醇、十六醇和十八醇的进出口量增长趋势

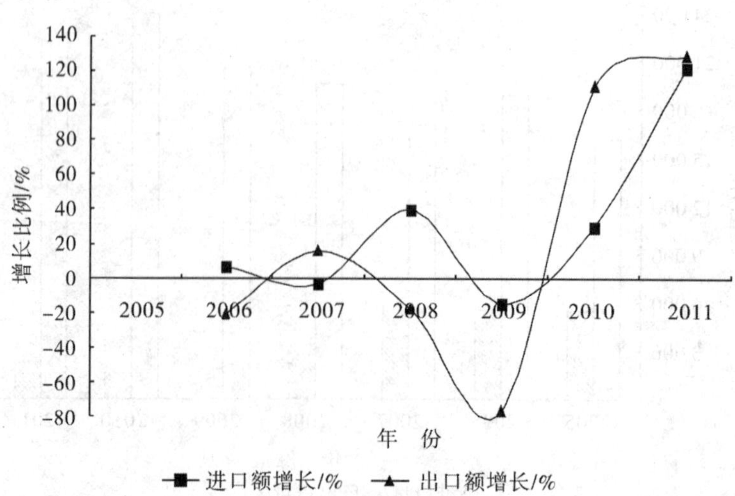

（d）2005—2011年十二醇、十六醇和十八醇的进出口额增长趋势

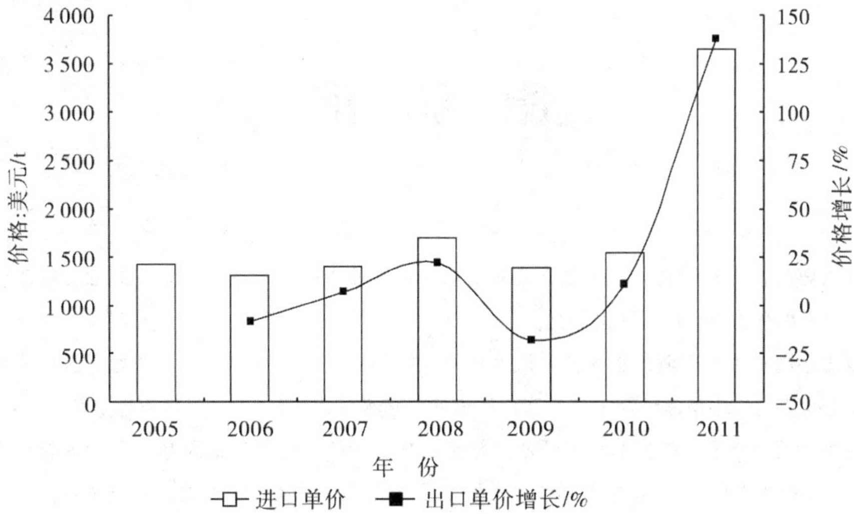

（e）进出口价格及其走势

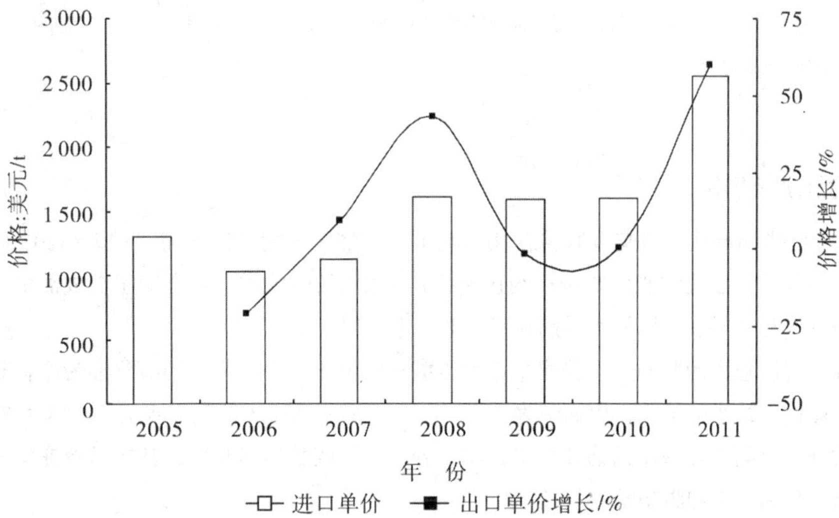

（f）出口价格及其走势

图7　2005—2011年国内十二醇、十六醇和十八醇的进出口情况

4 结语

在当前情况下，国内脂肪醇中型合成企业面临淘汰、关闭的危险，应提前做好产品结构调整的准备。脂肪醇的合成技术将出现突破，由脂肪酸酯一步合成脂肪醇将成为未来脂肪醇生产的主要工艺路线，相关工艺技术和催化剂技术在近些年已经实现，中试已经成功。总产能装置不断投产，国内市场或出现饱和，传统应用已经进入稳定期，加快下游产品的开发及应用成为企业发展的重中之重。

脂　肪　酸

脂肪酸主要来自天然油脂、石蜡氧化或从松木造纸废液中回收的妥尔油。石蜡氧化制脂肪酸可以得到天然油脂中不具有的单碳数脂肪衍生品。

随着世界各国对生态环境的重视，对天然林的保护和禁伐使得妥尔油资源产量、质量逐年下降。目前从天然动植物油脂经水解、精馏生产的脂肪酸占脂肪酸总量的4/5以上，是世界脂肪酸的主要来源。

东南亚地区拥有丰富的棕榈油和椰子油。椰子油是生产C_{8-14}脂肪酸的原料，它们主要用于生产表面活性剂；棕榈油是生产C_{16-18}脂肪酸的原料，主要用于生产硬脂酸及盐和酯类、阳离子表面活性剂和塑料加工助剂等。

我国脂肪酸的生产目前以棕榈油、棉籽油、棉籽油脚和菜籽油为主要原料，所得产品主要为硬脂酸、不饱和酸（以油酸为主）和芥酸等。棕榈油中不饱和酸含量为42%，棉籽油为64%，菜籽油主要含C_{16-22}脂肪酸，其中芥酸含量很高。

1 市场与生产技术

大约50%的脂肪酸用于制皂及直接使用，其中硬脂酸大量用于橡胶加工；大约20%用于生产含氮衍生物，主要是脂肪胺和脂肪酰胺；约10%用于制成脂肪酸酯类；其余用于合成油墨、油漆用树脂、二聚酸，以及塑料加工用的润滑剂和稳定剂、重金属盐等。

目前我国规模较大的脂肪酸厂普遍采用加压塔式无催化水解工艺。用酸化油为原料时，一般采用中低压无催化塔式水解工艺；用油脂为原料时，一般采用高压无催化连续塔式水解工艺。

脂肪酸分离目前主要采用精馏分离法，用于分离不同碳数的脂肪酸；其次是冷冻压榨法，主要用于饱和脂肪酸和不饱和脂肪酸的分离。

从20世纪80年代开始，我国从国外引进了多套塔式高压水解及连续精馏生产脂肪酸的装置，主要引进了意大利CMB、Gianazza以及德国Lurgi等公司的生产工艺和设备。以精炼植物油为原料生产脂肪酸和甘油，引进装置具有产品收率高、分离精度好、规模大和自动化程度高等特点，但投资较大、对原料的要求高。

2 我国脂肪酸生产情况

进入21世纪，中国脂肪酸行业发生了巨大的变局。一方面，以益海嘉里为代表的东南亚油脂集团在国内进行大量的项目投资，产能迅速提升；另一方面，国内原有的脂肪酸企业出现两极分化，或者借助政策迅速扩大生产规模，或者基于资金问题关闭停产，甚至退出国内竞争市场。2002—2009年，整个国内油脂工业格局完成了生产与市场的整合，以益海、嘉里、双马和泰柯棕化为代表的产能超过8万t / 年的脂肪酸生产企业的产能比例接近88.5%（图1）。

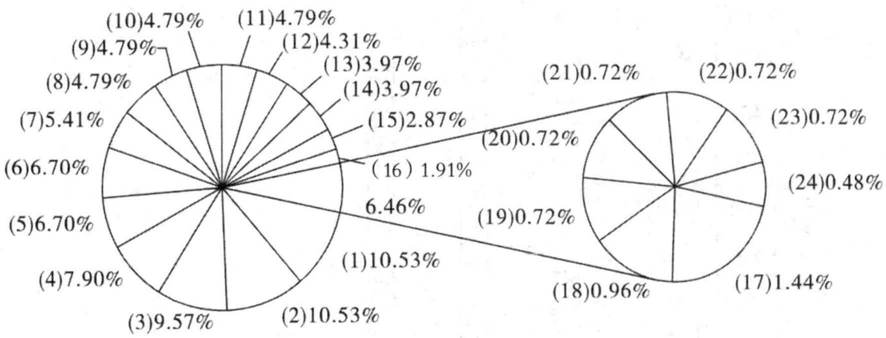

(1) 益海（连云港）	(2) 嘉里油化（上海）	(3) 如皋双马	(4) 泰柯棕化
(5) 博兴华润油化	(6) 德源高科	(7) 纳爱斯	(8) 上海制皂
(9) 杭州油化	(10)半溪嘉宝	(11)南通康桥	(12)丰益（天津）
(13)东马（张家港）	(14)东马（广州）	(15)益海（东莞）	(16)青岛碱业
(17)山东金达	(18)四川天宇	(19)东南化工	(20)运城南风
(21)江苏中鼎	(22)海宁金宵	(23)四川西普	(24)浙江昆宝

图1 主要脂肪酸生产企业的产能分布比例

2011年，中国脂肪酸市场的总容量已达100万t左右，市场供应主要通过国内生产来满足，国外进口产品的比例有所下降。中国宏观经济良好的发展前景为脂肪酸行业的持续发展提供了很大机遇，发展速度之快超出了很多业内专家此前的预测，截至2011年年底，全国主要脂肪酸（包括皂粒、硬脂酸以及其他类产品）生产企业的产能已超过200万t/年（见表1），其中单一脂肪酸产品产能超过130万t/年，预计到2015年全国单一脂肪酸产能超过185万t/年，皂粒产能约合75万t/年，合计260万t/年。

3 国内脂肪酸的进出口状况

国家统计局对脂肪酸的统计主要从硬脂酸、棕榈酸、油酸、亚油酸、亚麻酸和工业用硬脂酸等几个类别进行。其中硬脂酸分为纯净硬脂酸2915和工业硬脂酸3823类等。

图2给出2005—2011年国内硬脂酸（29157010）的进出口情况。由图2可看出，国内硬脂酸发展还是比较平稳的，市场需求增长表现得不是很明显；进出口价格相比也比较理性化。

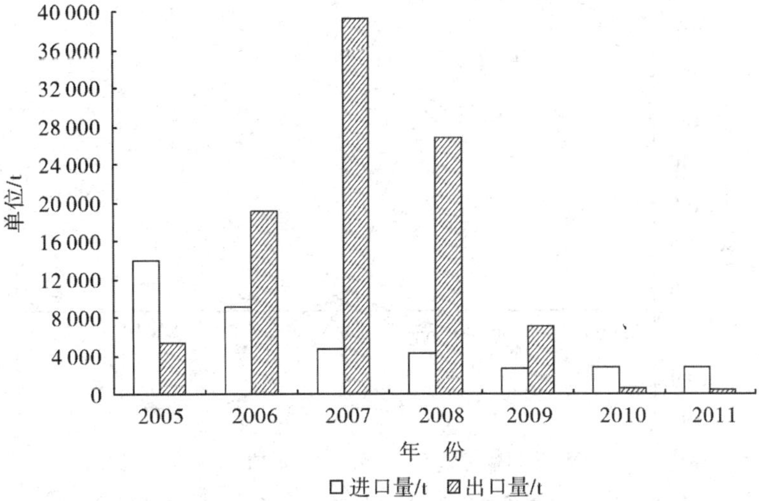

（a）2005—2011年国内硬脂酸（29157010）的进出口量

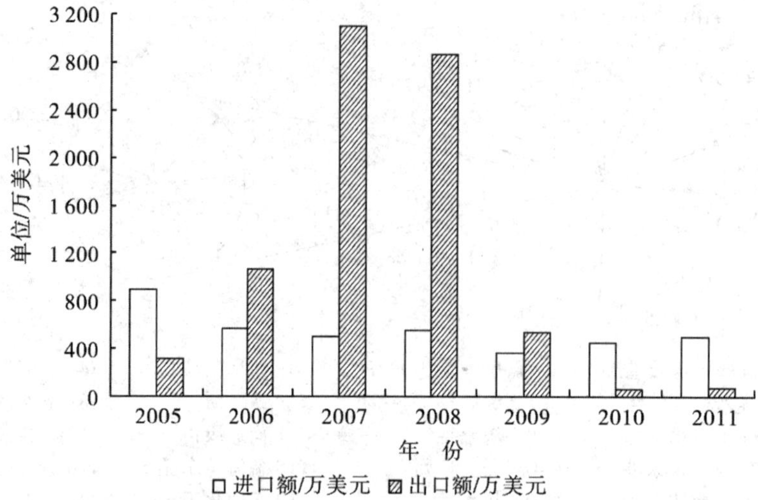

（b）2005—2011年国内硬脂酸（29157010）的进出口额度

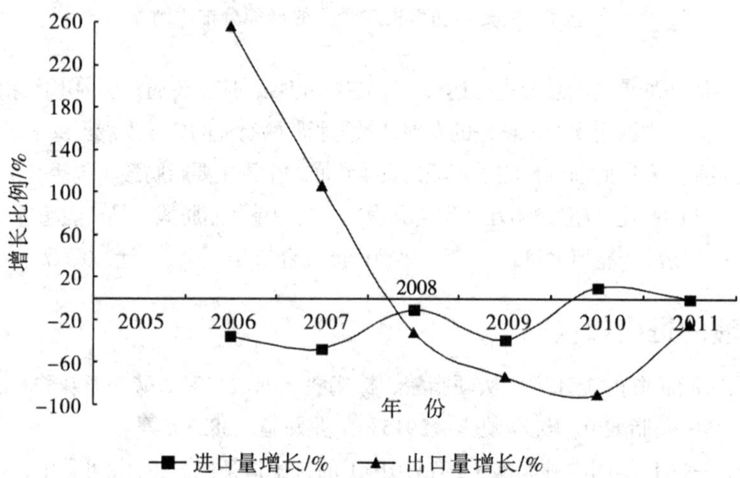

（c）2005—2011年国内硬脂酸（29157010）的进出口量增长趋势

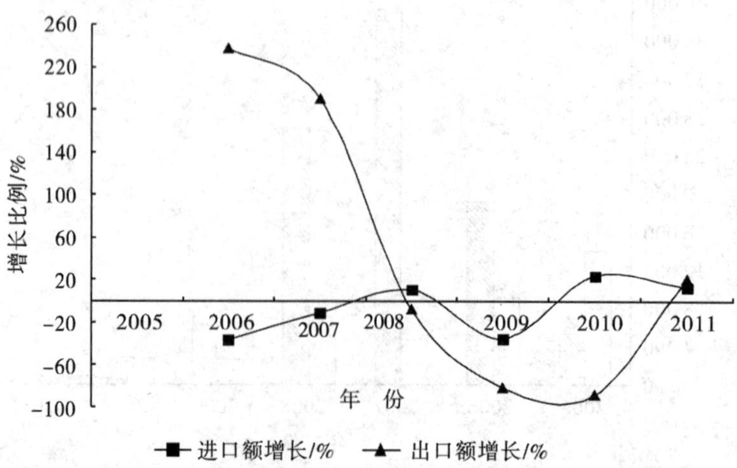

（d）2005—2011年国内硬脂酸（29157010）的进出口额增长趋势

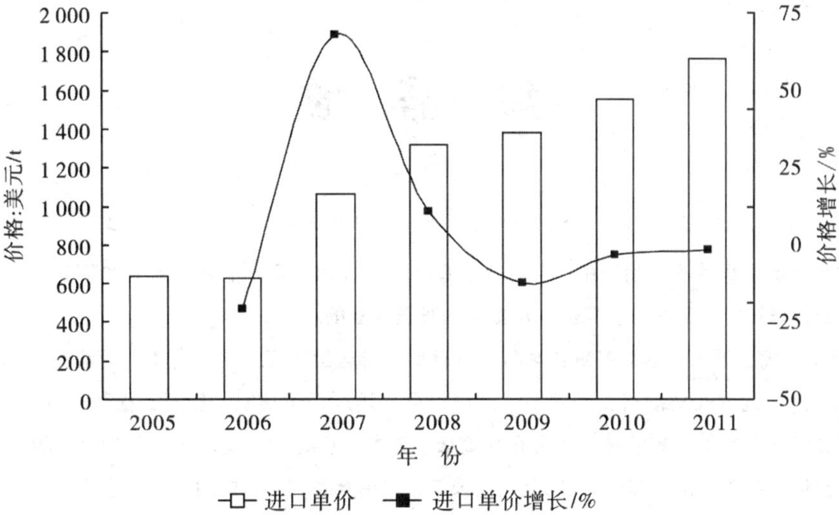

（e）2005—2011年国内硬脂酸（29157010）的进口价格及其走势

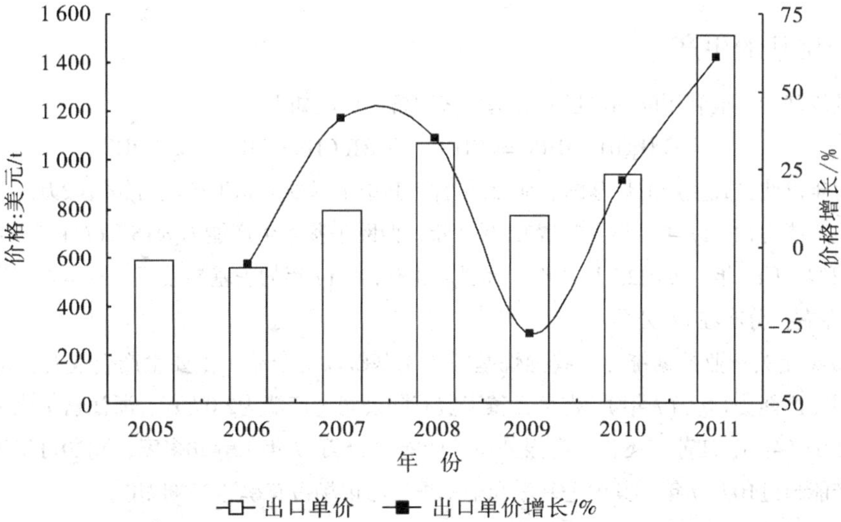

（f）2005—2011年国内硬脂酸（29157010）的出口价格及其走势

图2 2005—2011年国内硬脂酸（29157010）的进出口情况

4 结语

当前我国脂肪酸市场供给稳定，需求稳步增长，供需总体平衡。生产与市场通过整合，产能得到集约化发展，价格增长回归理性，但随着一段时间国际棕榈油脂价格的较大幅度波动，国内脂肪酸价格也会随之出现较大波动。

烷 基 酚

烷基酚是一类由酚烷基化后产生的化合物。此名词一般用来表示有商业价值的丙基酚、丁基酚、戊基酚、庚基酚、辛基酚、壬基酚、癸基酚及相关的长链烷基酚。

20世纪40年代出现的烷基酚聚氧乙烯醚，是目前产量居全球第二的非离子表面活性剂，其中壬基酚聚氧乙烯醚的产量约占80%。烷基酚聚氧乙烯醚产品广泛应用于纺织、塑料、橡胶、日用化工、采矿、石油勘采、造纸和金属加工等领域，主要用作高效洗涤剂、乳化剂、润湿剂、扩散剂、脱脂剂、去油剂及柔软剂，全世界每年的用量超过了40万t，我国每年的消耗量在5万t左右，主要应用于纺织行业和工业清洗领域。在美国，烷基酚聚氧乙烯醚的工业应用占了近55%，公共设施清洗占30%。

1 国内外烷基酚生产

长链的烷基酚一般利用酚和烯烃的烷基化来制备，反应如下：

$$C_6H_5OH + RR'C{=\!=}CHR'' \longrightarrow RR'CH{-}CHR''{-}C_6H_4OH$$

全球每年以此方式生产的烷基酚有50万t左右。其中壬基酚的总生产能力超过42万t / 年，美国现有壬基酚生产能力12万t / 年，最大装置3.4万t / 年；西欧壬基酚生产能力为15万t / 年，其中德国6万t / 年，意大利4.3万t / 年，英国2.7万t / 年；俄罗斯建有10万t / 年的壬基酚装置；日本壬基酚生产能力在5万t / 年左右，分布在4家公司。

据2007年相关行业数据统计，我国烷基酚（烷基C_6以上产品）主要生产企业有：常州染料化工有限公司（产能为1.0万t / 年）、吉林云雀工贸有限公司（产能为2.0万t）、浙江嘉丰化工有限公司（产能为2.2万t / 年）、江苏凌飞化工有限公司（产能为1.5万t / 年）等20多家，到2011年年底，国内烷基酚总产能超过10万t / 年，其中壬基酚和辛基酚产品市场占有率达70%以上。

我国壬基酚的生产始于1990年，甘肃兰州三叶公司利用兰炼副产品壬烯为原料，采用活性白土催化剂与苯酚烷基化合成壬基酚，并建成了2 000 t / 年的壬基酚装置。截至2010年年底，我国壬基酚的总产能接近7万t / 年，约占国内总烷基酚的70%。

2 烷基酚市场分析

图1给出了2006—2011年国内烷基酚的生产情况。通过图1数据分析可看出，2006—2011年，国内烷基酚市场整体表现为稳步增长，预计2011年，国内烷基酚产量达到7万t，其中壬基酚产量3.2万t，壬基酚市场消耗量也将增至4.6万t。分析其主要原因是国内纺织业快速发展带动壬基酚聚氧乙烯醚使用量增加。

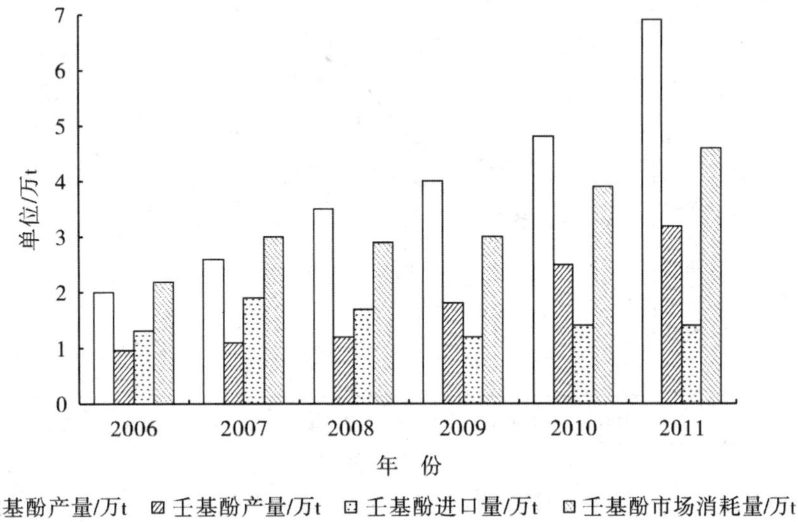

图1 2006—2011年我国烷基酚生产与状况

3 国内烷基酚的进出口情况

图2给出了2005—2011年国内壬基酚和辛基酚及其异构体的进出口情况。

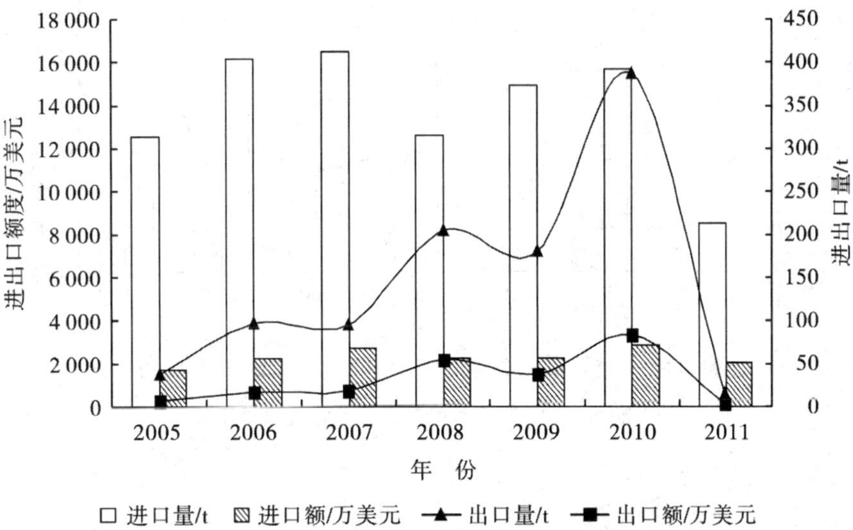

（a）2005—2011年国内壬基酚进出口量及额度统计

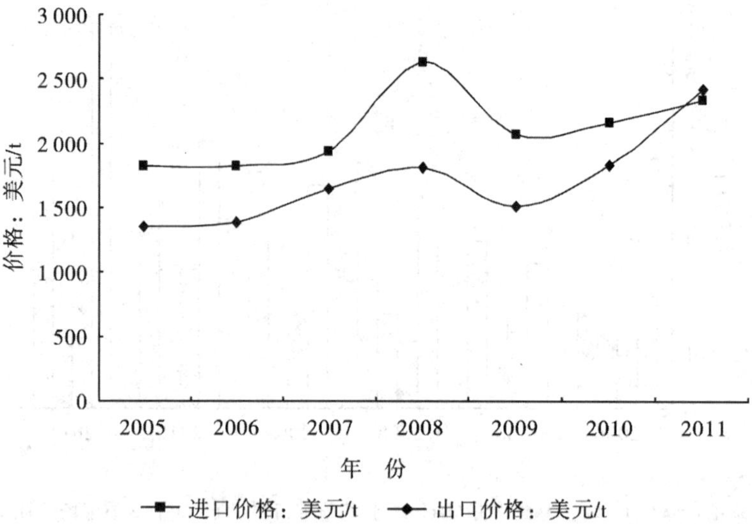

（b）2005—2011年国内壬基酚进出口价格对比

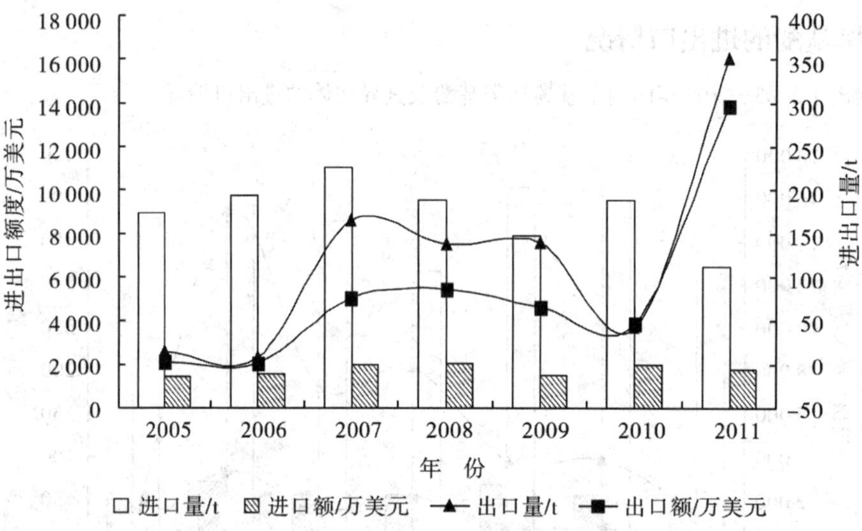

（c）2005—2011年辛基酚及其异构体进出口情况

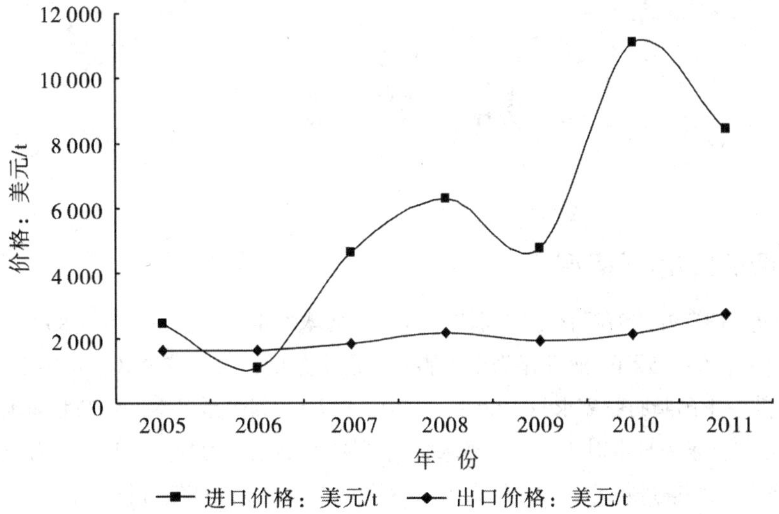

（d）2005—2011年辛基酚及其异构体进出口价格对比

图2 2005—2011年国内壬基酚和辛基酚及其异构体的进出口情况

4 未来发展趋势

烷基酚是一种仿雌激素，也是已知的内分泌干扰素，在某些发达国家已经禁止或限制使用，如：德国于1986年12月提出家用、通用洗涤剂工业至1989年年底停止使用烷基酚聚氧乙烯醚，澳大利亚于1987年出台停止使用烷基酚聚氧乙烯醚的非正式协议，瑞士从1987年8月起停止使用烷基酚聚氧乙烯醚，法国于1987年12月出台非正式协议规定使用生物降解度高于90%的非离子表面活性剂取代壬基酚聚氧乙烯醚，丹麦于1988年宣布至1989年年底完成壬基酚聚氧乙烯醚的全部取代，挪威规定于2000年年底停止使用烷基酚聚氧乙烯醚。另外，比利时、荷兰、葡萄牙、瑞典、西班牙和美国都对烷基酚聚氧乙烯醚停用或取代有非正式协议。

我国于1997年颁布国家标准GB/T 13171—1997《洗衣粉》，其中已经提出严禁使用壬基酚聚氧乙烯醚。2004年9月1日起实施的国家标准进一步明确各种类型的民用洗涤产品必须使用生物降解度不低于90%的表面活性剂。

我国是一个纺织大国，纺织行业对烷基酚聚氧乙烯醚的需求目前还无法用其他类型的表面活性剂完全代替，国家针对纺织企业出台了一系列相关前期规定，严禁不达标的含烷基酚污水排放，但是如何让企业自觉履行还很困难。

“十二五”期间，国家将进一步采取强制性措施限制烷基酚产品的使用，这对烷基酚生产企业来说无疑是一个不利的消息。

脂 肪 胺

1 国内外脂肪胺的市场概况

脂肪胺作为一种良好的有机化工中间体，目前，全球每年的需求量在78～85万t，其中北美为30～35万t，欧洲为20～25万t。亚洲作为全球脂肪胺需求量增长最快的地区，每年脂肪胺的需求量超过了20万t，其中中国脂肪胺需求量占60%，为10～13万t，其次是日本，脂肪胺需求量在3.5万t左右，受大地震影响，未来日本对脂肪胺的需求将出现快速增长，2011年，日本政府加快对地震中核电站所造成的破坏和污染进行处理，预计未来3年对脂肪胺的需求量将达到5万t。

图1给出了1985—2015年全球脂肪胺的市场情况。

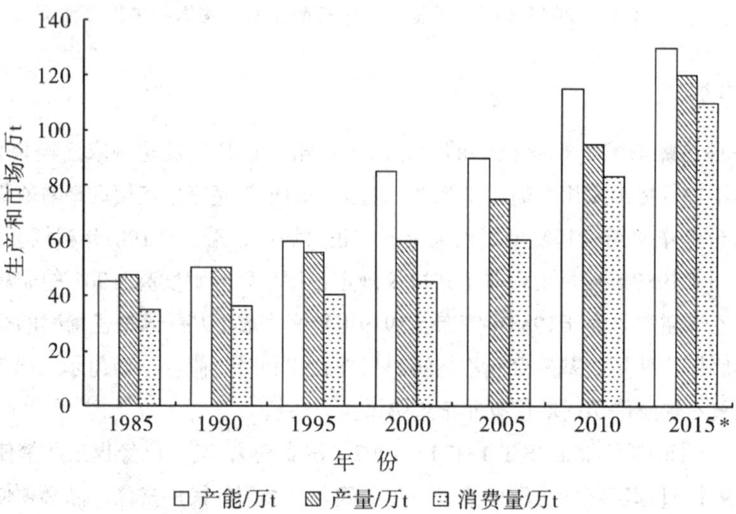

注：*为预测数值

图1 1985—2015年全球脂肪胺的产能、产量和消费情况

从图1中可看出，随着新项目建设和市场需求加大，从2000年开始，全球脂肪胺的产能呈现快速增长，2010年全球产能较2000年增长了35.3%，年均增长率为2.8%，根据目前形势，未来5年全球至少还将增加近15万t / 年的产能，预计到2015年，全球产能将达130万t / 年。从产需来看，2010年全球脂肪胺产量达到95.0万t，较2000年60.0万t增长了58.3%，年均增长率为4.3%，而市场需求达到85万t，较2000年的45万t增长88.9%，年均增长率达到6.0%，主要得益于工业结构的调整和经济的快速发展。目前脂肪胺装置的开工率基本保持在82%以上，下游行业需求量增加带动脂肪胺行业快速发展。

图2给出了2011年全球主要地区脂肪胺的消费情况。

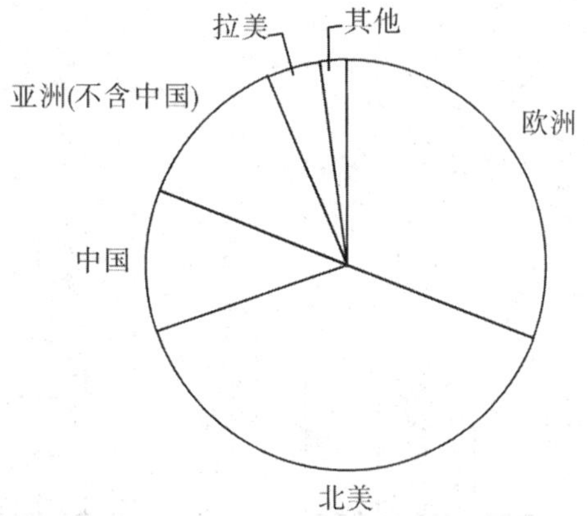

图2　2011年世界主要地区脂肪胺消费情况

2011年全球脂肪胺消费量大约在85.0万t，其中欧洲为25.5万t，占30.0%；北美32.1万t，占37.8%；包括中国在内的亚洲地区接近22万t，中国为11.2万t，占全球脂肪胺消耗量的比例分别为25.9%和13.2%。比较看出，欧美等发达国家脂肪胺消耗量接近60万t，超过了全球70%的比例；相比欧美地区，中国总消费量不到其1/5，人均消费量更是不足发达地区的1/10，所以说发展脂肪胺行业具有巨大的市场潜力，但受制于行业政策影响，目前脂肪胺发展需要明确产品结构和国家在行业发展方面的态度。低耗能、低排放和高附加值绿色产品成为未来脂肪胺及其系列产品发展的主要目标和战略定位，而且国家在未来“十二五”规划中也明确提出发展绿色表面活性剂成为未来精细化工主要扶持对象。

2 国内脂肪胺的市场概况

2011年，我国生产脂肪胺的厂家主要有四川天宇油脂化学有限公司、天津天女集团公司、山东博兴华润油脂化学有限公司、上海金山经纬化工有限公司、山东长链化工有限公司、罗地亚飞翔精细化工有限公司和淄博腾辉油脂化工有限公司等，其中罗地亚飞翔精细化工有限公司是亚太地区领先的脂肪胺及阳离子表面活性剂的生产基地。

国内生产的脂肪胺以伯胺和叔胺为主，伯胺的主要生产工艺是采用脂肪酸氨化为脂肪酰胺，酰胺脱水生成脂肪腈，脂肪腈加氢后生成伯胺。叔胺的生产主要是用脂肪醇与二甲胺反应制得。脂肪叔胺再进一步反应可生成数量繁多、用途广泛的季铵盐、甜菜碱、氧化胺和咪唑啉，它们中很多都是性能温和而优良的表面活性剂，部分季铵盐产品也用于采矿浮选剂、乳化剂、纺织柔软剂和卫生杀菌剂等。

中国脂肪胺市场是正处在成长初期，加之中国经济多年来保持持续稳定的高速增长，无疑大大促进了脂肪胺的消费。

图3给出了1995—2015年国内脂肪胺的产销情况。

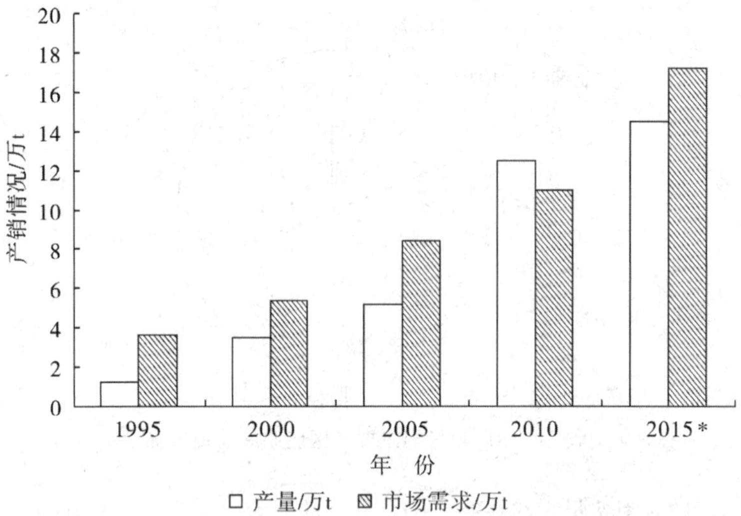

图3 1995—2015年我国高级脂肪胺产销情况

从图3中可看出，1995—2005年10年间，由于国内纺织、清洗等相关行业爆炸性增长，带动了我国高级脂肪胺行业取得较快的发展，产量和需求量分别增长了4.3倍和2.3倍，年均增长率分别为14.3%和7.9%。但这一时期的脂肪胺生产基本上为中小规模，产品质量较差，行业缺乏相关标准，生产比较混乱。从2006年开始，国家通过政策调整，对脂肪的众多相关行业进行整顿，再加上金融危机和全球经济增长放缓，虽然国内脂肪胺产能因为装置的改扩建而大幅增加，但脂肪胺需求的增长势头有所降低，产销年均增长率分别为15.7%和4.6%左右。通过技术革新、行业整合和政策引导，2011年开始，我国高级脂肪胺生产和市场消费量都将保持快速的增长势头，预计产销量年均增长率将分别达到16.5%和7.7%左右，工艺技术和产品结构以及质量都将实现跨越性发展。

目前我国人均脂肪胺的消耗量只有0.082 kg，仅是日本的1/8，美国的1/20。我国高级脂肪胺的消费规模还不到世界总消费量的1/10，这与我国人口占世界22%的比例很不协调。这些数据清楚地说明我国高级脂肪胺工业的总体水平还很落后，应用领域还有待开发。

高级脂肪胺下游产品很多，在国内外都有广阔的市场。如西欧仅仅织物纺织柔软剂用的高级脂肪胺产品，每年的消费量就达到9万多t；美国高级脂肪胺的消费量每年将近35万t；而国内目前高级脂肪胺年产量仅12万多t。这从另一个角度也说明我国脂肪胺行业前景看好。随着人民生活水平的提高，对脂肪胺产品的消费需求也在不断增大。

3 国内脂肪伯胺、叔胺的市场统计

图4和图5给出了2004—2010年我国脂肪伯胺和脂肪叔胺的生产状况。

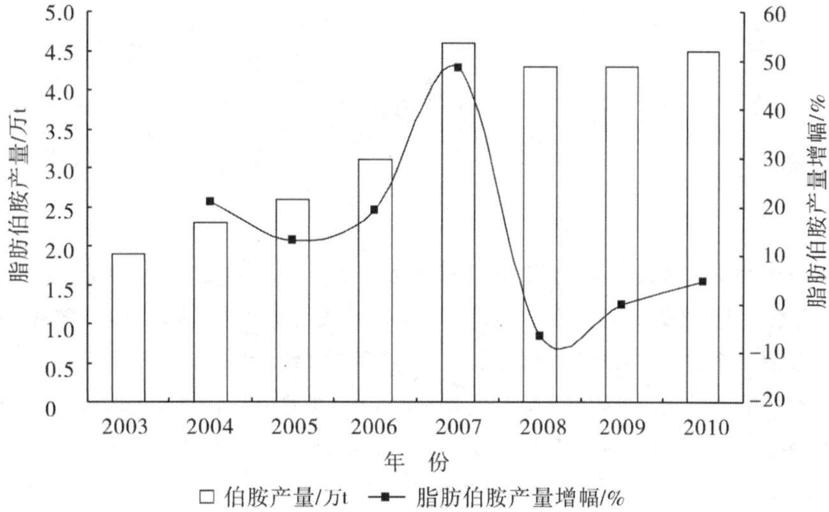

图4 脂肪伯胺产量及增长趋势

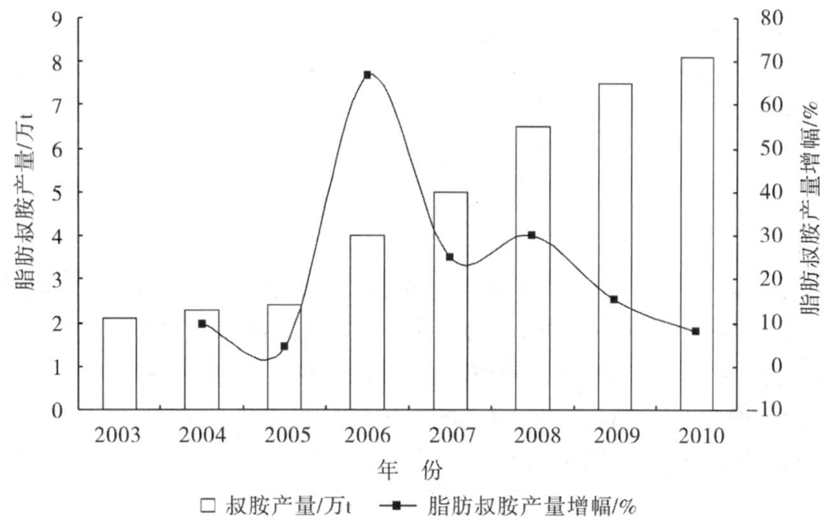

图5 脂肪叔胺产量及增长趋势

从图中可以看出，2005—2010年，我国脂肪伯胺和脂肪叔胺产量的年均增长率超过了9.6%和22.2%；2007年我国脂肪伯胺产量达到4.6万t，较2006年同比增长了48%，这主要得益于国内脂肪伯胺装置的扩建，相比之下，我国叔胺生产主要集中在罗地亚飞翔精细化工有限公司一家，其增长幅度在2006年达到最高，为66.67%。由于2010—2011年，国内脂肪胺企业不断进行改建扩产，同时包括一些主要脂肪胺设备的投建，到2011年年底，国内伯胺和叔胺的产量将超过13万t，其中以叔胺增长最快。未来国内脂肪胺产能还将增加6.5万t / 年，其中叔胺5.5万t / 年，预计到2015年，国内脂肪胺的产量将达到16.5万t，从目前的国内经济形势分析，未来五年国内脂肪胺的增去率将有所下降。

4 结语

当前全球脂肪胺市场供略大于求，未来几年其发展动力主要来自于日本、中国及其他一些发展中国家。国内脂肪胺产能、产量近几年出现较大增长，其中以叔胺生产装置的投扩建贡献较大。

α-烯烃

α-烯烃是通式为$RCH=CH_2$的端烯烃，其中R是烷基基团。R为直链烷基的α-烯烃，称为直链α-烯烃（LAO）。虽然乙烯、丙烯也属α-烯烃范畴，但习惯上α-烯烃是指高碳（C_4及C_4以上）的直链烯烃。α-烯烃是近30年来发展迅速的一种重要有机化工原料，主要用作聚烯烃的共聚单体，少量用于生产合成酸、环氧化物、硫醇、聚1-丁烯、戊醇、高相对分子质量蜡及其他产品。α-烯烃的工业生产中皆联产1-丁烯，工业上制得的α-烯烃基本上是直链端烯烃的混合物，除了分离出1-己烯、1-辛烯个别组分外，一般只将其分离为一定范围的碳数馏分。作为重要的有机原料和中间体产品，α-烯烃被广泛应用于聚乙烯单体、表面活性剂、润滑油、增塑剂、聚α-烯烃（PAO）、助剂和精细化学品等。

全球经济的发展使得市场对聚乙烯的需求不断增长，从而带动了α-烯烃的发展。随着新建、拟建装置的投产，预计2010—2015年，全球α-烯烃的年均增长率为4.2%，消费量将以每年3%～4%的速度增长，2015—2020年，全球α-烯烃的年均增长率为1.5%。作为聚乙烯共聚单体的LAO将是增长的热点，2010—2015年年均增长率可达到6%～8%。

1 生产工艺

现有α-烯烃的生产方法有石蜡裂解法及乙烯齐聚法。前一种方法所得的是奇、偶数碳的混合烯烃，产品杂质多、质量差，20世纪80年代中期，国外已几乎全部停产，目前中国仍在生产；后一种方法所得产品全是偶数碳，质量较好，是国外主要的生产路线。目前，国外采用的主要技术路线有Chevron的一步乙烯低聚工艺、Amoco的二步乙烯低聚工艺、Shell 的较高烯烃法（SHOP）、Phillips的己烯-1工艺、Sasol 的萃取工艺以及日本出光工艺。

2 α-烯烃的用途

α-烯烃的主要用途有以下5大类：① 用于聚烯烃（HDPE和LLDPE）共聚单体，主要有丁烯-1、己烯-1和辛烯-1，40%以上的α-烯烃被作为聚乙烯的共聚单体使用；② 用于洗涤剂和洗涤剂醇，由α-烯烃合成的洗涤剂醇具有很好的生物降解性，可用于生产表面活性剂和中间体（洗涤剂醇类、直链烷基苯、烷基二甲胺、α-烯烃磺酸酯和联苯醚二磺酸酯）；③ 合成润滑油、石油添加剂和油田化学品，聚α-烯烃是优质的合成润滑油，主要是癸烯-1和辛烯-1的齐聚物；④ 合成增塑剂用醇，C_{8-10}直链α-烯烃经羰基合成制得的增塑剂挥发度低，且具有很好的光稳定性和抗氧化性，可用于生产塑料、聚烯烃弹性体；⑤ 用于润滑油添加剂及钻井液、黏合剂和密封剂等。另外还有少量用于生产合成酸、烯基琥珀酸酐、环氧化物、硫醇、聚丁烯-1、戊醇、高分子蜡、金属工作液及其他产品（如聚癸烯可用于个人护理品、皮革化学品）。

α-烯烃按其碳链长度有不同的应用，较低碳链α-烯烃如C_4（丁烯-1）、C_6（己烯-1）和C_8（辛烯-1）用作HDPE和LLDPE生产用共聚单体，占总消费量的50%以上；C_8和C_{12}用作聚α-烯烃（PAO）

生产润滑油；C_{12} ~ C_{16}用于生产洗涤剂；C_{16} ~ C_{18}用于生产造纸上浆剂；大于C_{18}的α-烯烃直接用于润滑剂和钻井液；C_{20}用于生产润滑油添加剂；C_{24}用于生产石蜡流变改性剂。此外，α-烯烃还可用于生产精细化学品和功能化学品中间体。

α-烯烃按其馏分有不同的用途，如轻馏分可生产丁烯-1、己烯-1和辛烯-1，可用于日益增长的聚乙烯市场；中间轻馏分如癸烯-1、十二烯-1和十四烯-1可用于生产合成油、合成洗涤剂和洗发水；重馏分可用于生产润滑油添加剂、表面活性剂、油田化学品和蜡产品。

3 技术进展

α-烯烃的生产方法主要有蜡裂解、烷烃脱氢、乙烯齐聚和萃取分离等，其中乙烯齐聚法是生产α-烯烃的主要方法，利用该法生产的α-烯烃占整个α-烯烃生产总量的94.1%。近年来，世界聚乙烯装置的生产能力显著增大，但装置单线生产能力增大产生的主要问题是，聚乙烯不同牌号产品切换生产比较困难。为提高竞争力，世界聚乙烯生产商的发展方向主要有两个：一是大规模生产特定牌号的聚乙烯，以低价格产品占领市场；二是着眼于牌号、技术革新，以高端聚乙烯产品赢得市场。在国外，聚乙烯生产商已趋向于以己烯-1作为共聚单体，用其生产的聚乙烯树脂具有优异的性能，是丁烯-1共聚聚乙烯树脂难以比拟的。用己烯做共聚单体可以使聚乙烯的抗冲击力和抗撕裂性得到较大地改进，并提高化合物的韧性，特别适用于耐用包装膜和农用覆盖膜的生产。据介绍，目前美国和欧洲的直链低密度聚乙烯（LLDPE）基本上是以己烯作共聚物，而在亚洲，由于己烯单体的来源及应用有一定差别，仍以丁烯作共聚物为主。我国HDPE和LLDPE生产装置大多数是引进国外20世纪70—80年代的技术，产品牌号少，而后来引进的装置虽可生产己烯-1共聚产品，但由于我国己烯-1资源缺乏，所以产量极少。

用己烯-1代替丁烯-1生产高性能的直链低密度聚乙烯和高密度聚乙烯，已成为聚乙烯工业发展的一大趋势。据了解，上海金菲石油化工公司目前已生产己烯共聚聚乙烯，自1998年该公司七大系列23个牌号的己烯共聚聚乙烯产品投产、推向市场以来，十分畅销，已经占领聚乙烯树脂各种用途专用产品的高端市场，产品极具竞争力。对此，市场在呼唤己烯共聚聚乙烯产品，己烯共聚聚乙烯生产将增强我国塑料原料的竞争力。

我国以乙烯齐聚工艺为基础的α-烯烃生产能力较弱，主要以蜡裂解和C_4分离法为主。我国目前已有2套己烯-1装置建成投产。中国石油首套5 000 t / 年的乙烯齐聚合成己烯-1工业化生产装置是由大庆化工研究中心自主开发的，具有自主知识产权，已于2008年在大庆石化公司建成投产，并生产出合格产品。此外，燕山石化公司5万t / 年的己烯-1工业化生产装置于2007年建成投产。这2套装置的投产不仅可以缓解我国己烯-1短缺的现状，还将进一步优化公司聚乙烯的产品结构，提高聚乙烯产品档次和市场竞争力。

润滑油产品档次的高低也在很大程度上影响着一个国家的能耗水平。以C_8 ~ C_{12}（尤其是C_{10}）α-烯烃合成的Ⅳ类基础油（即聚α-烯烃）为例，卓越的综合性能使其在减小摩擦、磨损、提高燃油经济性、延长设备使用寿命和换油期以及减少环境污染等方面具有其他矿物基础油难以比拟的优势。目前全球各大润滑油生产商推出的顶级润滑油绝大部分均采用全合成基础油。我国润滑油基础油中聚α-烯烃约有94%依赖进口，其余6%则是国内采用蜡裂解法生产的低质聚α-烯烃。此外，α-烯烃在日用化学、香料工业和造纸等行业也有重要用途。这些高质量α-烯烃的短缺，也极大地制约了我国精细化工产业的发展和相关企业的市场竞争力。因此，高碳α-烯烃工业化进程还需推进。

采用蜡裂解工艺得不到共聚单体用的高纯度辛烯-1，由丁二烯调聚经醚裂解和由乙烯齐聚法生产辛烯-1的技术尚处于研究开发阶段，高纯度辛烯-1产品的生产在国内仍属空白。目前，国内辛烯-1的潜在需求量已超过12万t / 年。

2009年8月，中国石油独山子石化分公司研究院的发明专利获得了国家知识产权局授权证书。该发明提供了一种提高催化剂活性的乙烯齐聚制备α-烯烃的双核铁系催化剂组合物以及制备α-烯烃的方法。

2009年8月底，我国首套2.1万t / 年辛烯-1模试装置在中国石油化工研究院建成，该模试装置包括原料精制系统、催化剂配制系统、反应系统和闪蒸系统4个部分，同时还配备原料和产物分析系统。通过小试，该院科研人员完成了新型配体的设计、合成、分析以及催化剂体系的研究，成功研发了乙烯四聚合成辛烯-1新型铬系催化剂体系，并开展了概念设计和技术经济评估工作，为中试放大研究奠定了基础。小试结果表明，辛烯-1、己烯-1的选择性和催化剂活性等技术指标均处于国际先进水平。

4 市场分析

据分析，到2010年，我国己烯共聚聚乙烯的市场需求达到370万t，我国巨大的己烯共聚聚乙烯市场已让国外生产商垂涎欲滴，国内企业应早做打算。此外，随着我国塑料工业的快速发展，塑料原料结构性过剩和短缺并存的问题将日益严重，即在大宗塑料原料产品过多的同时，专用牌号的高端产品却又偏少，因此，己烯共聚聚乙烯等高端产品将是市场的必然选择。

目前，聚乙烯是我国通用合成树脂中产量最大、应用最广泛的品种。我国HDPE和LLDPE生产基本采用丁烯-1作为共聚单体，因为其原料在国内价廉易得。我国α-烯烃装置主要生产丁烯-1，生产能力约14万t / 年，年产量约11万t。近年来，国外聚乙烯生产商趋向于用己烯-1作为共聚单体，随着聚乙烯工业的迅速发展，α-烯烃特别是作为高级α-烯烃的己烯-1和辛烯-1的需求量将越来越大，其中己烯-1共聚聚乙烯是目前需求增长最快的品种，国外公司生产开发的聚乙烯新产品约94%采用己烯-1作为共聚单体，丁烯共聚产品仅占4.0%。因此，用己烯-1代替丁烯-1生产高性能LLDPE和HDPE已成为聚乙烯工业发展的趋势。

己烯-1是生产高性能、高密度HDPE和LLDPE的重要共聚单体，长期以来，其核心生产技术始终被国外公司垄断，国内己烯-1产品只能依赖进口，进口价格昂贵且供应不稳定。目前，我国合成树脂和塑料工业发展迅速，但由于己烯-1和辛烯-1共聚单体的国产化严重不足，导致许多HDPE和LLDPE生产装置仍以丁烯-1为共聚单体，造成聚乙烯产品质量较低、结构不合理和专用牌号产品短缺等问题。虽然近两年陆续有己烯-1生产装置建成投产，但市场仍有很大缺口。2009年我国LLDPE产量为394万t，若专用料比例按30%计算，己烯-1的需求量达9万t，加之对高品质己烯-1共聚HDPE产品的不断开发，共聚单体己烯-1的需求量还会更大。目前，我国仅燕山石化公司具有5万t / 年的生产能力，无法满足市场需求。上海金菲石油化工公司是我国唯一全部采用己烯-1作为共聚单体，大规模生产聚乙烯的厂家，产能为10万t / 年，所用单体为进口己烯-1。

随着经济的发展，我国对聚乙烯的需求将快速增长。预计2010—2015年，我国LLDPE需求量年均增长率为6%，2015年产量约为547.5万t，按8%的添加量估算，需α-烯烃（丁烯-1、己烯-1和辛烯-1）43.8万t。2020年LLDPE产量约为810万t，需α-烯烃64.8万t。2015年，用于薄膜、中空容器和管材的HDPE产量预计将达到208.5万t左右，按1%的添加量估算，需α-烯烃（丁烯-1、己烯-1）

2.1万t。2020年此类HDPE产量约为290万t，需α–烯烃（丁烯–1、己烯–1或辛烯–1）2.9万t。2015年作为聚乙烯共聚单体的α–烯烃的需求量为45.9万t，2020年需求量为67.7万t。另外，到目前为止，我国还没有辛烯–1工业化装置，产品完全依靠进口，我国每年需进口辛烯–1约4万t。因此，加快我国α–烯烃合成技术的开发和工业化生产对提高聚乙烯行业的整体水平具有十分重要的意义。

用于洗涤剂的α–烯烃的碳链长主要是C_{14-18}，大部分用于生产α–烯烃磺酸盐（AOS）。随着我国α–烯烃生产技术的不断进步，AOS也将快速增长。预计2015年—2020年年均增长率为8%，2015年预计洗涤剂用α–烯烃的需求量为4.8万t，2020年为7.2万t。

合成润滑油及油品添加剂的主要原料为癸烯–1或辛烯–1齐聚而得的聚α–烯烃。聚α–烯烃与天然气合成基础油的性能相当，代表了未来润滑油的发展方向。我国润滑油基础油中约有94%聚α–烯烃依赖进口，其余6%则是采用蜡裂解法生产的用于生产中低档合成润滑剂和润滑油的聚α–烯烃。预计未来几年，在乙烯三聚制备己烯–1技术的基础上，我国的石化企业将会在α–烯烃生产技术方面有较大突破，从而降低聚α–烯烃的生产成本。预计2010—2015年，我国的聚α–烯烃年均增长率约为10%，2015—2020年年均增长率预计为5%。2010—2015年预计用于其他领域的α–烯烃的年均增长率为5%，2015—2020年预计年均增长率为3%。

5 结语

近年来，世界聚乙烯装置的生产能力显著增强，装置单线生产能力提高的同时所存在主要问题是不同牌号产品之间切换生产比较困难。为提高竞争力，聚乙烯生产商主要通过技术革新或大规模生产特定牌号的聚乙烯，以低价、高端产品占领市场。

目前我国聚乙烯大宗产品过剩，专用牌号的高端产品短缺，生产高档润滑油的原料聚α–烯烃基本依赖进口。因此，加快我国α–烯烃合成技术的开发和工业化生产对提高聚乙烯行业的整体水平，推动精细化工产业的发展具有十分重要的意义。

油　脂

油脂工业与人民生活息息相关，食用植物油已成为人类最基本的生活资料之一，同时也是食品工业及化工、油漆等行业的基础原料或辅助材料。我国油脂工业从20世纪90年代开始以更加迅猛的速度增长。以油脂为原料的许多新工艺、新技术的出现，如生物柴油、多元醇、聚酯以及环氧树脂等，使油脂在非食品领域的消费量也增加了许多。脂肪酸工业已有100多年历史，而生物柴油工业迄今只有短短的10余年，但其发展速度惊人，而且仍然处于发展的旺期。这些新兴的油脂化学工业打破了原有的油脂供需平衡，也给市场带来了激烈竞争的局面。

1 我国的油脂化学工业

我国油脂化学工业的发展历程大致可分为3个阶段：第一阶段是20世纪90年代前，主要是国内自主开发的技术，生产规模小、技术比较落后；第二阶段是20世纪90年代的蓬勃发展，进入市场经济时代，以引进技术为主，企业的生产规模有了明显扩大，技术水平有了较大提高；第三阶段是2002年以后的高速发展阶段，外资企业和国内有实力的企业纷纷新建和扩建装置，企业的生产规模（生产集中度）大大提高，技术水平接近或达到国际先进水平。预计2008—2015年为行业调整时期。

由于石油资源的日益枯竭和价格的波动，给油脂化学工业带来了新的发展机遇。目前，我国正在大力开发天然油脂，扩大新的油料种植面积，并且不断改进品种，提高单位面积的产量，积极培育一些非食用油脂品种，例如麻风树和黄连木等，以替代食用油脂，避免和食用油脂的竞争。

我国的油脂化学工业前景非常广阔，因此，积极发展油脂工业，大力开发油脂产品已成为精细化工可持续发展的重要标志之一。2010年，随着世界经济的好转，油脂需求将进一步恢复，我国将继续实行油籽收储政策，这些都将支撑国内油脂市场维持震荡偏强走势。油脂市场可能会随着经济的进一步复苏，在经过一段时间的调整之后，迎来新一轮的竞争风暴，进而呈现出稳定增长的态势。

2 我国的油脂市场

目前，全球植物油消费情况好转。根据美国农业部发布的报告预计，2010—2011年度全球9种主要植物油总供应量为2.16亿t，同比增长4.1%；而对应的总消费量达到2.06亿t，同比增长5.6%，消费量增速大幅超过供应量增速。一方面反映在全球经济逐步复苏下植物油需求日益旺盛，另一方面2010—2011年度全球植物油库存消费比大幅下降至4.90%，且该值为近40年以来最低值，由此可见2010—2011年度全球植物油供需面之紧张，价格也易涨难跌。油脂市场从上一轮牛市结束到2010年7月新一轮牛市的启动，经历了1年8个月的低位。根据美国农业部发布的月度供需报告，2010年度全球植物油产量增长4.02%，消费增长4.54%，增速均出现反弹，并且消费增长明显高于产量的增长，这就导致2010年度全球植物油库存回落至1 131万t，库存消费比下滑至8.35%。

2010年我国油脂总消费预计达到2 314万t，较2009年增加80万t，增幅3.6%左右。总供给为2 416万t，总供给仍大于总消费，这部分差额主要被储备库存所吸收，消费增长率提高消耗掉了部分商业库存，使油脂商业库存由2009年的363.8万t下降到了2010年的349.7万t。数据显示，我国近年食用及工业用植物油需求量逐年增长，并有增速上升的迹象。据国家粮油信息中心数据显示，近3年植物油平均需求量增长在150万t左右，平均增幅接近6%，并预计2010—2011年度增加近200万t，增幅达7.7%，中国增量占全球植物油需求增加量的23%。

2011年，我国油脂市场在美国CBOT市场强势带动下表现抢眼，豆油和菜籽油期货均突破1万元/t的重要关口。然而，在2010年11月央行9天内两度上调存款准备金率以及国家多部委打出稳定“组合拳”之后，国内商品市场价格呈现回落，其中豆油、棕榈油和菜籽油3大油脂期货价格回落14%左右，抗跌明显。随着全球经济的复苏，全球植物油消费出现明显增长，临近2011年末，豆油和菜籽油期货价格卷土重来，再次上破万元/t大关，刚被按下的牛头再度悄悄抬起。

油脂油料减产的利多在价格上涨中得到体现。农产品受天气因素的影响较大，正是在不利天气导致减产的背景下，油脂价格大幅上涨。对2010年的油脂市场来说，天气成为了油脂价格大幅上涨的重要因素。2010年受天气因素影响，中国油料小幅减产，产量下降2.4%，其中大豆减产9%左右。据统计，国内3大油脂菜籽油、豆油和棕榈油的指数2010年分别上涨了24.6%，31.7%和35%，在农产品价格涨幅中仅次于棉花与白糖。同时，国内油脂的进口依存度下降，国内进口油脂油料统一折算成等量的油脂将从2009年创纪录的1 742万t减少到了1 565万t，加上国内油脂产量851万t，2010年度国内油脂总供给为2 416万t，比2009年下降了3%左右。

中国大豆产量的减产，而国储油脂油料库存高企，供应充裕形势不容乐观，国内油脂市场“政策市”、高对外依存度特征不改。2009年度国内油脂商业库存和储备库存都有所增加，原因是人民币升值导致进口油料成本降低，而中国农民的种植成本在提高，国家为保护农民的利益，分别制订了大豆临储和油菜籽临储计划，导致进口油料数量创纪录，冲击国内市场。

在油脂油料进口方面，中国与阿根廷在豆油贸易上的争端尽管屡平屡起，但总体得到解决的方向不会改变。一方面，中国油脂需求增长不可能过于依赖美国和巴西等国，阿根廷作为全球第3大大豆生产国与全球最大的豆油出口国，中国不会放弃与其合作，只是会运用暂时中止等手段换取其他的贸易利益；另一方面，从实际效果看，2010年国际油脂价格上涨的部分原因就是中国将原先由阿根廷提供的部分转向美国，使得美国国内库存下降，价格上涨。相关部门自2010年10月起重新进口阿根廷豆油，并在2010年12月短暂中止后再次允许进口，应该说还是明智的。持续走高的价格也会对需求造成一定抑制。尽管还难以量化目前价格对需求的影响，但从近期棕榈油进口减少、港口库存回落及下游接货犹豫等情况看，价格上涨还是对需求有一定的影响。

国家宏观调控政策对价格有压制作用。中国国内CPI持续走高，国家为管理通胀预期、控制物价过快上涨而加强了宏观调控，一是货币紧缩措施纷纷推出，2010年央行6次提高金融机构存款准备金率，2次提高存贷款利率，我国已进入加息周期，并执行稳健的货币政策，对油脂价格有一定抑制作用；二是动用储备平抑价格，我国已建立起了较为完善的三级储备机制，为平抑油脂价格，国家多次抛售国储及地方储备大豆及豆油、菜籽油；三是强化了市场监管。国家适时修订了价格违法行为处罚条例，对操纵市场、囤积居奇等行为进行严处，有力地遏制了市场炒作，恢复了市场正常流通秩序。

中国油品需求的增长拉升油脂价格，未来需求增速可能放缓。全球油脂需求总体呈现刚性增长态势，特别是中国需求成为支撑全球油脂需求增长的主要力量。2010年，我国油脂类化工产品的行情总体表现出良好的态势，市场环境有利于企业组织生产经营。尽管从长期看，中国在推进城市化及经济持续较快增长背景下，油脂需求还有增长空间，但从短期看，需求增速可能放缓，特别在最主要的油料作物——大豆进口上将可能会有所体现。

3 油脂化学工业的发展因素

3.1 促进油脂化学工业发展的因素

近几年，我国通过引进新技术、扩大规模、调整产品结构、合理利用油料资源，不论在生产能力、工艺设备水平还是在产品的品种、质量方面都得到飞跃发展。近年来，我国油脂科学研究得到快速发展，膜技术、生物技术等高新技术在油脂工业中的应用研究日益受到重视。油脂化工产品、油料植物蛋白的综合利用也结出了丰硕之果。概括起来，促进我国油脂化学工业发展的因素主要有：

（1）成本优势促进油脂化学工业的发展。随着LAS这一传统的石油基表面活性剂价格优势的逐步消失，这给同样可以作为表面活性剂原料的油脂化学品带来了机遇。目前，以天然油脂为原料的表面活性剂已经占到表面活性剂总量的一半，预计这一比例还将提高，而表面活性剂工业需要大量的C_{12-18}脂肪酸、脂肪醇以及脂肪胺等油脂化工产品，这些因素无疑会促进油脂化学工业向前发展。

（2）油脂化学品的广泛应用及其工业化促进油脂化学工业的发展。以环氧大豆油为增塑剂的应用，以天然油脂为原料生产聚氨脂中间体的研究开始工业化以及用于润滑油中的脂肪酸酯类产品和羟基硬脂酸等其他油脂化学品的研发等共同促进油脂化学工业向前发展。

3.2 影响油脂化学工业发展的因素

受原油价格波动的影响以及近几年生物柴油和油脂化学工业的迅猛发展，天然油脂价格也在不断攀升，进而影响到我国的油脂化学工业。

全球植物油消费需求增速大于供应增速，导致在较长时间内供需面偏紧，这将给油脂价格上行提供有力支撑。此外，未来极端天气如果给大豆以及棕榈油等重要的油籽油料产量带来严重影响，必将促使油脂价格加速上涨。

除了油脂本身供需面存在利多之外，其生物燃料属性也将成为价格上涨的催化剂。生物柴油将拉动豆油价格持续上涨，因为一部分豆油用于生产生物柴油，且原油价格越高，用于生产生物柴油的豆油需求越多。来自生物柴油的竞争给油脂化学工业的发展带来一定的影响。目前，生物柴油的发展如火如荼，而且背后有国家和政府政策的倾斜以及资金等其他方面的支持。国家“十一五”规划中指出，截至“十一五”末，要实现生产生物柴油20万t。众所周知，生产生物柴油的瓶颈是油脂原材料的匮乏。

2008年1月25日，中国工程院召开了以乌柏油为原料生产第二代生物柴油技术经济可行性论证会，围绕乌柏油为原料生产第二代生物柴油的技术、资源、价格、资金、政策、综合利用和发展前景等问题进行了认真讨论，认为乌柏油为原料生产第二代生物柴油是可行的，以乌柏油为原料生产第二代生物柴油必将给发展中的中国生物柴油产业带来新的契机。但是，作为油脂化工行业来说无疑是当头一棒，生物柴油的发展将会抢夺油脂原材料，进而影响油化工业前进的步伐。

此外，油脂化学工业不可忽视的一个问题是甘油，作为油脂化学工业应该早做准备。随着生物柴油的大量生产，其副产物甘油会对油脂化学工业的效益产生一定程度的影响。应该尽早研发利用甘油的新途径。

综上所述，随着油脂化学品对石油基产品替代程度的提高，已经显现出油脂化学工业具有良好的发展前景，油脂价格2011年将延续牛市格局。

4 未来油脂市场

未来油脂市场的基本格局具有如下特征：

（1）油脂基本面中性向好。2010年，供给大增主导全球油料市场呈现偏空格局，而受益于油脂消费需求的稳定增加，油脂市场的基本面呈中性略微偏多。根据USDA预估，全球油脂产量在2009—2010年增长4.18%，油脂消费的增幅在4.75%。需求增长的主要驱动力来自于发展中国家，中国和印度国内消费增幅预期分别在5.59%和4.35%，而美国和欧盟的消费增速均低于全球平均水平。在整体需求稳固支撑下，全球油脂库存小幅回落，将在一定程度上限制油脂类期货价下行的空间。至于中国市场，虽然2010年我国大豆面临减产，但油菜籽等油料作物丰产在即，油料供给面整体宽松的基调不会改变，这将催化国产油脂油料与进口油脂油料之间的竞争，过高的进口依存度有望小幅降低。另一方面，由于我国油脂油料储备充足，国家对价格的调控能力进一步加强，在政策调控保护农民利益、维持农产品价格稳定的目标下，2010年度油脂价格不会出现大起大落。结合中国乃至全球经济企稳复苏的大背景，未来一年，各国货币政策对利率的调整将直接作用于资本市场的流动性，进而影响油脂等商品价格。统观商品市场，反弹力度较小的油脂类无疑将成为商品市场的价值洼地，吸引资金关注。

（2）市场震荡向好。2010年油脂市场内外部多空因素交织，明朗的单边上涨行情难以长时间维持。我国油脂市场根据不同油脂供需的季节性，油脂间的价差走势震荡偏强。菜籽油具有“季产年销”的特征，通常每年的5月收获上市期间，与其他油脂的价差会出现回落，每年10月之后，供应已经非常有限，而新季油菜籽才刚刚开始种植，菜籽油价格就会显著走高。棕榈油的季节性特征也十分明显。目前，我国棕榈油的消费以24 ℃的精炼棕榈液油为主，因而冬季气温降低将会大大减少棕榈油的使用，棕榈油与其他油脂的价差将呈现扩大趋势。此外，豆类期货具有完整的品种系列。

“十一五”期间我国油脂化工行业蓬勃发展，产业结构优化，技术进步方面取得明显成就。“十二五”期间，我国油脂化工行业应加快产业结构调整的步伐，更加注重科技创新，向上下游延伸产业链，以缓解产能过剩导致的市场激烈竞争，提高产品质量。

5 结语

2009年是国内油脂市场脱离底部区间的一年，目前国内油脂市场延续上涨走势，而2010年国内油脂市场供应相对充足，很难再出现单边大涨的走势。2010年全球油脂供应处于中等偏紧状态，来自发展中国家的需求以及生物柴油的消费是提振油脂价格的重要因素。由于供需面偏紧，豆油表现相对强于其他油脂，但豆油的贸易结构以及棕榈油产量等方面存在的变数随时可能改变这一格局。同时，2010年油脂市场会在经济复苏的大背景下重心缓慢上移，一些不确定因素也会加剧市场的大幅震荡，市场走势也可能发生逆转，而季节性的需求旺盛则可能拉动其出现反弹。

国内油脂的高库存会继续对价格施压，但通胀预期的推动以及资金的介入仍导致国内油脂价格的上涨。由于2010年国内油脂市场继续受到油籽收储政策的支撑，因此，油脂市场将会以震荡偏强的方式来运行。中国的油脂油料储备政策在支撑价格的同时又为市场价格的上扬设置了一定的障碍，它仍是决定国内油脂走势的关键因素。综合来看，油脂市场的利多格局有弱化趋势，未来国内货币紧缩政策及世界经济复苏面临的不确定性将对油脂价格造成较大压力，2011年油脂价格呈冲高回落态势，对冲击高度不宜盲目乐观。

油脂化工行业是一个非常有前景的行业，尤其是近两年，随着原油价格上涨，给油脂化工行业提供了良好的发展机遇，各大油脂企业纷纷加快发展。无论从全球油化行业还是中国油化行业来看，其市场占有率都在稳步上升，而且油脂应用比较广泛，在日化行业主要用于洗涤剂和化妆品方面。同时，我国油脂化学工业应该继续加大研发力度，提高产品质量，抓住发展机遇，加快创新，实现油脂化学工业的可持续发展。

乙 二 醇

近年来，随着全球聚酯等特种化学品市场需求的急剧增长，乙二醇也得到迅猛发展。

世界乙二醇的总生产能力达到约2 645万t / 年，同比增长约11.0%。图1给出了2011年全球乙二醇主要产能分布情况。由图1中可看出，北美的生产能力为490万t / 年，约占世界乙二醇总生产能力的18.53%；中南美地区的生产能力为50万t / 年，约占世界总生产能力的1.89%；西欧地区的生产能力为135万t / 年，约占世界总生产能力的5.10%；中东欧地区的生产能力为95万t / 年，约占世界总生产能力的3.59%；中东地区的生产能力为765万t / 年，约占世界总生产能力的28.92%；亚洲地区的生产能力为1 105万t / 年，约占世界总生产能力的41.78%；世界其他地区的生产能力为5万t / 年，约占世界总生产能力的0.19%。

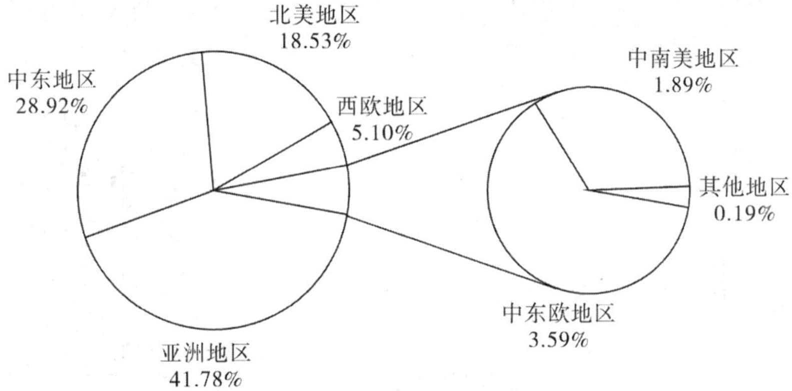

图1 2011年全球乙二醇的产能分布情况

图2给出了2010年世界十大乙二醇生产厂家及其产能分布。2010年，SABIC乙二醇产能为279万t / 年，占全球产能的10.88%，排名第一；中国石油产能为246万t / 年，占全球的9.59%，位居第二位；陶氏化学以210万t / 年的产能排名第三，占8.19%。但从生产成本和利润方面分析，中国石油的平均利润排名第五，说明中国乙二醇生产技术和市场管理还存在很大缺陷，提高自身竞争力成为国内乙二醇生产企业的重中之重。

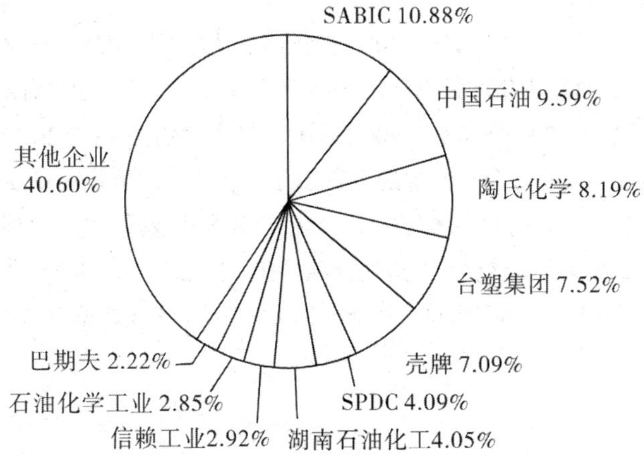

图2 2010年世界十大乙二醇生产企业及其产能公布

目前，我国乙二醇产品主要用于生产聚酯、防冻液、黏合剂、油漆溶剂、耐寒润滑油、表面活性剂和聚酯多元醇等。其中聚酯是我国乙二醇的主要消费领域，其消费量约占国内总消费量的90%以上，另外约6.0%用于防冻剂、黏合剂、油漆溶剂、耐寒润滑油、表面活性剂以及聚酯多元醇等。

近年来，我国聚酯（包括聚酯纤维、聚酯树脂和薄膜等）的生产发展很快，2000年生产能力只有595万t / 年，2006年增加到2 190万t / 年，2010年已经增加到约3 250万t / 年。据中国聚酯协会预测，2013年我国聚酯的产量将达到约3 230万t，对乙二醇的需求量将达到约1 505万t；2015年聚酯的产量将达到约4 200万t，届时对乙二醇的需求量将达到约2 200万t。加上在防冻剂以及其他方面的消费量，预计我国乙二醇的总需求量，2013年将达约1 600万t，2015年将达到约2 400万t。

近10年来，由于聚酯工业需求强劲，国内市场对乙二醇的需求保持快速增长态势。1995年我国乙二醇的表观消费量只有65.69万t，2000年达到195.71万t，年均增长率高达24.4%。进入21世纪以来，乙二醇的表观消费量继续大幅增长，2002年突破300万t大关，达到301.99万t，成为超过美国的世界第一大乙二醇消费国，2006年达到562.04万t，2001—2006年的年均增长率达到18.53%。近年来我国乙二醇的供需情况见图3。

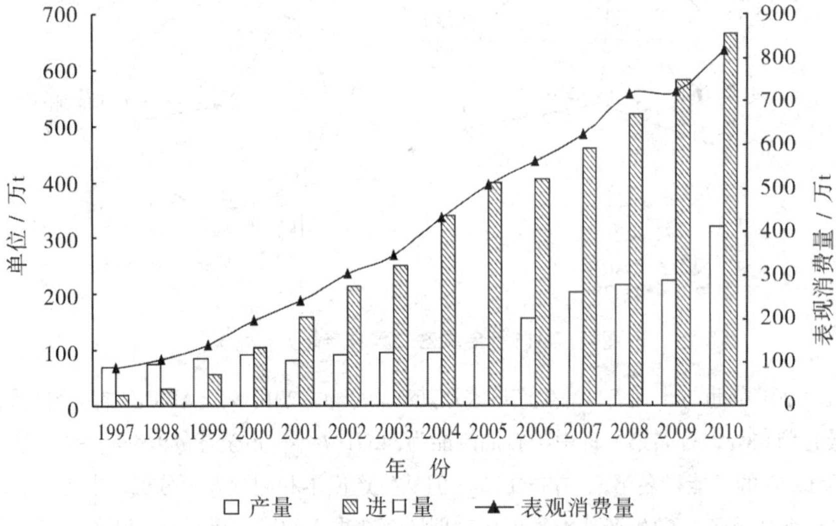

图3 近年来我国乙二醇的生产与市场状况

虽然我国乙二醇生产能力和产量增长较快，但仍不能满足国内聚酯等日益增长的市场需求，每年都得大量进口，且进口量呈逐年增长态势。1995年我国乙二醇进口量只有20.54万t，2000年进口量突破100万t达到104.97万t，2006年增加到406.13万t，进口依存度高达72.26%。

2005年南京扬子-巴斯夫有限公司新建的一套30万t / 年乙二醇装置建成投产，2006年2月中海-壳牌石油化工有限公司新建的一套32万t / 年乙二醇生产装置建成投产，2007年3月上海石油化工公司新建的38万t / 年乙二醇装置建成投产。这些新项目使我国乙二醇的生产能力大增，截至2010年，我国主要乙二醇的生产厂家达到16家，总生产能力约为365万t / 年，详见表1。

表1　2010年我国主要乙二醇生产企业及产能情况

序号	生产企业	产能/（万t·年$^{-1}$）	技术来源
1	中石化镇海炼化公司	65	Dow化学工艺
2	中石化上海石油化工公司	60.5	SD氧气法
3	中石化天津石油化工公司	36	Dow化学工艺
4	中海－壳牌石油化工有限公司	32	Shell氧气法
5	南京扬子－巴斯夫有限公司	30	SD氧气法
6	中石化扬子石油化工公司	26.2	SD氧气法
7	中石油辽阳石油化纤公司	20	SD氧气法
8	内蒙古通辽金煤化工有限公司	20	自主开发的煤化工艺
9	辽宁北方化学工业公司	20	SD氧气法
10	中石油吉林石油化工公司	15.9	SD氧气法
11	中石化茂名石油化工公司	10	Shell氧气法
12	中石化北京燕山石油化工公司	8	SD氧气法
13	中石化天津联合化学有限公司	6.2	Shell氧气法
14	中石油抚顺石油化工公司	6	Shell氧气法
15	中石油新疆独山子石油化工公司	5	SD氧气法
16	中石化北京东方石油化工有限公司	4	SD氧气法
合计		364.8	

从2010年开始，国内有多家企业准备新建或扩建乙二醇生产装置。随着中石化镇海炼化公司65万t / 年乙二醇装置、中石化天津石油化工公司42万t / 年乙二醇装置、内蒙古通辽金煤化工有限公司一期20万t / 年煤制乙二醇项目的建成投产，国内会增加127万t / 年乙二醇的产能。2011年同期，中国进口乙二醇达到了700万t。

为缓解市场压力，2011年9月下旬，扬子石化将乙二醇日产量提高至380 t左右，从10月份起，该公司再次上调乙二醇日产量，达到420 t，比9月份提高约10%，目前扬子石化拥有30万t / 年乙二醇生产装置；河南煤化安化集团安阳永金公司20万t / 年乙二醇项目2011年年底投产；中石油成都乙烯项目采用Shell工艺新建一套38.0万t / 年乙二醇生产装置，在2011年建成投产；杜邦能源化工公司在黑龙江-双鸭山采用山梨醇加氢技术建设一套20.0万t / 年乙二醇生产装置，其中一期5.0万t / 年产能于2010年年底投产，二期15.0万t / 年乙二醇计划于2013年前后投产；河南焦作市河阳酒精实业有限公司20.0万t / 年生物乙二醇项目其中一期8.0万t / 年也于2011年投产。另外，由河南煤业化工集团下属河南永金化工有限公司与通辽金煤化工有限公司共同投资建设的2个20.0万t / 年煤基乙二醇项目，分别在河南洛阳孟津县和河南商丘永城市开工建设。预计到2014年，我国乙二醇的总生产能力将达到约550.0万t / 年，届时将在一定程度上缓解我国乙二醇的供需矛盾。

乙 醇 胺

乙醇胺是氨基醇中最重要的产品，其生产主要以环氧乙烷和氨为原料，生产的产品包括一乙醇胺、二乙醇胺和三乙醇胺。作为重要的有机精细化工原料之一，乙醇胺主要用于表面活性剂、合成洗涤剂、石油添加剂、合成树脂和橡胶增塑剂、促进剂、硫化剂和发泡剂，以及气体净化、液体防冻、印染、医药、农药、建筑和军工等领域。

一乙醇胺主要用于医药合成，主要品种有抗感染类药物如呋喃唑酮、牛磺酸、吗啉双胍、酮康唑、抗寄生虫病类药四咪唑及心血管系统用药潘生丁等；二乙醇胺主要用于表面活性剂，既可直接作为表面活性剂使用，又可以二乙醇胺为原料，生产多种表面活性剂，其中最主要的衍生产品是二乙醇胺与脂肪酸（如月桂酸、椰油酸）反应生成烷醇酰胺；三乙醇胺在聚氨酯制品生产中有着广泛应用。三乙醇胺在聚氨酯制品的生产过程中可作催化剂和交联剂。浇注型硬泡制品要求泡沫材料在模具中流动性好，一般采用活性较低的三乙醇胺作催化剂。在半硬泡和高回弹泡中，三乙醇胺或二乙醇胺可以作为交联剂，以保证泡沫具有一定的硬度与机械强度。另外在聚氨酯弹性体制品中，三乙醇胺也可作交联剂使用。

2008年世界乙醇胺的生产能力约为157万t / 年，产量约130万t，装置平均开工率83%。世界乙醇胺主要生产企业包括Dow化学公司、Huntsman公司、BASF公司、Akzo Nobel表面化学公司等，目前世界主要乙醇胺生产商所采用的生产方法基本上都是环氧乙烷氨解法。

国外乙醇胺生产有以下几个特点：一是生产比较集中，美国乙醇胺生产商有4家，总产能为64万t / 年，德国和日本各有2家生产商；二是生产规模大，美国乙醇胺生产商平均生产规模高达16万t / 年，德国约为6万t / 年；三是生产地点比较集中，如美国4家生产商的装置都建在得克萨斯州和路易斯安那州，主要是考虑原料供应和产品运输方便，以降低物流费用；四是乙醇胺装置基本上都与环氧乙烷装置建在一起，主要是考虑环氧乙烷运输的特殊性，此外可保证主要原料的供应稳定性和降低成本。

未来几年，世界乙醇胺产能还将有较大的增长，产能增长主要来自部分企业扩能，2015年世界乙醇胺产能有望突破165万t / 年，届时乙醇胺供需将基本平衡。

世界乙醇胺主要用于农药、医药和表面活性剂等领域，不同地区乙醇胺产品应用领域不同。国外乙醇胺消费主要集中在美国、西欧和日本。美国是世界乙醇胺最大的消费地区，乙醇胺主要用于农药和表面活性剂领域，消费量最大的品种是二乙醇胺，其次是一乙醇胺；欧洲乙醇胺的主要消费领域是表面活性剂、有机合成原料和水泥添加剂等；日本乙醇胺的消费领域主要是表面活性剂和防冻剂。

图1给出了2010年全球主要国家和地区乙醇胺消费构成情况。可看出，以美国为代表的北美地区乙醇胺消费主要以表面活性剂生产、医药和作为有机化学原料等；相比较之下，欧洲由于农业不是很发达，且地区对农药法规和政策限制使用，使其当地乙醇胺的消耗主要集中在表面活性剂和有机化学合成原料为主；日本和中国作为亚洲国家，比较可看出，前者乙醇胺消费集中在表面活性剂和切割液及防冻液，中国则以聚氨酯、表面活性剂和医药为主。

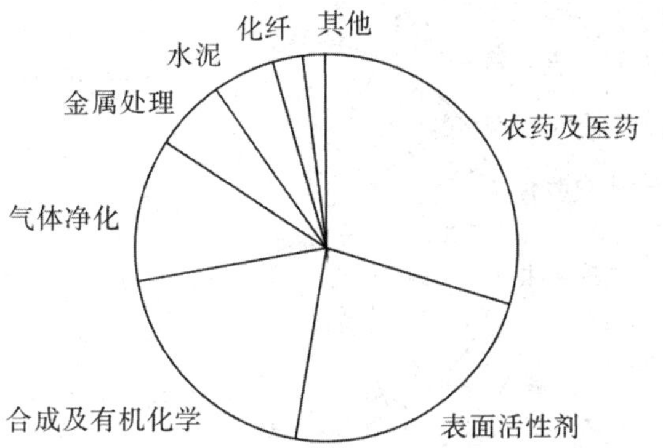

（a）美国乙醇胺消费市场结构

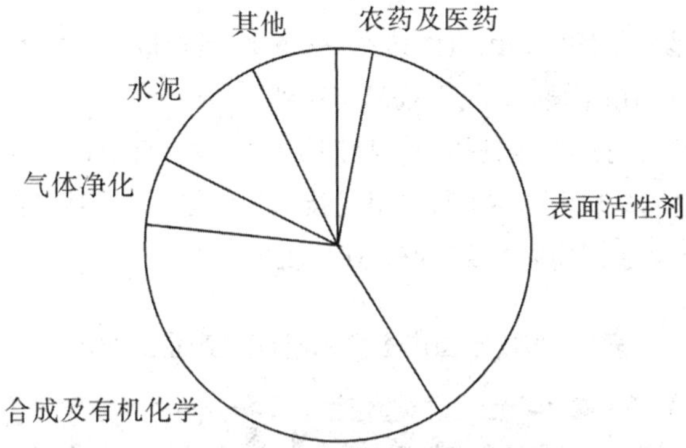

（b）欧洲乙醇胺消费市场结构

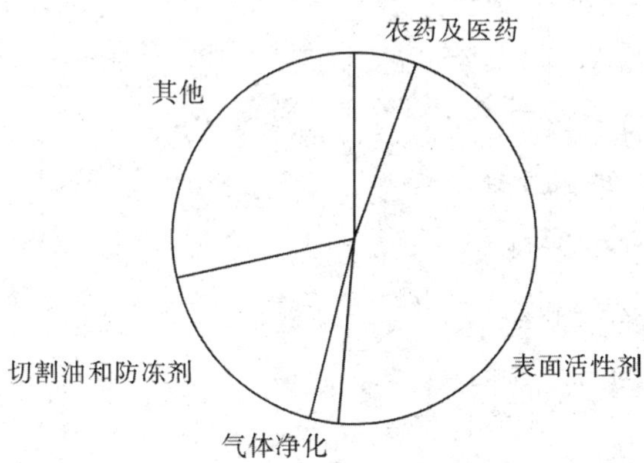

（c）日本乙醇胺消费市场结构

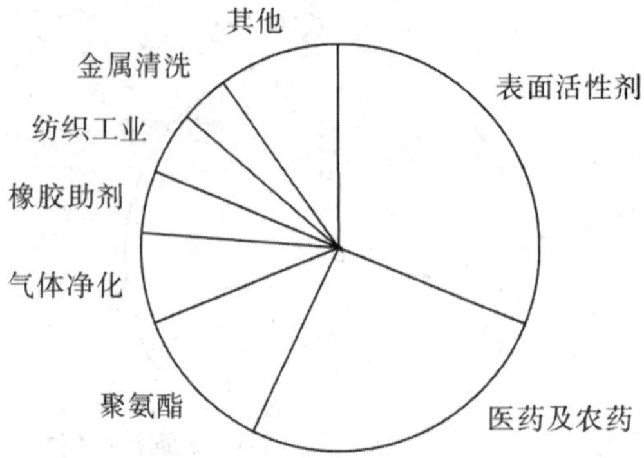

（d）中国乙醇胺消费市场结构

图1　主要国家或地区乙醇胺消费构成情况

2008年世界乙醇胺消费量约为130万t，其中一乙醇胺消费量约为64万t，二乙醇胺约为45万t，三乙醇胺约为21万t。预计2015年国外乙醇胺需求将达到185万t。

我国乙醇胺的生产已经有30多年的历史，早期发展较慢，直到1996年吉林化工集团农药厂和1997年抚顺华丰化工厂分别从瑞士苏尔寿公司引进技术和设备后，国内乙醇胺的生产才开始有所发展。目前国内有多家生产企业，其中主要生产企业见表1。

表1　2011年国内主要乙醇胺生产企业情况

序号	生产企业	产能/（万t·年$^{-1}$）	技术
1	抚顺北方化工有限责任公司	3.0	瑞士苏尔寿
2	中国石油吉林石化分公司	0.58	瑞士苏尔寿
3	江苏宜兴银燕化工有限公司	2.0	浙江大学
4	中石化高桥石化公司	0.45	瑞士苏尔寿
5	茂名石化实华股份有限公司	0.6	浙江大学
6	中石化清江石化公司	0.2	
7	嘉兴金燕化工有限公司	5.0	浙江大学
8	上海抚佳精细化工有限公司	6.0	
合计		17.83	

由于乙醇胺生产所需主要原料环氧乙烷商品量较小，因此乙醇胺项目建设门槛较高，必须要有稳定的环氧乙烷来源。由于国内环氧乙烷生产企业大都集中于中国石油和中国石化两大公司，而上述两大公司的环氧乙烷基本上全部用于生产乙二醇，因此尽管有其他企业拟建设乙醇胺项目，但都由于原料无法落实而落空。南京化学工业集团公司引进技术建设的2万t / 年装置，项目已酝酿多年，2003年通过环境影响评价，但尚未真正实施；茂名石化公司计划继续扩大乙醇胺装置到1.2万t / 年，新建6 000 t / 年项目于2010竣工；神华集团在陕西榆林规划的MTO项目准备配

套建设乙醇胺装置，但该装置受制于MTO项目的进度；新疆乌苏、安徽淮化精细化工公司等也有新建乙醇胺项目的意向；此外，阿克苏诺贝尔公司于2006年10月在宁波举行投资备忘录签字仪式，在宁波化工区投资建设环氧乙烷/乙醇胺、螯合剂、纤维素三大项目，其中乙醇胺生产装置规模为4万t / 年，该项目于2010年4月投产。总体上，现有乙醇胺装置的开工率受到原料供应的影响，新增产能计划进展缓慢。预计到2015年有望达到25万t / 年。

国内乙醇胺生产尚不能满足市场需求，每年仍需进口较大量的乙醇胺产品。2009年，我国乙醇胺产量约9万t，净进口量14万t，表观消费量达23万t。预计2015年我国乙醇胺的需求量将达到30万t，2009—2015年年均需求增长率约为5%。

五

行业标准

INDUSTRY STANDARD

表面活性剂行业标准化整体概况

表面活性剂作为一种特殊的化学品，被广泛用于化工、轻工、纺织、印染等众多行业。因产品使用方式和要求的不同，各领域针对表面活性剂的标准化工作也不尽相同。目前对于表面活性剂类产品的标准化，国内主要由隶属于轻工系统的SAC/TC272全国表面活性剂和洗涤用品标准化技术委员会（即全国表面活性剂洗涤用品标准化中心）和隶属于化工系统的SAC/TC63/SC8全国化学标准化技术委员会（特种）界面活性剂分技术委员会分别制定。前者同时被中国国家标准化管理委员会指定为国际标准化组织有关表面活性剂领域标准化的国内技术归口单位，代表中国对表面活性剂国际标准实施投票表决、参与制定或承担制定等各种技术工作。

国内将表面活性剂的标准统一编码为G72和G73，前者指“表面活性剂基础标准与通用方法”，后者为“表面活性剂的具体项目标准”。至2012年现行的表面活性剂国家标准主要有67项（见表1）。在行业标准方面，由于表面活性剂主要使用在洗涤领域的特点，有关表面活性剂的轻工行业标准占有主导地位（见表2），作为原料其化工行业标准也有一定数量（见表3），而纺织、印染等其他领域则依据用途也各自制定了为数不多的行业标准。对比目前国内与国际及其他发达国家表面活性剂相关标准，我国在标准制定方面已经初步与国际接轨，大多数标准已经接近或达到国际标准的要求。目前国内标准制定和修改主要依据自身国情，参考国际ISO和欧盟等一些资料来完成制定。同时国内相关标准委员会通过国际交流，积极获取国外一些有益于国内标准制定的信息和资源。

表1 主要表面活性剂国家标准

序号	编号	标准名称
1	GB/T 15357—1994	表面活性剂和洗涤剂 旋转黏度计测定液体产品的黏度
2	GB/T 15916—1995	表面活性剂 螯合剂含量的测定 滴定法
3	GB/T 6367—1997	表面活性剂 已知钙硬度水的制备
4	GB/T 5550—1998	表面活性剂 分散力测定方法
5	GB/T 5558—1999	表面活性剂 丝光浴用润湿剂的评价
6	GB/T 5555—2003	表面活性剂 耐酸性测试法
7	GB/T 5556—2003	表面活性剂 耐碱性测试法
8	GB/T 5560—2003	非离子表面活性剂 聚乙二醇含量和非离子活性物（加成物）含量的测定 Weibull法
9	GB/T 17041—1997	表面活性剂 乙氧基化醇和烷基酚硫酸盐 活性物质总含量的测定
10	GB/T 17830—1999	聚乙氧基化非离子表面活性剂中聚乙二醇含量的测定 高效液相色谱法

续表

序号	编号	标准名称
11	GB/T 17831—1999	非离子表面活性剂 硫酸化灰分的测定（重量法）
12	GB/T 5174—2004	表面活性剂 洗涤剂 阳离子活性物含量的测定
13	GB/T 20198—2006	表面活性剂和洗涤剂–在碱性条件下可水解的阴离子活性物–可水解和不可水解阴离子活性物的测定
14	GB/T 20199—2006	表面活性剂–工业烷烃磺酸盐–烷烃单磺酸盐含量的测定（直接两相滴定法）
15	GB/T 6372—2006	表面活性剂和洗涤剂 样品分样法
16	GB/T 6365—2006	表面活性剂 游离碱度或游离酸度的测定 滴定法
17	GB/T 15818—2006	表面活性剂 生物降解度试验方法
18	GB/T 11275—2007	表面活性剂 含水量的测定
19	GB/T 16497—2007	表面活性剂 油包水乳液贮藏稳定性的测定
20	GB/T 5553—2007	表面活性剂 防水剂 防水力测定法
21	GB/T 7383—2007	非离子表面活性剂 羟值的测定
22	GB/T 11276—2007	表面活性剂 临界胶束浓度的测定
23	GB/T 6373—2007	表面活性剂 表观密度的测定
24	GB/T 11543—2008	表面活性剂 中、高黏度乳液的特性测试及其乳化能力的评价方法
25	GB/T 6368—2008	表面活性剂 水溶液pH的测定 电位法
26	GB/T 9290—2008	表面活性剂 工业乙氧基化脂肪胺 分析方法
27	GB/T 6369—2008	表面活性剂 乳化力的测定 比色法
28	GB/T 9291—2008	表面活性剂 高温条件下分散染料染聚酯织物时匀染剂的抑染作用测试法
29	GB/T 5327—2008	表面活性剂 术语
30	GB/T 13530—2008	乙氧基化烷基硫酸钠试验方法
31	GB/T 13173—2008	表面活性剂 洗涤剂试验方法
32	GB/T 5561—1994	表面活性剂 用旋转式黏度计测定黏度和流动性质的方法
33	GB/T 7463—2008	表面活性剂 钙皂分散力的测定 酸量滴定法 (改进Schoenfeldt法)
34	GB/T 11989—2008	阴离子表面活性剂 石油醚溶解物含量的测定

续表

序号	编号	标准名称
35	GB/T 5178—2008	表面活性剂 工业直链烷基苯磺酸钠平均相对分子质量的测定 气液色谱法
36	GB/T 11988—2008	表面活性剂 工业烷烃磺酸盐 烷烃单磺酸盐平均相对分子质量及含量的测定
37	GB/T 11983—2008	表面活性剂 润湿力的测定 浸没法
38	GB/T 6366—1992	表面活性剂 无机硫酸盐含量的测定 滴定法
39	GB/T 6370—1996	表面活性剂 阴离子表面活性剂 水中溶解度的测定
40	GB/T 7378—1996	表面活性剂 碱度的测定 滴定法
41	GB/T 7385—1994	非离子型表面活性剂 聚乙氧基化衍生物中氧乙烯基含量的测定 碘量法
42	GB/T 7462—1994	表面活性剂 发泡力的测定 改进Ross-Miles法
43	GB/T 24692—2009	表面活性剂 家庭机洗餐具用洗涤剂 性能比较试验导则
44	GB/T 5551—2010	表面活性剂 分散剂中钙、镁离子总含量的测定方法
45	GB/T 5549—2010	表面活性剂 用拉起液膜法测定表面张力
46	GB/T 7381—2010	表面活性剂 在硬水中稳定性的测定方法
47	GB/T 5559—2010	环氧乙烷型及环氧乙烷-环氧丙烷嵌段聚合型非离子表面活性剂 浊点的测定
48	GB/T 28193—2011	表面活性剂中氯乙酸（盐）残留量的测定
49	GB/T 28191—2011	表面活性剂 洗涤剂 对酸解稳定的阴离子活性物 痕量的测定
50	GB/T 28192—2011	表面活性剂 洗涤剂 在酸性条件下可水解和不可水解的阴离子活性物的测定
51	GB/T 9292—1988	表面活性剂 高温条件下分散染料染聚酯织物用匀染剂的移染性测试法
52	GB/T 11277—1989	表面活性剂 非离子表面活性剂 浊点指数(水数)的测定 容量法
53	GB/T 11985—1989	表面活性剂 界面张力的测定 滴体积法
54	GB/T 11986—1989	表面活性剂 粉体和颗粒休止角的测量
55	GB/T 11987—1989	表面活性剂 工业烷烃磺酸盐 总烷烃磺酸盐含量的测定
56	GB/T 13892—1992	表面活性剂 碘值的测定
57	GB/T 15046—1994	脂肪酰二乙醇胺

续表

序号	编号	标准名称
58	GB/T 13529—2003	乙氧基化烷基硫酸钠
59	GB/T 19464—2004	烷基糖苷
60	GB/T 20200—2006	α—烯基磺酸钠
61	GB/T 5328—1985	表面活性剂简化分类
62	GB/T 8447—2008	工业直链烷基苯磺酸
63	GB/T 15963—2008	十二烷基硫酸钠
64	GB/T 26458—2011	脂肪烷基二甲基氧化胺
65	GB/T 15046—2011	脂肪酰二乙醇胺
66	GB/T 13529—2011	乙氧基化烷基硫酸钠
67	GB/T 26388—2011	表面活性剂中二噁烷残留量的测定 气相色谱法

表2　主要表面活性剂轻工行业标准

序号	编号	标准名称
1	QB/T 1323—1991	洗涤剂 表面张力的测定 圆环拉起液膜法
2	QB/T 1324—1991	洗涤剂用表面活性剂含水量的测定 卡尔·费休双溶液法
3	QB/T 1429—1992	工业烷基磺酸钠
4	QB/T 1914—1993	脂肪烷基三甲基卤化铵及脂肪烷基二甲基苄基卤化铵平均相对分子量的测定 气液色谱法
5	QB/T 1915—1993	阳离子表面活性剂 脂肪烷基三甲基卤化铵及脂肪烷基二甲基苄基卤化铵
6	QB/T 2345—1997	脂肪烷基二甲基甜菜碱 平均相对分子质量的测定 气相色谱法
7	QB/T 2573—2002	十二烷基硫酸铵
8	QB/T 2851—2007	3—二甲胺基丙胺
9	QB/T 2852—2007	双烷基（C_{14}~C_{18}）二甲基卤化铵
10	QB/T 2853—2007	脂肪胺
11	QB/T 2949—2008	磷酸酯
12	QB/T 2950—2008	醇（酚）醚羧酸（盐）

续表

序号	编号	标准名称
13	QB/T 2974—2008	聚乙二醇单甲醚
14	QB/T 2975—2008	三羟甲基丙烷油酸酯
15	QB/T 4081—2010	脂肪酸甲酯磺酸钠
16	QB/T 4082—2010	脂肪酰胺丙基二甲基甜菜碱
17	QB/T 4083—2010	双烷基（C_8～C_{10}）二甲基卤化铵
18	QB/T 4084—2010	双脂肪烷基甲基叔胺
19	QB/T 4085—2010	磺基琥珀酸单酯二钠盐
20	QB/T 2118—2012	两性表面活性剂 十一烷基咪唑啉
21	QB/T 2344—2012	两性表面活性剂 脂肪烷基二甲基甜菜碱
22	QB/T 2572—2012	乙氧基化烷基硫酸铵
23	QB/T 4308—2012	双脂肪酸乙酯基羟乙基甲基硫酸甲酯铵
24	QB/T 4312—2012	乙二醇硬脂酸酯

表3 主要表面活性剂化工行业标准

序号	编号	标准名称
1	HG/T 2575—1994	表面活性剂 润湿力的测定 浸没法
2	HG/T 3505—2000	表面活性剂 皂化值的测定
3	HG/T 3506—1999	表面活性剂 试验用水和水溶液电导率的测定
4	HG/T 3614—1999	烷基苯磺酸中磺酸和硫酸含量的测定
5	HG/T 2499—2006	分散剂MF
6	HG/T 2500—1993	乳化剂S-60
7	HG/T 2562—2006	分散剂N
8	HG/T 2563—2008	壬基酚聚氧乙烯醚
9	HG/T 2672—2005	匀染剂O
10	HG/T 3504—2003	玻璃纤维润滑剂G
11	HG/T 3507—2008	木质素磺酸钠分散剂
12	HG/T 3508—2010	乳化剂S-80
13	HG/T 3509—2000	乳化剂T-60

续表

序号	编号	标准名称
14	HG/T 3510—2000	乳化剂T–80
15	HG/T 3511—1999	渗透剂JFC
16	HG/T 3512—2002	净洗剂LS
17	HG/T 3513—2010	渗透剂BX
18	HG/T 3514—1999	分散剂WA
19	HG/T 3515—1990	防水整理剂H
20	HG/T 4027 —2008	耐碱精炼渗透剂
21	HG/T 4028—2008	有机硅高温消泡剂
22	HG/T 4037—2008	乳化剂FM
23	HG/T 4043—2008	螯合分散剂
24	HG/T 4063—2008	工业乙氧基化脂肪胺
25	HG/T 4064—2008	分散剂XY
26	HG/T 4134—2010	工业聚乙二醇（PEG）

改革开放以来，我国表面活性剂和洗涤用品工业发展非常迅速，2011年合成洗涤剂产量达到851.13万t，同比增长18.98%。为保证产品质量，产业化产品必须有相应的标准和规范来指导生产。目前我国已经建立了比较完善的表面活性剂和洗涤用品标准体系，本行业标准体系分4个领域：表面活性剂、洗涤用品、工业清洗和食品洗涤消毒。每个领域的标准又分为基础标准、产品标准和方法标准3类。所有这些国家标准和行业标准在组织生产、规范市场、保障健康和安全、促进贸易等方面起到了应有的作用。“十一五”期间，标准制定或修改工作涉及表面活性剂、助剂及洗涤剂领域，主要包括：表面活性剂活性物检测、应用领域表面活性剂性能检测、合成产品原料及其他成分检测、生产过程带入的金属含量检测、表面活性剂中微量有害物质的检测；生物降解性评价、表面活性剂使用安全性要求；环境修复用表面活性剂；三次采油用表面活性剂；洗涤剂耗水量与节水性能分等评估指南；洗涤剂使用性能评估（包括机洗和手洗餐具洗涤剂、衣物洗涤剂）；洗涤剂性能价格比评价导则；代磷助剂应用效果分等评估指南等。

近阶段表面活性剂和洗涤用品领域标准化重点工作内容：

（1）积极配合国家食品安全体系的建设需要，开展有关食品用洗涤剂、消毒剂方面标准化需求的基础研究，完善行业标准化体系。开展“日用消费品安全‘十一五’标准化规划”中有关洗涤用品行业的消费品安全工作。

（2）为配合行业“节能减排”，对现行洗衣粉标准进行修订完善，组织相关单位，加快对“洗涤剂去污力的测试方法”、“洗涤剂耗水量与节水性能分等评估指南”、“清洁生产标准 日用化学工业（肥皂及合成洗涤剂）”等各类标准的制定和研究工作，改进标准，为市场经济下引导企业提高产品质量、节约资源，提供有效的手段。

（3）充分发挥网络等现代信息技术，强化标准制定的信息沟通交流，广泛地听取各种意见，做好行业标准化工作，增强标准化工作的透明度和时效性。

（4）跟踪国外本行业标准化发展趋势，对美国ASTM、英国BSI、德国DIN等组织颁布的与行业有关的现行标准进行收集、整理、编撰，为国内企业掌握国际动态做好标准化服务。

（5）做好标准宣贯和培训工作，发挥标准化在经济发展中的作用，扩大国家标准、行业标准的影响，提高业内企业贯彻执行标准的水平。

（6）加强与企业的联系和沟通，充分调动企业参与标准制定的意识，结合企业生产和市场需求，做好年度国家标准、行业标准的征集申报工作，进一步充实完善本领域标准体系。

有关表面活性剂的国际标准化活动，主要由“国际标准化组织（ISO）”主持。ISO根据标准化工作领域的不同，设立了近三百个技术委员会和一定数量的分技术委员会，其中编号为ISO/TC91的“表面活性剂技术委员会”为成立较早的技术委员会之一。该委员会目前有17个P成员国，35个O成员国（注P成员为拥有投票权的成员，O成员为观察成员，没有投票权。我国为P成员）。经各成员国及ISO技术管理局的认可，ISO/TC91的业务范围是“表面活性剂、含一种或多种表面活性剂的混合物、含或不含传统肥皂成分及洗涤剂配方等产品的分类、术语、取样、物理、化学或其他试验方法、定义等方面的标准化”。目前由该委员会组织制定的国际表面活性剂标准有75项（见表4）。大多数标准实施年龄已经超过10年，2000年以后版本的新标准目前只有不到10项。中国作为ISO/TC91标准委员会成员，正积极努力推动国际标准的修改和制定工作。另外成立于1961年的欧洲标准化委员会（CEN），下设CEN276表面活性剂技术委员会，负责制定欧盟的表面活性剂标准，其主要活动与ISO/TC91联动。

表4 表面活性剂国际标准（ISO）

序号	标准号	标准名称	中文译名
1	ISO 304:1985	Surface active agents—Determination of surface tension by drawing up liquid films	表面活性剂 用拉起液膜法测定表面张力
/	ISO304:1985/Cor1:1998		表面活性剂 用拉起液膜法测定表面张力（技术勘误1）
2	ISO 456:1973	Surface active agents—Analysis of soaps—Determination of free caustic alkali	表面活性剂 肥皂的分析 游离苛性碱的测定
3	ISO 457:1983	Soaps—Determination of chloride content—Titrimetric method	肥皂 氯化物含量的测定 滴定法
4	ISO 607:1980	Surface active agents and detergents—Methods of sample division	表面活性剂和洗涤剂 样品分样方法
5	ISO 672:1978	Soaps—Determination of moisture and volatile matter content—Oven method	肥皂 水分和挥发物含量的测定 烘箱法

续表

序号	标准号	标准名称	中文译名
6	ISO 673:1981	Soaps—Determination of content of ethanol-insoluble matter	肥皂 乙醇不溶物含量的测定
7	ISO 684:1974	Analysis of soaps—Determination of total free alkali	肥皂的分析 总游离碱的测定
8	ISO 685:1975	Analysis of soaps—Determination of total alkali content and total fatty matter content	肥皂的分析 总碱量和总脂肪物含量的测定
9	ISO 696:1975	Surface active agents—Measurement of foaming power—Modified Ross-Miles method	表面活性剂 发泡力的测量 改进的罗斯•迈尔斯（Ross-Miles）法
10	ISO 697:1981	Surface active agents—Washing powders—Determination of apparent density—Method by measuring the mass of a given volume	表面活性剂 洗衣粉 表观密度的测定 给定体积称量法
11	ISO 862:1984 ISO862:1984/Cor1:1993	Surface active agents—Vocabulary	表面活性剂 词汇 表面活性剂 词汇（技术勘误1）
12	ISO 893:1989	Surface active agents—Technical alkane sulfonates—Methods of analysis	表面活性剂 工业烷烃磺酸盐分析方法
13	ISO 894:1977	Surface active agents—Technical sodium primary alkylsulphates—Methods of analysis	表面活性剂 工业伯烷烃硫酸钠分析方法
14	ISO 895:1977	Surface active agents—Technical sodium secondary alkylsulphates—Methods of analysis	表面活性剂 工业仲烷烃硫酸钠分析方法
15	ISO/TR 896:1977	Surface active agents—Scientific classification	科学分类法
16	ISO 1063:1974	Surface active agents—Determination of stability in hard water	表面活性剂 在硬水中稳定性的测定
17	ISO 1064:1974	Surface active agents—Determination of apparent density of pastes on filling	表面活性剂 浆状物在灌装时表观密度的测定

续表

序号	标准号	标准名称	中文译名
18	ISO 1065:1991	Non-ionic surface-active agents obtained from ethylene oxide and mixed non-ionic surface-active agents—Determination of cloud point	由环氧乙烷制得的非离子表面活性剂及混合非离子表面活性剂浊点的测定
19	ISO 1066:1975	Analysis of soaps—Determination of glycerol content—Titrimetric method	肥皂的分析 甘油含量的测定 滴定法
20	ISO 1067:1974	Analysis of soaps—Determination of unsaponifiable, unsaponified and unsaponified saponifiable matter	肥皂的分析 不可皂化物、未皂化物和未皂化的可皂化物的测定
21	ISO 1104:1977	Surface active agents—Technical sodium alkylarylsulphonates (excluding benzene derivatives) — Methods of analysis	表面活性剂 工业用烷基芳基磺酸钠（不包括苯衍生物）分析方法
22	ISO 2131:1972	Surface active agents—Simplified classification	表面活性剂 简化分类法
23	ISO 2174:1990	Surface active agents—Preparation of water with known calcium hardness	表面活性剂 已知钙硬度水的测定
24	ISO 2267:1986	Surface active agents—Evaluation of certain effects of laundering—Methods of preparation and use of unsoiled cotton control cloth	表面活性剂 某些洗涤效果的评价 未染污棉对照布的制备和使用方法
25	ISO 2268:1972	Surface active agents (non-ionic) — Determination of polyethylene glycols and non-ionic active matter (adducts) — Weibull method	表面活性剂（非离子）聚乙二醇和非离子活性物（加和物）的测定 韦布尔（Weibull）法
26	ISO 2270:1989	Non-ionic surface active agents— Polyethoxylated derivatives—Iodometric determination of oxyethylene groups	非离子表面活性剂 聚乙氧基化衍生物 测定氧乙烯基团数 碘量法
27	ISO 2271:1989	Surface active agents—Detergents— Determination of anionic-active matter by manual or mechanical direct two-phase titration procedure	表面活性剂 洗涤剂 用人工或机械直接两相滴定法测定阴离子活性物

续表

序号	标准号	标准名称	中文译名
28	ISO 2272:1989	Surface active agents—Soaps—Determination of low contents of free glycerol by molecular absorption spectrometry	表面活性剂 肥皂 用分子吸收光谱法测定低含量甘油
29	ISO 2456:1986	Surface active agents—Water used as a solvent for tests—Specification and test methods	表面活性剂 用作试验溶剂的水规格和试验方法
30	ISO 2868:1973	Surface active agents—Detergents—Anionic-active matter stable to acid hydrolysis—Determination of trace amounts	表面活性剂 洗涤剂 对酸解稳定的阴离子活性物 微量的测定
31	ISO 2869:1973	Surface active agents—Detergents— Anionic-active matter hydrolyzable under alkaline conditions—Determination of hydrolyzable and non-hydrolyzable anionic-active matter	表面活性剂 洗涤剂 在碱性条件下可水解的阴离子活性物 可水解和不可水解的阴离子活性物的测定
32	ISO 2870:1986	Surface active agents—Detergents— Determination of anionic-active matter hydrolyzable and non-hydrolyzable under acid conditions	表面活性剂 洗涤剂 在酸性条件下可水解和不可水解的阴离子活性物的测定
33	ISO 2871-1:1988	Surface active agents—Detergents— Determination of cationic-active matter content—Part 1: High-molecular-mass cationic-active matter	表面活性剂 洗涤剂 阳离子活性物含量的测定 第1部分：高分子质量阳离子活性物
34	ISO 2871-2:1990	Surface active agents—Detergents— Determination of cationic-active matter content—Part 2: Cationic-active matter of low molecular mass (between 200 and 500)	表面活性剂 洗涤剂 阳离子活性物含量的测定 第2部分：低分子质量（200~500）阳离子活性物
35	ISO 4198:1984	Surface active agents—Detergents for hand dishwashing—Guide for comparative testing of performance	表面活性剂 手洗餐具用洗涤剂性能比较试验导则
36	ISO 4311:1979	Anionic and non-ionic surface active agents—Determination of the critical micellization concentration—Method by measuring surface tension with a plate, stirrup or ring	阴离子和非离子表面活性剂 临界胶束浓度的测定 用平板、镫形环或圆环测定表面张力的方法

续表

序号	标准号	标准名称	中文译名
37	ISO 4312:1989	Surface active agents—Evaluation of certain effects of laundering—Methods of analysis and test for unsoiled cotton control cloth	表面活性剂 某些洗涤效果的评价 未染污棉对照布的分析和试验方法
38	ISO 4313:1976	Washing powders—Determination of total phosphorus(V) oxide content—Quinoline phosphomolybdate gravimetric method	洗衣粉 总氧化磷（V）含量的测定 磷钼酸喹啉重量法
39	ISO 4314:1977	Surface active agents—Determination of free alkalinity or free acidity—Titrimetric method	表面活性剂 游离碱度或游离酸度的测定 滴定法
40	ISO 4315:1977	Surface active agents—Determination of alkalinity—Titrimetric method	表面活性剂 碱度的测定 滴定法
41	ISO 4316:1977	Surface active agents—Determination of pH of aqueous solutions—Potentiometric method	表面活性剂 水溶液pH的测定 电位滴定法
42	ISO 4317:1991	Surface-active agents and detergents—Determination of water content—Karl Fischer method	表面活性剂和洗涤剂 含水量的测定 卡尔•费休（Karl Fischer）法
43	ISO 4318:1989	Surface active agents and soaps— Determination of water content—Azeotropic distillation method	表面活性剂和肥皂 含水量的测定 共沸蒸馏法
44	ISO 4319:1977	Surface active agents—Detergents for washing fabrics—Guide for comparative testing of performance	表面活性剂 织物用洗涤剂 性能比较试验导则
45	ISO 4320:1977	Non-ionic surface active agents— Determination of cloud point index—Volumetric method	非离子表面活性剂 浊点指数的测定 容量法
46	ISO 4321:1977	Washing powders—Determination of active oxygen content—Titrimetric method	洗衣粉 活性氧含量的测定 滴定法
47	ISO 4322:1977	Non-ionic surface active agents— Determination of sulphated ash—Gravimetric method	非离子表面活性剂 硫酸化灰分的测定 重量法

续表

序号	标准号	标准名称	中文译名
48	ISO 4323:1977	Soaps—Determination of chlorides content—Potentiometric method	肥皂 氯化物含量的测定 电位滴定法
49	ISO 4324:1977	Surface active agents—Powders and granules—Measurement of the angle of repose	表面活性剂 粉体和颗粒 休止角的测定
50	ISO 4325:1990	Soaps and detergents—Determination of chelating agent content—Titrimetric method	肥皂和洗涤剂 螯合剂含量的测定 滴定法
51	ISO 4326:1980	Non-ionic surface active agents— Polyethoxylated derivatives—Determination of hydroxyl value—Acetic anhydride method	非离子表面活性剂 聚乙氧基化衍生物 羟值的测定 乙酐法
52	ISO 4327:1979	Non-ionic surface active agents— Polyalkoxylated derivatives—Determination of hydroxyl value—Phthalic anhydride method	非离子表面活性剂 聚烷氧基化衍生物 羟值的测定 邻苯二甲酸酐法
53	ISO 6121:1988	Surface active agents—Technical alkane sulfonates—Determination of alkane monosulfonates content by direct two-phase titration	表面活性剂 工业烷烃磺酸盐 用直接两相滴定法测定烷烃单磺酸盐含量
54	ISO 6122:1978	Surface active agents—Technical alkane sulphonates—Determination of total alkane sulphonates content	表面活性剂 工业烷烃磺酸盐 总烷烃磺酸盐含量的测定
55	ISO 6384:1981	Surface active agents—Technical ethoxylated fatty amines—Methods of analysis	表面活性剂 工业用乙氧基化脂肪胺 分析方法
56	ISO 6387:1983	Surface active agents—Determination of the power to disperse calcium soap—Acidimetric method (Modified Schoenfeldt method)	表面活性剂 钙皂分散力的测定 酸量滴定法 改进的舍恩费尔特（SchÖenfeldt）法
57	ISO 6388:1989	Surface active agents—Determination of flow properties using a rotational viscometer	表面活性剂 用旋转黏度计测定流动性

续表

序号	标准号	标准名称	中文译名
58	ISO 6835:1981	Surface active agents—Washing powders— Determination of total boron content—Titrimetric method	表面活性剂 洗衣粉 总硼含量的测定 滴定法
59	ISO 6836:1983	Surface active agents—Mercerizing agents— Evaluation of the activity of wetting products for mercerization by determination of the shrinkage rate of cotton	表面活性剂 丝光处理剂 用测定棉线收缩率评价丝光处理用润湿产品的活度
60	ISO 6837:1982	Surface active agents—Water dispersing power in dry cleaning solvents	表面活性剂 干洗溶剂中的水分散力
61	ISO 6839:1982	Anionic surface active agents—Determination of solubility in water	阴离子表面活性剂 水中溶解度的测定
62	ISO 6840:1982	Cationic surface active agents (Hydrochlorides and hydrobromides) — Determination of critical micellization concentration—Method by measurement of counter ion activity	阳离子表面活性剂（氢氯化物和氢溴化物）临界胶束浓度的测定 反离子活度测定法
63	ISO 6841:1988	Surface active agents—Technical straight-chain sodium alkylbenzenesulfonates—Determination of mean relative molecular mass by gas-liquid chromatography	表面活性剂 工业直链烷基苯磺酸钠 气-液色谱法测定平均相对分子质量
64	ISO 6842:1989	Surface active agents—Sulfated ethoxylated alcohols and alkylphenols—Determination of total active matter content	表面活性剂 乙氧基化醇和烷基酚的硫酸盐 总活性物含量的测定
65	ISO 6843:1988	Surface active agents—Sulfated ethoxylated alcohols and alkylphenols—Estimation of the mean relative molecular mass	表面活性剂 乙氧基化醇和烷基酚的硫酸盐 平均相对分子质量的测定
66	ISO 6844:1983	Surface active agents—Determination of mineral sulfate content—Titrimetric method	表面活性剂 无机硫酸盐含量的测定 滴定法

续表

序号	标准号	标准名称	中文译名
67	ISO 6845:1989	Surface active agents—Technical alkane sulfonates—Determination of the mean relative molecular mass of the alkane monosulfonates and the alkane monosulfonate content	表面活性剂 工业烷烃磺酸盐 烷烃单磺酸盐平均相对分子质量和烷烃单磺酸盐含量的测定
68	ISO 6889:1986	Surface active agents—Determination of interfacial tension by drawing up liquid films	表面活性剂 用拉起液膜法测定界面张力
69	ISO 7535:1984	Surface active agents—Detergents for domestic machine dishwashing—Guide for comparative testing of performance	表面活性剂 家庭机洗餐具用洗涤剂 性能比较试验导则
70	ISO 8022:1990	Surface active agents—Determination of wetting power by immersion	表面活性剂 用浸没法测定润湿力
71	ISO 8212:1986	Soaps and detergents—Techniques of sampling during manufacture	肥皂和洗涤剂 生产过程中的取样技术
72	ISO 8214:1985	Surface active agents—Washing powders—Determination of inorganic sulfates—Gravimetric method	表面活性剂 洗衣粉 无机硫酸盐的测定 重量法
73	ISO 8215:1985	Surface active agents—Washing powders—Determination of total silica content—Gravimetric method	表面活性剂 洗衣粉 总二氧化硅含量的测定 重量法
74	ISO 8799:1988	Surface active agents—Sulfated ethoxylated alcohols and alkylphenols—Determination of content of unsulfated matter	表面活性剂 乙氧基化醇和烷基酚的硫酸盐 未硫酸化物含量的测定
75	ISO 9101:1987	Surface active agents—Determination of interfacial tension—Drop volume method	表面活性剂 界面张力的测定 滴体积法

2010年表面活性剂行业标准化工作

1 2010年标准申报立项情况

1.1 行业标准

2010年通过中国轻工业联合会申报立项行业标准13项，其中修订标准2项，制定标准11项（见表1）。

表1　批准立项的行业标准

计划号	标准项目名称	制修订	代替标准
2010-2646T-QB	车用清洁护理剂	制定	
2010-2647T-QB	宠物用清洁护理剂	制定	
2010-2648T-QB	地毯清洗剂	制定	
2010-2649T-QB	工业氢化油	修订	QB/T 2152—1995
2010-2650T-QB	工业清洗术语	制定	
2010-2651T-QB	工业烷基磺酸钠	修订	QB/T 1429—1992
2010-2652T-QB	工业洗衣用乳化剂	制定	
2010-2653T-QB	工业洗衣用洗涤剂	制定	
2010-2654T-QB	卡波树脂	制定	
2010-2655T-QB	水垢去除剂	制定	
2010-2656T-QB	硬质地板清洗剂	制定	
2010-2657T-QB	脂肪烷基三甲基硫酸甲酯铵	制定	
2010-2658T-QB	脂肪烷基酰胺丙基二甲基胺	制定	

1.2 国家标准

2010年由国家标准委批准制修订的标准计划中，有5项制定标准和7项修订标准（见表2）。

表2　批准立项的国家标准

项目编号	标准项目名称	制修订	代替标准
20101976-T-607	表面活性剂和洗涤剂 旋转黏度计测定液体产品的黏度	修订	GB/T 15357—1994

续表

项目编号	标准项目名称	制修订	代替标准
20101977–T–607	甘油	修订	GB/T 13206—1991
20101978–T–607	工业硬脂酸	修订	GB/T 9103—1988
20101979–T–607	烷基糖苷	修订	GB/T 19464—2004
20101980–T–607	乙氧基化烷基硫酸钠	修订	GB/T 13529—2003
20101981–T–607	织物调理剂抗静电性能的测定	修订	GB/T 16801—1997
20101982–T–607	脂肪烷基二甲基叔胺	修订	GB/T 15045—1994
20101060–T–607	食品用洗涤剂安全性试验方法 甲醇含量的测定	制定	
20101061–T–607	食品用洗涤剂安全性试验方法 甲醛含量的测定	制定	
20101062–T–607	食品用洗涤剂安全性试验方法 砷含量的测定	制定	
20101063–T–607	食品用洗涤剂安全性试验方法 荧光增白剂限量试验	制定	
20101064–T–607	食品用洗涤剂安全性试验方法 重金属限量试验	制定	

1.3 国际标准

国际标准化组织（ISO）下设“表面活性剂技术委员会”，编号ISO/TC91，目前着手制定的国际标准有4项，此4项标准均由中国日用化学工业研究院通过中国国家标准化管理委员会提出，并负责具体的制定工作，具体标准项目名称见表3。

表3 2010年国际标准工作项目建议

中文名称	工作计划
表面活性剂——乙氧基化非离子表面活性剂中聚乙二醇含量的测定——高效液相色谱法	2011年提出委员会内CD稿，2012年提出DIS稿，2013年提出FDIS稿
表面活性剂——表面活性剂中1,4–二噁烷残留量的测定——气相色谱法	2012年提出委员会内CD稿，2013年提出DIS稿，2014年提出FDIS稿
表面活性剂——表面活性剂中卤代乙酸（盐）残留量的测定——第1部分 高效液相色谱法	2012年提出委员会内CD稿，2013年提出DIS稿，2014年提出FDIS稿
表面活性剂——表面活性剂中卤代乙酸（盐）残留量的测定——第2部分 离子色谱法	2012年提出委员会内CD稿，2013年提出DIS稿，2014年提出FDIS稿

2 2010年标准制修订情况

2.1 国内标准

2010年完成了7项国家标准、15项行业标准和1项国家标准修改单的审定和报批（见表4）。

表4 2010年通过审定报批的标准

标准名称	标准性质	代替标准
乙氧基化烷基硫酸钠	国家标准	代替GB/T 13529—2003
甘油	国家标准	代替GB/T 13206—1991
合成洗衣粉生产能耗评定规范	国家标准	/
脂肪酰二乙醇胺	国家标准	代替GB/T 15046—1994
表面活性剂中一氯乙酸（盐）、二氯乙酸（盐）残留量的测定	国家标准	/
表面活性剂和洗涤剂 对酸解稳定的阴离子活性物 痕量的测定	国家标准	/
表面活性剂和洗涤剂 在酸性条件下可水解和不可水解的阴离子活性物的测定	国家标准	/
乙氧基化烷基硫酸铵	行业标准	代替QB/T 2572—2002
表面活性剂 用作试验溶剂的水 规格和试验方法	行业标准	代替QB/T 1223—1991
双脂肪酸乙酯基羟乙基甲基硫酸甲酯铵	行业标准	/
两性表面活性剂 十一烷基咪唑啉	行业标准	代替QB/T 2118—1995
两性表面活性剂 脂肪烷基二甲基甜菜碱	行业标准	代替QB/T 2344—1997
衣料用液体洗涤剂	行业标准	代替QB/T 1224—2007
沐浴剂	行业标准	代替QB 1994—2004
洗手液	行业标准	代替QB 2654—2004
织物调理剂再润湿性的测定	行业标准	/
日化产品抗菌抑菌效果的评价方法	行业标准	代替QB/T 2738—2005
漂渍洗涤剂 氧漂剂	行业标准	/
漂渍洗涤剂 氯漂剂	行业标准	/
乙二醇硬脂酸酯	行业标准	/
食品工具和工业设备用酸性清洗剂	行业标准	/

续表

标准名称	标准性质	代替标准
食品工具和工业设备用碱性清洗剂	行业标准	/
GB/T 13174—2008修改单	/	/

2.2 国际标准

2010年全国表面活性剂洗涤用品标准化中心代表中国按要求及时完成了表面活性剂领域国际标准的投票26项次，涉及的相关国际标准见表5。

表5 表面活性剂领域国际标准的投票情况

ISO标准编号	英文名称	中文名称	对应的我国标准编号	采用程度
ISO 456:1973 (vers 5)	Surface active agents — Analysis of soaps — Determination of free caustic alkali	表面活性剂——肥皂的分析——游离苛性碱的测定	QB/T 2623.1—2003	MOD
ISO 457:1983 (Ed 2, vers 5)	Soaps — Determination of chloride content — Titrimetric method	肥皂——氯化物含量的测定——滴定法	QB/T 2623.6—2003	MOD
ISO 607:1980 (vers 5)	Surface active agents and detergents — Methods of sample division	表面活性剂和洗涤剂——分样方法	GB/T 13173—2008	MOD
ISO 672:1978 (vers 5)	Soaps — Determination of moisture and volatile matter content — Oven method	肥皂——水分和挥发物含量的测定——烘箱法	QB/T 2623.4—2003	MOD
ISO 673:1981 (Ed 2, vers 5)	Soaps — Determination of content of ethanol-insoluble matter	肥皂——乙醇不溶物含量的测定	QB/T 2623.5—2003	MOD
ISO 684:1974 (vers 5)	Analysis of soaps — Determination of total free alkali	肥皂的分析——总游离碱的测定	QB/T 2623.2—2003	MOD
ISO 685:1975 (vers 5)	Analysis of soaps — Determination of total alkali content and total fatty matter content	肥皂的分析——总碱量和总脂肪物含量的测定	QB/T 2623.3—2003	MOD

续表

ISO标准编号	英文名称	中文名称	对应的我国标准编号	采用程度
ISO 697:1981 (Ed 2, vers 5)	Surface active agents — Washing powders — Determination of apparent density — Method by measuring the mass of a given volume	表面活性剂——洗衣粉——表观密度的测定——给定体积称量法	GB/T 13173—2008	MOD
ISO 862:1984 (vers 5)	Surface active agents — Vocabulary	表面活性剂——词汇	GB/T 5327—2008	IDT
ISO 893:1989 (Ed 2, vers 5)	Surface active agents — Technical alkane sulfonates — Methods of analysis	表面活性剂——工业烷烃磺酸盐——分析方法	GB/T 11987—1989	MOD
ISO 894:1977 (vers 2)	Surface active agents — Technical sodium primary alkylsulphates — Methods of analysis	表面活性剂——工业伯烷基硫酸钠——分析方法	/	/
ISO 895:1977 (vers 2)	Surface active agents — Technical sodium secondary alkylsulphates — Methods of analysis	表面活性剂——工业仲烷基硫酸钠——分析方法	/	/
ISO 1104:1977 (vers 2)	Surface active agents — Technical sodium alkylarylsulphonates (excluding benzene derivatives) — Methods of analysis	表面活性剂——工业烷基芳基磺酸钠（不包括苯衍生物）——分析方法	/	/
ISO 2267:1986 (Ed 3, vers 4)	Surface active agents — Evaluation of certain effects of laundering — Methods of preparation and use of unsoiled cotton control cloth	表面活性剂——某些洗涤效应的评价——未污染棉对照布的制备和使用方法	/	/
ISO 1067:1974 (vers 5)	Analysis of soaps — Determination of unsaponifiable, unsaponified and unsaponified saponifiable matter	肥皂试验方法——肥皂中不皂化物和未皂化物的测定	QB/T 2623.7—2003	MOD

续表

ISO标准编号	英文名称	中文名称	对应的我国标准编号	采用程度
ISO 2271:1989 (Ed 2, vers 5)	Surface active agents — Detergents — Determination of anionic-active matter by manual or mechanical direct two-phase titration procedure	表面活性剂——洗涤剂——阴离子活性物的测定 直接两相滴定法	GB/T 5173—1995	MOD
ISO 2174:1990 (Ed 3, vers 5)	Surface active agents — Preparation of water with known calcium hardness	表面活性剂——已知钙硬度的水的配制	GB/T 6367—1997	IDT
ISO 1066:1975 (vers 5)	Analysis of soaps — Determination of glycerol content — Titrimetric method	肥皂分析——甘油含量的测定——滴定法	/	/
ISO 1065:1991 (Ed 2, vers 3)	Non-ionic surface-active agents obtained from ethylene oxide and mixed non-ionic surface-active agents — Determination of cloud point	由环氧乙烷制得的非离子表面活性剂及混合非离子表面活性剂——浊点的测定	GB/T 5559—2010	IDT
ISO 2272:1989 (Ed 2, vers 5)	Surface active agents — Soaps — Determination of low contents of free glycerol by molecular absorption spectrometry	表面活性剂——肥皂——分子吸收光谱法测定低含量游离甘油	/	/
ISO 2268:1972 (vers 5)	Surface active agents (non-ionic) — Determination of polyethylene glycols and non-ionic active matter (adducts) — Weibull method	表面活性剂（非离子）——聚乙二醇和非离子活性物(加成物)的测定——韦伯法	GB/T 5560—2003	IDT
ISO 1064:1974 (vers 5)	Surface active agents — Determination of apparent density of pastes on filling	表面活性剂——浆状物在灌装时表观密度的测定	GB/T 6373—2007	IDT
ISO 2131:1972 (vers 5)	Surface active agents — Simplified classification	表面活性剂——简化分类	GB/T 5328—1985	IDT

续表

ISO标准编号	英文名称	中文名称	对应的我国标准编号	采用程度
ISO 1063:1974 (vers 4)	Surface active agents — Determination of stability in hard water	表面活性剂——在硬水中稳定性的测定方法	GB/T 7381—2010	MOD
ISO 2270:1989 (Ed 2, vers 5)	Non-ionic surface active agents — Polyethoxylated derivatives — Iodometric determination of oxyethylene groups	非离子型表面活性剂——聚乙氧基化衍生物——测定氧乙烯基团数的碘量法	GB/T 7385—1994	IDT

注：MOD表示为修改采用；IDT表示为等同采用。

3 2010年标准实施情况

经国标委批准于2010年实施的标准见表6。

表6 2010年实施标准

标准名称	标准编号	实施日期
洗衣粉（含磷型）	GB/T 13171.1—2009	2010-05-01
洗衣粉（无磷型）	GB/T 13171.2—2009	2010-05-01
果蔬清洗剂	GB/T 24691—2009	2010-05-01
表面活性剂 家庭机洗餐具用洗涤剂 性能比较试验导则	GB/T 24692—2009	2010-05-01

4 2010年标准复审情况

依据国标委综合[2009]91号《关于开展2009年度国家标准复审工作的通知》要求，本行业通过对标准的分析、评价，提出继续有效、修订或废止的建议（国家标准复审意见汇总见表7）。

表7 国家标准复审意见汇总表

序号	标准号	标准名称	复审结论	建议修订年度	备注
1	GB/T 5173—1995	表面活性剂和洗涤剂 阴离子活性物的测定 直接两相滴定法	继续有效		
2	GB 9985—2000	手洗餐具用洗涤剂	修订	2011	
3	GB/T 11985—1989	表面活性剂 界面张力的测定 滴体积法	继续有效		

续表

序号	标准号	标准名称	复审结论	建议修订年度	备注
4	GB/T 7462—1994	表面活性剂 发泡力的测定 改进Ross-Miles法	继续有效		
5	GB/T 9103—1988	工业硬脂酸	修订	2010	
6	GB/T 5328—1985	表面活性剂简化分类	修订	2011	
7	GB/T 11987—1989	表面活性剂 工业烷烃磺酸盐 总烷烃磺酸盐含量的测定	继续有效		
8	GB/T 13206—1991	甘油	修订	2010	
9	GB/T 15046—1994	脂肪酰二乙醇胺	继续有效		20081942-T-607
10	GB/T 15357—1994	表面活性剂和洗涤剂 旋转黏度计测定液体产品的黏度	修订	2010	
11	GB/T 11986—1989	表面活性剂 粉体和颗粒休止角的测量	继续有效		
12	GB/T 15045—1994	脂肪烷基二甲基叔胺	修订	2010	
13	GB/T 15816—1995	洗涤剂和肥皂中总二氧化硅含量的测定 重量法	继续有效		
14	GB/T 16801—1997	织物调理剂抗静电性能的测定	修订	2010	
15	GB/T 17831—1999	非离子表面活性剂 硫酸化灰分的测定(重量法)	继续有效		
16	GB/T 13529—2003	乙氧基化烷基硫酸钠	修订	2010	
17	GB/T 13171—2004	洗衣粉	继续有效		20061772-T-607；20069502-T-607
18	GB/T 5174—2004	表面活性剂 洗涤剂 阳离子活性物含量的测定	修订	2012	
19	GB/T 19464—2004	烷基糖苷	修订	2010	
20	GB/T 17829—1999	聚乙氧基化脂肪醇	继续有效		
21	GB/T 17830—1999	聚乙氧基化非离子表面活性剂中聚乙二醇含量的测定 高效液相色谱法	修订	2010	

续表

序号	标准号	标准名称	复审结论	建议修订年度	备注
22	GB/T 9983—2004	工业三聚磷酸钠	继续有效		
23	GB/T 15817—1995	洗涤剂中无机硫酸盐含量的测定 重量法	继续有效		

按照工业和信息化部工作安排，根据《标准化法实施条例》关于"标准复审周期一般不超过5年"的规定，结合轻工业行业发展的实际需要，对本领域多项行业标准复审情况见表8。

表8 行业标准复审意见汇总表

序号	标准编号	标准名称	复审结论
1	QB 1034—1991	食品添加剂 三聚磷酸钠	继续有效
2	QB/T 1035.1—1991	食品添加剂 三聚磷酸钠 重金属（以铅计）含量的测定	继续有效
3	QB/T 1035.2—1991	食品添加剂 三聚磷酸钠 砷含量的测定	继续有效
4	QB/T 1035.3—1991	食品添加剂 三聚磷酸钠 氟化物含量的测定	继续有效
5	QB/T 1035.4—1991	食品添加剂 三聚磷酸钠 硫酸盐含量的测定 重量法	继续有效
6	QB/T 1036—1991	工业用三聚磷酸钠（包括食品工业用）氯化物含量的测定 电位滴定法	继续有效
7	QB/T 1323—1991	洗涤剂 表面张力的测定 圆环拉起液膜法	继续有效
8	QB/T 1324—1991	洗涤剂用表面活性剂含水量的测定 卡尔•费休双溶液法	继续有效
9	QB/T 1428—1992	合成脂肪酸	工信部工科[2010]第77号文批复废止
10	QB/T 2114—1995	低磷无磷洗涤剂中硅酸盐含量的测定 滴定法	继续有效
11	QB/T 2115—1995	洗涤剂中碳酸盐含量的测定	继续有效
12	QB/T 2117—1995	通用水基金属净洗剂	继续有效
13	QB/T 1768—2003	洗涤剂用4A沸石	继续有效
14	QB/T 2623.1—2003	肥皂试验方法 肥皂中游离苛性碱含量的测定	继续有效

续表

序号	标准编号	标准名称	复审结论
15	QB/T 2623.2—2003	肥皂试验方法 肥皂中总游离碱含量的测定	继续有效
16	QB/T 2623.3—2003	肥皂试验方法 肥皂中总碱量和总脂肪物含量的测定	继续有效
17	QB/T 2623.4—2003	肥皂试验方法 肥皂中水分和挥发物含量的测定 烘箱法	继续有效
18	QB/T 2623.5—2003	肥皂试验方法 肥皂中乙醇不溶物含量的测定	继续有效
19	QB/T 2623.6—2003	肥皂试验方法 肥皂中氯化物含量的测定 滴定法	继续有效
20	QB/T 2623.7—2003	肥皂试验方法 肥皂中不皂化物和未皂化物的测定	有效继续
21	QB/T 2623.8—2003	肥皂试验方法 肥皂中磷酸盐含量的测定	继续有效
22	QB/T 1913—2004	透明皂	继续有效
23	QB/T 1223—1991	表面活性剂 用作试验溶剂的水 规格和试验方法	已列入2008年修订计划
24	QB/T 1429—1992	工业烷基磺酸钠	已列入2010年修订计划
25	QB/T 1914—1993	脂肪烷基三甲基卤化铵及脂肪烷基二甲基苄基卤化铵平均相对分子量的测定 气液色谱法	已列入2009年修订计划
26	QB/T 1915—1993	阳离子表面活性剂 脂肪烷基三甲基卤化铵及脂肪烷基二甲基苄基卤化铵	已列入2009年修订计划
27	QB/T 2118—1995	十一烷基咪唑啉两性表面活性剂	已列入2009年修订计划
28	QB/T 2152—1995	工业氢化油	已列入2010年修订计划
29	QB/T 2153—1995	工业油酸	已列入2007年修订计划
30	QB/T 2344—1997	两性表面活性剂 脂肪烷基二甲基甜菜碱	已列入2009年修订计划
31	QB/T 2345—1997	脂肪烷基二甲基甜菜碱 平均相对分子质量的测定 气相色谱法	已列入2009年修订计划
32	QB/T 2572—2002	乙氧基化烷基硫酸铵	已列入2009年修订计划
33	QB/T 2573—2002	十二烷基硫酸铵	确认修订
34	QB 1994—2004	沐浴剂	已列入2009年修订计划
35	QB 2654—2004	洗手液	已批2009年修订计划

5 2010年标准化工作会议情况

5.1 国内会议

2010年8月21日全国表面活性剂和洗涤用品标准化技术委员会（SAC/TC272）和全国食品用洗涤消毒产品标准化技术委员会（SAC/TC395）在宁夏银川召开了年度中期会议，出席会议的有两标委会主任委员、委员和各方代表共89人，来自56个单位。其中，TC272到会的有26个委员或委员单位代表，TC395到会的有21个委员或委员单位代表。与会代表在充分审议提交的文件材料后，对22项行业标准进行了复审；对4项国家标准、6项行业标准和1项国家标准修改单进行了审定和表决；对3项国家标准和9项行业标准进行了征求意见。本次会议中两委会秘书处针对行业“十二五”发展规划向全体参会代表征集意见和建议，同时通报了11月即将在北京召开的ISO/TC91会议及国际标准化项目的意见征集工作。

2010年11月19日全国表面活性剂和洗涤用品标准化技术委员会（SAC/TC272）和全国食品用洗涤消毒产品标准化技术委员会（SAC/TC395）在北京召开了2010年度会议，出席会议的有两委会主任委员、委员和各方代表共76人，来自50个单位。其中，TC272和TC395有37个委员或委员单位代表参加。会议对“表面活性剂中一氯乙酸（盐）、二氯乙酸（盐）残留量的测定”、“沐浴剂”、“洗手液”等十二项国家和行业标准进行了审定并全部通过。

2010年11月20日，全国表面活性剂和洗涤用品标准化技术委员会（SAC/TC272）换届大会在北京召开。来自第二届表面活性剂和洗涤用品标准化技术委员会的委员，以及两个分技术委员会的委员和行业代表共76人参加了此次会议。国家标准化管理委员会工业二部王莉处长、中国轻工业联合会综合业务部王旭华处长出席会议并做了重要讲话。王莉处长认为，洗涤用品是我国一类重要的消费品，大力推进洗涤用品及其标准化工作，是实现我国相关产业振兴的战略需要。她还就第一届标委会六年期间的工作业绩给予了表扬，希望第二届标委会再接再厉，整合优势资源，坚持自主创新，推动行业标准化水平的全面提升。

第一届全国表面活性剂和洗涤用品标准化技术委员会对标准化活动先进集体广州蓝月亮实业有限公司、西安开米股份有限公司、北京绿伞化学股份有限公司、广州立白企业集团有限公司和先进个人张蕾、胡茵、黄爱忠、武荣鑫、徐有其等进行了表彰。

5.2 国际会议

2010年11月18日在北京召开了ISO/TC91会议，该会议由来自日本、伊朗和中国三个国家十多名代表出席，这是本领域国际标准化组织首次在中国举办会议，中国国家标准化管理委员会派代表出席了会议。在为期两天的会议中，委员会讨论了今后一个时期的工作内容，同时对计划开展的新国际标准项目进行了安排部署，利用这次会议东道主的优势，中国代表团提出了三项国际标准提案，并获得与会代表支持。

2011年表面活性剂行业标准化工作

1 2011年标准申报立项情况

1.1 行业标准

2011年通过中国轻工业联合会申报立项行业标准3项，主要为表面活性剂产品和检测方法标准并已批复立项（见表1）。

表1 批准立项的行业标准

序号	计划号	项目名称	性质	制修订	代替标准	采标情况
1	2011-2301T-QB	表面活性剂 原材料和按配方制造产品中阳离子表面活性剂含量的测定 电位滴定法	推荐	制定		EN 14668：2005，MOD
2	2011-2302T-QB	表面活性剂 原材料和按配方制造产品中阴离子表面活性剂含量的测定 电位滴定法	推荐	制定		EN 14669：2005，MOD
3	2011-2303T-QB	十二烷基硫酸铵	推荐	修订	QB/T 2573—2002	

1.2 国家标准

2011年向国家标准委申报了2项强制性标准修订计划。结合行业情况，提出了“洗涤用品中三氯生”和“三氯卡班含量测定”两项推荐性国家标准制定项目建议；为响应国家关于加强节水标准制修订工作的号召，提出4项有关节水的国家标准项目建议；向卫生部申报了2项国家标准计划（各项目建议见表2）。

表2 2011年申报国家标准项目建议表

项目	项目性质	备述
节水型民用洗涤剂产品技术规范	强制性	报国标委审核
节水型表面活性剂技术规范	推荐性	报国标委审核
食品工业清洗节水技术规范	推荐性	报国标委审核
工业清洗废水回收处理技术规范	推荐性	报国标委审核

续表

项目	项目性质	备述
洗手液	强制性	报国标委审核
沐浴剂	强制性	报国标委审核
洗涤用品 三氯生含量的测定	推荐性	报国标委审核
洗涤用品 三氯卡班含量的测定	推荐性	报国标委审核
食品加工环境及过程清洁消毒质量控制指南	推荐性	未获立项
果蔬清洗剂洗涤性能试验 残留农药去除效果	推荐性	未获立项

1.3 国际标准

2011年完成2010年在北京会议上提出的国际标准新项目委员会内部投票工作，项目承担单位已按计划着手制定工作。

2 2011年标准制修订情况

2.1 行业标准

起草14项行业标准的征求意见稿，其中修订标准2项，制定标准12项，（见表3）。

表3 2011年制修订的行业标准

序号	标准项目名称	制修订	代替标准
1	车用清洁护理剂	制定	
2	宠物用清洁护理剂	制定	
3	地毯清洗剂	制定	
4	工业氢化油	修订	QB/T 2152—1995
5	工业清洗术语	制定	
6	工业烷基磺酸钠	修订	QB/T 1429—1992
7	工业洗衣用乳化剂	制定	
8	工业洗衣用洗涤剂	制定	
9	卡波树脂	制定	
10	水垢去除剂	制定	
11	硬质地板清洗剂	制定	
12	脂肪烷基三甲基硫酸甲酯铵	制定	
13	脂肪烷基酰胺丙基二甲基胺	制定	

续表

序号	标准项目名称	制修订	代替标准
14	织物柔顺剂	制定	

2.2 国家标准

起草国家标准12项，有5项制定标准和7项修订标准（见表4）。

表4　2011年制修订的国家标准

项目编号	标准项目名称	制修订	代替标准
20101976-T-607	表面活性剂和洗涤剂 旋转黏度计测定液体产品的黏度	修订	GB/T 15357—1994
20101977-T-607	甘油	修订	GB/T 13206—1991
20101978-T-607	工业硬脂酸	修订	GB/T 9103—1988
20101979-T-607	烷基糖苷	修订	GB/T 19464—2004
20101980-T-607	乙氧基化烷基硫酸钠	修订	GB/T 13529—2003
20101981-T-607	织物调理剂抗静电性能的测定	修订	GB/T 16801—1997
20101982-T-607	脂肪烷基二甲基叔胺	修订	GB/T 15045—1994
20101060-T-607	食品用洗涤剂安全性试验方法 甲醇含量的测定	制定	
20101061-T-607	食品用洗涤剂安全性试验方法 甲醛含量的测定	制定	
20101062-T-607	食品用洗涤剂安全性试验方法 砷含量的测定	制定	
20101063-T-607	食品用洗涤剂安全性试验方法 荧光增白剂限量试验	制定	
20101064-T-607	食品用洗涤剂安全性试验方法 重金属限量试验	制定	

2.3 国际标准

2011年全国表面活性剂洗涤用品标准化中心代表中国按要求及时完成了表面活性剂领域国际标准的投票19项次（见表5）。

表5 表面活性剂领域国际标准投票情况

ISO标准编号	英文名称	中文名称	国家标准编号	采用程度
ISO 4313:1976 (vers 4)	Washing powders—Determination of total phosphorus(V) oxide content—Quinoline phosphomolybdate gravimetric method	洗衣粉——总氧化磷（V)含量的测定——磷钼酸喹啉重量法	GB/T 13173—2008	MOD
ISO 4312:1989 (Ed 2, vers 5)	Surface active agents—Evaluation of certain effects of laundering—Methods of analysis and test for unsoiled cotton control cloth	表面活性剂——某些洗涤效果的评价——未污染棉对照布的分析和试验方法	/	/
ISO 4315:1977 (vers 2)	Surface active agents—Determination of alkalinity—Titrimetric method	表面活性剂——碱度的测定——滴定法	GB/T 7378—1996	IDT
ISO 4314:1977 (vers 2)	Surface active agents—Determination of free alkalinity or free acidity—Titrimetric method	表面活性剂——游离碱度或游离酸度的测定——滴定法	GB/T 6365—2006	IDT
ISO 2870:2009 (Ed 3)	Surface active agents –Detergents—Determination of anionic–active matter hydrolysable and non–hydrolysable under acid conditions	表面活性剂——洗涤剂——在酸性条件下可水解和不可水解的阴离子活性物的测定	20090872–T–607	MOD
ISO 4198:1984 (vers 5)	Surface active agents—Detergents for hand dishwashing—Guide for comparative testing of performance	表面活性剂——手洗餐具用洗涤剂——性能比较试验导则	/	/
ISO 2871–2:2010 (Ed 2)	Surface active agents—Detergents—Determination of cationic–active matter content—Part 2: Cationic–active matter of low molecular mass (between 200 and 500)	表面活性剂——洗涤剂——阳离子活性物含量的测定——第2部分：低分子质量（200–500）阳离子活性物	GB/T 5174—2004	MOD

续表

ISO标准编号	英文名称	中文名称	国家标准编号	采用程度
ISO 2869:1973 (vers 5)	Surface active agents—Detergents—Anionic–active matter hydrolyzable under alkaline conditions—Determination of hydrolyzable and non–hydrolyzable anionic–active matter	表面活性剂——洗涤剂——在碱性条件下可水解的阴离子活性物——可水解和不可水解的阴离子活性物的测定	GB/T 20198—2006	MOD
ISO 2456:1986 (vers 5)	Surface active agents—Water used as a solvent for tests—Specification and test methods	表面活性剂——用作试验溶剂的水——规格和试验方法	QB/T 1223—1991	MOD
ISO 2868:1973 (vers 5)	Surface active agents—Detergents—Anionic–active matter stable to acid hydrolysis—Determination of trace amounts	表面活性剂——洗涤剂——对酸解稳定的阴离子活性物——微量的测定	已立项，待参照制定	/
ISO 2871–1:2010 (Ed 2)	Surface active agents—Detergents—Determination of cationic–active matter content—Part 1: High–molecular–mass cationic–active matter	表面活性剂——洗涤剂——阳离子活性物含量的测定——第1部分：高分子质量阳离子活性物	GB/T 5174—2004	MOD
ISO 4311:1979 (vers 5)	Anionic and non–ionic surface active agents—Determination of the critical micellization concentration—Method by measuring surface tension with a plate, stirrup or ring	阴离子和非离子表面活性剂——临界胶束浓度的测定——用平板、镫形环或圆环测定表面张力的方法	GB/T 11276—2007	NEQ
ISO 4323:1977 (vers 2)	Soaps—Determination of chlorides content—Potentiometric method	肥皂——氯化物含量的测定——电位滴定法	/	/
ISO 4321:1977 (vers 2)	Washing powders—Determination of active oxygen content—Titrimetric method	洗衣粉——活性氧含量的测定——滴定法	GB/T 13173—2008	IDT

续表

ISO标准编号	英文名称	中文名称	国家标准编号	采用程度
ISO 4324:1977 (vers 5)	Surface active agents—Powders and granules—Measurement of the angle of repose	表面活性剂——粉体和颗粒——休止角的测定	GB/T 11986—1989	IDT
ISO 4316:1977 (vers 2)	Surface active agents—Determination of pH of aqueous solutions—Potentiometric method	表面活性剂——水溶液pH的测定——电位滴定法	GB/T 6368—2008	IDT
ISO 4326:1980 (vers 4)	Non-ionic surface active agents—Polyethoxylated derivatives—Determination of hydroxyl value—Acetic anhydride method	非离子表面活性剂——聚乙氧基化衍生物——羟值的测定——乙酐法	GB/T 7383—2007	IDT
ISO 4318:1989 (Ed 2, vers 5)	Surface active agents and soaps—Determination of water content—Azeotropic distillation method	表面活性剂和肥皂——含水量的测定——共沸蒸馏法	GB/T 11275—2007	IDT
ISO 4319:1977 (vers 2)	Surface active agents—Detergents for washing fabrics—Guide for comparative testing of performance	表面活性剂——洗织物用洗涤剂——性能比较试验导则	/	/
ISO 4322:1977 (vers 2)	Non-ionic surface active agents—Determination of sulphated ash—Gravimetric method	非离子表面活性剂——硫酸化灰分的测定——重量法	GB/T 17831—1999	NEQ
ISO 4325:1990 (Ed 2, vers 5)	Soaps and detergents—Determination of chelating agent content—Titrimetric method	肥皂和洗涤剂——螯合剂含量的测定——滴定法	GB/T 13173—2008	MOD
ISO 4320:1977 (vers 2)	Non-ionic surface active agents—Determination of cloud point index—Volumetric method	非离子表面活性剂——浊点指数的测定——容量法	GB/T 11277—1989	IDT

注：MOD表示为修改采用；IDT表示为等同采用。

3 2011年标准实施情况

经国标委和工业信息化部批准于2011年实施的标准（见表6、表7）。

表6 2011年实施标准

序号	标准名称	标准编号	实施日期
1	洗涤用品安全技术规范	GB/T 26396—2011	2011-9-15
2	洗涤剂耗水量与节水性能分等评估指南	GB/T 26398—2011	2011-9-15
3	表面活性剂中二噁烷残留量的测定 气相色谱法	GB/T 26388—2011	2011-9-15
4	羰基合成脂肪醇	GB/T 26463—2011	2011-9-15
5	脂肪烷基二甲基氧化胺	GB/T 26458—2011	2011-9-15
6	脂肪酸甲酯磺酸钠	QB/T 4081—2010	2011-3-1
7	脂肪酰胺丙基二甲基甜菜碱	QB/T 4082—2010	2011-3-1
8	双烷基（C_8~C_{10}）二甲基卤化铵	QB/T 4083—2010	2011-3-1
9	工业油酸	QB/T 2153—2010	2011-3-1
10	双脂肪烷基甲基叔胺	QB/T 4084—2010	2011-3-1
11	磺基琥珀酸单酯二钠盐	QB/T 4085—2010	2011-3-1
12	玻璃清洗剂	QB/T 4086—2010	2011-3-1

表7 2011年发布将要实施的国家标准

序号	标准名称	标准编号	实施日期
1	甘油	GB/T 13206—2011	2012-09-01
2	乙氧基化烷基硫酸钠	GB/T 13529—2011	2012-09-01
3	脂肪酰二乙醇胺	GB/T 15046—2011	2012-09-01
4	表面活性剂 洗涤剂 对酸解稳定的阴离子活性物 痕量的测定	GB/T 28191—2011	2012-09-01
5	表面活性剂 洗涤剂 在酸性条件下可水解和不可水解的阴离子活性物的测定	GB/T 28192—2011	2012-09-01
6	表面活性剂中氯乙酸（盐）残留量的测定	GB/T 28193—2011	2012-09-01
7	合成洗衣粉生产能耗评定规范	GB/T 28201—2011	2012-09-01

4 2011年标准复审情况

全国表面活性剂和洗涤用品标准化技术委员会秘书处组织标委会委员对2项行业标准和5项国家

标准进行了复审（复审意见汇总分别见表8、表9）。

表8 行业标准复审评价结果

序号	标准编号	标准名称	复审结论
1	QB/T 2738—2005	日化产品抗菌抑菌效果的评价方法	2010年完成修订，待发布
2	QB/T 2739—2005	洗涤用品常用试验方法 滴定分析（容量分析）用试验溶液的制备	建议继续有效

表9 国家标准复审评价结果

序号	标准编号	标准名称	复审结论
1	GB 19877.1—2005	特种洗手液	建议2012年修订
2	GB 19877.2—2005	特种沐浴剂	建议2012年修订
3	GB 19877.3—2005	特种香皂	建议2012年修订
4	GB/T 12028—2006	洗涤剂用羧甲基纤维素钠	建议继续有效
5	GB/T 20214—2006	层状结晶二硅酸钠	建议继续有效

5 2011年标准化工作会议情况

5.1 国内会议

全国表面活性剂和洗涤用品标准化技术委员会二届二次、全国食品用洗涤消毒产品标准化技术委员会一届六次全体委员会议暨标准审查会议于2011年11月22日至23日在天津召开，两委会主任委员、副主任委员、两委会委员、委员单位代表、观察成员及特邀代表共70余人出席了本次会议。

会议对12项国家标准，14项行业标准征求意见稿和2项洗涤剂去污标准建议草案进行了讨论，提出了多项修改建议供标准起草单位参考完善。

5.2 国际会议

为提高我国在国际标准化组织中的地位和影响，履行P成员国的义务，经国标委国际部同意组团参加了2011年6月9～10日在维也纳召开的ISO/TC91“表面活性剂技术委员会”第18次委员会会议，该会议共有6个国家出席。会议听取了中国代表团承担的4项国际标准工作情况汇报，要求中国标准工作组在未来3个月内根据各国意见提交修改后的文本草案。

会议还对伊朗代表连续2年提出建立抗菌皂性能测试方法和液体手洗餐具洗涤剂微生物测试方法的国际标准提议进行了讨论。

中国表面活性剂标准化主要技术机构简介

1 全国表面活性剂和洗涤用品标准化技术委员会及其分技术委员会

全国表面活性剂和洗涤用品标准化技术委员会（SAC/TC272）成立于2004年，现为第二届。经国家标准化管理委员会批准，所从事的专业范围是表面活性剂和洗涤用品领域标准化工作，同时为ISO/TC91国内对口单位，秘书处设在中国日用化学工业研究院。

全国表面活性剂和洗涤用品标准化技术委员会按专业领域下设两个分技术委员会，分别为：表面活性剂分技术委员会（SAC/TC272/SC1）和洗涤用品分技术委员会（SAC/TC272/SC2）。两个分委员会秘书处也均设在中国日用化学工业研究院。

全国表面活性剂和洗涤用品标准化技术委员会全面负责表面活性剂、洗涤用品领域的国家标准管理和制定工作，对外则提供以下服务：①收集有关表面活性剂和洗涤用品的国际标准及国外先进标准。现已有美国、德国、英国、日本和法国等发达国家的标准，且配有中文译本，可以提供本专业所有的国家标准及行业标准文本，为更好地为企业提供标准资料，设有标准资料网，凡参加者，均可在短期时间内获得本专业最新标准文本；②负责本行业的国标及行标制定的归口工作，接待对标准来信来电的咨询；③不定期举办宣贯标准及标准试验方法的培训班；④承担为企业制定企业标准，或修订企业标准；⑤为企业采标出证。

表1 SAC/TC272委员会成员

序号	姓名	TC职务	技术职称	工作单位
1	郑舞虹	主任委员	高级工程师	中国洗涤用品工业协会
2	王万绪	副主任委员	教授级高工	中国日用化学工业研究院
3	张　蕾	副主任委员	教授级高工	上海白猫有限公司
4	武荣鑫	副主任委员	高级工程师	中国石油抚顺石化公司洗涤剂化工厂
5	于　文	副主任委员	高级工程师	西安开米股份有限公司
6	姚晨之	秘书长	教授级高工	全国表面活性剂洗涤用品标准化中心
7	王　燕	委员	教授级高工	中国洗涤用品工业协会
8	李秋小	委员	教授级高工	表面活性剂国家工程研究中心
9	樊　平	委员	高级工程师	国家洗涤用品质量监督检验中心(太原)
10	张　春	委员	高级工程师	国家洗涤用品质量监督检验中心(重庆)
11	黄文军	委员	高级工程师	荆州活力二八沙市日化有限公司
12	杨作毅	委员	工程师	广州立白企业集团有限公司

续表

序号	姓名	TC职务	技术职称	工作单位
13	叶建忠	委员	工程师	广州市星业科技发展有限公司
14	贝　澄	委员	高级工程师	中轻化工股份有限公司
15	陈　文	委员	高级工程师	广州浪奇实业股份有限公司
16	段玉臣	委员	高级工程师	湖南丽臣实业有限责任公司
17	叶建泉	委员	高级工程师	博兴华润油脂化学有限公司
18	张　辉	委员	高级工程师	北京绿伞化学股份有限公司
19	潘　东	委员	高级工程师	广州蓝月亮实业有限公司
20	雷　珍	委员	高级工程师	成都蓝风（集团）股份有限公司
21	刘五一	委员	高级工程师	桂林雪芙莲日化有限公司
22	黄亚茹	委员	高级工程师	浙江赞宇科技股份有限公司
23	孙佳波	委员	工程师	上海金山经纬化工有限公司
24	王　刚	委员	工程师	天津天女化工集团股份有限公司
25	赵建利	委员	副总裁	洛娃科技实业集团有限公司
26	张东义	委员	高级工程师	南风化工集团股份有限公司
27	马　林	委员	工程师	飞翔化工（张家港）有限公司
28	黄爱忠	委员	工程师	中国石化集团资产经营管理有限公司金陵石化分公司烷基苯厂
29	苏连建	委员	工程师	天津市浩元精细化工有限公司
30	袁万泰	委员	高级工程师	苏州博克企业集团有限公司
31	袁　靖	委员	工程师	北京茂华科技有限公司
32	徐有其	委员	高级工程师	纳爱斯集团有限公司
33	林宣贤	委员	高工、副研	福建生物工程职业技术学院
34	吴晓雷	委员	高级工程师	上海和黄白猫有限公司
35	王寒洲	委员	高级工程师	上海家化联合股份有限公司
36	欧阳友生	委员	研究员	广东省微生物研究所
37	张若昕	委员	高级工程师	广州天赐高新材料股份有限公司
38	董晋湘	委员	教授	太原理工大学精细化工研究所
39	汪宏飞	委员	高级工程师	武汉市武汉化工厂

续表

序号	姓名	TC职务	技术职称	工作单位
40	李　锰	委员	高级工程师	北京金鱼科技股份有限公司
41	杨永年	委员	工程师	天津先光化工有限公司
42	李　琼	委员	教授	上海香料研究所
43	林　燕	委员	高级工程师	上海市日用化学工业研究所
44	王　萍	委员	工程师	天津市产品质量监督检测技术研究院
45	张　涌	委员	工程师	四川花语精细化工有限公司
46	许洪民	委员	工程师	安利（中国）日用品有限公司
47	张　剑	委员	高级工程师	杰能科生物工程有限公司
48	胡　茵	委员	工程师	联合利华（中国）投资有限公司
49	高红梅	委员	工程师	花王（中国）投资有限公司
50	李　斌	委员	工程师	北京宝洁技术有限公司
51	赵　力	委员	工程师	诺维信（中国）投资有限公司
52	李　清	委员	工程师	汽巴精化（中国）有限公司北京分公司
53	李　征	委员	工程师	强生（中国）有限公司
54	孙　艳	委员	工程师	沙索（中国）化学有限公司
55	李智钢	委员	工程师	杭州传化花王有限公司
56	陈志云	委员	工程师	艺康化工有限公司
57	边　放	委员	高级工程师	山西省日用化学行业协会

2 全国食品用洗涤消毒产品标准化技术委员会

经国家标准化管理委员会批准，2008年在原全国表面活性剂和洗涤用品标准化技术委员会基础上成立了全国食品用洗涤消毒产品标准化技术委员会（SAC/TC395）。主要承担食品用洗涤消毒产品，如清洁剂、消毒剂及饮用水处理剂领域的国家标准制定工作，委员会秘书处设在中国日用化学工业研究院。

表2　SAC/TC395委员会成员

序号	姓名	TC395职务	职务/职称	工作单位
1	郑舞虹	主任委员	高级工程师	中国洗涤用品工业协会
2	王万绪	副主任委员	教授级高工	中国日用化学工业研究院
3	李沿飞	副主任委员	高级工程师	国家洗涤用品质量监督检验中心(重庆)

续表

序号	姓名	TC395职务	职务/职称	工作单位
4	李新武	副主任委员	主任技师	中国疾病预防控制中心环境与健康相关产品安全所
5	于　文	副主任委员	高级工程师	西安开米股份有限公司
6	姚晨之	秘书长	教授级高工	全国表面活性剂洗涤用品标准化中心
7	樊　平	委员	高级工程师	国家洗涤用品质量监督检验中心（太原）
8	张　春	委员	高级工程师	国家洗涤用品质量监督检验中心（重庆）
9	徐　良	委员	高级工程师	北京日用化学研究所
10	陈　文	委员	高级工程师	广州市浪奇实业股份有限公司
11	黄亚茹	委员	高级工程师	浙江赞宇科技股份有限公司
12	贾淑萍	委员	高级工程师	山西南风化工集团股份有限公司洗化分公司
13	叶建忠	委员	经理	广州市星业科技发展有限公司
14	李　锰	委员	高级工程师	北京金鱼科技股份有限公司
15	张　蕾	委员	教授级高工	上海和黄白猫有限公司
16	张华涛	委员	助理工程师	中国洗涤用品工业协会
17	连工宝	委员	高级工程师	飞翔化工（张家港）有限公司
18	王丰收	委员	高级工程师	上海发凯化工有限公司
19	林尚鹏	委员	高级工程师	广州蓝月亮实业有限公司
20	林宣贤	委员	高级工程师	广州市微量元素研究所
21	罗文姗	委员	高级工程师	湖南丽臣实业有限责任公司科研所
22	杜志平	委员	教授级高工	中国日用化学工业研究院
23	於水新	委员	高级工程师	上海金山经纬化工有限公司
24	赵宝新	委员	主任医师	太原市疾病预防控制中心
25	赵厚玉	委员	工程师	四川奔威科技发展有限公司
26	张　辉	委员	高级工程师	北京绿伞化学股份有限公司
27	徐有其	委员	高级工程师	纳爱斯集团有限公司
28	杨作毅	委员	工程师	广州立白企业集团有限公司
29	余雪玲	委员	工程师	广东省日化商会

3 全国表面活性剂洗涤用品标准化中心

1976年3月2日，轻工业部以（76）轻科字第024号文“关于建立轻工业标准化工作第一批专业技术标准归口单位的通知”，批准在山西省日用化学研究所（现中国日用化工研究院）设立了“日用洗涤产品及检验方法标准化工作”的专业技术归口单位。1980年3月，国家标准局“国标发（80）58号”经轻工业部转发，确认轻工业部太原日用化学研究所（前身即山西省日用化学研究所）为《国际标准化组织技术委员会》“表面活性剂技术委员会（ISO/TC91）”在我国的归口单位，活动身份为O成员（观察成员）。次年4月，国家标准局“国标发[1981]140 号”（轻工业部“（81）轻生字第30号”转发）文确定在ISO/TC91组织中，我国由O成员变更为P成员（积极成员）。同年，根据轻工业部“（81）轻塑化字第5号”文，在原标准化专业技术归口单位设立了“中国日用化学工业标准化质量检测中心站”，从此以“站”的名义，担负起了合成脂肪酸、合成洗涤剂、烷基苯及三聚磷酸钠等方面的标准化与检测工作。

1990年轻工业部以（90）轻质字第32号“关于命名轻工业专业标准化中心和颁发新印章的函”，对轻工行业标准化机构重新进行了命名，成立了“全国表面活性剂洗涤用品标准化中心”，从此该中心一直负责本领域轻工行业标准的技术归口工作，以及本领域全国标准化技术委员会成立以前的国家标准技术归口工作。

标准化中心作为中国日用化学工业研究院下设的二级机构，目前实际承担着SAC/TC272、SAC/TC272/SC1、SAC/TC272/SC2和SAC/TC395四个委员会的秘书处工作，同时具体承担ISO/TC91国内技术支持工作。

4 全国化学标准化技术委员会（特种）界面活性剂分技术委员会

全国化学标准化技术委员会（特种）界面活性剂分技术委员会（SAC/TC63/SC8）成立于2008年，秘书处设在浙江皇马化工集团有限公司，主要负责（特种）界面活性剂行业国家标准制定，以及表面活性剂的化工行业标准制定。

六

科技与成果

TECHNOLOGY & ACHIEVEMENTS

2010—2011年国内表面活性剂专利申请

过去10年我国有关“表面活性剂”题名的专利申请和授权情况分别见表1、图1和图2。由于专利申请和授权的周期较长，2010年和2011年的专利情况统计并不是很准确。从申请时间分析可看出，过去10年间，我国申请表面活性剂专利总计23 279件，其中7 907件专利保持授权状态，5 899件专利或过期、或无效、或撤回、或放弃等，9 473件专利正在审核当中。专利失效的原因，有很大一部分是因为资金问题或缺乏知识产权保护意识而无意放弃。

从专利公开时间可以看出，过去10年间，我国公开专利总计25 413件，其中9 044件表面活性剂专利为授权状态，8 560件处于审核状态，7 809件放弃授权。

表1　2002—2011年国内表面活性剂专利申请情况

时间	申请/件			公开/件		
	授权	审核	无权	授权	审核	无权
2011年	—	1 508	—	—	2 530	—
2010年	—	2 027	—	755	2 979	—
2009年	755	1 934	—	1 246	1 743	746
2008年	1 011	1 675	—	1 420	794	1 142
2007年	1 179	1 118	892	1 503	372	1 265
2006年	1 151	641	1 052	1 242	95	1 102
2005年	1 138	358	1 161	1 191	47	1 202
2004年	1 027	137	1 032	709	0	801
2003年	935	75	1 006	573	0	836
2002年	711	—	756	405	0	715

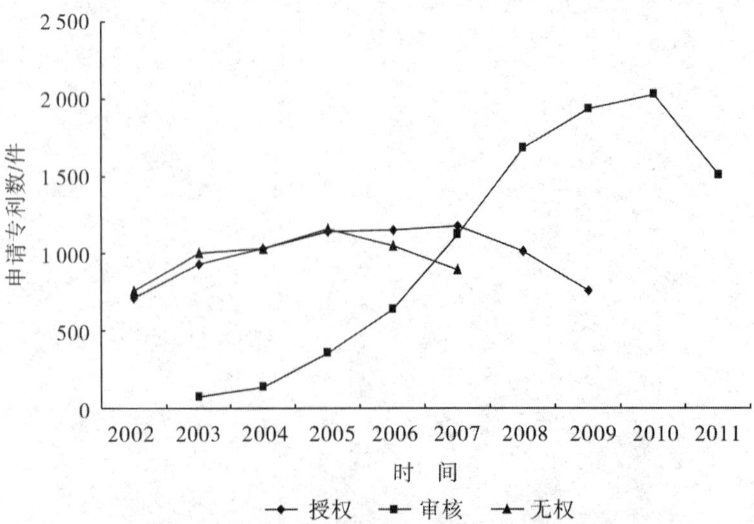

图1　2002—2011年中国表面活性剂专利申请情况图

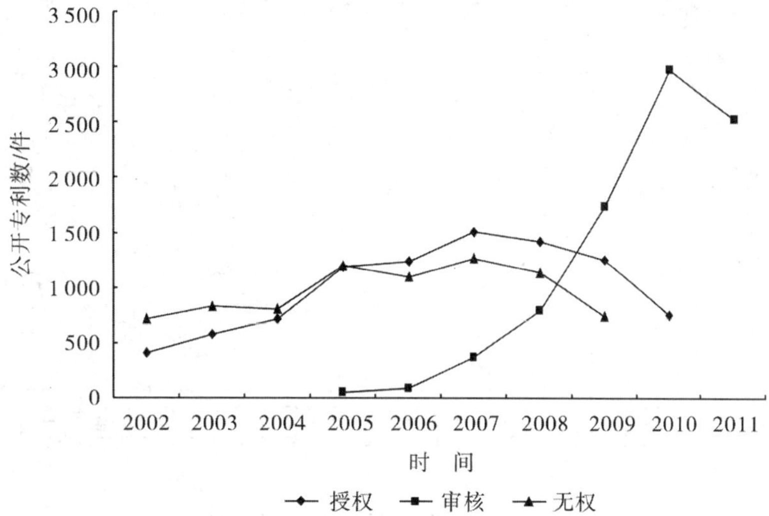

图2　2002—2011年中国表面活性剂专利公开情况图

图3为1985—2011年我国专利的申请情况。1985—2008年，我国表面活性剂专利申请数一直处于增长态势，尤其是进入21世纪，中国更加注重知识产权，专利申请数出现跨越式上升。由于2009—2011年国内还有许多专利正在审核当中，专利的申请数量呈现下降趋势，2011年降至1 514件，较2010年的2 405件减少了37.0%。

图4 为1985—2011年我国专利的公开情况。从图中可以看出，整体趋势与申请专利的情况基本相符，同样从2000年以后开始进入活跃期。2010年达到最高值，专利局公开专利数为3 930件，2011年减少到2 599件，减少了33.0%。可以看出，国家今后在专利方面将更加注重质量和实用性。

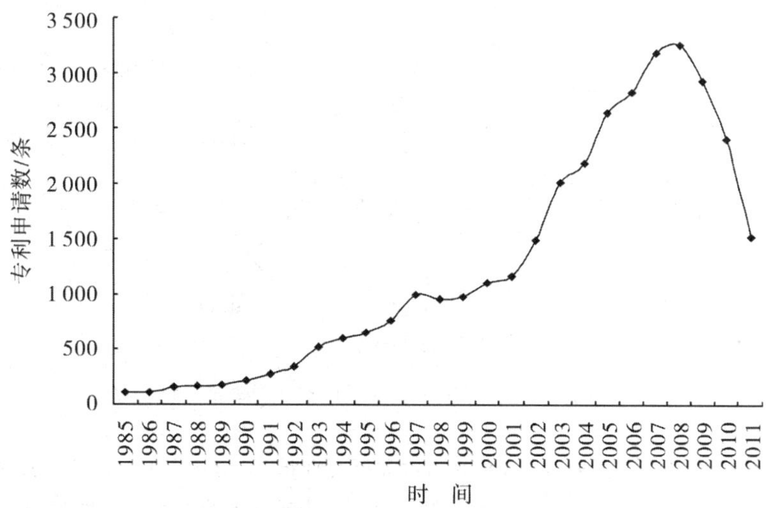

图3　1985—2011年我国专利申请情况

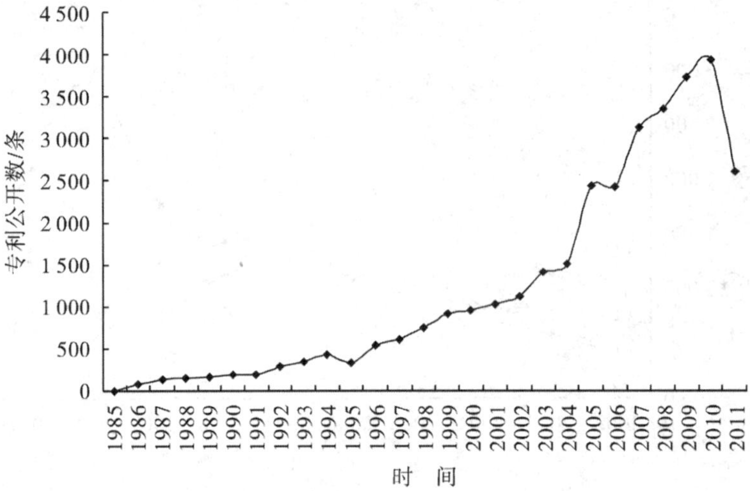

图4　1985—2011年我国专利公开情况

由于专利技术基本上可以代表专利申请人在该技术领域内核心技术的发展方向，因此对其进行研究和分析十分重要。图5为1985—2011年国内表面活性剂专利申请人排行榜。从图中可以看出，排在前10名的只有两位为中国学者，可见，中国在知识产权方面的欠缺成为我国专利保护的一个主要瓶颈。外国人在中国申请专利成为热点。R.菲舍尔以个人95件专利排在首位，C.埃尔德伦和P.达门分别以87件和84件分别排名二三位。排名第四位的为西北农林科大的欧阳五庆，发明专利数为82件。

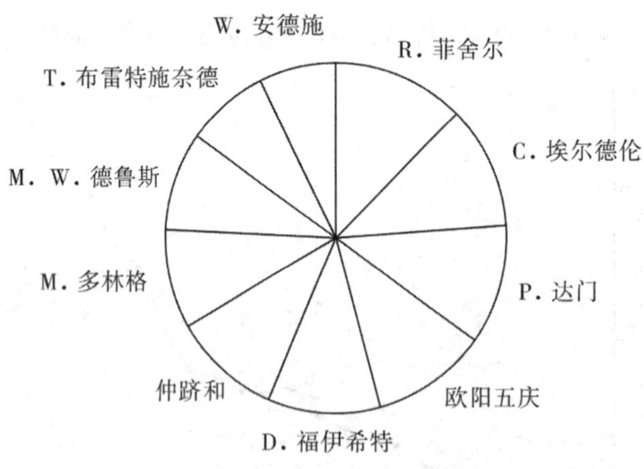

图5　1985—2011年国内表面活性剂专利申请人排行榜

图6 为目前我国表面活性剂专利所涉及的行业或专业情况。排在前三位的分别为化学和冶金、人类生活必需和作业运输以及纺织和造纸。涉及相关专业或领域的专利数分别为18 946件、12 197件、5 282件和1 857件，其中排名前三位的专利数比例超过了85.5%。表面活性剂在化学领域申请主要涉及合成和应用等，涉及人类必需品为个人护理品和化妆品的新配方，涉及纺织、运输、作业以及运输方面主要为助剂应用。

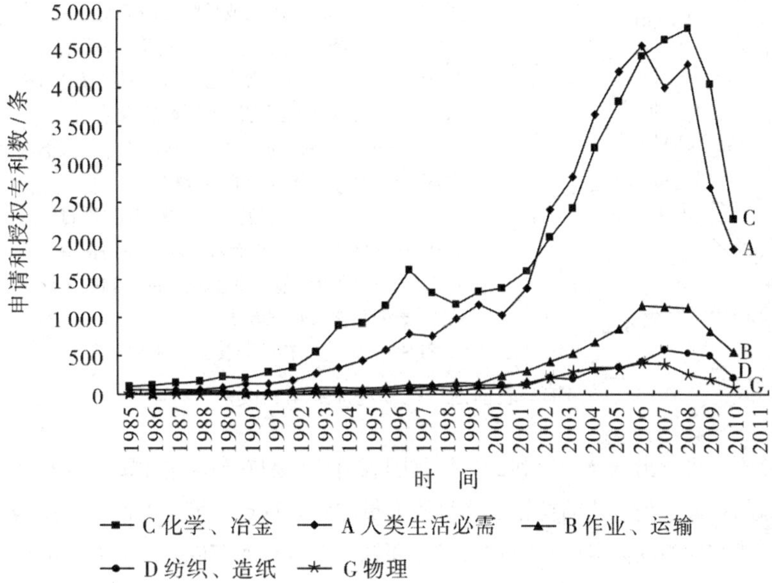

图6 表面活性剂专利统计分析

图7及图8分别为我国表面活性剂专利涉及的一些细分化学科，可以看出，医学和人们必需品成为目前表面活性剂专利主要申请领域。

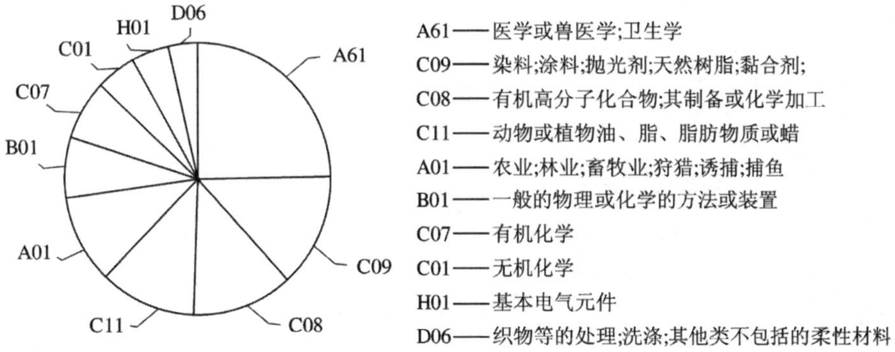

图7 表面活性剂专利涉及学科分布情况

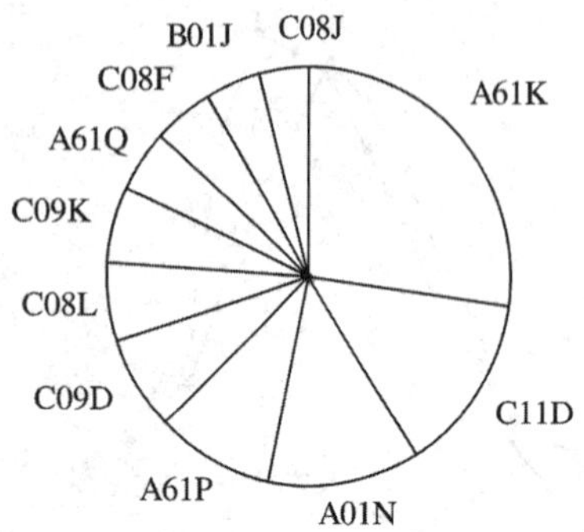

A61K——医用、牙科用或梳妆用的配制品
C11D——洗涤剂组合物;用单一物质作为洗涤剂
A01N——人体、动植物体或其局部的保存;杀生剂
A61P——化合物或药物制剂的治疗活性
C09D——涂料组合物，例如色漆、清漆、天然漆
C08L——高分子化合物的组合物
C09K——不包含在其他类目中的各种应用材料
A61Q——化妆品或类似梳妆用配制品的使用
C08F——仅用碳—碳不饱和键反应得到的高分子化合物
B01J——化学或物理方法
C08J——加工;配料的一般工艺过程

图8　表面活性剂专利涉及学科类别

通过以上分析，可看出，2010年和2011年我国表面活性剂专利申请主要表现在两个方面：一方面有关应用领域的扩展和附加值的挖掘成为科研人员的研究重点；另一方面，新型表面活性剂的物化性能以及应用研究成为国内科研院所重点研究课题。一定程度上说明中国专利的质量和水平在不断提高。

2010—2011年表面活性剂授权专利

申请号	名称	申请发明单位	发明人
200810118559.9	一种硅炔表面活性剂及其制备与应用	中国中化集团公司 沈阳化工研究院	刘冬雪，魏 峰，司乃国，等
200910223780.5	一种含三酯基阳离子双子表面活性剂及其制备方法	蚌埠丰原医药科技发展有限公司	徐荣明，陈文婕，韦亚锋，等
200910092919.7	一种阳离子双子表面活性剂及其制备方法	蚌埠丰原医药科技发展有限公司	徐荣明，陈文婕，韦亚锋，等
200910210748.3	一种阳离子表面活性剂及其制备方法	蚌埠丰原医药科技发展有限公司	徐荣明，陈文婕，韦亚锋，等
201010146420.2	一种分解含氟聚醚表面活性剂中含氟过氧化物的方法	中昊晨光化工研究院	谢学端，屈均，柏荣，等
200910075095.2	一种三聚阴离子表面活性剂	中北大学	胡志勇，郭建峰，朱海林，等
200910242383.2	一种表面活性剂及其配方体系在无碱二元复合驱中的应用	华鼎鸿基采油技术服务(北京)有限公司	刘阳，王江红，卢琼，等
200910073128.X	一种N-烷基天冬氨酰胺表面活性剂及其制备方法	大庆卓越化工科技有限公司	栾洪波，曲广淼，程仕明
200910090758.8	十五烷基酚聚氧乙烯醚强生物降解表面活性剂	北京东方晴空科技有限公司	迟钝
200910256598.X	琥珀酸含氟醇酯磺酸盐表面活性剂及其制备方法	济南大学	张书香，张炉青，耿兵，等
200910216228.3	一种双季铵盐双磺酸盐表面活性剂及其合成方法	西南石油大学	胡星琪，杨彦东，李嘉，等
200910184608.3	一种氨基酸型表面活性剂及其制法和用途	江苏钟山化工有限公司	王永生，孙红霞，崔迎春，等
200910144806.7	一种非离子型水性POSS基聚合物表面活性剂	合肥工业大学	王文平，费 明
200810141493.5	烷基亚氨基二琥珀酸盐螯合性表面活性剂及其合成方法	郑州轻工业学院	王军，杨许召，李刚森

续表

申请号	名称	申请发明单位	发明人
200910167835.5	一种新型两性双子表面活性剂及其合成方法	西南石油大学	赵田红，胡星琪，乌永兵，等
200910223779.2	一种可聚合的酯基Gemini阳离子双子表面活性剂及其制备方法	蚌埠丰原医药科技发展有限公司	徐荣明，陈文婕，韦亚锋，等
200910254625.X	一种醇胺改性地沟油制备非离子表面活性剂的方法	陕西科技大学	强西怀，张辉，毛李蓉，等
200910012746.3	含阳、非离子的丙烯酰胺型可聚合乳化剂及其制备方法	大连理工大学	乔卫红，曹翠
200910092515.8	一种烷基芳基磺酸盐阴离子表面活性剂的制备方法	北京化工大学	陈建峰，张迪，张鹏远，等
200810238975.2	一种阳离子沥青乳化剂及其制备方法和应用	中国石油天然气股份有限公司	李磊，马玲，白生军，等
200910023762.2	无溶剂聚醚接枝有机硅/双酰胺复合乳液消泡剂的制备方法	陕西科技大学	沈一丁，费贵强，李刚辉，等
200910153549.3	一种节能降耗的循环真空中和脱气工艺	浙江赞宇科技股份有限公司	方银军，林良旭，胡剑品，等
200910030473.5	一种双长链烷基甜菜碱表面活性剂的制备及其应用	江南大学	崔正刚，程 珊，蒋建中，等
200910077705.2	一种氟碳双子表面活性剂及其制备方法与应用	中国海洋石油总公司 中海石油研究中心	吕鑫，张健
200910030472.0	一种双长链烷基氧化胺表面活性剂的制备及其应用	江南大学	崔正刚，孔云，蒋建中，等
200910027864.1	一种具有柔性连接基的双子型两性表面活性剂及其制备方法	南京工业大学	陈洪龄，孙永明
200810209588.6	磺酸盐双子表面活性剂及其制备方法	齐齐哈尔大学	徐 群，李珊珊，王丽艳
200810219284.8	一种表面活性剂及其制备方法	中国科学院广州化学研究所	沈敏敏，甘露，哈成勇
200810045962.3	一种阳离子双子表面活性剂及合成方法	西南石油大学	胡星琪，王梓民

续表

申请号	名称	申请发明单位	发明人
200810021438.2	一种邻苯二甲酸酯基阳离子双子表面活性剂及其制备方法	安徽大学 安徽中天化工有限公司	潘忠稳，王春生，赵以梅，等
200810045963.8	一种脂肪酸双酯双磺酸盐表面活性剂及制备方法	西南石油大学	陈洪，叶仲斌，樊力，等
200710133830.1	造纸工业用高纯琥珀酸酯系列表面活性剂的制备方法	东南大学 句容市宁武化工有限公司	刘松琴，吴亚峰，应军，等
200810152433.3	烷基酚聚氧乙烯醚三聚表面活性剂及其制备方法	河北工业大学	黎钢，刘荣，徐念，杨芳，等
200810203552.7	一种全氟丙烯基季铵盐阳离子表面活性剂、合成方法和用途	上海瀛正科技有限公司	王嘉，郝振文，冯莉，等
200910030323.4	松香基磺酸盐型双子表面活性剂及制备方法	中国林业科学研究院林产化学工业研究所	宋湛谦，贾卫红，饶小平，等
200910068150.5	一种烷基酚聚氧乙烯醚三聚表面活性剂的合成方法	河北工业大学	黎钢，杨芳，刘荣，等
200910055494.2	一种功能性高分子表面活性剂及其用途	上海美亚企业集团能源发展有限公司	张蕊
201010503173.7	一种阳离子表面活性剂离子选择电极功能膜的制备方法	中国日用化学工业研究院	杜志平，薛伟，王万绪，等
201010250089.9	一种油酸甲酯环氧化的方法	中国日用化学工业研究院	康保安，周喜阳，武华萍，等
200910025833.2	一种分散高级脂肪醇混合物的方法	南京四新科技应用研究所有限公司	吴飞，曹治平，钟翔，等
200710179265.2	一种磺酸盐表面活性剂的制备方法及用途	中国石油天然气股份有限公司	任敏红，董玲，乔琦，等
200810166640.4	通过打开蛋白质二硫键制备蛋白质基表面活性剂的方法	广西工学院	李军生，李丽娜，程海涛，等
200780006354.5	含有短链和长链组分的表面活性剂混合物	巴斯夫欧洲公司*	U.施泰因布伦纳，C.基伯格，等
200910058759.4	一种烯丙基型表面活性大单体的制备方法	成都理工大学	钟传蓉，王世高，彭绣花

续表

申请号	名称	申请发明单位	发明人
200910069618.2	以哌嗪作连接基团的壬基酚聚氧乙烯醚三聚表面活性剂	河北工业大学	黎钢，祁健，杨芳，等
200910069619.7	以哌嗪作连接基团的壬基酚聚氧乙烯醚二聚表面活性剂	河北工业大学	黎钢，祁健，杨芳，等
200910058760.7	一种4-乙烯基苄基型表面活性大单体的制备方法	成都理工大学	钟传蓉，蒋留峰，蒋笙翠
200810122068.1	一种硫酸酯盐氟表面活性剂的制备方法	浙江工业大学	史鸿鑫，沈海民，项菊萍，等

2010—2011年表面活性剂公开专利

申请号	名称	申请发明单位	发明人
200910059039.X	一种带有双键的双子表面活性剂制备方法	中国科学院成都有机化学有限公司	冯玉军，苏鑫，楚宗霖
200810151789.5	一种去除土壤石油烃类污染物的新型脱附剂	南开大学	马小东，卢 媛，孙红文
200910060443.9	一种不对称型阳离子表面活性剂及其制备方法	湖北大学 黄石龙骏化工科技有限公司	张金枝，伍小憩，邹其超，等
200910060445.8	一种对称型阳离子表面活性剂及其制备方法	湖北大学 黄石龙骏化工科技有限公司	邹其超，伍小憩，张金枝，等
200910065648.6	一种新型含硼阳离子表面活性剂及其制备方法	郑州大学	王建设，王留成，赵建宏，等
200910070437.1	一种聚醚表面活性剂及制备方法	天津市峰纯科技发展有限公司	张允中，段铁纯，王以强，等
200910260868.4	包含粘弹性表面活性剂的液体和其使用方法	罗狄亚公司	M.S.达汉纳亚克，杨江，等
200910052239.2	一种钠盐腰果酚新型表面活性剂及其制备方法	上海美东生物材料有限公司	黎明，全春生
200910052240.5	一种钙盐腰果酚新型表面活性剂及其制备方法	上海美东生物材料有限公司	黎明，全春生
200910052241.X	一种钾盐腰果酚新型表面活性剂及其制备方法	上海美东生物材料有限公司	黎明，全春生
200910184609.8	一种水溶性增稠剂及其制法和在农药制剂中的应用	江苏钟山化工有限公司	王永生，孙红霞，崔迎春，等
200910210747.9	一种阳离子表面活性剂及其制备方法	蚌埠丰原医药科技发展有限公司	徐荣明，陈文婕，韦亚锋，等
200980101870.5	稳定乳液及其制备方法	阿克佐诺贝尔股份有限公司	B.H.奥，J.J.M.巴尔图森
200810045423.X	一种长链磺酸型甜菜碱表面活性剂及其制备方法	中国科学院成都有机化学有限公司	冯玉军，楚宗霖

续表

申请号	名称	申请发明单位	发明人
200810222244.9	烷基封端烷基酚聚氧乙烯醚苯磺酸盐表面活性剂及其制备	中国科学院理化技术研究所	赵 濉，周朝辉，徐志成，等
200910214115.X	一种金刚烷基甜菜碱型两性表面活性剂及其制备方法	广东工业大学	郭建维，朱乐杰，关念云，等
201010171491.8	非离子表面活性剂组合物及其应用	台州绿岛化妆品有限公司	虞岳荣，王小兵
201010208715.8	一种两性离子型Gemini表面活性剂及其合成方法	西北大学	赵建社，刘永永，李晓萍，等
201010194655.9	杂交型含氟表面活性剂的制备和在弱阳离子织物三防整理剂中的应用	湖北大学	杨婷婷，高庆，徐莹莹，等
200810045424.4	一种长链羧基甜菜碱表面活性剂及其制备方法	中国科学院成都有机化学有限公司	冯玉军，楚宗霖
200910272914.2	一种阳离子表面活性剂及其制备方法	武汉鹤龟涂料有限公司	柳毅，王念贵
201010146384.X	生物表面活性剂及其制备方法和应用	东北农业大学	王宏燕，赵伟，耿美云，等
200810238800.1	具有居贝特结构的烷基聚氧乙烯醚表面活性剂及其制备方法和用途	中国科学院理化技术研究所	赵濉，徐志成，周朝辉，等
200810209720.3	一种羧酸盐双子表面活性剂及其制备方法	齐齐哈尔大学	徐 群，李珊珊，王丽艳
200910193007.9	一种农药用的T型结构有机硅表面活性剂的制备方法	广州天赐有机硅科技有限公司	张宇，张利萍，林祥坚，杨等
200910193931.7	一种淀粉烷基苷表面活性剂的制备方法	华南理工大学	张宏伟，孙丹丹，陈港
200880115557.2	乳剂组合物和农药乳剂组合物	日本曹达株式会社	大力启司，甲斐彻太郎
200810176575.3	复合分散剂和正极材料组合物与正极及锂离子二次电池	比亚迪股份有限公司	谢皎，曹义，潘福中
200910232532.7	一种聚醚改性硅氧烷的消泡组合物	江苏赛欧信越消泡剂有限公司	杨柏忠
201010228644.8	含烷基三氧基的耐水解双尾三硅氧烷表面活性剂	惠州学院	彭忠利

续表

申请号	名称	申请发明单位	发明人
200910204896.4	一种类双子型嵌段聚醚磺酸盐表面活性剂及其制备方法与应用	南京擎宇化工研究有限公司 长兴德源环保助剂	秦敦忠，王德新，刘娟，等
200910059042.1	一种长链阳离子双子表面活性剂及其制备方法	中国科学院成都有机化学有限公司	冯玉军，楚宗霖，夏雨
200910092918.2	含烯键联接基阳离子双子表面活性剂及其制备方法	蚌埠丰原医药科技发展有限公司	徐荣明，陈文婕，韦亚锋，等
200910116784.3	酶法烷基多糖苷表面活性剂	凤台县精华助剂有限公司	朱传路
200910221181.X	一种氨基磺酸型两性表面活性剂及其合成方法	任朝华 罗跃 陈大钧	任朝华，罗跃，陈大钧，黄璟
201010223005.2	一种自乳化剂及其在三次采油中的应用	孙安顺	孙安顺
200910217429.5	双子表面活性剂及其制备方法	齐齐哈尔大学	徐群，王丽艳，邢凤兰，等
201010217644.8	苯撑-双(N-烷基)酰胺基羧酸钠表面活性剂及其合成方法	西南石油大学	胡星琪，陈明贵，罗利娟，等
201010145324.6	糖苷类耐碱性非离子表面活性剂的制备	上海发凯化工有限公司	董万田，王丰收，杨庆利，等
200880009072.5	水基颜料制剂	科莱恩金融(BVI)有限公司	B.费希纳，C.沙菲尔，A.沃德勒
200910175232.X	1,3-二氧杂环己烷缩醛型双阴离子表面活性剂的制备方法	山西大学	张昭，翟文杰，边建红
200910153551.0	一种连续真空管式中和生产低二噁烷含量的脂肪醇聚氧乙烯醚硫酸盐的工艺	浙江赞宇科技股份有限公司	方银军，夏雄燕，邹欢金，等
201010017173.6	一种非离子表面活性剂及制造方法	苏州元素集化学工业有限公司	浦惠明，惠安健，陆军
200780049663.0	烷氧基化物混合物表面活性剂	陶氏环球技术公司	皮埃尔·T.瓦里诺，卡拉·S.韦伯，等
200910022122.X	一种阴离子型GEMINI表面活性剂及合成方法	西安楚龙达化工有限公司	文 龙，权海静

续表

申请号	名称	申请发明单位	发明人
200910127439.X	聚甘油烷基醚型非离子表面活性剂	大赛璐化学工业株式会社	坂西裕一，村冈成实
200810243505.5	一种高效两性双子表面活性剂及其合成方法	南京金杉汽车工程塑料有限责任公司	孙 瑜，汪家宝，李文博，等
200910099739.1	双子结构表面活性剂的制备方法	巨化集团公司	席先锋，孔丽苹
200810201013.X	六氟环氧丙烷齐聚物型氟碳表面活性剂的合成及应用	张永明 韩璐璐 裴素鹏	张永明，韩璐璐，裴素鹏，等
200910203837.5	非离子型表面活性剂作为乳液聚合的乳化剂的用途	考格尼斯知识产权管理有限责任公司	罗纳德·克拉格，马库斯·谢勒，托马斯·施利夫卡，等
200810131032.X	一种低聚阳离子表面活性剂的制备方法	中国科学院成都有机化学有限公司	冯玉军，苏鑫
200910000332.9	一种含氨基和乙氧基的三硅氧烷表面活性剂的制备方法	北京工商大学	韩 富，周雅文，徐宝财，等
200810131026.4	一类双尾季铵盐阳型离子表面活性剂及其制备方法	中国科学院成都有机化学有限公司	冯玉军，陈 志，孙玉海，等
200910203836.0	低倾点的水性表面活性剂组合物	考格尼斯知识产权管理有限责任公司	罗纳德·克拉格，马库斯·谢勒，托马斯·施利夫卡，等
201010502589.7	一种脱氢枞酰胺乙基磺酸盐型表面活性剂、其合成方法及其在三次采油中的应用	东北石油大学	于涛，丁伟，曲广淼，等
201110007554.0	氟碳表面活性剂的制备方法	上海三爱富新材料股份有限公司 华东理工大学	李慧，徐于娇，粟小理，等
201010611474.1	表面活性剂苄基–二羟乙基–2–羟基十二烷基氯化铵及其制备方法	湖北大学	王念贵
201010511676.9	一种含糖基的表面活性剂及其制备、测量方法	中国林业科学研究院林产化学工业研究所	宋湛谦，宋冰蕾，商士斌，等

续表

申请号	名称	申请发明单位	发明人
200910236660.9	一种支链醚型阴离子表面活性剂及其制法	中国石油化工股份有限公司 中国石油化工股份有限公司北京化工研究院	胡建军，于芳，王建宇，等
201110047235.2	可降解阳离子型双子座(Gemini)表面活性剂	华东理工大学	王利民，胡霞云，韩超，等
201110113718.8	不对称两性离子型Gemini表面活性剂及其制备方法	上海大学	沈卫平，徐园，卜海冬
201110058605.2	一种氨基酸型氟碳表面活性剂、合成方法及应用	上海瀛正科技有限公司	王嘉，端木亭亭，王培源，等
201010503050.3	一种磺基甜菜碱型两性双子表面活性剂及其合成方法	东北石油大学 大庆油田有限责任公司	曲广淼，程杰成，丁伟，等
201010538350.5	一种糖基季铵盐双子表面活性剂及其合成方法	郑州轻工业学院	王军，杨许召，李妮妮，等
201010292221.2	一种羧酸盐型双子表面活性剂及合成方法	长江大学	赖璐，梅平，霍松，等
201010532886.6	一种双子表面活性剂及其制备方法	中国海洋石油总公司 中海石油研究中心 西南石油大学	柳建新，郭拥军，吕鑫，等
201010259314.5	松香基螯合双子表面活性剂及制备方法	中国林业科学研究院林产化学工业研究所	饶小平，宋湛谦，商士斌，等
201010514697.6	一种聚醚表面活性剂的制备方法	中国海洋石油总公司 中海石油研究中心 山东大学	张磊，吕鑫，张健，谭业邦
200910176968.9	一种聚丙烯酰胺表面活性剂及其制备方法	中国石油化工股份有限公司北京化工研究院	吴江勇，于芳，吴巍，等
201010011605.2	用于高温高矿化度油藏化学驱三次采油的粘弹性表面活性剂混合液、其制备方法及应用方法	中国石油化工股份有限公司胜利油田分公司地质科学研究院	孙换泉，李振泉，冯玉军，等
201110103899.6	一种Bola型表面活性剂	苏州大学	王祥荣，刘萍萍

续表

申请号	名称	申请发明单位	发明人
201110056137.5	一种含氟表面活性剂及其制备方法	江苏嘉业氟材料科技有限公司	邹玥
201110062964.5	氟碳阳离子双子及杂化双子表面活性剂及其合成方法	中国科学院成都有机化学有限公司	王继宇，冯玉军，苏鑫
201110107832.X	N,N–二烷基丙酰胺脂肪烷基甜菜碱两性表面活性剂、制备方法及其在三次采油中的应用	孙安顺	孙安顺
201110162138.8	油脂制备N–脂肪酰基氨基酸类表面活性剂的方法	北京工商大学	徐宝财，周雅文，张世朝，等
201010293283.5	一种可聚合表面活性剂	佛山市科的气体化工有限公司	蔡洪喜
201010535763.8	一种自乳化松香基表面活性剂乳液及制备方法	中国林业科学研究院林产化学工业研究所	饶小平，宋湛谦，商士斌
201110061086.5	一种两性梳形嵌段聚合物表面活性剂及其制备方法	赵争艳	赵争艳
201010522318.8	一种双子氨基酸基表面活性剂及其制法和用途	江苏钟山化工有限公司	王永生，孙红霞，申宝兵，等
201010586568.8	一种阳离子型氨基葡萄糖表面活性剂的合成方法	台州市丰润生物化学有限公司	李林德，张治平，刘爱平
201110117613.X	一种多羟基松香基季铵盐双子表面活性剂的制备方法	桂林理工大学	邓卫星，张永昌，李苗，等
201110170165.X	一种羟磺基甜菜碱两性表面活性剂的制备方法	河南省道纯化工技术有限公司	牛乃秀，彭雪萍，娄平均，等
201110184530.2	一种季胺盐阳离子表面活性剂的制备方法及其应用方法	厦门市闽发实业有限公司	黄振宇，欧阳庆丰
201110108620.3	一种可调控的未变性天然胶原表面活性剂及其制备方法	四川大学	李国英，邓茹，刘文涛
201010521986.9	双长链均三嗪类两性表面活性剂及其合成方法	大连理工大学	乔卫红，李静，朱友益，等
201110307646.0	一种双烷基二甲基季铵盐及制备方法	中国日用化学工业研究院	耿涛，姜亚洁，李秋小，等

续表

申请号	名称	申请发明单位	发明人
201110072857.0	一种聚羧酸系列梳型表面活性剂的制备方法	中国日用化学工业研究院	杜志平，林圣森，王万绪，等
201010227756.1	无溶剂法制备糖苷磺基琥珀酸酯盐的工艺	中国日用化学工业研究院	杨秀全，白亮，张军，等
201010138949.X	一种高聚合度烷基糖苷的制备方法	中国日用化学工业研究院	杨秀全，白亮
201010118962.9	一种用脂肪醇与二苯醚制备烷基二苯醚的工艺	中国日用化学工业研究院	牛金平
201010166101.8	一种制备脂肪酸酯磺酸盐的工艺	中国日用化学工业研究院	牛金平，韩亚明，韩向丽，等
201010138944.7	一种石油馏分油不同族组分磺酸盐的制备方法	中国日用化学工业研究院	牛金平，李秋小，黄述州，等
201010100221.8	一种烷醇酰胺的制备工艺	中国日用化学工业研究院	杨秀全，白亮，程玉梅
201010576103.4	一种丙烯酸酯类高分子表面活性剂及其制备方法	余林华	余林华
201110007851.5	两亲性蛋白—聚羟基脂肪酸酯颗粒结合蛋白PhaP的新用途	清华大学	陈国强，魏岱旭
201019102042.5	一种用于水基体系的多功能表面活性剂组合物及其制备方法	天津赛菲化学科技发展有限公司	张舜，韩薇
201010147210.5	耐高温高盐双羧酸盐双子表面活性剂及其制备方法	中国石油化工股份有限公司上海石油化工研究院	沈之芹，王辉辉，杨一青，等
201010541986.5	炔丙醇类季铵盐表面活性剂及其制备方法	西华师范大学	蒋晓慧，涂胜，周丽梅，等
201110132096.3	一种高效二元驱油用表面活性剂、制备方法及其应用	孙安顺	孙安顺
201110022454.5	表面活性剂组合物及其用途	上海三爱富新材料股份有限公司	陆雯，朱鹰，袁利兵，等
201110085169.8	一种聚甘油全氟烯基醚混合物及其制备方法	浙江工业大学	史鸿鑫

续表

申请号	名称	申请发明单位	发明人
201110085353.2	一种全氟烷氧基羧酸聚甘油酯混合物及其制备方法	浙江工业大学	史鸿鑫
201110022671.4	一种双子季铵盐表面活性剂合成方法和作为减阻剂的应用	天津市职业大学	李建生，孙宝丰，何韬，等
201010585793.X	一种非离子癸酰基葡萄糖胺表面活性剂的合成方法	台州市丰润生物化学有限公司	李林德，张治平，刘爱平
201110047285.0	一种阳离子型烷基多糖苷表面活性剂制备方法	河南省道纯化工技术有限公司	牛华，娄平均，朱红军，等
201010197900.1	一种表面活性剂及其制备和应用	北京中油锐思技术开发有限责任公司	罗健辉，卞德智，丁彬，等

综上，专利在促进我国表面活性剂研究和产业发展中的作用不言而喻。近年来，我国国内申请人在表面活性剂发明专利申请的数量和质量上虽有所提高，但面对国际市场和强大的对手还显现出不足，国内表面活性剂行业在专利战略的运用上和国际水平尚存相当大的差距，专利申请未形成有竞争力的核心专利技术及外延专利技术。

2010—2011年表面活性剂主题论文发表

1 美国化学会（ACS）论文统计

通过对美国化学会“surfactant”题名检索，2010—2011年，全球在ACS所属期刊杂志内发表表面活性剂论文总计347篇，其中研究性论文318篇，占91.6%，快报类24篇，比例为6.9%，其他7篇，占2.0%。

从期刊杂志收录情况来看：J. Phys. Chem.收录214篇，占61.67%，Langmuir收录120篇，占34.58%，两种期刊总计收录超过330篇；从内容方面分析，涉及胶体与表面化学的论文190篇，占54.8%，涉及聚合物合成及性能的论文15篇，占4.3%，生物学论文12篇，医药11篇，表面活性剂洗涤剂12篇。

2 英国皇家化学会（RSC）

通过对英国皇家学会“surfactant”题名检索，2010—2011年，全球在RSC所属期刊杂志内发表表面活性剂论文总计150篇，其中研究性论文89篇，占82%，快报类20篇，其他41篇。Chem. Comm.收录20篇，Soft Matter 收录50篇。

3 Elsevier SDOL数据库

通过对ElsevierSDOL数据库专线进行“surfactant”题名检索，通过分析可知，2010—2011年，该数据库总计收录表面活性剂论文868篇，排名顺序为：Journal of Colloid and Interface Science（97），Colloids and Surfaces A: Physicochemical and En.（75），Biophysical Journal（46），Journal of Hazardous Materials（24），Colloids and Surfaces B: Biointerfaces (18)，Electrochimica Acta (16)，Materials Chemistry and Physics (15)，Applied Surface Science (14)，Biochimica et Biophysica Acta (BBA) – Biomembra (14)，Journal of Alloys and Compounds (14)，Microporous and Mesoporous Materials (14)，Chemical Engineering Journal (12)，Journal of Molecular Liquids (12)，The Journal of Pediatrics (11)，Bioresource Technology (10)，Journal of Chromatography A (10)。从内容上看，涉及CATB的44篇，涉及SDS的33篇，肺表面活性剂物质23篇，蛋白质表面活性剂21篇，TX-100 20篇，界面化学17篇，表面张力研究17篇，双子表面活性剂13篇，表面活性剂溶液性能研究12篇，涉及非离子、阳离子和阴离子表面活性剂内容的文章分别为12篇、10篇和7篇，涉及特种表面活性剂合成及性能应用64篇，涉及孔材料合成148篇，涉及催化剂合成70篇，涉及基本物理化学性能研究50篇。

4 2010年CNKI统计状况

通过CNKI网络期刊检索系统分析可以看出，2010年以“表面活性剂”为题名发表的论文总计有1 037项。其中涉及有机化工437篇，涉及化学类的191篇，石油天然气工业91篇，环境科学与资源利用98篇，无机化工类87篇。比较2010年，2011年以“表面活性剂”为题名发表的论文总计1 011篇，较2010年减少了2.5%。其中涉及有机化工学科383篇，同比减少12.1%，化学学科增至212篇，增幅为

11.0%，石油天然气工业和环境科学分别为100篇和101篇，增幅分别为9.9%和3.06%（见表1、表2所示）。

表1 CNKI“表面活性剂”主题论文涉及学科类别

编号	学科类别	2010年	2011年	增幅/%
1	有机化工	437	383	-12.1
2	化学	191	212	11.0
3	石油天然气工业	91	100	9.9
4	环境科学与资源利用	98	101	3.06
5	无机化工	87	52	-39.1
6	工业通用技术及设备	71	16	-77.5
7	轻工业手工业	55	34	-38.2
8	材料科学	40	55	37.5
9	一般化学工业	32	31	-3.1
10	药学	28	28	0.0
11	生物学	26	28	7.7
12	工业经济	26	14	-46.2
13	植物保护	18	20	11.1
14	矿业工程	17	—	—
15	金属学及金属工艺	9	17	88.8

从内容方面分析可看出，2010年涉及表面活性剂一般问题的论文数达到324篇，合成和应用的论文篇数分别为71篇和38篇。生物表面活性剂作为新兴产品开始被关注，相关发表论文数量达到了34篇。如果加上其他类型的特种表面活性剂品种，2010年全年cnki涉及新型、绿色、生物和特种表面活性剂的论文综述在150篇以上，一定程度上预示了未来行业的发展方向。相比较，2011年相关文章涉及表面活性剂一般问题、合成和应用均出现减少，分别减少了18.8%、15.7%和23.7%，涉及表面张力、双子表面活性剂、临界胶束浓度研究的文章的分别为50篇、39篇和31篇，分别增加了35.1%、34.5%和47.6%。

表2 表面活性剂主题论文涉及内容

编号	内容	2010年/篇	2011年/篇	增幅/%
1	表面活性剂一般问题	324	263	-18.8
2	合成	70	59	-15.7

续表

编号	内容	2010年/篇	2011年/篇	增幅/%
3	应用	38	29	-23.7
4	表面张力	37	50	35.1
5	生物表面活性剂	34	37	8.8
6	Gemini表面活性剂	29	39	34.5
7	阴离子表面活性剂	28	25	-10.7
8	非离子表面活性剂	25	15	-40.0
9	表面活性剂性能	23	23	0.0
10	临界胶束浓度	21	31	47.6
11	双子表面活性剂	21	39	85.7
12	阳离子表面活性剂	21	18	-14.3
13	表面活性	21	30	42.9
14	界面张力	19	29	52.6
15	吸附	16	22	37.5

表3和图1为2010—2011年cnki“表面活性剂”题名检索期刊出版情况。可看出，目前涉及表面活性剂内容主要期刊有《日用化学品科学》、《日用化学工业》、《应用化工》、《精细化工》和《中国洗涤用品工业》等。

表3 “表面活性剂”题名期刊出版情况

编号	期刊名称	2010年/篇	2011年/篇
1	日用化学工业	28	32
2	日用化学品科学	27	18
3	应用化工	16	16
4	精细化工	13	15
5	油田化学	7	13
6	中国洗涤用品工业	15	12
7	大庆石油学院	—	10
8	科学技术与工程	—	10
9	物理化学学报	11	10
10	精细石油化工进展	—	10

续表

编号	期刊名称	2010年/篇	2011年/篇
11	中国石油大学（华东）	7	8
12	中国皮革	—	8
13	广东化工	7	8
14	化工进展	—	8
15	山东师范大学	—	7

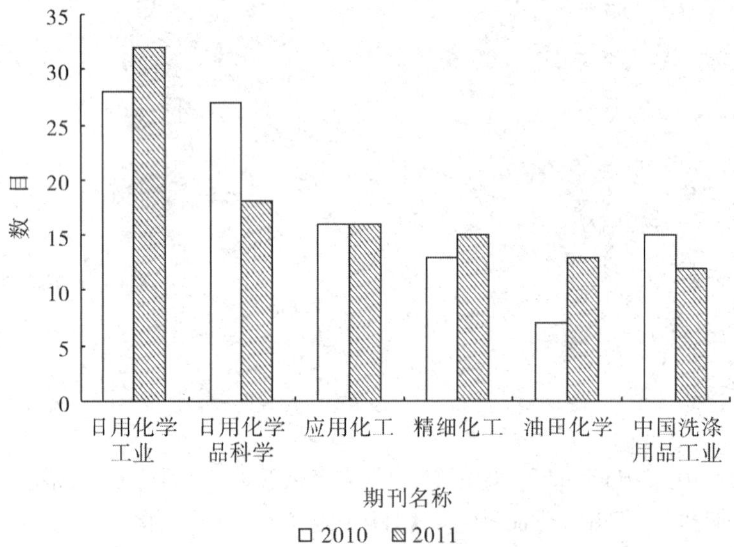

图1 "表面活性剂"题名期刊出版情况

从表4研究基金资助方面分析可以看出，2010年国家自然科学基金项目发表文章总计119篇，2011年增至151篇，增幅为26.9%，2011年国家高技术研究发展计划和国家科技支撑计划项目较2010年有所减少，分别减少了7篇和9篇。

表4 研究资助分类

编号	资助机构	2010年/篇	2011年/篇
1	国家自然科学基金	119	151
2	国家高技术研究发展计划（863计划）	28	21
3	国家科技支撑计划	23	14
4	国家重点基础研究发展计划（973计划）	20	11
5	高等学校博士学科点专项科研基金	11	6
6	山东省自然科学基金	8	9

续表

编号	资助机构	2010年/篇	2011年/篇
7	江苏省自然科学基金	7	5
8	中国石油天然气集团公司石油科技中青年创新基金	7	7
9	陕西省教委基金	7	2
10	陕西省自然科学基金	6	1
11	山东省优秀中青年科学家科研奖励基金	5	3
12	跨世纪优秀人才培养计划	5	3
13	陕西省科技攻关计划	5	—
14	中国博士后科学基金	4	5
15	教育部留学回国人员科研启动基金	4	4

综上可以看出未来表面活性剂的发展趋势，随着表面活性剂在工业和民用领域中的应用越来越广，对品种和性能的研究变得非常重要。国外表面活性剂的主要研究方向为安全、温和、易生物降解，而我国在这方面的工作才刚刚起步。为适应国际发展潮流，有必要组成专业性较强的表面活性剂工程研究中心，系统地进行新产品开发和工程化研究。由于表面活性剂产品品种多，应用范围广，且由于我国在该领域基础薄弱，所涉及的亟待解决的问题也多，应注重系统开发安全、温和、易生物降解、具有特殊作用的表面活性剂，研究其构效关系，为新型产品的开发和应用提供理论基础；对现有产品的生产工艺进行改造，提高工业安全性；研究表面活性剂在工业催化方面的应用；加强复配技术的研究，开拓已有产品的应用范围。

2010—2011年主要表面活性剂论文统计

编号	题名	作者	文献来源	发表时间
1	CdTe量子点荧光法测定阳离子表面活性剂	陈志兵，刘夏，马凤侠，等	分析试验室	2010-09-15
2	表面活性剂增敏荧光光度法测定牛奶中的三聚氰胺	黄晖，李丽，马乔，等	分析化学	2010-02-15
3	表面活性剂复配在三次采油中的应用	张国印，刘庆梅，李凌云，等	中外能源	2010-02-15
4	阴离子双子表面活性剂的油水界面张力研究	方文超，唐善法，胡小冬，等	石油钻采工艺	2010-09-15
5	阴离子表面活性剂在水溶液中的耐盐机理	赵涛涛，宫厚健，徐桂英，等	油田化学	2010-03-25
6	表面活性剂与触变剂对磁流变液沉降稳定性的影响	陈维清，杜成斌，万发学	磁性材料及器件	2010-04-15
7	表面活性剂CTAC对活性污泥的脱水性能及其机理研究	李恺，叶志平，李焕文，等	华南师范大学学报	2010-05-25
8	两性/阴离子表面活性剂复配体系性能研究	傅明连，郑炳云，陈彰旭，等	应用化工	2010-01-28
9	超声波-表面活性剂协同提取盾叶薯蓣总皂苷	刘树兴，侯屹，李祥	精细化工	2010-06-15
10	一种双磺酸盐表面活性剂的合成与表面性能研究	杨彦东，胡星琪，陈明贵，等	应用化工	2010-08-28
11	松香基双子阳离子表面活性剂的抑菌性能研究(英文)	贾卫红，饶小平，宋湛谦，等	林产化学与工业	2010-02-15
12	Gemini表面活性剂的研究进展及应用	杜丹华，王全杰，朱先义	皮革与化工	2010-02-25
13	双子型阴离子表面活性剂的合成及浮选性能	姜小明，陈晓阁，解田	应用化学	2010-06-10
14	双子表面活性剂的研究进展	黄洪，雷鸣，黄伟欣	化学与生物工程	2010-07-25
15	基于表面活性剂的温拌SMA混合料性能	秦永春，黄颂昌，徐剑，等	建筑材料学报	2010-02-15

续表

编号	题名	作者	文献来源	发表时间
16	非离子双子表面活性剂的合成研究进展	樊国栋，刘香云	科技导报	2010-02-28
17	表面活性剂非共价功能化处理制备碳纳米管悬浊液	胡长员，廖晓宁，李文魁，等	过程工程学报	2010-02-15
18	油茶副产物在绿色表面活性剂中的利用与研究进展	宋冰蕾，商士斌，宋湛谦	生物质化学工程	2010-03-15
19	表面活性剂临界胶束浓度测定方法的研究进展	赵喆，王齐放	实用药物与临床	2010-04-15
20	新型绿色表面活性剂——烷基糖苷	陈士杰	安徽化工	2010-04-15
21	绿色表面活性剂烷基糖苷的生产与应用	张宇，贾艳梅	精细与专用化学品	2010-06-21
22	基于含氟表面活性剂修饰的金纳米粒子测定卡托普利	张楠，张丽娟，吕超	中国科学:化学	2010-06-15
23	阴离子表面活性剂与阳离子的相互作用	曹绪龙，吕凯，崔晓红，等	物理化学学报	2010-07-15
24	助表面活性剂醇对柴油微乳液的影响	陈中元，谷晓昱	石油化工	2010-04-15
25	表面活性剂十二烷基苯磺酸钠(SDBS)和十二烷基磺酸钠(SDS)对安氏伪镖水蚤的急性毒性研究	陈清香，吕军仪	生态毒理学报	2010-02-15
26	NaBr对杂双子表面活性剂C_mOhpNC_8水溶液吸附和聚集的影响	谢丹华，周天华，赵剑曦	应用化学	2010-03-10
27	表面活性剂辅助水热法制备碳酸铝铵纤维及其生长机理初探	朱振峰，孙洪军，刘辉，等	人工晶体学报	2010-02-15
28	烷基芳基磺酸盐结构对原油-表面活性剂-碱体系油-水界面张力的影响	丁伟，李安军，于涛，等	石油学报（石油加工）	2010-02-25
29	工业水处理表面活性剂的减阻性能研究	李建生，李霞，魏清	工业水处理	2010-01-20
30	有机硅表面活性剂的制备及乳化性能	夏俊维，陈洪龄，刘姝	有机硅材料	2010-03-25
31	反应型聚氨酯非离子表面活性剂的合成及其性能	张彪，金勇，苗青，等	中国皮革	2010-01-03

续表

编号	题名	作者	文献来源	发表时间
32	Gemini型阳离子表面活性剂的合成及其对高岭石矿物的浮选性能	钟宏，黄志强，王超男，等	精细化工中间体	2010-02-28
33	低碳醇对氟碳与碳氢表面活性剂复配体系泡沫性能的影响	王彦玲，郑晶晶，赵修太，等	化工学报	2010-05-15
34	阴离子与非离子表面活性剂复配体系反胶团的电导研究	刘金彦，韩外慧，张燕，等	物理化学学报	2010-06-15
35	络合剂/表面活性剂对溶剂热法制备钴纳米花的影响	李浩，张喜斌	无机盐工业	2010-06-10
36	吸收式热泵中表面活性剂的强化机制研究	孙健，付林，张世钢	制冷与空调	2010-06-28
37	阳离子型氨基葡萄糖表面活性剂的合成及其性能研究	范金石，田亚琴	化学与生物工程	2010-07-25
38	表面活性剂水溶液的减阻机理分析	蔡书鹏	湖南工业大学学报	2010-07-15
39	全氟辛酸、全氟辛基磺酸乙醇胺盐表面活性剂的性质研究	周洪涛，潘多强，邢航，等	化学研究与应用	2010-01-15
40	气-液界面间表面活性剂物质的吸附状态	何飞，胡耀强，刘立	应用化工	2010-01-28
41	特种表面活性剂和功能性表面活性剂(Ⅶ)——生物表面活性剂的性能及应用研究进展	张腾，徐宝财，周雅文，等	日用化学工业	2010-02-14
42	新型低聚表面活性剂的合成及表面活性	李杰，王晶，陈巧梅，等	精细石油化工	2010-01-18
43	煤层气井用黏弹性表面活性剂压裂液性能评价	孙晗森，罗陶涛，刘春琴，等	石油钻采工艺	2010-07-15
44	表面活性剂减阻试验研究	徐诚，李玉胜，吴海浩，等	油气储运	2010-02-25
45	二元表面活性剂体系微乳液的相行为及热力学研究	李嘉诚，邱学青，杨东杰，	高校化学工程学报	2010-02-15
46	生物表面活性剂及其在化妆品中的应用	束影，周培	日用化学品科学	2010-03-25
47	生物表面活性剂-微生物强化紫花苜蓿修复多环芳烃污染土壤	刘魏魏，尹睿，林先贵，	环境科学	2010-04-15

续表

编号	题名	作者	文献来源	发表时间
48	表面活性剂增敏阻抑动力学光度法测定痕量镧(Ⅲ)	王晓菊，赵仑	冶金分析	2010-04-15
49	表面活性剂增敏催化动力学光度法测定痕量钯	杨雪静，杨亚玲，刘谋盛，等	分析试验室	2010-05-01
50	曙红亚甲基蓝分光光度法测定水中阳离子表面活性剂	谭蓉，秦宗会	日用化学工业	2010-04-14
51	光谱与停流荧光法研究肌红蛋白及其突变体D60K与表面活性剂的相互作用	李宜雯，曹洪玉，唐乾，等	物理化学学报	2010-06-15
52	荧光光度法测定地表水中阴离子表面活性剂	李红英	环境监测管理与技术	2010-06-25
53	季铵盐双子表面活性剂的缓蚀性能研究	王军，栾立辉，杨许召，等	腐蚀科学与防护技术	2010-05-25
54	表面活性剂协同超声波提取大豆豆荚黄酮的工艺研究	王纯荣，颜贤仔，周雯雯	安徽农业科学	2010-05-01
55	非离子表面活性剂溶致液晶的流变性质	魏娟，王仲妮，赵静，等	食品与药品	2010-05-10
56	表面活性剂在煤浮选中的作用机理与应用	任小荣，谷晓庆	中国洗涤用品工业	2010-06-15
57	稳态荧光探针法测定Tween系列非离子表面活性剂临界胶束浓度	章苏宁，张健，宋晓秋，等	光谱实验室	2010-07-25
58	磺基甜菜碱氟碳表面活性剂的泡沫性能研究	王彦玲，郑晶晶，赵修太，等	硅酸盐通报	2010-04-15
59	用于驱油的以重烷基苯磺酸盐为主剂的表面活性剂的工业化生产	陈卫民	石油化工	2010-01-15
60	表面活性剂增敏动力学光度法测定痕量钴(Ⅱ)	张丹扬，杨亚玲，崔邶周，等	分析科学学报	2010-08-20
61	木质素两性表面活性剂的合成及表面物化性能	徐永建，付旭东	精细化工	2010-08-15
62	黏弹性表面活性剂压裂液在低渗油田的应用现状	刘忠运，颜娜，伍锐东，等	化学工业与工程技术	2010-06-28

续表

编号	题名	作者	文献来源	发表时间
63	双子表面活性剂解除地层液相伤害可行性研究	张大椿，李远亮，唐善法，等	油气地质与采收率	2010-07-25
64	阴离子表面活性剂压裂液的研制及在苏里格气田的应用	丁里，吕海燕，赵文，等	石油与天然气化工	2010-08-15
65	长春岭油田表面活性剂驱可行性	刘立平，王云龙，刘福林，等	大庆石油学院学报	2010-08-15
66	大庆三次采油用表面活性剂技术现状及发展方向	杨勇，王海峰，刘然，等	中外能源	2010-10-15
67	非离子表面活性剂对助焊剂润湿性能的影响	徐冬霞，王东斌，韩飞，等	电子元件与材料	2010-09-05
68	甘薯淀粉糖苷表面活性剂的合成及性能研究	王青宁，宋莹，张飞龙，等	化工科技	2010-04-15
69	生物质表面活性剂研究现状及展望	史楷岐，邵双喜，蒋岚，等	皮革科学与工程	2010-10-28
70	有机硅表面活性剂对螺旋粉虱防治药剂的增效作用	黄超福，张扬，曾东强，等	广东农业科学	2010-10-10
71	二烷基乙氧基硫酸钠阴离子双子表面活性剂的合成及其表面活性	柳建新，郭拥军，吕鑫，等	精细化工	2010-01-15
72	阴离子表面活性剂在水/正烷烃界面的分子动力学模拟（英文）	肖红艳，甄珍，孙焕泉，等	物理化学学报	2010-02-15
73	双子表面活性剂的合成及在制革业中的应用	张换换，刘浪浪，刘军海	西部皮革	2010-01-15
74	驱油用表面活性剂的发展及界面张力研究	仉莉，吴芳，张弛，等	西安石油大学学报	2010-11-25
75	磺基甜菜碱表面活性剂的合成及其性质研究	郑延成，黄倩，王龙涛	长江大学学报	2010-09-15
76	生物表面活性剂强化微生物修复多环芳烃污染土壤的初探	刘魏魏，尹睿，林先贵，等	土壤学报	2010-11-15
77	驱油用耐温抗盐表面活性剂的研究进展	陈锡荣，黄凤兴	石油化工	2010-12-15
78	新型低聚表面活性剂的合成及其性能	李杰，王晶，陈巧梅，等	石油与天然气化工	2010-02-15
79	十二烷基甘油醚羧酸盐阴离子表面活性剂的合成及性能研究	杨明，蒋惠亮，顾信鸽，等	应用化工	2010-02-28

续表

编号	题名	作者	文献来源	发表时间
80	$ZnIn_2S_4$的制备及其表面活性剂辅助的形貌控制生长	魏清莲，穆帅，严亚，等	无机化学学报	2010-02-10
81	竹炭磺酸催化一步法合成表面活性剂烷基糖苷的研究	柳群英，周文富	广东化工	2010-02-25
82	表面活性剂对聚合物分散液晶光电性能的影响	张凯，杜鑫，李儒，等	液晶与显示	2010-02-15
83	脂肪酸糖酯类表面活性剂的合成及应用	孙月娥，王卫东	化学通报	2010-04-18
84	阴/非表面活性剂对菲污染砂土柱淋洗研究	赵保卫，车海丽，王海峰，等	农业环境科学学报	2010-03-20
85	反应时间、芯壁比及表面活性剂用量对阿维菌素微囊制备的影响	滑海涛，李敏，翟晓曼，等	农药学学报	2010-03-15
86	一株产表面活性剂的菌株的筛选及现场试验研究	郭辽原，郭省学，宋智勇，等	西安石油大学学报	2010-03-25
87	三元复合驱中表面活性剂的应用与发展	孙建峰，刘大锰，郭东红，等	石油钻采工艺	2010-03-15
88	阴离子表面活性剂测定方法的探讨	张静茹，燕永利，王振清	内蒙古石油化工	2010-04-15
89	磺酸型双子表面活性剂大规模制备与性能研究	苏鑫，王继宇，蔡久能，等	广州化工	2010-03-15
90	可聚合表面活性剂在(微)乳液聚合中的应用	李红，张龙，胡道道	材料导报	2010-01-10
91	表面活性剂废水处理技术的研究进展	姜波	黑龙江环境通报	2010-03-15
92	表面活性剂辅助六方相纳米二硫化钼的水热合成及表征	冯玉立，李平，张军，等	河南科技大学学报	2010-04-15
93	表面活性剂修复重金属污染土壤的研究进展	郝春玲	安徽农学通报	2010-05-10
94	猪油制备烷醇酰胺表面活性剂	龚旌	闽江学院学报	2010-03-25
95	表面活性剂对煤尘湿润性能的影响研究	黄维刚，胡夫，刘楠琴	矿业安全与环保	2010-06-10
96	聚合表面活性剂的合成及其应用	张群，朱友益，马德胜	日用化学工业	2010-06-14

续表

编号	题名	作者	文献来源	发表时间
97	水中阴离子表面活性剂分析方法研究进展	李光	环境科技	2010-06-15
98	一种梳状表面活性剂的合成及应用	甘露，沈敏敏，邓莲丽，等	现代化工	2010-04-20
99	非离子型Gemini表面活性剂的性质	林梅钦，丁波，郑晓宇，等	应用化工	2010-04-28
100	Bola型表面活性剂1,12-二组氨酸基十二烷基二胺盐的性质研究	陈玉霞	应用化工	2010-04-28
101	低温洗涤用表面活性剂的研究	闫菡，郑利强	中国洗涤用品工业	2011-02-15
102	阴离子双子表面活性剂性能研究	刘霜，唐善法，刘湘，等	断块油气田	2011-01-25
103	多胺修饰β-环糊精与阴离子表面活性剂的相互作用	孙焕泉，刘敏，曹绪龙，等	高等学校化学学报	2011-04-10
104	糖脂类生物表面活性剂的性质及其潜在应用进展	何海洋，陆利霞，姚丽丽，等	化工进展	2011-03-05
105	活性炭催化臭氧化表面活性剂的研究	刘海龙，焦茹媛，赵霞，等	环境科学	2011-03-15
106	正交优选表面活性剂提取山楂黄酮的工艺研究	潘芳芳，高佳，陈京	中国当代医药	2011-02-18
107	疏水缔合聚丙烯酰胺与双子表面活性剂的相互作用	陈洪，李二晓，叶仲斌，等	物理化学学报	2011-03-15
108	无盐咪唑啉两性表面活性剂的合成及性能研究	郑彤，华慢，黄建邦	日用化学品科学	2011-02-25
109	油田用非离子型及阴-非离子型表面活性剂的应用进展	唐红娇，侯吉瑞，赵凤兰，等	油田化学	2011-03-25
110	一种稠油热/化学驱用表面活性剂性能研究	李锦超，葛际江，吴芳，等	石油与天然气化工	2011-04-15
111	表面活性剂-微波辅助提取香椿黄酮	李秀信，张军华	食品与发酵工业	2011-01-31
112	我国洗涤用绿色表面活性剂最新进展	王泽云，陈海兰	日用化学品科学	2011-07-25
113	表面活性剂的应用及其对环境的影响	胡晓玥，李多松	北方环境	2011-06-28

续表

编号	题名	作者	文献来源	发表时间
114	微波强化Fenton氧化法降解水中阴离子表面活性剂的研究	陈芳艳，施琦，唐玉斌	水处理技术	2011-06-10
115	磺酸盐型三聚表面活性剂的合成及其表面活性	李晨，胡志勇，朱海林	化工中间体	2011-12-15
116	表面活性剂作为黄原胶发酵促进剂的应用研究	王桂兰，张晓元，陈晓燕，等	中国生化药物杂志	2011-12-20
117	Gemini表面活性剂(12-6-12)和DNA的相互作用	王万霞，何云飞，尚亚卓，等	物理化学学报	2011-01-15
118	季铵盐聚氧乙烯醚三硅氧烷表面活性剂的合成与界面性能	罗儒显，陈耀彬	精细化工	2011-02-15
119	新型烷基苯磺酸盐Gemini表面活性剂的合成与性质	邰书信，高志农，葛玉舒，等	武汉大学学报	2011-02-24
120	黏弹性表面活性剂在煤粉上的吸附性能研究	杨宇，郭春华，罗陶涛	煤炭学报	2011-01-15
121	氨基聚醚改性有机硅表面活性剂的合成研究	张鹏，王琨，陈杰，等	吉林化工学院学报	2011-01-15
122	化学复合驱用甜菜碱型表面活性剂的研究进展	郑自刚，侯吉瑞，赵凤兰，等	化学研究与应用	2011-01-15
123	表面活性剂改性有机沸石对废水中亚甲基蓝的吸附行为	张秀兰，栗印环，张灵芝，等	化学研究	2011-01-25
124	不同浓度表面活性剂聚集形态的分子动力学模拟	丁伟，史鹏，于涛，等	科学技术与工程	2011-01-08
125	正、负离子表面活性剂凝胶化正丁醇	卢婷，王晓东，张涛	物理化学学报	2011-02-15
126	表面活性剂在功能洗涤剂中的研究	崔迎春，乔卫红	中国洗涤用品工业	2011-02-15
127	表面活性剂界面吸附行为的分子动力学模拟	刘国宇，顾大明，丁伟，等	石油学报（石油加工）	2011-02-25
128	生物表面活性剂的合成及应用研究	尹凯，郭晓锋，陶彭均，等	精细与专用化学品	2011-02-21
129	双子表面活性剂的应用研究进展	曹云丽，徐伏，王莉，等	日用化学工业	2011-02-14
130	表面活性剂协同微波提取大豆荚黄酮的研究	王纯荣，郑国栋，颜贤仔	江西农业大学学报	2011-02-20

续表

编号	题名	作者	文献来源	发表时间
131	水杨酸钠对阳离子Gemini表面活性剂水溶液中蠕虫状胶束形成和性质的影响	裴晓梅，赵剑曦，魏西莲	物理化学学报	2011-04-15
132	表面活性剂的发展	冯瑜	日用化学品科学	2011-02-25
133	有机硅琥珀酸酯表面活性剂的合成与表征	王学川，雒香，贺宝元，等	现代化工	2011-01-20
134	阴离子双子表面活性剂合成现状及应用前景	高欢泉，于文	日用化学品科学	2011-03-25
135	聚氧乙烯型表面活性剂在化妆品中的应用	黄荣	日用化学品科学	2011-01-25
136	氟表面活性剂对驱油剂复配体系性能的影响	王晶，丁丽芹，王小泉	油田化学	2011-03-25
137	阳离子表面活性剂存在下水/有机两相体系中双环戊二烯氢甲酰化	皮晓栋，周娅芬，周丽梅，等	催化学报	2011-04-20
138	表面活性剂	佚名	电镀与精饰	2011-03-15
139	表面活性剂对苏云金芽孢杆菌J-1降解BDE-209的影响	王芳芳，尹华，龙焰，等	环境科学学报	2011-04-06
140	新型羧酸盐Gemini表面活性剂的合成及表面活性	李杰，佟威，陈巧梅，等	科学技术与工程	2011-03-28
141	表面活性剂对蓝点笛鲷幼鱼急性毒性研究	施钢，陈刚，张健东，等	安徽农业科学	2011-04-20
142	表面活性剂-微波法提取野生刺五加黄酮工艺	王纯荣，颜贤仔，查龙华	食品科技	2011-05-20
143	新型非离子表面活性剂茶皂素的研究进展	郭霞，许荣年，秦志荣	中国洗涤用品工业	2011-04-15
144	表面活性剂在逆胶束酶反应系统中的作用机制	梁运姗，袁兴中，曾光明，等	中国科学:化学	2011-05-15
145	新型磺酸盐聚氨酯表面活性剂的制备及性能	林东恩，胡守印，张逸伟	华南理工大学学报	2011-03-15
146	磺酸型双子表面活性剂的溶致液晶结构研究	徐凌燕，杨继萍	化学学报	2011-02-14

续表

编号	题名	作者	文献来源	发表时间
147	磺基甜菜碱两性表面活性剂的结构性质	李振泉，延辉，宋新旺，等	化学学报	2011-04-28
148	咪唑啉基季铵盐型双子表面活性剂的合成与性能	葛君，樊国栋，柴玲玲	精细化工	2011-05-15
149	阴离子-阳离子-非离子三元复配型表面活性剂制备微乳化柴油	李苏，吕效平，韩萍芳	南京工业大学学报	2011-03-15
150	三次采油用表面活性剂优选方法研究	刘其成	科学技术与工程	2011-04-08
151	联结基对磺酸盐型双子表面活性剂的界面张力和起泡性能的影响	赵修太，倪洁，王彦玲，等	石油学报	2011-04-25
152	季铵盐双子表面活性剂的合成及其杀菌性能研究	毛学强，何帅，李君，等	合成化学	2011-04-20
153	生物表面活性剂的特性及其在环境污染治理中的应用	李富兰，颜杰	安徽农业科学	2011-04-10
154	表面活性剂生物降解性的研究进展	曹素珍，李正，等	日用化学工业	2011-04-14
155	非离子表面活性剂OP-10浊点的影响因素研究	苏学军	安徽农业科学	2011-04-01
156	表面活性剂在中药药剂学中应用	张付轩，孟德阳，楚中亚	中国中医药现代远程教育	2011-03-23
157	Gemini表面活性剂与DNA在气/液界面上的相互作用	康雪丽，陈启斌，尚亚卓，等	物理化学学报	2011-06-15
158	双子表面活性剂的合成及其表面活性	丁伟，景慧，梁宝，等	合成化学	2011-06-20
159	含Gemini离子型表面活性剂正负复配行为研究	宋利，白红艳，李雷	广西轻工业	2011-06-15
160	表面活性剂溶液润湿性质的实验研究进展	叶学民，王欢，马少栋，等	华北电力大学学报	2011-05-30
161	耐盐型双子表面活性剂驱油体系研究	胡小冬，欧阳向南，者邹玮	精细与专用化学品	2011-07-21
162	联吡啶双子表面活性剂的性质及构效关系	王梓民，胡星琪，陈洪，等	应用化工	2011-06-28

续表

编号	题名	作者	文献来源	发表时间
163	Gemini表面活性剂的驱油体系研究	朱森，刘丽娟，程发	天津城市建设学院学报	2011-06-30
164	两种季铵盐阳离子表面活性剂对番茄灰霉病菌的毒理效应	李祥英，赵丽静，陈召亮，等	植物保护学报	2011-06-15
165	甜菜碱表面活性剂的合成及在三次采油中的应用	白术波，王彦伟	科技创新导报	2011-07-01
166	聚合物—表面活性剂二元复合体系微观及宏观驱油特征	董文龙，徐涛，李洪生，等	油气地质与采收率	2011-05-25
167	脂肪酸烷醇酰胺磷酸酯表面活性剂的合成及性能研究	郑延成，黄倩，梅平，等	日用化学工业	2011-08-14
168	高分子表面活性剂配制的氯氰菊酯水乳剂杀虫效果研究	纪德群，张磊，胡美英，等	广东农业科学	2011-03-25
169	具有支状疏水链的磺酸盐型双子表面活性剂的合成与性能	赵修太，宋奇，王彦玲，等	油田化学	2011-09-25
170	新型双子表面活性剂的合成及性能研究	朱春光，胡星琪	精细石油化工进展	2011-05-25
171	表面活性剂对TiO_2/CNT苯酚与碳酸二甲酯酯交换活性的影响	葛鑫，李碧静，胡静，等	化学学报	2011-10-14
172	新型卵磷脂/非离子表面活性剂混合胶束的制备研究	梅方义，曹栋	食品工业科技	2011-08-10
173	一类含酰胺基的两性双子表面活性剂的合成与性能研究	刘昱容，张珍仙	分子科学学报	2011-09-28
174	中等浓度表面活性剂溶液流变特性的实验研究	马宁，魏进家	西安交通大学学报	2011-10-25
175	表面活性剂-Pd修饰Ti电极的制备及电化学性能表征	李保华，高明，马燕	环境科学与技术	2011-11-04
176	产表面活性剂根际菌协同龙葵修复镉污染土壤	黄文	环境科学与技术	2011-11-04
177	表面活性剂在胶团强化超滤中的应用	韩粉女，祁刚，郁桂云，等	环境科学与技术	2011-12-14
178	土壤阴离子表面活性剂总量亚甲基蓝法研究	万汉兴，邹立，王丽，等	环境科学与技术	2011-12-14

续表

编号	题名	作者	文献来源	发表时间
179	双酯基季铵盐表面活性剂的合成及性能研究	刘佳煊	河南化工	2011-12-10
180	表面活性剂降低水相析晶点的研究	陆丽园，钱月亮，张东杰，等	煤矿爆破	2011-12-25
181	非离子表面活性剂对木质纤维素酶解的促进作用	孙付保，娄秀平，洪嘉鹏，等	化工进展	2011-12-05
182	咪唑类离子液体表面活性剂的合成及其形成微乳液的增溶能力研究	秦承宽	化学试剂	2011-11-15
183	硫酸盐型孪连表面活性剂及其复配体系的泡沫性能	刘平，李阳，吕成远	精细化工	2011-11-15
184	表面活性剂辅助提取桑叶总黄酮的工艺研究	董树国，陆钊，曹宏梅	安徽农业科学	2011-11-10
185	油酸基三聚表面活性剂的合成与性能	宋冰蕾，宋湛谦，商士斌	化工进展	2011-12-05
186	高活性阴离子-非离子双子表面活性剂合成及性能	沈之芹，李应成，沙鸥，等	精细石油化工进展	2011-09-25
187	松香基双羧酸盐双子表面活性剂的合成及性能	饶小平，宋湛谦，商士斌	生物质化学工程	2011-11-30
188	含双子表面活性剂酸性清洁压裂液的合成与性能	朱红军，牛华，娄平均，等	精细石油化工进展	2011-10-25
189	阳离子表面活性剂作用下制备一维纳米结构聚苯胺	尹华杰，杨继萍	高等学校化学学报	2011-11-10
190	阴离子表面活性剂SDBS对真丝纤维接枝反应过程的影响	王景景，沈一峰，江崃，等	蚕业科学	2011-12-15
191	表面活性剂在胶团强化超滤中的应用	韩粉女，祁刚，郁桂云，等	环境科学与技术	2011-12-15
192	土壤阴离子表面活性剂总量亚甲基蓝法研究	万汉兴，邹立，王丽，等	环境科学与技术	2011-12-15
193	阴离子双子表面活性剂GA8-4-8油水界面张力研究	胡小冬，唐善法，葛林文，等	油气地质与采收率	2011-11-25
194	三头基型季铵盐表面活性剂的合成及表面性能研究	罗利娟，胡星琪，耿向飞，等	应用化工	2011-11-28
195	阴离子型双子表面活性剂的合成及性能评价	董阳阳，赵田红，余辉	应用化工	2011-11-28

续表

编号	题名	作者	文献来源	发表时间
196	表面活性剂辅助提取葛根总黄酮的工艺研究	付信宝，周长征	食品与药品	2011-11-10
197	一种新型松香基季铵盐Gemini表面活性剂的合成与性能	汪凯明，张永昌，李苗，等	印染助剂	2011-11-20
198	双子表面活性剂界面活性的研究	马素俊，孙玉海，冯茜，等	石油化工	2011-09-15
199	表面活性剂—聚合物二元复合体系评价指标探讨	董玲，张群志，李织宏，等	油气地质与采收率	2011-03-25
200	烷基苯磺酸盐表面活性剂的界面性能研究	杨昭，王福平，李钢，等	化学工业与工程技术	2011-02-28

注：主要统计影响和被引数排名前200篇文章。

期刊出版

1《日用化学工业》

《日用化学工业》是国内外公开发行的“全国中文核心期刊”、“中国科技核心期刊”和“RCCSE中国核心学术期刊”。自1971年创刊以来，该刊紧密结合日化行业科研与生产的实践，满足日化市场的需要，贯彻“理论联系实际、普及与提高相结合”和“双百”方针，面向行业，面向市场，以学术界、企业界、产业界的广大科研及管理人员等为主要服务对象，及时报道和传递日化行业的基础理论、科技成果、生产技术、发展趋势以及有指导意义或应用价值的科技知识等，大力推动我国日化行业的科技进步和经济繁荣。

早在20世纪80年代初，《日用化学工业》就被美国《化学文摘》（CA）收录，收录率逐年攀升，并于2002年进入CA千刊表。进入21世纪以来，陆续被国外多个有影响力的数据库收录：如俄罗斯《文摘杂志》（AJ）、美国《剑桥科学文摘》（CSA）、波兰《哥白尼索引》（IC）、《日本科学技术振兴机构中国文献数据库》（JST）、美国《乌利希期刊指南》（UPD）及《英国皇家化学学会系列文摘》（RSC）。该刊同时被国内多个大型数据库争先收录。《日用化学工业》的影响因子逐年攀升，期刊文献评价其他指标数据逐年增大，如引用半衰期、被引频次等。据中国知网统计，《日用化学工业》的机构用户达3 707个，分布在12个国家，个人读者分布在19个国家和地区。

《日用化学工业》还曾多次获国家“科技情报成果奖”，部委“科技进步奖”以及“优秀科技期刊奖”，“中国北方优秀期刊”奖，《中国学术期刊（光盘版）检索与评价数据规范》执行“优秀奖”，并始终保持山西省学术类“一级（优秀）期刊”的荣誉。

《日用化学工业》主要报道表面活性剂及其原料、洗涤用品（包括洗涤剂、皮肤清洁剂、洗发香波及肥香皂等）及其专用助剂、个人护理用品（包括各类化妆品和口腔卫生用品等）及其专用添加剂和香精香料的学术论文、科研成果及技术革新成果、国内外研究进展及开发利用情况等。

主要栏目：研究与开发、专论与综述、科技讲座以及分析与检测等。

主管：山西省科学技术厅

主办：中国日用化学工业研究院

国际刊号：ISSN 1001-1803

国内刊号：CN 14-1320/TQ

2《日用化学品科学》

《日用化学品科学》由中国日用化学工业研究院主管和主办，由中国日用化学工业信息中心出版发行。经过多年的发展，该刊已在行业中树立了权威形象，成为日化领域人士的首选刊物之一。期刊围绕国内外日化市场与前沿科技，读者面向广大管理人员、市场营销商、销售人员、技术人员、政府官员及科研院校工作者，为国内外公开发行的科学技术月刊。

《日用化学品科学》作为中国期刊方阵“双效期刊”和“第三届国家百种重点期刊奖”的获奖期刊，目前已被俄罗斯《文摘杂志》、《美国化学文摘》（CA）、《哥白尼索引》（IC）及《剑桥科学文摘：材料信息》收录，同时被《中国期刊网》、《中国学术期刊（光盘版）》、《中国核心期刊（遴选）数据库》、《中国科技期刊数据库》、《万方数据库》和《中国期刊全文数据库》等全文收录。到2007年，连续10年荣获山西省一级期刊。

办刊宗旨：树立品牌绿色消费理念，创造

品牌诚信消费氛围。

刊物定位：以专业的视角诠释品牌产品，以科学的思维引导品牌消费。

报道范围：表面活性剂、洗涤剂及其功能性洗涤助剂、肥（香）皂、化妆品、口腔卫生用品及其他个人护理用品等最新科技发展前沿、相关领域的市场经济发展动态、产品销售商情、营销战略、品牌策划、热点探讨及行业管理法律法规等内容，同时覆盖材料和能源相关内容。

主要栏目：行业经纬、热点关注、科技广场、公司专栏、管理·法规、市场营销、要闻链接以及配方·专利等。

主办：中国日用化学工业研究院

国际刊号：ISSN 1006-7264

国内刊号：CN 14-1210/TQ

3《中国洗涤用品工业》

《中国洗涤用品工业》是中国洗涤用品工业协会会刊，为国内外公开发行的国家级刊物。创刊20多年来，《中国洗涤用品工业》杂志与行业共同成长、共同发展，致力于向业内外全面展示中国家庭和个人护理用品行业特别是洗涤用品行业的发展面貌，倾力打造中国日化行业的核心媒体。

《中国洗涤用品工业》报道范围涉及个人清洁护理用品、家居清洁护理用品、工业和公共场所清洁用品等领域，以及相关的原料、设备制造行业和油脂化工行业。此外，该刊还为企业间的信息沟通和技术交流提供各种形式的服务，积极宣传优秀企业，致力于塑造行业品牌，打造企业知名度，提升企业美誉度，传播企业文化，输出企业价值观。积极宣传国家对相关行业的发展政策，密切关注和报道洗涤用品行业及相关行业的技术进展，及时追踪行业发展中的热点问题并提供深度分析。

主要栏目：协会动态、会员在线、市场研究、应用与研究、新技术新产品以及专利与文摘等。

主管：中国轻工业联合会

主办：中国洗涤用品工业协会

国际刊号：ISSN 1672-2701

国内刊号：CN 11-3366/TS

4《中国油脂》

《中国油脂》（原名《油脂工业》、《油脂科技》），创刊于1976年。由国家粮食局主管、国家粮食储备局西安油脂科学研究设计院主办，面向国内外公开发行的全国唯一一份油脂行业国家重点科技期刊。《中国油脂》是中文核心期刊、中国科技核心期刊、中国科学引文数据库核心库期刊、中国期刊方阵期刊、中国科技论文统计源期刊、中国学术期刊综合评价数据库来源期刊、中国科学引文数据库来源期刊、科技部万方期刊数据库来源期刊。被美国《化学文摘》（CA）（进入千刊表）、美国《剑桥科学文摘》（CSA）、俄罗斯《文摘杂志》（AJ）、日本《科学技术文献速报》列为收录期刊。《中国油脂》连续两届荣获我国科技期刊最高奖——第二、三届国家期刊奖百种重点期刊奖、全国优秀科技期刊奖、全国期刊方阵双期刊奖。

《中国油脂》集科学性、权威性、创新性、指导性和实用性于一体，以推动中国油脂工业的科技创新和科技进步，促进科研成果迅速转化为生产力，宣传报道油脂行业最新研究应用成果，关注行业发展热点问题，优先报道本行业的国家重点攻关项目，各种基金项目以及国际合作项目的科研成果，本学科发展前沿和热点，最新进展及展望，本领域内的突破性研究成果、高新技术应用研究成果以及产业化成果。《中国油脂》有较强的针对性，专注于油脂工业技术和设备的发展与应用，注重实用性、导向性，重视科研、生产实践等技术交流，既突出刊物的学术性和技术性，又照顾不同层次的读者对实用技术的需求，力求使《中国油脂》杂志在本学科应用与储备方面具有指导作用。

主管：国家粮食局

主办：国家粮食储备局西安油脂科学研究设计院

国际刊号：ISSN 1003-7969

国内刊号：CN 61-1099/TS

5《精细化工》

《精细化工》于1984年6月创刊，国内外公开发行。它是中国化工学会精细化工专业委员会、中国精细化工协会（筹）会刊，中国百种杰出学术期刊、中国精品科技期刊、中文核心期刊、中国科技核心期刊、《中国科学引文数据库》来源期刊、《中国期刊网》及《中国学术期刊（光盘版）》全文收录期刊、《中国学术期刊综合评价数据库》来源期刊、《中国核心期刊（遴选）数据库》收录期刊、《中国学术期刊文摘（英文版）》源期刊，是中国创办最早的精细化工专业技术刊物。

该刊多次荣获原化工部、国家石化局组织评审并颁发的全国优秀化工期刊二等奖；2002年和2006年两次荣获中国石油和化学工业协会组织评定并颁发的全国优秀化工期刊一等奖、广告奖及发行奖。

该刊是美国《化学文摘》（CA）全球摘用频度最大的1 000种期刊之一；日本科学技术社中文文献数据库（JST）、俄罗斯《文摘杂志》及美国《剑桥科学文摘》（CSA）等摘用，并被中国知网全文收录。

办刊宗旨：全国精细化工界的学术交流园地；推动科技成果转化为生产力的桥梁；宣传中国精细化工技术政策的喉舌；了解世界精细化工发展动态的窗口。

报道范围涉及当代中国精细化工科学与工业的众多新兴领域。主要栏目有：功能材料、表面活性剂、电子化学品、生物工程、中药现代化技术、催化与分离提纯技术、香料与香精、医药与日化原料、食品与饲料添加剂、有机电化学与工业、皮革化学品、淀粉化学品、水处理技术、橡塑助剂、纺织染整助剂、造纸化学品、油田化学品与油品添加剂、丙烯酸系列化学品、特种染料与颜料、黏合剂、建筑用化学品、精细化工中间体及其他。内容以研究报告为主，兼容市场动态及文献综述。

主管：大连化工研究设计院

主办：大连化工研究设计院等

国际刊号：ISSN 1003-5214

国内刊号：CN 21-1203/TQ

6《精细化工中间体》

《精细化工中间体》（原名《湖南化工》），创刊于1971年。2001年，在广泛征求编委及有关专家意见的基础上，更名为《精细化工中间体》，其目的一是顺应期刊发展趋势，改变原综合性期刊性质，向科技性、专业性期刊方向发展；二是考虑到精细化工在化工行业的主导地位，特别是精细化工中间体的研发有着极其重要的意义，而当时国内并无精细化工中间体技术交流的专业性刊物，故为了促进精细化工中间体的研发，决定突出刊物的专业性。该刊定位于报道国内外农药、医药及其中间体和其他有机合成原料等精细化学品的工艺进展、精细化工及有机中间体的科研成果。

《精细化工中间体》先后成为美国《化学文摘》（CA）全球重点收录期刊，俄罗斯《文摘杂志》（AJ）、《剑桥科学文摘》（CSA）、英国皇家学会《分析文摘》（AA）收录期刊，入选《中国学术期刊综合评价数据库》、《中国核心期刊（遴选）数据库》、《万方数据-数字化期刊群》全文上网，成为《中国期刊网》、《中国学术期刊（光盘版）》、《中文科技期刊数据库》及《CEPS中文电子期刊服务》原文收录期刊。

主要栏目：专论与综述、药物及中间体、染料及中间体、有机化工原料、功能材料、其他、专利信息及开发指南等。全面报道该领域的科研开发、工艺改进、市场信息等最新动态。

主办：湖南化工研究院

国际刊号：ISSN 1009-9212

国内刊号：CN 43-1354/TQ

7《油田化学》

《油田化学》为专业技术性刊物，是受原石油部（现中国石油天然气集团公司）委托创办的全国性石油科技期刊，主办单位为四川大学高分子研究所、高分子材料工程国家重点实验室。报道内容为我国石油工业油气田勘探、开发、油气开采、集输、储运中应用化学剂和化学方法的科技成果及国内外现状和进展，包括油田化学剂的研制、生产、结构性能研究、分析配方、室内和现场评价、应用技术、作用机理、现场试验及产品市场等方面。主要读者对象是石油工业部门及科研机构的科技人员、相关专业大专院校师生。

《油田化学》服务石油工业，充当石油工业与化学化工、生物生化及工程之间的桥梁。报道领域包括钻井、固井、常规采油、二次和三次采油、集输和油田污水处理、储运、腐蚀与防护、油层损害与保护等。

《油田化学》为应用技术性期刊，以应用技术为主，兼顾应用理论与相关的基础理论，目前所设栏目有：研究论文(含简报)、专论与综述、企业与产品以及研究机构与成果等。

该刊为中文核心期刊，被《美国化学文摘》及《美国石油文摘》收录。

主管：中国石油天然气集团公司

主办：四川大学（成都科大）高分子研究所 高分子材料工程国家重点实验室

国内刊号：CN 51-1292/TE

国际刊号：ISSN 1000-4092

书籍出版

1《双子表面活性剂研究与应用》

作者：唐善法，刘忠运，胡小冬

出版社：化学工业出版社

书号：978-7-122-10706-0

出版日期：2011-07

系统介绍了双子表面活性剂的结构特征、应用前景及发展趋势；双子表面活性剂的合成研究；双子表面活性剂物理化学性能研究，包括表（界）面张力，吸附、乳化、润湿、起泡性能，增溶作用；双子表面活性剂溶液流变性能研究；双子表面活性剂在油气开采领域的应用研究等。

该书可供石油、化学化工、胶体与界面化学等领域研究人员及现场技术人员等参考，也可作为相关研究领域研究生教学参考用书。

2《表面活性剂化学（第二版）》

作者：王世荣，李祥高，刘东志，等

出版社：化学工业出版社

书号：978-7-122-07783-7

出版日期：2011-05

全面介绍了表面活性剂的分类、国内外发展概况、作用原理、功能与应用、重要类型表面活性剂的典型品种和合成方法（包括阴离子、阳离子、两性和非离子表面活性剂）、表面活性剂的复配理论和相关研究成果。对于碳氟、含硅、高分子等特殊类型的表面活性剂也进行了简要介绍。

该书可作为普通高等学校化学、化工、精细化工、应用化学及轻化工等相关专业本科生教材，也可供工程技术人员参考。

3《表面活性剂分析》

作者：焦学瞬，张春霞，张宏忠，等

出版社：化学工业出版社

书号：978-7-122-06229-1

出版日期：2009-10

系统介绍了表面活性剂的分析分离方法与技术，针对阴离子表面活性剂、非离子表面活性剂、阳离子和两性表面活性剂、混合表面活性剂给出了一般性测试方法。同时列举了每一类表面活性剂的测试方法；对于四大波谱在表面活性剂分析中的实际应用以专论的形式给出了大量的实例及分析技巧。最后介绍了环境分析中表面活性剂的分析方法。

该书方法实用，内容翔实，对于从事表面活性剂产品分析、日用化学品分析、石化产品分析、环境分析等领域的分析与应用人员有很好的参考与借鉴价值。

4《表面活性剂新应用》

作者：王军，杨许召

出版社：化学工业出版社

书号：978-7-122-06011-2

出版日期：2009-09

在介绍表面活性剂基本性能的基础上，重点介绍了表面活性剂在高新技术领域，如电子信息、生物工程和医药、新材料、农业及农用化学品、能源和高效节能以及环境保护等技术领域的应用情况。

该书可供化学、化工、材料、环境保护及相关学科的研发应用人员和生产技术人员使用，也可供高等院校相关专业师生参考或作为教材使用。

5《功能性表面活性剂制备与应用》

作者：王军，杨许召，李刚森

出版社：化学工业出版社

书号：978-7-122-04907-0

出版时间：2009-05

介绍了功能性表面活性剂这一具有一些特

定结构和性质的表面活性剂的性能。重点介绍了可分解型、反应型、螯合型、冠醚型、聚合物型、离子液体型、抗菌型、有机硅和生物表面活性剂等功能性表面活性剂的合成技术、基本性能及其在各个领域的应用。

该书可供化学、化工、材料及相关学科的研究、开发、应用人员和生产技术人员使用，也可供高等院校相关专业师生参考或作为教材使用。

6《表面活性剂——合成·性能·应用（第二版）》

作者：王培义，徐宝财，王军

出版社：化学工业出版社

书号：978-7-122-13759-3

出版日期：2012-6

介绍了表面活性剂的主要亲油基原料的性能特点、合成方法和应用领域；各种表面活性剂的分子结构特点、合成原理、基本性能和基本应用；表面活性剂的溶解性、界面性质、胶束性质、电化学性质以及添加剂对表面活性剂溶液性质的影响；表面活性剂的润湿、乳化、增溶、分散、发泡及洗涤去污等基本作用原理和应用；表面活性剂的化学生态学、环境安全以及表面活性剂生命循环周期等。

该书内容丰富，论述详细，兼具理论性和实用性，可供从事表面活性剂研究、开发、生产和管理的科研人员和工程技术人员阅读，也可作为高等院校专业教材和教学参考书。

7《表面活性剂原料手册》

作者：徐宝财

出版社：化学工业出版社

书号：978-7-122-00007-1

出版日期：2007-04

介绍了258种表面活性剂原料和中间体，内容包括以石油为基础的原料，脂肪酸及其衍生物，油脂类原料，氨基酸类原料，脂肪醇类原料，脂肪胺、酰胺及咪唑啉化合物，烷基化试剂，磺化、硫酸化试剂，磷酸化试剂，环氧烷烃和其他各类原料。对每种原材料及中间体都对其中英文名称、CAS登录号、分子式、结构式、相对分子质量、性质、产品规格、制法、用途、毒性与防护、包装及贮运以及参考生产厂家等进行了介绍。其特色在于物质的制法和用途中都有实例，合成工艺参数齐全，应用举例具体明确，对技术人员更好地选用原料和中间体很有帮助。

该书可供从事表面活性剂研发和生产的技术人员参考，也可供从事表面活性剂贸易的相关人员参考，同时也可作为高校精细化工和应用化学等专业师生的教学参考书。

8《表面活性剂制备技术与分析测试》

作者：谢亚杰，王伟，刘深

出版社：化学工业出版社

书号：978-7-5025-7847-1

出版日期：2006-03

系统全面地介绍了表面活性剂的合成制备技术，所讲述的内容力求与世界同步。具体内容包括3篇，第1篇介绍传统表面活性剂制备与性能，包括阴离子表面活性剂、阳离子表面活性剂、两性表面活性剂和非离子表面活性剂等；第2篇介绍新型表面活性剂制备与性能，包括Gemini表面活性剂、元素表面活性剂、高分子表面活性剂和生物表面活性剂等；第3篇介绍表面活性剂分析，包括表面活性剂成分分离与离子鉴别和表面活性剂仪器分析等。

该书适合作为从事表面活性剂制备与测试工作的生产人员及研究人员的参考书，也可作为部分高校相关专业学生的参考书。

9《表面活性剂》

作者：周波

出版社：化学工业出版社

书号：7-5025-7647-9

出版日期：2006-01

以表面活性剂的基本理论、技术应用能力的培养为主线，坚持“实际、实用、实践”的基本原则。内容包括：绪论、表面活性剂的功能及其作用、表面活性剂的合成、表面活性剂的复配技术、表面活性剂的应用、新型表面活性剂及发展趋势。每章编入学习目标、本章小结、思考题。某些章节各校可根据专业需要选择讲授。

该教材力求突出应用性和先进性，特别是把表面活性剂原理延伸到实际应用中去。同时对目前的新品种、新技术、新发展作以介绍。注重启迪思维，引导创新，便于自学。可作为高等职业教育精细化工、高分子材料、环境工程、制药化工、无机化工等专业及相关专业的教材，也可供从事精细化工专业的科研、生产和管理人员参考。

10《生物表面活性剂及其应用》

作者：张天胜，等

出版社：化学工业出版社

书号：7-5025-6519-1

出版日期：2005-03

系统介绍了生物表面活性剂的特性、分类、活性机理和各类生物表面活性剂的合成技术和制备方法，详细阐述了生物表面活性剂在石油开采、运输、除污、制药工业和化妆品等领域的应用。

该书可供从事生物表面活性剂开发研究和应用的科技人员阅读及大专院校相关专业师生参考。

11《水溶液中的表面活性剂和聚合物（原著第二版）》

作者：K.霍姆博格，B.琼森，B.科隆博格，B.林德曼

出版社：化学工业出版社

书号：7-5025-6376-8

出版日期：2005-03

该书视角独特地将表面活性剂和聚合物放在一起讨论，起到了连接表面活性剂水溶液理论与水溶性聚合物理论的作用。表面活性剂在实际应用中常常和聚合物处于同一体系，讨论它们之间的相互作用无疑更符合表面活性剂和聚合物在此环境条件下的物理化学行为，对实际应用具有更好的指导意义。全书共分23章，内容包括表面活性剂以及新型表面活性剂，表面活性剂间的相互作用和相行为以及流变学行为，聚合物溶液以及表面活性剂与水溶性聚合物的相互作用，表面活性剂与蛋白质的相互作用，最后还讨论了表面活性剂作为润湿剂、乳化剂和去污剂等的应用，如微乳液以及微乳液中的化学反应。

该书取材新颖、内容丰富，理论与实践并重，可作为相关专业的本科生教材，也可供相关专业的研究技术人员、高校教师和研究生参考。

12《表面活性剂作用原理》

作者：赵国玺，朱珍瑶

出版社：中国轻工业出版社

书号：7-5019-3749-4

出版日期：2003-01

本书在比较全面、系统地介绍表面活性剂的表面与胶体化学的基础上，阐述其广泛应用的原理。全书共分十五章。前三章介绍表面活性剂的基本概念与基本方法：表面活性与表面活性剂，表面活性剂溶液的基本特性，表面张力与表面自由能，疏水效应，表面活性剂的结构与类型，以及作为表面活性剂特性研究的基础数据——液体表面张力——的测定方法等。第四、五、六章介绍表面活性剂的界面化学与胶体化学性质——在各种界面上的吸附和在溶液中形成有序组合体的特性。这是认识表面活性剂本质和作用的基础。鉴于理论和实践上的重要性，第七章特别加强论述了混合表面活性剂体系的基本性质。第八章介绍一般不溶物单分子膜，并叙述了表面活性剂不溶膜的一些性质，以及固体表面上的超薄膜——LB膜。第九章到第十四章介绍了表面活性剂的一些应用基础性质，介绍了润湿、起泡、乳化、加溶、微乳化、分散及洗涤等作用，进而讨论表面活性剂在基中的作用原理。最后一章试图总结表面活性剂结构（包括聚集体结构和其再聚集结构）与性能关系的一些规律，以便作为实际应用中选定配方和工艺条件的理论依据。

本书荣获第十一届全国优秀科技图书二等奖。

展会论坛

1 国际表面活性剂和洗涤剂会议（ICSD）

国际表面活性剂和洗涤剂会议（ICSD）是由中国日用化学工业研究院主办，中国日用化学工业信息中心承办的目前国内唯一国际性的表面活性剂会议。ICSD创始于1990年，每两年逢双号年召开，截至2010年，已经成功举办了11届（见表1）。从2006年开始，ICSD每两年在中国最具活力的经济中心城市上海召开。会议紧密围绕表面活性剂和洗涤剂的研发、生产、使用、市场及信息展开交流与讨论，是世界同行了解中国以及中国企业走向世界的重要途径，成为反映当前中国表面活性剂和洗涤用品领域研发现状与发展趋势的标志性活动之一。

作为中国国内最具影响力的表面活性剂和洗涤剂领域的国际学术盛会，每两年一届的ICSD正在以其独特的感召力吸引着越来越多的国内外公司企业、高等院校、政府机构、行业协会以及业内人士积极参与，平均年参会人数保持在350以上。

表1 历届ICSD会议

日期	会议	地点	主题
1990年	1th ICSD	太原	—
1992年	2th ICSD	上海	—
1994年	3th ICSD	西安	—
1996年	4th ICSD	南京	—
1998年	5th ICSD	杭州	—
2000年	6th ICSD	成都	充满活力的亚太经济区域，最具发展潜力的中国市场
2002年	7th ICSD	深圳	经济全球化、拥抱新经济、聚焦中国大市场
2004年	8th ICSD	大连	绿色化 经济化 信息化——日化工业与可持续健康发展
2006年	9th ICSD	上海	绿色化工 创新发展——机遇、挑战、竞争、超越
2008年	10th ICSD	上海	市场引导下的技术创新与变革
2010年	11th ICSD	上海	技术与市场的国际化融合

2 中国日用化学工业论坛

中国日用化学工业论坛创始于1997年，由中国日用化学工业研究院主办，中国日用化学工业信息中心承办，每两年逢单号年举办，截至2011年，已经成功举办8届（见表2）。比较ICSD，“中国日用化学工业论坛”主要围绕化妆品、洗涤剂和个人护理产品等大众性产品，涉及内容包括终端产品以及原材料等领域。平均年参会人数规模保持在280人以上。

表2 历届中国日用化工业论坛

日期	会议	地点	主题
1997年	第一届	无锡	—
1999年	第二届	济南	—
2001年	第三届	武汉	—
2003年	第四届	大连	—
2005年	第五届	广州	创新、超越、和谐、发展
2007年	第六届	天津	自主创新、共赢发展
2009年	第七届	广州	经济全球化、拥抱新经济、聚焦中国大市场
2011年	第八届	广州	工程师——企业核心竞争力的贡献者

3 中国国际化妆品、个人及家庭护理用品原料展览会（PCHi）

PCHi是针对中国化妆品、个人及家庭护理用品制造商举办的领先展会，为业内人士提供了原料交易、与采购决策者联络及把握新商机的理想平台。

该展会活动每年在长三角地区和珠三角地区之间轮流举办，这是中国最富裕的两大区域，同时也是个人护理用品、化妆品、盥洗用品和家庭护理行业的地区性生产中心。PCHi汇聚了来自全球各地的配方师、生产商、研发技术专家和高级管理人员。作为一站式的交流平台，PCHi能够便于各方就最新市场趋势、技术创新、最新科技发展及国际法规更新等内容展开“点对点”式的信息交流。通过各种形式的市场营销举措如PCHi 赛百库、iCatch系统和专门的市场简报及介绍活动，将相关企业联合在一起，以便促成相互交易、挖掘更多的合作机会。

4 中国洗涤用品行业年会

由中国洗涤用品工业协会主办，会议协办单位有上海日用化学品行业协会、江苏省日化协会、浙江省日化协会、山东省日化协会和广东省日化商会等。自1980年洗涤用品行业生产订货会议开始，行业便每年召开一届全行业大会，中国洗涤用品工业协会成立之后，便由协会牵头，继续召开这一行业性会议。自1998年开始，正式将会议更名为“中国洗涤用品行业年会”，至今已召开了31届，时间均定为每年的11月份。发展至现在，年会已成为行业内品牌知名度最高、参加人数最多、历史最为悠久的综合性会议。近年来参加企业数量预计占全行业企业总数的80%左右，到会人数超过1 000人。会议内容涵盖了宏观经济走势、市场发展、经营管理、技术创新应用、新产品开发及新原料应用等涉及企业生产经营等各个方面。会议同期还举办“国际日化产品原料及设备包装展览会”，为参会企业提供展示和交流的平台。

5 全国三氧化硫磺化/乙氧基化技术与市场研讨会

根据我国磺化和乙氧基化技术发展的需求，并进一步推动和促进我国磺化和乙氧基化技术和产品在各个工业领域的应用，中国日用化学工业研究院、全国表面活性剂和洗涤剂行业生产力促进中心每两年举办一届“全国磺化/乙氧基化技术与市场研讨会”。会议邀请有关专家、学者和工程技术人员作相关内容的报告，积极推荐我国磺化和乙氧基化的最新科研技术成果，努力搭建科研—生产—商贸及不同行业间的交流平台，促进应用技术市场的进步，推动我国表面活性剂工业的持续发展。

6 中国油脂化工行业年会

随着国内油脂化工行业的快速发展，应行业要求，由中国洗涤用品工业协会牵头，于2007年成立了中国洗协油脂化工应用专业委员会，并于2008年6月召开了第一届“中国油脂化工行业年会”，至今共召开了5届。会议内容涵盖了政策法规、原料走势、产品应用、新领域拓延及国际趋势等，为油脂化工行业提供了一个良好的沟通交流平台。近年来，参会人数逐年增多，行业认可度不断增强。

7 全国有机和精细化工中间体学术交流会

由中国化工学会精细化工专业委员会主办，中国科学院成都有机化学有限公司承办。会议研讨主题有：有机和精细化工中间体行业面对低碳经济时代的机遇与挑战；精细化学品及中间体的绿色新技术、新工艺；新型催化剂与催化技术；医药、农药及其中间体；染料、颜料及其中间体；日用化学品原料、功能助剂及中间体；新型油田化学品；新型水处理化学品；新型皮革化工材料；精细化学品分离、纯化技术及分析测试方法等。

七

应用篇章

APPLICATIONS

洗涤用品行业

1 洗涤用表面活性剂历史回顾

我国合成洗涤剂工业起步于1958年，我国政府把发展合成洗涤剂作为发展洗涤用品的重点，积极、稳妥地开发和推广低磷和无磷洗涤剂并开发节能、方便、多功能产品。目前国内市场上的洗衣粉产品已不再是单纯的去污型，而是以去污为主，兼消毒、杀菌等多种功能，有高泡、低泡、加酶、中香、浓缩、低磷、无磷、消毒和多元素等近百个品种。

表面活性剂是洗涤剂中的主要成分，洗涤剂中可以使用的表面活性剂有许多种，其洗涤性能也各异，可以说它们在洗涤中都有独特的用途。但从市场及成分方面来考虑，并不是所有的表面活性剂都适于作洗涤剂组分，广泛使用的表面活性剂种类有限，而合成洗涤剂是表面活性剂工业的传统市场。然而目前世界上表面活性剂品种据称有1万多种，但可用于合成洗涤剂这一领域的品种极其有限，仅20多种。主要品种有直链烷基苯磺酸（LAS）、脂肪醇硫酸盐（AS或FAS）、脂肪醇聚氧乙烯醚硫酸盐（AES）、脂肪醇聚氧乙烯醚（AE）、壬基酚聚氧乙烯醚（NPE）外，还有仲烷基磺酸盐（SAS）、*a*–烯基磺酸盐（AOS）、甲酯磺酸盐或*a*–磺基脂肪酸甲酯（MES）、烷基多糖苷（APG）、N–烷基葡糖酰胺（AGA）和脂肪烷醇酰胺（FAA）。目前阴离子表面活性剂仍是应用最广泛的表面活性剂，预计在未来的表面活性剂消费中，AS、AE、MES、APG和AGA的增长率较高。

1.1 阴离子表面活性剂

阴离子表面活性剂是表面活性剂中产量最大的一类，也是发展最早的一类，它是洗涤剂中最主要的表面活性剂，其洗涤性能优良，价格便宜，缺点是抗硬水能力较差。

（1）羧酸盐类表面活性剂

传统羧酸盐类表面活性剂主要通过硬脂酸甘油酯进行碱性水解得到，其根本就是一个皂化过程。这种表面活性剂去污性能一般，对其他合成表面活性剂具有消泡作用，一般单独使用。

（2）直链烷基苯磺酸盐

磺酸盐类表面活性剂是产量最大应用最广的一类表面活性剂。最常用的品种有：直链烷基苯磺酸盐（LAS）、烷基磺酸盐、烯基磺酸盐等。

直链烷基苯磺酸盐（LAS）是烷基苯磺酸盐（ABS）中最重要的一种，它是和支链烷基苯磺酸盐相对应的。虽然后者洗涤性能略好于前者，但生物降解性差、造成环境污染而使用受到限制，基本被淘汰。

直链烷基苯磺酸盐（LAS）是当今全球范围合成洗涤剂中应用最广泛且用量最大的表面活性剂。有资料表明，70%用于洗衣用洗涤剂，15%用于轻垢餐具洗涤剂，12%用于工业清洗剂，3%用于家用清洗剂。据美国LAB/LAS环境研究委员会估计，全球洗涤剂中每年消耗的LAS超过100万t。虽然LAS目前在洗涤剂表面活性物中仍占主导地位，但非离子表面活性剂和“绿色”表面活性剂已对LAS产生负面影响。西欧、北美和日本，LAS消费受到醇系表面活性剂及其他表面活性剂（如烷基葡糖酰胺、烷基聚葡糖和甲酯磺酸盐等）的挑战，其消费量已经下降。

尽管美国、西欧和日本的LAS消费量都有所下降，但拉丁美洲、亚洲和东欧的需求量却在增长，部分增长率是由于由使用支链烷基苯转向直链烷基苯。一些发展中地区，特别是拉丁美洲和亚洲，其需求量仍以两位数增长。

我国自生产合成洗涤剂以来，LAS一直位于所用表面活性剂之首，目前，合成洗涤剂所用表面活性剂的75%仍为LAS。而且据我国洗涤用品发展规划，合成洗涤剂的主要活性物仍以LAS为主。

α-烯烃磺酸盐（AOS）是α-烯烃磺化产物。它生物降解性能好，在硬水中的去污力和泡沫性能好，对皮肤刺激小，具有良好的使用特性。AOS和酶有良好的协同作用，与其他阴离子表面活性剂及非离子表面活性剂有良好的复配性能，可降低配方中表面活性物用量，主要用于重垢型洗涤剂，还可用于洗漱品和化妆品中。

美国AOS用量较少，西欧消费量只有6 000 t（以100%的活性物计）左右，主要用于工业及公共设施清洗剂中，很少量用于轻垢液洗（特别是毛织物洗涤剂）中。日本AOS只用于狮子公司的浓缩重垢洗衣粉，因该公司用MES替代AOS，因而其消费量已显著下降。近十几年来，AOS作为一种新型阴离子表面活性剂发展十分迅速，尤其是其优良的耐硬水性能在国内高硬度水质清洗环境下显得尤为突出。20世纪90年代末，国内许多厂家开始开发AOS产品。目前，国内浙江吉利达化工、浙江赞成化工、南风集团都已经大规模生产AOS，2011年国内总产量在6.3万t以上，其应用方面取得了较大进展，现已广泛应用于洗衣粉、液洗及洗手液、沐浴露等个人与家庭护理产品配方中。

（3）硫酸酯盐类表面活性剂

硫酸酯类阴离子表面活性剂主要指脂肪醇硫酸酯盐（AS）。在美国，AS用于洗衣粉，特别是宝洁公司的许多洗衣粉配方都用AS、AES和LAS复配。西欧AS不仅用于某些洗衣粉和餐洗粉，还用于重垢和轻垢液体洗涤剂。近年来，欧洲粉状洗涤剂由低密度粉转向高密度粉。由于高密度粉中表面活性剂含量较高，使吸湿性的或液体状表面活性剂（例如LAS）不适用。因此，LAS已被AS大量取代。欧洲市场上LAS和AS平分秋色。日本AS消费量大部分用于洗衣粉。我国AS的主要消费领域是个人保护用品，目前已有用于无磷洗涤剂。

1.2 非离子表面活性剂

非离子型表面活性剂是目前产量仅次于阴离子表面活性剂的一类，相对地说，价钱较贵，但其性能优越，品种繁多，用途越来越广泛。非离子型表面活性剂的生物降解性能特别好，基本上属于无毒物质（其中几个还可作为食品添加剂使用，但其缺乏洗涤力）。由于它不离解，在酸性、碱性洗液中均能使用，并且洗涤力特别出色。另外，它耐硬水，在离子型表面活性剂中复配非离子表面活性剂，可以提高洗液中允许的含盐量和允许的水硬度，实现洗涤剂的低磷或无磷化。

1.3 阳离子表面活性剂

阳离子表面活性剂的活性离子和阴离子表面活性剂相反，故称“逆性肥皂”，它和其他类型的表面活性剂一样在表面及界面上发生吸附，达到一定浓度时形成胶团，同时具有降低溶剂的表面张力及乳化、增溶、润湿、分散、洗涤等作用，但是必须注意阳离子表面活性剂的洗涤作用是有限的。商业用阳离子表面活性剂都是由复杂的混合物组成。

1.4 两性离子表面活性剂

两性离子表面活性剂分子中的亲水基既有阴离子部分又有阳离子部分。目前其分类主要依其阳离子结构来分类。通常将两性离子表面活性剂分为：两性咪唑啉衍生物、甜菜碱两性表面活性剂、氨基酸类两性离子表面活性剂和卵磷脂类（如α-磷脂酸胆碱）。

2 新型表面活性剂的开发与应用

随着人们生活水平的不断提高，以及对环保、安全等因素的日益关注，新型高效的、可再生的优质表面活性剂的开发越来越受到重视。MES、MEE、APG和APA等性能更加优越的新型表面活性剂将逐步成为个人与家庭护理产品领域表面活性剂发展的方向。

2.1 脂肪酸甲酯磺酸盐

脂肪酸甲酯磺酸盐是以脂肪酸甲酯为原料，经磺化、中和制得的产品。脂肪酸甲酯作为生物柴油，近年来得到了快速发展。据统计，2004年世界生物柴油产量250万～300万t，而且还在快速增长，因此原料供应充足。由于以可再生的油脂为原料（主要是棕榈油），MES具有可靠的原料来源、良好的生物降解性、使用安全性和环境安全性等特性，且具有优良的抗硬水性能，在中高硬度水中，MES显示出强大的洗涤去污优势，同等加量下优于LAS和AOS，与AES接近。

另外，MES配方产品对皮肤的刺激性低于LAS和AES，同时还具有良好的溶解性，在水中溶解度大于LAS，在硬水中发泡力比LAS和AS优越，适用于家用及个人护理产品配方中。

2.2 脂肪酸甲酯乙氧基化物

脂肪酸甲酯乙氧基化物（FMEE）是一类新型非离子表面活性剂。在新型催化剂作用下，由脂肪酸甲酯与环氧乙烷直接加成制备，根据不同行业的要求，通过调节疏水链及亲水基环氧乙烷的加合度而获得不同的HLB值来达到要求，主要包括椰油基、棕榈油基、棉油酸基以及相同碳链不同饱和度的甲酯乙氧基化物系列产品。

中国日化院、江南大学等多家单位都成功开发了此产品。日化院已于2001年开始批量生产，甲酯转化率达到99%，色泽（APHA）≤90，且合成后不需脱色。

由于甲酯价格远远低于脂肪醇，所以FMEE在成本方面也具有很大的优势，它比AEO低1 500～2 000元/t，是替代洗涤剂中传统醇醚的理想产品。

2.3 α-长链烷基甜菜碱的开发

α-长链烷基甜菜碱是采用长链脂肪酸经过氯代反应生成α-氯代长链脂肪酸，然后进一步与低级叔胺反应制备的一类甜菜碱型两性表面活性剂。该产品的优势是用低价油脂资源代替价格昂贵的长链叔胺，大幅度降低两性表面活性剂的生产成本，并缩短工艺流程。

2.4 淀粉基表面活性剂的开发

淀粉是除油脂外的另一类可用于生产表面活性剂的可再生资源。与油脂相比，其资源更加丰富，供应充足。淀粉基表面活性剂作为一种全新的优质表面活性剂，具有表面活性高、去污力强、配伍性好、刺激性低、毒性低和生物降解迅速而彻底等性能，近年来已成为国内外学者研究的重大领域之一。

2.5 烷基葡萄糖苷（APG）

APG是新一代环境友好的绿色非离子表面活性剂，其生产所需原料为由淀粉水解生产的葡萄糖和由油脂经酯交换、氢化而得的脂肪醇。APG对人体皮肤无刺激、表面张力低、去污力好、泡沫丰富细腻、稳泡性能好和配伍性强，可与任何类型表面活性剂复配，协同效应明显，尤其可以大大降低化妆品配方体系的刺激性，并具有较强的广谱抗菌活性，虽为非离子型表面活性剂，但无浊点，易于稀释，无凝胶现象，使用方便，且耐强碱，抗盐性强，广泛应用于洗发香波、浴液、化妆品、餐具洗涤剂、工业清洗剂及工业乳化剂等领域。

国外APG生产技术已经成熟，汉高、花王等公司20世纪80年代末已工业化生产。近年来，国内多家研究单位，如中国日化院、厦门大学、金陵石化院以及北京联合大学等也已在APG工业化方面取得突破，产品收率和质量已完全达到国外同类产品的标准。可以预测，未来几年内，APG的需求与生产将会迅速增长，成为个人与家庭清洗领域重要的表面活性剂品种之一。

2.6 烷基葡萄糖酰胺（APA）

烷基葡萄糖酰胺是仅次于APG的一类淀粉水解衍生的多元醇表面活性剂。与APG类似，APA同样具有表面活性高、对人体无刺激、易生物降解和对环境无害等特点，被广泛应用于轻垢液洗与个人护理产品中。

烷基葡萄糖酰胺在国外研究较早，20世纪90年代已实现工业化。作为一种新型表面活性剂，APA的增长速度也很快。据报道，北美地区家用洗涤剂和餐洗产品的年增长率平均为1%左右，而从1994年起，APA的增长率在15%以上，欧洲地区的增长速率也在20%左右。

国内对APA的研究起步较晚，郑州轻工业学院以淀粉、烷基胺和脂肪酸为原料，经过还原胺化、酰胺化两步反应进行合成。目前在工业化技术上与国外还有较大差距，主要表现在催化剂的效率与产品质量方面。另外，在APA的复配性能方面还需进行深入研究。

在工业和日常生活中，随着环保意识的增强，人们对表面活性剂的应用提出了新的要求。在要求产品具有高表面活性的同时，还要求其生物降解性好、低毒、无刺激，并采用再生资源进行清洁生产。由于表面活性剂被广泛地应用于各种合成洗涤剂及个人护理用品中，所以对表面活性剂的温和性要求也越来越高。在表面活性剂的实际应用中，其成本仍然是决定性因素，因此，低成本、绿色、温和型的新型表面活性剂将具有更广阔的市场前景。

3 国内洗涤产品生产与市场

2010年“肥皂及合成洗涤剂制造业”保持了较平稳的增长，规模以上企业（年产值500万以上企业）达到458个，比2009年增加了3.15%，完成工业总产值累计1 181.42亿元，较2009年增长13.16%，工业销售产值累计1 125.26亿元，较2009年增加了15.14%，其中肥（香）皂、液体洗涤剂增长幅度较大，分别达到了9.45%和7.94%。比较2010年，2011年国家统计局对全国规模以上企业（年主营业收入2 000万元）生产企业统计，当年全行业实现工业总产值1 505.3亿元，同比增长了29.35%，实现工业销售产值1 389.3亿元，同比增长25.5%，其中规模以上企业主营业收入1 466.12亿元，同比增长26.53%，利税总额244.6亿元，同比增长16.0%。

从产品结构方面分析，2010年洗涤产品总产量为826.8万t，肥皂产量96.7万t，合成洗涤剂730万t，其中合成洗衣粉392.6万t，液体洗涤剂337.4万t。2011年，当年行业洗涤产品总产量为851.1万t，同比增长19.0%，合成洗衣粉产量为373.6万t，同比增长4.06%，液体洗涤剂产量为477.6万t，同比增长为34.01%；比较肥皂产量，2011年全年产量为83万t，较2010年统计减少了14.0%。比较过去两年合成洗涤剂产品结构，无磷洗衣粉比例由2010年的70%增长到2011年的80.0%，液体洗涤剂产销量均出现较大幅度增长，其中浓缩产品备受消费者青睐。

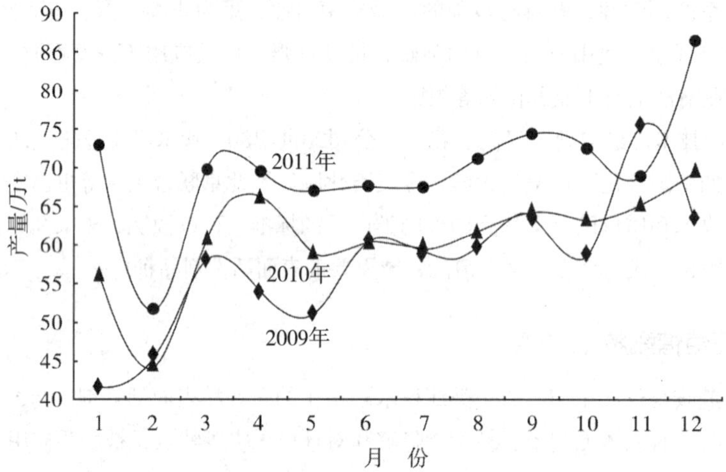

图1　2009—2011年国内合成洗涤剂的单月生产情况

2011年全年“肥皂及合成洗涤剂制造业”规模以上企业工业总产值迅速增长，共有21个省市出现同步增长。2011年洗涤用品规模以上企业数量华东地区占37%，中南地区占36%，东北地区占11.0%，包括华北、西南和西北地区占16%。广东省作为全国日化企业最为集中的省市之一，拥有25%以上的规模向企业。

图1给出了2009—2011年国内合成洗涤剂的单月生产情况，图2～图5给出了2009—2011年主要省份洗涤用品产量单月统计。

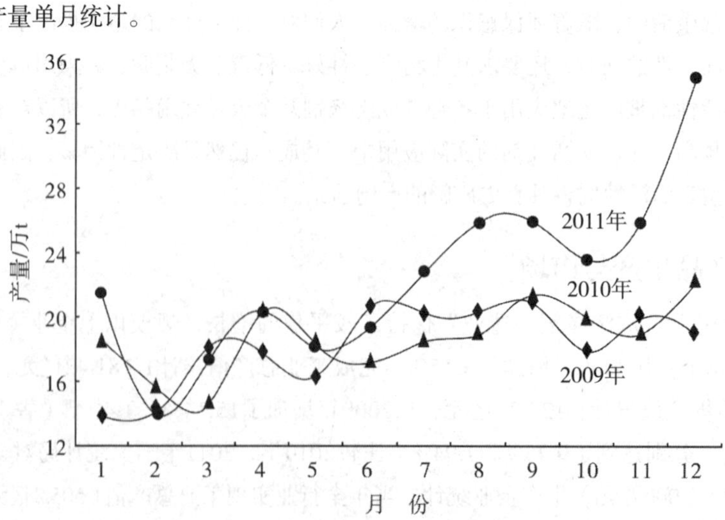

图2　2009—2011年广东省合成洗涤剂的单月生产情况

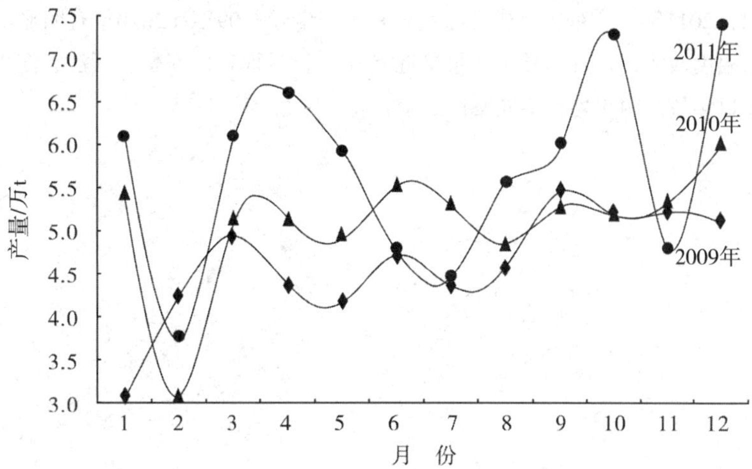

图3 2009—2011年浙江省合成洗涤剂的单月生产情况

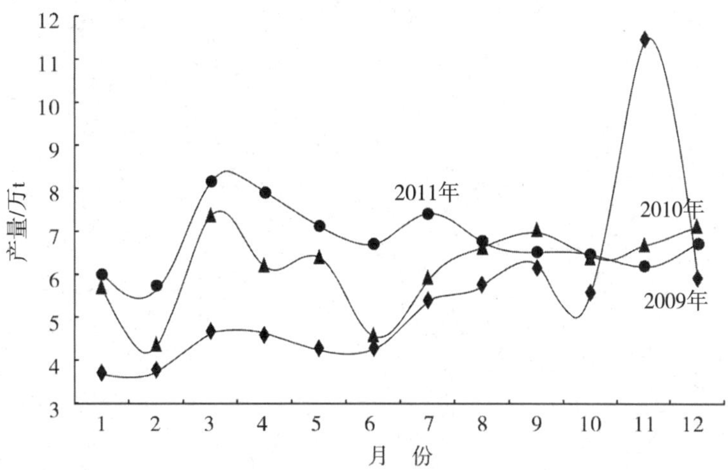

图4 2009—2011年安徽省合成洗涤剂的单月生产情况

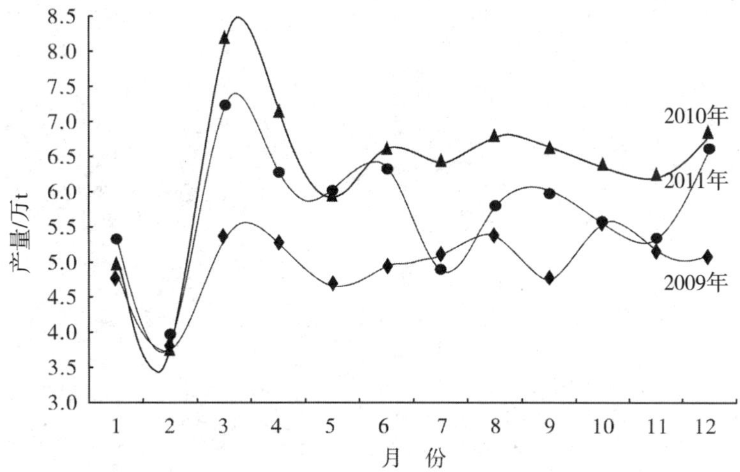

图5 2009—2011年四川省合成洗涤剂的单月生产情况

从中可看出，2011年，广东省合成洗涤剂单月生产量较2009年和2010年有明显增长态势，尤其是下半年的增长幅度较大，12月单月生产量接近35万t。比较而言，安徽、浙江、四川等地生产量趋于稳定，而且2011年较前两年均有不同幅度的增长。

纺织行业

全球纺织印染助剂（包括纺织助剂、印染助剂和后整理剂等）需求量的增加，带动SAA市场快速增长，目前，全世界纺织助剂有近100个门类，16 000个品种，年需求量350万t左右。其中欧美纺织助剂品种48个门类，8 000多个品种，日本有5 500个品种，主要地区近几年纺织印染助剂的市场见图1。

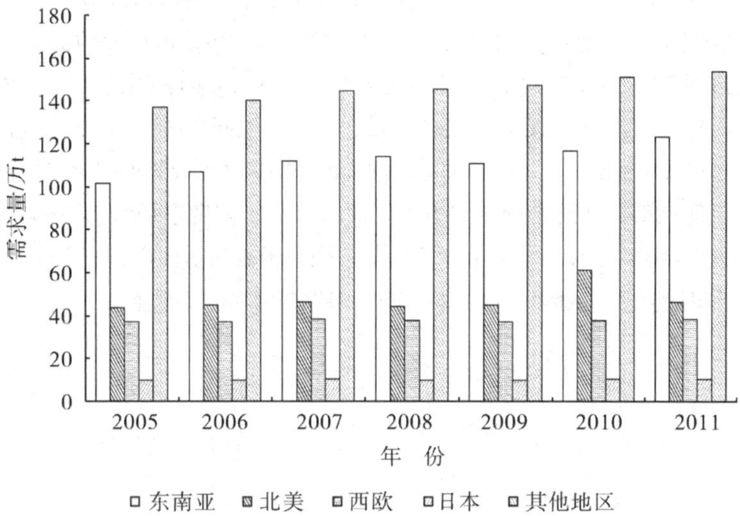

图1 2005—2011年全球纺织印染助剂的市场分布情况

2004年世界纺织助剂市场需求量为310万t，销售额为170亿美元，到2010年，需求量增至370万t，销售额突破200亿美元，年均复合增长分别为3.22和2.9%。未来由于政策原因，这个增长将会减缓，估计未来五年在3.0%和2.5%左右，其中以环保型的绿色纺织助剂增长较快，未来五年的年均复合增长将超过7.5%。图2给出全球不同地区纺织助剂市场及发展趋势。

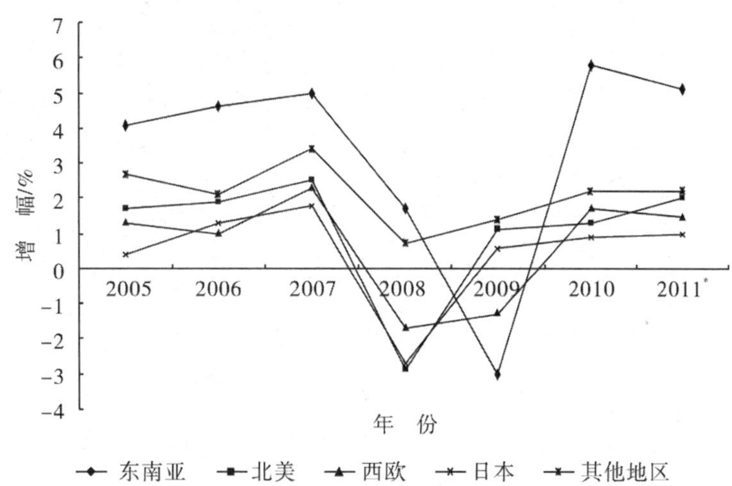

图2 全球不同地区2005—2011年纺织助剂的市场发展趋势

纺织助剂产品约80%是以表面活性剂为原料，约20%是功能性助剂，其中非离子型表面活性剂占总表面活性剂量的75% ~ 80%。经过半个多世纪的发展，全世界的表面活性剂工业已趋成熟。近年来纺织工业生产中心已从传统的欧洲、北美和日本逐步向中国和印度等东南亚国家转移，使得亚洲地区的纺织助剂需求量快速增长。

2009年，国内纺织印染助剂生产厂家大约2 000余家，较2006年的1 948家增加了50多家，其中以民营企业居多，生产企业规模较小，年产量超过50 000 t的只有3家，年产量超过2 000 t有41家。2008年金融危机、2009年的全球经济低迷及环保力度的加强，导致部分作坊式纺织印染助剂生产企业暂时退出竞争，规模企业产值有所提高。国内纺织印染助剂市场容量为170 ~ 190亿元。

2010年，中国纺织助剂总产量约58.0万t，同比增长18.4%；销售额约86.8亿元，同比增长28.6%。从产品细分来看，2007年，纺织用前处理剂的产量达17.0万t，同比增长13.3%；印染助剂的产量达21.0万t，同比增长10.5%；后整理剂的产量达17.0万t，同比增长30.8%，其他助剂的产量达3.0万t，同比增长50.0%。相比之下，印染助剂的增长由于国家环保政策的限制，增长幅度较小。

在纺织行业，印染助剂和纺织助剂成为主要需求产品，前者市场份额在64%~73%，后者在36% ~ 27%。纺织印染助剂多以有机硅表面活性剂、阴离子表面活性剂和非离子表面活性剂为主，相比三者，阳离子用量较少，虽然只占10% ~ 15%，但发挥的功能却很重要。

油田化学品工业

油田化学品指在石油、天然气钻探、采输、水质处理及提高采收率过程中所用的一类助剂，它的品种繁多，大部分属于水溶性聚合物（如植物胶、聚丙烯酰胺、纤维素及生物聚合物）和表面活性剂（石油磺酸盐、醇基或烷基酚基乙氧基醚）。油田化学品作为贯穿石油生产全过程的重要产品，其应用遍及石油勘探、钻采、集输和注水等所有工艺过程，对增加原油产量、提高采收率起到至关重要的作用。随着石油工业的发展，油田化学品消耗量越来越大，其用量在十年间增长了52%，价值增长了96.1%。油田化学品现已有70多类3 000多个品种。但由于油藏条件不同，原油、水质、岩石的性能各异，所用化学品（配方）的针对性很强。

表面活性剂作为一种重要的油田化学处理剂，由于在乳化、增溶、起泡、消泡等方面的特性，在钻井、采油、原油破乳、脱水、集输、炼油等各个生产环节都有广泛的应用。国内外研究开发的驱油表面活性剂类型主要有阴离子表面活性剂、阳离子表面活性剂、非离子表面活性剂、非离子-阴离子复合型表面活性剂以及高分子表面活性剂。

我国开展三次采油用表面活性剂的研究近20年，最早的研究单位是大庆油田和玉门油田。之后，中国石油勘探开发研究院、北京化工大学、江汉石油学院、中国科学院新疆理化技术研究所、山东大学、石油大学、中国科学院化学研究所、大连理工大学、中国日用化学工业研究院等单位也陆续参与研究。国内一开始研究驱油用表面活性剂主要集中在石油磺酸盐上，后来，逐渐开始研究石油羧酸盐、烷基苯磺酸盐、木质素磺酸盐等表面活性剂。

经过近20年的研究，我国油田化学品的研制、开发和应用都取得了很大成绩，在石油勘探和开发中发挥了重要作用，在品种、数量和质量上均已达到相当高的水平。据统计，全国油化产品年用量120万t，其中精细化学品35万t，预计我国油田化学品的消耗量将以年均10%的速率递增，品种数现已达300多个。我国已经工业化生产的驱油表面活性剂有石油磺酸盐、烷基苯磺酸盐、石油羧酸盐、天然羧酸盐、木质素磺酸盐和生物表面活性剂。

1 表面活性剂在三次采油中的应用

原油开采有三个阶段，一次采油是依靠地层能量原油自喷开采，二次采油是向地层中注水或气体补充地层能量的方法，一般二次采油结束还有约2/3的原油在岩隙中，还要进行三次采油，即EOR（Enhance oil recovery）。三次采油中使用表面活性剂降低油水界面张力是一个既可行又有前途的方法。随着开发时间的延长，国内一些大型油田，如大庆油田和胜利油田，综合含水已经接近或达到90%。由于这些油田原始地质储量较大，而水驱至含水100%时总采收率仍然不足50%。因此，为最大限度增加油田可采储量并保持相对较高的采油速度，一些通过注入表面活性剂来降低油水界面张力、提高驱油效率并最终实现大幅度提高原油采收率的三次采油技术，如碱-表面活性剂-聚合物（ASP）三元复合驱、泡沫复合驱等日益受到人们的重视，并在油田实际开发中具备了一定规模，如大庆油田、胜利油田和克拉玛依油田，江汉油田也进行了三采试验研究。

国内外驱油用表面活性剂有以下几种类型：磺酸盐表面活性剂、羧酸盐表面活性剂、非离子型阴离子表面活性剂、烷基多糖苷和Gemini（孪连）表面活性剂。木质素磺酸盐是最早推荐用于驱油的表面活性组分（1929，US1823439），但真正大量用作驱油剂的磺酸盐表面活性剂是石油磺酸盐和合成磺酸盐，为达到超低油水界面张力，磺酸盐表面活剂通常和碱复配使用，构成复合驱油剂。目前三次采油中用量最大的两类表面活性剂为石油磺酸盐和烷基苯磺酸盐，大庆油田、胜利油田和新疆克拉玛依油田都是采油油田自己生产的馏分油生产石油磺酸盐，这样既降低了生产成本又提高了效率，取得了很好的经济和社会效益。

2 表面活性剂在钻井过程中的应用

钻井液是钻井过程中使用的工作流体，是由固体、液体和化学处理剂组成的一个复杂体系。钻井液处理剂包括降滤失剂、降黏剂、乳化剂、增黏剂等。

钻井液在钻头钻进过程中如果失水量过大会出现井壁坍塌、井径缩小及钻井液稠化等问题，从而导致卡钻等事故。所以为了减小失水量，保证井身安全需加入降滤失剂。在降滤失剂中有两种基团必不可少，一种是能与黏土发生吸附的基团，另一种就是能强烈水化的基团。因此调整降滤失剂中的吸附基团和水化基团的种类和比例是其实现性能的关键。

钻井液在使用过程中由于温度升高、盐侵或钙侵、固相含量增加等原因，使钻井液形成的网状结构增强，钻井液黏度、切力增加，造成开泵困难，钻屑难以除去，钻井过程激动压力过大等现象。因此需要加入降黏剂来降低体系的黏度和切力。常用的降黏剂有单宁类、木质素磺酸盐、含阳离子基团的两性离子型聚合物。

乳化剂主要用于配制乳化钻井液。乳化钻井液分为水包油型（O/W）和油包水型（W/O）。它们主要用于提高钻井液的润滑性、防塌性、耐高温性。它们对于钻斜井、超深井和在不稳定地层钻井极为重要。在选择乳化剂时，需要注意原则有：HLB 必须满足形成W/O或O/W型乳化钻井液的要求；形成的乳化钻井液要稳定；价格要便宜。O/W型乳化剂主要有Tween系列、OP 系列和NP 系列；W/O型乳化剂主要有Span 系列、石油磺酸钠、高价阳离子型等。根据现场地质条件的要求，还有抗水溶性碱土金属离子的复合乳化剂，这种乳化剂有较好的抵抗钙镁等离子的能力。

为了保证井眼清洁和安全钻井，钻井液的黏度和切力必须保持在一个合适的范围。当黏度过低时，可以通过加入聚合物来实现低固相和提高机械钻速。增黏剂均为高分子聚合物。常用的增黏剂表面活性剂有：CMC -Na 和聚阳离子纤维素类；生物聚合物XC，其突出特点是抗盐抗钙能力强，同时还能抗高温；羟乙基纤维素类（HEC）；FA367 类，其具有很好的抗盐抗高温能力。当前增黏剂的研究主要是合成新型抗高温改性增黏剂。

3 表面活性剂在油田处理中的应用

3.1 堵水用表面活性剂

油井出水是油田注水开发过程中不可避免的问题。油井出水会造成许多危害，如消耗地层能量，减少油层采收率、降低抽油井的泵效和增加脱水站的负荷等。油井堵水需要堵水剂，油井堵水剂是指从油井注入地层，能减小油井产水的物质。油井堵水剂可分为选择性堵水剂和非选择性堵水剂。重要的选择性堵水剂有以下几种：（1）部分水解聚丙烯酰胺（HPAM），HPAM分子中的羟基和酰胺基可以通过氢键吸附在地层表面而保留在水中，其未吸附部分由于链节带负电而向水中延伸，对水有较大流动阻力，从而起到堵水作用；（2）稠化水玻璃的醇溶液。该溶液与HPAM混合使用后使钙镁离子产生沉淀封堵地层；（3）烃基卤代甲硅烷类；（4）油基水泥。

非选择性堵水剂适用于单一水层或高含水层。常用的有四类：（1）树脂型堵水剂；（2）冻胶型堵水剂；（3）水基水泥；（4）沉淀型堵水剂。

目前堵水用新型表面活性剂有孪连型表面活性剂（Gemini），Gemini 是一种新型的离子型表面活性剂，其性能优良，表现为更容易聚集成胶团，能更有效降低水的表面张力，且用量更少。

3.2 酸化用表面活性剂及研究进展

酸化是油井增产的重要措施之一。酸化的主要目的是溶解岩石、扩大油气层的原有孔道。但在酸化过程中存在金属腐蚀、近井地带岩石与酸反应过快等问题，为了防止以上问题的出现，需要在酸中加入各种添加剂。为了延缓酸液的反应速度，需要在酸液中加入缓速剂表面活性剂，缓速剂表面活性剂通过与地层的吸附，减少了酸与地层的反应速率。常用的缓速剂有磺酸盐型表面活性剂、胺盐型和季铵盐阳离子表面活性剂。其他常用的添加剂还有缓蚀剂、防乳化剂、黏土稳定剂、助排剂等。

4 表面活性剂在原油集输中的应用

4.1 乳化原油破乳剂

乳化原油是原油作为分散介质或分散相的乳状液。乳化原油分为W/O 型和O/W型两种。破坏W/O型乳化原油的破乳剂主要有高分子破乳剂，如聚氧乙烯聚氧丙烯烷基醇醚和聚氧乙烯聚氧丙烯烷基苯酚醚等；破坏O/W型乳化原油的破乳剂也主要为表面活性剂型破乳剂，如烷基三甲基氯化铵等。

破乳剂在石油开采和集输化学品中用量最大，也是石油化学品中研究最活跃的一类。目前国外研究的新型破乳剂目标是低温破乳、扩大破乳适用范围等。近十年来国外研制出的包括丙烯酸丁酯、甲基丙烯酸甲酯与聚氧乙烯聚氧丙烯酸酯共聚物类，高极性有机氨衍生物类，阳离子酰胺化合物类等七类破乳剂产品。

4.2 原油集输降黏剂

管道输送重油、稠油时，由于其黏度较高、流动性差，输送十分困难。因此难以直接输送，改进其流动性十分重要。目前改进流动性的方法有：加热管道保温，加入轻质原油等，这些方法成本较高，不适合大规模使用。向原油中加入表面活性剂降低其表面张力是一种费用低、方便可行的方法。

能用作原油乳化降黏的表面活性剂可使用HLB值7～18的水溶性表面活性剂，如烷基磺酸钠、烷基苯磺酸钠、聚氧乙烯烷基醇醚、聚氧乙烯烷基苯酚醚，聚氧乙烯聚氧丙烯丙二醇醚等表面活性剂作稠油乳化降黏剂。

5 表面活性剂在石油化工设备清洗中的应用

用于金属表面除油的表面活性剂溶液，一般都是以表面活性剂为主，添加其他成分及溶剂配制而成的，因为它的作用主要以乳化为主，所以也称为乳化剂。使用的表面活性剂，除了能降低水及界面的张力之外，表面活性剂还应具有良好的润湿、渗透、乳化、增溶及分散等性能，除油过程中靠这些性能的作用可以有效地清除金属表面的油污。

表面活性剂主要是靠乳化作用和分散作用除油。因此无论是哪种油脂，不管能否起皂化反应，它都能通过乳化和分散作用使油和水溶液发生乳化反应，形成稳定的乳浊液分散到水溶液中，达到了除油的目的。总之，中国新发现油田储量有限，老油田挖潜任务艰巨，特别是针对我国油田特点，加强油田勘探开发，提高油田采收率，加强环境保护，需要更多的新型、高效、降低污染的油田化学品。

6 油田化学品市场分析

《2012油田化学品报告》显示，受页岩油气开发活动日趋活跃的刺激，2010年和2011年全球油田化学品市场规模达分别达到160亿美元和175亿美元，其中美国和加拿大占据了全球52% ~ 55%的市场份额。预计2012—2015年全球油田化学品市场需求将以年均3.5%的速度增长，尤其是油田用表面活性剂产品增长更是达到了4.0%以上。2015年将达到近190亿美元。尽管全球经济陷入低迷，但在过去的4年，全球油田化学品市场一直在不断增长。

分析原因：受油气价格上涨以及技术进步的驱动，全球水力压裂市场显著增加，尤其是在北美地区。钻井和开采活动的增加促使油气钻井、固井等对化学品的需求大幅增加。另一方面，北美天然气供应增加导致该地区天然气价格下降，提升了天然气在发电以及作为化工生产原料方面的竞争力。

报告表示，健康、安全和环保仍是制约油田化学品使用的关键因素，尤其是陆上，这种影响更为突出。水力压裂法是指将掺有沙石和少量化学物质的高压水注入平行井来冲破页岩层，释放出页岩气的开采方法。因为存在污染地下水、浪费水资源的嫌疑，页岩气开采在多国受到质疑。近来，北美和西欧各国政府部门已经意识到水力压裂技术带来的环境污染问题，政府已经着手制定新的管理规定，包括要求油气公司公开披露水力压裂液体中使用的化学品，这无疑将推动环境友好型化学品的应用增长。

随着廉价石油时代的结束，油田化学品需求将持续增长，当前油田化学品业务重点发展的三个领域是：产品的完整性、海洋和深水钻井以及天然气生产等。

相比较之下，我国石油化学品的开发和研究还处于成长阶段，虽然一些驱油产品的效率已经得到很大提升，但一些特殊化学品还需要依靠进口。中国由于石油勘探技术与化学品使用不能实现完美结合，成为制约我国油田化学品发展的一个主要因素，同时石油勘探考虑地下水资源的破坏也成为油田化学品发展的一个主要方向。

其他工业应用领域

表面活性剂不仅在洗涤用品行业、纺织行业和油田化学品行业中应用极其广泛，作为“工业味精”，表面活性剂还在以下各种技术和生产部门中有着广泛的应用。

表面活性剂在涂料工业中可以用作润湿分散剂、消泡剂、流平剂、乳化剂和抗静电剂，在金属加工工业中可以用作防锈剂、润滑油添加剂、金属切削液、电镀和清洗剂等。在农药行业，可湿性粉剂、乳油及浓乳剂都需要有一定量的表面活性剂。

表面活性剂在电子与信息技术领域中的应用非常广泛，如在半导体集成电路制造中、在影像材料中、在电子陶瓷加工生产工艺中和在磁记录材料中的应用等。

表面活性剂在新材料领域中的应用有：多孔材料中的合成、介孔材料合成、多级孔材料合成、纳米材料合成和在纳米材料表面修饰等。

表面活性剂在现代农业技术领域的应用有：农药加工和农药使用；由于表面活性剂的抗黏结和防结块作用，表面活性剂在化肥生产中具有多方面的作用；表面活性剂在有机污染土壤修复中及在重金属污染土壤修复中的应用；在农业节水中可以用作水分蒸发抑制剂，液体地膜以及在种衣剂中的应用。

表面活性剂在新能源与高效节能技术领域的应用有：燃料电池、水煤浆、微乳汽油和微乳柴油。

表面活性剂在环境保护新技术领域的应用有：废水处理中的液膜分离技术、胶束强化超滤处理技术、混凝处理技术、浮选（气浮）处理技术中以及其他相关处理技术。表面活性剂在工业有机废气处理中及烟气湿法脱硫除尘中都有较多的应用。表面活性剂还可以应用在大气除尘技术中，如矿山采掘面喷洒表面活性剂水液湿式除尘，用于煤层注水预湿除尘，用于矿物加工、转载点等处的泡沫除尘，用于爆破尘毒的防治以及矿山运输路面防尘。此外表面活性剂在环境污染物分析中得到广泛的应用，如可以提高在环境污染物样品分离和富集；在环境污染物光化学分析中，在环境污染物电化学分析中以及在环境污染物色谱分析中。

表面活性剂还在其他技术领域中得到越来越多的应用，如应用于新型分离技术中，在胶束色谱、膜分离技术、萃取分离、泡沫分离等方面；表面活性剂在成型加工中，如高分子材料成型加工、陶瓷成型加工、金属粉末注射成型、熔模精密铸造中的应用；表面活性剂在核工业中，溶浸采矿中的应用，从铀矿石浸出液中提取铀，铀化合物精制中的应用，表面活性剂在核燃料分析中的应用，核设施与人体的放射性污染去污，表面活性剂在放射性污染物的处理中的应用。

八

主要生产企业

MAIN PRODUCTION ENTERPRISES

广州星业科技股份有限公司

企业介绍：

广州星业科技股份有限公司由广州市星业科技发展有限公司改制成立，是一家专业从事精细和专用化学品生产的国家级高新科技企业。致力于表面活性剂、合成油脂、乳化剂及功能性高分子的研发、生产。拥有先进的经验和技术、严格的原材料、产成品的质量控制体系及完善的产品应用服务系统，并通过了ISO9001:2000质量管理体系认证和ISO14001:2004环境管理体系认证。

公司专注于“环保、温和以及可持续发展”，拥有强大的科研实力和丰富的应用服务经验。致力于高端精细化工原材料的国产化，利用自主知识产权打造高品质产品，得到了广大客户和各方的认可与赞许。

公司是全国表面活性剂和洗涤用品标委会委员单位，并在2008年被认定为国家级高新技术企业，是广州市创新型企业，拥有广州市工程技术中心和广东省企业技术中心。

公司拥有实验设备精良、各种设施齐全的应用实验室；拥有训练有素、精通化学、了解日化的跨专业技术队伍，以及拥有专业技术基础的销售团队；拥有多年的技术服务和现场应用经验，详熟洗涤、膏霜乳液等个人护理品和家居护理品及相关原料生产、工艺控制。对每一个客户的具体需求，我们承诺提供专业化及针对性的服务，同时可以为每个客户优化出高效、经济、合理的解决方案，为客户提供强有力的技术支持。

公司的质量管理体系包括质量保证和质量控制。其中质量管理体系贯穿了从产品立项到客户接受服务后的信息反馈整个过程，包括产品研发、产品定义、生产、销售和客户服务等；质量控制体系包含了从原料到生产到产成品，最终到客户的整个阶段。公司的检测中心分为原材料及包装、产成品、新产品三个部分，以确保品质稳定。

公司严格按照销售统计制定生产计划，按照不同产品分类进行专用设备的专线生产。严格按照ISO9001:2000 的管理要求，进行“5S”的生产管理和操作。

公司仓储依据分类和按批次堆放、遵循先进先出的原则，仓库按照原材料、中间品及产成品进行分别管理，同时严格按照“5S”的要求进行仓储的现场管理。

产品及应用：

公司拥有高素质的技术人员和精良的研发设备，在绿色温和两性表面活性剂领域和聚合物新型洗涤增效剂领域，拥有强大的研发实力和领先的工艺控制技术。

公司现有广州市天河区和广州市经济技术开发区两个生产基地，总占地4万多平方米，总产能达10万t。

公司个人和家居护理化学品产品共计50多种，分为表面活性剂、增稠剂、保湿剂、调理剂、乳化剂、润肤剂、珠光剂、防晒剂及家具护理类的洗涤增效剂共9大类别。拥有多项专利技术，制定多项国际/行业标准。公司的两性表面活性剂甜菜碱产业化项目获得国家发改委立项通过。

联系方式：

地址：广州经济技术开发区永和经济区沧海二路7号

邮编：511356

电话：020-66602008

传真：020-66602005

邮箱：startec@126.com

网址：http://www.startec.com.cn

浙江赞宇科技股份有限公司

企业介绍：

浙江赞宇科技股份有限公司是一家专业从事日用化工、表面活性剂、精细化工、食品等领域研发、生产、检测的高新技术企业。公司前身是创建于1965年的“浙江省轻工业研究所”，2000年改制，2007年实施股份制改造，2011年11月在深交所成功上市（股票简称：赞宇科技，股票代码：002637）。长期以来，凭借先进的理念、科学的管理以及技术和人才的优势，坚持自主创新，走科技成果产业化的发展道路，公司已成为国内研究和生产表面活性剂的龙头企业之一。

公司建有浙江省表面活性剂重点实验室，先后承担或完成国家创新基金、国家重点新产品、省重大科技专项、省自然科学基金等多项科研项目，在科研开发、产品质量检测及科技成果转化等方面成效显著。

公司总部位于风景秀丽的杭州市，在浙江乍浦、湖南邵阳、四川眉山等地设有生产基地，建有SO_3磺化、非离子、两性及天然油脂系列表面活性剂等小试、中试和工业化装置，年产各类表面活性剂达20余万吨。经过多年的技术研发和市场开拓，建立了遍布全国的销售网络，与国内众多知名洗涤用品、化妆用品和个人护理用品的品牌企业建立了紧密的合作关系。2011年实现营业收入19.2亿元，利润总额1.23亿元。

公司将继续以国际先进水平为标准，坚持“科技领先，行业领先”的发展战略，以绿色、环保的天然油脂基表面活性剂为主攻方向，以高市场占有率、高附加值为目标，成为表面活性剂行业国际知名整体解决方案供应商。

主营产品：

公司专业从事表面活性剂等精细化工产品的研发、生产和销售，主要产品有AES、AOS、AESA、LSA、K12、MES、LAS、6501、CMEA、CAB-30等。产品主要应用于洗涤用品、化妆护肤品等日化用品生产。

联系方式：

地址：浙江省杭州市古墩路702号
邮编：310012
电话：0571-87811813 87830927
传真：0571-87830983 87830847
邮箱：sales@zzytech.com；office@zzytech.com
网址：http://www.zzytech.com

轻工业杭州机电设计研究院

企业介绍：

轻工业杭州机电设计研究院是国内轻工装备行业的重点设计研究单位，设有与日用化工、制浆造纸、食品三个主要轻工分行业对口的日化工程部、制浆工程部、造纸工程部、食品工程部、自动化工程部、特种纤维工程部、轻工业杭州工程建筑设计院等部门。国家造纸食品日用化工塑料机械质量监督检测中心、中国轻工机械协会造纸机械专业委员会、中国造纸学会机械设备专业委员会、全国轻工机械标准化委员会及其造纸机械分委员会、食品机械分委员会、中国科技核心期刊《轻工机械》杂志社等七个学术团体、协会挂靠在该院。

该院具有对外承包工程经营资质、工程设计和工程总承包甲级资质，工程咨询资质，一、二、三类压力容器及GC1级压力管道设计资质等证书。

近年来，该院承担国家科技攻关项目多项，其中承担和完成国家“863”项目1项、国家十一五科技支撑项目3项和科技部“科研院所技术开发研究专项资金”项目10项和“社会公益研究专项”项目1项，省科技计划项目3项。获得各种奖励69余项（其中：国家科技进步二等奖1项，三等奖6项，省部级科技进步一等奖1项，二等奖11项，三等奖39项，优秀工程咨询和工程设计奖7项），取得中国专利31项，完成行业标准编制80多项。

日用化工专业在行业内具有较大的影响力，具备开发国际先进水平设备及装置的能力。主要从事业务领域：洗衣粉、肥皂、液体洗涤剂、表面活性剂、油脂化工、化妆品、香精香料、油墨行业、电池、木糖（醇）行业。

近几年来，该院充分发挥日用化工装备研发与工程设计相结合的综合优势，承接完成了100多项工程设计和项目总承包。承担了纳爱斯集团、浙江华诺化工有限公司、浙江嘉宝化工有限公司、上海制皂(集团）如皋有限公司、马鞍山立白日化有限公司及江苏涤诺日化有限公司等油脂水解、脂肪酸蒸馏、连续中和及皂成型项目的工程设计和项目管理工作；承担了杭州油脂化工有限公司整体搬迁改造建设，包括油脂水解、脂肪酸蒸馏、油脂连续氢化、甘油、金属盐、单甘酯等生产线；承担了纳爱斯集团公司、上海白猫有限公司、南风化工集团公司、马鞍山广州立白日化有限公司及安徽井中集团小保姆日化有限公司的洗衣粉工程设计；承担了南风集团安庆日化有限公司、中轻化工有限公司、浙江赞宇科技股份有限公司、四川赞宇科技有限公司、江门市景升实业投资有限公司、上海白猫有限公司的磺化及表面活性剂项目工程设计；承担了广西奥奇丽股份有限公司液洗、牙膏、香皂项目工程设计；承担了上海制皂有限公司、石家庄光明正大日化有限公司液洗、皂成型项目工程设计；完成了阿联酋磺化生产线，格鲁吉亚、马来西亚、埃塞俄比亚及利比亚等国家的高塔喷雾干燥洗衣粉生产线的项目总承包。

建院以来，轻工业杭州机电设计研究院为国内外众多大中型日化企业提供了技术服务，积累了丰富的经验。可为用户提供总体规划、工程咨询、工程设计、工程总承包、工艺及装备开发、技术服务等全方位的优质服务。

联系方式：

法人：刘安江

邮编：310004

地址：浙江省杭州市体育场路71号

电话：0571-85283908

邮箱：hankeh@mail.hz.zj.cn

网址：http://www.hmei.com.cn

琪优势化工（太仓）有限公司

企业介绍：

琪优势化工（太仓）有限公司（以下简称“琪优势”）是由新加坡伟东化工私人有限公司投资的生产企业，全部股份由印度尼西亚三林集团和韩国梨树化学株式会社持有，各占50%。公司成立于2009年12月份，注册资本3 100万美元，主要从事直链烷基苯的生产和销售业务。在采用美国先进UOP专利技术的基础上，直链烷基苯年产10万吨。产品标准按照韩国梨树化学优质烷基苯标准执行。

公司股东之一的韩国梨树化学株式会社成立于1969年，在世界烷基苯生产行业拥有四十余年的经验，是韩国唯一的综合烷基苯生产商，年产能18万吨，居世界第四名，其优质的产品质量闻名于全球。同样，在安全生产和环境保护方面，梨树化学也处于世界领先水平。梨树化学将为琪优势今后的生产和发展提供充足的原料和生产技术上的大力支持。

另一股东印尼三林集团是一家多元化的跨国公司，其业务涵盖食品、农业、房地产、基础设施建设、通信和化工等多个领域。它的洗涤剂工厂遍布印尼、马来西亚和新加坡，其中，洗衣粉、液态和糊状洗涤剂的年产能合计46万吨，磺化能力年产8万吨。

琪优势坐落于江苏省太仓市太仓港港口开发区，占地面积100亩，项目于2012年三季度前投产。

主营产品：

直链烷基苯——主要作为生产洗涤剂的表面活性剂原料。

重烷基苯——属于直链烷基苯生产装置的副产品，可用于制备缓蚀剂、润滑油添加剂、润滑油、辅助增塑剂、导热油、液压油、电器用油和彩色铺路材料等。

联系方式：

地址：江苏省太仓市（太仓港）港口开发区滨江南路11号
邮编：215433
电话：0512-53298888
传真：0512-53599019
邮箱：sales@gocchina.com
网址：http://www.gocchina.com

中轻物产股份有限公司

企业介绍：

中轻物产股份有限公司是一家规范改制设立的股份制企业，是中国轻工集团公司的全资子公司，中国轻工集团公司的出资人是国务院国资委。公司经国家经贸委批准，国家工商行政管理总局核准，于1999 年5 月11 日在上海市工商行政管理局注册，总股本1.5 亿股，是上海市政府确定的市外在沪大型企业，是上海市国税局、上海市地税局确定的A 类纳税信用等级单位，被外经贸部授予进出口经营权。公司在天津、青岛、湛江设立分公司，在香港设立全资子公司。

中轻物产股份有限公司下属化工事业部，主营表面活性剂类产品，主要有：脂肪醇醚系列，壬基酚醚系列，磺化系列，聚乙二醇系列，烷基糖苷系列，脂肪醇系列，α-烯烃系列，木质素磺酸钠等产品。长期以来与国内外知名生产商和贸易商有着良好的代理合作关系，在上海和浙江均有长包化工液体储罐和产品仓库，从而保证了货源的长期稳定性。

化工事业部总部设在上海，并在天津、武汉、广州、青岛设有直属的化工营业部，长年稳定经营脂肪醇聚氧乙烯醚（AEO_3，AEO_7，AEO_9等）系列，壬基酚聚氧乙烯醚（TX-4，TX-6，TX-7，TX-9，TX-10等）系列，磺化产品（AES，AOS，烷基苯磺酸等）系列，聚乙二醇（PEG400，PEG600等）系列，烷基糖苷（APG）系列，脂肪醇（C_{12-14}醇等）系列，α-烯烃（C_{14}，C_{16}等）系列，木质素磺酸钠等产品。

在销售过程中技术支持依托中国轻工集团相关企业中国日用化学工业研究院和中轻化工股份有限公司。

化工事业部期待在表面活性剂应用领域里与广大新老用户携手并进，共求发展。

中轻物产股份有限公司
董事长，总经理：屠国萍
副总经理：胡起 13311987953 / 021-68765700

化工事业部上海总部：
沈燕 副总经理 13916007088 / 021-68671144
唐亮 13818819354 / 021-68752200-184
丁桂俐 13817965186 / 021-68752200-103
赵凯熙 18616606086 / 021-68752200-181

化工事业部武汉营业部：
覃绍武 13907140739 / 027-85553880
龚明 13907163121 / 027-85553880

化工事业部天津营业部：
冯强 13702198838 / 022-24124360
邵艳芬 13702159778 / 022-24124360
杨扬 13512856780 / 022-24124360

化工事业部广州营业部：
陈智斌 13602893035 / 020-83312287
陈国桢 13922737499 / 020-83312287

化工事业部青岛营业部：
邱成员 13791956210 / 0532-85968100
李贵 13954258563 / 0532-85968100

主营产品：

表面活性剂在工业和民用洗涤类产品；工业，农业等助剂类产品中被广泛应用。

联系方式：

地址：上海市浦东新区东方路877号23楼
邮编：200122
电话：021-68752200
传真：021-68750202
邮箱：office@sinolight.cn
网址：http://smc.sinolight.cn

中轻化工股份有限公司

企业介绍：

中轻化工股份有限公司（以下简称公司或本公司）位于浙江省杭州市萧山经济技术开发区建设一路60号，为国有控股股份制公司。公司是以磺化产品为主业的表面活性剂生产企业，主要产品有脂肪醇聚氧乙烯醚硫酸盐系列、脂肪醇硫酸盐系列、α-烯基磺酸盐系列、烷基苯磺酸系列等，年产各类表面活性剂15万t左右。2010年公司并购徐州汉高洗涤用品有限公司，成立中轻海鸥洗涤用品有限公司，主要产品有洗衣粉、洗洁精、洗衣液、衣物柔顺剂、工业洗涤剂及主要洗化原辅材料，自有品牌为“海鸥”、“海利尔”、“蓝霸”，重点对外承接洗衣粉、洗洁精、洗衣液等洗涤产品的OEM业务。

公司的前身为浙江吉利达化工有限公司，成立于1995年3月8日，由浙江省轻工业公司与中国日化院等单位共同组建。2001年1月1日，中轻物产股份有限公司通过受让浙江省轻工业公司持有的股份，完成对浙江吉利达的控股，正式将其纳入中国轻工集团。2008年，公司由有限责任公司改制为股份有限公司。

公司从成立至今始终秉持“市场是核心，质量是生命，诚信是根本，满意是目的”的经营理念，不断提升企业创新能力，强化服务市场意识，赢得了广大产品用户和原料供应商的尊重和信赖。公司具有雄厚技术力量和创新能力，先后完成了多项国家级、省级研发项目，编制了2项国家标准、2项行业标准，申报了8项国家发明专利，其中“喷雾干燥塔及其α-烯基磺酸盐的干燥工艺”和“乙氧基化烷基硫酸盐生产过程中脱除1,4-二噁烷的工艺”等6项国家发明专利已生效或已授权。在技术创新的同时，公司不断完善质量管理体系，已通过ISO9001质量管理体系认证，公司产品的适用性和满意度在业内得到高度评价和认同。国内几乎所有知名品牌洗护产品生产厂家都将该公司纳入其合格供应商名单，作为其产品稳定可靠的原料来源，除大客户外，公司还拥有一大批中小客户，构成了公司庞大的客户群，产品还出口到亚洲、非洲、美洲、澳大利亚等地的国家和地区，深受国外用户的好评。

“和谐共赢、诚信经营”是公司履行社会责任对各利益相关方的郑重承诺。公司坚持实现自我发展与履行社会责任并重，信守对国家政府、社会、银行、客户、供应商、员工等利益相关方的承诺，积极履行自己的义务，致力追求公司自身利益与各利益相关方共同利益的最大化，用发展的成果回报各利益相关方。公司以平等协商、互利双赢为原则，与客户、供应商发展长期合作关系，公司注重与客户的沟通交流、为客户提供满意的产品和服务，积极维护客户合法权益，通过多种方式开展售后服务。

公司自1995年成立后，特别是2001年纳入中轻集团后，依托集团支持，通过自建、并购、合作等方式稳步构建、调整和形成了浙江萧山、上虞，江苏徐州，广东江门三大生产基地布局，总装置能力已经达到15万t / 年。2012年公司成立了新一届董事会，组建了新的经营团队，新领导班子将率领公司全体员工除旧布新、齐心协力、攻坚克难、锐意进取、紧抓机遇，努力实现公司产业和产品的转型升级和产能的重新布局，实现中轻化工股份有限公司再一次的飞跃。

主营产品：

脂肪醇聚氧乙烯醚硫酸盐系列（AES、AESA）；脂肪醇硫酸盐系列（K12；K12-A）；α-烯基磺酸盐系列（AOS）；烷基苯磺酸（LAS）等，商标为“洁浪”牌，主要应用于洗涤及个人护理行业，也在纺织、建筑、洗矿、采油等工业领域应用。

洗衣粉、洗洁精、洗衣液等洗涤产品的OEM业务。

联系方式：

地址：浙江省杭州市萧山经济技术开发区建设一路60号

邮编：311215

电话：0571-82831730 / 82833786

传真：0571-82831382 / 82835260

网址：http://www.sinolight-chem.com

中国三江精细化工有限公司

企业介绍：

中国三江为中国大规模民营环氧乙烷及AEO表面活性剂生产商兼供应商，其主要产品环氧乙烷及AEO表面活性剂乃家居清洁产品及化妆品的核心成分，广泛应用于生产洗涤液、化妆品及软膏等家居清洁产品。

按产量划分的市场份额计算，公司在中国环氧乙烷市场的份额由2007年和2008年的11%上升至2009年的19%；在中国AEO表面活性剂市场的份额由2007年和2008年的7%上升至2009年的13%。截至2011年5月，环氧乙烷及表面活性剂的总计划年产能分别约为180 000 t及218 000 t。

主营产品：

环氧乙烷；AEO-2；AEO-3；AEO-5；AEO-7；AEO-9；表面活性剂加工服务。

联系方式：

地址：中国浙江省嘉兴港区平海路

邮编：314201

电话：0573-85286789

传真：0573-85286856

网址：http://www.jxsjchem.com

广州浪奇实业股份有限公司

企业介绍：

广州浪奇实业股份有限公司成立于1959年，是我国洗涤用品生产的大型骨干企业。2006年，广州浪奇实业股份有限公司与马来西亚森那美集团及马来西亚科宁公司三方共同注资组建了广州市奇宁化工有限公司，该公司坐落于广州南沙技术开发区小虎岛，主要生产绿色表面活性剂MES，其原料来源于天然植物棕榈油，属环保型表面活性剂，可应用于日化等产品。

主营产品：

磺化油OSL；磺化油ORC；LK-S640；LK-S2；K12；MES。

联系方式：

地址：广州市天河区黄埔大道东128号

邮编：510660

电话：020-82161128

传真：020-82162986

网址：http://www.lonkey.com.cn

天津市浩元精细化工有限公司

企业介绍:

天津市浩元精细化工有限公司是由天津市合成洗涤剂厂、天津市天助精细化学公司及天助精细化学公司部分职工共同出资组建的新型股份制公司。主要生产非离子型、阳离子型、阴离子型工业表面活性剂和农药乳化剂、纺织助剂、化纤油剂等功能性助剂产品，年产量5 000 t。2002年被天津市质量技术监督局认证为质量公正产品，是华北地区集科研、生产、开发为一体的新型工业助剂骨干企业。

主营产品:

油酸三乙醇胺；聚醚系列；平平加；十二烷基二甲基苄基氯化铵；匀染剂AN；渗透剂JFC；化纤油剂；烷基酚聚氧乙烯醚；烷基苯磺酸钠；乳化剂EL；斯盘80；吐温80；净洗剂6501；脂肪酸聚氧乙烯酯；十二烷基二甲基甜菜碱；十二烷基二甲基氧化胺；农药乳化剂。

联系方式:

地址：天津经济技术开发区化学工业区翠微街18号
邮编：300191
电话：022-84781010
传真：022-67161522
邮箱：hyxs@tjhaoyuanchem.com
网址：http://www.tjhaoyuanchem.com

上海金山经纬化工有限公司

企业介绍:

上海金山经纬化工有限公司是马来西亚吉隆坡甲洞集团（简称“KLK”）子公司，专业从事精细化学品制造，系中国洗涤用品协会理事单位和中国精细化学协作组成员。

公司现已开发生产六大系列40余种产品，其中包括N, N-二甲基乙酰胺、脂肪烷基二甲基叔胺、三醋酸甘油酯、邻苯二甲酸二甲酯、邻苯二甲酸二乙酯、荧光增白剂及阴、阳、两性表面活性剂等系列产品，应用领域涉及医药、农药、石油、烟草、纺织、轻工、公路沥青乳化等行业。公司现拥有年产1.2万t的N，N —二甲基乙酰胺（DMAC）生产流水线，质量达到国际先进水平，拥有自营进出口权，产品进入韩国、日本、印度、欧洲及中东等国家。

主营产品：

脂肪胺系列；阳离子表面活性剂；阴离子表面活性剂；两性离子表面活性剂；双链季铵盐；磷酸酯类表面活性剂；椰油酰胺丙基甜菜碱；月桂酰胺丙基甜菜碱等。

联系方式：

地址：上海市普陀区交通路4711号李子园大厦16楼
邮编：200331
电话：021-51061710
传真：021-56652583
邮箱：shenzhwei@gmail.com
网址：http://www.klkchem.com/

中国石油抚顺石化公司洗涤剂化工厂

企业介绍：

中国石油抚顺石化公司洗涤剂化工厂位于辽宁省抚顺市西部，占地61公顷，现有固定资产25.5亿元，是目前亚洲主要表面活性剂原料生产基地。

洗化厂始建于1990年，是国家“七五”期间全国20项重点建设项目之一，全厂共有16套主要生产装置，全部是引进美国、日本、英国、德国、荷兰、意大利、西班牙等国的专利技术和先进设备，采用DCS集散控制系统。拥有试验装置10余套、试验分析检测的仪器设备共数百套。近年来，完成科研成果15项目，替代进口1项，其中获得集团公司技术创新一等奖1项，新开发DF-3、驱油用烷基苯等新产品10项，并拥有专利6项，长期以来，企业始终与UOP公司等国内外的设计部门和科研院所定期进行技术交流，保证了技术上的先进性。

主营产品：

工业用直链烷基苯；羰基合成醇；工业直链烷基苯磺酸。

联系方式：

地址：辽宁省抚顺市公路南线20号
邮编：113001
电话：0413-2995111
传真：0413-6602408
网址：http://www.petrochina.com.cn

考科（前博兴华润油脂）

企业介绍：

考科（前身博兴华润油脂化学有限公司）是香港华润集团控股的大型油脂化学品生产企业。始建于1993年，占地24万平方米，总投资逾3亿元人民币，全套引进具有国际先进水平的技术、设备。2012年被阿克苏贝尔并购后改为考克公司，年总生产能力达13万t，销售额10亿元左右。

公司以质量为本，注重科研开发和科学管理，全套引进具有国际先进水平的技术、设备，先后通过了ISO9001质量管理体系认证、ISO14001环境管理体系认证和OHSAS18001职业安全健康管理体系认证，是国内率先取得三项国际认证的油脂化工企业。

主营产品：

伯胺系列——牛油基、棕榈基、椰油基及十二烷基、十八烷基等单碳系列；
仲胺系列——椰油基、氢化牛油基；
叔胺系列——双氢化牛油基及各种单烷基；
季铵盐系列——双烷基、双酯基季铵盐及1227、1231等各种单碳单烷基季铵盐；
脂肪酸系列——各种脂肪烷基硬脂酸及工业脂肪酸。

联系方式：

地址：山东省博兴工业园
邮编：256500
电话：0543－2308297
传真：0543－2306108
邮箱：sales@croc.cn
网址：http://www.creoleochem.com

广州天赐高新材料股份有限公司

企业介绍：

广州天赐高新材料股份有限公司是一家专业从事个人护理品功能材料、锂离子电池材料、有机硅橡胶材料的高科技民营企业。公司成立于2000年6月，注册资本9 880万元。2007年11月由广州市天赐高新材料科技有限公司整体变更为广州天赐高新材料股份有限公司。公司位于广州市黄埔区经济技术开发区内，占地面积近7万余平方米，工厂建筑面积5万余平方米。

主营产品：

卡波姆；阳离子瓜儿胶；聚合物型阳离子调理剂；阳离子纤维素系列；低分子阳离子调理剂；传统乳化剂；乳化增稠稳定剂；传统悬浮稳定剂；新型高效悬浮稳定剂；乳化硅油；硅蜡；挥发性硅油；聚醚改性硅油；苯基硅油；氨基硅油；透明硅油；低分子聚合物分散剂；甘氨酸类温和表面活性剂；谷氨酸类温和表面活性剂；肌氨酸类温和表面活性剂；温和、两性表面活性剂；高效防腐剂；新型杀菌止痒剂；传统去屑杀菌剂；头发定型剂；天然葡萄糖苷；螯合剂；富脂剂；富脂剂。

联系方式：

地址：广州市黄埔区云埔工业区东诚片康达路8号

邮编：510760

电话：020-82251159

传真：020-82058669

邮箱：marketing@tinci.com

网址：http://www.tinci.com

天津先光化工有限公司

企业介绍：

天津先光化工有限公司成立于1994年，控股方韩国先进化学株式会社是韩国化妆品原料和表面活性剂生产领域的领导者。天津先光化工有限公司致力于表面活性剂的开发生产，其中SM95、SM168、TE90、TES90、MAP-L等广泛应用于个人清洁护理、酒店清洁产品、家用清洁产品，供应给国内知名品牌蓝月亮、碧珍、开米、威莱。近年来又引进韩国先进技术和设备生产包覆型化妆品粉体原料，有硅处理钛白粉、硅处理云母粉、绢云母等品种，使粉体原料功能大大改善和提升。

主营产品：

阴离子，阳离子，非离子和两性离子表面活性剂；护肤和彩妆系列化妆品，OEM代加工。

联系方式：

地址：天津市北辰区津榆公路西堤头

邮编：300402

电话：022-86845637

传真：022-86845607

邮箱：amiao1999@163.com

网址：http://www.xianguang-chem.com

罗地亚飞翔精细化工有限公司

企业介绍：

罗地亚飞翔精细化工有限公司，原名飞翔化工（张家港）有限公司，是罗地亚Novecare表面活性剂业务的一部分，是全球领先的表面活性剂、聚合物、磷衍生物以及环保溶剂的研发制造商。罗地亚飞翔位于江苏省张家港市，距离上海约110公里，公司是国家级高新技术企业和行业标准起草单位。

主营产品：

癸烷基伯胺；十二烷基伯胺；椰油烷基伯胺；十二/十四烷基伯胺；十四烷基伯胺；十六烷基伯胺；十八烷基伯胺；棕榈基伯胺；氢化牛脂基伯胺；硬脂基伯胺；牛脂基伯胺；单烷基叔胺；双烷基叔胺；三烷基叔胺；脂肪酸酰胺；脂肪多胺；烷氧基丙胺。

联系方式：

地址：江苏省张家港市凤凰镇

邮编：215613

电话：0512-58490384

传真：0512-58497000

网址：http://www.feixiangchem.com

南风化工集团股份有限公司

企业介绍：

南风化工集团股份有限公司，是一个跨全国十个省（市）区、跨行业的特大型企业集团。公司1996年4月组建，1997年在深交所发行A股，成为国有控股上市公司。公司现有5个分公司、19个子公司，总资产35亿元，销售收入32亿元，是国家重点扶持的520家企业之一。

南风化工集团主要产品系列：一是无机盐系列，包括元明粉、硫化碱、硫酸钡、硫酸镁、大苏打、硫氢化钠、氯化钡等产品；二是洗涤剂系列，包括洗衣粉、皂类、液洗、牙膏等产品；三是化肥系列，包括硫酸钾、复混肥等；四是基于西安南风日化有限责任公司的表面活性剂产品系列产品。

主营产品：

AES；AESA；AOS；磺酸；K-12；K12A；工业甘油；泡花碱等。

联系方式：

地址：山西省运城市解放路294号

邮编：044000

电话：0359-8967035

传真：0359-2023302

网址：http://www.nafine.com

大庆油田化工集团

企业介绍：

大庆油田化工集团组建于2003年12月25日，2004年6月工商注册为大庆油田化工有限公司，下辖甲醇分公司、轻烃分馏分公司、东昊投资有限公司、醋酸分公司、技术开发研究院、综合服务分公司、销售分公司7个成员单位以及项目管理中心、物管中心2个直属单位，共有职工3 279人，其中拥有专业技术资格人员826人，硕士以上学历人员49人，本科以上学历人员594人。

大庆油田化工集团以天然气化工、轻烃精深加工和表面活性剂生产为主营业务，共拥有主要生产装置9套，分别是10万t / 年甲醇装置两套、5万t / 年合成氨装置、20万t / 年轻烃分馏装置、5万t / 年戊烷精分装置、2万t / 年及6万t / 年重烷基苯磺酸盐装置各一套、20万t / 年醋酸装置、180万t / 年原油稳定装置。

主营产品：

甲醇，液氨，液化石油气，工业混合烷，EPS发泡剂，重烷基苯磺酸盐，轻烃，醋酸等36种产品。

联系方式：

地址：黑龙江省大庆市让胡路区西宾路518号

邮编：163453

电话：0459-5199150

邮箱：tianzm@cnpc.com.cn

网址：http://www.cnpc.com.cn/dq/

天津天智精细化工有限公司

企业介绍：

天津天智精细化工有限公司是由天津天女化工集团股份有限公司和台湾和桐化学公司于2002

年10月共同出资组建的一家合资企业，注册资本1.92亿元，主要生产磺酸、AES、AOS、叔胺系列等表面活性剂产品，用于日用化学品、洗涤用品、化妆品生产及工业助剂领域，综合生产能力15万t / 年，目前已成为全国主要表面活性剂产品生产制造企业之一。

主营产品：

LABSA直链烷基苯；十二烷基二甲基氧化胺；十二/十四烷基二甲基苄基氯化铵；十二烷基二甲基甜菜碱；AES脂肪醇聚氧乙烯醚；十八/十六烷基三甲基氯化铵；十八/十六叔胺；十二/十四叔胺。

联系方式：

地址：天津东丽区津赤路9号
邮编：300300
电话：022-8478 0042
传真：022-8478 2625/8478 1955
网址：http://www.tjtianzhi.com

天津天女化工集团股份有限公司

企业介绍：

天津天女化工集团股份有限公司控股子公司及成员单位包括天津东洋油墨有限公司、天津天智精细化工有限公司、天津市浩元精细化工有限公司、天津市天宁树脂有限公司、天津瑞丽斯化工有限公司、天津达一琦精细化工有限公司、天津云兴油墨有限公司、天津先光化工有限公司、天津天女盛源进出口贸易有限公司、天津市鸵鸟墨水有限公司、天津天亨洗涤剂有限公司、天津天瑞包装材料有限公司、天津扬格塑料包装有限公司、天津莱博化工有限公司、天津天元天昊化工有限公司、天津飞跃源包装有限公司、天津四达石化产品经销公司等，拥有油墨和表面活性剂两大日用化工产品系列。

主营产品：

油墨化学品；表面活性剂。

联系方式：

地址：天津东丽区津赤路9号
邮编：300300
电话：022-84783830
传真：022-84783658
邮箱：postmaster@angelchem.com
网址：http://www.angelchem.com/

辽宁奥克集团股份有限公司

企业介绍:

辽宁奥克化学股份有限公司是以环氧乙烷为主要原料、以太阳能多晶硅切割液、高效混凝土减水剂和聚乙二醇等环氧乙烷衍生精细专用化学品为主导产品的精细化工高新技术企业。

公司是国内较大的环氧乙烷精细化工新材料企业，也是在环氧乙烷精细加工领域引领行业发展的龙头企业。公司主导产品有两类，一是太阳能光伏电池用晶硅切割液，二是高性能混凝土减水剂用聚醚单体，其中，切割液约占国内市场70%份额，聚醚单体约占国内市场25%份额，主要产品在各自市场的占有率均位居国内前列。公司现为中国化工学会精细化工专业委员会副主任委员单位，同时，还是国家聚羧酸型高性能减水剂聚醚单体工业标准的起草单位。

主营产品:

晶硅切割液；聚醚单体；聚乙二醇。

联系方式:

地址：辽宁省辽阳市宏伟区万和七路38号

邮编：111003

电话：0419-5588805

传真：0419-5588880

邮箱：oxiranchem@126.com

网址：http://www.oxiranchem.com/

辽宁华兴集团化工股份有限公司

企业介绍:

辽宁华兴集团化工股份有限公司是以天然油脂为主要原料生产天然脂肪醇及其衍生的各种新型表面活性剂等产品的日用化工企业。目前辽宁华兴集团化工股份公司及下属所有子公司，有职工人数1 200人，其中，中高技术人员占20%，固定资产超20亿元人民币。经过十年发展，辽宁华兴集团化工股份有限公司现已成为中国天然脂肪醇较大的生产基地和较大的日化产品原料供应基地，主要产品产能天然脂肪醇22万t / 年，非离子表面活性剂20万t / 年，磺化产品15万t / 年，精制甘油2.5万t / 年，皂基5万t / 年，广泛应用于日用化学品、化妆品、医药等主要行业。

主营产品：

天然脂肪醇；烷基酚聚氧乙烯醚；脂肪醇聚氧乙烯醚；医药级聚乙二醇；工业级聚乙二醇；渗透剂；脂肪醇聚氧乙烯醚硫酸钠；精甘油；皂粒。

联系方式：

地址：辽宁省灯塔市西马镇新生开发区

邮编：111302

电话：0419-8320288

传真：0419-8322168

邮箱：inquiry@huaxingchemical.com

网址：http://www.huaxingchemical.com/

上海发凯化工有限公司

企业介绍：

上海发凯化工有限公司是中国日用化学工业研究院实施“产业化”战略，于2006年5月在上海市金山区成立的公司，集研发、生产、销售、服务为一体，旨在把中国日用化学工业研究院的技术优势转化为产业优势。公司拥有年产1.5万t烷基糖苷、1 000t醇醚羧酸盐和2 000t咪唑啉生产装置，占地14 441m^2、拥有12 046m^2的建筑，通过了质量管理体系ISO9001:2008、环境管理体系ISO14001:2004和职业健康安全管理体系OHSAS18001:1999三大体系的认证，2008年底公司首次荣获了上海市高新技术企业，2009年又新增了自主进出口经营权，产品出口欧、美、澳大利亚、东南亚等国家及中国台湾地区。

主营产品：

烷基糖苷系列产品——APG0810，APG0814，APG1214，APG0810（H），APG0810（HH）；咪唑啉系列两性表面活性剂——羧甲基型两性咪唑啉，无盐型两性咪唑啉；FC-06强耐碱表面活性剂；FC-39和FC-40两性表面活性剂；FC-41强耐碱表面活性剂；FC-12型多功能阳离子表面活性剂；醇醚羧酸盐（AEC）；依捷邦A。

联系方式：

地址：上海市金山区亭林镇林宝路318号

邮编：201505

电话：021-67231369

传真：021-67233055

邮箱：sales@shfinechem.com

网址：http://www.shfinechem.com

四川天宇油脂化学有限公司

企业介绍：

四川天宇油脂化学有限公司（原泸天化油脂化学有限责任公司）是泸天化（集团）有限责任公司的子公司。公司从 1993 年开始制造和研制油脂化学系列产品，凭借十多年对品质始终如一的追求和制造研究经验积累，公司拥有了规模化生产装置和先进的制造研发技术。公司的 C_{22} 脂肪酸系列产品生产能力位居世界前列。

四川天宇油脂化学有限公司及制造工厂位于中国四川省泸州市纳溪区，工厂占地面积 158亩，公司注册资本 5000 万元，利用高芥酸菜籽油、棕榈油、牛羊油为原料，生产高品质的芥酸、植物油酸、山萮酸、硬脂酸、芥酸酰胺、伯胺、伯胺酰胺等泸天化系列油脂化学产品，现有装置生产能力为：年产芥酸、硬脂酸、十八烯酸等脂肪酸产品 6 万t；脂肪酸酰胺、脂肪伯胺、脂肪伯胺醋酸盐等脂肪酸含氮衍生物1万t，产品广泛应用于石油化工、纺织印染、医药、食品、冶金、交通、矿山等行业。

主营产品：

十八烷基伯胺脂肪酸；脂肪酰胺；脂肪胺；脂肪胺盐；甘油。

联系方式：

地址：四川省泸州市纳溪安富镇工业园区1号

邮编：646300

电话：0830-4122125

传真：0830-4128228

邮箱：lthxuqu@126.com

网址：http://www.sctyyz.com

扬子石化-巴斯夫有限责任公司

企业介绍：

扬子石化－巴斯夫有限责任公司位于南京市六合区，毗邻长江，傍依京沪线，通过南京长江二桥与宁沪高速公路相连，地理条件优越，水陆交通便捷，并与南京化学工业园和周边企业产生良好的协同效应。

公司一期项目总投资约29亿美元，于2001年9月开工建设，2005年6月全面投入商业运营，目前拥有十套世界级规模的工艺装置，它们分别是以60万t / 年乙烯装置为核心的基础化学联合装置、25/30万t / 年环氧乙烷/乙二醇联产装置、40万t / 年低密度聚乙烯装置、25万t / 年丁辛醇装置、16万t / 年丙烯酸和21.5万t / 年丙烯酸酯装置、3万t / 年丙酸装置、5万t / 年甲酸装置、3.6万t / 年甲胺装置和4万t / 年二甲基甲酰胺装置。

主营产品:

异构醇聚氧乙烯醚；丙烯酸类产品；精丙烯酸；丙烯酸甲酯；丙烯酸正丁酯；丙烯酸异辛酯；丁辛醇及中间体；工业正丁醇；工业异丁醇；2-丙基庚醇；无水一甲胺；无水二甲胺；无水三甲胺；一甲胺水溶液；二甲胺水溶液；三甲胺水溶液；二甲基甲酰胺（DMF）。

联系方式:

地址：中国南京市六合区
邮编：210048
电话：025-58569999
传真：025-57770999
邮箱：zhanglc@basf-ypc.com.cn
网址：http://www.basf-ypc.com.cn

金桐石油化工有限公司

企业介绍:

金桐石油化工有限公司系中国石化集团资产经营管理有限公司与英属维尔京群岛宝智投资有限公司（台湾和桐化学股份有限公司全资子公司）共同组建的合资经营企业。1993年9月1日正式成立，1995年12月竣工试生产，1996年1月正式投产，该合资公司是目前中国石化集团公司与台湾石化界主要合资项目，注册资本为1.682亿元人民币。金桐石油化工有限公司的主要生产装置为：设计能力10万t / 年烷基苯装置；2万t / 年烷基苯磺酸装置。该公司主要产品有：直链烷基苯、烷基苯磺酸。副产品有：重烷基苯、焦油、轻质油。金桐石油化工有限公司的生产装置是引进国外先进技术和部分关键设备，生产全过程采用世界上先进的DCS集散控制系统。

主营产品:

工业直链烷基苯；工业直链烷基苯磺酸。

联系方式:

地址：南京经济技术开发区尧新大道201号
邮编：210046
电话：025-85563140
传真：025-85563340
网址：http://www.jintung.com.cn

辽宁科隆精细化工股份有限公司

企业介绍：

辽宁科隆精细化工股份有限公司始建于2002年，经过近10年的创业历程，已经发展成为国内精细化学品专业制造企业，建成以聚羧酸减水剂、太阳能切削液为主导，聚酯弹性体、多功能整理剂、涂料助剂、食品添加剂、建材助剂产品等为补充的完善的产品线体系。产品广泛应用于日用化工、医药、纺织印染、涂料、油墨、石油开采、金属加工、建筑助剂、IT行业等多个领域。完善的产品线组合体系的建立有效地规避了行业风险，并为公司可持续发展打下了坚实的基础。

主营产品：

聚羧酸原液；切削液；多功能整理液；涂料助剂；热塑性聚酯弹性体；固化剂。

联系方式：

地址：辽宁省辽阳市宏伟区东环路8号

邮编：110005

电话：0419-5589880

传真：0419-5589837

邮箱：kelong@kelongchem.com

网址：http://www.kelongchem.com

江苏钟山化工有限公司

企业介绍：

江苏钟山化工有限公司是以环氧乙烷和环氧丙烷为原料主线，以工业表面活性剂助剂和聚醚多元醇为主导产品的精细化工企业，现主要生产环氧丙烷、聚醚、农药助剂（农药乳化剂）等产品，年化工产品装置能力总吨位约12万吨，年化工商品总吨位近8万吨，累计实现销售收入10亿元左右，固定资产原值达10亿元。公司工业用地391 577.6m^2，现拥有装置数套，分别为两套环氧丙烷装置、一套农药乳化剂生产装置、一套大聚醚装置、一套特种化学品化装置、一套丙二醇装置以及配套的中试装置、生化装置、动力装置和空分制氮装置。

主营产品：

聚醚产品系列；农用助剂产品系列；特种化学品系列。

联系方式：

地址：南京栖霞区太新路46号
邮编：210038
电话：025-85236606
传真：025-85236666
邮箱：njcl2008@.com.cn
网址：http://www.jszsclc.com/

浙江皇马化工集团有限公司

企业介绍：

浙江皇马化工集团有限公司成立于1986年，占地35万m^2，总资产8.3亿元，公司现有员工438人。集团下属浙江皇马科技股份有限公司、浙江合诚化学有限公司、上虞市皇马化学有限公司、上虞市皇马表面活性剂研究所有限公司、上虞市皇马化纤油剂研究所有限公司五家子公司，主要生产特种表面活性剂和化纤油剂，包括化纤油剂板块、印染助剂板块、光固化板块、金属加工油品添加剂板块、溶剂板块、有机硅板块、减水剂板块等11大系列1 000多个产品，是目前国内主要特种表面活性剂和化纤油剂生产企业。公司现为全国化学标准化技术委员会（特种）界面活性剂分技术委员会秘书处单位。

主营产品：

聚乙二醇系列；聚丙二醇系列；斯盘系列；吐温系列；脂肪胺聚氧乙烯醚系列；十二、十六、十八烷基氧化叔胺；匀染剂AN；酯类产品聚醚类产品；农乳系列产品；抗静电剂类产品等。

联系方式：

地址：中国浙江上虞
邮编：312363
电话：0575-82097088 82096121
传真：0575-82096153 82091301
邮箱：huangma@huangma.com
网址：http://www.huangma.com

上海凯必特化工有限公司

企业介绍：

上海凯必特化工有限公司引进国外先进的技术和生产设备，致力于表面活性剂的生产和研发，在纺织、印染、化纤、染料、清洗、造纸、皮革、环保、金属加工、涂料、医药、农药、化肥和食品等领域开发应用服务。具有年产各类表面活性剂5万t的能力，产品已经形成十几大类，30余个系列，300多个品种。

公司的主要生产基地为海安县海润化工有限公司。

主营产品：

脂肪醇聚氧乙烯醚；烷基酚聚氧乙烯醚；脂肪酸聚氧乙烯酯；蓖麻油聚氧乙烯醚；脂肪胺聚氧乙烯醚；聚乙二醇；PEG；聚丙二醇；PPG；烯丙基聚乙二醇；甲氧基聚乙二醇；聚醚；司盘；Span；吐温；Tween；聚乙二醇脂肪酸酯；消泡剂；抗静电剂；渗透剂；磷酸酯；农药乳化剂；纺织前处理助剂；纺织印染助剂；纺织后整理助剂；特殊乳化剂；其他助剂；化纤油剂。

联系方式：

地址：上海嘉定区南翔镇蕴北路2号

电话：021-33510009

传真：021-69124698

邮箱：yhh@kbtchem.com；capital8888@hotmail.com

网址：www.kbtchem.com

湖南丽臣奥威实业有限公司

企业介绍：

湖南丽臣奥威实业有限公司是国内知名的从事表面活性剂产品生产的专业厂家，多种产品处于国内领先水平，主要产品包括：脂肪醇聚氧乙烯醚硫酸盐、脂肪醇硫酸盐、月桂基硫酸三乙醇胺盐、α-烯基磺酸钠、胺类衍生物、农药乳化剂等相关系列产品，广泛应用于洗涤剂、个人护理用品和农业化学品领域。

主营产品：

十二烷基硫酸铵（RSAW AL 70/ZA）；十二烷基硫酸铵（RSAW AL 30/T/ZA）；十二烷基硫酸铵（RSAW AL 25/ZA）；十二烷基醚（1EO）硫酸铵（RSAW EAA 70/ZA）；十二烷基醚（3EO）硫

酸铵（RSAW EAC 70/ZA）；十二烷基醚（3EO）硫酸铵（RSAW EAC 25/ZA）；复合铵盐（RSAW BAS XX70系列）；月桂基硫酸三乙醇胺盐（RSAW TL40/T/ZA）；月桂基醚硫酸三乙醇胺盐（RSAW ETC40/ZT）；合成十二烷基醚（3EO）硫酸钠（RSAW 3753/ZA）。

联系方式：

地址：湖南省长沙市开福区浏阳河路1号

邮编：410003

电话：0731-82840068

传真：0731-82840065

邮箱：hnlcrlzyb@163.com

网址：http://www.resun-auway.com

浙江传化集团有限公司

企业介绍：

创建于1986年，是知名的多元化现代民营企业集团，致力于化工、物流、农业、科技城、投资五大领域事业。2011年实现工业、服务业总收入200亿元，位列“中国企业500强”、“中国民营企业500强”、“中国最具价值品牌500强”。

业务分布：

纺织印染助剂——印染助剂业务隶属浙江传化股份有限公司纺织化学品事业部。浙江传化股份有限公司是中国印染助剂行业龙头企业，中国印染助剂行业国家标准起草单位。产品体系齐全，目前拥有前处理剂、染色助剂、增白剂、硅油、软片、印花助剂、功能整理剂、防水防油剂等八大产品系列500多个品种。

水处理化学品——传化水处理项目隶属于传化水处理化学品项目部，该部是传化股份紧跟节能减排、低碳环保的国内国际形势，更好履行社会责任，推广水处理化学品业务而成立的部门，旨在为传化股份广大的客户企业提供优秀的水处理化学品、专业的水处理服务，为有水污染隐患的企业排忧解难。

造纸化学品——造纸化学品业务隶属于浙江传化华洋化工有限公司，传化华洋是传化集团有限公司和沈阳化工研究院合资组建的精细化工企业，是传化化工事业板块核心下属企业之一。公司主营造纸化学品与塑料化学品，是目前国内荧光增白剂产品系列较齐全、生产规模较大的生产厂商。公司主要产品有：荧光增白剂、PVC热稳定剂、颜料/染料、表面施胶剂、脱墨剂、网毯清洗剂、助留助滤剂等。

主营产品：

退浆剂；精炼剂；去油剂；渗透剂；螯合分散剂；氧漂稳定剂；聚酯碎片清洗剂；白地防沾剂；通用助剂；纤丝力助剂；无盐染色助剂；短流程助剂；匀染剂；代碱剂；皂洗剂；固色剂；特种印花助剂。

联系方式：

地址：中国杭州萧山经济技术开发区

邮编：311215

电话：0571-82602688

传真：0571-82602700

网址：http://www.tftrade.com/

广东德美精细化工股份有限公司

企业介绍：

广东德美精细化工股份有限公司是以纺织印染助剂为主，兼营其他精细化学品的股份制公司，具有自主研发、生产、销售和提供专业服务的能力。产品产销量历年来一直居于同行业前列。公司始创于1989年，总部坐落在广东省佛山市顺德区，公司股票2006年在深圳证券交易所上市。

在纺织印染助剂方面，公司至今已向市场推出900多个产品，历年来多次获得佛山市、广东省、化工部科学技术进步奖，多项产品填补了国家空白，先后有十多个产品被评为国家级新产品。产品质量达到国际先进水平，在业内赢得了良好声誉。

主营产品：

酸性皂洗剂；低温除油剂；防沾色皂洗剂；变色固色剂；无醛固色剂；酸性固色剂；涤纶胚布匀染剂；抗静电剂等。

联系方式：

地址：广东省佛山市顺德高新区科技产业园朝桂南路

邮编：528305

电话：0757-28399088

传真：0757-28396930

邮箱：info@dymatic.com

网址：http://www.dymatic.com/

江苏嘉丰化学股份有限公司

企业介绍：

江苏嘉丰化学股份有限公司位于江苏海门市，与上海隔江相望，苏通大桥的通车又使海门融入了上海的一小时都市圈，地理位置十分优越，交通非常便利，公司占地6万多m^2，主要生产壬基酚和非离子表面活性剂，总生产能力达7万多t，其中2万t壬基酚生产线为目前国内较大，公司产品广泛用于纺织、石油、农药、橡胶、食品、医药、日用等领域，公司将以一流的生产工艺、完善的检测手段，科学的管理方式生产出高品质的产品。

主营产品：

壬基酚；壬基酚聚氧乙烯醚；乳化剂AEO系列；乳化剂EL系列；乳化剂司盘系列；乳化剂吐温系列；聚乙二醇系列；匀染剂O；匀染剂O系列；渗透剂JFC。

联系方式：

地址：江苏省海门市临江新区工业园A区

邮编：226100

电话：0513-81296188

传真：0513-81296789

邮箱：info@jiafengchem.com

网址：http://www.jiafengchem.com

上海锦山化工有限公司

企业介绍：

上海锦山化工有限公司迄今已走过十多年的发展历程，由单一的非离子助剂产品，发展至今已拥有聚羧酸系减水剂系列产品；太阳能多晶/单晶硅切割液系列产品；涂料助剂、纺织印染助剂、皮革化学品、塑料添加剂、工业清洗及日化等产品；各类专业表面活性剂等四大系列300多个品种，涉足新能源、新材料合成，汽车、建筑、纺织印染、日化、工业清洗、塑料、皮革等领域。

2010年公司与上海邦高化学有限公司强强联合，公司新厂区规划面积6万 m^2，坐落于上海精细化工产业园区。采用国际先进的“Press”乙氧基化/丙氧基化合成反应技术及合成装置，生产规模扩充至年产8万t。

主营产品：

特种助剂系列；涂料助剂系列；表面活性剂系列；皮革助剂；硅烷偶联系列；纺织助剂系列；

塑料抗静电系列等。

联系方式：

地址：上海市金山区金山卫镇
邮编：201512
电话：021-67268566
传真：021-57268958
邮箱：chief@jschem.com
网址：http://www.jschem.com，www.chemjs.com

桐乡市恒隆化工有限公司

企业介绍：

桐乡市恒隆化工有限公司是隶属于桐昆集团的一家精细化工企业，位于浙江省桐乡市洲泉镇工业园区，公司成立于2009年10月，占地面积约32 365m^2，是一家专业研发生产化纤油剂和表面活性剂的新型企业。

企业引进国外先进设备，通过招聘吸收专业技术人员，形成年产2.5万t化纤油剂、3万t表面活性剂、1500t吹膜及2000t缠绕膜的能力，品种系列高达上百个，开发出取代进口的新型高速纺高档油剂，为我国的化纤产业发展做出应有的贡献。

主营产品：

乳化剂AEO系列；DTY油剂乳化剂系列；乳化剂EL系列；乳化剂LAE系列；；乳化剂OEO系列；聚乙二醇PEG；聚乙二醇月桂酸酯；柔软剂SG系列；乳化剂TX系列；添加剂AC-1800系列；添加剂AC-1200系列；甘油聚氧乙烯醚系列；脂肪醇聚醚；抗静电剂AEO3-PK；抗静电剂APEK；抗静电剂TX-10-PK；抗静电剂AEO5-PK；丙二醇嵌段聚醚；高温润滑油TOD；三羟甲基丙烷椰子油酸酯；C_{12-14}醇油脂酸；甘油三油酸酯；季戊四醇油酸酯；硬脂酸异辛酯；硬脂酸异辛酯；渗透剂；乳化剂司盘系列；乳化剂吐温系列。

联系方式：

地址：浙江省桐乡市洲泉镇工业园区德胜路299号
邮编：314000
电话：0573-81888899
传真：0573-81888897
邮箱：zjcwcy@163.com
网址：http://www.hellochemical.com

九

行业大事记

INDUSTRY EVENTS OF INDUSTRY

2010年表面活性剂行业大事记

【1月】

REACH正式注册

1月4日，随着欧洲化学品管理局REACH-IT注册平台更新完成并正式开放，2010年《化学品注册评估许可和限制法规》（REACH）正式注册拉开了帷幕。欧洲化学品管理局提供的数据显示，全球共有9 000种物质需要在2010年12月1日前完成正式注册。对于全球的化工企业来讲，2010年无疑迎来欧盟REACH颁布以来第一个正式注册的高峰。

阿克苏诺贝尔螯合剂新厂在宁波建成投产

1月5日，阿克苏诺贝尔（AkzoNobel）螯合剂工厂在中国宁波生产基地正式建成投产，该基地投资约2.75亿欧元，占地约为50公顷。新投产的螯合剂工厂将进一步完善阿克苏诺贝尔螯合剂产品遍布全球的供应链。新型添加剂可广泛应用在工业清洗和油田等领域，同时未来该系列产品也有望替代传统清洁洗涤配方中的磷酸盐添加剂。

江苏圣奥在沪研发中心扩建落成

1月8日，全球主要的橡胶防老化剂供应商江苏圣奥化学科技有限公司上海研发中心在上海张江高科技园区正式扩建落成。该公司首度推出了国际一流品质的绿色橡胶防老剂RD产品。新址总面积约1 000 m^2，并设有化学分析、仪器分析、综合应用等多个不同类别的实验室，将主要承担自主新品研发、加速新品产业化进程、绿色工艺流程持续改进等重任，积极涉足更多具有重大发展潜力的橡胶助剂细分市场。中国高端RD产品被洋品牌垄断的时代有望结束。

58个化工类项目荣膺国家的科技奖

1月11日上午，2009年度国家科学技术奖在北京人民大会堂隆重揭晓。此次共有289个通用项目获奖，其中化学化工类项目58个，占获奖项目总数的20%以上。共有9个化学类项目摘得国家自然科学奖，16个获得国家技术发明奖，33个获得国家科技进步奖。这意味着我国化工行业在原始创新与自主创新方面取得明显进展，化工行业的集成创新能力稳步提升。

我国确定2010年工业节能减排四大重点工作

2010年我国把节能降耗和减排治污作为调整产业结构和转变发展方式的重要举措，重点推进投资项目节能评估、重点行业节能减排指导意见、行业能效对标达标、企业节能管理和目标责任评价考核等四方面工作。

制订出台重点行业节能减排指导意见，通过规划引导、技术标准、节能减排技术改造示范工程、加强监管等，强化对行业节能减排工作的具体指导，提升钢铁、有色金属、建材等重点行业节能降耗水平。

醇醚系列项目落户经济技术开发区

1月24日，总投资达33亿元的吉林众鑫化工有限公司差别化醇醚系列项目落户吉林经济技术开发区。系列项目分3期建设，一期总投资8亿元，于2010年4月开工建设，建设年产16万t醇醚、2万t羟乙基磺酸钠、2万t乙醇胺、5 000 t异构醇等项目；二期总投资10亿元，建设年产50万t第四代减水剂等项目；三期总投资15亿元，建设年产20万t二氧化基聚碳酸酯等项目。

全球首批煤制乙二醇在通辽面世

全球第一批用褐煤制成的可以满足用户需求的乙二醇在通辽金煤化工有限公司正式投产，结束了目前世界各国只能采用石油技术路线生产乙二醇的历史。通辽金煤化工采用的“煤质乙二醇”技术路线和工业化应用，是一套拥有自主知识产权的世界首创技术。其推广应有可能代替传统的石油技术路线生产乙二醇，有效缓解我国乙二醇产品供需矛盾。据专家测算，用石油技术路线生产1.0 t乙二醇约需用2.5 t石油，如果采用“煤质乙二醇”生产技术，全球每年节省下来的石油就相当于新开发一个年产5 000万t石油的大油田。

吉林大宇2万t级硬脂酸装置顺利开车

吉林省首套硬脂酸生产装置——吉林市大宇化工有限公司2万t / 年硬脂酸装置在经过半月的试运行后，日前已生产出合格产品。经检测，大宇化工有限公司生产的硬脂酸产品质量全部达到国家一级标准，目前产品已经销往辽宁和吉林省各地，呈现供不应求的良好态势。

奥克多晶硅切割液项目落户辽阳芳烃基地

1月9日，辽宁奥克化学股份有限公司年产3.0万t聚乙二醇型多晶硅切割液项目投产仪式在芳烃基地精细化工园区举行。该项目2008年8月奠基建设，2009年11月建成，经过2个月的调试与试运行，正式投产。

【2月】

亚欧精细化工产业园项目签约总投资28亿元

2月7日，兖州市经济开发区（大安镇）天成化工有限公司与世界500强新加坡丰益国际集团益海嘉里投资有限公司《合作框架协议书》正式签订，标志着双方合作总投资28亿元的亚欧精细化工产业园项目取得了实质性进展。

亚欧精细化工产业园项目规划占地1万亩，依托天成化工技术、市场优势和益海嘉里资金、资源优势，新上AKD造纸助剂扩产、甘油法环氧氯丙烷生产、碳酰化系列精细化产品、尾气利用生产聚合氯化铝等项目，生产过程采用“内部循环、自成链条、自我闭合”的先进工艺，实现洁净生产和综合利用，完全符合国家生物产业政策和循环经济要求。目前，项目的各项前期手续正在积极办理之中。

项目分三期建设，一期占地1 200亩，建成后可实现年产值35亿元。项目全部建成达产后，将形成年产56万t的生产规模，可实现年产值100亿元、利税20亿元、出口创汇5亿美元，打造国内知名的新型精细化工产业园。

江苏金浦集团8.3亿投资新疆精细化工项目

江苏金浦集团2010年将投资8.3亿元与中国石油乌鲁木齐石化公司合作加工高附加值的精细化工产品。按照双方日前签署的战略合作协议，江苏金浦集团负责提供项目资金，中国石油乌鲁木齐石化公司提供石化原料。双方合作的目的是将新疆本地低附加值的原料转化为高附加值的橡胶、轮胎添加剂等。

【3月】

天津环氧乙烷/乙二醇装置通过考核

3月12日，天津石化100万t / 年乙烯及配套项目主要装置之一的4 / 36万t环氧乙烷/乙二醇联产装置顺利通过装置性能考核，此举标志着国内首套采用美国陶氏工艺技术的乙二醇装置实现稳定运行。该装置采用的美国陶氏公司工艺技术复杂，施工难度大，核心设备——氧化反应器为国内同行业中最大单台反应器。

【4月】

辽宁北方20万t环氧乙烷/乙二醇项目投产

4月25日，中国兵器工业集团辽宁北方化

学工业有限公司年产20万t环氧乙烷EO/EG装置继试车成功并顺利产出乙二醇产品后，又顺利产出环氧乙烷产品。经检测，产品各项指标均达到国标优级品质量标准。至此，该公司20万t级EO/EG装置工艺流程全部打通，进入试生产阶段。该装置是国内第一套使用高选择性、高转化率新型催化剂的装置，生产线从美国SD公司引进，工艺技术成熟度高，可确保装置安全、稳定、连续运行，同时能减少反应期间的停车次数，较大程度地减少副产品的产生，保证产品质量的稳定性。项目达产后，可为国内化工市场提供10万t / 年精制环氧乙烷、15.8万t / 年乙二醇、5万t / 年乙醇胺。

按照企业发展规划，辽宁北方在此项目基础上，将进一步规划建设乙烯胺及表面活性剂系列产品项目，形成以环氧乙烷为主线的精细化工产品的产业链。该项目总投资22.3亿元，依托中国兵器工业集团辽宁华锦化工（集团）有限公司新建46万t / 年乙烯项目，建设包括年产20万t / 年EO/EG装置、5万t / 年乙醇胺装置、1.5万m^3/小时空分装置3个主装置，以及配套建设的成品罐区等设施。

2010（第十一届）国际表面活性剂和洗涤剂会议成功召开

ICSD 2010以“技术与市场的国际化融合”为主题，鲜明地体现了ICSD立足中国、面向世界、共商发展的创办宗旨，充分反映了国内外同仁加强交流、增进合作、促进行业发展的共同愿望。ICSD 2010共收到来自于国内外的学术交流论文百余篇，经大会学术委员会审读，从中遴选出高质量的28篇论文安排大会口头交流，40余篇文章进行壁报交流。这些报告和文章充分展示了ICSD 2010的国际特色，全面地反映了当今表面活性剂和洗涤剂工业的发展动态和趋势，体现了当今业界较高的学术和技术水平。

在历时4天的会期中，共有来自于全球表面活性剂及洗涤剂行业的工业界、企业界、学术界的代表出席了会议。同时，还有来自多个国家和地区的100余家公司企业参加了同期举办的展览会，参观展览会的专业观众超过万余人次。

【5月】

山东20万t聚醚多元醇项目投产

5月17日，由山东蓝星东大化工有限公司投资1.3亿元建设的20万t / 年聚醚多元醇技改扩能项目顺利建成投产。该项目各项技术指标均达到国内同行业领先水平，至此，东大公司聚醚多元醇产能跃居国内同行业之首。

聚醚多元醇是化工新材料基础原料，主要用于聚氨酯行业生产软质、硬质、高回弹等泡沫塑料和弹性体，以及涂料、黏合剂、密封胶和非离子表面活性剂如泡沫稳定剂、高效低泡洗涤剂等。

表面活性剂国家工程研究中心通过国家发改委评审

为加强和规范国家工程研究中心的建设，建立优胜劣汰和动态调整的运行管理机制，国家发改委根据《国家工程研究中心管理办法》的有关规定，在各主管部门审核上报有关材料的基础上，对已验收的 80 个国家工程中心进行了评价，依托中国日化研究院建立的“表面活性剂国家工程研究中心”得分 79 分，排名第 40 名。中国日化院将继续按照工程中心管理办法要求，搞好国家工程研究中心建设，为行业发展做出新贡献。

全球最大橡胶PPD助剂在华投产

江苏圣奥化学科技有限公司PPD类橡胶助剂项目近期在华正式投入生产。该公司PPD总产能提高50%，达12万t。自2009年7月起开工建设，总投资10亿元人民币，占地约600亩的江苏圣奥一期扩建产能工程3日竣工。工程位于山东省曹县新型材料工业区。

【6月】

奥克股份环氧乙烷衍生精细化工项目奠基

2010年6月5日上午，奥克化学（滕州）有限公司在山东省滕州市辰龙化工创业园举行了年产5万t环氧乙烷衍生精细化工新材料项目奠基仪式。

据了解，奥克化学（滕州）有限公司是辽宁奥克化学股份有限公司（300082）与山东滕州辰龙能源集团有限公司合资创办的设计规模为年产5万t的环氧乙烷衍生精细化工新材料的高新技术产业公司。公司注册资本3 000万元，一期总投资8 028万元，其中，奥克股份控股81%，辰龙集团持股19%。该项目属于新建项目，是奥克股份利用上市募集资金投资建设的重要项目之一。

国家大范围取消化工产品出口退税

财政部和国家税务总局6月22日联合下发《关于取消部分商品出口退税的通知》，明确从7月15日开始，取消406个税号的产品出口退税，其中包括众多化工产品，涉及农药、磷化工、基础化工原料、塑料、橡胶等行业。

根据《通知》的分类，此次取消出口退税的有银粉，酒精、玉米淀粉，部分钢材，部分有色金属加工材，部分农药、医药、化工产品，部分塑料及制品、橡胶及制品、玻璃及制品，共六大类。其中，有草甘膦、茅草枯、驱虫特、毒虫畏、治螟磷等农药产品，磷酸盐、次磷酸盐、多磷酸盐、亚磷酸盐等磷化工产品，多种烃类混合物（如二氯二氟甲烷和二氟乙烷的混合物等）、苯类、酚类、水合肼等基础化工原料，多种纤维素，部分塑料和橡胶原料、制品及其下脚料、废弃物等，硝铵炸药，有机复合溶剂，部分造纸、制革、纺织用化学品，还有部分黏接剂、染料助剂、润滑油添加剂、载体催化剂、人造石墨等产品，范围非常广泛。

这些产品此前都享受5.0%~17%不等的出口退税率。如氯硝丙烷、双氯酚等原先享受的出口退税率均在13%或17%的水平。而草甘膦产品则是自2008年以来多次调高出口退税率，此次将彻底取消该类产品的出口退税优惠政策。

此次取消出口退税的产品大多是高能耗、高污染的产品，在《通知》中不少产品前有“初级”字样。业界普遍认为，这次调整凸显政府在经济结构调整过程中的决心，是在市场经济条件下，用经济手段增加这些企业的生产成本，有助于推进节能减排，抑制过剩产能，加快产业结构调整，加快完成“十一五”节能减排目标。但部分受访企业表示，对于这项政策的出台有些“措手不及”，将给企业生产经营带来较大影响。

恒隆项目正式建成投产

6月30日，恒隆公司最后一个EO车间试车投产成功，至此，恒隆化工年产25 000t表面活性剂、化纤油剂、制膜项目宣告正式全面建成并顺利投产。

恒隆化工年产25 000 t表面活性剂、化纤油剂、制膜项目于2009年7月立项，同年9月获桐乡市发改委批准立项，10月28日正式破土动工。项目选址于桐乡市洲泉镇工业园区德胜路，厂区占地46亩，总投资5 333万元。该项目投产后，可生产化纤油剂、表面活性剂和塑料膜三大类产品，相关产品除作为集团公司内部配套产品供应给兄弟企业（厂区）外，也将积极拓展外销为集团谋求新的经济增长点。

【7月】

表面活性剂国家工程研究中心创新能力建设项目在上海破土动工

筹备一年多的表面活性剂国家工程研究中心创新能力建设项目，于2010年7月15日得到国家发改委的正式批复（发改办高技［2010］1698号）。中国日用化学工业研究院迅速对该项目进行了启动，项目建设所需的工程化试验车间和分析测试实验楼于2010年7月19日在中国日用化学工业研究院上海分院（上海发凯化工有限公司）破土动工。至此，表面活性剂国家工程研究中心创新能力建设项目进入全面实施阶段。

表面活性剂国家工程研究中心创新能力建设项目主要是针对我国工业领域对特殊功能表面活性剂的需求，围绕葡萄糖及糖苷类等热敏性物质的反应、分离和成套技术的工程放大，建设年产万吨级产业化烷基糖苷系列化产品验证装置，填补国内烷基糖苷系列产品在规模化和产业化上的空白，同时进行多种油脂基表面活性剂的千吨级工程化验证装置和特种催化剂装置等的建设，解决目前行业在油脂基表面活性剂工业化制备中存在的共性及关键性技术难题。

开发特殊功能绿色表面活性剂的工程化和产业化技术，无论对表面活性剂自身的健康发展，还是对相关应用领域的可持续发展均十分重要。通过各类新型绿色表面活性剂的工程化研究，可使我国表面活性剂行业中的某些催化剂和工艺技术以及工程化能力处于世界领先水平，并通过引进、消化和创新，提高国内装备水平，拓宽表面活性剂的应用领域，解决国内急需品种及应用领域的工程化难题，使表面活性剂工程研究中心真正成为对国内外开放的、具有世界一流水平的、表面活性剂领域共性关键技术集成的工程开发基地。

【8月】

全国表面活性剂和洗涤用品标准化技术委员会和全国食品用洗涤消毒产品标准化技术委员会2010年度中期会议暨标准研讨审定会召开

全国表面活性剂和洗涤用品标准化技术委员会（SAC/TC272）和全国食品用洗涤消毒产品标准化技术委员会（SAC/TC395）2010年年度中期会议暨标准研讨审定会于2010年8月21日—2010年8月22日在宁夏银川召开。

本次会议审议并通过了《乙氧基化烷基硫酸钠》、《乙氧基化烷基硫酸铵》、《甘油》、《合成洗衣粉生产能耗评定规范》、《表面活性剂用作试验溶剂的水规格和试验方法》、《脂肪酸二乙醇酰胺》、《双脂肪酸乙酯基羟乙基甲基硫酸甲酯铵》、《两性表面活性剂十一烷基咪唑啉》、《两性表面活性剂脂肪烷基二甲基甜菜碱》、《衣料用液体洗涤剂》和《GBT13174—2008修改单》11项送审标准。

同时，对《表面活性剂中一氯乙酸（盐）、二氯乙酸（盐）残留量的测定》、《表面活性剂和洗涤剂对酸解稳定的阴离子活性物痕量的测定》、《表面活性剂和洗涤剂在酸性条件下可水解和不可水解的阴离子活性物的测定》、《沐浴剂》、《洗手液》、《织物调理剂再润湿性的测定》、《日化产品抗菌抑菌效果的评价方法》、《漂渍洗涤剂氧漂剂》、《漂渍洗涤剂氯漂剂》、《乙二醇硬脂酸酯》、《食品工具和工业设备用酸性清洗剂》和《食品工具和工业设备用碱性清洗剂》12项标准进行了认真讨论和意见征询。

会议中，标准化技术委员会秘书处针对行业标准化“十二五”发展规划，向全体参会代表征集了意见和建议，通报了2010年11月将在北京召开的国际ISO/TC91第17次成员体会议情况，并作了国际标准化项目的意见征集工作。会议按照中轻联综［2010］23号文件要求，对标龄5年以上的22项行业标准进行了复审，提出有效、修订和废止等复审结论。

南化NHEC-1型表面活性剂中试成功

中国石油化工集团公司消息，8月6日，南京化学工业有限公司生产的首批5t NHEC-1型表面活性剂检测合格，标志着该公司首个三次采油助剂产品中试成功。

油田平均采收率提高40%，力争50%，挑战60%，是中国石化的重要战略目标之一。进行油田三采助剂的研发和生产是确保实现目标的重要手段之一。中国石化将油田三采助剂中试及生产基地定在南京化学工业有限公司。

据悉，5月确定为河南油田提供表面活性剂

后，该公司各部门积极配合，在短短两个月内完成了临时中试装置的设计施工和试车工作。NHEC-1型表面活性剂的研发单位上海石化研究院，派出专家组并携带分析检测仪器现场协助。

【9月】

华南最大环氧乙烷精深加工项目投产

华南地区最大的环氧乙烷精深加工项目日前在广东省茂名市建成投产。该项目由奥克股份公司投资建设，年产高性能混凝土减水剂用聚醚、太阳能多晶硅切割液和非离子表面活性剂等环氧乙烷衍生精细化工新材料5万t。项目位于广东茂名石化产业园区内，与中石化茂名石化分公司相毗邻，具有得天独厚的环氧乙烷资源优势。

项目采用具有国际先进水平的乙氧基化过程设备和技术，以及先进的集散控制系统，具有技术水平先进、安全环保可靠、产品质量优良等特点，且产品市场空间巨大、发展前景广阔。

科宁启动上海金山APG工厂为亚太地区供应绿色表面活性剂

科宁9月宣布，其在上海金山兴建的烷基糖苷（APG）表面活性剂生产装置现已正式投产运营。这是科宁继在德国杜塞尔多夫和美国辛辛那提设立APG生产装置后，拓展亚太地区环境友好产品市场的一大举措。

科宁在中国的APG生产装置是科宁德国和美国现有APG生产装置的补充，它将促进科宁在全球范围内供应更多的高品质APG表面活性剂。科宁也借此机会，正式签署了责任关怀宪章，旨在更好的发展安全、健康和环境友好的产品。

【10月】

河南煤化新乡乙二醇项目气化工程竣工

10月29日，位于获嘉县的河南煤化集团新乡20万t乙二醇项目气化工程竣工。该项目于2009年11月26日开工建设，不到一年的时间圆满竣工，这标志着乙二醇项目的核心装置已经完工，为整个项目顺利投产奠定了坚实基础。

在项目建设中，乙二醇气化装置投资16亿元，采用河南煤化集团和航天科技集团共同开发的、具有自主知识产权的先进HT-L干粉煤加压气化技术。该技术被国家发改委确定为“十一五”循环经济高新技术专项项目，在能源综合利用、环境保护等方面均达国际先进水平。

河南煤业化工集团董事长、党委书记陈雪枫说，乙二醇项目是该集团以科技为先导、调整产业结构而上马的高端煤化工项目，2011年6月全部建成投产后，实现营业收入15亿元，利润4.5亿元。

【11月】

河南省表面活性剂工程技术研究中心挂牌成立

2010年10月29日，河南省表面活性剂工程技术研究中心正式挂牌成立。该中心是依托河南省道纯化工技术有限公司，联合郑州大学、郑州轻工业学院等科研单位共同组建的集研究、开发、应用于一体的科技创新实体。

该中心拥有专业技术人员58人，其中中高级技术人员20人。拥有高效液相色谱—质谱联用仪、气相色谱仪、表面张力测定仪、红外光谱仪等先进分析检测仪器。

该中心主要从事以下几方面的工作：（1）研究开发新型表面活性剂，同时进行表面活性剂的性能及应用技术研究；（2）免费为相关企业及研究单位提供表面活性剂样品及信息和技术咨询服务；（3）吸收和培养表面活性剂行业高水平专业技术人才。

【12月】

罗地亚宣布将出资4.89亿美元收购飞翔化工

12月6日法国精细化工巨头罗地亚集团出资

4.89亿美元收购民营企业飞翔化工(张家港)有限公司(简称飞翔)所有股权。

飞翔是国内表面活性剂产品的领导者，占据着国内70%以上的市场份额；从全球来看，其表面活性剂产量也是仅次于跨国化工巨头阿克苏诺贝尔，居全球第二，然而现在它又成为跨国巨头的囊中之物。

这一收购是罗地亚实施盈利性增长战略的重要一步。通过整合飞翔，罗地亚将显著提高在表面活性剂业务中的领导地位，完成收购后，罗地亚亚洲区的销售额将占全球的三分之一。4.89亿美元相当于飞翔2010年EBITDA（未计利息、税项、折旧及摊销前的利润）的9倍左右，飞翔原股东飞翔集团获得了很不错的收益。

根据飞翔集团与罗地亚达成的协议，此次并购将分成两步进行：2010年罗地亚将先收购飞翔集团持有的87.5%飞翔股权，两年后，再从飞翔集团收购剩余的12.5%。这样做，主要为了并购的衔接顺畅，原股东的存在，将保证飞翔的一些在建、待建项目顺利推进。随着收购的结束，罗地亚计划在未来5年内进一步扩大对飞翔的投资，实现其产能翻番。

印度对华橡胶助剂延长征收反倾销税

印度海关12月28日决定对原产于中国、美国、欧盟和中国台湾的橡胶助剂［Certain Rubber Chemicals（MOR、PX13、TDQ）］延长征收反倾销税，征税期至2011年5月11日止。

安阳博奥生物新合成有限公司成立

12月3日，安阳博奥生物新合成有限公司新型表面活性剂项目举行开工奠基仪式。该项目占地面积33350平方米，总投资一亿元，年产5万t醇醚糖苷表面活性剂。该项目是“十一五”国家科技支撑计划的攻关成果，以天然可再生资源葡萄糖为原料，采用已申报两项国家专利的技术，具有反应周期短，收率高、效益明显、清洁生产、无三废排放、市场应用前景广阔等优势，广泛应用于洗涤剂、化妆品、医药、石油、纺织等领域。项目投产后，可实现年产值3.5亿元，利税7 000万元，吸纳150名劳动力就业。

2011年表面活性剂行业大事记

【1月】

天女“绿色表面活性剂产业化基地”项目落实

该项目选址天津经济技术开发区化学工业区，总投资9 850万元，引进国际先进的产品生产工艺技术和关键设备，年产绿色阴、阳离子、非离子、两性离子表面活性剂及功能性、特殊表面活性剂系列产品5万t，产品性能达到国际先进、国内领先水平。项目建成后将成为天津精细化工行业重要的研发转化生产基地，我国北方大型的日用化工原材料生产基地。

应城精细化工基地通过“火炬”复核

国家火炬计划湖北应城市精细化工新材料产业基地日前一次性通过了复审，这是科技部组织的第二批国家火炬计划特色产业基地复核。

近5年来，应城精细化工新材料产业基地引进、培育了一批科技型企业人才，开发出有机硅、有机氟、肥料添加剂、矿石浮选剂、药用包装、氟化石墨等一系高新技术产品，申报、实施了一大批科技计划项目，精细化工产业快速发展，特色产业基地不断壮大。

【3月】

日本地震导致多家化学公司工厂停工

日本3月11日发生里氏9.0级大地震，震区以及地震波及地带许多工厂出现重大损失。推动表面活性剂及其相关产品的需求量大幅度增加，尤其是环境化学品需求表现很突出。

日本大地震推升全球化工产品价格

地震区域集中了大量化工企业，造成的基础设施损毁和水电供应中断使得相关企业恢复生产至少需要数月的时间。日本是石油炼化下游和精细化工多个领域的全球领先者和主要供应商之一，其产出减少推升全球同类产品的价格，包括甲乙酮、卫生菊酯、环氧丙烷、TDI等供给受影响较大，此外，MDI、丙烯酸、工程塑料、高性能纤维、有机硅、锂电池化学品、电子化学品等的供应预计也受到影响。

【4月】

关中–天水经济区将新建甲醇、聚醚等项目

“十二五”时期，天水筛选储备重点建设项目800多个，总投资近4 000亿元，涉及工业改造升级、能源等8个领域，提出了“1135”发展战略，其中包括国家循环经济产业聚集示范基地和科技创新示范基地。

渭北煤化工业园总体规划将以循环经济为发展模式，以煤化工和石油化工有机结合为特色，打造集约型、零排放、高科技、低能耗的煤化工产业园区，近期规划建设年产180万t甲醇、68万t甲醇制烯烃及30万t聚乙烯和40万t聚丙烯项目。远期将进一步延伸产业链，建设年产360万t甲醇、136万t甲醇制烯烃、30万t环氧乙烷、30万t聚醚、35万t丁辛醇、65万t聚乙烯及其塑料管材深加工项目。

中东建产能达12万t / 年聚酯多元醇工厂

沙特国家工业化公司(NIC)日前与沙特Advanced Industries公司签订了协议，双方将共同建造一座产能达12万t / 年的聚酯多元醇工厂。NIC表示聚酯多元醇工厂将于2013年年末动工，产品主要用于地毯、汽车和保温产品。70%的款项来自于银行贷款。

益海连云港2.5万t环氧氯丙烷项目土建竣工

连云港益海天成2.5万t / 年甘油法环氧氯丙烷项目目前土建已经竣工，设备采购完毕，即将进入安装阶段。另外，二期GTE项目已经在规划。

益海嘉里是世界著名的油脂企业，每年有15万t工业甘油可以保证GTE的供应，该公司在山东也规划更大的GTE项目，近期也将实施。

【5月】

土对华季戊四醇作出反倾销复审终裁

2011年5月3日，土耳其对原产于中国的季戊四醇作出反倾销复审终裁：决定继续对自中国进口的涉案产品征收为期5年的反倾销税，税费为270美元 / t。

表面活性剂与“石化工业十二五发展指南”公布

涂料——提高准入门槛，加快淘汰溶剂法氯化橡胶生产工艺和含有害物质的涂料产品。限制1万t / 年以下氧化铁颜料生产线。重点发展水性涂料、粉末涂料、高固体分涂料、辐射固化涂料等环境友好型产品，以及建筑、桥梁、航空、汽车、船舶、重防腐等专用涂料，推广溶剂型涂料全密闭式一体化生产工艺。争取到2015年，钛白粉单位产品综合能耗下降20%。

染料——严格控制新增产能，加快淘汰落后工艺。重点开发和推广催化、三氧化硫磺化、连续硝化、绝热硝化、定向氯化、组合增效、表面处理、“三废”治理、循环再生和综合利用技术。研发推广环保、高附加值和功能性品种。

胶黏剂——淘汰技术落后和质量低劣产品，限制溶剂型氯丁橡胶、丁苯热塑性橡胶、聚氨酯和聚丙烯酸酯等类胶粘剂通用型产品的发展，加快推进水性产品的开发和推广应用，加快高端产品开发，提高产品的稳定性、安全性和可靠性。

专用化学品——电子化学品重点发展高纯试剂、高纯（特种）气体、高性能新型封装材料、高性能基板树脂、新型液晶材料。水处理剂重点发展聚丙烯酰胺、聚天冬氨酸、壳聚糖等高性能、环保型水处理剂。饲料添加剂重点发展蛋氨酸、丙酸等短缺品种，限制发展氯化胆碱等过剩品种，取缔瘦肉精等违禁添加剂的生产。食品添加剂重点发展仿生态、安全型添加剂。表面活性剂重点发展高性能含氟、含硅表面活性剂和脂肪酸类、葡萄糖类等天然产品为原料的表面活性剂。鼓励发展高性能环保型阻燃剂、高性能橡塑助剂及高档造纸化学品、皮革化学品、油田化学品等。

三江化工第三期环氧乙烷投产

中国三江化工宣布，拥有环氧乙烷年产能6万t的第三期环氧乙烷生产设施，已于24日投入商业运行，总年产能由12万t增至18万t，增幅50%。

宝洁计划在印尼油脂化工领域投资1亿美元

印度尼西亚工业部长海达雅特（Hidayat）周一宣布，日化产品巨头宝洁公司将在印度尼西亚油脂化工产品领域投资1亿美元。

宁波阿克苏环氧乙烷装置开车成功

由中国化学工程第四建设有限公司承建的宁波阿克苏7.3万t / 年环氧乙烷项目投料开车一次成功。该项目由世界500强企业——阿克苏诺贝尔独立投资，由美国福斯特惠勒公司进行项目管理，四化建公司承担施工任务。在施工中，四化建公司克服工期短、任务重、要求高等困难，积极打造项目文化建设，获得了200万元安全工时奖励。

【6月】

巴斯夫完成收购科宁印度公司

据外媒报道，巴斯夫印度公司近日完成了以13.4亿卢比（约合290万美元）印度科宁特种化学品商务的收购。

此次收购是根据巴斯夫收购全球科宁公司的协议完成，收购内容包括其所有资产和负债。印度科宁特种化学品公司是科宁公司控股的一部分，由Permira基金、GS Capital Partners和SV生命科学控股。2010年，巴斯夫以31亿欧元收购科宁公司，该计划预计将增加2.75亿欧元的收益。

日本东邦化学（上海）有限公司在金山区开工奠基

6月8日上午，日本东邦化学（上海）有限公司在金山第二工业区奠基。东邦化学（上海）有限公司位于二工区B9-5地块，占地面积10万m^2，总投资5 850万美元。计划首期年产表面活性剂、电子化学品、精细化学品和高分子化学品3.7万t。主要原材料来源上海石化，属下游深加工延伸产业项目。预计投产后销售额达6亿人民币，利税1亿人民币。

比利时苏威正式收购法国罗地亚

据悉，法国罗地亚公司日前发表声明称，比利时苏威集团正式以每股31.6欧元的股价对罗地亚股票进行友好的现金收购。

罗地亚表示，苏威对罗地亚收购主要依照2011年4月6日公布的条款。法国金融市场管理局于8月2日公布股票发售结果。

苏威集团曾于2011年4月5日宣布，计划以34亿欧元收购罗地亚公司，此次收购将创建一个具有丰富业务组合的全球性化工公司，合并后的新集团销售额将达120亿欧元。

赢创德固赛表面活性剂项目环评二次公示

赢创德固赛特殊护理有机化学品项目拟建在上海化学工业区D3地块——赢创德固赛特种化学（上海）有限公司的多用户基地内，项目总投资约4.8亿元人民币，占地约3.6公顷，生产规模为8万t / 年，其产品主要应用领域为家庭、个人护理产品及工业特殊产品的生产。主要产品有两性表面活性剂（甜菜碱）、增稠剂（酰胺）、护肤品（酯）、乳化剂（烷氧化产品等）、清洁剂（特殊表面活性剂）、护发素及调理剂（季铵盐）。项目计划于2012年一季度开工建设，2013年年中建成投产。

金陵石化烷基苯厂告别燃烧了30年的“火炬”

6月1日起，金陵石化公司烷基苯厂燃烧了整整30年的生产装置火炬系统“长明灯”从此熄灭。此举不仅标志着该厂的环保“零排放”实现了新突破，为当地的环境保护献上了一份“厚礼”，每年还可节约价值50万元的天然气资源。

2001年，金陵石化公司烷基苯厂先后对自身的“火炬”系统和金桐石化公司委托管理的“火炬”系统进行技术改造，实现了对“火炬”气的有效回收。但为了确保装置安全，仍然保留了“火炬”系统火嘴的“长明灯”。2010年该厂在对烷基苯装置进行扩容节能改造的同时，新建了3 000m^3的“火炬”气柜。该气柜2011年4月投用，使该厂实现了两套烷基苯装置的“火炬”气全部回收，为熄灭“长明灯”提供了可能。

南化公司2 000 t / 年表面活性剂中试装置中交

6月3日，南京化学工业有限公司2 000 t / 年耐温抗盐表面活性剂合成中试装置中交。该装置可根据不同油田和不同区块调整产品配方，提供三次采油助剂。

表面活性剂及相关5项国家标准发布

6月2日，国家质检总局、国家标准委发布了192项国家标准。该批国家标准中，制定128项，修订64项，其中属于强制性标准29项，推荐性标准 163 项。标准名称、编号及实施日期在《中华人民共和国国家标准公告》（2011年第6号）中向社会发布，其中表面活性剂相关标准5项，具体信息详见下表。

国家标准编号	国家标准名称	实施日期
GB/T 26388-2011	表面活性剂中二噁烷残留量的测定 气相色谱法	2011-09-15
GB/T 26396-2011	洗涤用品安全技术规范	2011-09-15
GB/T 26398-2011	衣料用洗涤剂耗水量与节水性能评估指南	2011-09-15
GB/T 26458-2011	脂肪烷基二甲基氧化胺	2011-09-15
GB/T 26463-2011	羰基合成脂肪醇	2011-09-15

【7月】

天然油脂一步法制得温和表面活性剂

我国与波兰合作开发的国家科技部国际合作重点项目“天然油脂催化乙氧基化合作开发”取得了阶段性成果。7月11日在太原举行的中期会谈上，多位中、波相关专家出席了会议。

据中国日化研究院院长王万绪介绍，该项目以天然油脂为原料，通过一步法直接得到价格低廉、性能优良的温和型表面活性剂，对于促进表面活性剂的绿色化、功能化及可持续发展具有重要意义。该项目中期产品经南风集团、北京绿伞、西安开米公司等企业应用后，显现出优越性能，具有良好的市场前景。

嘉兴重大项目集中开工投产

浙江信汇合成新材料有限公司7万t / 年卤化丁基橡胶、浙江嘉化能源化工股份有限公司40万t / 年功能表面活性剂、湖石化学（嘉兴）有限公司5万t / 年乙醇胺等8个重大项目集中于嘉兴开工，这8个项目总投资45亿元，全部建成投产后，可年新增产值超过120亿元。与此同时，信汇合成新材料公司投资9.8亿元的5万t / 年丁基橡胶、鸿基石化公司投资1亿元的12万t / 年聚丙烯、嘉兴永明石化公司总投资3.8亿元的6万t / 年环氧乙烷。协成硅业公司3 300 t / 年多晶硅一期、合盛硅业公司6万t / 年有机硅单体和壳牌石油3万t / 年润滑油技改等6个重大项目集中投产，这6个项目投产后，预计年新增产值达68亿元。

中蓝石化壬基酚装置成功转产

7月8日，大庆中蓝石化有限公司壬基酚装置从生产辛烯转产壬烯一次开车成功，截至20日该装置已累计生产壬烯成品近250 t，按当前市场价位计算可直接增创效益近50万元，每月累计可增效120万元。

长期以来，国内壬基酚和壬稀市场需求一直处于低迷状态。为了避免壬基酚装置闲置，2007年该公司经自行开发和试验，在较小的投入下，对壬基酚装置进行改造并成功生产出辛烯，盘活了资产。

进入2011年，壬基酚和壬稀市场逐渐好转，中蓝石化抓住机遇对壬基酚装置进行了转产壬稀的技术改造，既有效缓解公司自产丙烯的销售压力和罐储压力，也抓住壬烯价位逐步走高的难得机遇，多创收增效。

朗盛在华最大皮革化学品工厂开工

7月25日，德国特殊化学品集团朗盛公司在华最大的皮革化学品工厂破土动工。工厂位于江苏省常州滨江化学工业园，设计年产能为5万t，预计将于2013年上半年投产。

朗盛新厂投资额达4 000万美元，将跻身亚洲最大的皮革化学品工厂之列，并采用最先进的技术和环保工艺。主要面向中国市场，生产供应全系列的朗盛皮革化学品，涵盖了从鞣制、染色到涂饰的皮革生产全过程。

滨海新区建全国主要精细化工基地

天津滨海新区大港天智精细化工园项目一期工程日前竣工，该项目由天津一轻集团与台湾和桐公司合作开发，将打造成全国最大的精细化工基地。

该项目总投资近14亿元，坐落于天津滨海

新区大港石化产业园。一期工程计划用地200亩，主要产品包括脂肪胺产品、磺化产品、乙氧基化产品等。整体项目预计2011年年底或2012年年初全部建成投产。

天津滨海新区大港天智精细化工园依托天津滨海新区的优势，将建设成全国最大的精细化工、表面活性剂、产业基地。天津滨海新区大港作为滨海新区化工产业聚集区，将充分发挥石油石化的资源优势和产业优势，以工业经济和园区经济为重点，延伸石化产业链条，大力发展石化产业，在精细化工领域做深做强，壮大区域经济实力。

高分子表面活性剂项目开工建设

河北铁园科技公司高分子表面活性剂项目总投资33 076万元，占地50亩，主要建设厂房、原材料、成品库各两座，实验楼、检测中心、综合办公楼各一座，总建筑面积27 046m^2，建成投产后，年产高分子表面活性剂10万t。预计在2013年8月完成项目建设，年均营业收入为6.6亿元，年均利润总额为1.32亿元，上缴税金4千万元。

印度对中国产橡胶助剂征收反倾销税

印度商工部7月25日发布反倾销日落复审终裁，继续对中国产橡胶助剂产品征收反倾销税，税费为0.23美元 / t。

资料显示，2004年7月7日，印度商工部对中国产橡胶助剂产品发起反倾销调查。2008年10月1日，印度对原产于中国的橡胶助剂作出反倾销仲裁。2010年12月28日，印度海关决定对延长征收反倾销税，征税期至2011年5月11日止。2011年5月11日，印度作出反倾销日落复审终裁。

【8月】

四川石化环氧乙烷反应器吊装成功

作为国内一次性单体投资最大的炼化一体化项目，四川石化项目开工两年多来，坚持标准化管理，典范式建设，截至8月2日，项目已安装大型设备100多台，安装合格率百分之百，工程建设进入攻坚阶段。重760t的乙二醇装置环氧乙烷反应器，采用先进的门式液压顶升吊装系统一次吊装成功。

宝莫股份签订重大合同

宝莫股份于2011年8月与中国石油化工股份有限公司胜利油田分公司签订了《采购框架合同》，该合同约定在2011年度下半年至2012年3月31日期间，宝莫股份向胜利油田分公司销售9 900 t三采用聚丙烯酰胺，合同金额为2.0亿元。

由于该合同签订须经中石化胜利油田分公司相关部门签转审核，导致公司收到签署合同并公告的日期晚于合同签署日期。

我首创中低压合成乙二胺工艺

西安近代化学研究所采用我国首创的乙醇胺中低压合成乙二胺技术建成200t / 年中试装置实现满负荷连续运行，乙二胺产品纯度达99.5%以上。该所自主开发的这项技术打破了国外对我国的长期技术封锁和市场垄断，为乙二胺产业化发展提供了技术支撑。

中国日化院天女化工集团联合实验室在津揭牌

7月28日，中国日用化学工业研究院和天女化工集团联合实验室在天津东丽区揭牌。

联合实验室依托中国日化院表面活性剂和油墨高端产品的强大研发能力和技术储备，设立了多个应用实验室进行新产品开发，并在天女化工集团进行规模化生产，实现科研成果直接转化。联合实验室将进一步完善合作机制，快速推进合作项目的研发与产业化，加快本市精细化工产业的发展。

【9月】

扬巴公司非离子表面活性剂装置建成投产

9月5日，扬子巴斯夫公司6万t / 年非离子表面活性剂装置建成投产并成功将产品打入市场。扬巴公司二期工程于2009年9月开工建设，总投资14亿美元。此套非离子表面活性剂装置使用德国巴斯夫公司专有技术，以自产环氧乙烷等为原料向下游延伸加工，体现了该公司的一体化绿色低碳发展理念。这是德国巴斯夫公司在亚洲建设的第一个非离子表面活性剂生产工厂。非离子表面活性剂广泛应用于洗涤用品、纺织、皮革加工等领域，是现代生活中应用非常广泛的精细化学品。该装置可生产34个牌号，基本涵盖市场所需，一些牌号还填补了国内空白。

我国首台大型环氧乙烷反应器诞生

由中石化南化机承制的扬子石化环氧乙烷系统改造工程项目核心设备——全国首台18万t / 年环氧乙烷反应器顺利竣工。这一成果填补了国内空白，结束了石化行业环氧乙烷反应器长期依赖进口的历史。目前，南化机已与国内多家石化企业签订了6台环氧乙烷反应器制造合同。

3万t壬烯项目落户临江新区

临江新区近期与江苏嘉丰化学股份有限公司签订了在灵甸化工园区建设年产3万t壬烯的项目合同。该项目总投资为1.5亿元，总平面规划用地50亩，建设壬烯车间、研发楼等建筑面积14000m^2。

嘉丰化学投资的壬烯项目竣工投产后，年销售收入为6.4亿元，年利税达1.6亿元，年上缴各项税金3 000万元，投资回收期2.5年，投资利税率81.3%。该项目对我国化工生产配套能力的提高及我市化工生产具有重要的意义。

嘉兴北化橡胶助剂项目开工

9月24日，总投资2 600万元的嘉兴北化高分子助剂有限公司在嘉善魏塘工业园区开工。

该项目占地15亩，预计2012年年底竣工投产。北化公司主要从事橡胶预分散助剂的研发和生产，采用北京化工大学的最新科研成果生产的橡胶防老剂母粒、促进剂母粒。

北天集团丁苯橡胶助剂项目奠基

总投资2.6亿元，北天集团丁苯橡胶助剂项目和塑料编织袋项目9月15日在抚顺石化新城奠基。

该项目是抚顺石化大乙烯的配套项目，总投资2.6亿元。其中，年产2万t歧化松香、6万t歧化松香钾皂的丁苯橡胶助剂项目，主要是为大乙烯丁苯橡胶装置提供助剂；年产1亿条塑料编织袋项目，主要是为大乙烯提供包装物。

【10月】

中轻化工高增黏AE$_2$S新产品投产

中轻化工股份有限公司高增黏AE$_2$S新产品于近期在中轻绍化5 t / h装置上正式投产，产品指标全部达到理论期望值。该高增黏AE$_2$S是采用专有技术，经特殊工艺生产的脂肪醇聚氧乙烯醚硫酸酯盐，属硫酸酯类阴离子表面活性剂。该产品具有3倍于普通天然AE$_2$S的增黏性，并且泡沫丰富细腻、去污力强，适用于高黏度、低活性物、低盐配方，尤其适合与AOS协同复配。根据当前市场价格测算，该高增黏AE$_2$S与AOS一定比例复配使用，可以显著降低配方成本，有效缓解日化产品下游生产商面对的脂肪醇系表面活性剂成本压力高的状况。

罗地亚二、三期项目在镇江新区投产

10月18日，总投资1亿多美元的绿色化工项目罗地亚（镇江）化学品有限公司二、三期项目在镇江新区投产。

罗地亚集团精细化工产品主要应用于汽车、电子、纤维、医药、农化等领域。2006年年初，占地248亩、总投资4 500万美元的新区罗地亚一期项目开工。几年来，镇江罗地亚发展迅速、效益明显，仅去年就实现销售2.58亿元。

罗地亚（镇江）二、三期项目主要新增特种表面活性剂、愈创木酚和IBCH（合成檀香）三条

生产线，将新增年产7.5万t专用精细化工品表面活性剂、1 500t IBCH（合成檀香）和5 000 t愈创木酚，成为罗地亚公司在全球最重要的化工生产基地。

韩国三星精密化学羟乙基纤维素投产

韩国三星精密化学株式会位于韩国蔚山的羟乙基纤维素装置顺利投产。该项目于2010年5月份开始投建，采用世界先进技术，来确保产品的质量和稳定性。

羟乙基纤维素在去年面临全球性的供应紧张，三星精密化学的加入，将会给客户带来更稳定的产品和优质服务。中国市场是全球涂料重要市场之一，公司也将把中国作为重要的战略市场。

羟乙基纤维素作为一种非离子型的表面活性剂，广泛应用于涂料、个人护理和建筑等领域。其在欧洲、美洲、亚洲和非洲是公认的环保材料。

中化集团与霍尼韦尔组建发泡剂企业

中化集团与霍尼韦尔公司10月10日在上海举办新闻发布会，宣布双方已签署协议，将组建一家各持股50%的合作企业，主要生产和销售用于泡沫隔热材料的HFC-245发泡剂，以满足亚太地区对节能环保材料不断增长的需求。目前，相关手续正待政府部门审批。

新公司将落户江苏省太仓市中化化工园区，预计在 2013年年底投产。其生产和销售的HFC-245发泡剂，是一种完全不消耗臭氧的发泡剂，可广泛应用于电器、建筑、运输等领域。此外，霍尼韦尔公司于上月推出的新一代低全球变暖潜值发泡剂也有望在新公司生产。

国际化工巨头巴斯夫南京投资可持续产业

10月，位于南京化工园区的巴斯夫南京水处理和造纸化学品的生产装置开工建设，是巴斯夫在亚洲的首套同类装置，这一新设施将年产4万t季铵型阳离子单体和2万t阳离子聚丙烯酰胺，预计于2012年三季度正式投产。竣工后，所产的阳离子聚丙烯酰胺生产设施将助力造纸业实现水资源、能源的可持续利用。

大港天智精细化工园项目一期工程竣工

该项目由天津一轻集团与台湾和桐公司合作开发，将打造成全国最大的精细化工基地。据了解，该项目总投资近14亿元，总占地面积超过26.68万m^2，坐落于大港石化产业园。一期计划用地13.34万m^2，主要产品包括脂肪胺产品、磺化产品和乙氧基化产品等。整体项目预计2011年年底或2012年年初全部建成并投产。

据悉，大港天智精细化工园将依托滨海新区的优势，将建设成全国主要的精细化工、表面活性剂产业基地。大港作为滨海化工产业聚集区，将充分发挥石油石化的资源优势和产业优势，以工业经济和园区经济为重点，延伸石化产业链条，大力发展石化产业，在精细化工领域做深做强，壮大区域经济实力。

【11月】

赞宇科技挂牌上市

11月25日，浙江赞宇科技股份有限公司成功登陆深圳证券交易所中小板。坐落在嘉兴港区“中国化工新材料（嘉兴）园区”内的嘉兴赞宇科技有限公司是浙江赞宇科技股份有限公司主要的研发和生产基地。依托嘉兴港口优势和港区化工园区的基础化工原料配套优势，嘉兴赞宇科技公司研究开发以天然油脂为原料的绿色环保新型表面活性剂，现已成为国内生产表面活性剂的龙头企业之一。赞宇科技的上市，将最大程度地发挥资本市场在推动经济转型升级中的作用，帮助企业做大做强化工新材料这一核心板块业务。

泰兴建设国内最大非离子型表面活性剂基地

11月28日上午，国内主要非离子型表面活性剂项目在泰兴经济开发区开工建设。该项目由台湾和桐集团全资子公司上海盛台控股(香港)有限公司、江苏中丹集团股份有限公司、御峰亚太投资有限公司和武汉市四方行化工有限公司共同注资成立的江苏盛泰化学科技有限公司投资兴建，占地面积约680亩，总投资20亿元。

整个项目分三期实施：一期引进德国汉高公司技术及部分装置和美国HH公司技术及核心设备，建设规模为8万t脂肪醇、12万t脂肪醇聚氧乙烯醚，公司年销售收入将达到25亿元人民币；二期再扩建脂肪醇聚氧乙烯醚装置，并引进意大利公司技术及核心设备，建设年产12万t脂肪醇聚氧乙烯醚硫磺酸钠、年产5万t叔胺氧化胺季铵盐等项目；三期再建设年产8万t脂肪醇、年产12万t脂肪醇聚氧乙烯醚和年产12万t脂肪醇聚氧乙烯醚硫酸钠装置。三期项目建成后，可形成年销售收入80亿元。一期项目预计2013年年底建成投产，二期项目2014年年底建成投产，三期项目将在2016年年底建成投产。整个项目引进国际一流工艺和设备，废水、废气基本实行零排放。

科莱恩5万t乙氧基化工厂投产

11月1日，全球领先的特种化学品生产商科莱恩宣布，位于广东省惠州市大亚湾的乙氧基化工厂正式投产。

惠州工厂投资5 100万美元，年产量近5万t，隶属于科莱恩特种工业与消费品业务板块。该板块是科莱恩10个业务板块中最大的一个，占科莱恩份额的21%。

食品添加剂剔除33种产品禁止生产销售和使用

根据卫生部《关于〈食品添加剂使用标准〉（GB2760-2011）有关问题的复函》，国家质检总局决定从11月起，各省质量技术监督局不再受理33种产品的食品添加剂生产许可申请，其中包括对羟基苯甲酸丙酯等食品防腐剂、二氧化氯等食品用消毒剂。已批准的生产许可证书，由监管部门撤回并注销，并于2011年12月20日前完成。

据了解，33种产品涉及对羟基苯甲酸丙酯、对羟基苯甲酸丙酯钠盐、噻苯咪唑、次氯酸钠、二氧化氯、过氧化氢、过氧乙酸、氯化磷酸三钠、十二烷基苯磺酸钠、十二烷基磺酸钠、1-丙醇、4-氯苯氧乙酸钠、6-苄基腺嘌呤、单乙醇胺、二氯异腈氰尿酸钠、凡士林、硅酸钙铝、琥珀酸酐、己二酸、己二酸酐、甲醛、焦磷酸四钾、尿素、三乙醇胺、十二烷基二甲基溴化胺（新洁尔灭）、铁粉、五碳双缩醛、亚硫酸铵、氧化铁、银、油酸、脂肪醇酰胺、脂肪醚硫酸钠。

与此同时，所有食品添加剂生产企业禁止生产上述33种产品，已生产的禁止作为食品添加剂出厂销售。食品生产企业也一律不得使用。

【12月】

我国糖苷绿色表面活性剂产业化获重大突破

截至12月19日，中国日用化学工业研究院上海发凯化工公司，采用其自主知识产权技术的APG万吨级工业化装置，已稳定运行84天，累计实现销售收入4 000余万元。这标志着我国糖基绿色表面活性剂烷基糖苷（APG）产业化取得重大突破。

APG是由葡萄糖和天然脂肪醇一步法制得，是当今全球公认的最安全、绿色、环保的表面活性剂，其优良的安全性、高耐碱性、高活性被业内认为是极具发展前景的新型绿色表面活性剂。我国的表面活性剂工业起步较晚，在传统表面活性剂领域我国走了引进、消化、吸收、再创新之路。自“八五”以来，我国大力发展绿色表面活性剂，中国日用化学工业研究院承担国家攻关任务，成立了课题攻关组。历时五年，攻克了两步法制APG技术。“九五”期间一步制APG列入攻关项目，在工艺技术层面取得了重大突破，“十五”、“十一五”期间上海发凯化工公司相继完成了500t/年、3 000t/年工业试验，取得了工业化技术软件包，为科研成果产业化打下了坚实基础。目前以APG、FMEE、MES、油脂乙氧基化物等为标志，我国在绿色表面活性剂研究和工业化方面走在了世界前列。

此次APG的规模化生产，产品质量达到国际先进水平，填补了我国糖基绿色表面活性剂大规模工业化生产的空白，打破了国外公司长期的市场垄断。该装置的建成投产，使上海发凯化工公司成为国内乃至亚洲主要APG供应商。

广东智盛二期表面活性剂项目竣工

由台湾和桐集团公司投资兴建、总投资达1.2亿元人民币的智盛二期表面活性剂项目，19日在广东惠州大亚湾正式竣工。待该项目全面达产后，和桐集团旗下智盛公司将成为华南地区主要的表面活性剂供应商。

该项目位于惠州市大亚湾石化区，占地2万平方米，于2010年8月开工建设，2011年10月试产，预计年产值达6亿元人民币，税收逾1 000万元人民币。

作为台湾上市公司，台湾和桐集团主要生产清洁剂原料、化学品等产品。该集团于1993年开始投资大陆烷基苯厂，建立油品及化学品之储运系统和营销通路，目前已在南京、厦门、上海、天津、广州及四川等地设立烷基苯硫磺酸生产据点，以每年超过30万t的直链烷基苯及20万t磺酸产能，在大陆市场商品磺酸销售量排名前列，成为亚洲清洁剂原料主要供应商。

全国首条固体MES生产线投产

12月3日，全国首条年产5万t脂肪酸甲酯磺酸盐固体产品生产线在江苏镇江新区正式投运，该绿色表面活性剂的成功投产不仅填补了国内大规模生产的空白，而且在石油替代产品方面具有重大意义，为我国清洁洗涤产业开启了广阔的市场空间。

煤制乙二醇中试项目通过国家级鉴定

12月12日国家能源局组织有关专家在北京主持召开鹤壁年产300t煤制合成气生产聚合级乙二醇中试项目成果鉴定会。与会专家认为该成果的研发成功，实现了由煤生产乙二醇的重要突破，多项关键技术指标居国际领先水平，提升了我国煤化工产业的整体水平。

该项目采用具有完全自主知识产权的煤制合成气生产聚合级乙二醇全套新技术，包括已获得的5项中国发明专利、反应器专有技术、酯化再生技术、精馏与精制技术、专有分析检测等4项专有技术。通过对年产300t煤制合成气生产聚合级乙二醇中试装置的运行考察，主要技术指标在国内现有基础上取得了更进一步的突破，多项关键技术指标居国际领先水平，产品质量经国家石油石化产品质量监督检验中心（广东）检测，达到《工业用乙二醇国家标准》优等品和美国《聚酯级乙二醇的标准规范》要求。

国都化工4万t聚醚多元醇项目开工

12月20日，由中国化学工程第四建设有限公司承建的国都化工（昆山）有限公司年产4万t聚醚多元醇、1万t聚合物多元醇项目开工。该项目位于江苏省昆山市千灯镇，投资1.05亿元，是韩国独资项目。四化建公司承建了该项目的土建、安装工程，计划工期6个月。

益海嘉里逾9亿投资精细化工项目

12月13日，东莞虎门港与益海嘉里投资有限公司签订合作协议，总投资金额达22.54亿元的益海嘉里石化及粮油项目落户虎门港。

根据双方签署的《虎门港益海嘉里石化及粮油项目合作协议》，益海嘉里（东莞）精细化工项目总投资约9.38亿元，用地面积约300亩，生产表面活性剂等精细化工产业。

项目计划分两期投资：一期投资约3.81亿元，建设基础办公设施，年产4万t MES（脂肪酸甲脂磺酸盐）、年产1万t珠光浆生产线；二期投资约5.57亿元，增加年产6万t AEO（脂肪醇聚氧乙烯醚）及AES（脂肪醇聚氧乙烯醚硫酸盐）、两期项目投产运营后，预计年产值约20.28亿元，年创税约为1.1亿元。

十

行业机构与协会组织

INSTITUTIONS & ORGANIZATIONS

研究机构

精细化工国家重点实验室

精细化工国家重点实验室是1989年经国家计划委员会批准，依托大连理工大学筹建而成，1995年9月通过国家验收并正式对外开放。

实验室是我国精细化工领域科学研究和技术创新的知名高地。近年来，实验室获得国家技术发明二等奖2项、国家科技进步二等奖4项、省部级奖励20余项；授权发明专利150余项；在国内外重要学术期刊上发表SCI论文1 300余篇。许多研究成果成功地产业化，取得了显著的经济效益和社会效益，为支撑和引领我国精细化工领域的科学创新和产业发展做出了重要贡献。

实验室是我国精细化工领域人才培养的重要基地。现有化学、化工两个一级学科博士点和两个博士后流动站。近五年已培养出530余名硕士，270余名博士，其中4人获得“全国优秀百篇博士论文”。

地址：大连市高新区凌工路2号大连理工大学西部校区F座212室

邮编：116024

电话：0411-84986292

传真：0411-84986292

邮箱：finechem@dlut.edu.cn

网址：http://finechem.dlut.edu.cn

中国日用化学工业研究院

中国日用化学工业研究院前身是成立于1930年的中央工业试验所，于1963年定名重组，是我国最早从事表面活性剂/洗涤剂研究开发工作的专业机构，现为中轻集团直属科研院所。表面活性剂国家工程研究中心、国家洗涤用品质量监督检验中心、全国表面活性剂/洗涤剂标准化中心、中国日用化学工业信息中心、表面活性剂和洗涤剂行业生产力促进中心、山西省表面活性剂重点实验室、山西省表面活性剂工程研究中心、山西省纳米技术应用工程研究中心等国家和地方机构均依托并设在该院。

日化院拥有一支本领域权威性的专家队伍及一批求实上进的高素质专业技术人员，其中享受政府特殊津贴的专家15人，省部级劳动模范2人，全国“五一”劳动奖章获得者1人。“八五”以来，完成科研项目350余项，其中国家攻关、863、973、国家自然基金及部省项目百余项，获部省以上各种奖励90余项。具有硕士学位授予权，建有联合博士点和博士后科研工作站，每年可培养12名硕士生，并与高等院校联合培养2～4名博士生。

1999年转制以来，日化院建立了开放、流动、竞争、协作的运行机制，集实验研究、工程技术开发、分析与标准化、信息与市场研究、工程咨询、工程设计于一体，向行业辐射技术。随着产业实体的设立与发展，日化院已逐步成为产、学、研相结合的现代科研院所。

地址：山西省太原市文源巷34号

邮编：030001

电话：0351-4044836

传真：0351-4040802

邮箱：ridci@ridci.cn

网址：http://www.ridci.cn

胶体与界面化学教育部重点实验室

胶体与界面化学教育部重点实验室于1993年12月经原国家教委批准，在山东大学胶体与界面化学研究所的基础上组建的，1996年正式对外开放，是国内胶体与界面化学领域研究课题覆盖面广、理论与实践密切结合的具有一定特色的重要研究基地。

实验室定位于应用基础研究，主要研究方向有：界面化学与有序分子膜、分散体系与超细材料和表面活性剂与缔合结构。1998年以来，实验室共承担各类项目147项，其中承担的“973计划”、“863计划”、攀登计划、国家重点攻关等重大项目17项，国家自然科学基金27项。获得国家科技进步二等奖1项，教育部科技进步一等奖1项、二等奖3项、三等奖1项，山东省科技进步一等奖1项、二等奖2项、三等奖6项，发表论文674篇，SCI论文474篇，出版专著6部，经部级鉴定达到国际领先或先进水平的技术成果27项，获得授权专利16项，技术成果转让17项。

实验室现设有化学学科博士后流动站，胶体与界面化学博士点和硕士点，应用化学硕士点。国内著名化学家朱道本院士、钱逸泰院士、薛群基院士、佟振合院士和张高勇院士先后被聘为实验室的学术委员或兼职教授。数名国外归来的博士后为实验室注入了新鲜活力。

地址：济南市山大南路27号山东大学东校区

邮编：250100

电话：0531-8564750 / 8364750

邮箱：ciclab@sdu.edu.cn

传真：0531-8564750

网址：http://www.icic.sdu.edu.cn/

表面活性剂国家工程研究中心

国家发展与改革委员会是一九九六年三月经国家计委正式发文（计科技1996[003]号）批准的以中国日用化学工业研究院为依托单位建设的国家级表面活性剂行业工程化研究平台。

中心以开发各种性能优异的表面活性剂，开发各种表面活性剂及其原料与中间体的合成工艺、新型催化剂、反应装备，开发各种表面活性剂在国民经济各领域中的应用技术为其研究领域，其重点是研究和解决上述开发过程中的共性技术与关键技术的工程化问题。

中心总投资7 995万元，其中利用世界银行贷款470万美元，原轻工总会拨款1 000万元，项目于一九九六年十月动工，于2003年6月通过国家验收。

地址：山西省太原市文源巷34号

邮编：030001

电话：0351-4040802

传真：0351-4040802

邮箱：ridci@ridci.cn

网址：http://www.ridci.cn

江南大学化学与材料工程学院

江南大学化学与材料工程学院更名于1999年，其前身是无锡轻工业学院化学工程系，始建于1958年。精细化工专业1981年被国务院授权为首批硕士学位授予点，1988年确定为部级重点学科。

化学与材料工程学院现有在编教职工123名，其中专任教师84 名。专任教师中有长江学者1名，太湖学者1名；博士生导师10名，硕士生导师33名；教授16名，副教授50名；拥有博士学位的教师占教师总数的30%，拥有硕士以上学位的教师占教师总数的77%。

学院已经完成和正在承担多项国家、部（省）级科技攻关项目、国家自然科学基金、国家“863”计划项目以及民用和企业委托等项目，正在承担的国家自然科学基金项目就达10项。近年来获得数十项省（部）级以上科技成果奖，出版了一大批学术专著和统编教材，在国内外重要核心期刊上每年平均发表论文160多篇，其中三大检索论文50多篇，申请专利10余项。学院还与美、法、德、英、日、新加坡、韩、中国香港、马来西亚等国家和地区的大学和研究机构建有广泛的学术联系，扩大了在国际上的影响。

化学与材料工程学院目前拥有化学工程与技术一级博士点1个（含化学工程、化学工艺、工业催化、生物化工和应用化学5个二级博士点），皮革化学与工程二级博士点1个，化学工程与技术（含化学工程、化学工艺、工业催化、生物化工和应用化学5个二级硕士点）、材料科学与工程一级硕士点2个(含材料物理与化学、材料学、材料加工工程3个二级硕士点)，分析化学、皮革化学与工程二级硕士点2个，化学工程、材料工程专业硕士学位点2个。

除基础化学化工实验室外，学院还设有特有的富有轻工化工特色的表面活性剂工艺实验室、香精香料实验室、化妆美容实验室、精细有机合成实验室、高分子成型实验室、涂层材料实验室、计算机辅助设计室等。另一座实验大楼建有“211工程”重点建设项目之一的精细化工中试基地，更是成为我院科研成果中试放大、学生进行工程训练和校内实习的重要基地。

地址：中国江苏无锡市蠡湖大道1800号，江南大学蠡湖校

邮编：214122

电话：0510-85917090

邮箱：yf@jiangnan.edu.cn

网址：http://huagong.jiangnan.edu.cn/

江苏省表面活性剂及助剂工程技术研究中心

江苏省表面活性剂及助剂工程技术中心是由南京理工大学与江苏省石化资产管理有限公司和镇江耀资产（控股）经营有限公司按股份制方式共同组建的高科技实体。

中心依托主办单位南京理工大学的高新技术、科技人才和设施条件等研发优势，依托联办单位的科技孵化、转化和经营等优势。开展表面（界面）化学理论、表面活性剂分子设计、表面活性剂合成与制备技术、表面活性剂应用技术、表面活性剂复配与性能测试技术、工业助剂的合成与应用等领域的研究、开发和推广应用工作。

地址：江苏省南京市孝陵卫200号

邮编：210094

电话：025-84315650

网址：http://www.njust.edu.cn

河南省表面活性剂工程技术研究中心

该中心是依托河南省道纯化工技术有限公司，联合郑州大学、郑州轻工业学院等科研单位共同组建的集研究、开发、应用于一体的科技创新实体。

该中心主要从事以下几方面的工作：（1）研究表面（界面）化学理论、表面活性剂合成与制备技术、同时进行表面活性剂性能及应用技术研究；（2）吸收并培养表面活性剂行业高水平的专业技术人才，为表面活性剂行业的长远发展储备人才；（3）广泛收集国内外各种表面活性剂样品并免费为相关企业及研究单位提供各种表面活性剂样品及表面活性剂类信息服务和技术咨询。

地址：郑州市文化路128号航天大厦15楼A8

电话：400 680 8890

传真：0371-63563936

电邮：dchgyx@tom.com

网址：http://www.dchg.com.cn

浙江省表面活性剂重点实验室

浙江省表面活性剂重点实验室于1997年10月由浙江省科委、省计经委、省财政厅批准组建省级试验基地—浙江省日化工业表面活性剂试验基地，是浙江省从事表面活性剂工艺技术研究、新产品开发及成果产业化的开放式的研发中试基地，于2008年升级为浙江省表面活性剂重点实验室。依托单位为浙江赞宇科技股份有限公司。

地址：杭州市城头巷128号

电话：0571-87830830

邮编：310009

表面活性剂山西省重点实验室

表面活性剂山西省重点实验室于1999年在山西省科技厅和依托单位中国日用化学工业研究院的共同支持下挂牌。

实验室的前身为中国日用化学工业研究院物化和应用基础研究室。经过多年的努力建设，中国日化院将其下属的物化和应用基础研究室申报并获山西省科技厅批准，成立表面活性剂山西省重点实验室。

实验室的主要研究方向为表面活性剂溶液体系物化性能研究、相体系和相行为研究；表面活性剂结构鉴定和定性定量分析；各类新型表面活性剂及其原料、中间体的合成；探索各种反应的反应机理、研究和表征与合成相关的各种新型催化剂；考察表面活性剂制备工艺放大过程中的各种影响因素；各种新型表面活性剂在能源、新材料、环境污染治理、生命科学等方面的应用性能。

地址：山西省太原市文源巷34号

邮编：030001

电话：0351-4044836

邮箱：ridci@ridci.cn

网址：http://www.ridci.cn

行业团体、协会组织

中国轻工业联合会

中国轻工业联合会是轻工业全国性、综合性的、具有服务和管理职能的工业性中介组织。目前中轻联管理的协会、学会和事业单位有69个，报社出版社6个，直属公司17个。

主要职能：

- 开展行业调查研究，向政府提出有关经济政策和立法方面的意见或建议；
- 组织开展行业统计，收集、分析、研究和发布行业信息，依法开展统计调查，建立电子商务信息网络；
- 参与制订行业规划，对行业投资开发、重大技术改造、技术引进等项目进行前期论证与初审；
- 加强行业自律、规范行业行为、培育专业市场、维护公平竞争；
- 为知识产权保护、反倾销、反补贴、反不正当竞争、打击走私等提供咨询服务；
- 组织重大科研项目的推荐、科技成果的鉴定和推广应用等；
- 参与制订、修订国家标准和行业标准，组织贯彻实施并进行监督；
- 反映行业情况和企业要求，维护行业和企业的合法权益；
- 组织开展人才、技术和职业技能培训。

联系方式：

地址：北京市西城区阜成门外大街乙22号

邮编：100833

电话：010-68396114

传真：010-68396800

中国洗涤用品工业协会

中国洗涤用品工业协会（简称：中国洗协），创建于1983年9月，现处于第六届理事会期间，是经民政部批准登记注册的具有独立法人的国家一级社团组织，业务受国有资产监督管理委员会和民政部监督管理。

协会性质：中国洗涤用品工业协会是全国性从事洗涤用品、表面活性剂、油脂化工及相关产业企业、事业、科研、资讯、教育等单位组成，按照章程开展活动的非营利性社会团体组织。

协会宗旨：遵守宪法、法律、法规和国家政策，遵守社会道德风尚；做好政府部门的参谋助手，反映企业的愿望和要求，在政府和企业、行业、公众之间起好桥梁和纽带作用；着力于为会员服务，维护会员的合法权益，维护消费者合法权益；立足于行业发展，为振兴行业服务，为发展中国特色社会主义服务。

联系方式：

地址：北京市海淀区高梁桥斜街59号中坤大厦1015室

邮编：100044

电话：010-65271583 / 65262961

传真：010-65121880

网址：http://www.ccia-cleaning.org

邮箱：ccia@ccia-cleaning.org

表面活性剂和洗涤剂行业生产力促进中心

表面活性剂和洗涤剂行业生产力促进中心（以下简称中心）成立于2005年12月，是由国家科技部及中编办批准，经国家事业单位登记管理局核准注册的事业单位。中心于2009年9月通过了ISO9001-2008质量管理体系认证，并于2010年6月被国家科技部认定为国家级示范生产力促进中心。作为服务于本行业的非盈利性事业机构，中心利用依托单位中国日用化学工业研究院在科研、标准、信息方面的优势，联合行业内的知名生产企业，搭建服务性中介平台，以“大力推进全行业内企业，尤其是中小企业的技术进步，构建行业与政府相关部门的沟通桥梁”为服务宗旨。中心主要的工作业务范围是为行业内的企事业单位提供政策和技术信息服务及技术转让服务、行业技术培训、策划和组织各种交流合作活动。生产力促进中心现有员工31人，设有培训与外联部、技术与信息部、政策与法规服务部、综合业务部和财务部五个部门，并聘请行业内知名的技术专家、市场专家、管理专家、财务专家为顾问，根据业内企业的具体需求，有针对性地组织专家及相关单位进行合作开发。同时根据行业中的热点和难点问题，组织专门的研讨会、培训会及信息交流会。近年来中心把为行业内中小企业提供各类技术服务作为重要工作内容之一，并通过实施国家火炬计划等一系列平台服务项目使广大企业受益。

表面活性剂和洗涤剂行业生产力促进中心理事会（以下简称理事会）是促进中心的技术核心，其作用是决定促进中心的发展方向，指导促进中心开展各项活动，提高会员单位的专业技术水平，加强和组织会员单位的技术协作。第一届理事会已于2011年7月成立，现有常务理事单位12家。理事会的成立可以更好地发挥促进中心在行业中的纽带与平台作用，吸引更多的企业，尤其是中小企业充分利用平台实现资源共享、互利共赢及持续发展，构筑具有表面活性剂和洗涤剂行业特点的产学研联盟。

联系方式：

地址：北京市海淀区永丰高新技术产业基地永捷北路3号C座

邮编：100094

电话/传真：010-58937468

网址：http://www.cicdci.net.cn

电邮：sc58937468@163.com

联系人：周继维

中国纺织工业联合会

中国纺织工业联合会，英文名称China National Textile And Apparel Council（缩写为CNTAC），是全国性的纺织行业联合会，主要成员是有法人资格的纺织行业联合会及其他法人实体，是自愿结成的非营利性的社会中介组织。联合会的宗旨是为中国纺织现代化建设服务。

2011年，中国纺织工业协会经国资委同意、民政部批准更名为中国纺织工业联合会，王天凯当选会长。中纺联将继续深度推进产业结构调整和产业升级，协助政府部门加强行业管理，维护行业、企业合法权益，促进我国纺织工业健康发展。

由于表面活性剂在纺织行业应用范围广泛，协会对各种纺织助剂产品的使用以及安全标准具有监管和规范职能。对新型表面活性剂和高附加值纺织助剂在行业的应用起到宣传作用，同时倡导绿色安全产品的使用。

联系方式：

地址：北京市东长安街12号

邮编：100742

电话：010-85229207

传真：010-65129503

邮箱：wangxiuyi@ctei.gov.cn

中国印染行业协会

中国印染行业协会成立于1995年3月，是由印染行业及相关行业的企事业单位、社会团体和具有一定经验的专业人员自愿组成的非营利性社会组织。

协会宗旨：遵守宪法、法律、法规和国家政策，维护行业的整体利益和会员的合法权益，充分发挥行业组织的桥梁和纽带作用，协助政府部门加强行业管理，为企业、行业、政府服务，促进我国印染行业持续稳定健康发展。

中国印染行业协会聚集了中国众多的优秀印染企业及相关行业企业、事业单位和社会团体。为更好的开展行业工作，本协会秘书处下设办公室、对外联络部、产业部、信息部、咨询部及印花专业技术委员会、环保专业技术委员会等机构。并有协会刊物《中国印染协会信息》和协会网站（www.cdpa.cn）等信息平台为行业提供服务。

联系方式：

地址：北京市东长安街12号

邮编：100742

电话：010-85229329 / 85229325

传真：010-85229365

邮箱：cdpabeijing@sina.com

中国洗涤用品工业协会表面活性剂专业委员会

中国洗涤用品工业协会表面活性剂专业委员会（简称中国洗协表委会）隶属于中国洗涤用品工业协会，挂靠单位是中国日用化学工业研究院。目前中国洗协表委会的委员单位涵盖了中国国内是涉及表面活性剂（包括阴、阳、两性及非离子等）及其原料（包括烷基苯、脂肪酸、脂肪醇、脂肪胺等）的生产、科研、教学、设计和营销的多个单位。中国洗协表委会主要的工作任务是组织国内外技术经济交流与合作；对中国国内表面活性剂及其原料的产销情况进行行业统计及分析；为委员单位提供信息咨询服务。

从2000年起，中国洗协表委会先后与中国洗涤用品工业协会科学技术专业委员会、中国日用化学工业信息中心、全国表面活性剂和洗涤剂行业生产力促进中心等单位联合承办或协办“国际表面活性剂和洗涤剂会议”、“全国磺化乙氧基化技术与市场研讨会”、“表面活性剂在纺织、皮革、造纸、石油等领域的研讨会”以及“阳离子 / 两性离子表面活性剂研讨会”等专题会议和其他交流活动。依托中国洗协表委会组建和成立的全国表面活性剂及其原材料的产销统计网络组建于1998年，截至2011年年底加入该网络的企业达到50多家，涵盖了国内主要表面活性剂及其原料的主要生产厂家，其统计的全国表面活性剂原料和产品的产销量大约占到全国实际产销量的90%，具有广泛的代表性和宏观的统计学意义。

联系方式：

地址：山西省太原市文源巷34号

邮编：030001

联系人：裴鸿（副秘书长）

电话：0351-4128323

邮箱：xxbwh-ty@163.com

第六届中国洗协表面活性剂专业委员会常委会名单

主任委员：

王万绪（中国日用化学工业研究院 院长）

副主任委员（10名）：

白子武（中国石油抚顺石化公司洗涤剂化工厂厂长）

江　闵（中国石化金陵石化公司烷基苯厂厂长）

蒲　燕（大庆东昊投资有限公司 总经理）

金光日（吉林化工股份公司电石厂 副厂长）

施建刚［飞翔化工（张家港）有限公司 董事长］

方银军（浙江赞宇科技股份有限公司 总经理）

刘希贵（辽宁华兴集团化工股份公司 董事长）

朱建民（辽宁奥克化学股份有限公司 董事长）

童　年（浙江嘉化能源化工股份有限公司副总工程师）

徐险峰（北京罗的亚东方化工有限公司 副总经理）

常务委员（16名）：

余照权（四川花语精细化工有限公司 董事长）

李　林（武汉市四方行化工有限公司 总经理）

杨永年（天津浩元化工有限公司 总经理）

张春峰（上海石化股份有限公司化工事业

部经理）
陈卫民（大庆东昊投资有限公司 副总工程师）
叶建泉（博兴华润油脂化学有限公司 副总经理）
蒋伟民（金桐石油化工有限公司 副总经理）
李秋小（表面活性剂国家工程研究中心主任）
刘国彪（湖南丽臣奥威实业有限公司 副总经理）
吴慧平（轻工业杭州机电设计研究院 院长助理）
吕良波［沙索(中国)化学有限公司 经理］
屠国萍（中轻物产股份有限公司 副总经理）
夏永梅（江南大学化学与材料工程学院 教授）
王忠民（山东胜通股份有限公司 总经理）
张东义（南风化工集团股份有限公司 总经理助理）
陈文新［琪优势化工（太仓）太仓有限公司 总经理］

秘书长：
程　宁（中国日用化学工业研究院 副院长 中国日用化学工业信息中心 主任）

副秘书长：
裴　鸿（中国日用化学工业信息中心副主任）

中国口腔护理用品工业协会

中国口腔清洁护理用品工业协会（China Oral Care Industry Association）于1984年11月1日成立，是经国家民政部批准的国家一级工业协会。

协会宗旨：为政府、为企业服务，促进行业发展；维护企业的合法权益，反映企业的合法要求；接受政府部门的委托，负责行业部分管理；在政府主管部门指导和企业的支持下，在政府和企业之间，企业与企业之间起桥梁和纽带作用。

组织与机构：中国口腔清洁护理用品工业协会的最高权力机构是会员代表大会，代表大会闭会期间由理事会和常务理事会分别行使所规定的职责。现有团体会员85个，其中牙膏、牙刷及洁齿用品企业40个，原材料及包装配套厂36个，设备制造厂2个，教学、科研及有关单位7个。

协会下设两个专业委员会：科学技术委员会；口腔清洁护理用品行业企业文化研究会。

中国洗涤用品工业协会科学技术专业委员会

中国洗涤用品工业协会科学技术专业委员会（以下简称中国洗协科技委）隶属中国洗涤用品工业协会，由中国国内从事洗涤用品和表面活性剂的生产、科研、高校等单位所推荐的委员组成。成立该机构的主要的目的是发挥行业桥梁与纽带作用，促进中国表面活性剂和洗涤剂行业的科技合作与交流。

中国洗协科技委的主要工作任务是：提出我国洗涤用品工业的科学技术发展方向和主要任务、科学研究规划等设想建议；针对行业发展和存在的共性问题，提出建议、制订计划、组织协调，发挥成员单位的特长，促进行业技术合作为进步；推动和促进我国与国外同行的国际科技合作与人员交流；加强与企业的联系，积极开展应用技术交流研讨活动，加速科技成果转化及生产力；组织行业职工教育培训工作以及技术咨询服务等工作。

中国洗协科技委员会成立于1989年12月，迄今已经历六届。中国洗协科技委员会挂靠单位是中国日用化学工业研究院，秘书处办公设在中国日用化学工业信息中心。目前，第六届中国洗协科技委主任委员由中国日用化学工业研究院院长王万绪担任，秘书长是由国家洗涤用品质量监督检验中心常务副主任姚晨之担任。

联系方式：
地址：山西省太原市文源巷34号
邮编：030001
联系人：裴鸿（副秘书长）
电话：0351-4128323

邮件：zgxxkjw@163.com

中国染料工业协会纺织印染助剂专业委员会

中国染料工业协会纺织印染助剂专业委员会是中国染料工业协会的下属机构，其前身是成立于1987年10月的中国染料工业协会纺织印染助剂协作组。

中国染料工业协会纺织印染助剂专业委员会是跨地区、跨部门、不受所有制限制的全国性、行业性的社团组织，由从事纺织印染助剂、中间体的生产、科研、开发、销售、应用、教育及相关企事业单位，不论其规模大小，本着平等互利的原则自愿结成，属非营利性的社会组织，在政府和企事业单位之间起桥梁和纽带作用。

工作宗旨：团结全体会员，遵守宪法、法律、法规和国家政策，遵守社会道德风尚，贯彻执行国家发展染料行业和纺织印染助剂的方针政策，维护会员的合法权益，竭诚为会员服务，不断推进纺织印染助剂行业的技术进步和管理现代化。

联系方式：

地址：常州市和平中路338号

邮编：213001

电话：0519-86646602 / 69992226 / 69992237

传真：0519-86646602

邮箱：yrzj@chinajournal.net.cn

网址：http://www.dyeing-auxiliaries.org/

中国印染行业协会环境保护技术专业委员会

成立目的：在印染行业中推进清洁生产和环境保护，保持印染行业可持续发展；专业委员会受中国印染行业协会的领导，并按协会章程开展纺织工业环保方面的技术指导、经验交流、咨询服务、技术培训等活动。

专业委员会应在以印染为主的纺织及相关企业开展环境保护和清洁生产中，发挥其协调作用、桥梁作用、服务作用及技术交流作用。本着科学、公正、务实的精神，促进纺织品质量的提高，促进国内纺织环保技术水平的提高，为我国纺织工业的可持续发展服务。具体任务是：

联系方式：

地址：中国北京东长安街12号329室

邮编：100742

电话：010-85229329 /85229466

传真：010-85229365

邮箱：cdpabeijing@sina.com

中国橡胶工业协会橡胶助剂专业委员

随着政府机构职能的改革和广大橡胶助剂生产企业的要求，中国橡胶工业协会橡胶助剂专业委员会于2001年6月26号正式组建成立，首批会员单位56家。橡胶助剂专业委员会直属中国橡胶工业协会领导。

中国橡胶工业协会橡胶助剂专业委员会将以为行业的服务为宗旨，真正成为橡胶助剂企业的代表，为促进橡胶助剂行业的科技进步，促进行业的交往、合作及国内外市场的开拓作出贡献。

联系方式：

地址：北京朝阳区北苑拂林路9号景龙国际B座503

邮编：100107

电话：010-84936888-304

传真：010-84928310

邮件：rubbercn@163.com

中国农药工业协会

中国农药工业协会（China Crop Protection Industry Association，缩写“CCPIA”）成立于1982年4月，是中国化工行业最早成立的行业协会之一，是具有独立法人资格的全国非营利性社团组织。

中国农药工业协会成立26年来，在全体会员的共同努力下，协会队伍不断壮大，已经从初创时的45个会员单位发展到现在的433个会员单位，其中包括以农药原药与制剂加工、中间体、助剂、包装材料、包装机械和施药机械为主的生产、科研、设计和大专院校等企事业单位以及各省、市、自治区农药（工业）协会。企业性质包括国营、股份制和民营企业以及台资、中外合资和外商独资企业，会员单位的产值、产量与销售额占全行业的85%以上。

中国全国精细化工原料及中间体行业协作组

中国全国精细化工原料及中间体行业协作组（以下简称协作组）是由本领域化工生产、科研、贸易、应用、信息诸单位及大专院校自愿参加组成的协作组织，成立于1999年6月，挂靠在中国化工信息中心。

协作组自成立之日起充分发挥会员单位的优势，在互利互惠原则下，在技术、产品、市场、信息、培训、管理及国内外贸易等方面，开展协作与咨询服务，从而推动了本领域的发展，提高了会员单位开发新产品、开拓市场的能力。

目前协作组有会员单位100多家，集中了全国该领域大部分最优秀的单位，以及大部分最优秀的企业家、科学家和工程技术人员。

浙江省日用化工行业协会

浙江省日用化工行业协会（简称浙江省日化协会）于1992年10月成立。由1984年成立的原中国洗涤用品工业协会浙江省分会和中国香料香精化妆品工业协会浙江省分会合并而成，是浙江省轻工行业中最早成立的协会。发展到现在包含的行业有：洗涤用品、美容美发化妆用品、香精香料、卫生用品、电池、牙膏、三胶、油墨等日用化工行业。本协会主要职能是为企业服务，自律协调、监督和维护企业合法权益，协助政府部门加强行业管理等三方面职能。

上海市轻工业协会

上海市轻工业协会成立于2007年6月，是经上海市经济和信息化委员会、上海市社会团体管理局批准，由上海市轻工行业企事业单位、科研院所以及相关社会组织自愿组成的联合性的非营利性社会团体法人。

协会的业务范围是：从事规划、政策建议，举办展览展销会、培训、中介咨询、职称评审、品牌培育和政府委托或授权任务。

协会秘书处设教育培训部、科技咨询部、综合经济部、会员联络部、办公室；设科技创新工作委员会、质量品牌工作委员会、统计信息工作委员会。

广东省轻工业协会

广东省轻工业协会由广东省轻工行业企业和相关企业、公司、科研、检测等单位组成，并经广东省民间组织管理局核准登记，依法成立的社团组织，具备独立法人资格。

广东省轻工业协会在广东省经济贸易委员会的领导下，负责全省轻工业的协调管理工作。协会成立于1984年，原名广东省第一轻工业协会，1999年更名为广东省轻工业协会。协会现属下分支机构有香料、香精、化妆品、洗涤用品专业分会和质量专业委员会。其中质量专业委员会有团体会员100多家，专家顾问近30多名。

北京日化协会

北京日化协会于1980年5月31日成立，原名为“北京日用化学工业学会”，于2007年7月更名为“北京日化协会”。理事长孙宝国（北京工商大学 副校长），秘书长董银卯（北京工商大学 中国化妆品研究中心专家）。

北京日化协会，现有会员单位56个，个人会员832名。协会设立秘书处、并设技术咨询培训部、科普宣传部、信息编辑部、专家工作委员会、学术委员会、组织工作委员会六个职能部门，另设四个分支机构：外企工作者分会，洗涤分会，日化原材料分会，日化设备、包装分会。为了日化行业的发展，协会于2010年9月成立了中医体质与皮肤养生专业技术委员会、化妆品功效评价专业技术委员会。

十一

企业名录

ENTERPRISE DIRECTORY

【广东省】

名称：**广州浪奇实业股份有限公司**
电话：020-82161128
地址：广东广州市天河区黄埔大道东128号
邮编：510660
产品：磺化油OSL；磺化油ORC；K12；ME5。

名称：**广州市氟缘硅科技有限公司**
电话：020-62110427
地址：广州市白云区唐阁北路四社工业区
邮编：523073
邮箱：info@fsichem.com
产品：新型有机硅表面活性剂；特种改性硅油；高黏度硅油；涂料油墨助剂；有机硅塑料添加剂；氟硅脱模剂；皮革涂饰剂；耐酸碱高温消泡剂；防雾剂；有机硅日用化工添加剂；有机硅农用助剂；有机氟化学品。

名称：**广州市斯洛柯化学有限公司**
电话：020-32219988
地址：广东广州市科学城科学大道
邮编：510620
邮箱：silok@silok.cn
产品：涂料添加剂；有机硅化学品；特种表面活性剂；个人护理品；二甲基硅油。

名称：**广州市霍普化学科技有限公司**
电话：020-87435542
地址：广州市白云区太和镇大源南路36号
邮编：510000
邮箱：gzhopp@126.com
产品：涂料助剂；有机机表面活性剂；有机氟表面活性剂；改性硅油；乳化硅油；陶瓷防污助剂；脱模剂。

名称：**广州市宝吉丽化工有限公司**
电话：020-82562048
地址：广东广州市天河东圃圃兴路53号
邮编：510660
产品：NP-10 / TX-10 / OP-10；NP(TX)-9 / -8 / -7-6 / -4；枧油NP-8.6；AEO系列(AEO_9、AEO_7、AEO_3；三乙醇胺；6501/6502/6503；渗透剂/太古油/快速参透剂T；四川西普和泸天化原装油酸；AES/AOS/ABS；PEG；山梨醇；表面活性剂1227；平平加O/O15/O25/O30；甜菜碱/1831/1631。

名称：**广州市联固精细化学有限公司**
电话：020-82287483
地址：广东广州市黄埔区海员路97号
邮编：510700
邮箱：ua@uachemicals.com
产品：表面活性剂；化工助剂。

名称：**广州立众洗涤原料有限公司**
电话：020-87450336
地址：广东广州市白云区钟落潭镇良沙路668号
邮编：510455
产品：洗涤原料；化妆品原料；纺织原料；1631；1831；6501；CMEA；CAB-35；珠光片；MES；BS-12；OB-2；软片；软油精；硅油精；固色剂；1227；二甲基叔胺；D1821；M550。

名称：**广州市苏穗化工有限公司**
电话：020-82550082
地址：广东广州市天河区东圃化工城
邮编：510660
邮箱：runjingink@tom.com
产品：渗透剂；平平加；斯盘80；土温80；NP-10；NP-6，4；AEO_9；AEO_3。

名称：**广州市精鑫化工有限公司**
电话：020-82386643
地址：广东广州市黄埔区黄埔东路722号
邮编：510700
邮箱：jxhg668@163.com
产品：涂料消泡剂；污水处理用消泡剂；纺织用消泡剂；皮革涂料油消泡抑泡剂；金属加工液专用消泡剂；线路板制程用无硅消泡抑泡剂；造纸用消泡剂；水性黏合剂/乳液用消泡剂；水性油墨消泡剂；硅油；涂料助剂。

名称：**深圳市普廉达工业材料有限公司**
电话：0755-85220091
地址：广东深圳市龙岗区布龙路
邮编：517182
产品：有机硅消泡剂；无硅消泡剂；造纸消泡剂；清洗工业消泡剂；纺织工业消泡剂；透明

消泡剂；化学工业消泡剂；污水处理消泡剂；水性油墨消泡剂；分散剂；增稠剂。

名称：东莞市德丰化工有限公司
电话：0769-26381300
地址：广东东莞市大岭山镇马蹄岗新塘工业区
邮编：523810
邮箱：df816888@163.com
产品：线路板消泡剂；水处理消泡剂；纺织印染消泡剂；造纸消泡剂；洗涤助剂消泡剂；金属清洗消泡剂；工业清洗消泡剂；水性涂料消泡剂；水性油墨消泡剂、水性光油消泡剂；水性黏合剂消泡剂；农用消泡剂；医药、发酵消泡剂；脱硫、选采矿、气做消泡剂。

名称：广州道盛化学品有限公司
电话：020-84058716
地址：广东广州市海珠区江南东路
邮箱：cnwanhe@163.com
产品：酰胺类；温和表面活性剂类；磷酸酯类；两性表面活性剂类；氨基酸类；调理剂类；硅油类；乳化剂类；罗门哈斯产品；（禾大）产品；丙烯酸聚合物；防腐杀菌剂；增稠安定剂；遮白乳白剂；遮光乳白剂；防晒助强剂；美发定型聚合物。

名称：广东新图精细化工有限公司
电话：020-87582124
地址：广东广州市天河区黄埔大道西
邮编：510620
邮箱：chris@suntop-chem.com
产品：表面活性剂；日化添加剂；家居日化原料；衣物柔顺剂原料；化妆品原料；增稠剂；聚季铵盐；钛白粉；软油精；防腐剂；CAB；调理剂；

名称：广州纳易化工有限公司
电话：020-28267621
地址：广东广州市天河区广州化工城G19号
邮箱：linyuming@yahoo.com
产品：乙二醇；二甘醇；丙二醇；丙三醇；AEO系列；NP系列；PEG系列；乙醇胺系列；凡士林；AOS；AES。

名称：广州市博顺化工有限公司
电话：020-22130676
地址：广东广州市天河区东圃镇广州化工城内E座13号
邮编：510660
邮箱：xiexiaohan@live.cn
产品：环氧树脂；柠檬酸；硬脂酸；甘油；乙二醇；二乙烯胺；AES；山梨醇（食品级）；磺酸；硬脂酸；十二酸；二甘醇；一乙醇胺；二乙醇胺；三乙醇胺；纯碱；聚乙二醇；丙烯酰胺；丙二醇；磷酸。

名称：广州市淇胜化工科技有限公司
电话：020-62256565
地址：广东广州市黄埔区黄埔东路722号202室
邮编：510725
邮箱：haiyan7910@163.com
产品：甲基烯丙基醇；异丁烯醇；NP-7；NP-6；一乙醇胺；三乙醇胺；PEG600；APG1214；APG0810；AES；AEO_3；AEO_9；PEG-400；直链烷基本磺酸；JFC3.5；JFC3.0；JFC5.0；6501；6502；NP-10。

名称：广州邦润化工科技有限公司
电话：020-82525126
地址：广东广州市天河区东圃镇圃兴路53号中邦商务中心A207室
邮编：510660
产品：表面活性剂；反应型乳化剂；功能性单体；润湿剂；防腐杀菌剂；消泡剂；增稠剂；发泡剂；涂料助剂。

名称：广州市椰氏化工有限公司
电话：020-87239398
地址：广东广州市天河区岑村花果山一号
邮编：510640
产品：二乙醇酰胺；6501；烷基醇酰胺；6502；净洗剂；表面活性剂；椰子油二乙醇酰胺；椰子油脂肪酸二乙醇酰胺；椰油酸二乙醇酰胺；棕榈仁油二乙醇酰胺。

名称：佛山市溢诚化工有限公司
电话：0757-82021981
地址：广东佛山市禅城区弼唐路弼北坑田工业区

邮箱：fscz@163.com
产品：功能性表面活性剂；改性聚酯多元醇；缝纫线（油性，水性）硅蜡；缝纫线润滑剂；中空纤维油剂；螯合分散剂；二甲基硅油；平滑剂；匀染剂；分散剂；多功能整理剂；纺织助剂；软油精（原装进口）；氨纶除油剂；耐高温润滑剂。

名称：广州市吉化化工有限公司
电话：020-82550678
地址：广东广州市天河区化工城华城大厦203室
邮编：510600
邮箱：guangyikeji@126.com
产品：壬基酚聚氧氧乙烯醚系列；脂肪醇聚氧乙烯醚系列；聚乙二醇系列；三乙醇胺；一乙醇胺；碳黑；硅藻土；钼酸钠；脂肪醇醚硫酸钠AES；辛醇；司盘-80；JFC。

名称：广州市仨立化工原料有限公司
电话：020-86011194
地址：广东广州市白云区太和镇龙归夏良村夏良工业区一号
邮编：510445
邮箱：gzslhg@126.com
产品：表面活性剂、日化原料、纺织助剂、表面净洗剂；纺织助剂；金属表面净洗剂；污水处理剂。

名称：广州市壮达化工有限公司
电话：020-82550202
地址：广东广州市天河区东圃镇圃兴路
邮箱：361562830@qq.com
产品：三元醇；洗涤剂；AES；甘油（医药级）；NP-10；月桂酸；硬脂酸1801；葡萄糖酸钠；6501；聚乙二醇；片碱/珠碱；磺酸。

名称：东莞市信康有机硅材料有限公司
电话：0769-85039799
地址：广东东莞市厚街镇涌口龙泉山工业区
产品：二甲基硅油；乙烯基硅油；107胶；塑胶扩散油；含氢硅油；羟基硅油；氨基硅油；硅树脂；DMC；道康宁D4；LSR液体硅胶。

名称：中山市中盛化工有限公司
电话：0760-88408260
地址：广东中山市港口镇兴港南路17号
邮编：528400
邮箱：wu2008t@foxmail.com
产品：松油醇；EDTA（乙二胺四乙酸）系列；聚乙二醇系列；醇胺系列；X（壬基酚聚氧乙烯醚）系列；脂肪醇聚氧乙烯醚系列；十六、十八醇、脂肪醇；丙二醇；油酸；亚硝酸钠；十二烷基硫酸钠（K12）；碘；表面活性剂；食品添加剂；化学试剂；日化香精；乳化剂；防腐剂；硅油。

名称：广州盛龙元化工有限公司
电话：020-82484100 / 82351965 / 32202340
地址：广东广州市天河区圃兴路53号
邮编：510660
产品：壬基酚聚氧乙烯醚NP-10/TX-10；壬基酚聚氧乙烯醚NP-9/NP-8.6；壬基酚聚氧乙烯醚NP-4.6.7.8；烷基酚聚氧乙烯醚OP-10；脂肪醇聚氧乙烯醚AEO-9/3/7；聚乙二醇PEG200/400/600；环保渗透剂JFC-2/3/4/5/6；快速渗透剂JFC。

名称：广州越迪化工有限公司
电话：020-82567172 / 82567177
地址：广东广州市白云区东泰国际商贸广场
邮编：510660
邮箱：312837973@qq.com
产品：AES；K12A；AESA；酮糠唑；烷基糖苷；DP-300；NP-10；16/18醇；十二酸十四酸十六酸硬脂酸；十六醇十八醇。

名称：广州市万成环保科技有限公司
电话：020-82396510 / 32398570
地址：广东广州市黄埔区丰乐北路215号高尾工业区3栋A座
邮编：510660
产品：消泡剂；分散剂；流平剂；消泡王；水性消泡剂；纺织印染消泡剂；涂料消泡剂；清洗消泡剂；有机硅消泡剂；油性消泡剂；造纸消泡剂；线路板清洗消泡剂；发酵消泡剂。

名称：**江门市江海区嘉诺化工发展有限公司**
电话：0750-3953899
地址：广东江门市江海区外海江睦路中东工业区D2地
邮编：529080
产品：天然脂肪醇；棕榈油甲酯；豆油甲酯；生物柴油；增塑剂原料；工业清洗剂；皂粉；AEO系列。

名称：**广州市阳羡化工有限公司**
电话：020-82562628
地址：广东广州市天河区广州东圃化工城A座5号
邮编：510660
邮箱：228195033@qq.com
产品：一、二、三乙醇胺；TX/NP/OP-4-7-10；渗透剂；聚乙二醇（400#-10000#）；司盘.吐温系列；$AEO_{3/7/9}$；平平加；烷基多糖苷；十二烷基苯磺酸钠；抗静电剂；6501、6502；6503；工业/化妆级甘油；AES；油酸；硅油；乙二醇；乙二醇单丁醚；十六十八醇；各种用途消泡剂；聚异丁烯。

名称：**广州宇舜化工科技有限公司**
电话：020-22829503
地址：广东广州市天河区黄村路51号406房
邮编：510660
产品：三乙醇胺；NP-10系列；AES；农药乳化剂等；PEG系列。

名称：**中山汉科精细化工股份有限公司**
电话：0760-37013062
地址：广东中山市东升镇坦背工业区
邮编：528400
产品：表面活性剂；纺织印染助剂。

名称：**广州市瑞翔化工科技有限公司**
电话：020-22130546
地址：广东广州市天河区东圃镇圃兴路长航商务中心C-13室
邮编：510660
产品：表面活性剂；日化洗涤原料；6501；CAB-35；6502；6503；1631；1831；BS-12；CMEA（6501片）；OB-2；两性咪唑啉。

名称：**广州市君鑫化工科技有限公司**
电话：020-82569208 / 28269199
地址：广东广州市天河区中山大道中286号东圃商业大厦B座501室
产品：化工原料；表面活性剂；椰树牌甘油；吉化NP-10；汉姆NP-1098；陶氏NP-467；科宁AEO-97；陶氏PEG-400600；韩国PEG-400/600/4000；俄罗斯PEG-4000/6000。

名称：**广州市德富化工科技有限公司**
电话：020-37025336
地址：广东广州市天河区华美路口蓝屋北街31号
邮箱：adanxia91@163.com
产品：无硅消泡剂；有机硅消泡剂；水处理消泡剂；PCB消泡剂；造纸消泡剂；白乳胶消泡剂；涂料消泡剂；发酵消泡剂；制浆消泡剂；纺织印染消泡剂。

名称：**星海化工责任有限公司**
电话：18986095629
地址：广东广州市天河区东圃
邮箱：kingchem@163.com
产品：氟表面活性剂；全氟辛基磺酰；全氟三丁胺；氟虫胺；全氟丁基磺酸钾；长效铬雾抑制剂。

名称：**东莞莱宝精细化工助剂有限公司**
电话：0769-85601222
地址：广东东莞市大岭山镇大沙第二工业区
邮箱：wuxianjin1988@163.com
产品：表面活性剂；纺织助剂；有机硅系列。

名称：**广州市环宇化工有限公司**
电话：020-82363229/82362418
地址：广东广州市天河区大观南路218号
邮编：510660
产品：OP-10；TX-10；枧油；AEO_9氨基硅油；消泡剂；表面活性剂；异丙醇等；渗透剂消泡。

名称：**深圳市大沃化工有限公司**
电话：0755-27999622
地址：广东深圳市宝安区观澜镇泉源发工业园
邮编：518000
产品：3M（FC-4430）氟表面活性剂；杜邦FSN-100(氟表面活性剂)；无水乙醇；食用酒精；

苹果酸；柠檬酸；柠檬酸钾；化工原材料。

名称：**广州市东雄化工有限公司**
电话：020-38865733-812
地址：广东广州市天河区天河北路362号都市华庭月观轩31A
邮编：510620
产品：表面活性剂；调理剂；添加剂；乳化剂；防腐剂；硅氧烷。

名称：**上海市圣洁化工有限公司广州分公司**
电话：020-82484055
地址：广东广州市天河区大观路
邮编：510660
产品：阴离子表面活性剂；阳离子表面活性剂；各类洗涤印染水处理电镀等化工原料；OP-10；TX-10；NP-10；AEO_9；三乙醇胺；消泡剂；AOS。

名称：**广州市高泰化工科技有限公司**
电话：020-36329470
地址：广东广州市白云区广从一路332号
产品：功效性活性添加剂保温剂；润肤剂天然植物油乳化剂调理剂；温和表面活性剂增稠；悬浮、稳定剂；防晒剂、钛白粉增溶。

名称：**广州市西陇化工有限公司**
电话：020-62612188-411
地址：广东广州市越秀区德政北路538号达信大厦21层
邮箱：1483235124@qq.com
产品：化学试剂；化工原料；医药原料高纯试剂；表面活性剂。

名称：**佛山市三水正合精细化工有限公司**
电话：0757-82129244
地址：广东佛山市五峰四路25号
邮编：528000
产品：脂肪酸甲酯；环氧脂肪酸甲酯；环氧大豆油；生物柴油表面活性剂；植物沥青；抑烟剂；燃料油纯化处理剂；燃油抑钒防腐添加剂；（抑钒剂）水处理剂、油田原油脱水专用破乳剂、炼油厂脱水脱盐专用破乳剂。

名称：**佛山绿林康化工有限公司**
电话：0757-86042148
地址：广东佛山市佛山市南海区桂城平桂街东平楼
邮编：528000
邮箱：qpp123@126.com
产品：烷基多糖苷APG系列；增稠增泡剂；消防专用高泡表面活性剂；草甘膦增效剂；百草枯增效剂系列；新型涂料专用消泡剂；新型造纸专用消泡剂。

名称：**广州市鸿都化工有限公司**
电话：020-32214500/32214502/82551301
地址：广东广州市天河区东圃圃兴路53号中邦商务中心
邮编：510660
产品：表面活性剂类；乳化剂；类磷酸盐类；洗涤原料；胺类；100余种型号醇类。

名称：**佛山市顺德区鼎信化工有限公司**
电话：0757-22680619
地址：广东佛山市顺德大良和桂路65号
邮箱：tiangyj@163.com
产品：分散剂；消泡剂；增稠剂；防腐剂；中和剂；腊乳液乳化剂；表面活性剂；改性剂；胶体稳定剂；增白剂。

名称：**广州标美精细化工有限公司**
电话：020-82980156
地址：广东增城市新塘镇
邮编：511356
邮箱：sales@sifchem.com
产品：甲基硅油；乳化硅油；水溶硅油；氨基硅油；脱模剂；涂料助剂；化妆品硅油。

名称：**广州壹凡化工有限公司**
电话：020-37370641
地址：广东广州市白云区广州大道北1968-2002合一国际
邮编：510000
邮箱：yifanchem@139.com
产品：表面活性剂；氨基酸表面活性剂；保湿剂。

名称：**广州市捷威日用化工有限公司**
电话：020-86084650

地址：广东广州市白云区世盛工业品展览中心A4-06号
产品：纯天然油脂及增溶剂；氨基酸保湿剂；红没药醇；1.3丁二醇；表面活性剂系列；角鲨烷；GTCCC-14-S瓜尔胶；NT100B纳米级美白保湿剂。

名称：清远市灵捷制造化工公司
电话：0763-3484998-8012
地址：广东清远市清城区高新科技产业区7号小区
邮编：511517
邮箱：agilemfg@21cn.com
产品：YES液体增稠剂；AMS表面活性剂；洗洁精专用增稠剂；印染前处理染色后整理助剂；农药乳化剂。

名称：广州市乐丞朗化工有限公司
电话：020-32971908
地址：广东广州市萝岗区
邮编：511363
产品：植物提取液；大豆胶原蛋白；表面活性剂；乳化剂；脂肪醇系列；脂肪酸系列；增稠剂系列；合成油脂；各类化工原料。

名称：广州市星业科技股份有限公司
电话：020-82314320
地址：广东广州市天河区东圃商业大厦808
邮箱：startec_hr@126.com
产品：表面活性剂；增稠剂；保湿剂；调理剂；乳化剂；润肤剂；珠光剂。

名称：深圳市科玺化工有限公司
电话：0755-27509633
地址：广东深圳市宝安区西乡
邮箱：suihen07@yahoo.com.cn
产品：表面活性剂产品；AEO_9；AEO_3；$AE0_7$；NP-10；OP-4；JFC渗透剂；工业清洗剂。

名称：广州夏恩化工科技有限公司
电话：020-22275816
地址：广东广州大河区棠下荷光路第一工业区一号
邮编：510655
产品：阴离子表面活性剂；非离子表面活性剂；中低温表面活性剂；电解表面活性剂；无泡表面活性剂；低泡表面活性剂；铝材用表面活性剂。

名称：中轻物产化工有限公司广东分公司
电话：0760-8261888
地址：广东中山市东区起湾大道北
邮编：528403
邮箱：fenyziyao@hotmail.com
产品：表面活性剂；AOS粉；AES；AOS/35；脂肪醇；AES-A；K12粉；K12-A。

名称：广州市环宇化工有限公司
电话：020-82363229
地址：广东广州市天河区大观路
邮编：510660
邮箱：hr@gwstc.com
产品：OP-10；TX-10；枧油；AEO_9；氨基硅油；消泡剂；表面活性剂；1227；异丙醇等；三聚磷酸钠；渗透剂；三乙醇胺；油酸。

名称：广州丰天化工有限公司
电话：020-61166988
地址：广东广州市越秀区人民北路686号
产品：四氯乙烯(干洗剂)EH系列；SA系列；AEO系列；陶氏的各种特殊表面活性剂；巴斯夫的蜡。

名称：惠州大亚湾石化工业区投资有限公司
电话：0752-5599737
地址：广东惠州市惠阳区大亚湾中兴五路103号南山国际大厦7F16-21室
邮编：516081
产品：双酚A表面活性剂；苯酐等等。

名称：广州新林科技有限公司
电话：020-86088452
地址：广东广州市白云区新市镇齐富路东二号
邮编：510410
产品：HR-S1；HR-S2M68乳化剂；MAP表面活性剂；；面活性剂；CPK乳化剂。

名称：中山龙盛助剂有限公司
电话：0760-64885712

地址：广东中山市三角镇高平工业区福泽路七号
邮箱：changsheng@longsheng.com
产品：助剂原料；表面活性剂；染料助剂。

名称：汕头市恒晖化工有限公司
电话：0754-8280668
地址：广东汕头市民族路56号之12
邮编：515000
邮箱：sjwzgs@vip.sina.com
产品：净洗剂表面活性剂；酸性匀染剂；修补剂；柔软剂；皂洗剂；渗透剂；高效除油精炼剂；等助剂及各种染料还原清洗剂；纺织防霉剂。

名称：广州海城化工有限公司
电话：020-31643350
地址：广东广州市白云区富力半岛13-405
邮编：510000
邮箱：huangjunjiang520@qq.com
产品：表面活性剂。

名称：广州新霖化工有限公司
电话：020-86088452
地址：广东广州市广州夏茅世盛工业品展览中心A4
邮编：510420
邮箱：zhao66222@163.com
产品：HR-S1乳化剂；HR-S2乳化剂；乳化剂MAPK；表面活系性剂；MAEPK表面活系性剂；MAP表面活系性剂；CPK乳化剂；M68乳化剂。

名称：广州市旭美化工科技有限公司
电话：020-85540485
地址：广东广州市天河高新工业园建中路62号迪宝大厦
邮编：510665
邮箱：liubh@sureme.com
产品：有机硅系列产品；表面活性；剂纺织助剂。

名称：江门市新会区朗道硅油厂
电话：0750-6488321
地址：广东江门市新会区罗坑镇
邮编：529157
产品：DMC表面活性剂；二甲基硅油；线油脱模剂；有机硅消泡剂等。

名称：广州立智化工有限公司
电话：020-34971388-8200
地址：广东广州市南沙区黄阁镇黄阁大道89号
邮编：511455
邮箱：128@126.com
产品：阴离子表面活性剂；非离子表面活性剂。

名称：广州众齐化工有限公司
电话：020-13570235125
地址：广东广州市天河区天河东圃黄村路51号
邮箱：liuxc228@163.com
产品：丙二醇；二丙二醇；AEO_9；乙醇胺系列；磺酸；山梨醇；薄荷脑；氢氧化钾；十六十八醇；抗氧化剂；BHT；HHR250；月桂酸；NP-10；二甲基亚砜；PA4000；PEG系列；甘油；油品；脱色除臭剂；碳酸钾；环氧氯丙烷。

名称：清新县汉科化工科技有限公司
电话：0763-6829981
地址：广东清新县太平工业园
邮箱：qiu@gzshuangjian.com
产品：表面活性剂原料、单体。

名称：广州市湘粤化工有限公司
电话：020-15813326112
地址：广东广州市天河区东圃普兴路
邮编：510660
邮箱：acdric@163.com
产品：表面活性剂系列；电镀原料；洗涤原料；纺织印染助剂；乳化剂OP-10；渗透剂JFC；扩散剂NNO；平平加；6501；6503；K12；抗静电剂。

名称：佛山威灭化工有限公司
电话：0757-87744555
地址：广东佛山市三水区三水西南环城路45号
邮箱：974058484@qq.com
产品：氟表面活性剂。

名称：湖南地源精细化工有限公司广州办事处
电话：020-86043667
地址：广东广州市白云区人和镇南岭村竹仔园工业区

邮箱：HNYZJJ@163.com
产品：烷基多糖苷；非离子表面活性剂；氨基酸保湿剂；珠光片；硬脂酸。

名称：**佛山科的气体化工有限公司**
电话：0757-85502055
地址：广东佛山市南海区大沥仙溪
邮编：528231
邮箱：ljh@kdgc.cn
产品：单体表面活性剂助剂；乳化剂；渗透剂。

名称：**广东邦高化工厂**
电话：0755-82096148
地址：广东深圳市福田区深南中路
邮编：518027
邮箱：luxiang.521521@163.com
产品：涂料助剂；硅烷偶联剂系列；表面活性剂系列；纺织印染助剂系列；塑料抗静电剂系列；皮革助剂系列；清洗剂系列；特种助剂系列。

名称：**广州市沙索化工科技有限公司**
电话：020-82283588
地址：广东广州市港前路303号六栋101
邮箱：yanggh@chinasaso.com
产品：椰子油脂酸；棕榈油脂肪酸；甘油(药用级)；大豆油酸；阳离子单体DMDAAC聚丙烯酰胺；叔胺系列；季铵盐系列；杀菌剂系列；卡波系列；乳化剂；表面活性剂系列；食品添加剂。

名称：**广州道明化学有限公司**
电话：020-85577715
地址：广东广州市天河建中路62号
邮箱：zhangkun@daoming.com.cn
产品：家居及工业清洗原料；酸性增稠剂；柔顺剂；去油表面活性剂；聚乙二醇酯；皮革护理液；金属清洗原料；乳化剂1821。

名称：**东马（广州保税区）油脂化工有限公司**
电话：020-82228197
地址：广东广州市萝岗区广州保税区保金路68号
邮箱：202cx@163.com
产品：硬脂酸1839；硬脂酸1841；硬脂酸1865。

名称：**广州市夏惠工业材料有限公司**
电话：020-22824570
地址：广东广州市天河区龙洞东大街
邮箱：xiahui_88@163.com
产品：消泡剂；涂料助剂；有硅消泡剂；无硅消泡剂；流平剂。

名称：**广州市俊峰化工有限公司**
电话：020-82482294 / 82482274 / 82482019
地址：广东广州市天河区中山大道
邮编：510660
邮箱：gxsymy88@163.com
产品：三乙醇胺；乙丙醇；乳化剂OP-10，NP-10（TX-10）NP-4.6.9NP8.6枧油；AEO9；渗透剂JFC；甘油（工业/医药）；工业碳酸钠（纯碱）；三聚磷酸钠；六偏磷酸钠；磷酸三钠；草酸；磺酸钠；消泡剂（王）；氨基硅油；磺酸钠ABS；乙二醇；单丁醚；磺酸；AOS等化工原料。

名称：**广州市环亚化工有限公司**
电话：020-31134424
地址：广东广州市天河区中山大道
邮编：huanya_hr@163.com
产品：三乙醇胺；异丙醇；乳化剂OP-10；NP-10（TX-10）；草酸等化工原料；乳化剂；OP-10；NP-4.6.9；NP8.6；枧油；AEO9；渗透剂JFC；甘油(工业/医药)；三聚磷酸钠；草酸；磷酸三、六偏磷酸钠；磺酸钠P-60/P-70消泡剂；氨基硅油磺酸钠ABS（液体）；乙二醇单丁醚；磺酸；AOS。

名称：**广州市俊力化工有限公司**
电话：020-424242
地址：广东广州市天河区东圃圃兴路53号
邮编：510660
产品：(NP)TX-10.4.6.7.8.9；OP-10；枧油NP8.6；AEO9；AES；AOS；6501；6502；6503；ABS；磺酸；油酸；草酸；甘油；太古油；乙二醇单丁醚；三聚磷酸钠；纯碱；珠碱；片碱；消泡剂；消泡王；氧化锌；防染盐S；六偏磷酸钠；扩散剂NNO；十烷基苯磺酸钠；平平加O；聚丙烯酰胺；异丙醇；丙二醇；三乙醇胺。

名称：**广州丰天化工有限公司**
电话：020-61166988
地址：广东广州市越秀区广州人民北路686号
产品：聚乙二醇PEG；壬基酚聚氧乙烯醚NP；脂肪醇聚氧乙烯醚AEO；辛基酚聚氧乙烯醚；阴离子表面活性剂；非离子表面活性剂。

名称：**鹤山新锦江化工有限公司**
电话：0750-8969368
地址：广东鹤山市沙坪镇新业邨196号201
产品：硬脂酸；月桂酸；甘油；硬脂酸1801；硬脂酸1806；硬脂酸1810。

名称：**惠州赛尔纺织助剂有限公司**
电话：0752-2363985
地址：广东惠州市惠城区
邮编：516000
产品：纺织助剂辅料；柔软剂硅油；枧油树脂；酵素粉酵素水；阻燃剂防水剂；分散剂固色剂；固化剂胶黏剂；除油剂净洗剂；金属加工助剂；电子工业助剂；合成材料助剂；助焊剂油墨助剂；黏合剂；匀染剂渗透剂；漂粉精；洗水材料；洗涤材料；水处理剂；污水处理剂；电子化学材料。

【北京市】

名称：**北京卓越东方科技有限公司**
电话：010-60216403
地址：北京市大兴工业区
邮编：102628
邮箱：excellence616@gmail.com
产品：涂料消泡剂；涂料分散剂；涂料增稠剂；农林保水剂；土壤改良剂；乳液聚合单体；纤维素醚改性添加剂；减水剂；陶瓷分散剂；涂料印花增稠剂；建筑保水剂；建筑流变改性剂；活性印花增稠剂；纺织消泡剂。

名称：**北京金源恒泰精细化工有限公司**
电话：010-61566673
地址：北京市通州区张家弯东定福庄
邮编：101113
邮箱：jinyuanhengtai@21cn.net
产品：消泡剂；乳化剂；保护胶；增稠剂；分散剂；二丁酯；AVE乳液705；AVE乳液707；醋酸乙烯；脂肪醇系列；脂肪胺系列；壬基酚系列；聚乙二醇系列；成膜助剂。

名称：**北京东方昊利化工有限公司**
电话：010-69570211
地址：北京市通州区张家湾镇
产品：单体丙烯酸类；非离子表面活性剂；消泡剂；建筑涂料用乳液；丙烯酸树脂；丙烯酸酯；建材用乳液；工业涂料用乳液。

名称：**北京信诚化工有限公司**
电话：010-89441029
地址：北京市顺义区石园北区
邮编：101300
邮箱：export_tap@hotmail.com
产品：表面活性剂；消泡剂；匀染剂；聚乙二醇；聚丙二醇；司盘；吐温等。

名称：**北京盈宣科技有限公司**
电话：010-67718531
地址：北京市朝阳区东三环中路12号
邮编：100022
邮箱：zhao_pin77@126.com
产品：抗静电剂；生物降解树脂；永久性抗静电剂；阻燃剂；表面活性剂。

名称：**北京申禾科技有限公司**
电话：010-89306808
地址：北京市房山区石楼镇支娄村北星业工业集团
邮编：102422
邮箱：hxsecretary@haixin.com
产品：洗涤用光学漂白剂；纺织用抗静电剂；多功能表面活性剂；饲料添加剂；酞氰蓝系列颜料；色浆聚醋酸乙烯乳液。

名称：**北京氟乐邦表面活性剂技术研究所**
电话：010-62561871
电话：北京市海淀区草桥7号海淀农科所院内
邮编：100080
邮箱：fluobon@hotmail.com
产品：氟表面活性剂（试剂级）；氟表面活性剂（工业级）；碳氢表面活性剂（试剂级）；化工中间体和添加剂；水成膜泡沫灭火剂。

名称：北京华垣新域能源技术有限公司
电话：010-64804255
地址：北京市朝阳区慧忠北里
邮编：100083
产品：油田化学产品；驱油表面活性剂。

名称：北京闻道化工产品有限公司
电话：010-13567834
地址：北京市朝阳区百子湾路18号
邮编：100022
产品：Wacker上光产品；Cognis表面活性剂。

名称：耀华精细化工有限公司
电话：010-60256485
地址：北京市大兴区九龙山庄
邮编：100076
邮箱：aoxue4@yahoo.com
产品：表面活性剂产品。

名称：北京东方晴空科技有限公司(销售部)
电话：010-80341393
地址：北京市北京经济技术开发区同济中路甲5号
邮编：100176
产品：新型表面活性剂。

名称：北京林氏精化新材料有限公司
电话：010-80261880
地址：北京市大兴区长子营镇工业区1号
邮编：102615
邮箱：fushichem@163.com
产品：润湿分散剂；有机硅表面活性剂；水性丙烯酸树脂；水性PU树脂。

名称：北京伊通川科技发展有限公司
电话：010-82250023
地址：北京市朝阳区北京朝阳区裕民路12号
邮编：100029
产品：缓蚀剂；表面活性剂；染料分散剂；污水处理剂。

名称：北京恒安外加剂有限责任公司
电话：010-69563119
地址：北京市通州区黄厂铺工业园36号
邮编：101109
产品：混凝土添加剂；减水剂；泵送剂；防冻剂；混凝土早强剂；混凝土塑化剂；聚羧酸减水剂；聚羧酸保塑剂；萘系减水剂；氨基减水剂；蜜氨系减水剂；脂肪族减水剂。

名称：遵化市北方化工厂北京办事处
电话：010-57415591
地址：北京市通州区瑞都国际中心1103室
邮编：100121
邮箱：zb11188@126.com
产品：水处理药剂；化工原材料；高效絮凝剂；环保阻垢缓蚀剂；杀菌灭藻剂；消泡剂；锅炉药剂；分散剂；清洗预膜；清洗预膜；化工单剂；聚合物；二氧化氯；1227洁尔灭；EDTMPS；ATMP；HEDP；HPAA；PBTCA；AA/AMPS。

名称：北京首创纳米科技有限公司
电话：010-82893627
地址：北京市海淀区上地信息路2号创业园D栋701
邮编：100085
邮箱：sokang@sina.com
产品：涂料助剂；疏水剂；分散剂；净味剂；耐擦洗剂；增强剂；PH调节剂；抗老化剂；耐沾污剂；防沉增稠剂；TiO_2胶体；SiO_2胶体；颜料浆；涂料；隔热涂料；隔热涂层；防护液；石材防护液；纺织防护液。

名称：北京麦尔化工科技有限公司
电话：010-84933769
地址：北京市朝阳区北苑双营路11号
邮箱：bjmayor@126.com
产品：水性杀菌剂；消泡剂；润湿剂；分散剂；增稠剂；流平剂；多功能助剂；成膜助剂；水性色浆羟乙基纤维素。

名称：北京亚帝兰化工科技有限公司
电话：010-85246609
地址：北京市通州区乔庄
产品：涂料助剂；杀菌剂；消泡剂；成膜助剂；多功能助剂；流平剂；内二醇；乙二醇增稠剂。

名称：北京汉莫克化学技术有限公司

电话：010-81772859
地址：北京市海淀区北洼路甲28号
邮编：100089
邮箱：35776272@qq.com
产品：水分散剂；农药助剂；水悬浮剂；润湿剂。

名称：**上海花王化学有限公司北京办事处**
电话：010-85261951
地址：北京市朝阳区建国门外大街19号国际大厦1905室
产品：辛醇；十醇；十二醇；十四醇；十六醇；十八醇；十二烷基硫酸钠；K12；AES；CAB；CMEAMAP减水剂。

名称：**北京北方罗克化工有限公司**
电话：010-68718710
地址：北京市朝阳区朝阳八里庄西里73号
邮编：100025
产品：AEO_3；AEO_7；AEO_9；抗燃液压油TX-10；AES。

名称：**北京欧彩特科技有限公司**
电话：010-61506682
地址：北京市通州区工业开发区
邮编：101113
邮箱：chinasurfactant@163.com
产品：供应科宁消泡剂；WBA美国陶式2A1；德国巴斯夫ABO；叔丁基过氧化氢TBHP；吊白块SFS美国陶式X-405叔；十二烷基硫醇；T-DMSP－03消泡剂；杀菌防。

名称：**北京恒利普德化工研究所**
电话：010-82387003
地址：北京市海淀区中关村东路18号B1802
邮编：100083
邮箱：51ey@163.com
产品：化工材料；油田化学剂。

名称：**北京索菲亚科技发展有限公司**
电话：010-64963126
地址：北京市朝阳区广渠路29号
邮箱：gczl2005@126.com
产品：分散剂；消泡剂；分散剂；杀菌剂；流平剂；润湿剂；多功能剂；成膜助剂；乙二醇。

【重庆市】

名称：**重庆市化工研究院**
电话：023-86852563
地址：重庆市江北区石马河化工村1号
邮编：400020
邮箱：chyfzb@cta.cq.cn
产品：乙二醇单烯丙基醚；铝酸酯偶联剂；JS防水涂料；JS防水胶乳；丙酸钙；复合防霉剂；霜霉威；有机硅高效表面活性剂；高效农用助剂；阳离子纤维素；阳离子瓜尔胶。

名称：**三和助剂厂**
电话：023-67868449
地址：重庆市江北区杨河一村71号4-1
邮编：400020
邮箱：laoyf_001@sina.com.cn
产品：表面活性剂；乳化剂；磷酸酯磺基琥珀酸盐；松香乳化剂。

名称：**智捷助剂有限公司**
电话：023-62038078
地址：重庆市工业园区
产品：转盘混凝土缓凝剂；混凝土引气剂；洗涤剂；表面活性剂。

名称：**豪麟化工(上海)国际贸易有限公司重庆办事处**
电话：023-68881035
地址：重庆市九龙坡区高新区石桥铺科园一路73号渝高广场F座20-8
邮编：400039
产品：消泡剂AC-300；流平防缩孔剂KL-700，NO-90防沉防垂流助剂；SG-720颜料分散剂；G-700加拿大斯太化学平滑助剂。

【天津市】

名称：**天津先光化工有限公司**
电话：022-86845637
地址：天津北辰区津榆公路西堤头
邮编：300402
邮箱：amiao1999@163.com
产品：二硬脂基二甲基氯化铵；二烷基酯羟乙基甲基硫酸甲酯铵（软油精）；咪唑啉硫酸甲酯铵（OM75）；月桂酰基肌胺酸钠；椰油基两性羧基甘氨酸二钠。

名称：天津浩元精细化工有限公司
电话：022-84781010
地址：天津市翠微街18号
邮编：300191
产品：油酸三乙醇胺；聚醚系列；平平加；十二烷基二甲基苄基氯化铵；匀染剂AN；渗透剂JFC；化纤油剂；烷基酚聚氧乙烯醚；烷基苯磺酸钠；乳化剂EL；斯盘80；吐温80；净洗剂6501；脂肪酸聚氧乙烯酯；十二烷基二甲基甜菜碱；十二烷基二甲基氧化胺；农药乳化剂。

名称：天津市浩铭化工有限公司
电话：022-22118085
地址：天津市武清区振华东道中信F区B座601
邮编：301700
邮箱：tj-bfhm@163.com
产品：乙二醇；二乙二醇；聚乙二醇；甘油；片碱；丙二醇；甲醇；纯碱；环氧大豆油；山梨醇；月桂酸；吐温-80；硬脂酸；棕榈酸；C12醇；C18醇。

名称：天津市雄冠科技发展有限公司
电话：022-86850985
地址：天津市北辰区大张庄镇九园公路二闫庄工业区
邮编：300405
邮箱：zhang_jin56@yahoo.com.cn
产品：橡胶隔离剂；皮毛脱脂剂染色助剂；毛皮染色增深剂；加脂剂；废纸脱墨剂；白鞣剂；消泡剂；油脂水解催化剂；硅油乳化剂；油田化学品；抑泡剂；皮毛光亮剂；异型管离型剂；匀染剂；乳化剂；脱模剂；膨润土极性改良剂；ABS表面活性剂；破乳剂；降黏剂。

名称：天津市精锦化工产品销售有限公司
电话：022-24324667
地址：天津市河东区华兴道星光园8-301
邮编：300000
产品：三乙胺；表面活性剂；平平加；化学试剂；吡啶；四氢呋喃；NP系列；AEO系列；乙醇胺系列；指示剂；乙腈；乙二醇；乙醇；碳酸钠（纯碱）；碳酸氢钠（小苏打）；工业氯化铵；硬脂酸。

名称：天津五福同泰化工有限公司
电话：022-26246079
地址：天津市津南区长青科工贸园区重庆路75号
邮编：300000
产品：HEDP系列；ATMP系列；EDTMPS；DTPMPA列；PBTCA；PAPE；HPAA；PAA/PAAS；AA/AMPS；PESA；PASP；HPMA；MA/AA；共聚物系列；专用缓蚀阻垢剂；反渗透专用阻垢剂；反渗透清洗剂；反渗透膜专用杀菌剂；复合阻垢缓蚀剂；反渗透专用阻垢缓蚀剂。

名称：天津市坤正科技有限公司
电话：022-89880211
地址：天津市西青区华苑产业区（环外）海泰创新基地B8号楼3-602
邮编：300381
邮箱：why740421@163.com
产品：EDTA系列；异VC钠；三乙烯二胺；磷酸三乙酯；磷酸三丁酯；硅酸乙酯；磷酸三苯脂；钼酸钠；油酸三乙醇胺；乳化石蜡；阳离子硅油乳液；固体涂料消泡剂；ND耐高温有机硅消泡剂；脲嘌呤；木质素磺酸钠；太古油；N-2357301萃取剂。

名称：天津市西青区大业助剂厂
电话：022-27990277
地址：天津市西青区辛口镇冯高庄
邮箱：hallo007@126.com
产品：柔软剂；消泡剂；硅油柔软剂；平滑剂；稳定剂；螯合分散剂；渗透剂；精炼剂；分散剂；匀染剂；高温匀染剂；缓染剂1227；平平加O；无醛固色剂；固色剂Y；洗涤剂；抗静电剂；硅斑去除剂；浆纱膏。

名称：天津市华联有机陶土化工福利厂
电话：022-23991883
地址：天津市西青区王稳庄镇东台子村
邮编：300270
产品：有机膨润土TF-46系列；十八烷基伯胺(硬脂胺)；十八烷基二甲基叔胺；阳离子表面活性剂OT(1831)；快速渗透剂T；TF-46系列钠基膨润土。

名称：天津市兴光助剂厂
电话：022-26852606
地址：天津市北辰区天津市北辰区刘安庄村
邮编：300420
产品：表面活性剂；阻燃剂；沥青乳化剂；阳离子抗静电剂；杀菌剂。

名称：天津市宇通化工助剂有限公司
电话：022-24718369/24794388
地址：天津市东丽区程林庄工业区百合工业园
邮编：300163
产品：清洗剂；各种表面活性剂；硅型聚醚型消泡剂；各种化工原料；拉丝油；油酸三乙醇胺；磷酸三乙醇胺；烷基醇酰胺6501；羊绒羊毛清洗剂；金属清洗剂；造纸脱墨剂；烷基苯磺酸钠；润湿剂（JFC）；超声波清洗剂；混纺匀染剂；乳化剂S-80；乳化剂T-80；化纤清洗剂；十二烷基硫酸钠；阳离子1227。

名称：天津达一琦精细化工有限公司
电话：022-67162057
地址：天津市滨海新区天津经济技术开发区汉沽现代产业园区翠微街8号
邮编：300480
邮箱：suchang1116@yahoo.com.cn
产品：硬脂酸；纺织印染助剂；CMC；蔗糖酯；特种表面活性剂等。

名称：天津市鼎玺科技发展有限公司
电话：022-26647674
地址：天津市北辰区暖香里3-2-403
邮箱：Dx1788@163.com
产品：消泡剂；表面活性剂；活性剂。

名称：天津美商捷美科技有限公司
电话：022-28138479
地址：天津市河西区友谊路西园道10号
邮编：300061
邮箱：bioprobe.jetmate@gmail.com
产品：各种染料；助剂；乐华玛聚糖树脂技术LPRT；聚糖树脂LPR88；分散剂LDA100；消泡剂LAF120；水性分散剂LDA250；FalaminePlus(PH稳定剂)。

名称：天津岱旭化工贸易有限公司
电话：022-24734918
地址：天津市东丽区丰安路15号-96
邮箱：sztxchina@163.com
产品：烷基苯磺酸；脂肪醇聚氧乙烯醚硫酸钠（AES）；脂肪醇聚氧乙烯醚；聚乙二醇（PEG）；斯盘、吐温；脂肪酸聚氧乙烯酯；壬基酚聚氧乙烯醚；蓖麻油聚氧乙烯醚。

名称：天津红太阳化工有限公司
电话：022-26246123
地址：天津市河北区新大路189号B座252室
邮编：300140
产品：三乙醇胺；壬基酚聚氧乙烯醚系列；脂肪醇聚氧乙烯醚系列；蓖麻油聚氧乙烯醚系列；脂肪酸聚氧乙烯酯系列；司盘系列；吐温系列；聚乙二醇系列；聚醚系列；脂肪酸烷醇酰胺系列；磷酸酯系列；表面活性剂；叔胺类；脂肪胺聚氧乙烯醚；其他工业化学试剂。

名称：天津市汇祥精细化学品制造有限公司
电话：022-29494056
地址：天津汉沽港镇经济技术开发区
邮箱：tjhgzj@163.com
产品：脂肪醇；壬基酚表面活性剂。

名称：天津宏美化工有限公司
电话：022-29497323-803
地址：天津市武清区汉沽港镇
邮编：301721
邮箱：dal@sina.com
产品：乳化剂；非离子表面活性剂；平平加系列；壬基酚聚氧乙烯醚系列；吐温系列；十三异构醇系列；脂肪胺聚氧乙烯醚；蓖麻油聚氧乙烯醚；脂肪酸聚氧乙烯醚；司盘系列。

名称：天津天女化工集团股份有限公司
电话：022-84782809
地址：天津市东丽区津赤路9号
邮箱：dswang@angelchem.com
产品：表面活性剂；油墨精细化学品。

名称：天津上隆化工贸易有限公司

电话：022-24219329
地址：天津市昆纬路88号
邮箱：intorain@163.com
产品：日用化工原料；巴斯夫低泡表面活性剂。

名称：**天津雄冠科技发展有限公司**
电话：022-86852666
地址：天津市北辰区
邮编：300405
邮箱：zhang_jin56@yahoo.com.cn
产品：表面活性剂；皮毛助剂；造纸助剂；金属清洗剂；石油助剂；消泡剂；橡胶隔离剂。

名称：**天津市启盛源商贸有限公司**
电话：022-83960172
地址：天津市西青区大寺工业园
邮编：300385
产品：丙二醇；甘油；二甲基甲酰胺；一乙醇胺；三乙醇胺；新戊二醇；乙二醇单丁醚；乙二醇单甲醚；吐温-80；间苯二甲酸。

名称：**天津天智精细化工有限公司**
电话：022-84782610
地址：天津市东丽区津赤路9号
邮编：300300
产品：直链烷基苯；十二烷基二甲氧化胺；AES；AOS等。

名称：**天津雷迪石油技术服务公司**
名称：022-25934505
地址：天津市大港油田
邮编：300283
邮箱：yunsongluo@sohu.com
产品：异丙醇；石油化工分离工程；丙二醇壬基酚聚氧乙烯醚；聚乙二醇；二乙烯三胺；乙醇胺系列；无水哌嗪；造纸干、湿强剂；造纸分散剂；防晒剂-甲氧基肉桂酸酯抑泡剂；乙二胺二乙烯三胺四乙烯五胺增溶剂；维生素E醋酸酯；环氧乙烷/环氧丙烷甲氧基聚乙二醇；特殊异构醇聚氧乙烯醚系列。

名称：**天津市波菲特石油科技有限公司总务部**
电话：022-24376226
地址：天津市东丽区津赤路90号-16
邮编：300163
产品：高活性聚异丁烯；聚异丁烯胺单剂；汽油清净剂；聚异丁烯胺复合剂；聚异丁烯丁二酰亚胺；柴油清净剂；辛烷值提高剂；重油乳化剂；柴油降凝剂；石油降黏剂。

【上海市】

名称：**上海丹尼悦生物科技有限公司**
电话：021-862157474169
地址：上海市奉贤区光镇路188号
邮编：201406
邮箱：zhangjinhui-@hotmail.com
产品：生物酶制剂；酵素粉；表面活性剂；防染剂；酵素水；原酶粉；原酶；酵素；漂白助剂；返旧助剂；饲料用酶；洗涤用酶；皮革用酶；造纸用酶；纺织用酶；食品用酶；化妆品用酶。

名称：**上海桑井化工有限公司**
电话：021-51877565
地址：上海市宝山城市工业园区城银路555号绿地商务区3号1608室
邮编：200436
邮箱：2233443168@163.com
产品：水性消泡剂；水性润湿剂；水性分散剂；钛白粉；碳黑；导电钛白粉；钛黄；纳米钛白粉。

名称：**上海金山经纬化工有限公司**
电话：021-51061710
地址：上海市交通路4711号李子园大厦16层
邮编：200331
邮箱：shenzhwei@gmail.com
产品：二甲基乙酰胺；邻苯二甲酸二乙酯；邻苯二甲酸二甲酯；脂肪酸甲酯磺酸钠；十二叔胺；十六叔胺；十四叔胺；十六烷基三甲基溴化铵；十二/十四叔胺；十八/十六叔胺；新洁尔灭；十八烷基三甲基氯化铵；十二烷基二甲基氧化胺；SH-105抗静电剂；中裂型阳离子乳化剂；季铵盐1827；十二烷基三甲基氯化铵。

名称：**上海久士城化学有限公司**
电话：021-62906041

地址：上海市长宁区哈密路442号铭辉商务楼402A
邮编：200336
邮箱：wu_pei_fu@126.com
产品：氟碳表面活性剂；消防用氟碳表面活性剂；活性剂；表面活性剂；化学用品；精细化学品。

名称：上海盛众精细化工有限公司
地址：上海市普陀区铜川路1897弄15号201室
邮编：200333
邮箱：sh6501com@163.com
产品：十二烷基苯磺酸钠系列；净洗剂6501系列；十二烷基磺酸钠；花泥（发泡剂）；磺酸；AES；(无水)氯化镁；二乙烯基苯。

名称：上海德翼化工有限公司
电话：021-33867393-801
地址：上海市青浦区白鹤镇赵屯建设路118号
邮编：201711
邮箱：shdeyi@126.com
产品：化工原料；椰子油二乙醇酰胺；椰油酰胺丙基甜菜碱；月桂酰胺丙基甜菜碱；椰油酰胺丙基氧化胺；月桂酰胺丙基氧化胺；十二烷基甜菜碱；椰子油单乙醇酰胺；椰油酰胺丙基羟磺酸甜菜碱；十六烷基三甲基氯化铵。

名称：上海发凯化工有限公司
电话：021-67231369
地址：上海市金山区亭林工业园林宝路318号
邮编：201505
邮箱：kaifa688@163.com
产品：表面活性剂；技术服务；烷基糖苷；咪唑啉；醇醚羧酸盐。

名称：上海铭津盈商贸有限公司
电话：021-61173626-828/61173628
地址：上海市沪太路4361号8号楼3楼
邮编：201906
产品：聚醚；TDI；MDI；聚氨酯软泡硅油；聚氨酯硬泡硅油；聚氨酯阻燃硅油；聚氨酯高回弹硅油；聚氨酯泡沫柔软剂；聚氨酯泡沫开孔剂；聚氨酯泡沫抗氧剂；聚氨酯泡沫抗静电剂；聚氨酯聚酯型硅油；锡类催化剂；胺类催化剂；PU色浆；阻燃剂。

名称：上海百化化工有限公司
电话：021-51369455
地址：上海市金山区石化施三路16号
邮编：201512
产品：化工产品；金属表面处理剂；涂料助剂；表面活性剂。

名称：上海化学工业区进出口有限公司
电话：021-63218908/67120083
地址：上海市黄浦区四川中路33号808-809室
邮编：200002
产品：水性消泡剂；水性润湿剂；水性分散剂。

名称：上海信博森化工有限公司
电话：021-65410339
地址：上海市虹口区金山区吕巷镇吕廊公路32号
邮箱：SBS@shibusan.com
产品：阴离子表面活性剂-H95；磷酸二异辛酯（P204）；磷酸二异辛酯（P204）；2-乙基已基磷酸单2-乙基已酯P507；三氯异氢尿酸；异噻唑啉酮；磷酸三乙酯；二氧化氯；磷酸三苯酯；亮无痕上光精蜡(地板专用)；亮无痕上光精蜡(家私专用)；亮无痕上光精蜡(轿车专用)；亮无痕上光精蜡。

名称：上海洪济化工有限公司
电话：021-69176009
地址：上海市松江工业区荣乐东路1515弄18号
邮箱：cheryl98@163.com
产品：乳化剂司盘；乳化剂吐温；乳化剂EL；乳化剂OP；乳化剂A105；乳化剂SG；乳化剂FM；石蜡乳化剂；渗透剂JFC；渗透剂T；乳化剂OS；添加剂AC1815；分散剂IW；分散剂WA；分散剂N；抗静电剂P；匀染剂O；净洗剂JU。

名称：上海井鑫化工有限公司
电话：021-66162370/66160092
地址：上海市普陀区中山北路2299号2226室
邮编：200061
邮箱：jiaqing0396@qq.com
产品：苯甲醇；山梨酸（钾）；聚丙烯酰胺；四

氯乙烯；异辛醇；硬脂酸；甜菜碱；二氯甲烷；甘油；月桂酸（十二酸）；表面活性剂；丙二醇；乙二醇；十四酸；三醋酸甘油酯；醋酸铅；异丙醇；十六酸（棕榈酸）；醋酸正丙酯；己内酰胺。

名称：上海奥科化学品有限公司
电话：021-67356735-803
地址：上海市金山区枫泾工业园区钱明东路128号
邮编：201501
邮箱：puccazhong@126.com
产品：脂肪醇；脂肪酸；甘油；表面活性剂；钙锌稳定剂；硬脂酸钙；十二十四醇；十六十八醇；十六醇；十八醇；十二酸；十四酸；十六酸；硬脂酸；椰子油酸；NP系列；AES铵盐钠盐；硬脂酸锌；K12铵盐；AEO系列。

名称：上海杉克实业有限公司
电话：021-54400397
地址：上海市闵行区三鲁路5318号
邮编：200237
产品：防锈剂；表面活性剂；消泡剂；增稠剂；交联剂；清洁剂。

名称：上海淡宁化工有限公司
电话：021-61472570
地址：上海市普陀区中江路889号7楼12室
产品：非离子表面活性剂NP系列(TX；非离子表面活性剂AEO系列；聚乙二醇系列；AES；EDTA系列；磺酸；异构醇醚；CMEA；抗氧剂BHT；硅油；三乙醇胺；除油剂；NTA；6501。

名称：上海圣轩生物化工有限公司
电话：021-59884610
地址：上海市青浦区徐泾华徐公路519号
邮箱：frank@sxshcn.com
产品：表面活性剂；6501；CAB；CMEA；CAO；MES；EGDS；EGMS；BS-12；OB-2；1631；1831；1227；DMDMH；TAB2；珠光双酯；珠光浆；LAB；LAO；润滑油添加剂。

名称：上海圣轩生物化工有限公司
电话：021-51098533-8109
地址：上海市青浦华徐公路519号
邮编：201702
邮箱：frank@sxshcn.com
产品：表面活性剂；6501；CAB；6501片；工业清洗剂。

名称：上海百化化工有限公司
电话：021-51369455
地址：上海市金山区石化施三路16号303室
邮编：200540
产品：涂料助剂；表面活性剂；金属表面处理剂。

名称：上海汉进化学科技有限公司
电话：021-54399161
地址：上海市徐汇区梅陇路130号
邮编：200237
邮箱：kananwen@hotmail.com
产品：表面活性剂；乳化剂；植物提取液；功能助剂；切削液；锅炉处理剂；聚季铵盐系列；工业清洗剂；精细化学品；絮凝剂；化妆品配方开发OEM；清洗剂配方开发。

名称：上海穗晔国际贸易有限公司
电话：021-54885689
地址：上海市闵行区黎安路1189号4号厂房
邮编：201100
邮箱：Jackey.Jin@prior.com.tw
产品：非离子表面活性剂；洗涤化妆品原料；印染助剂；纸工业助剂；电子化学品助剂；建筑涂料用助剂；金属加工业助剂；工业清洗用助剂。

名称：上海淡宁化工有限公司
电话：021-61472570
地址：上海市普陀区中江路889号7楼12室
产品：非离子表面活性剂NP系列TX；非离子表面活性剂AEO系列；聚乙二醇系列；AES；EDTA系列；磺酸；异构醇醚；CMEA；抗氧剂BHT；硅油；三乙醇胺；除油剂；NTA；6501。

名称：上海肇隆生物化学有限公司
电话：021-32240651/32240657
地址：上海市岚皋路230弄4号203室
邮编：200042

产品：日化产品专用防腐剂；非离子表面活性剂；阴离子表面活性剂；阳离子表面活性剂；两性表面活性剂；特殊添加剂；油脂类产品；乳化剂；调理剂；生物提取制品；免费提供配方服务；化妆品代加工。

名称：**上海舰邦实业有限公司**
电话：021-56173051
地址：上海市宝山区铁山路1050号巨丰商务楼2号楼
邮编：201900
邮箱：yangchunxia11@hotmail.com
产品：黑色母；增韧剂；清洗剂；成核剂；抗氧剂；表面活性剂；相容剂；抗冲改性剂；贝利胶；光扩散剂；紫外线吸收剂；抑制浮纤剂；安定剂；光稳定剂；增白剂；抗静电剂；抗氧剂。

名称：**上海升纬化工原料有限公司**
电话：021-56811357
地址：上海市闸北区汾西路87弄33号1302室
邮编：200435
邮箱：info@ochr.cn
产品：乳化剂；表面活性剂；添加剂；防腐剂。

名称：**上海趣美化工科技有限公司**
电话：021-57242959
地址：上海市金山区山阳镇华山路99弄18号
邮编：201508
产品：增稠剂；分散剂；乳化剂；消泡剂；杀菌剂；中和剂；粘合剂；合成胶乳；印花浆；表面活性剂；涂料助剂；乳液；黏合剂；弹性乳液；记忆海绵添加剂；地坪乳液；腻子乳液；保温乳液；苯丙乳液；纯丙乳液。

名称：**上海亚荔贸易有限公司**
电话：021-62038322
地址：上海市普陀区曹杨路450号1208室
邮编：200063
邮箱：ylmychem@163.com
产品：聚乙二醇PEG系列；壬基酚聚氧乙烯醚NP系列；脂肪醇聚氧乙烯醚AEO系列；醇胺类；工业溶剂类；甘油；工业清洗剂；水处理剂；消泡剂；工业级医药级丙二醇；一乙醇胺二乙醇胺；抗冻型表面活性剂。

名称：**上海兴萌化工科技有限公司**
电话：021-51086768
地址：上海市普陀区中山北路2185弄27号430室
邮编：200444
邮箱：chenhua15921272043@126.com
产品：有机；无机；医药中间体；日化；水处理系列；表面活性剂系列；助剂系列；精细化学品。

名称：**上海昊灵助剂有限公司**
电话：021-57206828
地址：上海市金山区干巷镇三新村三新路1号
邮编：201518
邮箱：shhaojiong@shhaojiong.com
产品：乙二醇苯醚；丙二醇苯醚；针织油乳化剂；纺丝油剂；脂肪胺聚氧乙烯醚；HJ-CF10；脂肪醇聚氧乙烯醚AEO系列；壬基酚聚氧乙烯醚（TX/NP)系列；蓖麻油聚氧乙烯酯系列；HEL系列；月桂酸聚氧乙烯醚LAE系列；氧硬脂酸聚乙烯酯SG系列；聚乙二醇（200-2000)系列；聚丙二醇（200－2000）；油酸聚氧乙烯醚。

名称：**中轻物产股份有限公司**
电话：021-68752200
地址：上海浦东新区东方路877号23楼
邮编：200122
邮箱：office@sinolight.com
产品：NP；AEO；AES；AOS；K12；LAS；APG；PEG-400。

名称：**上海丹辉化工有限公司**
电话：02157933311
地址：上海市金山区石化三村359号101室
邮编：200540
邮箱：danhui0000@sohu.com
产品：丙二醇苯醚；乙二醇苯醚；抗静电剂；2-苯氧基乙醇；PU色浆润湿分散剂；硅烷偶联剂；润湿分散剂；成膜助剂；消泡剂；增稠剂；各种表面活性剂。

名称：**上海恒臣实业有限公司**
电话：021-51791512
地址：上海市中春路7001号B座803室
邮编：200070
产品：清洁剂；表面活性剂；酶制剂；乳化剂；

吸味剂；增稠剂；香波调理剂；杀菌剂；防腐剂。

名称：上海容大化工有限公司
电话：021-62053169
地址：上海市普陀区中山北路2299号116室
邮编：200061
邮箱：1398930308@qq.com
产品：TX-10；TX-9；TX-7；TX-6；TX-4；$AEO_{3/7/9}$；聚乙二醇系列；6501；三乙醇胺；上海白猫K12；三梨醇。

名称：上海泓昕实业有限公司
电话：021-57236718
地址：上海市金山区
邮编：201505
产品：精细化工；涂料助剂；表面活性剂；皮革助剂。

名称：上海博宣国际贸易有限公司
电话：021-36390990
地址：上海市普陀区真南路491号
产品：阳离子；酯基季铵盐；APG；柔顺剂；表面活性剂。

名称：上海米德加尔德化工有限公司
电话：021-36315041
地址：上海市金山区亭林工业区西首
邮编：201504
邮箱：midgard@126.com
产品：表面活性剂。

名称：上海天利贸易有限公司
电话：021-56305859
地址：上海市闸北区永兴路99弄3号1002
邮编：200071
邮箱：aj@sxtianli.cn
产品：表面活性剂。

名称：上海厚诚精细化工有限公司
电话：021-34140679-803
地址：上海市沪闵路9116号A座2805室
邮编：200235
产品：PVPK系列产品；表面活性剂类；增溶剂和乳化剂类；成膜剂类；皂及皂基类。

名称：上海中翔精细化学品有限公司
电话：021-69121360
地址：上海市嘉定区南翔镇永乐村276号
邮编：201802
产品：表面活性剂；765树脂；乳化硅油；CAO；CAB；PKO；1631；1831；6501。

名称：上海弗诺化工有限公司
电话：021-58642589
地址：上海市浦东新区高桥镇毛家浜西22号
邮编：200137
产品：氟硅表面活性剂；德固赛建筑有机硅；石材养护剂；氟素清洗剂。

名称：肖仕企业发展（上海）有限公司
电话：021-66162370
地址：上海市宝山区真陈路1085号1710室
邮编：200444
产品：药用甘油；硬脂酸；山梨酸钾；丙二醇；正辛醇；月桂酸（十二酸）；山梨酸；AEO_9；十六酸；十四酸；十二烷基硫酸钠（K12）；聚乙二醇（PEG）；6501（高/低粘度）；硬脂酸；表面活性剂TX-10；聚乙烯醇；纳爱斯甘油；二甲基硅油；动植物油酸；十六/十八醇。

名称：上海固德化工有限公司
电话：021-62327681
地址：上海市静安区安远路777号
邮编：200042
邮箱：chinanbhg@163.com
产品：巴斯夫非离子表面活性剂；德固赛阳离子柔软剂、消泡剂。

名称：上海羽飞科技发展有限公司
电话：021-63186061
地址：上海市学前街111弄3号
邮编：200010
产品：含氟表面活性剂。

名称：上海辉发实业发展有限公司
电话：021-56351110

地址：上海市普陀区中山北路
邮编：200063
产品：丁腈胶乳硫化工表面活性剂。

名称：**德源（中国）高科有限公司**
电话：021-61670270
地址：上海市闸北区梅园路228号企业广场2110室
邮编：200070
邮箱：deyuanoil@126.com
产品：脂肪醇；C16-18醇；C12-14醇；C16醇；C18醇；C8醇；C12醇；C10醇；脂肪酸810酸；1618酸；甘油99.5；棕榈酸C16酸；6501；辛酸；葵酸；醇醚系列；AEO_2；AEO_3；AEO-9等。

名称：**上海亚荔贸易发展有限公司**
电话：021-62038322
地址：上海市普陀区曹杨路450号合创大厦1203室
邮编：200063
邮箱：yimychem@163.com
产品：NT-10；TX-10；AEO-07；AEO-09；PEG壬基酚聚氧乙烯醚；脂肪醇聚氧乙烯聚乙二醇。

名称：**阿克苏诺贝尔（上海）有限公司**
电话：021-22163600
地址：上海市静安区铜仁路299号
产品：牛脂胺乙氧基化物；脂肪胺乙氧基化物；椰油胺乙氧基化物；脂肪胺烷氧基化物；脂肪醇乙氧基化物；烷基葡萄糖苷季铵盐。

名称：**上海博易和化工有限公司**
电话：021-65154133
地址：上海市天宝路886号
邮编：200086
邮箱：byhchem@yahoo.com.cn
产品：表面活性剂；螯合剂；消泡剂；防结块剂；防结块剂；螯合剂；消泡剂；柔软剂；光亮剂；分散剂；瓜尔胶杀菌剂；渗透剂。

名称：**上海凡洁工贸有限公司**
电话：021-50404314
地址：上海市浦东新区东塘路610号
邮编：200137
邮箱：fanjiegongmao@126.com
产品：清洗剂表面活性剂；聚醚型消泡剂(SPG-10)；三乙醇胺；油酸；皂乳化剂助剂。

名称：**上海道甫实业有限公司**
电话：021-65049589
地址：上海市虹口区峨眉路299弄5号
邮编：200080
产品：色浆系列；聚氨酯硬泡硅油系列；聚醚型聚氨酯；软质泡沫塑料；通用硅氧烷表面活性剂。

名称：**上海市德茂化工有限公司表面活性剂部**
电话：021-55237573-8005
地址：上海市杨浦区营口路578号海尚杰座1号楼3H
邮箱：Service@Jschemnet.cn
产品：非离子型表面活性剂；阳离子型表面活性剂；阴离子型表面活性剂；消泡剂。

名称：**上海特种氟碳表面活性剂有限公司**
电话：021-52766698
地址：上海市普陀区子洲路330弄
邮箱：inthjxng@mail.jzptt.ln.cn
产品：氟碳表面活性剂；含氟表面活性剂。

名称：**上海知力化工有限公司**
电话：021-64343755
地址：上海市墨江路80号
邮箱：bruce@faroc.net
产品：表面活性剂；表面活性剂技术支持。

名称：**上海凯必特化工有限公司**
电话：021-13611607907 / 69120188
地址：上海市嘉定区南翔镇永乐村田旺路500弄20号
邮编：201802
产品：表面活性剂。

名称：**上海涵亮贸易有限公司**
电话：021-27309155
地址：上海市石化东泉126号101室
邮编：200540
产品：塑料系列；脂肪醇系列；脂肪酸系列；表

面活性剂系列；甘油系列。

名称：上海星天外贸易有限公司
电话：021-51688727-108
地址：上海真华路157弄16号101室
邮编：200333
邮箱：qx82208322@139.com
产品：表面活性剂；油脂化学品；含硫化学品；含氟化学品；丙烯酸类、胺类化学品。

名称：上海右岸化工有限公司
电话：021-66954102
地址：上海市古浪路1618号
邮编：200331
邮箱：webmaster@xjec.com
产品：N, N′-二甲基乙酰胺；邻苯二甲酸二甲酯；邻苯二甲酸二乙酯；MES1227；1827阳离子表面活性剂；1231（氯、溴）阳离子表面活性剂；1631（氯、溴）阳离子表面活性剂；1831阳离子表面活性剂新洁而灭（苯扎氯胺）；苯扎溴胺；沥青乳化剂；12叔胺；12/14叔胺；16/18叔胺；18/16叔胺；APG。

名称：上海索凯实业有限公司
电话：021-32503668-225
地址：上海市长宁区中山西路999号909室
产品：阴离子表面活性剂；阳离子表面活性剂；非离子表面活性剂；金属清洗剂原料；宾馆酒店清洗剂原料；汽车清洗剂原料；食品饮料行业清洗剂；民用清洗剂；低泡耐碱表面活性剂。

名称：君山化工（上海）有限公司
电话：021-67625279
地址：上海市松江区松江大学城
产品：两性表面活性剂；AMALF-40AMALF-70；咪唑啉；180H乳化蜡WAX37；日本DKS反应型乳化剂；HS-10A-10H-3330P巴西棕榈蜡；Honeywell的AC629；日本产GMA改性石油树脂；NeciresEPX-L台湾产低游离TDI固化剂；SC-75LT眼镜用金油潮固化树脂等。

名称：上海安美化学科技有限公司
电话：13817721425
地址：上海市嘉定区安亭镇墨玉路98号安亭大厦
邮箱：1xgt_abc@sina.com
产品：环保溶剂油；表面活性剂；工业润滑油；工业清洗剂；防锈剂；印刷清洗剂。

名称：上海凯圳精细化学有限公司
电话：021-64326890
地址：上海市漕宝路70号光大会展中心C座2301室
邮编：200235
产品：非离子表面活性剂；AEO_9；AEO_3；SOFTA；NOL-90；高分子聚合物；丙马共聚物；螯合分散剂。

名称：上海亚洲化学品有限公司
电话：021-59212999
地址：上海市青浦区青赵公路5649号
邮箱：shanghaiasia@vip.sina.com
产品：6501；净洗剂；CMEA；IPPIPM；1831；1631；2-EHP；1629；甜菜碱；净洗剂；化妆品原料；表面活性剂。

名称：飞达（上海）贸易有限公司
电话：021-62523144
地址：上海市长宁区长宁路396弄9号
邮箱：10D705025255@qq.com
产品：精细化学品；表面活性剂。

名称：上海复帆化工科技有限公司
电话：021-39532765
地址：上海市澄浏中路3636-1号
邮箱：jmzhang@shu.edu.cn
产品：DMDMHMA；PBI；TCAB；环氧树脂促进固化剂；特种表面活性剂；避蚊剂。

名称：上海首得贸易有限公司
电话：021-55824966
地址：上海市杨浦区延吉东路131弄24号307室
邮编：200093
邮箱：578673566@qq.com
产品：表面活性剂；乳化剂；清洗剂；三元醇。

名称：科宁化工中国有限公司
电话：021-54644666-215
地址：上海市徐汇区漕河泾开发区田州路99号新

茂大楼15楼
邮箱：hr.sco@cognis.com
产品：表面活性剂。

名称：上海杰森贸易有限公司
电话：021-62311717
地址：上海市静安区武定西路1189号律德大厦618室
邮编：200042
邮箱：valde@sina.com
产品：涂料助剂；脱模剂；氟碳表面活性剂。

名称：上海圣瀚化工有限公司
电话：021-65850051
地址：上海市虹口区东余杭路627号
产品：表面活性剂系列；阻燃剂助剂。

名称：上海新建化工贸易有限公司
电话：13656489536
地址：上海市长宁区华漕镇
邮编：211336
邮箱：weisite99@163.com
产品：氟碳表面活性剂。

名称：上海欧邦实业有限公司
电话：021-65168521
地址：上海市中山北一路284号1411室
邮编：200083
邮箱：128@126.com
产品：表面活性剂；乳化剂；护肤品；基质皮肤柔润剂；活性；添加剂；香精等。

名称：上海淼龙工贸有限公司
电话：021-50902910
地址：上海市浦东区临沂路115弄2号602室
邮编：200125
产品：表面活性剂系列产品；NP系列；PEG系列；NP-10；NP-4；NP-6；NP-8；NP-9；PEG400；PEG600；PEG4000；PEG6000。

名称：上海盛莎化工有限公司
电话：021-64811118
地址：上海市徐汇区中山西路2366弄1号楼
产品：表面活性剂。

名称：上海欧涵贸易有限公司
电话：021-50151597
地址：上海市浦东新区浦建路1143号321室
邮编：201204
邮箱：yyhbyd@msn.com
产品：BASF表面活性剂；分散剂；螯合剂；阿克苏表面活性剂；科宁表面活性剂；烷基糖苷。

名称：上海兴宏化工有限公司
电话：021-63639310
地址：上海市宝山区祁连山路1526弄祁骆路300号
邮编：200436
产品：环氧丙烷；非离子表面活性剂；纺织油剂；印染助剂。

名称：华界化学（上海）有限公司
电话：021-67262323
地址：上海市金山区金山第二工业区春华路111号
邮编：201512
邮箱：Sinosurfactant@sinosa.net
产品：染整前处理助剂；染整染色用助剂；染整后整理助剂；染整特殊加工助剂；表面活性剂；日用化学品；电子化学品；油田化学品；农业化学品。

名称：上海威洁日用化工有限公司
电话：021-54289968
地址：上海市嘉朱公路1758号
邮编：201807
邮箱：76163163@qq.com
产品：农药乳化剂；表面活性剂；木材胶粘剂涂料胶粘剂；染料中间体；原羊毛脱脂剂；石油磺酸钠；皮革助剂；聚丙酰胺。

名称：上海强盛工贸有限公司
电话：021-59951900
地址：上海市嘉定区华亭镇高石公路2758#
产品：表面活性剂；纺织印染助剂；甾体激素/熊果苷；医药中间体；化妆品原料。

名称：上海亚荔贸易有限公司
电话：021-62038322
地址：上海市普陀区曹杨路450号1208室
邮编：200063

邮箱：ylmychem@163.com
产品：壬基酚聚氧乙烯醚；聚乙二醇系列；脂肪醇聚氧乙烯醚；丙二醇；RUSSIASDA-96分散剂。

名称：**穗晔（上海）国际贸易有限公司**
地址：上海市闵行区黎安路1189号4号厂房
邮编：201100
邮箱：Jackey.Jin@prior.com.tw
产品：AEO_9；AEO；PEG；PVA；AEO_3；AEO_5；AEO_7；脂肪醇聚氧乙烯醚。

【浙江省】

名称：**浙江传化能源有限公司**
电话：0571-82878353
地址：浙江杭州市萧山经济技术开发区
邮编：311215
邮箱：hrf@etransfar.com
产品：TSF4708氨基硅油；TSF451二甲基硅油；聚乙二醇；TX-7,TX-4，NP-10；AEO_9；NP-7，PEG；AEO_3；AES；中烷基磺酸钠；SAS60；磺酸；平平加O-25；三乙醇胺；纯碱；双氰胺；冰醋酸；八甲基环四硅氧烷；线性体硅油；TX-7；聚乙二醇；表面活性剂；NP-6；TX-6；三聚磷酸钠。

名称：**宁波江北兴优商贸有限公司**
电话：0574-66822209
地址：浙江宁波市江北区三管堂风华路490号
产品：非离子表面活性剂；乳化剂；渗透剂；聚醚系列；消泡剂；聚乙二醇PEG系列；分散剂；匀染剂；抗静电剂；直线导轨；冷轧丝杠；滚珠丝杠；OP,TX系列；纺织前处理助剂；纺织后处理助剂；磷酸酯系列；脂肪酸酯系列；司盘,土温；平平加；AEO系列。

名称：**杭州临安德昌化学有限公司**
电话：0571-58605819/58605818
地址：浙江省临安经济开发区北环北二路
邮编：311305
邮箱：sales@dechang-chem.com
产品：抗静电剂；表面活性剂；化工助剂；成核剂；预混剂。

名称：**杭州久灵化工有限公司**
电话：0571-85613912
地址：浙江省杭州临平望梅路1-2号
邮编：311100
邮箱：zlin888888@163.com
产品：表面活性剂；助剂；匀染剂O；NP-10.NP-40；AEO_3；AEO_9；纺织前处理系列；印染中间处理系列；纺织后整理系列；净洗剂系列；渗透剂系列；抗静电系列；磷酸脂系列；添加剂系列；消泡剂系列；醇醚系列；酚醚系列；脂醚系列；脂肪酸脂系列；农药乳化剂；特殊乳化剂系列；聚乙二醇、聚丙二醇系列产品。

名称：**宁波江北兴优商贸有限公司**
电话：0574-66822209
地址：浙江宁波市江北区三管堂风华路490号
产品：非离子表面活性剂；乳化剂；渗透剂；聚醚系列；消泡剂；聚乙二醇PEG系列；分散剂；匀染剂；抗静电剂；直线导轨；冷轧丝杠；滚珠丝杠；OP/TX系列；纺织前处理助剂；纺织后处理助剂；磷酸酯系列；脂肪酸酯系列；司盘；土温；平平加；AEO系列。

名称：**临安市永盛塑料化工厂**
电话：0571-63705958
地址：浙江临安市锦城街道西墅街508号
邮编：311300
邮箱：15988176361@139.com
产品：塑料抗静电剂；大棚膜流滴剂；同类塑料助剂；表面活性剂。

名称：**浙江开盛化工有限公司**
电话：0575-82589750
地址：浙江上虞市道墟镇称海大道一号
邮编：312368
产品：氨基硅油；拉开粉BX；无醛固色剂；乳化剂OP；防染盐S；净洗剂6501；增白剂V；膨化剂P；消泡剂；氨基硅油；抗静电剂SN；去油灵；匀染剂OS-15；高温匀染剂P-10；去油灵；表面活性剂1227；膨化剂P；乳化剂OP；平滑剂硅油；渗透剂。

名称：**嘉兴市森烽化工有限公司**

电话：0573-82726357
地址：浙江嘉兴市洪兴西路洪兴花园1幢商办楼2楼216室
邮编：314000
产品：脂肪醇；低泡乳化剂；亲水氨基硅油；PEG-4000；平平加O-25；NP-40；1815；PEG-600；甘油醚；油酸酯。

名称：**嘉善迪邦化工有限公司**
电话：0573-84163222
地址：浙江嘉善县外环东路102号
邮编：314100
邮箱：angqin077988@yahoo.com
产品：三聚氰胺；三聚氰胺甲醛树脂粉；磷酸；草酸；聚乙烯醇；木业光亮剂；木业清洗剂；漂白剂；染色剂；挺硬剂；氢氟酸；双氧水；氯化铵；甲醇；片碱；CP620分散剂；保险粉；化学试剂、玻璃仪器；无机化工；有机化工。

名称：**上虞市海峰化工有限公司**
电话：0575-82526783
地址：浙江省上虞市道墟化工园区
邮编：312368
邮箱：hfchem@vip.163.com
产品：十二烷基硫酸钠K12；扩散剂NNO（分散剂）；净洗剂LS；高分子聚羧酸盐分散剂AST2011；消泡王（浓缩品）；拉开粉BX；润湿剂HF-2011；分散剂MF；无醛固色剂；平平加；防染盐S；精制扩散剂N；快速渗透剂T；杀菌防腐剂（凯松）；高效污水脱色剂；消泡剂HT；乳化剂OP-10；乳化剂TX-10；固色剂Y；表面活性剂。

名称：**湖州湖星日化有限公司**
电话：0572-2263669
地址：浙江湖州市紫金桥路518号
邮编：313000
产品：营养添加剂；表面活性剂；中草药提取液。

名称：**金华弘耀工贸有限公司**
电话：0579-82050595
地址：浙江金华市婺城区兰溪街瑞海公寓209号
邮编：321000
邮箱：sun@goldensunlight.com
产品：脱脂剂；除油粉；磷化；铝材钝化；皮膜剂；中性清洗剂；防锈剂；乳化剂；金属表面处理剂。

名称：**嵊州市春凯新材料有限公司**
电话：0575-83833006
地址：浙江嵊州市经济开发区（三界）下市头
邮编：312452
产品：脱脂剂；磷化剂；表调剂；钢瓶内壁处理剂；除油剂；酸洗抑雾剂；电解除油剂；乳化剂。

名称：**杭州永合化工有限公司**
电话：0571-82911733
地址：浙江杭州市萧山区河庄街道向公村
邮编：311222
邮箱：dwylq_520@163.com
产品：表面活性剂；印染助剂；皮革助剂；化工原料；染料；颜料；水处理剂。

名称：**台州市路桥西米亚精饰助剂有限公司**
电话：0576-82442058 / 82933588
地址：浙江台州市路桥浃里陈
邮编：318050
产品：1，3-丙磺酸内酯；中间体；表面活性剂；电镀光亮剂；电镀深度剂。

名称：**杭州德高化工开发有限公司**
电话：0571-87831038-8011
地址：浙江杭州市余杭区闲林工业区嘉企路4号
邮编：311122
邮箱：office@zzytech.com
产品：表面活性剂；化妆品个人护理品原料；无磷助剂；工业清洗原料；纺织化学品原料；造纸化学品原料。

名称：**余姚市升达化工助剂有限责任公司**
电话：0574-62636358
地址：浙江余姚市阳明街道康山工业园
产品：纺织助剂；纺织油剂；切削液；皂化油；植绒粘合剂；印花黏合剂。

名称：**杭州余杭天和精细化工厂**
电话：0571-88781807

地址：浙江杭州市余杭区良渚镇施家湾2号
邮编：311113
邮箱：tianhejh@163.com
产品：1227阳离子表面活性剂；阳离子复合季铵盐；各类造纸助剂；各类纺织助剂；各类去油清洗剂；乳胶助剂；各类消泡剂。

名称：杭州先道精细化工有限公司
电话：0571-88284553/88284552
地址：浙江杭州市拱墅区假山路8号新青年广场C座1108室
邮编：310015
产品：塑料助剂；表面活性剂；高分子材料；精细化工中间体等；环保增塑剂；聚乙二醇系列；TX系列；TPU热塑性弹性体；特殊增塑剂；EAA；EVA；POE。

名称：绍兴市日鑫助剂厂
电话：0575-88049927
地址：浙江绍兴市袍江工业区育贤路198号文昌雅苑4幢
邮编：310017
产品：酸性酵素；中性酵素；还原洗净剂；代用碱；多功能煮练酶；除氧酶；活性固色剂；精炼剂；耐碱渗透剂；宽温退浆酶；防染粉；超细旦匀染剂；中性去油灵；消泡王；螯合分散剂；亚克力退浆剂；检测酸；酸性皂洗剂；中和酸；环保硅油乳化剂。

名称：绍兴县白洋化工有限公司
电话：0575-82045698
地址：浙江绍兴市绍兴县陶堰工业区
邮编：312368
邮箱：njljwqk@yahoo.com.cn
产品：荧光增白剂；纺织匀染剂；纺织渗透剂；纺织固色剂；消泡剂；平滑剂；浴中宝；柔软剂；整理剂；其他纺织染整助剂。

名称：兰溪市金成化工有限公司
电话：0579-88881249
地址：浙江兰溪市轻工业园区秋菱路22号
邮箱：sunwj@chinaccm.com
产品：苯丙表面施胶剂；水性松香树脂增黏剂；压敏胶；水性压敏胶；水性不干胶；水性松香树脂乳液；水性增黏剂；苯丙乳液。

名称：余姚市旺达化工有限公司
电话：0574-62536189
地址：浙江余姚市余姚中国塑料城A-5号
邮编：315400
邮箱：wdyz@wdyz.com
产品：氮系阻燃剂MC；各种阻燃母粒；硼酸锌；光稳定剂UV-531；抗氧剂；增白剂OB；增白剂OB-1；分散剂EBS；扩散油；偶联剂KH-550；各种增韧剂。

名称：杭州海迪化工有限公司
电话：0571-22825030
地址：浙江杭州市萧山经济技术开发区百瑞广场1幢1317室
邮编：311215
邮箱：caixl@haidi.cn
产品：涤纶阻燃剂；棉用阻燃剂；涤纶耐久阻燃剂；棉用耐久阻燃剂；纸张阻燃剂；木材阻燃剂；织物抗静电剂；匀染剂；固色剂；皂洗剂剂；表面活性剂。

名称：桐乡市恒源化工有限公司
电话：0573-88826861
地址：浙江桐乡市濮院镇工业园区永安路328号
邮编：314502
邮箱：allen838@alibaba.com.cn
产品：表面活性剂；涤纶长丝油剂；DTY防飞溅油剂；POY高速纺油剂；FDY油剂；TCS油剂；常规纺UDY油剂；油剂复合乳化剂；乳化剂TX系列；净洗剂6501；抗静电剂APEK；司盘SP-80系列；乳化剂AEO系列；乳化剂NP-40；PEG油酸酯；PEG月桂酸酯；硬脂酸异辛酯；乳化剂EL系列；1860；异构1307等。

名称：浙江东越化工有限公司
电话：0571-85359218
地址：浙江杭州市东新路五号物资城大厦4楼
邮编：310004
邮箱：liuyun10904@163.com
产品：丙烯酸及其酯类；甲基丙烯酸；异丙醇；丁酮；K12；TX-10系列；NP-40；PEG系列；MPEG；环保增塑剂系列；硫酸铵；过硫酸

盐；新戊二醇；己二酸；PTMEG；二乙烯三胺系列；1，4-丁二醇；四氢呋喃；防结皮剂丁酮肟；分散剂。

名称：**杭州众昌科技有限公司**
电话：0571-88932183 / 88862010
地址：浙江杭州市文三路508号天苑大厦19楼E座
邮编：310013
产品：消泡剂；脱硫剂；去甲基托品醇；托品酰胺；3-羟基戊二酸二乙酯；

名称：**湖州振盛聚氨酯材料有限公司**
电话：0572-5672558
地址：浙江安吉县石佛路
产品：聚氨酯原料；聚醚多元醇；组合料MDI；硅油；催化剂；特殊助剂；交联剂；脱模剂；色浆。

名称：**浙江宏达化工有限公司**
电话：0574-65778978
地址：浙江宁波市人民路188号
邮编：315400
产品：化工原料；双氰胺硫脲；三聚氰胺；乙二醇。

名称：**杭州兴成化工有限公司**
电话：0571-82393387
地址：浙江杭州市萧山区大通路1218号
邮编：311201
邮箱：tgbgvder@163.com
产品：TX-10；TX-9；磺酸；冰醋酸；6501；NP系列；冰醋酸三聚磷酸钠；六偏磷酸钠；磷酸三钠磷酸氢二钠；元明粉；纯碱平平加；AEO；九水偏硅酸钠；D4AES丙烯酸五水偏硅酸钠。

名称：**中轻化工股份有限公司**
电话：0571-82831730
地址：浙江杭州市萧山区萧山经济技术开发区建设一路60号
邮编：311215
邮箱：yanbin710072@126.com
产品：AES；AOS；K_{12}；磺酸；C_{16-18}醇；表面活性剂等。

名称：**浙江天道生物工程有限公司**
电话：0571-88838250
地址：浙江省桐乡市屠甸经济开发区
邮箱：zjtiandao@zjtiandaochem.com
产品：亚氨基二乙酸环保固色剂；环保净洗剂；亚氨基二乙酸二内盐环保柔软剂；生物酶烷基糖苷。

名称：**杭州普莱尔精细化学品有限公司**
电话：13600546444
地址：浙江杭州市萧山
邮编：311202
产品：原装TX-10/9/7等；AEO系列03,6,9；斯潘80，吐温80等；磺酸，AES（70%）；6501各种规格；AOS（92%/35%）；BS-12；K12；一乙醇胺；CAB；皂粒，皂粉；聚季铵盐-4,6等；TX-40；OS乳化剂；C_{12-14}脂肪醇；C_{16}脂肪醇；C_{8-10}脂肪醇。

名称：**上虞市海利化工有限公司**
电话：0575-82557281
地址：浙江上虞市道墟镇积山工业区
邮编：312368
邮箱：haili182000@yahoo.com
产品：十二烷基硫酸钠（K12）；拉开粉BX；净洗剂LS；涂料用分散剂；快速渗透剂T；渗透剂JFC；扩散剂NNO；分散剂IW；农药用复合助剂；精萘分散剂N；固色剂Y；防染盐S；精炼酶；分散剂WA；柔软剂（片状）；平平加O；悬浮剂WA-8。

名称：**杭州亚东新型材料有限公司**
电话：0571-86031884
地址：浙江杭州市秋涛路静怡花苑1-108
邮编：310016
邮箱：ghy98@126.com
产品：有机硅系列产品；有机硅润滑脂；有机硅高温涂料；氟硅产品；

名称：**桐乡市恒隆化工有限公司**
电话：0158-88306818
地址：浙江桐乡市洲泉镇工业园区德胜路299号
产品：表面活性剂；涤纶前纺油剂；涤纶后纺油剂；涤纶DTY油剂；涤纶POY油剂。

名称：**杭州妙方乔化学有限公司**
电话：0571-87982976
地址：浙江杭州市江干区笕丁路168号-328
产品：特种表面活性剂；黏合剂原料；清洗剂原料；化妆品原料；添加剂原料；催化剂原料；工业助剂原料；日化原料；药品原料；高分子原料；油墨清洗剂原料；洗车水原料；高效乳化剂；功能添加剂；汽车化学品原料；涂料油墨原料；塑料助剂原料；纤维助剂原料；化学品包装；化工设备。

名称：**杭州茂特科技有限公司**
电话：0571-88494668
地址：浙江杭州市西湖区振华路206号西港新界3幢7层704室
邮编：310030
产品：钛白粉；表面活性剂；化妆品原料；消毒剂；类杀菌；防腐剂类。

名称：**苍南县明鑫造纸辅料有限公司**
电话：0577-64804168
地址：浙江苍南县藻溪镇繁枝工业园区
邮编：325801
产品：阳离子松香胶；水性增黏乳液；阴离子松香胶；表面活性剂；增黏乳液螯合；剂柔软剂；聚合乳化剂；表面施胶剂；显白剂。

名称：**宁波海曙启灵贸易有限公司**
电话：0574-56226640
地址：浙江宁波市鄞奉路469弄17号星河湾大楼405室
邮箱：ql_7311@sina.com
产品：表面活性剂；工业助剂；乳化剂；日用化学品；聚乙二醇。

名称：**中轻化工股份有限公司采购营销部**
电话：0571-82835236
地址：浙江杭州市萧山建设一路60号
邮编：311215
邮箱：cy888@vip.163.com
产品：阴离子表面活性剂；AES；AOS；磺酸；K12；AES-A。

名称：**上虞市嘉利盛助剂工业有限公司**
电话：0575-82807267
地址：浙江上虞市小越镇
邮编：312367
产品：低泡精炼剂；无泡皂洗剂；螯合分散剂；消泡王分散染料增稠剂；涤纶毛毯平滑剂；涤纶毛绒整理剂；亲水柔软剂；表面活性剂；1227抗静电剂。

名称：**临安市科达涂料化工研究所**
地址：浙江临安市钱王大街898号汇锦大厦4楼
邮编：311300
产品：分散剂；增稠剂；消泡剂；疏水剂；表面活性剂。

名称：**杭州杭云精细化工有限公司**
电话：0571-86332739
地址：浙江杭州市余杭区仁和镇云会
邮编：311107
邮箱：hangyunjxhg@163.com
产品：表面活性剂；化工原料；纺织印染助剂；6501；固色剂；AEO系列；匀染剂；NP系列；渗透分散剂。

名称：**杭州杭源科技有限公司**
电话：0571-86519006 / 85387003
地址：浙江杭州市下城区绍兴路347号华州创业大楼1-2-201室
邮编：310014
产品：表面活性剂；德国BASF系列；湖南石化AEO系列；亨斯迈RP系列；日本触媒softanol；科莱恩SAS系列；BASF的TO系列；BASF的XL系列；BASF的ON系列。

名称：**飘清生物科技有限公司**
电话：0571-81863861
地址：浙江杭州市石桥路
产品：表面活性剂；洗涤用品增稠剂。

名称：**杭州门萨化工有限责任公司**
电话：0571-85061472-19
地址：浙江杭州市密度渡桥路15号新世纪大厦16楼B座
邮编：310011
邮箱：bjjmhr@163.com

产品：洗涤原料、纺织助剂原料；表面活性剂；乳化剂。

名称：杭源科技有限公司
电话：0571-85808812
地址：浙江杭州市下城区绍兴路347号华洲创业大楼1-2-201室
邮编：310004
邮箱：hzdechang@163.com
产品：表面活性剂；有机硅中间体等。

名称：中轻物产浙江化工有限公司
电话：0571-82875037
地址：浙江杭州市萧山建设一路60号
邮编：311215
产品：化工SLESSLS；AOS；阴离子表面活性剂；AES；K12。

名称：浙江德凯化工有限公司
电话：0575-82732783
地址：浙江杭州市半山路文化小区
邮编：312369
邮箱：wyxushj@mail.jhptt.zj
产品：表面活性剂；印染助剂。

名称：嘉兴市广源助剂有限公司
电话：0573-3345286
地址：浙江嘉兴市洪合镇320国道北16号
邮箱：edyer@e-dyer.com
产品：表面活性剂；硅油等；印染助剂；有机硅等。

名称：杭州真益化工有限公司
电话：0571-82101678
地址：浙江杭州市萧山新湾镇三新村张宅
邮编：311200
产品：表面活性剂。

名称：衢州佳盟化工有限公司
电话：0570-3097901
地址：浙江衢州市巨化集团技术中心中试基地3楼
邮编：324004
邮箱：sales@jiamengchem.com
产品：全氟壬氧基苯磺酸钠；含氟表面活性剂；表面活性剂。

名称：义乌市佳源日化材料有限公司
电话：0579-85398990
地址：浙江义乌市苏溪上西陶73号
邮编：322000
邮箱：wzzhenglin@hotmail.com
产品：卡波姆系列；硅油系列；表面活性剂；乳化剂；阳离子调理剂；增稠剂；防腐剂；油脂；去屑剂。

名称：科隆化工有限公司
电话：0571-8602758
地址：浙江杭州市凯旋路华景南苑2-1-101室
邮编：310006
邮箱：hgavin@263.net
产品：非离子表面活性剂；NP；AEO；PEG；泡敌；吐温；高分子聚醚；斯盘；平平加；分散剂；渗透剂；JFC亲水性氨基硅油；异构十三醇醚；聚乙二醇-600；甘油醚。

名称：上虞市征康化学制品有限公司
电话：0575-82041746
地址：浙江省上虞市道墟工业区
邮编：312368
邮箱：942701447@qq.com
产品：荧光增白剂系列；柔软剂；膨化剂匀染剂；精炼剂扩散剂；分散剂防染盐S；表面活性剂渗透剂；净洗剂太古油；白地防污剂固色剂；无泡皂洗剂消泡剂；修补剂硅油；树脂。

名称：浙江皇马化工集团
电话：0575-82097633
地址：浙江上虞市章镇工业新区
邮编：312363
邮箱：syhma@mail.sxptt.zj.cn
产品：化纤油剂；表面活性剂；甘油醚；AEO/NP系列；1815系列；油酸脂PEG-400；PEG600；单双脂平平加；SG系列；吐温；斯盘；农乳600#系列；EL系列；异构醇醚JFC系列；各种规格聚醚PPG系列；抗静电,磷酸脂系列；合成脂。

名称：浙江赞宇科技股份有限公司
电话：0571-87811813
地址：浙江杭州市古墩路702号

邮编：310012
邮箱：sales@zzytech.com
产品：AES；6501；K12；AESA；LSA；MES；AOS；LAS；表面活性剂；阴离子两性脂肪酸甲酯磺钠。

名称：象山海丰助剂厂
电话：0574-65669598
地址：浙江象山县贤庠镇蒲门村
邮编：315701
产品：纺织助剂原材料(各种表面活性剂)；去油剂；皂洗剂；柔软剂；固色剂；精练剂；匀染剂；纺织助剂。

名称：上虞市宏远染料化工有限公司
电话：0574-62194506
地址：浙江余姚市朗霞镇裘皮七号楼(329国道旁)
邮箱：hongyuanxiang@126.com
产品：精细化工染料纺织助剂；纺织化工染整助剂；分散染料表面活性剂。

名称：杭州双邦化工有限责任公司
电话：0571-82863898
地址：浙江杭州市萧山
邮编：322315
产品：精细化学品洗化原料系列；乳化剂系列；表面活性剂系列；磷酸盐系列；脂肪醇系列壬基粉(TX)系列；JFC系列硅油系列；其它助剂系列。

名称：衢州化工有限公司
电话：0570-3097901
地址：浙江省衢州市巨化
邮编：324300
邮箱：sales@xcchemical.com
产品：全氟壬氧基苯磺酸钠；FBS含氟表面活性剂。

名称：宁波东方永宁化工科技有限公司
地址：浙江宁波市镇海区俞范正德路西
邮编：315200
产品：表面活性剂；日化原料；洗涤原料；化妆品；洗涤剂；清洗剂。

名称：包尔得有机硅有限公司
电话：0571-86875339
地址：浙江杭州市杭州经济技术开发区
邮编：310018
邮箱：wwwchengmin@163.com
产品：有机硅消泡剂；有机硅表面活性剂。

名称：浩源助剂厂
电话：0579-83155315
地址：浙江金华市义乌
邮编：315500
邮箱：ypwyy@126.com
产品：印染水洗助剂；表面活性剂。

名称：上虞市助剂材料厂
电话：0575-82042896
地址：浙江上虞市道墟镇江协村
邮编：312368
邮箱：13758528026@139.com
产品：化工助剂；消泡剂；净洗剂；乳化剂；固色剂；扩散剂；增白剂；柔软剂；表面活性剂；渗透剂；匀染剂；抗静电剂。

名称：中国三江精细化工有限公司
电话：0573-85286789
地址：浙江嘉兴市嘉兴港区平海路
邮编：314201
邮箱：hanzq@jxsjchem.com
产品：基础化工原料；AEO系列、TX系列、PEG系列等非离子表面活性剂；环氧乙烷。

名称：杭州仁杉科技有限公司
电话：0571-88823157/88823257
地址：浙江杭州市西湖区留下镇
邮编：310012
产品：氟碳表面活性剂；流平剂；油田助剂及多种助剂；氟碳润湿流平剂；氟碳助焊剂；氟碳泡沫灭火助剂；氟碳电镀铬雾抑制剂；高效橡胶碳黑分散剂；高效塑料填料分散剂；水性固化剂；油墨流平剂；油田助剂。

名称：桐乡市恒源化工有限公司
电话：0573-88826863
地址：浙江桐乡市濮院镇工业园区永安路328号
邮编：314500

邮箱：llen838@alibaba.com.cn
产品：表面活性剂；涤纶长丝油剂DTY防飞溅油剂；高速纺油剂FDY油剂TCS油剂；常规纺UDY油剂油剂；复合乳化剂乳化剂；TX系列净洗剂；6501；抗静电剂；APEK乳化剂；AEO系列；乳化剂NP-40；PEG油酸酯；PEG月桂酸酯硬脂；酸异辛酯乳化剂；EL系列；1860异构1307等。

名称：杭州萧山天昊化工有限公司
电话：0571-82170827
地址：浙江杭州市萧山南洋经济开发区
产品：表面活性剂；APG。

名称：衢州江天氟化学有限公司
电话：13059771062
地址：浙江省衢州市衢江区衢化北道
产品：六氟丙烯三聚体；六氟丙烯二聚体；PTFE乳液；二氟乙酸乙酯；二氟乙酸甲酯；二氟乙酸；三氟乙酸酐；三氟乙胺；三氟丙酮酸乙酯；丙烯酸十八酯；甲基丙烯酸十八酯；丙烯酸十二酯；丙烯酸十六酯；全氟壬氧基苯磺酸钠。

名称：杭州白浪助剂有限公司
电话：0571-86613133
地址：浙江杭州市滨江区浦沿镇
邮箱：hzblzj@yahoo.com.cn
产品：聚乙二酸；壬基酚；双氰胺；蓖麻油；十八胺；季戊四醇；已二酸；甘油；氨基磺酸硬脂酸匀染剂；聚醚；乳化剂；净洗剂；司盘；吐温。

名称：宁波市乐嘉化工有限公司
电话：0574-87849999
地址：浙江宁波市江东区中兴路717号华宏国际中心15B-1
邮编：315040
邮箱：dhyjyb@qq.com
产品：壬基酚；NP系列；AEO系列。

名称：杭州电化集团助剂化工有限公司
电话：0571-86617799-6688 / 86613133
地址：浙江杭州市滨江区浦沿镇
邮箱：zjheacc@mail.hz.cn
产品：匀染剂O(平平加O)；脂肪醇聚氧乙烯醚系列；乳化剂TX系列；乳化剂OP系列；乳化剂AEO系列；乳化剂PES；乳化剂；斯潘-20、40、60、80；乳化剂600#、601、602系列；乳化剂吐温-20、40、60、80；聚乙二醇（400、600、1000）；玻纤润滑剂G，固色剂YSR-1树脂；JFC-S无气味高活性聚醚。

名称：浙江省轻纺集团轻工业有限公司
电话：0571-87815262
地址：浙江杭州市梅花碑8号
邮编：310009
邮箱：xuf123456@sina.com
产品：α-烯基磺酸钠；乙氧基化烷基硫酸钠；十二烷基硫酸钠；乙氧基化烷基硫酸铵等。

名称：浙江东越化工有限公司
电话：0571-85359218-828
地址：浙江杭州市东新路5号物资城大厦3楼
邮箱：liuyun10904@163.com
产品：十二烷基硫酸钠；供应K12（十二烷基硫酸钠）；甲基丙烯酸叔十二硫醇聚醚。

名称：浙江飞剑化工有限公司
电话：13185594370 / 13588527202
地址：浙江绍兴上虞市道墟镇化工园区
邮编：312368
邮箱：sales@feida2000.com
产品：渗透剂；柔软整理剂；荧光增白剂；固色剂；乳化剂；修补剂；匀染剂；洗涤剂；分散剂；交链剂；其他染色助剂。

【河北省】

名称：邢台蓝星助剂厂
电话：0319-3976138/3976555
地址：河北邢台市东郊东小汪工业区
邮编：054001
邮箱：lanxing@lanxingchem.com
产品：壬基酚聚氧乙烯醚；三乙醇胺；聚乙二醇；斯盘；吐温；6501；OP-10；太古油；脂肪醇聚氧乙烯醚；蓖麻油聚氧乙烯醚；表面活性剂；渗透剂；农药乳化剂。

名称：**石家庄市海森化工有限公司**
电话：0311-86695953
地址：河北石家庄市建设北大街228号东海国际大厦8-C
邮编：050041
邮箱：haisenghg@cpp114.com
产品：化工原料；表面活性剂；皮革助剂；塑料助剂；香精香料；纺织印染助剂；牙膏鞋油原料；日用化工原料。

名称：**石家庄鲁淇科技有限公司**
电话：0311-85810625
地址：河北石家庄市桥西区裕华西路103号军安水晶公寓911室
邮编：050000
产品：硬脂酸；伯胺；异丙醇；丙二醇；甘油；油酸；酯基季胺盐；织物柔软剂；稀土复合稳定剂；硬脂酸甘油酯；膨化剂；阳离子表面活性剂。

名称：**石家庄金莫尔化学品有限公司**
电话：0311-83315656
地址：河北辛集市位伯开发区
邮箱：wwwjmrcomcn@163.com
产品：烷基糖苷（APG）；十二烷基甜菜碱；醇醚羧酸盐；百草枯增效剂；草甘膦增效剂。

名称：**沧州嘉泰油脂有限公司**
电话：0317-7730999
地址：河北东光县大单镇大单工业区
邮编：061606
邮箱：ghy98@126.com
产品：油酸；硬脂酸；司盘-80；乳化油。

名称：**廊坊市北辰创业树脂材料有限公司**
电话：0316-2822898
地址：河北廊坊市安次区安次工业园
邮编：065000
产品：表面活性剂；油酸；防水乳液白乳胶。

名称：**石家庄海森化工有限公司**
电话：0311-87612826
地址：河北石家庄市建设北大街228号东海国际8-C
邮编：050041
邮箱：donghai@hshg.cn
产品：化工原料；表面活性剂；洗涤原料；鞋油原料；印染助剂；皮革助剂；香精香料等。

名称：**河北兴远伟业化工科技有限公司**
电话：0311-87163853
地址：河北石家庄新华区联盟西路5号
邮编：050062
邮箱：mlm690723@tom.com
产品：聚酯；聚酯多元醇；改性MDI；三乙二醇；乙二醇；丙酮；甲苯；二氯甲烷；三甘醇；甘油；催化剂；表面活性剂。

名称：**河北永泰柯瑞特化工有限公司**
电话：0311-86599222
地址：河北藁城市藁城开发新区市府东路
邮箱：samantha_liang@163.com
产品：酸性染料；染料中间体；医药中间体；对氨基苯磺酸；间氨基苯磺酸钠；DASA酸；皮草化学品；皮革化学品；表面活性剂；片碱；二氧化硅；对硝基苯氨。

名称：**沧州精助化工有限责任公司**
电话：0317-8655999
地址：河北沧州市刘夫青工业南区
邮编：061500
产品：动、植物油酸；乳化剂；s-80；硬脂酸；司盘80。

名称：**石家庄市朝阳洗涤用品有限公司**
电话：0311-84317890
地址：河北晋州市晋总路庞古庄工业开发区
产品：氨基黄酸；精炼椰子油；植物油；脂肪酸甲酯；6501；AES；AEO_3。

【河南省】

名称：**河南科来福化工有限公司**
电话：0378-3313855
地址：河南开封市禹王台区精细化工产业集聚区
邮编：450007
邮箱：clife123@clife123.com
产品：颜料；表面活性剂；染（颜）料中间体；印花涂料色浆；有机颜料；表面活性剂；中间体。

名称：郑州市中奇投资有限公司
电话：0371-86109813
地址：河南郑州市二七区郑州市郑东新区CBD商务外环18号
邮编：450002
邮箱：office@sinovacn.com
产品：PVC；聚氯乙烯；树脂增塑剂；环氧树脂；表面活性剂；建筑材料。

名称：新乡市阳光油脂有限公司
电话：0373-2031980
地址：河南新乡市
邮编：453000
产品：植物油酸；硬脂酸800型；植物沥青（黑脚）；脂肪酸；大豆油酸；棉籽油酸；表面活性剂；农药乳化剂；石蜡乳化剂；环氧油酸丁酯；环氧油酸辛酯；毛纺工业抗静电剂；润滑柔软剂；印染助剂；矿物浮选剂；塑料耐寒增塑剂；脱模剂；表面活性炭；皮革助剂；沥青涂料。

名称：河南兴亚表面活性剂股份有限公司
电话：0350-3978044
地址：河南安阳市文峰区光明路南段
邮编：455000
产品：AOS；AES；磺酸。

名称：武陟胜利化工厂
电话：0391-7288130
地址：河南武陟县王李村清真三街22号
邮编：454950
邮箱：7Q007@126.com
产品：表面活性剂；洗涤剂。

名称：久盈生物科技有限公司
电话：0372-5088060
地址：河南省安阳市汤阴县北外环东段
邮编：455000
产品：三乙醇胺；表面活性剂。

名称：河南省道纯化工技术有限公司
电话：0371-60612136
地址：河南郑州市文化路128号
邮箱：dchgyx@tom.com
产品：松香表面活性剂；造纸助剂。

名称：河南中盛科技开发公司
电话：0373-5599193
地址：中国河南新郑市龙湖
邮箱：51ey@163.com
产品：稠油稀释降黏剂；阴离子表面活性剂；聚丙烯酰胺；水处理剂。

名称：中原化工百科有限公司
地址：河南郑州文化路95号
邮箱：abc@nbchem.com
产品：十二烷基硫酸钠；磺酸；单宁酸；十二烷基苯磺酸钠；AES；TX-10；6501；三聚磷酸钠；聚丙烯酰胺；酒石酸钾钠；EDTA；硅油；三乙醇胺；羟乙基纤维素。

名称：河南省安阳市兴亚洗涤用品有限责任公司
电话：0372-5928497
地址：河南安阳市东工路35号
邮编：455000
产品：AOS；工业直链烷基苯磺酸；支链十二烷基苯磺酸；快速渗透剂T；十二烷基苯磺酸钙液体；十二烷基苯磺酸钠；高效精炼剂。

名称：郑州市诚信化工有限公司
电话：0371-53737965
地址：河南郑州市二七区郑州市化工市场
邮编：450000
邮箱：719944160@qq.com
产品：三聚磷酸钠；脂肪醇聚氧乙烯醚；硫酸钠；十二烷基硫酸钠；单宁酸；磺酸；樟脑；乙二醇；EDTA-2Na；三乙醇胺；羟丙基甲基纤维素；酒石酸；羟乙基纤维素聚丙烯酰胺；柠檬酸。

【四川省】

名称：成都科宏达实业发展有限公司
电话：028-87079083
地址：四川成都市青羊区蛟龙工业港高新区A区29座
邮箱：kehongdazyh@163.com
产品：表面活性剂；日化助剂；农药乳化剂；油田助剂；纺织助剂；消毒剂原料。

名称：**成都高施贝尔化工有限责任公司**
电话：028-84343092
地址：四川成都市锦江区大科甲巷3号附71号
邮箱：zy23114@126.com
产品：洗涤产品原料；工业清洗剂；基础化学品；洗涤配方；工业清洗剂；过碳酸钠；表面活性剂；五水偏硅酸钠；工业母粉；柔顺原料；非离子表面活性剂；乳化剂。

名称：**成都市宁苏助剂化工有限公司**
电话：028-84551292
地址：四川成都市二环路东四段172号
邮编：610000
产品：洗涤剂原料；十二烷基苯磺酸钠；分散剂；润湿剂；增稠剂；流平剂；杀菌防腐剂；消泡剂；中和剂；葡萄糖酸钠；木质素磺酸钠；乳化剂；三乙醇胺；司盘-80；吐温-80；OP-10；乙二醇；二甘醇；聚丙烯酰胺；羟丙基纤维素。

名称：**成都科宏达实业发展有限公司**
电话：028-87079083
地址：四川成都市青羊区蛟龙工业港高新区
邮箱：kehongdazyh@163.com
产品：表面活性剂；日化助剂；农药乳化剂；油田助剂；纺织助剂；消毒剂原料。

名称：**成都瑞翔化工有限公司**
电话：028-83308665
地址：四川成都市青白江区青江东路1号
邮编：610300
邮箱：ervice@sdyyzs.cn
产品：AES；磺酸；6501；K12；三聚磷酸钠；防腐剂；香精；纯碱；元明粉；TX-10；AEO_9；对甲苯磺酸钠；十二烷基苯磺酸钠。

名称：**四川西普化工股份有限公司**
电话：0816-2541458
地址：四川绵阳市经开区塘汛东路656号
邮编：621000
邮箱：zhangzhuo_001@163.com
产品：芥酸；植物油酸；芥酸酰胺；药用甘油；山嵛酸；壬酸；壬二酸；花生酸；山嵛酸；山嵛酸甲酯；山嵛酸甘油酯；油酸酰胺；十三烷二元酸；油酸甲酯；三油酸甘油酯；神经酸；油酸丁酯；三羟甲基丙烷油酸酯；油酸三乙醇胺；芥酸酰胺甜菜碱。

名称：**四川省阳明能源科技有限公司**
电话：0832-6652378
地址：四川资阳市皇龙新城A座七号楼
邮编：641300
产品：脂肪酸甲酯；生物柴油；工业油脂；日用油脂；脂肪酸。

名称：**四川省精细化工研究设计院**
电话：0813-2760247
地址：四川自贡市鸿鹤路41号
邮编：643000
邮箱：scjhy@sohu.com
产品：N-甲基二乙醇胺；乙烯利；氰尿酸三聚氰胺；阻燃剂；复合脱硫剂；复合脱碳剂；医药中间体；表面活性剂；羟乙基吗啉；N-羟乙基哌啶。

名称：**四川丰收农业有限责任公司**
电话：028-84554688
地址：四川成都市锦江区净居寺西街150号
邮编：610066
产品：农用微乳剂；表面活性剂；增效剂；洗碗液；阴非离子表面活性剂；8#微乳剂；10#微乳剂；聚酯类专用微乳剂；阿维菌素。

名称：**江苏省海安石油化工厂成都办事处**
电话：028-66379072
地址：四川成都市二仙桥北2路
邮箱：970240436@qq.com
产品：表面活性剂；净洗剂；渗透剂；柔软剂；其他助剂；工业用清洗剂。

名称：**四川祥和磷化有限公司**
电话：028-66624741
地址：四川成都市高新区创业路49号F3
邮编：610041
邮箱：664943715@qq.com
产品：磷化产品；各种涂料；水性漆聚乙烯蜡等；化工及原料产品；表面处理产品；表面活性剂；产品消泡剂等。

名称：**四川花语精细化工有限公司**
地址：四川自贡市高新区科技大厦
产品：表面活性剂；MES；甜菜碱；氧化胺；CMEA，等。

名称：**四川华高化工有限公司**
电话：028-86532848
地址：四川成都市青神县白果乡
邮编：620460
邮箱：hg@hgchem.com.cn
产品：氟化物；氟碳表面活性剂；防水防油产品；精细化工产品。

名称：**新丰精细化工有限公司**
电话：028-85401055
地址：四川成都市华星路在水一方6楼10号
邮编：610106
产品：破乳剂；阻垢剂；除垢剂；杀菌剂；缓蚀剂；助排剂；活性剂；及其它油田化工产品。

名称：**四川省科冠日化有限责任公司**
电话：028-84448578
地址：四川成都市槐树店路83号
邮编：610066
产品：湖南丽臣AES；合成/天然中山/杭州南京嘉禾磺酸；花王K12粉/针/沙；1831；南京嘉禾江苏司盘-80；各种香精；十八醇。

名称：**成都龙宇化工有限公司**
电话：028-84546005
地址：四川成都市锦江区锦华路2号
邮编：610063
邮箱：longyugongshi@tom.com
产品：氯酸钠；硅油；医药甘油；二甘醇；硬脂酸；苯酚；乙二醇；二氯甲烷；硼砂；聚乙烯醇；苯酐；磷酸；三氯化铁；氟化钠；保险粉；二氯乙烷；混合醇；ADC发泡剂；PVC树脂粉；丙酮。

名称：**成都兆帕科技有限公司**
地址：四川成都市锦江区东大街97号香槟广场3区
邮箱：hexiankeji@163.com
产品：十二烷基苯磺酸（LAS）；脂肪醇聚氧乙烯醚硫酸钠(AES)；烯烃磺酸钠(AOS)；椰子油二乙醇酰胺（6501）；椰油酰基丙基甜菜碱（CAB）；椰油酰胺丙基氧化胺（CAO）；乙二醇硬脂酸单脂（EGMS）；烷基二甲基苄基氯化铵脂肪醇叔胺（PIB）；聚异丁烯(PAO)线性-烯烃。

【陕西省】

名称：**陕西南方化工有限公司**
电话：029-86233821
地址：陕西西安市雁塔区富裕路西北化工城东1号楼112室
邮箱：fish9383@163.com
产品：四氯乙烯；磺酸；AES；6501；过碳酸钠；二氯异氰尿酸钠；TX-10；AEO_9；三乙醇胺；1631；M550；珠光浆；K12；十二烷基苯磺酸钠；聚丙烯酰胺；吐温80；司盘80；聚乙烯醇系列。

名称：**咸阳麦迪利克新材料有限公司**
电话：0910-3282507
地址：陕西咸阳市渭城区化纤路1号
邮编：712000
邮箱：mazixy@126.com
产品：化工原料；表面活性剂；柔软剂；乳化剂；清洁用品等。

名称：**西安天元化工有限公司**
电话：029-62298021
地址：陕西西安市昆明路35号
邮箱：yuyang@chinaccm.com
产品：化工原料；聚苯乙烯；氧化剂；催化剂；表面活性剂；化学试剂。

名称：**西安凯迪兰科技有限公司**
电话：029-83399383
地址：陕西西安市雁翔路交大科技园
邮箱：kechuangyaoye@163.com
产品：原料药及中间体；农药助剂；添加剂；表面活性剂；电子化学品；防腐杀菌剂。

名称：**陕西赛德化学工业有限公司**
电话：029-62983766
地址：陕西西安市大兴西路西北国亨化工市场
邮编：710016

产品：农药助剂；农药乳化剂；表面活性剂；杀菌剂；离子稳定剂；防垢剂；助排剂；润湿；渗透剂；农药中间剂；添加剂。

名称：**西安精诚化工有限公司**
电话：029-83185606
地址：陕西西安市大兴西路国亨化工市场南门东排B10号
邮箱：gu.hy@fujitsu-nt.com
产品：AES；TX-10；OP-10；6501；AEO_9；磺酸（高含量）；K12；磺酸（低含量）；CAB甜菜碱；BS-12；硬脂酸。

【山西省】

名称：**长治市麦迪克科技发展有限公司**
电话：0355-6016058
地址：山西长治市城区高新区西式工业园区
邮编：046000
产品：十二烷基硫酸钠(SDS)；丙烯酰胺；非离子型聚丙烯酰胺；聚异丁烯丁二酰亚胺T154、T155；乳化剂S-80；半精炼石蜡；十二烷基硫酸钠；电泳级丙烯酰胺。

名称：**南风化工集团股份有限公司**
电话：0351-8967035
地址：山西运城市解放路294号
邮编：044000
邮箱：nafine@nafine.com
产品：洗涤剂；清洗剂；工业清洗剂；金属清洗剂；脱脂剂；硫化钠；硫氢化钠；元明粉；表面活性剂。

名称：**太原容达化工有限公司**
电话：0351-4689645
地址：山西太原市迎泽区双塔南巷64号化工市场中区五排17号
产品：AES；6501；磺酸K12；AOS；三乙醇胺；乙二醇；甘油；香精；TX-10；AEO_9；S-80。

名称：**中国日用化学工业研究院**
电话：0351-4047276
地址：山西太原市迎泽区文源巷34号
邮编：030001
邮箱：ridci@ridci.cn
产品：烷基多糖苷；烷基糖苷APG；两性咪唑啉；醇醚羧酸盐；醇醚磷酸酯；烷基叔胺；季铵盐；醇醚磷酸酯。

名称：**山西三润精细化工有限公司**
电话：0355-6986008
地址：山西潞城市翟店生态工业园
邮编：046000
产品：三聚甘油单硬脂酸酯。

名称：**太原卓能精细化工有限公司**
电话：0351-3926980
地址：山西太原市万柏林区迎泽西大街龙腾名邸2-1801
邮编：030027
邮箱：tyhgxx@163.com
产品：清洗剂；金属清洗剂；低泡表面活性剂；金属切削液；金属清洗剂；液体洗涤剂；表面活性剂；微乳液；金属防锈清洗剂；防锈剂；低泡润湿剂；清洗液；金属清洗液；矿物油脂特效乳化剂；水基金属切削液；泡沫清洗剂；金属切削微乳液；金属防锈清洗剂；金属切削微乳液；非离子表面活性剂。

名称：**太原市小店区靓源日化厂**
电话：0351-7052732
地址：山西太原市太榆路309号
邮箱：sxliangyang@126.com
产品：AES；磺酸；K12；油烟净；洗车液；洁厕灵；玻璃水；柔顺剂；洗涤剂；TX-10；磺酸钠；6501；AEO-9。

名称：**太原发凯化工有限公司**
电话：0351-4085745
地址：山西太原市迎泽区文源巷34号
邮编：030001
产品：烷基糖苷；醇醚羧酸盐AEC；咪唑啉；APG；MAP；AOS；1231；1831；D1821；叔胺封端醇醚；D1021；FMEE；AESM；毛皮脱脂剂；AES；6501；NP-10；AEO系列；磺酸。

名称：山西神龙天翼科技有限公司
电话：0351-5629800
地址：山西省太原市万柏林区开城路22号
邮编：030056
产品：乳化剂；印染助剂；水处理药剂；1831；1227；1827；1631；1231；氧化胺；甜菜碱；12/14叔胺；18/16叔胺；氯化苄。

名称：山西太原神龙应用技术有限公司
电话：0351-6531900
地址：山西省太原市万柏林区开城路22号
邮编：030056
邮箱：admin@sxshyy.com.cn
产品：特种双链季铵盐；特种双链季胺盐络合碘；苯扎溴胺；苯扎氯胺；癸甲溴胺；癸甲氯胺；聚维酮碘。

【内蒙古】

名称：通辽市威宁化工有限责任公司
电话：0475-2203598 / 2203524 / 8421968
地址：内蒙古通辽市科尔沁区明仁大街东段
邮编：028007
产品：蓖麻油；癸二酸；脱水蓖麻油；氧化蓖麻油；磺化蓖麻油；癸二酸二丁酯；癸二酸二辛酯；EC多元醇；癸二酸二钠；癸二酸二钾；冷榨蓖麻油；精甘油；蓖麻油；氢化蓖麻油；12-羟基硬脂酸；改性氢化蓖麻油；脱水蓖麻油脂肪酸；蓖麻油脂肪酸。

【辽宁省】

名称：辽宁科隆精细化工股份有限公司
电话：0419-5169133
地址：辽宁辽阳市宏伟区东环路8号
邮编：111003
邮箱：deming_f@126.com
产品：表面活性剂，助剂，苯醚，聚酯热熔胶；聚酰胺热熔胶；间苯二甲酸；切削液；减水剂单体；多功能整理剂。

名称：丹东黎虹化工厂
电话：0415-6175178
地址：辽宁丹东市振兴区福春街3-21
邮编：118002
产品：纺织助剂；表面活性剂；乳化剂。

名称：辽阳奥克聚醚有限公司
电话：0419-5169198
地址：辽宁辽阳市宏伟区先锋路14号
邮编：111003
邮箱：wcl0823@163.com
产品：非离子表面活性剂；纺织印染助剂；农药单体；工业清洗助剂；皮革助剂；金属加工助剂。

名称：辽阳市宏伟区东升化纤厂
电话：0419-5121999
地址：辽宁辽阳市宏伟区兰家镇
邮编：111220
产品：对苯二甲酸落地料；水池料；己二酸；表面活性剂；乙二醇；二乙二醇。

名称：盘锦富隆化工有限公司
电话：0427-3782266
地址：辽宁省盘锦市辽河油田井下
邮箱：pfjlhg@163.com
产品：减水剂；平平加；非离子表面活性剂；聚醚；聚乙二醇；乳化剂；分散剂；润湿剂。

名称：丹东金海精细化工有限公司
电话：0415-7162340
地址：辽宁丹东市丹东前阳经济开发区
邮箱：hxl@jinhaichem.com
产品：高耐碱低泡表面活性剂。

名称：沈阳市洁威科技有限公司
电话：024-25342551
地址：辽宁沈阳市于洪区黔灵湖街7-3号
邮编：110142
产品：表面活性剂；清涤剂。

名称：辽宁华兴集团化工股份公司
电话：0419-8322838
地址：辽宁灯塔市西马蜂镇新生开发区
产品：天然脂肪醇；脂肪醇聚氧乙烯醚；聚乙二醇；烷基酚聚氧乙烯醚；聚乙二醇烷基酚聚氧乙烯醚。

名称：大连经济技术开发区东方化工厂
电话：0411-86607680
地址：辽宁大连市甘井子区华北路429-2号
邮编：116000
产品：油脂化学品；表面活性剂；印染制革助剂；月桂酸甲酯；十八醇。

名称：辽宁奥克集团股份有限公司
电话：0419-5313418
地址：辽宁辽阳市宏伟区光华街30号
邮箱：webmaster@0419cn.com
产品：破乳剂；消泡剂；磷酸酯（磺酸盐）表面活性剂；TMPTA等特种丙烯酸酯。

名称：沈阳九兴化工有限公司
电话：024-23509234
地址：辽宁沈阳市和平区南二马路33号
邮编：110001
邮箱：jiuxing8866@163.com
产品：流平剂；偶联剂；分散剂；消泡剂；涂料助剂；哑光粉（消光粉）；表面活性剂；染料助剂；颜料助剂；代用碱。

名称：大连市甘井子区龙泉有机化工厂
电话：0411-86675638
地址：辽宁大连市甘井子区老甘井子81562部队院内
邮编：116031
产品：溢油分散剂；平平加系列；渗透剂；JFC/JFCS；壬基酚聚氧乙烯系列；油酸聚氧乙烯酯系列；硬脂酸聚氧乙烯酯系列；聚乙二醇醚系列；重聚阴离子表面活性剂；环保除锈剂；苯酚聚氧乙烯醚。

名称：远航化工有限公司
电话：0427-7880114
地址：辽宁盘锦市兴隆台区
邮编：124000
邮箱：15131342886@139.com
产品：表面活性剂；聚丙烯酰胺破乳剂；絮凝剂。

名称：辽阳新宁化工有限公司
电话：0419-5164555
地址：辽宁辽阳市宏伟区东环路10-1号1
邮编：111003
产品：表面活性剂；聚乙二醇系列；壬基酚聚氧乙烯醚系列；甘油醚；农药乳化剂；单体系列；脂肪醇聚氧乙烯醚系列；渗透剂系列；蓖麻油聚氧乙烯醚系列；分散剂；月桂酸聚氧乙烯脂系列；油酸聚氧乙烯脂系列。

名称：大连泽利日华原料有限公司
电话：0411-84638033
地址：辽宁大连市大连沙河口区西南路610号
邮编：116021
产品：表面活性剂；香波调理剂；织物柔软剂；消炎杀菌祛痘润肤美肤防脱硅油增稠剂；防腐杀菌剂；活性添加剂；防晒剂；植物提取物香精系列；抗过敏排毒减肥皮肤柔润剂。

名称：大连神通化工有限公司
电话：0411-86662006
地址：辽宁大连市甘井子区甘区西北路
邮箱：yangxl@chinaccm.com
产品：三聚磷酸钠；偏硅酸酸钠；表面活性剂；洗涤助剂；啤酒瓶洗瓶添加剂；工业清洗剂；酒店清洁剂；链条润滑剂；除垢剂；阻垢剂；各类清洗剂。

名称：辽宁兴洁化工有限公司
电话：0411-84407666
地址：辽宁大连市沙河口区香工街香茗苑4号楼1-2-1
邮编：116033
产品：三酸表面活性剂；高纯稀土氧化物；荧光材料；蓝光芯片；不锈钢化学抛光剂；微乳清洗剂。

名称：华阳恩赛有限公司福建分公司
地址：辽宁大连市福州鼓屏路139号
邮箱：customer@ctaxnews.com.cn
产品：工业清洗剂；防锈剂；切削液；设备维护化学品；零件加工化学品；环保脱漆剂；除垢剂；油污清水基合成防洗剂；电子元件清洗剂；精密金属清洗剂锈剂。

名称：辽宁科隆实业化工有限公司

电话：0419-5161056
地址：辽宁辽阳市宏伟区东环路8号
邮编：111003
邮箱：sales@kelongchem.com
产品：乙二醇苯醚切削液；PA、PES热熔胶；亲水性氨基硅油聚乙二醇聚醚；乳化剂；聚氧乙烯。

名称：**大连保税区东方化工厂**
电话：0411-86607680
地址：辽宁大连市华北路429-2号
邮编：116000
产品：油酸甲酯；月桂酸甲酯；脂肪酸甲酯；生物柴油；油酸；月桂酸；十二胺；斯潘-80；油脂肪酸；油酸醇酰胺；硼酸酯。

【江西省】

名称：**弋阳振生塑业有限公司**
电话：0793-5872209
地址：江西上饶市江西弋阳连胜工业园
邮编：334400
产品：AC发泡剂；三盐基硫酸铅；二盐基亚磷酸铅；硬脂酸锌；硬脂酸钡；硬脂酸铅；硬脂酸钙；硬脂酸镉；硬脂酸镁；钡镉膏；复合铅PVC热稳定剂。

名称：**江西威科油脂化学有限公司**
电话：0796-8401679
地址：江西吉安市国家级井冈山经济技术开发区拓展大道2号
邮编：343100
邮箱：weikeyouzhi@163.com
产品：油酸酰胺；芥酸酰胺；爽滑剂；光亮爽滑剂；高纯油酸酰胺；开口剂；硬脂酸酰胺；脱模剂；PVC高效外滑剂；PVC高效内滑剂。

名称：**南昌富吉化工有限公司**
电话：0791-7160598
地址：江西南昌市青山湖区南京东路666号
邮编：330029
邮箱：245873000@qq.com
产品：正丁醛；琥珀酸二辛酯；表面活性剂；磺酸钠。

【吉林省】

名称：**吉林市吉化北方云雀工贸有限责任公司**
电话：0432-63902388
地址：吉林吉林市龙潭区乙烯路
邮编：132001
产品：壬基酚；乙炔炭黑；乙炔气；二氧化碳；氩气；丙烷气；氮气；氧气；氢气；民用石油液化气；车用石油液化气；壬基酚聚氧乙烯醚系列。

名称：**吉林众鑫化工集团有限公司**
地址：吉林吉林市通潭大路吉化经贸大厦
邮编：132021
产品：聚羧酸减水剂原料；非离子表面活性剂；三乙醇胺；羟乙基磺酸钠；混凝土外加剂；水泥助磨剂。

名称：**吉林奥克化学有限公司**
电话：0432-4844299-812
地址：吉林永吉经济开发区吉桦路27-5-3号
邮编：132011
邮箱：xwei@ashland.com
产品：表面活性剂系列；脂肪醇聚氧乙烯醚；聚乙二醇渗透剂；OX系列；农药乳化剂；消泡剂；OXG900油田助剂；医用辅料。

名称：**吉林省德润化学有限公司**
电话：0432-2597077
地址：吉林吉林市松江东路45号
邮编：132001
产品：橡胶防老剂；表面活性剂；沥青改性剂；硫化剂；抗氧剂；润滑剂；乳胶和橡胶促进剂；发泡剂；湿润剂；硫化促进剂；抗静电剂；硫化包。

名称：**吉林市裕麟化工有限公司**
电话：0432-3986738
地址：吉林吉林市龙潭区
产品：环氧乙烷；二辛酯；表面活性剂等化工产品。

名称：**新东亚化学有限公司**
电话：0433-2854111
地址：吉林延吉市延南街长洁胡同9号
邮编：133000

邮箱：toocle01@netsun.com
产品：表面活性剂；脱墨剂；增溶剂；施胶剂。

名称：吉林市伊捷思化学有限公司
电话：0432-65114666
地址：吉林吉林市吉林经济技术开发区平安路7号
邮箱：sales@aegischem.com.cn
产品：阴离子表面活性剂；椰油基羟乙基磺酸钠。

名称：吉林拓普化工有限责任公司
电话：0432-4206570
地址：吉林吉林市永吉经济开发区吉桦路27-5-3号
产品：脂肪醇聚氧乙烯醚；壬基酚聚氧乙烯醚聚；乙二醇硅油乳化剂；渗透剂；洗发香波；沐浴露；洗手液；防冻液；厨房清洗剂；玻璃清洗剂；餐具洗洁精；洗衣液；厕清油酸聚氧乙烯酯；硬脂酸聚氧乙烯醚；有机硅产品。

名称：吉林市江庆经贸有限责任公司
电话：13089479600
地址：吉林吉林市武汉路北18号
产品：壬基酚；炭黑；NP系列。

名称：吉林澳润化工有限公司
电话：0432-5087998
地址：吉林长春市二道区长春二道区
产品：分散剂；增稠剂；消泡剂；钛白粉；润湿剂；乳液钛白助剂。

名称：吉林伊捷思化学有限公司
电话：0432-65115558
地址：吉林吉林市昌邑区吉林经济技术开发区平安路7号
邮编：132101
邮箱：sales@aegischem.com.cn
产品：椰油基羟乙基磺酸钠；SCI羟乙基磺酸钠。

名称：吉林伊捷思化学有限公司
电话：0432-65115568
地址：吉林吉林市龙潭区开发区
邮编：132101
邮箱：sales@aegischem.com.cn
产品：椰油基羟乙基磺酸钠。

【湖南省】

名称：长沙市化工研究所
电话：0731-85540381
地址：湖南长沙市劳动西路403号
邮编：410007
邮箱：cciri108@mail.cs.cn
产品：无泡表面活性剂；多用表面活性剂；表调剂；环氧树脂固化剂；胶粘剂；环氧偶联剂；环氧活性稀释剂；防腐工程专用胶；水利工程专用胶；快速灌封胶；环氧的各类配套材料；无色透明胶；慢速灌封胶；间苯二甲胺；高粘度透明固化剂；低粘度快速固化剂；陶瓷洁具修补胶；水中用修补胶；T-31环氧固化剂。

名称：岳阳凯门水性助剂有限公司
电话：0730-8422288
地址：湖南岳阳市云溪区城陵矶临港产业新区
邮箱：hnnf2007@163.com
产品：表面活性剂；润湿剂；消泡剂；流平剂；爽滑剂；钛白增效剂；分散剂。

名称：湖南地源精细化工有限责任公司
电话：0746-8363610
地址：湖南永州市冷水滩区珍珠路
邮编：425100
邮箱：HNYZJJ@163.com
产品：烷基糖苷APG；表面活性剂；清洗剂。

名称：湖南众业科技实业公司
电话：0731-86313335
地址：湖南长沙天心区仰天湖新村1号
邮编：410015
产品：精细化工产品；表面活性剂。

名称：长沙好美特化工产品有限公司
电话：0731-85825368
地址：湖南长沙市雨花区湘府东路二段517号2731室
邮编：410000
邮箱：duanhongwei139@163.com
产品：表面活性剂；脱脂粉脱脂剂；工业清洗剂；除油粉除油剂；乳化剂。

名称：湖南地源精细化工有限公司

电话：0746-8363607
地址：湖南永州市冷水滩区珍珠路1659号
邮箱：HNYZJJ@163.com
产品：$APG0_{8-10}$；$APG0_{8-14}$；$APG1_{2-14}$。

【湖北省】

名称：随州天丰化工科技有限公司
电话：027-88393861
地址：湖北武汉市武昌区千家街
邮编：43000
产品：两性咪唑啉，构烷基类非离子表面活性剂，构烷基类非离子表面活性剂，双酚S环氧树脂。

名称：武汉长江化工有限公司
电话：027-62398587
地址：湖北武汉市桥口区古田五路
邮编：430000
邮箱：jiangrun@jiangrun-chem.com
产品：氟表面活性剂；氢氟酸。

名称：武汉至兴石化有限公司
电话：027-86219237
地址：湖北武汉市武昌区友谊大道999号武钢办公大楼B座6楼610-612室
邮编：430080
产品：非离子表面活性剂；丙酸甲酸；DMF。

名称：湖北新四海化工股份有限公司
电话：0710-6245064
地址：湖北枣阳市襄阳路122号
邮编：441200
邮箱：z6241188@163.com
产品：有机硅树脂；有机硅消泡剂；高沸硅油；高温漆；表面活性剂；甲基硅油。

名称：武汉市氟化物研究所
电话：027-62398587
地址：湖北武汉市江岸区谌家矶大道
邮编：430011
邮箱：whhchg.com007@163.com
产品：氟表面活性剂FC-002；特种氟FC-134；含氟阳离子氢氟酸FC8；全氟辛基磺酰氟FC-003；含氟非离子FC-807；含氟阴离子氟化氨FC-10；含氟非离子FC-006；含氟两性FC-901；含氟阴离子氟化氢氨FC-80；含氟阴离子FC-007；含氟阳离子氟硼酸FC-001；含氟非离子FC-008含氟阳离子。

名称：荆州江汉精细化工有限公司
电话：0716-8377816-8615
地址：湖北荆州市沙市区西湖管理区
邮编：434010
邮编：jhgaofeng@163.com
产品：硅烷偶联剂；硅油系列表面活性剂；油田助剂系列；塑胶助剂系列。

名称：黄冈东辰化工有限公司
电话：0713-8614816
地址：湖北黄冈市宝塔路74号
产品：医药中间体化工原料；高分子助剂；表面活性剂；塑料及橡胶助剂。

名称：武汉康新精细化工有限公司
电话：027-85876709
地址：湖北武汉市江汉区唐家墩街八古新墩14号
产品：AES；甜菜碱；磺酸；氧化胺等表面活性剂洗洁精；个人清洁用品；纺织助剂。

名称：武汉飞猿化工厂
电话：027-86961283
地址：湖北武汉市新洲区阳逻开发区长丰路
产品：除蜡水；表面活性剂。

名称：武汉市天华化工有限公司
电话：15342338588
地址：湖北武汉市江汉区民权路127号
邮箱：sxlf2008@hotmail.com
产品：洗涤剂；AES；硬脂酸；三氯乙烯；化学试剂；亚硝酸钠；表面活性剂。

名称：武汉新大地化工有限公司
电话：027-83305550
地址：湖北武汉市硚口区南泥湾大道8号长丰科技产业园（西区）8号
邮编：430034
产品：杀菌剂；分散阻垢剂；酸洗缓蚀剂；清洗剂；消泡剂；表面活性剂。

名称：**武汉吉瑞防腐制品有限公司**
电话：027-88216257
地址：湖北武汉市武昌区中山路25号
邮编：430061
产品：表面活性剂；金属表面处理系列产品。

名称：**湖北黄冈永安日用化工有限公司**
电话：0713-6152586
地址：湖北团风县团黄大道44号
产品：化工原料；日化原料；表面活性剂；日化中间体。

名称：**荆州市沙市天宝洗涤用品厂**
电话：0716-8257509
地址：湖北荆州北京东路198号
邮编：434000
产品：表面活性剂；洗衣房用品；洗衣粉；乳化剂；漂白剂；柔软剂；通用洗衣粉；强力洗衣粉；氧漂粉；氯漂粉；乳化剂；柔软剂；去渍剂；去油剂；织物处理剂。

名称：**武汉德宝精细化工有限公司**
电话：027-84220752
地址：湖北武汉市经济技术开发区沌口小区
邮编：430058
邮箱：cqwb@mail.cqwb.com
产品：珠光片；甜菜碱；MES；CMEA等。

【黑龙江省】

名称：**哈尔滨雪佳氟硅化学有限公司**
电话：0451-57670368
地址：黑龙江哈尔滨市道外区水泥路48号
邮编：150050
邮箱：xeogia@vip.163.com
产品：丙烯酸六氟丁酯；甲基丙烯酸六氟丁酯；甲基丙烯酸三氟乙酯；甲基丙烯酸十二氟庚酯；丙烯酸十二氟庚酯；甲基丙烯酸十三氟辛酯；丙烯酸十三氟辛酯；十二氟庚基丙基三甲氧基硅烷；十二氟庚基丙基甲基二甲氧基硅烷；4-甲基-（全氟己基乙基）丙基三甲氧基硅；十三氟辛基三甲氧基硅烷；磺酸盐型。

名称：**大庆油田化工集团**
电话：0459-5199150
地址：黑龙江大庆市让胡区西宾路518号
邮编：163453
产品：基础化工原料；EPS发泡剂；重烷基苯；磺化油。

名称：**哈尔滨市宏昌石油助剂有限公司**
电话：0432-3983309
地址：黑龙江哈尔滨市动力区中山路146号
邮编：150010
产品：表面活性剂；石油助剂；微乳胶；工业清洗剂；清洗剂。

名称：**大庆华营化工有限公司**
电话：0459-6707478
地址：黑龙江大庆市让胡路区大庆宏伟园区
产品：甜菜碱；氧化铵；石油助剂；表面活性剂；酮类；醚类；醇类。

名称：**哈尔滨市金马助剂公司**
电话：0451-23272376
地址：黑龙江哈尔滨市香坊区哈尔滨市香坊区化工路
产品：表面活性剂原料及有机材料；膏霜乳化剂；纺织油剂；抗静电剂。

【山东省】

名称：**山东天道生物工程有限公司**
电话：0530-5158628
地址：山东菏泽市经济开发区松花江路1号
邮编：274000
产品：表面活性剂；杀菌剂；杀螨剂；除草剂；农药助剂；纺织助剂；洗涤助剂；石油开采助剂。

名称：**章丘市天霖精细化工厂**
电话：0531-83510805
地址：山东章丘市刁镇刘官村
邮编：250204
产品：十二烷基硫酸钠；纸面石膏板专用发泡剂；高级平滑柔软剂；十二烷基硫酸钠（K12粉、液）；发泡剂；柔软剂。

名称：**潍坊正华化工有限公司**
电话：0536-2900956
地址：山东潍坊市三娘庙工业区

邮编：261032
邮箱：wfzhgs@126.com
产品：白油；甘油；蓖麻油；仲辛醇；太古油；防锈油；机械油。

名称：青岛旭谦进出口有限公司
电话：0532-88721566
地址：山东青岛市四方区重庆南路81号B座
邮编：266000
产品：硬脂酸；棕榈蜡；甘油（工业级，食品级，医药级）；皂粒；月桂酸；氢化油；植物油酸；芥酸；椰子油脂肪酸；高纯油酸；大豆油脂肪酸；肉蔻豆酸。

名称：淄博市淄川华海化工厂
电话：0533-5413977
地址：山东淄博市淄川区西外环路中段
邮编：255110
邮箱：chinawutong@126.com
产品：表面活性剂；中性清洗剂；阻垢缓蚀剂。

名称：东明俱进化工有限公司
电话：0533-6121055
地址：山东淄博市张店区城东路8号
邮箱：jujnk12chem@163.com
产品：十二烷基硫酸钠；十二烷基硫酸钠；K12；AOS；AES；磺酸。

名称：淄博市淄川汇通油脂精细化工厂
电话：0533-5410953
地址：山东淄博市淄川经济开发区鑫威路北
邮箱：huitongyouzhi@126.com
产品：油酸；油脂；脂肪酸；硬脂酸。

名称：山东省博兴县凯翔工贸有限公司
电话：0543-2861111
地址：山东博兴县化工园区
邮编：256506
产品：脂肪胺聚氧乙烯醚；环氧乙烷；水泥减水剂；油田助剂；纺织助剂。

名称：淄博乐明经贸有限公司
电话：0533-7599355
地址：山东淄博市张店
邮编：255000
产品：十二烷基硫酸钠；K12；AES；ACR；CPE；脂肪醇。

名称：淄博市临淄双洋福利油脂有限公司
电话：0533-7401988
地址：山东淄博市临淄区南王镇洋浒崖村南
邮编：255400
产品：脂肪胺；硬脂酸；表面活性剂；脂肪酸；甘油。

名称：济南东润精化科技有限公司
电话：0531-88111678
地址：山东济南市历城区济南高新技术创业服务中心
邮编：250100
邮箱：dowinchem@163.com
产品：油酸聚甘油酯；脂肪酸聚甘油酯；异硬脂酸聚甘油酯；硬脂酸聚甘油酯；聚甘油；聚甘油脂肪酸酯；聚甘油油酸酯；聚甘油硬脂酸酯；聚甘油异硬脂酸酯；油酸甘油酯；脂肪酸甘油酯；硬脂酸甘油酯。

名称：淄博乾胜化工有限公司
地址：山东淄博市张店区新村东路
邮编：255000
邮箱：sgtgs@sohu.com
产品：十二烷基硫酸钠；PVC加工助剂；ACR树脂；OP系列产品；十二烷基苯磺酸钠；CPE135A；AES；AOS；PVC高分子加工助剂ACR树脂；AEO；K-12；酸盐-烯烃磺VC发泡调节剂S(AOS)；P；AEO系列产品。

名称：淄博汇泉化学制品有限公司
电话：0533-3188769
地址：山东淄博市张店区洪沟路24号
邮箱：zjg-bingzi@163.com
产品：表面活性剂；清洗剂；乳液聚合醇醚；羧酸盐；磺基琥珀酸聚醚。

名称：山东天道生物工程有限公司
电话：0530-5158628
地址：山东菏泽市牡丹区丹阳工业园松花江1号
邮编：274500
产品：表面活性剂；AEO系列；OP系列；BY系列。

名称：**博兴县新诺科技化工有限公司**
电话：0543-2322726
地址：山东博兴县工业园
邮编：256500
邮箱：ljz051@163.com
产品：阳离子表面活性剂；单烷基单（双）季铵盐双烷基双（单）季铵盐；酯基季铵盐；酰胺季铵盐；聚氧乙烯季铵盐；咪唑啉季铵盐；阳离子醚化剂乳化剂；浮选剂；醇醚酸醚；脂肪酸酯烷氧基加成物；抗静电剂；脂肪胺醚系列；杀菌灭藻消毒剂；化妆品助剂；柔软剂；分散剂；相转移催化剂；季磷盐。

名称：**临沂市盈兆化工有限公司**
电话：0539-8070369
地址：山东省临沂市蒙山大道109号临西五路（与红旗路交汇处）银东锦城六楼
邮编：276000
邮箱：yz-wangmaolong@163.com
产品：AES；AESA；K_{12}；TX系列；NP系列；AEO系列；6501；磺酸；三乙醇胺；十八醇等。

名称：**潍坊翔宇油脂有限公司**
电话：0536-8165677
地址：山东潍坊市经济开发区西环路
邮箱：yisou100@163.com
产品：油脂；合成脂醇类系列；润滑油；表面活性剂；纺织助剂。

名称：**济南同一佳化工科技有限公司**
电话：0531-88016966
地址：山东济南市历城区花洪路290号
邮编：250100
产品：表面活性剂；有机硅消泡剂；GCF&mdash1泡沫剂；ESA稳泡剂；FSA稳泡剂；十二烷基二甲基苄基氯化铵；十二烷基二甲甜菜碱；十二烷基二甲基氧化胺；K12；AES；磺酸；6501；白油丙三醇；TSH发泡剂。

名称：**淄博桓台派尼化学有限公司**
电话：0543-2325850
地址：山东桓台县张北路西索镇段95号
邮箱：paini@chem.cn
产品：硬脂酸；叔胺；沥青乳化剂；表面活性剂。

名称：**青岛恩基化学有限公司**
电话：0532-80798391/92
地址：山东青岛市市南区山东路深业大厦
邮编：266000
产品：表面活性剂；精细化学品；燃料油；PVA纺织；皮革助剂。

名称：**邹平福海科技发展有限公司**
电话：0543-2186716
地址：山东滨州市邹平县韩店工业园福海路
邮编：256200
邮箱：guodianxi88888@163.com
产品：表面活性剂；棕榈酸；植物沥青；植物油酸；MES。

名称：**阳谷县双利达精细化工厂**
电话：0635-6666888
地址：山东阳谷县寿张工业区
邮箱：shuanglida@czkx.com.cn
产品：表面活性剂；各种农药乳化剂。

名称：**淄博德高化工有限责任公司**
电话：0533-6063646
地址：山东淄博市周村区梅河工业园
邮箱：hattielb@hotmail.com
产品：表面活性剂；助剂；中间体助剂；洗涤剂；渗透剂；精炼剂；丝光剂；电镀助剂。

名称：**淄博市新大化工有限公司**
电话：0533-8200162
地址：山东淄博市周村区大庄工业园
邮编：255300
邮箱：vinco_bi@sina.com
产品：水处理药剂；水质稳定剂；杀菌灭藻剂；水质稳定剂；表面活性剂；清洗剂；缓释阻垢剂；纺织染整助剂；粘泥剥离剂；氢氧化钠消泡剂；净水絮凝剂。

名称：**东营市华安化工精细化工厂**
电话：0546-6507028
地址：山东广饶县西水工业园
产品：表面活性剂；PVP系列；PVP-K30；PVP-

K90；PVP-IVA66；镀铝膜；芳烃油。

名称：济南锐旺化工有限公司
电话：0531-82370770
地址：山东济南市佳园化工市场
电话：250000
产品：皂化甘油；进口NP-10；氟硅酸钠；磷酸；石蜡；进口/国产硬脂酸；橡胶助剂（防老剂、促进剂）；AES；磺酸；6501；合成甘油；AEO_9；三乙醇胺；OP-10；磺酸钠；纤维素；乙二醇；钻井用膨润土；三聚磷酸钠；苯并三氮唑。

名称：淄博凤宝化工有限公司
电话：0533-6069456
地址：山东淄博周村区萌水镇北安村
邮编：255302
邮箱：bfengbao@2b-Public.sd.cninfo.net
产品：脂肪酸；动物油酸；植物油酸；硬脂酸；黑角乳化剂；司盘系列；耐寒增塑剂；选矿药剂；冶炼助剂；抛光膏；专用油渣树脂磨具。

名称：山东东明俱进化工有限公司
电话：0533-13515331283
地址：山东淄博市张店区山泉路
邮编：255000
产品：十二烷基硫酸钠；K12针状；K12粉状；K12液体；K12；AES。

名称：淄博腾辉油脂化工有限公司
电话：0533-7401988
地址：山东淄博市
邮箱：255438scdcbg@163.com
产品：牛羊油；棕榈油；脂肪胺类产品；脂肪酸；硬脂酸；甘油。

名称：东明（淄博）俱进化工有限公司
电话：021-56633983
地址：山东东明县上海柳营路650弄
邮箱：jujnk12chem@163.com
产品：十二烷基硫酸钠；K12液；K12针状；K12粉状。

名称：淄博俱进化工有限公司
电话：0533-2975022
地址：山东淄博市张店区山泉路99号
邮编：255062
邮箱：dongxuwei@zbdhj.com
产品：十二烷基硫酸钠；十二烷基硫酸铵；a-烯基磺酸盐。

名称：齐博化工有限公司
电话：0543-2328584
地址：山东博兴县博城四路18号
邮箱：Chenam2000@yahoo.cn
产品：十八胺；开口剂；硬脂酸；十八叔胺；十八伯胺；十二伯胺；芥酸酰胺，乙撑双硬脂酰胺；乙撑双硬脂酰胺；芥酸酰胺；十二伯胺；八溴醚；二氯丙烷；油酸；十二叔胺。

名称：临沂盈兆化工有限公司
电话：0539-200000
地址：山东临沂市兰山区蒙山大道109号
邮编：276000
邮箱：yz-wangmaolong@163.com
产品：AES；(铵盐AES)；6501；NP（TX）-10；AEO_9；磺酸；C16-18醇；K12（铵盐K12）；甘油；C12-14；CAB-35；十八醇；硬脂酸；乳化剂；M-550；尼泊金系列；CAB-35；MES；三乙醇铵；AOS-35；PEG-400。

名称：瑞捷化学公司
电话：0635-8378686
地址：山东聊城市经济开发区东昌东路159号
邮编：252000
产品：季戊四醇；油酸酯；偏苯三酸酯；三羟甲基丙烷；油酸；三羟甲基丙烷；油酸酯新戊基多元醇酯；复酯聚酯双季戊四醇酯；邻苯二甲酸酯；酯类油；合成油。

名称：济南东润精化科技有限公司
地址：山东济南市历城区花园路84号火炬大厦1016室
邮编：250100
邮箱：dowinchem@163.com
产品：聚甘油脂肪酸脂；聚甘油；聚甘油硬脂酸酯；聚甘油异硬脂酸酯；聚甘油油酸酯；脂肪酸甘油酯；植物油乳化剂；油脂增稠固

化剂；三聚甘油单硬脂酸酯；六聚甘油单硬脂酸酯；三聚甘油；三聚甘油异硬脂酸酯。

名称：**东营广贸化工科技有限公司**
电话：0546-8523519
地址：山东东营市
邮编：257000
邮箱：wangqiyu1212@126.com
产品：十二叔胺；消泡剂；发泡剂；稳泡剂；1227；杀菌剂；十二烷基甜菜碱；泡沫剂。

名称：**青岛宜水宜生化工有限公司**
电话：0532-85737517
地址：山东青岛市市南区东海西路金都花园B座
产品：甘油；硬脂酸；椰子油；脂肪酸锌锭。

名称：**山东龙佑化工有限责任公司**
电话：0546-6287222
地址：山东广饶县
邮箱：mxexpo@163.com
产品：脂肪醇；造纸助剂；脱气剂。

名称：**临沂市恩基化工有限公司**
电话：0539-3120093
地址：山东临沂市鲁南化工市场A区93号
邮编：276000
产品：AES；6501；磺酸；NP系列；纺织印染助剂；油田助剂；NP-10；AEO_9；十八醇；单甘脂硬脂酸；珠光剂；K12；各种香精。

名称：**山东莘县飞翔油脂有限公司**
电话：0635-7693866
地址：山东莘县张鲁镇驻地
邮编：252400
邮箱：chenxg3303@163.com
产品：单甘脂；片或粉大豆油脂肪酸单甘酯；豆油；脂肪酸；季戊四醇硬脂酸酯；脂肪酸锌；脂肪酸甘油酯；增塑剂；脂肪酸；豆油酸；单硬脂酸甘油酯；PVC内外润滑剂。

名称：**东营市鑫旺化工有限责任公司**
电话：0546-8219248
地址：山东东营市北二路供水公司
邮箱：dyxwhg@163.com
产品：十二烷基苯磺酸；十二烷基苯磺酸钠；有机硅消泡剂；水泥发泡剂；氟硼酸NP/TX/OP；6501；磺化酞箐；钻脱硫剂；三乙醇胺；斯盘80；钻井解卡剂氢氟酸；一乙醇胺；碳酸钾。

【福建省】

名称：**石狮市绿宇化工贸易有限公司**
电话：0595-88953678
地址：福建石狮市锦尚镇厝上新大街339号301室
邮编：362712
邮箱：admin@5422.cn
产品：NBS01酸性固色粉；氨基硅油C845；EVA水性脱模剂；乳化剂NP-10；线性体PDM；吸湿排汗HP-CTA；皮革手感剂LY-3350；硅油配套乳化剂；皮革脱脂剂LY-999；软片；二甲基硅油AK500；净洗剂6501；皮革光亮剂ADD500；80%硅油精；表面活性剂AEO_9；消泡剂。

名称：**厦门英诺威化工有限公司**
电话：0592-3216200
地址：福建厦门市湖里区五缘湾营运中心1号楼11Q
邮编：361009
邮箱：sales@xm-innovation.com
产品：季铵盐系列；十二烷基三甲基氯化铵；十六烷基三甲基氯化铵；十八烷基三甲基氯化铵；双辛基二甲基氯化铵；双十烷基二甲基氯化铵；双十二烷基二甲基氯化铵；双十四烷基二甲基氯化铵；双十六烷基二甲基氯化铵；双十八烷基二甲基氯化铵；三丁基甲基氯化铵；三辛基甲基氯化铵；四丁基氯化铵。

名称：**福州元科新型精细材料有限公司**
电话：0591-83508572
地址：福建福州市福峡路峡北1号
邮编：350018
邮箱：zhangjianmin0826@vip.sina.com
产品：铝酸脂偶联剂；偶联剂；钛酸脂偶联剂；水溶性偶联剂；塑料降解剂；钙锌稳定剂；环保增塑剂；重钙研磨分散剂；造纸分散剂；陶瓷水泥分散剂；水性聚氨酯胶黏剂；

水煤浆分散剂；塑胶流变剂；涂料油墨分散剂；塑胶增韧剂。

名称：**三明市火龙纺织化工有限公司**
电话：0598-8211000
地址：福建三明市梅列区小蕉工业园区
邮编：365000
产品：表面活性剂；纺织印染助剂；PU革专用助剂；造纸厂助剂。

名称：**厦门佳俐来化工有限公司**
电话：0592-7397128
地址：福建厦门市同安区祥平街道大唐二期5栋8号店面
产品：表面活性剂；次氯酸钠；滑石粉。

名称：**厦门市先端科技有限公司**
电话：0592-5625977
地址：福建厦门市国家留学人员创业园创业大厦314
邮编：361006
邮箱：cnxmxd-wtg@hotmail.com
产品：十六烷基三甲基氯化铵；十二烷基三甲基氯化铵；十六烷基三甲基溴化铵；氯化十六烷基三甲胺；西曲溴铵；氯化十二烷基三甲胺；十八烷基三甲基氯化铵；甲基三辛基氯化铵；四丁基碘化铵；十四烷基三甲基氯化铵；十八烷基三甲基氯化铵；溴化十六烷基三甲胺；溴化十二烷基三甲胺；二葵烷基二甲基。

名称：**福建三明天富化工有限公司**
电话：0595-88550626
地址：福建三明市三元区荆西振兴路33号
产品：表面活性剂等；染整助剂。

名称：**福建省邵武金塘按晟祺化工有限公司**
电话：0599-6668266
地址：福建省邵武市
产品：氟表面活性剂。

名称：**银响精细化工科技开发有限公司**
电话：0595-88081961
地址：福建省晋江市永和镇英墩沪坑工业区
邮编：362235
邮箱：webmaster@yinxiang-cn.com
产品：DMC酵素硅油系列；增白剂系列；防染剂；DMC特效去甲醛灵；三防整理剂；防水剂；特效去油灵起毛剂；织物挺括剂消泡王柔软片；M2D树脂催化剂；一浴染色防沉淀剂；多功能整理及静电防止剂；107胶环保型固色剂醋酸等。

名称：**科达化工科技发展有限公司**
电话：0595-22227536
地址：福建泉州市清濛开发区柴塔82号
邮箱：career_keda@126.com
产品：椰子油二乙醇酰胺。

【安徽省】

名称：**合肥苍龙助剂科技有限责任公司**
电话：0551-6399106
地址：安徽长丰县双墩镇双三路中段
邮编：231131
产品：阳离子表面活性剂1227；阳离子表面活性剂1231Cl；阳离子表面活性剂1231Br；阳离子表面活性剂1631Cl；阳离子表面活性剂1631Br；阳离子表面活性剂1827；阳离子表面活性剂1831Cl；OB-2调理剂；OB-4调理剂；OB-8调理剂；新洁尔灭；工业洁尔灭。

名称：**完美净化有限公司**
电话：0558-4071087
地址：安徽界首市砖集镇白莲北路7号
邮箱：gzfresh@163.com
产品：表面活性剂；洗洁精；洗发露；洁厕灵等。

名称：**合肥美源洗涤剂有限公司**
电话：0551-5857832
地址：安徽合肥市庐阳区阜阳北路36号
邮编：230041
邮箱：jackchenhf@126.com
产品：油品表面活性剂；洗涤剂香料。

名称：**华日日化有限公司**
电话：0558-4307487
地址：安徽省颍上县刘集乡
邮箱：maplehai@163.com

产品：乳化剂；表面活性剂。

名称：**芜湖市化通技术应用有限公司**
电话：0553-5716085
地址：安徽芜湖市高新技术开发区石硊工业园
邮编：241000
产品：氨基硅油系列；多种离子软片系列；专业消泡剂系列；硅油乳化剂系列；涤纶/混纺整理剂系列；专业柔软剂系列；阴、阳离子羟基硅油平滑剂系列；超亲水柔软剂；净洗剂；浴中柔软剂；酵素粉剂；水剂有机硅消泡剂；羊毛柔顺剂。

【江苏省】

名称：**江苏省海安石油化工厂**
电话：0513-88832042 / 88833313
地址：江苏省海安县长江西路99号
邮编：226600
邮箱：haujg@pub.nt.jsinfo.net
产品：脂肪醇聚氧乙烯醚；烷基酚聚氧乙烯醚；脂肪酸聚氧乙烯酯；蓖麻油聚氧乙烯醚；脂肪胺聚氧乙烯醚；聚乙二醇 PEG；聚丙二醇 PPG；烯丙基聚乙二醇；甲氧基聚乙二醇；聚醚；司盘 Span；吐温 Tween；聚乙二醇脂肪酸酯；消泡剂；抗静电剂；渗透剂；磷酸酯；农药乳化剂；纺织前处理助剂；纺织印染助剂；纺织后整理助剂；特殊乳化剂；其他助剂。

名称：**海安县国力化工有限公司**
电话：0513-88826680
地址：江苏省海安县精细化工园南海大道中19号
邮箱：sshh7704@yahoo.com.cn
产品：渗透剂；净洗剂；乳化剂；抗静电剂；聚醚类；脂肪酸脂类；匀染剂；消泡剂。

名称：**海安县亚太助剂有限公司**
电话：0513-88832114
地址：江苏省海安县东镇化工园区北海路10号
邮编：226600
邮箱：xuxiuhai@tom.com
产品：脂肪醇聚氧乙烯醚；非离子表面活性剂；醇醚磷酸酯；600#氨基磺化；壬基酚聚氧乙烯醚；聚醚；脂肪酸聚氧乙烯酯；阴离子表面活性剂；辛基酚聚氧乙烯醚；吐温系列；斯盘系列；耐碱渗透剂；平平加O；脂肪胺聚氧乙烯醚；农药乳化剂600号；农药乳化剂BY；酚醚磷酸酯；脂肪醇磷酸酯；乳化剂；防老剂SP。

名称：**桑达化工（南通）有限公司**
电话：0513-81812989
地址：江苏省海安县海安开发区南海大道9号
邮编：226600
邮箱：gu730@sina.com
产品：表面活性剂；印染助剂。

名称：**南京卡尼尔科技有限责任公司**
电话：025-85433134
地址：江苏省南京市龙蟠路171号
邮编：210042
邮箱：office@carnier.cn
产品：十二烷基苯磺酸钠；烷基苯磺酸，烷基硫酸钠K12；重烷基苯磺酸钠，烷基多糖苷APG。

名称：**南京捷尔达清洗剂厂**
电话：025-52618728
地址：江苏省南京市秦淮区大明路石婆婆275号
邮编：210022
邮箱：sale@jedxj.cn
产品：浓缩粉体洗洁精粉；液体洗洁精；泡沫洗手液；泡沫洗手砂；消毒漂白剂；机洗餐具洗洁精粉；催干剂；机洗餐具洗洁精；658洗洁精增稠剂；十二烷基硫酸钠(K12)；烯烃磺酸盐(AOS)；十二烷基苯磺酸；十二烷基苯磺酸钠（LAS）；601活性剂。

名称：**南京海石化工助剂有限公司**
电话：025-85419215
地址：江苏省南京市玄武区墨香路30号墨香山庄9幢602
邮编：210037
产品：表面活性剂；纺织助剂；抗静电剂；消泡剂；洗涤原料；农药助剂；聚乙二醇；聚丙二醇；渗透剂；聚醚；纺织前处理剂；纺织后处理剂；各类化工原料；柔软剂；水处理剂；化工试剂。

名称：南通辰润化工有限公司
电话：0513-88743581
地址：江苏省南通市海安县海化路26号
邮编：226600
产品：表面活性剂；乳化剂；磷酸酯；司盘；吐温；渗透剂；匀染剂；优质化工原料。

名称：宜兴市中瑞化工有限公司
电话：0510-87807806
地址：江苏宜兴市万石镇西
邮编：214211
邮箱：wxzrzdj@163.com
产品：不饱和聚醚；饱和聚醚；特种聚醚系列；非离子表面活性剂；乳化剂O系列；乳化剂MOA系列；乳化剂TX系列；乳化剂AEO系列；乳化剂EL系列；乳化剂NP系列；乳化剂OP系列；渗透剂JFC系列；匀染剂O；分散剂IW；添加剂AC系列；净洗剂AR系列；增稠剂。

名称：张家港保税区禾田化工贸易有限公司
电话：0513-88832171
地址：江苏张家港保税区新世纪广场2128D室
邮编：226600
产品：匀染剂，乳化剂，抗静电剂，消泡剂，渗透剂，司盘，吐温，聚乙二醇，聚丙二醇。

名称：南通宏申化工有限公司
地址：江苏海安县海安精细化工园南海大道15号
邮编：226600
邮箱：cxf@zhengdachem.com
产品：抗静电剂；乳化剂；分散剂；消泡剂；平平加；表面活性剂。

名称：江苏四新界面剂科技有限公司
电话：0513-88402043
地址：江苏南通市海安县白甸南工业区
邮编：226682
邮箱：info@sbhg.cn
产品：乳化剂；渗透剂；消泡剂；酯醚；酚醚；表面活性剂；金属表面处理剂；抗静电剂；分散剂；聚醚；脂肪酸酯；纺织油剂。

名称：江阴市华元化工有限公司
电话：0510-86151555
地址：江苏江阴市云亭镇顾家巷云东路3号
邮编：214422
邮箱：hychemical@hotmail.com
产品：非离子表面活性剂；司盘系列；吐温系列；胺醚系列；乳化剂；硬脂酸聚氧乙烯酯；月桂酸聚氧乙烯酯；油酸聚氧乙烯酯OE；蓖麻油聚氧乙烯醚系列；十二胺聚氧乙烯醚；牛脂胺聚氧乙烯醚；松香胺聚氧乙烯醚。

名称：常州苏玺化工有限公司
电话：0519-85775577
地址：江苏常州市新北区长江塑化城
邮编：213031
邮箱：chinawutong@126.com
产品：化工原料；纺织印染助剂；染料；植绒助剂；静电植绒绒毛处理助剂；绒毛电着处理剂；单宁酸；柔软剂；抗静电剂。

名称：南京古田化工有限公司
电话：025-66007996
地址：江苏南京市奥体大街69号新城科技园
邮编：210019
邮箱：jswh1@vip.163.com
产品：表面活性剂；陶氏聚乙二醇，NP，乙醇胺，表面活性剂；乙烯胺；乙醇胺；道康宁有机硅产品系列；霍尼韦尔聚乙烯蜡及蜡乳液；NP；AEO。

名称：南京贝冉科技有限公司
电话：025-85368583
地址：江苏南京市栖霞区燕华花园综合楼
产品：消泡剂；二甲基硅油；硅氟表面活性剂；乳化剂；分散剂。

名称：江苏嘉丰化学股份有限公司
电话：0513-81296188
地址：江苏海门市临江新区工业园A区
邮编：226133
邮箱：wzx-zhixin@163.com
产品：壬基酚；壬基酚聚氧乙烯醚；脂肪醇聚氧乙烯醚；聚乙二醇系列；乳化剂EL系列；匀染剂O（平平加）；渗透剂JFC；乳化剂AEO系列；乳化剂吐温系列；乳化剂司盘系列；三乙醇胺。

名称：**宜兴市银诚化工有限公司**
电话：0510-87936158
地址：江苏宜兴市屺亭后亭村
邮编：214213
邮箱：yinchengchem@163.com
产品：POE；EVA；TMP；PIB；MPEG；APEG；PEG；DEA；MEA；乙酰乙酸甲酯；乙酰乙酸乙酯；PC；石油树脂；聚合MDI；丁基橡胶；丁腈橡胶；$AEO_{9/7/3}$；MBS；加工助剂；DMT。

名称：**南京百聚科技有限公司**
电话：025-68998383
地址：江苏南京市栖霞区新港高新开发区
邮编：210012
邮箱：liar1130@163.com
产品：水性光油助剂；油墨助剂；水性胶黏剂助剂；涂料助剂；消泡剂；润湿剂；流平剂；水性增稠剂；水性增黏剂；水性木器漆助剂；防腐、防霉剂；润湿分散剂；特殊功能单体；分子量调节剂；表面活性剂；乳化剂；附着力增进剂。

名称：**常州汉斯化学品有限公司**
电话：0519-82619888
地址：江苏常州市武进区科教城惠研楼1205室
邮编：213003
邮箱：zlmkjc@126.com
产品：表面活性剂；防水剂；三防整理剂；吸湿排汗整理剂；阻燃剂；负氧离子吸收剂；耐氯固色剂；无醛固色剂；紫外线吸收剂；多功能精炼剂；螯合分散剂；非硅稳定剂；精炼剂中间体；香料微胶囊。

名称：**扬州晨化科技集团有限公司**
电话：13852189652
地址：江苏宝应县曹甸镇镇中路231号
邮编：225803
邮箱：chenhuacoral@126.com
产品：烷基糖苷；硅油；阻燃剂；硅橡胶；草甘膦助剂；纺织助剂；聚醚；封端聚醚；端氨基聚醚。

名称：**南京本舟科技有限公司**
地址：江苏南京市中山东路319号
邮编：210016
邮箱：jiazhou_interl@hotmail.com
产品：表面活性剂；消泡剂；流平剂；地毯底布油剂；阻燃剂；各种助剂等。

名称：**江苏冠洋精细化工有限公司**
电话：0510-87861101
地址：江苏宜兴市经济开发区永安西路
邮编：214200
产品：非离子表面活性剂；乳化剂O系列；乳化剂MOA系列；乳化剂TX系列；乳化剂AEO系列；乳化剂EL系列；乳化剂OP系列；乳化剂NP系列；渗透剂JFC系列；匀染剂O，AN；分散剂IW；添加剂AC系列；聚乙二醇PEG系列；净洗剂AR系列；增稠剂638；变性剂1815；抗静电剂；各种分端产品；聚醚系列；农乳700等。

名称：**常州驰源化工有限公司**
电话：0519-88873035
地址：江苏常州市天宁区采菱路76号
邮箱：zongxiaojun_1978@yahoo.com.cn
产品：表面活性剂；阴离子表面活性剂系列产品；甲基丙烯酸酯类；二甲基丙烯酸酯类；乳化剂；增塑剂。

名称：**南京珈强化工有限公司**
电话：025-84219087
地址：江苏南京市白下区王府大街63号
邮编：210004
产品：甘油；粗甘油；醇胺；

名称：**江苏新华明国际贸易有限公司**
电话：025-83215166
地址：江苏南京市中央路32号
产品：硬脂酸；甘油；月桂酸；油酸；脂肪酸；脂肪醇；椰子油酸；皂基；人造奶油；棕榈蜡。

名称：**江苏舜天股份有限公司**
电话：025-52876942
地址：江苏省南京市宁南大道21号
邮编：210012

邮箱：yang@saintycorp.com
产品：三乙醇胺；氯化亚砜；多聚甲醛；磺酸；AEO_9。

名称：泰兴市九都化工有限公司
电话：0523-82062318
地址：江苏省泰兴市
邮编：225400
邮箱：mysoonfialei@163.com
产品：三氯化铝；氢氧化钾；氢氧化钠；脱漆剂；脂肪酸甲脂；油酸甲脂；脂肪酸；渣油。

名称：张家港市汉巴杜化工有限公司
电话：0512-58433385
地址：江苏省张家港市塘桥镇人民北路78号
邮编：215611
邮箱：sales@marilyncanada.com
产品：表面活性剂；纤维素。

名称：徐州玫锐化工有限公司
电话：0516-88957268
地址：江苏省新沂市华丰购物广场
邮编：221400
产品：化工产品；化工产品；乳化剂；表面活性剂；无机盐；溶剂；磷酸盐；烷基糖苷；氧化剂；甘油；香精香料；甜菜碱；脂肪醇；脂肪酸；洗洁精；清洗剂；渗透剂；吐温；司盘；脂肪醇聚氧乙烯醚。

名称：格瑞特化学公司
电话：0512-58110283
地址：江苏省张家港市凤凰镇凤南路
邮编：217417
邮箱：shanghaidelta@163.com
产品：化妆品原料加工；表面活性剂；化妆品OEM；ODM服务；表面活性剂；化妆品原料OEM；两性咪唑啉系列；脂肪酰基甲基牛黄酸钠；氨基酸型表面活性剂；甜菜碱系列；季铵盐系列；乳化剂；油脂；珠光剂；固体原料造粒。

名称：常州市宝丰金属防腐材料有限公司
电话：0519-88500393
地址：江苏省常州市武进区横林镇卫星工业区
邮编：213103
产品：金属防锈油；高效金属清洗剂；含氟表面活性剂；全氟壬烯氧基苯磺酸钠（OBS）。

名称：南京钎焊化工研究所
电话：025-85405576
地址：江苏省南京市玄武区锁金五村
邮箱：alent_ciomp@yahoo.com.cn
产品：松香；表面活性剂；焊锡丝松香；助焊剂原料；联二丙酸。

名称：南通宏申化工有限公司
电话：0513-88830678
地址：江苏省海安县黄海大道15号（海安精细化工园区）
邮箱：cxf@zhengdachem.com
产品：乳化剂；匀染剂；聚乙二醇；聚丙二醇；平平加；抗静电剂；司盘；吐温；聚醚；各类表面活性剂。

名称：昆山海品化工有限公司
电话：0512-50360108
地址：江苏省苏州市昆山中华园路四季华城
邮编：215301
产品：表面活性剂；印染助剂；不倒绒整理助剂。

名称：江阴市家宝石化有限公司
电话：0510-86918065
地址：江苏省江阴市锡澄路1368号
邮编：214400
产品：基础油；表面活性剂；实验室仪器；橡塑制品；润滑油及脂。

名称：南京新淮科技有限公司
电话：025-86136496
地址：江苏省南京市江宁区谷里街道周村工业园B区2栋
邮编：211164
邮箱：zhu_wei@njyy.com
产品：偶联剂；环保促进剂；表面活性剂。

名称：罗地亚飞翔精细化工有限公司
电话：0512-58110103 / 58497873
地址：江苏省苏州市凤凰镇

邮编：215613
邮箱：sales@feixiangchem.com
产品：脂肪烷基伯胺；季铵盐；阳离子表面活性剂；脂肪烷基仲胺；1，3-丙二胺；杀菌剂；脂肪烷基叔胺；柔软剂；染料分散剂；脂肪烷基二胺。

名称：**南京中狮化学品有限公司**
电话：025-83736480
地址：江苏省南京市鼓楼区新模范马路5号
邮编：210009
邮箱：h-resource@zhongshi.com
产品：三氯生；乳酸薄荷酯；曲酸；熊果苷；珍珠粉；马来酸蓖麻油酯；异硬脂酸乳酸酯；去屑剂；单烷基磷酸酯；乳木果油；白藜芦醇；防晒剂；曲酸衍生物；银杏粉；透明质酸；植酸；VC磷酸酯镁；氨基酸表面活性剂；防腐剂；抗衰老剂。

名称：**江苏省高邮华贝化工有限公司**
电话：0514-84964463
地址：江苏省高邮市蝶园路62号
邮编：225600
邮箱：42936459@qq.com
产品：含氟表面活性剂。

名称：**德源中国高科有限公司**
电话：0513-87589955-2200
地址：江苏省如皋市如皋港经济开发区
邮编：226532
邮箱：deyuanoil@126.com
产品：表面活性剂；脂肪酸；脂肪醇；甘油。

名称：**如皋市万利化工有限责任公司**
电话：0513-88567419
地址：江苏省南通丁堰镇丁新路263号
邮编：226521
邮箱：sales@wanlichemical.com
产品：阳离子表面活性剂。

名称：**江苏金特耐科技有限公司**
电话：0510-87866090
地址：江苏省宜兴市周铁镇洋溪百合路
邮编：214263
产品：表面活性剂；季铵盐；精细化学品；破乳剂；消泡剂；水处理剂；高效絮凝净水剂；双癸基二甲基氯化铵；双癸基二甲基溴化铵；双辛基二甲基氯化铵；双辛基二甲基溴化铵；双氢化牛脂基二甲基氯化铵；十二烷基二甲基苄基氯化铵；十二烷基二甲基苄基溴化铵；十二烷基二甲基氧化胺。

名称：**南通市爱思界面化学有限公司**
电话：0513-88814662
地址：江苏生海安县长江西路99号
邮箱：stevenchem@hotmail.com
产品：表面活性剂；助剂。

名称：**南京英蓝科技有限公司**
电话：0513-86996528
地址：江苏省南京市虎踞南路100号建宇大厦611室
邮编：210004
邮箱：yinglan-zheng@163.com
产品：表面活性剂；化工中间体；农用表面活性剂；草甘膦助剂；分散剂；润湿剂。

名称：**靖江材料有限公司**
电话：0523-4242083
地址：江苏省靖江市斜桥镇工业园
邮箱：381369631@qq.com
产品：阴离子表面活性剂；阳离子表面活性剂；农药乳化剂；表面活性剂；乳化剂；添加剂；匀染剂；消泡剂；柔软剂；抗静电剂；渗透剂。

名称：**苏州市大泽化工有限公司**
电话：0512-65998292
地址：江苏省苏州市太平镇工业区
邮箱：075085794@cpp114.com
产品：硅油；离型剂/脱模剂；消泡剂；渗透剂；柔软剂；起毛剂；平滑剂；手感改质剂；表面活性剂。

名称：**无锡暗合纺织助剂有限公司**
电话：13912272623
地址：江苏省无锡市新城区
产品：树脂；DA-231；柔软剂-F136；渗透剂；固色剂；柔软剂-118；表面活性剂。

名称：宜兴市明豪化工有限公司
电话：0510-7606268
地址：江苏省宜兴市徐舍镇
邮编：214241
邮箱：mhjscl@163.com
产品：丙烯酸等系列；造纸用化学助剂系列；分散剂抗（防）水剂；施胶剂；消泡剂；润滑剂；表面活性剂系列；甜菜碱；增稠稳定剂；醇醚羧酸盐；湿强剂；印刷服务保水剂CMS。

名称：海安县振泰化工有限责任公司
电话：0513-88966993
地址：江苏省海安县胡集工贸园区
邮编：226600
邮箱：yangliwei9999@163.com
产品：抗氧剂；表面活性剂等；防老剂；消泡剂；抗静电剂。

名称：江苏金禾化工有限公司
电话：0510-87943007
地址：江苏省宜兴市宜城街道团九花园
邮编：214200
邮箱：webmaster@ylchemical.com
产品：各类表面活性剂；乳化剂；醋酸钾；醋酸钾；十八胺聚氧乙烯(9)醚；农药乳化剂600#；乳化剂T-60、T-80；壬基酚聚氧乙烯醚；(氢化)蓖麻油聚氧乙烯醚；脂肪醇聚氧乙烯醚；高级脂肪醇聚氧乙烯醚；抗静电剂硬脂酰苯甲酰甲烷。

名称：江苏天源化工厂
电话：0510-82390683
地址：江苏省无锡市无锡康桥
邮编：224300
产品：表面活性剂；化工助剂；植物胶。

名称：吴江市平望海安化工有限公司
电话：0512-63663726
地址：江苏省吴江市
产品：非离子表面活性剂；净洗剂；消泡剂；增稠剂；抗静电剂；渗透剂；乳化剂。

名称：如东利安化工有限公司
电话：0513-88568985
地址：江苏省如东县袁庄镇
产品：表面活性剂；油田助剂；印染助剂。

名称：南通环宇助剂有限公司
电话：0513-88820710
地址：江苏省海安县海化路28号
邮编：226600
邮箱：526308833@qq.com
产品：环氧乙烷；表面活性剂。

名称：金湖博雅助剂厂
电话：025-83765310
地址：江苏南京市玄武区龙蟠路98号
邮编：210042
产品：化工助剂；乳化剂；表面活性剂；壬基酚聚氧乙烯醚硫酸铵；C0436；C0430；十二烷基苯磺酸钠；仲烷基硫酸钠；SAS乳化剂NP-10；ABS；APE；ALIPAL稳定剂；分散剂；润湿剂；渗透剂；发泡剂。

名称：吉通石化常州分公司
电话：0519-6660610
地址：江苏省常州市普北新村63号
产品：AEO_3；AEO_7；AEO_9；聚乙二醇400~6000；甲基丙烯酸甲酯；DMF；平平加；表面活性剂。

名称：江阴澄江化工有限公司
电话：0510-86401151
地址：江苏省江阴市经济开发区萧山路29号
邮箱：jysggs@yahoo.com.cn
产品：表面活性剂；纺织助剂；NP-10；TX-10；脂肪醇；线性体硅油。

名称：常州劲润化工有限公司
电话：0519-88363365
地址：江苏省常州市天宁区晋陵北路
产品：化工原料；有机硅；消泡剂；表面活性剂。

名称：江阴市同顺化工有限公司
电话：0510-84516200
地址：江苏省江阴市
产品：司盘系列；吐温系列；非离子表面活性剂；

硼酸锌。

名称：**南京格灵化工有限公司**
电话：13951722761
地址：江苏省南京市西善桥
邮箱：sunwj@chinaccm.com
产品：表面活性剂；烷基苯磺酸钠；磺酸钠；12–烷基苯磺酸钠。

名称：**南京瑞凡化工有限公司**
电话：025–85367030
地址：江苏省南京市栖霞区南京新港开发区
邮编：210038
邮箱：market01@chemdatang.com
产品：聚醚；表面活性剂；PO；消泡剂；颜料分散剂。

名称：**南京凯美丽沃科技有限公司**
电话：025–80088111
地址：江苏省南京市建邺区江东北路
产品：表面活性剂；十二烷基苯磺酸；十二烷基苯磺酸钠；AES；6501；洗洁精增稠剂；洗发香波柔顺剂。

名称：**南京奥源化工有限公司**
电话：025–85303224
地址：江苏南京市高淳县
邮编：210038
产品：环氧丙烷；甘油；蓖麻油；壬己酚；蔗糖等；各种表面活性剂；各种型号聚醚；油田破乳剂。

名称：**金浦集团江苏钟山化工有限公司**
电话：025–85236675
地址：江苏南京市太新路46–1
邮编：210038
产品：聚氨酯聚醚；乳化剂；纺织助剂；表面活性剂；硅油；组合料；匀泡剂；特种聚醚；活性聚醚；封端聚醚；环氧树脂；渗透剂；丙烯醇聚醚；消泡剂；涂料流平剂；农药铺展剂；低泡聚醚。

名称：**徐州力源化工有限责任公司**
电话：0516–83629182
地址：江苏徐州市鼓楼区三环北路245号
产品：表面活性剂。

名称：**江苏省仪征市飞鹤添加剂化工厂**
电话：0514–83626639
地址：江苏仪征市新集镇农科内
邮编：211403
邮箱：youhuo_6098@qq.com
产品：清洗剂母粉；高纯度LAS十二烷基苯磺硫钠；高中低十二烷基苯磺酸钠；高效乳化分散剂DDBS。

名称：**南通力天化工有限公司**
电话：0513–85678839
地址：江苏南通市崇川区外环北路
邮箱：zhuhong@chinaccm.com
产品：磺酸；6501；AES；平平加；TX–10；工业清洗剂；防锈剂。

名称：**南京欣迪日化有限公司**
电话：025–57296242
地址：江苏溧水县东屏镇景山蒲杆村
邮编：211211
产品：磷酸酯；两性咪唑啉。

名称：**金桐精细化学有限公司**
电话：025–85567781
地址：江苏南京市尧新大道201号
邮编：210046
邮箱：yezhimin@sh3f.com
产品：BAB；磺酸。

名称：**南京同灿化工有限公司**
电话：025–66916480
地址：江苏南京市玄武区板仓街
邮编：210042
产品：工业/药用甘油；脂肪酸；脂肪醇；醇氨；聚醚；辛酸；油酸；精细化工品；其他化工原料。

名称：**南京东德化工科技有限公司**
电话：025–86052035
地址：江苏南京市栖霞区营苑北路2号
邮编：210037

邮箱：oleochem@126.com
产品：硬脂酸；甘油；植物油酸；正辛酸；正癸酸；椰子油酸；新癸酸；辛癸酸；月桂酸；棕榈酸；十六/十八醇；正癸醇；1898硬脂酸；单油酸甘油酯；过氧化二异丙苯；维生素C乙基醚；丹皮酚；正丙酸；C_{7-9}醇；二甲基砜。

名称：**丹阳市昌祥化塑有限公司**
电话：0511-6853608
地址：江苏丹阳市云林镇
邮编：212344
产品：烷基磺酸钠（液体）；消泡剂等。

名称：**南京瑞林化工有限公司**
电话：025-85497186
地址：江苏南京市玄武区板仓街97号
邮箱：luyuanyuan1984@hotmail.com
产品：硬脂酸；月桂酸；医药级甘油；十八醇；十二醇；油酸；十六醇；十四醇；工业级甘油；磺酸。

名称：**南京利美洗涤品有限公司**
电话：025-85319020
地址：江苏省南京市中央门外燕子矶镇下庙村吴家庄82号
产品：重烷基苯；重烷基苯磺酸；重烷基苯磺酸钠。

名称：**无锡绿洁科技有限公司**
电话：0510-85185508
地址：江苏无锡市滨湖区锦溪路100号无锡太湖新城科教产业园
邮编：214125
邮箱：ljy988@163.com
产品：烷基多糖苷APG；环保洗涤剂；消毒剂；消防灭火原料。

名称：**南京希怡化工有限公司**
电话：025-85497186
地址：江苏南京市玄武区板苍街97号
邮编：210042
产品：硬脂酸；甘油；工业甘油；月桂酸；棕榈酸；油酸；十八醇；十六醇；十四醇；十二醇；一乙醇胺；二乙醇胺。

名称：**南京诚丰精细化学品有限公司**
电话：025-52214753
地址：江苏南京市栖霞区石埠桥村戴庄圩80号
邮编：210033
产品：AEO_9；三乙醇胺。

名称：**南京轩昂化工有限公司**
电话：025-85565069
地址：江苏南京市栖霞区尧化门
邮箱：qabot2135@freebizmail.com
产品：磺酸；塑料；日化原料类（如磺酸）；塑料制品。

名称：**南京金陵石化研究院有限公司**
电话：025-85562046
地址：江苏南京市尧化门葛家边100号
邮编：210046
邮箱：zhangky08810@21cn.com
产品：烷基糖苷；乙酰柠檬酸三丁酯；草甘膦专用助剂；聚醚多元醇；DMC。

名称：**宜兴市银诚化工有限公司**
电话：0510-87936158
地址：江苏宜兴市屺亭街道后亭村
邮箱：yinchengchem@163.com
产品：双氧胺；二乙醇胺；一乙醇胺；十二叔胺；硼酸；乌洛托品；环氧氯丙烷；乙二酸；线性体；甘油；仲烷基磺酸钠。

名称：**南通金利油脂工业有限公司**
电话：0513-81056882
地址：江苏南通市南通开发区
邮编：226017
邮箱：lizf777@163.com
产品：酸化油；油酸；硬脂酸；二聚酸。

名称：**江苏省海安石油化工有限公司**
电话：0513-88163237
地址：江苏海安县海化路28号
邮编：226600
邮箱：haujg@pub.nt.js
产品：纺织印染；皮革助剂；乳化剂；匀染剂；聚醚；渗透剂；添加剂；消泡剂；抗静电剂；分散剂；防老剂；保湿剂；柔软剂。

名称：南京盈业科技有限公司
电话：025-52349261
地址：江苏南京市江宁区晓庄工业园
邮箱：wzyykj@sina.com
产品：十二烷基苯磺酸钠；TX-10；OP-10；十二烷基苯磺酸。

名称：桑达化工有限公司
电话：0513-88779588
地址：江苏海安县精细化工园
邮编：226600
邮箱：gu730@sina.com
产品：醇醚系列；酚醚系列；酯醚系列；脂肪酸酯系列；农药乳化剂系列；特殊乳化剂系列；添加剂系列；抗静电剂系列；纺织印染主助剂系列；聚醚系列；渗透剂系列。

名称：南京天阳生化制品厂
电话：025-86125770
地址：江苏南京市江宁区江宁街道
邮编：211162
产品：十二烷基苯磺酸钠；OP-10；TX-10；磺酸。

名称：新泰化工有限公司
电话：0513-87546936
地址：江苏如皋市东陈镇双马化工园
邮编：226571
邮箱：soubao123@qq.com
产品：棕榈蜡；硬化油；硬脂酸；氢化蓖麻油；蓖麻油；12－羟基硬脂酸；甘油。

附　录

APPENDIX

表面活性剂原料进出口关税

编号	名称	进口税率/%		出口税率/%	增值税率/%	消费税率/%	计量单位	监管条件
		最惠国	普通国					
2902903000	十二烷基苯	2%	30%	0	17%	0	千克	
2904100000	仅含磺基的衍生物及其盐和乙酯	5.5%	30%	0	17%	0	千克	
2905161000	正辛醇	5.5%	30%	0	17%	0	千克	
2905169000	辛醇的异构体	5.5%	30%	0	17%	0	千克	
2905170000	十二醇、十六醇及十八醇	7%	30%	0	17%	0	千克	
2905199010	三十烷醇	5.5%	30%	0	17%	0	千克	S
2905199090	其他饱和一元醇	5.5%	30%	0	17%	0	千克	
2905290000	其他不饱和一元醇	5.5%	30%	0	17%	0	千克	
2905310000	1,2-乙二醇	5.5%	30%	0	17%	0	千克	
2905320000	1,2-丙二醇	3%	30%	0	17%	0	千克	
2905399001	1,3-丙二醇	3%	30%	0	17%	0	千克	AB
2905399002	1,4-丁二醇	5.5%	30%	0	17%	0	千克	AB
2905399090	其他二元醇	5.5%	30%	0	17%	0	千克	AB
2905420000	季戊四醇	5.5%	30%	0	17%	0	千克	

续表

编号	名称	进口税率/%		出口税率/%	增值税率/%	消费税率/%	计量单位	监管条件
		最惠国	普通国					
2905430000	甘露糖醇	8%	30%	0	17%	0	千克	AB
2905440000	山梨醇	14%	40%	0	17%	0	千克	
2905450000	丙三醇	3%	50%	0	17%	0	千克	AB
2905491000	木糖醇	5.5%	30%	0	17%	0	千克	AB
2905499000	其他多元醇	5.5%	30%	0	17%	0	千克	
2907131000	壬基酚、对壬基酚、支链-4-壬基酚	5.5%	30%	0	17%	0	千克	X
2907139000	辛基酚及其异构体	5.5%	30%	0	17%	0	千克	
2907159000	其他萘酚及萘酚盐	5.5%	30%	0	17%	0	千克	AB
2907199090	其他一元酚	5.5%	30%	0	17%	0	千克	
2907230001	双酚A	5.5%	30%	0	17%	0	千克	
2907230090	双酚A的盐	5.5%	30%	0	17%	0	千克	
2909410000	2,2'-氧联二乙醇	3%	30%	0	17%	0	千克	
2909430000	乙二醇或二甘醇的单丁醚	5.5%	30%	0	17%	0	千克	
2909440000	乙二醇或二甘醇的其他单烷基醚	5.5%	30%	0	17%	0	千克	

续表

编号	名称	进口税率/%		出口税率/%	增值税率/%	消费税率/%	计量单位	监管条件
		最惠国	普通国					
2909499000	其他醚醇及其衍生物	5.5%	30%	0	17%	0	千克	
2909500000	醚酚、醚醇酚及其衍生物	5.5%	30%	0	17%	0	千克	
2909600000	过氧化醇、过氧化醚、过氧化酮	5.5%	30%	0	17%	0	千克	
2910100000	环氧乙烷	5.5%	30%	0	17%	0	千克	X
2910300000	1-氯-2,3-环氧丙烷	5.5%	30%	0	17%	0	千克	
2915701000	硬脂酸	7%	50%	0	17%	0	千克	AB
2915709000	棕榈酸及其盐和酯、硬脂酸盐、酯	5.5%	30%	0	17%	0	千克	
2916150000	油酸、亚油酸或亚麻酸及其盐和酯	6.5%	30%	0	17%	0	千克	
2921110010	二甲胺	6.5%	30%	0	17%	0	千克	23
2921110020	二甲胺盐酸盐	6.5%	30%	0	17%	0	千克	23
2921110090	甲胺，三甲胺及其盐	6.5%	30%	0	17%	0	千克	AB
2921192000	异丙胺	2%	30%	0	17%	0	千克	
2921211000	乙二胺	6.5%	30%	0	17%	0	千克	
2921219000	乙二胺盐	6.5%	30%	0	17%	0	千克	
2922119001	其他单乙醇胺	6.5%	30%	0	17%	0	千克	AB

续表

编号	名称	进口税率/%		出口税率/%	增值税率/%	消费税率/%	计量单位	监管条件
		最惠国	普通国					
2922119090	单乙醇胺盐	6.5%	30%	0	17%	0	千克	
2922120001	二乙醇胺	6.5%	30%	0	17%	0	千克	
2922120090	二乙醇胺盐	6.5%	30%	0	17%	0	千克	
2922131000	三乙醇胺	6.5%	30%	0	17%	0	千克	23AB
2922132020	三乙醇胺盐酸盐	6.5%	30%	0	17%	0	千克	23
2922132090	其他三乙醇胺的盐	6.5%	30%	0	17%	0	千克	
2923900090	其他季铵盐及季铵碱	6.5%	30%	0	17%	0	千克	

注：监管条件　S：进出口农药登记证明；AB：出入境货物通关单；X：有毒化学品进出口环境管理放行通知单；23：两用物项和技术进出口许可证。

特种化学品、专用化学品及其相关产品或制品进出口关税

编号	名称	（进口税率）/%		出口税率/%	增值税率/%	消费税率/%	计量单位	监管条件
		最惠国	普通国					
3401110000	盥洗用皂及有机表面活性产品	10%	130%	0	17%	0	千克	AB
3401191000	洗衣皂	10%	80%	0	17%	0	千克	
3401199000	其他有机表面活性产品及制品	10%	130%	0	17%	0	千克	
3401200000	其他形状的肥皂	10%	130%	0	17%	0	千克	
3401300000	洁肤用有机表面活性产品及制品	10%	130%	0	17%	0	千克	AB
3402110000	阴离子型有机表面活性剂	6.5%	30%	0	17%	0	千克	
3402120000	阳离子型有机表面活性剂	6.5%	30%	0	17%	0	千克	
3402130000	非离子型有机表面活性剂	6.5%	30%	0	17%	0	千克	
3402190000	其他有机表面活性剂	6.5%	30%	0	17%	0	千克	
3402201000	零售包装的合成洗涤粉	10%	80%	0	17%	0	千克	
3402209000	其他零售包装有机表面活性剂制品	10%	80%	0	17%	0	千克	
3402900001	十二烷基苯磺酸钙甲醇溶液	7%	80%	0	17%	0	千克	
3402900090	非零售包装有机表面活性剂制品	9%	80%	0	17%	0	千克	
3403110000	含有石油类的处理纺织等材料制剂	8%	50%	0	17%	0	千克	
3403190000	其他含有石油或矿物提取油类制剂	8%	50%	0	17%	0	千克	

续表

编号	名称	（进口税率）/%		出口税率/%	增值税率/%	消费税率/%	计量单位	监管条件
		最惠国	普通国					
3403910000	其他处理纺织等材料的制剂	8%	50%	0	17%	0	千克	
3403990000	其他润滑剂(含油＜70%)	10%	50%	0	17%	0	千克	
3404200000	聚乙二醇蜡	10%	70%	0	17%	0	千克	
3404900000	其他人造蜡及调制蜡	10%	70%	0	17%	0	千克	
3405100000	鞋靴或皮革用的上光剂及类似制品	10%	80%	0	17%	0	千克	
3405200000	保养木制品的上光剂及类似制品	10%	80%	0	17%	0	千克	
3405300000	车身用的上光剂及类似制品	10%	80%	0	17%	0	千克	
3405400000	擦洗膏、去污粉及类似品	10%	80%	0	17%	0	千克	
3405900000	其他玻璃或金属用的光洁剂	10%	80%	0	17%	0	千克	
3406000090	其他各种蜡烛及类似品	10%	130%	0	17%	0	千克	
3407001000	牙科用蜡及造型膏	6.5%	30%	0	17%	0	千克	
3407002000	以熟石膏为成分的牙科用其他制品	6.5%	40%	0	17%	0	千克	
3407009000	其他塑型用膏	10%	100%	0	17%	0	千克	
3803000000	妥尔油,不论是否精炼	6.5%	35%	0	17%	0	千克	
3804000010	未经浓缩、脱糖或经过化学处理的木浆残余碱液(妥尔油除外)	6.5%	35%	0	17%	0	千克	9
3804000090	经浓缩、脱糖或经过化学处理的木浆残余碱液，包括木素磺酸盐	6.5%	35%	0	17%	0	千克	
3808911900	零售包装的其他杀虫剂成药	10%	35%	0	13%	0	千克	AS

续表

编号	名称	（进口税率）/%		出口税率/%	增值税率/%	消费税率/%	计量单位	监管条件
		最惠国	普通国					
3808919000	非零售包装杀虫剂成药	6%	11%	0	13%	0	千克	AS
3808921000	零售包装的杀菌剂成药	9%	35%	0	17%	0	千克	S
3808929010	非零售包装的医用杀菌剂	6%	11%	0	17%	0	千克	
3808929021	经农药杀菌剂浸渍的纸质水果套袋	6%	11%	0	17%	0	千克	S
3808929029	非零售包装的其他农用杀菌剂成药	6%	11%	0	13%	0	千克	S
3808929090	非零售包装的非农用杀菌剂成药	6%	11%	0	13%	0	千克	
3808931100	零售包装的除草剂成药	9%	35%	0	13%	0	千克	AS
3808931900	非零售包装的除草剂成药	5%	11%	0	13%	0	千克	AS
3808939100	零售包装抗萌剂及植物生长调节剂	9%	35%	0	13%	0	千克	S
3808939900	非零售抗萌剂及植物生长调节剂	6%	14%	0	13%	0	千克	S
3808940010	医用消毒剂	9%	35%	0	17%	0	千克	
3808940020	兽用已配剂量含戊二醛、癸甲溴铵消毒剂	9%	35%	0	13%	0	千克	R
3808940090	其他非医用消毒剂	9%	35%	0	13%	0	千克	
3808991000	零售包装的杀鼠剂及其他农药	9%	35%	0	13%	0	千克	S
3808999000	非零售包装的杀鼠剂及其他农药	9%	14%	0	13%	0	千克	S
3809100000	以淀粉为基料的纺织等工业用制剂	10%	35%	0	17%	0	千克	
3809910000	纺织工业用其他未列名产品和制剂	6.5%	35%	0	17%	0	千克	

续表

编号	名称	（进口税率）/%		出口税率/%	增值税率/%	消费税率/%	计量单位	监管条件
		最惠国	普通国					
3809920000	造纸工业用其他未列名产品和制剂	6.5%	35%	0	17%	0	千克	
3809930000	制革工业用其他未列名产品和制剂	6.5%	35%	0	17%	0	千克	
3810900000	焊接用的焊剂及其他辅助剂等	6.5%	35%	0	17%	0	千克	
3811190000	其他抗震剂	6.5%	35%	0	17%	0	千克	
3811210000	含有石油的润滑油添加剂	6.5%	35%	0	17%	0	千克	
3811290000	不含石油的润滑油添加剂	6.5%	35%	0	17%	0	千克	
3811900000	其他矿物油用的配制添加剂	6.5%	35%	0	17%	0	千克	
3812100000	配制的橡胶促进剂	6%	20%	0	17%	0	千克	
3812200000	橡胶或塑料用复合增塑剂	6.5%	35%	0	17%	0	千克	
3812301000	橡胶的防老剂	6%	20%	0	17%	0	千克	
3812309000	其他橡、塑用抗氧剂及其他稳定剂	6.5%	35%	0	17%	0	千克	
3817000000	混合烷基苯和混合烷基萘	6.5%	35%	0	17%	0	千克	
3823110000	硬脂酸	16%	50%	0	17%	0	千克	
3823120000	油酸	8%	50%	0	17%	0	千克	AB
3823130000	妥尔油脂肪酸	16%	50%	0	17%	0	千克	
3823190001	植物酸性油	5%	50%	0	17%	0	千克	
3823190090	其他工业用单羧脂肪酸、酸性油	16%	50%	0	17%	0	千克	
3823700000	工业用脂肪醇	9%	50%	0	17%	0	千克	

注：监管条件　9：禁止进口商品；R：进口兽药送关单。

2010年1—12月阴离子型有机表面活性剂进出口情况

月份	进口量 / kg	增幅 / %	进口额 / 美元	增幅 / %	均价 美元 / t	出口量 / kg	增幅 / %	出口额 / 美元	增幅 / %	均价 美元 / t
一月	4881526	—	10054544	—	2.06	5671769	—	1562709	—	0.28
二月	2587206	−47.00	5863081	−41.69	2.27	4898126	−13.64	1115107	−28.64	0.23
三月	4327179	67.25	9612938	63.96	2.22	8802611	79.71	1317924	18.19	0.15
四月	4276752	−1.17	9601156	−0.12	2.24	5407212	−38.57	1377713	4.54	0.25
五月	5161327	20.68	10784547	12.33	2.09	6717178	24.23	1313884	−4.63	0.20
六月	4635343	−10.19	10212579	−5.30	2.20	8106350	20.68	2009247	52.92	0.25
七月	4421121	−4.62	10101053	−1.09	2.28	5781782	−28.68	1652670	−17.75	0.29
八月	5026430	13.69	10881747	7.73	2.16	6505132	12.51	1604058	−2.94	0.25
九月	5035705	0.18	12072031	10.94	2.40	6279278	−3.47	1941036	21.01	0.31
十月	3568751	−29.13	8989609	−25.53	2.52	6653298	5.96	1817158	−6.38	0.27
十一月	5415913	51.76	12100730	34.61	2.23	7082701	6.45	1841577	1.34	0.26
十二月	4899377	−9.54	12273923	1.43	2.51	7004625	−1.10	1794348	−2.56	0.26
总计	54236630	—	122547938	—	2.26	78910062	—	19347431	—	0.25

2010年国内阴离子型有机表面活性剂进出口贸易国统计

进口国/地区	进口数量/kg	进口金额/美元	均价 美元/kg	出口国/地区	出口数量/kg	出口金额/美元	均价 美元/kg
意大利	775880	2202534	1.24	韩国	783793	1184767	1.51
比利时	650629	865381	2.60	秘鲁	677986	254196	0.37
日本	5031598	18730893	5.61	越南	662982	1149576	1.73
中国	495739	848623	1.29	意大利	605573	967418	1.60
英国	425299	1049669	7.76	澳大利亚	572730	953669	1.67
荷兰	384421	1174883	1.31	阿联酋	538252	603477	1.12
中国台湾	3240693	7433105	1.87	英国	498895	2210656	4.43
印度尼西亚	3012361	4928360	1.34	巴拿马	480370	696265	1.45
挪威	205281	329668	1.18	巴基斯坦	408123	479946	1.18
印度	2771500	5629418	5.90	日本	4533519	6944033	1.53
泰国	28540	161160	5.65	菲律宾	394203	642081	1.63
韩国	28214	66171	2.35	中国香港	3897869	3101191	0.80
菲律宾	215447	720203	3.34	新加坡	2237211	1820336	0.81
新加坡	207478	411171	1.98	印度	1841121	2312989	1.26
德国	198856	524891	2.64	马来西亚	1665839	1559424	0.94
瑞士	14282	40076	2.81	苏丹	1473650	2876476	1.95
美国	137399	724569	5.27	坦桑尼亚	1450030	370962	0.26
澳大利亚	12870	182007	14.14	中国台湾	1409299	1630791	1.16
西班牙	1953311	3619905	1.85	印度尼西亚	1142799	1594041	1.39
法国	1150213	4459571	3.88	泰国	1096583	1886031	1.72

2010年1—12月阳离子型有机表面活性剂进出口情况

月份	进口量 / kg	增幅 / %	进口额 / 美元	增幅 / %	均价 美元 / t	出口量 / kg	增幅 / %	出口额 / 美元	增幅 / %	均价 美元 / t
一月	651100	—	2021826	—	3.11	3737950	—	8441883	—	2.26
二月	719348	10.48	2166650	7.16	3.01	2393003	–35.98	4853877	–42.50	2.03
三月	853445	18.64	3239060	49.50	3.80	4091421	70.97	9537687	96.50	2.33
四月	1084635	27.09	3512252	8.43	3.24	3574474	–12.63	7175366	–24.77	2.01
五月	960982	–11.40	3490786	–0.61	3.63	4627593	29.46	8894975	23.97	1.92
六月	1589541	65.41	5278909	51.22	3.32	3702016	–20.00	7947440	–10.65	2.15
七月	1501032	–5.57	4427757	–16.12	2.95	4073599	10.04	7846378	–1.27	1.93
八月	1162530	–22.55	4325489	–2.31	3.72	3793058	–6.89	7416104	–5.48	1.96
九月	887845	–23.63	3019342	–30.20	3.40	4693320	23.73	10845243	46.24	2.31
十月	1039959	17.13	3530907	16.94	3.40	3940155	–16.05	7944330	–26.75	2.02
十一月	1239778	19.21	3420049	–3.14	2.76	4344747	10.27	9264295	16.62	2.13
十二月	995905	–19.67	3530880	3.24	3.55	4006087	–7.79	8332950	–10.05	2.08
总计	12686100	—	41963907	—	3.31	46977423	—	98500528	—	2.10

2010年国内阳离子型有机表面活性剂进出口贸易国统计

进口国/地区	进口量/kg	进口额/美元	均价 美元/t	出口国/地区	出口量/kg	出口额/美元	均价 美元/t
马来西亚	6494	22934	3531.57	土耳其	893460	1488958	1666.51
印度	6171	13787	2234.16	埃及	728825	1550340	2127.18
印度尼西亚	54858	88409	1611.60	中国香港	717760	848426	1182.05
美国	5907205	18625404	3153.00	巴西	716177	1245077	1738.50
澳大利亚	5255	18328	3487.73	泰国	7551769	17818570	2359.52
菲律宾	403208	715608	1774.79	韩国	623060	2112290	3390.19
新加坡	368200	842624	2288.50	越南	6350330	12781237	2012.69
荷兰	266337	385948	1449.10	南非	588550	1335596	2269.30
中国	22735	111766	4916.03	印度尼西亚	5796435	11815205	2038.36
瑞典	193723	919606	4747.02	日本	2711272	4098889	1511.80
法国	191579	487850	2546.47	美国	1691200	3636736	2150.39
瑞士	13617	59565	4374.31	印度	1569902	3152467	2008.07
西班牙	117278	345487	2945.88	中国台湾	1548611	3295794	2128.23
泰国	110280	115334	1045.83	马来西亚	1381719	2288088	1655.97
意大利	108702	562737	5176.88	巴基斯坦	1192846	2217397	1858.91
英国	107070	233490	2180.72	俄罗斯联邦	1140120	2142218	1878.94
德国	1342916	5606836	4175.12	孟加拉国	1135495	1798635	1584.01
日本	1285105	6880688	5354.18	新加坡	1122889	1994728	1776.42
韩国	1157019	3651338	3155.82	澳大利亚	1068083	1842340	1724.90
中国台湾	1010176	2216328	2194.00	荷兰	1014480	1708100	1683.72

2010年1—12月非离子型有机表面活性剂进出口情况

月份	进口量 / kg	增幅 / %	进口额 / 美元	增幅 / %	均价 美元 / t	出口量 / kg	增幅 / %	出口额 / 美元	增幅 / %	均价 美元 / t
一月	20306324	—	38489079	—	1.90	2199472	—	5261429	—	2.39
二月	13358815	−34.21	27251836	−29.20	2.04	2220051	0.94	5198028	−1.21	2.34
三月	26550399	98.75	52220513	91.62	1.97	2651470	19.43	6297583	21.15	2.38
四月	19804120	−25.41	41101726	−21.29	2.08	2477167	−6.57	5628751	−10.62	2.27
五月	23539219	18.86	48697710	18.48	2.07	2980478	20.32	6383225	13.40	2.14
六月	19018065	−19.21	43218235	−11.25	2.27	2711463	−9.03	5996065	−6.07	2.21
七月	20983355	10.33	46623134	7.88	2.22	3323874	22.59	7226227	20.52	2.17
八月	17094208	−18.53	39991023	−14.22	2.34	3919902	17.93	7975184	10.36	2.03
九月	19568311	14.47	44976458	12.47	2.30	3014201	−23.11	7118346	−10.74	2.36
十月	16098653	−17.73	37969008	−15.58	2.36	3322837	10.24	7152675	0.48	2.15
十一月	16539785	2.74	40038920	5.45	2.42	4022315	21.05	9105675	27.30	2.26
十二月	19629948	18.68	47353978	18.27	2.41	3951441	−1.76	10060966	10.49	2.55
总计	232491202	—	507931620	—	2.18	36794671	—	83404154	—	2.27

2010年国内非离子型有机表面活性剂进出口贸易国统计

进口国/地区	进口量 / kg	进口额 / 美元	均价 美元 / t	出口国/地区	出口量 / kg	出口额 / 美元	均价 美元 / t
瑞典	933696	2878987	3083.43	俄罗斯联邦	988349	1403015	1419.55
韩国	9034359	18766380	2077.22	中国台湾	8296742	18870086	2274.40
比利时	9019790	17776391	1970.82	印度尼西亚	747143	2092938	2801.25
泰国	6361830	11093917	1743.82	叙利亚	733230	1223069	1668.06
美国	41916892	97991660	2337.76	印度	698575	1898491	2717.66
马来西亚	38721589	59831149	1545.16	马来西亚	641902	1154446	1798.48
印度尼西亚	3919094	6458968	1648.08	土耳其	615490	1250781	2032.17
中国台湾	24699056	47769631	1934.07	孟加拉国	499590	788039	1577.37
俄罗斯	22516705	35093426	1558.55	埃及	475597	985566	2072.27
德国	21529605	66539868	3090.62	乌克兰	470049	817279	1738.71
日本	20427826	64859685	3175.07	巴基斯坦	460273	767679	1667.88
新加坡	20417311	39033945	1911.81	澳大利亚	2399117	3239297	1350.20
西班牙	2051498	6684984	3258.59	韩国	2043391	4239263	2074.62
英国	1630616	3895267	2388.83	越南	1800833	3546140	1969.17
菲律宾	1605390	2302949	1434.51	日本	1622256	3760472	2318.05
澳大利亚	1571810	3534827	2248.89	中国香港	1477313	5921125	4008.04
意大利	1428624	4530752	3171.41	泰国	1271821	3080772	2422.33
巴西	1274962	1893117	1484.84	美国	1184532	2661194	2246.62
法国	1061584	9692043	9129.79	苏丹	1139967	3015168	2644.96
荷兰	1012840	2797785	2762.32	新加坡	1028422	3425307	3330.64

2010年1—12月国内其他有机表面活性剂的进出口情况

月份	进口量 / kg	增幅 / %	进口额 / 美元	增幅 / %	均价 美元 / t	出口量 / kg	增幅 / %	出口额 / 美元	增幅 / %	均价 美元 / t
一月	678588	—	1530021	—	2254.71	2901475	—	3464962	—	1194.21
二月	529153	−22.02	1316435	−13.96	2487.82	2624872	−9.53	3643884	5.16	1388.21
三月	730201	37.99	2094521	59.11	2868.42	3785901	44.23	5916042	62.36	1562.65
四月	973587	33.33	2318444	10.69	2381.34	2642511	−30.20	4171779	−29.48	1578.72
五月	887946	−8.80	2213432	−4.53	2492.76	4894601	85.23	9254846	121.84	1890.83
六月	965440	8.73	2374149	7.26	2459.14	6523320	33.28	11187856	20.89	1715.06
七月	834057	−13.61	2453586	3.35	2941.75	6081419	−6.77	11850423	5.92	1948.63
八月	628426	−24.65	1726601	−29.63	2747.50	5067037	−16.68	10052484	−15.17	1983.90
九月	589774	−6.15	1865668	8.05	3163.36	5783650	14.14	11227561	11.69	1941.26
十月	668236	13.30	1639879	−12.10	2454.04	5876584	1.61	11996801	6.85	2041.46
十一月	779279	16.62	2105438	28.39	2701.78	6915844	17.68	14602449	21.72	2111.45
十二月	532601	−31.65	1835657	−12.81	3446.59	7527406	8.84	13534212	−7.32	1797.99
总计	8797288	—	23473831	—	2668.30	60624620	—	110903299	—	1829.34

2010年国内其他有机表面活性剂的进出口贸易国统计

进口国/地区	进口量 / kg	进口额 / 美元	均价 美元 / t	出口国/地区	出口量 / kg	出口额 / 美元	均价 美元 / t
中国	881603	1366861	1550.43	印度	956366	1860080	1944.95
印度尼西亚	795129	1008385	1268.20	菲律宾	636081	1184721	1862.53
日本	759499	4519486	5950.61	委内瑞拉	613000	279218	455.49
荷兰	74802	363267	4856.38	英国	5400782	14132754	2616.80
土耳其	70002	37893	541.31	日本	4864671	7217297	1483.61
新加坡	656318	915341	1394.66	中国香港	4845932	4539552	936.78
中国台湾	555163	1379262	2484.43	新加坡	3091242	3256795	1053.56
法国	54394	192796	3544.44	马来西亚	3008864	3264776	1085.05
德国	467648	2613078	5587.70	越南	2112434	2939994	1391.76
挪威	435760	1030283	2364.34	美国	13654969	33399718	2445.98
韩国	323442	954518	2951.13	比利时	1919090	4495476	2342.50
巴西	30015	130020	4331.83	印度尼西亚	1829305	2586367	1413.85
中国香港	212433	519611	2446.00	中国台湾	1677578	2138023	1274.47
印度	17044	24836	1457.17	泰国	1332293	2588616	1942.98
比利时	15431	34248	2219.43	俄罗斯联邦	1325753	3450032	2602.32
菲律宾	11503	46072	4005.22	伊朗	1256336	867044	690.14
英国	108333	272550	2515.85	韩国	1202855	1884435	1566.64
意大利	10578	42775	4043.77	澳大利亚	1153415	1820172	1578.07
美国	1683591	4954766	2942.97	意大利	1100238	1800743	1636.68
泰国	1600022	2784908	1740.54	危地马拉	1054375	397397	376.90

2010年1—12月十二醇、十六醇及十八醇的进出口情况

月份	进口量 / kg	增幅 / %	进口额 / 美元	增幅 / %	均价 美元 / t	出口量 / kg	增幅 / %	出口额 / 美元	增幅 / %	均价 美元 /t
一月	1513715	—	1886794	—	1246.47	60590	—	61903	—	1021.67
二月	1157766	-23.51	1489862	-21.04	1286.84	75050	23.87	136025	119.74	1812.46
三月	1932028	66.88	2660752	78.59	1377.18	189580	152.60	279777	105.68	1475.77
四月	1749900	-9.43	2367076	-11.04	1352.69	126600	-33.22	181787	-35.02	1435.92
五月	2084835	19.14	3172633	34.03	1521.77	199600	57.66	313507	72.46	1570.68
六月	2647552	26.99	4224385	33.15	1595.58	104830	-47.48	207120	-33.93	1975.77
七月	2498812	-5.62	3837808	-9.15	1535.85	230015	119.42	353723	70.78	1537.83
八月	2276724	-8.89	3511940	-8.49	1542.54	190210	-17.31	276642	-21.79	1454.40
九月	1930399	-15.21	2846678	-18.94	1474.66	218425	14.83	317624	14.81	1454.16
十月	1904655	-1.33	3194018	12.20	1676.95	52100	-76.15	134029	-57.80	2572.53
十一月	2220806	16.60	3841921	20.28	1729.97	86900	66.79	162202	21.02	1866.54
十二月	1997956	-10.03	3701281	-3.66	1852.53	93105	7.14	181641	11.98	1950.93
总计	23915148		36735148		1536.06	1627005		2605980		1601.70

2010年国内十二醇、十六醇及十八醇的进出口贸易国统计

进口国/地区	进口量 / kg	进口额 / 美元	均价 美元 / t	出口国/地区	出口量 / kg	出口额 / 美元	均价 美元 / t
马来西亚	9356236	13321406	1423.80	荷兰	76400	138936	1818.53
日本	88937	309538	3480.42	委内瑞拉	73810	140285	1900.62
印度尼西亚	8066270	12805202	1587.50	乌克兰	70000	101360	1448.00
韩国	71298	165142	2316.22	韩国	56340	108114	1918.96
美国	541	5127	9476.89	埃及	49750	53721	1079.82
比利时	4991	3517	704.67	拉脱维亚	40800	119301	2924.04
意大利	4840	21085	4356.40	巴西	366040	473114	1292.52
法国	4115	59908	14558.44	肯尼亚	28000	53900	1925.00
中国台湾	35824	117100	3268.76	土耳其	26680	35445	1328.52
印度	330825	524059	1584.10	中国台湾	26400	46186	1749.47
菲律宾	3805310	5875252	1543.96	巴基斯坦	26000	40230	1547.31
德国	237245	845400	3563.40	塔吉克斯坦	23560	26638	1130.65
中国	20	100	5000.00	多米尼加共和国	22200	36060	1624.32
波兰	2465	7913	3210.14	伊朗	204000	286920	1406.47
瑞士	121	85	702.48	日本	200290	377330	1883.92
新加坡	12100	15767	1303.06	立陶宛	192700	266170	1381.27
泰国	1891050	2649866	1401.27	约旦	19100	31221	1634.61
澳大利亚	1750	7755	4431.43	缅甸	16200	27531	1699.44
英国	1209	905	748.55	南非	14100	19080	1353.19
荷兰	1	21	21000.00	俄罗斯联邦	14000	33810	2415.00

2010年1—12月工业硬脂酸（38231100）的进出口情况

月份	进口量 / kg	增幅 / %	进口额 / 美元	增幅 / %	均价 美元 / t	出口量 / kg	增幅 / %	出口额 / 美元	增幅 / %	均价 美元 /t
一月	12460093	—	10830558	—	869.22	1535606	—	1384718	—	901.74
二月	6664116	-46.52	5933875	-45.21	890.42	1625750	5.87	1476338	6.62	908.10
三月	14292402	114.47	12911451	117.59	903.38	690519	-57.53	644528	-56.34	933.40
四月	10119384	-29.20	9577534	-25.82	946.45	1672210	142.17	1650344	156.05	986.92
五月	9654222	-4.60	9723217	1.52	1007.15	1724302	3.12	1675808	1.54	971.88
六月	12670271	31.24	12843615	32.09	1013.68	1267760	-26.48	1343353	-19.84	1059.63
七月	10873332	-14.18	11168803	-13.04	1027.17	1112641	-12.24	1242950	-7.47	1117.12
八月	10370569	-4.62	10471108	-6.25	1009.69	835045	-24.95	872979	-29.77	1045.43
九月	11232971	8.32	11265756	7.59	1002.92	1095443	31.18	1210068	38.61	1104.64
十月	10710055	-4.66	11205008	-0.54	1046.21	733501	-33.04	895941	-25.96	1221.46
十一月	15561264	45.30	17493257	56.12	1124.15	1053162	43.58	1263746	41.05	1199.95
十二月	18237739	17.20	21871968	25.03	1199.27	1475700	40.12	1964874	55.48	1331.49
总计	142846418	—	145296150	—	1017.15	14821639	—	15625647	—	1054.25

2010年国内工业硬脂酸（38231100）的进出口贸易国统计

进口国/地区	进口量 / kg	进口额 / 美元	均价 美元 / t	出口国/地区	出口量 / kg	出口额 / 美元	均价 美元 / t
泰国	99000	207640	2097.37	墨西哥	775800	915024	1179.46
马来西亚	78863110	79597736	1009.32	澳大利亚	74300	68463	921.44
印度尼西亚	61045644	61384862	1005.56	泰国	651630	614379	942.83
中国	603677	484067	801.86	中国香港	611179	639698	1046.66
巴西	6000	27017	4502.83	秘鲁	551000	604303	1096.74
美国	57040	338790	5939.52	巴基斯坦	515000	547947	1063.97
新加坡	50	81	1620.00	俄罗斯	392950	420514	1070.15
中国台湾	400757	586874	1464.41	韩国	3362200	3362224	1000.01
韩国	383770	624047	1626.10	印度	269675	373440	1384.78
日本	307438	667559	2171.36	越南	150685	165911	1101.05
中国香港	30	48	1600.00	尼日利亚	146700	153930	1049.28
意大利	3200	4967	1552.19	乌拉圭	142500	179054	1256.52
加拿大	3175	8387	2641.57	孟加拉国	140000	106280	759.14
荷兰	15220	63378	4164.13	土耳其	123000	105613	858.64
德国	15066	43483	2886.17	智利	117000	92518	790.75
法国	13680	52211	3816.59	罗马尼亚	102000	94445	925.93
奥地利	1325	6336	4781.89	伊朗	1918600	1931293	1006.62
英国	1058	61618	58240.08	中国台湾	1426000	1290939	905.29
澳大利亚	1026150	1135033	1106.11	哥伦比亚	1100000	1193287	1084.81
伊朗	1000	1510	1510.00	日本	1088040	1438390	1322.00

2010年1—12月工业脂肪醇（38237000）的进出口情况

月份	进口量 / kg	增幅 / %	进口额 / 美元	增幅 / %	均价 美元 / t	出口量 / kg	增幅 / %	出口额 / 美元	增幅 / %	均价 美元 /t
一月	13067340	—	14618396	—	1118.70	96930	—	131691	—	1358.62
二月	6760068	-48.27	7403137	-49.36	1095.13	92420	-4.65	103964	-21.05	1124.91
三月	25704181	280.24	30755915	315.44	1196.53	218580	136.51	323710	211.37	1480.97
四月	17383045	-32.37	22673440	-26.28	1304.34	155712	-28.76	243719	-24.71	1565.19
五月	16654025	-4.19	20789036	-8.31	1248.29	1171678	652.46	1827848	649.98	1560.03
六月	10897548	-34.57	15536813	-25.26	1425.72	931586	-20.49	1540875	-15.70	1654.03
七月	10507539	-3.58	16266844	4.70	1548.11	3099861	232.75	5638451	265.93	1818.94
八月	15514534	47.65	19162538	17.80	1235.13	207530	-93.31	404794	-92.82	1950.53
九月	15814416	1.93	22331336	16.54	1412.09	227214	9.48	382208	-5.58	1682.15
十月	14437280	-8.71	21312321	-4.56	1476.20	59000	-74.03	92678	-75.75	1570.81
十一月	9528154	-34.00	18105573	-15.05	1900.22	606255	927.55	1314687	1318.55	2168.54
十二月	18477483	93.93	30999500	71.22	1677.69	2170004	257.94	4919029	274.16	2266.83
总计	174745613	—	239954849	—	1373.17	9036770	—	16923654	—	1872.75

2010年国内工业脂肪醇（38237000）的进出口贸易国统计

进口国/地区	进口量 / kg	进口额 / 美元	均价 美元 / t	出口国/地区	出口量 / kg	出口额 / 美元	均价 美元 / t
韩国	93705	83957	895.97	韩国	971484	1768818	1820.74
新加坡	8800	18392	2090.00	委内瑞拉	9000	10530	1170.00
马来西亚	56344624	82374897	1461.98	墨西哥	828380	1597394	1928.33
英国	55479	118200	2130.54	伊朗	507360	857375	1689.88
菲律宾	5014407	7812393	1557.99	海地	5000	6850	1370.00
南非	42625234	38005573	891.62	中国台湾	435360	747206	1716.29
法国	333145	903672	2712.55	科特迪瓦	4000	7168	1792.00
意大利	305595	838785	2744.76	南非	32000	39840	1245.00
荷兰	26516783	41366286	1560.00	孟加拉国	3500	6405	1830.00
中国台湾	21400	115405	5392.76	泰国	3000	5781	1927.00
印度尼西亚	19736098	28598271	1449.03	中国香港	293950	268149	912.23
泰国	18223477	27263389	1496.06	俄罗斯	282410	567452	2009.32
比利时	12415	30939	2492.07	日本	255540	417960	1635.60
匈牙利	10	108	10800.00	德国	2012458	3639451	1808.46
中国	1640	3280	2000.00	荷兰	2009187	3893220	1937.71
印度	1633980	3453390	2113.48	黎巴嫩	15000	18600	1240.00
德国	1599550	4459198	2787.78	土耳其	14000	18755	1339.64
日本	1129690	2164589	1916.09	立陶宛	130000	161044	1238.80
美国	1088531	2338365	2148.18	新加坡	11900	32911	2765.63
西班牙	1050	5760	5485.71	美国	1208345	2849964	2358.57

2011年1—12月国内阴离子型有机表面活性剂进出口情况

月份	进口量 / kg	增幅 / %	进口额 / 美元	增幅 / %	均价 美元 / t	出口量 / kg	增幅 / %	出口额 / 美元	增幅 / %	均价 美元 /t
一月	6059594	—	14266856	—	2354.42	6812114	—	10331788	—	1516.68
二月	3046823	−49.72	7824468	−45.16	2568.07	4443256	−34.77	7059495	−31.67	1588.81
三月	5224933	71.49	13122555	67.71	2511.53	8333335	87.55	12986510	83.96	1558.38
四月	5603206	7.24	13861761	5.63	2473.90	7706214	−7.53	12768634	−1.68	1656.93
五月	4018016	−28.29	11079320	−20.07	2757.41	7603316	−1.34	12606714	−1.27	1658.05
六月	5058634	25.90	14605504	31.83	2887.24	7673094	0.92	13747981	9.05	1791.71
七月	4912671	−2.89	13629031	−6.69	2774.26	9387470	22.34	16787839	22.11	1788.32
八月	4496327	−8.47	12540816	−7.98	2789.12	8638799	−7.98	14946864	−10.97	1730.20
九月	4058990	−9.73	11857969	−5.44	2921.41	10162967	17.64	17070959	14.21	1679.72
十月	3598414	−11.35	10159710	−14.32	2823.39	8452424	−16.83	14620311	−14.36	1729.72
十一月	3913830	8.77	11691669	15.08	2987.27	9317301	10.23	15704072	7.41	1685.47
十二月	4180083	6.80	11521095	−1.46	2756.19	10818758	16.11	17497076	11.42	1617.29
总计	54171521	—	146160754	—	2698.11	99349048	—	166128243	—	1672.17

2011年国内阴离子型有机表面活性剂进出口贸易国统计

进口国/地区	进口量 / kg	进口额 / 美元	均价 美元 / t	出口国/地区	出口量 / kg	出口额 / 美元	均价 美元 / t
美国	9983923	26994350	2703.78	巴基斯坦	7685947	11389596	1481.87
意大利	860882	3352347	3894.08	日本	6967028	15117305	2169.84
瑞士	74939	641471	8559.91	马来西亚	6840929	10695097	1563.40
马来西亚	570033	885427	1553.29	泰国	4463830	7326206	1641.24
荷兰	549830	2014035	3663.01	叙利亚	4140610	6386060	1542.30
日本	5503591	23576215	4283.79	美国	3008805	4517894	1501.56
英国	444786	951990	2140.33	尼日利亚	3002327	5308126	1768.00
比利时	384878	843710	2192.15	缅甸	2989420	5097017	1705.02
中国台湾	3604093	8292517	2300.86	阿联酋	2988876	5804807	1942.14
新加坡	259687	637086	2453.28	印度尼西亚	2841160	3755622	1321.86
印度	2922722	7965992	2725.54	澳大利亚	2706151	4796989	1772.62
印度尼西亚	2672845	6166419	2307.06	韩国	2396951	4468916	1864.42
泰国	2265880	4477774	1976.17	中国台湾	2280852	3612640	1583.90
菲律宾	2204000	5030932	2282.64	越南	2013144	3609527	1792.98
韩国	189050	306229	1619.83	巴西	1812182	3550081	1959.01
挪威	10205416	20083354	1967.91	土耳其	1695525	2724289	1606.75
德国	1772353	5853304	3302.56	加拿大	1671113	3027236	1811.51
西班牙	1616443	3410148	2109.66	印度	1624366	3252710	2002.45
法国	1454627	3884665	2670.56	孟加拉国	1281075	1569324	1225.01

2011年1—12月国内阳离子型有机表面活性剂进出口情况

月份	进口量 / kg	增幅 / %	进口额 / 美元	增幅 / %	均价 美元 / t	出口量 / kg	增幅 / %	出口额 / 美元	增幅 / %	均价 美元 / t
一月	1126555	—	4047862	—	3593.13	3423950	—	7979952	—	2330.63
二月	603409	–46.44	1819287	–55.06	3015.01	2769360	–19.12	8446017	5.84	3049.81
三月	1185584	96.48	4448533	144.52	3752.19	4449438	60.67	10269977	21.60	2308.15
四月	1112228	–6.19	3928587	–11.69	3532.18	4293920	–3.50	10641925	3.62	2478.37
五月	676571	–39.17	2615316	–33.43	3865.55	3961286	–7.75	9542536	–10.33	2408.95
六月	1247594	84.40	5042432	92.80	4041.73	4777439	20.60	13240992	38.76	2771.57
七月	1387612	11.22	5080834	0.76	3661.57	4863894	1.81	12505051	–5.56	2571.00
八月	944397	–31.94	3983457	–21.60	4217.99	3527607	–27.47	9153541	–26.80	2594.83
九月	597931	–36.69	2258707	–43.30	3777.54	4822040	36.69	11911291	30.13	2470.18
十月	685287	14.61	2553613	13.06	3726.34	4841513	0.40	11173036	–6.20	2307.76
十一月	697885	1.84	2881648	12.85	4129.12	5138384	6.13	11728276	4.97	2282.48
十二月	978021	40.14	3192014	10.77	3263.75	5894899	14.72	17574370	49.85	2981.28
总计	11243074	—	41852290	—	3722.50	52763730	—	134166964	—	2542.79

2011年国内阳离子型有机表面活性剂进出口贸易国统计

进口国/地区	进口量 / kg	进口额 / 美元	均价 美元 / t	出口国/地区	出口量 / kg	出口额 / 美元	均价 美元 / t
日本	903542	5094140	5637.97	澳大利亚	926464	2438336	2631.87
新加坡	840386	1857672	2210.50	阿尔及利亚	887660	1291247	1454.66
英国	83732	285782	3413.06	阿联酋	844844	1770869	2096.09
中国	8591	15525	1807.12	韩国	776389	2762722	3558.42
中国台湾	795057	1802575	2267.23	土耳其	762100	1591669	2088.53
意大利	72980	529777	7259.21	伊拉克	735570	7305852	9932.23
澳大利亚	7550	25802	3417.48	越南	6130094	15630050	2549.72
韩国	647157	2140117	3306.95	印度尼西亚	6008329	14709908	2448.25
印度尼西亚	55580	161235	2900.95	泰国	5603041	16490249	2943.09
美国	4444554	16655408	3747.37	美国	3327277	7103483	2134.92
泰国	38903	182754	4697.68	沙特阿拉伯	2271551	3642534	1603.54
菲律宾	345610	747037	2161.50	日本	2220391	4600776	2072.06
荷兰	271303	466147	1718.18	埃及	2001460	5741918	2868.86
西班牙	237277	628747	2649.84	孟加拉国	1832707	3017941	1646.71
法国	209612	623442	2974.27	巴基斯坦	1812450	4631836	2555.57
加拿大	18003	66644	3701.83	印度	1757400	4366478	2484.62
瑞典	160664	863825	5376.59	中国台湾	1716353	4512013	2628.84
印度	13408	42494	3169.30	马来西亚	1388348	2773557	1997.74
越南	10000	6022	602.20	中国香港	1112928	1616162	1452.17
德国	1192491	5764933	4834.36	俄罗斯	1089495	2480364	2276.62

2011年1—12月国内非离子型有机表面活性剂进出口情况

月份	进口量/ kg	增幅 / %	进口额 / 美元	增幅 / %	均价 美元 / t	出口量 / kg	增幅 / %	出口额 / 美元	增幅 / %	均价 美元 / t
一月	20644058	—	49143674	—	2380.52	3448104	—	9084295	—	2634.58
二月	15012432	-27.28	36741887	-25.24	2447.43	3597863	4.34	8546349	-5.92	2375.40
三月	20764758	38.32	55602260	51.33	2677.72	5154670	43.27	12568621	47.06	2438.30
四月	16333897	-21.34	46051867	-17.18	2819.40	5065845	-1.72	11962640	-4.82	2361.43
五月	18382759	12.54	50373781	9.38	2740.27	4181037	-17.47	10220444	-14.56	2444.48
六月	17525376	-4.66	52771032	4.76	3011.12	4306476	3.00	12408183	21.41	2881.28
七月	14956025	-14.66	45129218	-14.48	3017.46	4632459	7.57	11471656	-7.55	2476.36
八月	15176592	1.47	47365339	4.95	3120.95	3706192	-20.00	9575560	-16.53	2583.67
九月	15036851	-0.92	43562027	-8.03	2897.02	4759629	28.42	12250652	27.94	2573.87
十月	14922199	-0.76	40770613	-6.41	2732.21	3795382	-20.26	9608292	-21.57	2531.57
十一月	18181624	21.84	47972408	17.66	2638.51	4744226	25.00	12492787	30.02	2633.26
十二月	16091192	-11.50	43716086	-8.87	2716.77	4323344	-8.87	11780465	-5.70	2724.85
总计	203027763	—	559200192	—	2754.30	51715227	—	131969944	—	2551.86

2011年国内非离子型有机表面活性剂进出口贸易国统计

进口国/地区	进口量 / kg	进口额 / 美元	均价 美元 / t	出口国/地区	出口量 / kg	出口额 / 美元	均价 美元 / t
菲律宾	845346	1656350	1959.38	印度尼西亚	975882	2723639	2790.95
巴西	644201	1151099	1786.86	叙利亚	947500	1557161	1643.44
澳大利亚	577752	1660417	2873.93	巴西	936951	1936070	2066.35
美国	52070799	128631779	2470.32	伊拉克	791000	2160761	2731.68
泰国	5943947	12861063	2163.72	荷兰	711401	2498604	3512.23
韩国	5046201	13993711	2773.12	中国台湾	5892206	14318615	2430.09
比利时	4974645	12091584	2430.64	日本	4838528	10215991	2111.38
印度尼西亚	4053739	8645875	2132.81	澳大利亚	4255027	7093031	1666.98
马来西亚	24833868	58335355	2349.02	韩国	3354869	8872343	2644.62
新加坡	19142925	50705429	2648.78	美国	2195219	5120748	2332.68
日本	19069658	72531657	3803.51	泰国	2011489	6741753	3351.62
德国	15935368	55514485	3483.73	中国香港	1770024	7910329	4469.05
俄罗斯联邦	13139030	25764828	1960.94	印度	1731982	6236436	3600.75
中国台湾	13070301	32813720	2510.56	苏丹	1719807	4447439	2586.01
意大利	1471020	5040599	3426.60	新加坡	1712599	7143008	4170.86
西班牙	1433792	5647685	3938.98	越南	1657297	3855755	2326.53
瑞典	1261638	4443153	3521.73	俄罗斯	1367733	2116739	1547.63
法国	1216241	9301701	7647.91	土耳其	1309515	3016855	2303.80
英国	1101329	3721012	3378.66	马来西亚	1113829	2450480	2200.05
荷兰	1012526	3418904	3376.61	伊朗	1096371	2856376	2605.30

2011年1—12月国内其他有机表面活性剂进出口情况

月份	进口量 / kg	增幅 / %	进口额 / 美元	增幅 / %	均价 美元 / t	出口量 / kg	增幅 / %	出口额 / 美元	增幅 / %	均价 美元 / t
一月	632759	—	1891736	—	2989.66	4969924	—	9208278	—	1852.80
二月	33343	-94.73	1218707	-35.58	36550.61	6281457	26.39	16810542	82.56	2676.22
三月	516164	1448.04	1748494	43.47	3387.48	6217578	-1.02	17768814	5.70	2857.84
四月	745500	44.43	2329737	33.24	3125.07	5437581	-12.55	16355699	-7.95	3007.90
五月	700352	-6.06	2097348	-9.97	2994.71	4820471	-11.35	12071953	-26.19	2504.31
六月	801521	14.45	2326882	10.94	2903.08	5293622	9.82	14445282	19.66	2728.81
七月	1028219	28.28	2943777	26.51	2862.99	4857868	-8.23	12850340	-11.04	2645.26
八月	1178024	14.57	2774245	-5.76	2355.00	4668161	-3.91	13455598	4.71	2882.42
九月	832236	-29.35	2531206	-8.76	3041.45	6140953	31.55	17140699	27.39	2791.21
十月	628109	-24.53	1774918	-29.88	2825.81	6033918	-1.74	15920413	-7.12	2638.49
十一月	715697	13.94	2364338	33.21	3303.55	6624986	9.80	17131418	7.61	2585.88
十二月	839742	17.33	2520645	6.61	3001.69	5956720	-10.09	13006983	-24.08	2183.58
总计	8651666	—	26522033	—	3065.54	67303239	—	176166019	—	2617.50

2011年国内其他有机表面活性剂进出口贸易国统计

进口国/地区	进口量/ kg	进口额 / 美元	均价 美元 / t	出口国/地区	出口量 / kg	出口额 / 美元	均价 美元 / t
中国	904154	1577518	1744.74	危地马拉	871909	394492	452.45
日本	712241	4878587	6849.63	泰国	819710	1957009	2387.44
法国	50710	288651	5692.19	利比里亚	765120	1565792	2046.47
新加坡	498647	669807	1343.25	英国	7879035	27916626	3543.15
印度尼西亚	463543	644072	1389.45	日本	7216416	10568258	1464.47
德国	448989	3356377	7475.41	苏丹	629000	2675469	4253.53
荷兰	40673	362952	8923.66	澳大利亚	535782	1180572	2203.46
西班牙	39643	88023	2220.39	菲律宾	518457	1040493	2006.90
韩国	377255	1379640	3657.05	阿联酋	414427	1342902	3240.38
中国台湾	353708	1034859	2925.74	中国香港	4028335	4187618	1039.54
挪威	345772	927100	2681.25	美国	20851552	70456886	3378.98
意大利	34678	121818	3512.83	比利时	2895902	9868266	3407.67
比利时	31514	58989	1871.83	马来西亚	2451899	3114967	1270.43
印度	21650	44095	2036.72	中国台湾	2220781	3613162	1626.98
美国	2053048	4828428	2351.83	新加坡	1742405	2519586	1446.04
波兰	19382	36149	1865.08	韩国	1672311	3024552	1808.61
巴西	16000	41600	2600.00	越南	1466523	3177409	2166.63
英国	130381	283273	2172.66	俄罗斯	1446853	5304131	3665.98
中国香港	107954	254788	2360.15	印度	1426866	3625462	2540.86
泰国	1109953	2681874	2416.21	印度尼西亚	1232160	2174876	1765.09

2011年1—12月十二、十六及十八醇的进出口情况

月份	进口量 / kg	增幅 / %	进口额 / 美元	增幅 / %	均价 美元 / t	出口量 / kg	增幅 / %	出口额 / 美元	增幅 / %	均价 美元 / t
一月	2053044	—	4495104	—	2189.48	76965	—	163979	—	2130.57
二月	1372958	-33.13	3423212	-23.85	2493.31	330800	329.81	723409	341.16	2186.85
三月	2326252	69.43	5517169	61.17	2371.70	93450	-71.75	213119	-70.54	2280.57
四月	2261724	-2.77	6093077	10.44	2694.00	536568	474.18	1668259	682.78	3109.13
五月	1777598	-21.41	5086141	-16.53	2861.24	171841	-67.97	432165	-74.09	2514.91
六月	1594972	-10.27	4552159	-10.50	2854.07	112100	-34.77	280895	-35.00	2505.75
七月	1458713	-8.54	3985952	-12.44	2732.51	175452	56.51	418220	48.89	2383.67
八月	1387660	-4.87	3653570	-8.34	2632.90	259505	47.91	638126	52.58	2459.01
九月	1421775	2.46	3433376	-6.03	2414.85	76965	-70.34	163979	-74.30	2130.57
十月	1997366	40.48	4688633	36.56	2347.41	330800	329.81	723409	341.16	2186.85
十一月	2186580	9.47	5025845	7.19	2298.50	93450	-71.75	213119	-70.54	2280.57
十二月	2446406	11.88	5554918	10.53	2270.64	536568	474.18	1668259	682.78	3109.13
总计	22285048	—	55509156	—	2490.87	2794464	—	7306938	—	2614.79

2011年国内十二醇、十六醇及十八醇的进出口贸易国统计

进口国/地区	进口量/ kg	进口额 / 美元	均价 美元 / t	出口国/地区	出口量 / kg	出口额 / 美元	均价 美元 / t
法国	920	30800	33478.26	阿尔及利亚	72000	171510	2382.08
荷兰	850	4695	5523.53	拉脱维亚	69600	216460	3110.06
中国台湾	8491	31459	3704.98	乌克兰	51725	112287	2170.85
印度尼西亚	7678940	19832330	2582.69	土耳其	49250	93700	1902.54
马来西亚	7675105	18175258	2368.08	多哥	47200	117519	2489.81
美国	5803	9760	1681.89	美国	46842	101607	2169.14
英国	5585	4190	750.22	荷兰	456180	1455671	3191.00
日本	44094	135512	3073.25	印度	45606	110681	2426.90
比利时	401	313	780.55	南非	38500	92375	2399.35
菲律宾	3583540	9311706	2598.47	埃及	38000	91323	2403.24
西班牙	25	42	1680.00	韩国	35160	98184	2792.49
印度	248200	544118	2192.26	叙利亚	32225	82750	2567.88
德国	237608	1085802	4569.72	马来西亚	305520	649448	2125.71
意大利	2780	20005	7196.04	中国台湾	29570	80188	2711.80
波兰	165	638	3866.67	尼日利亚	26500	63879	2410.53
韩国	12863	88939	6914.33	立陶宛	25500	54341	2131.02
泰国	1392018	2579917	1853.36	日本	242646	644769	2657.24
—	—	—	—	巴西	233000	565178	2425.66
—	—	—	—	伊朗	213600	506340	2370.51
—	—	—	—	科特迪瓦	161500	350772	2171.96

2011年1—12月工业用硬脂酸（38231100）的进出口情况

月份	进口量 / kg	增幅 / %	进口额 / 美元	增幅 / %	均价 美元 / t	出口量 / kg	增幅 / %	出口额 / 美元	增幅 / %	均价 美元 / t
一月	11177134	—	14404160	—	1288.72	1159675	—	1681885	—	1450.31
二月	7181096	−35.75	9979686	−30.72	1389.72	792235	−31.68	1118601	−33.49	1411.96
三月	10178862	41.75	14700366	47.30	1444.21	2122176	167.87	3037283	171.53	1431.21
四月	10377352	1.95	14961298	1.78	1441.73	1934601	−8.84	2872399	−5.43	1484.75
五月	9711686	−6.41	13484971	−9.87	1388.53	1204965	−37.72	2031271	−29.28	1685.75
六月	11744447	20.93	15975965	18.47	1360.30	1234099	2.42	1787179	−12.02	1448.17
七月	11768775	0.21	15620625	−2.22	1327.29	941070	−23.74	1507510	−15.65	1601.91
八月	13184081	12.03	16543789	5.91	1254.83	951121	1.07	1459952	−3.15	1534.98
九月	15006243	13.82	17794007	7.56	1185.77	1135182	19.35	1636371	12.08	1441.51
十月	14260232	−4.97	16269815	−8.57	1140.92	624253	−45.01	1027077	−37.23	1645.29
十一月	21918941	53.71	23965990	47.30	1093.39	1030908	65.14	1502846	46.32	1457.79
十二月	18025392	−17.76	19534355	−18.49	1083.71	592350	−42.54	1021887	−32.00	1725.14
总计	154534241	—	193235027	—	1250.44	13722635	—	20684261	—	1507.31

2011年国内工业用硬脂酸（38231100）的进出口贸易国统计

进口国/地区	进口量/ kg	进口额 / 美元	均价 美元 / t	出口国/地区	出口量 / kg	出口额 / 美元	均价 美元 / t
澳大利亚	908077	1329140	1463.69	俄罗斯	941800	1298871	1379.14
印度尼西亚	88514825	106888397	1207.58	哥伦比亚	885000	1184061	1337.92
法国	665	3317	4987.97	伊朗	855525	1136749	1328.72
美国	64544	377339	5846.23	巴基斯坦	711000	932911	1312.11
马来西亚	50549039	64579196	1277.56	印度	388400	855672	2203.07
英国	5770	379353	65745.75	日本	386007	1226450	3177.27
荷兰	39900	171641	4301.78	韩国	3832150	5299028	1382.78
韩国	343196	704984	2054.17	泰国	291574	334171	1146.09
中国台湾	300525	535579	1782.14	中国台湾	287725	536666	1865.20
日本	261955	951476	3632.21	秘鲁	238000	318125	1336.66
意大利	250	1296	5184.00	乌拉圭	171000	322389	1885.32
加拿大	24946	57581	2308.23	美国	168180	519817	3090.84
巴西	227	1115	4911.89	拉脱维亚	160000	161561	1009.76
中国	193120	299189	1549.24	罗马尼亚	153000	165649	1082.67
印度	16004	19383	1211.13	科特迪瓦	123000	119166	968.83
德国	13095	64477	4923.79	菲律宾	121500	172443	1419.28
泰国	112002	316693	2827.57	中国香港	113002	162740	1440.15
比利时	100	278	2780.00	土耳其	110900	102152	921.12
奥地利	1900	10686	5624.21	越南	1181071	1532861	1297.86
—	—	—	—	墨西哥	1035000	2232968	2157.46

2011年1—12月工业用脂肪醇（38237000）的进出口情况

月份	进口量 / kg	增幅 / %	进口额 / 美元	增幅 / %	均价 美元 / t	出口量 / kg	增幅 / %	出口额 / 美元	增幅 / %	均价 美元 / t
一月	19774725	—	38928316	—	1968.59	1159770	—	3142489	—	2709.58
二月	15217287	−23.05	30400983	−21.91	1997.79	216020	−81.37	639284	−79.66	2959.37
三月	13820849	−9.18	35791629	17.73	2589.68	822562	280.78	1459789	128.35	1774.69
四月	14584093	5.52	32745880	−8.51	2245.31	86548	−89.48	165713	−88.65	1914.69
五月	13465628	−7.67	28032608	−14.39	2081.79	156387	80.69	356319	115.02	2278.44
六月	13318071	−1.10	34094852	21.63	2560.04	168031	7.45	375177	5.29	2232.78
七月	12122542	−8.98	31531845	−7.52	2601.09	3403312	1925.41	11286229	2908.24	3316.25
八月	22458084	85.26	51881021	64.54	2310.13	328099	−90.36	792097	−92.98	2414.20
九月	18760490	−16.46	37584777	−27.56	2003.40	1819298	454.50	5059287	538.72	2780.90
十月	24391920	30.02	48337966	28.61	1981.72	94360	−94.81	184040	−96.36	1950.40
十一月	24515490	0.51	47589178	−1.55	1941.19	109770	16.33	223823	21.62	2039.02
十二月	24918464	1.64	45103440	−5.22	1810.04	173270	57.85	403888	80.45	2330.97
总计	217347643	—	462022495	—	2125.73	8537427	—	24088135	—	2821.47

2011年国内工业用脂肪醇（38237000）的进出口贸易国统计

进口国/地区	进口量/ kg	进口额 / 美元	均价 美元 / t	出口国/地区	出口量 / kg	出口额 / 美元	均价 美元 / t
荷兰	9791599	17292804	1766.09	日本	87210	221514	2540.01
匈牙利	9	169	18777.78	科特迪瓦	75000	172500	2300.00
日本	866064	2553911	2948.87	委内瑞拉	7000	15400	2200.00
英国	789656	1946632	2465.16	韩国	686005	1762828	2569.70
马来西亚	73685987	189344146	2569.61	泰国	58495	196214	3354.37
法国	574912	2078036	3614.53	印度尼西亚	56000	193807	3460.84
中国香港	495	2544	5139.39	墨西哥	496840	1473203	2965.15
南非	44317192	53835665	1214.78	多哥	4500	14046	3121.33
菲律宾	4458112	12296552	2758.24	阿根廷	4000	8892	2223.00
意大利	375283	1154628	3076.69	印度	39940	101511	2541.59
加拿大	318	1738	5465.41	中国香港	341600	421522	1233.96
印度尼西亚	28026337	58302467	2080.27	埃及	30000	64570	2152.33
中国台湾	24865	142457	5729.22	多米尼加共和国	2720	10233	3762.13
西班牙	20000	88799	4439.95	乌兹别克斯坦	2400	6077	2532.08
印度	2146880	6174427	2876.00	美国	2243997	7250287	3230.97
比利时	18135	52070	2871.24	中国台湾	2098910	4655910	2218.25
美国	15660049	31065415	1983.74	南非	13600	32368	2380.00
韩国	148531	162018	1983.74	俄罗斯	124510	351545	2823.43
泰国	12603970	28596382	1090.80	巴西	1133409	3772636	3328.57
德国	1381165	5050614	2268.84	荷兰	1029608	3341732	3245.64

编 后 语

备受行业关注的首卷《中国表面活性剂行业年鉴》(以下简称《年鉴》),经过近两年的策划、选题、撰稿和编辑等一系列紧张工作,终于得以出版,这是所有参与编撰单位的各位同仁辛勤劳动与有效协作的硕果。可以说《年鉴》的编撰出版在我国表面活性剂发展史上具有里程碑式的意义。然而需要指出的是,表面活性剂作为一类具有特殊性能的化学物质,其生产与应用已渗透到国民经济的各个领域和行业,分属不同的行业归口与管理,这为年鉴编撰过程中各种信息的收集与分析工作带来了不小的困难。《年鉴》中肯定尚存不少的遗漏和偏颇,部分数据统计可能尚乏全面与完整,在此希望得到广大读者的指正与谅解,以使我们在今后的编撰工作中得以完善和提高。

《年鉴》作为综合反映我国表面活性剂行业历史、现状与发展的编年体资料书籍,若能为读者的工作和学习带来有益的帮助和指导,这将是全体编撰人员的最大欣慰与满足!同时也希望在今后的《年鉴》编撰工作中能够得到越来越多的企业和机构的积极支持和参与,以使其编撰质量与实用性得到不断提升与扩展!

《中国表面活性剂行业年鉴》编撰委员会

2012年9月30日

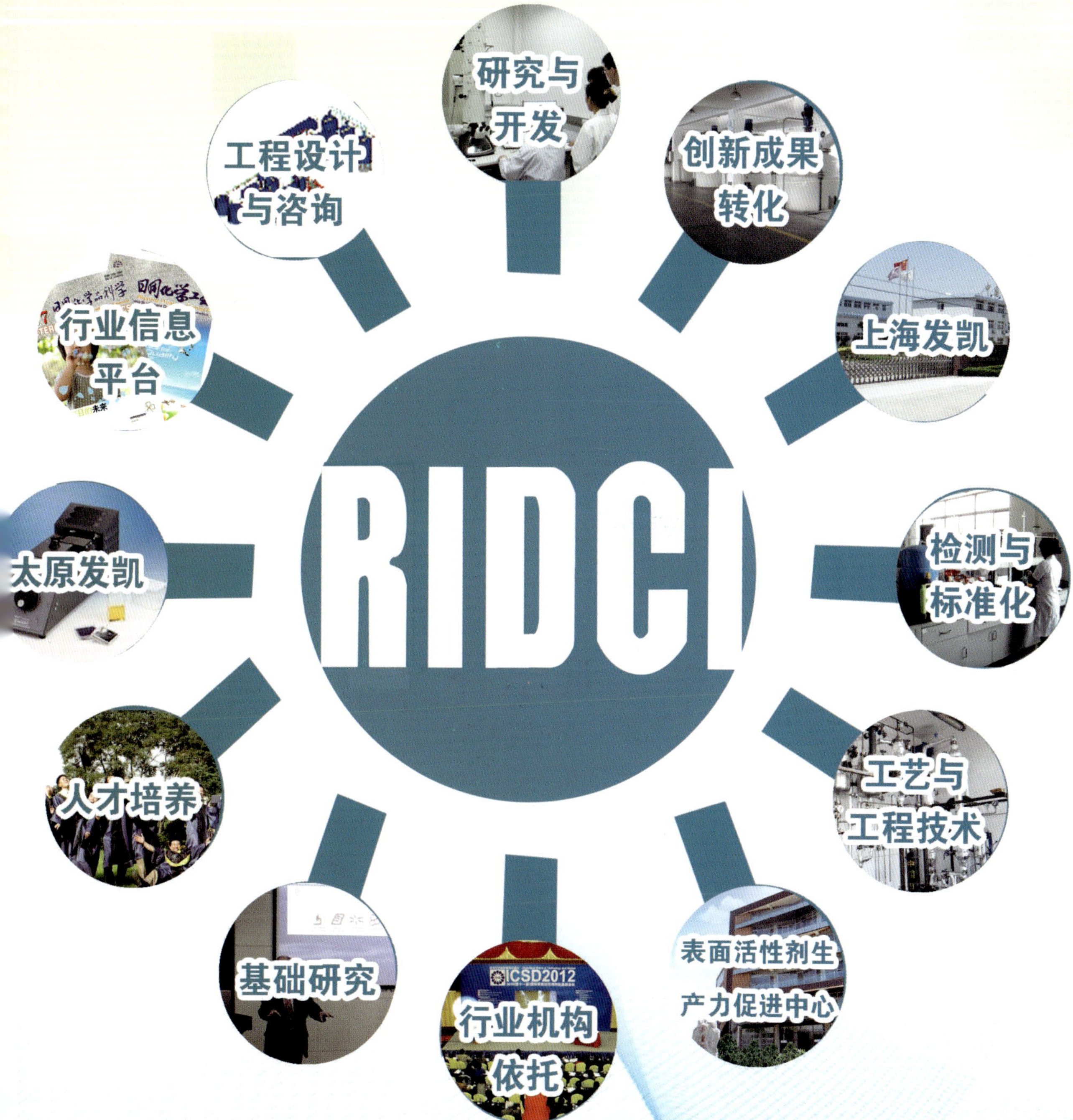

中国日用化学工业研究院
地址：山西省太原市文源巷34号
邮编：030001
电话：0351－4044836
传真：4040802

www.ridci.cn

表面活性剂和洗涤剂行业生产力促进中心

Productivity Promotion Center of Surfactants & Detergen

简介

表面活性剂和洗涤剂行业生产力促进中心成立于2005年12月，是由国家科技部及中编办批准，经国家事业单位登记管理局核准注册的事业单位。2010年6月被国家科技部认定为国家级示范生产力促进中心。依托单位为中国日用化学工业研究院。

——成果转化与应用推广

汇集中国日化院和其他机构的科研成果，积极为企业提供阴离子、阳离子、两性等各种表面活性剂以及洗涤剂的生产工艺技术和应用配方技术。

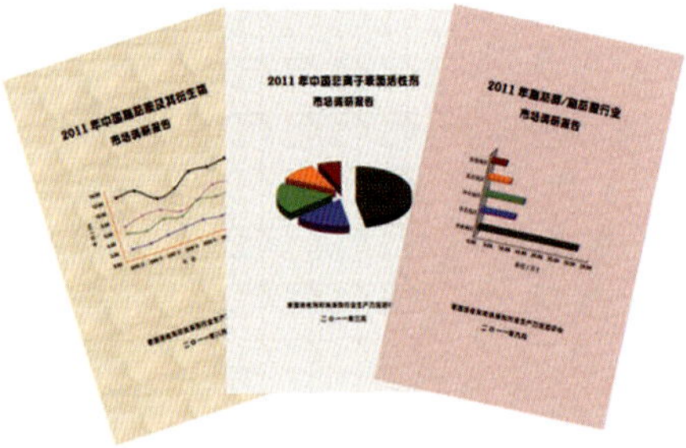

——技术咨询与专题研究

依托特聘专家进行技术与市场咨询，帮助企业分析市场、导入技术、引进人才。根据行业热点及发展趋势，开展专题研究。

——定制培训

根据行业和企业的具体需求，组织具有丰富实践经验和教学水平的技术专家进行专项定制培训。

——行业交流及会展

中心积极组织承办各种类型与规格的研讨会与展览会，搭建行业内技术与产品交流及展示平台。

地　　址：北京市海淀区永丰产业基地永澄北路2号院1号楼
邮　　编：100094
电话/传真：010-58937468
网　　址：www.cicdci.net.cn
邮　　箱：sc58937468@163.com

STARTEC SCIENCE & TECHNOLOGY
startec
星业科技
广州星业科技股份有限公司
源源动力 为您添翼！
可持续发展的能量
需要永恒的动力之源
正如企业的飞跃
需要值得依赖的伙伴
星业科技
用专业 以服务
为您企业的再次腾飞
注入源源动力
萃取自然的科技，才是可持续发展的动力
星业科技，以绿色无污染为目标，以健康环保为使命，致力于日用化工原料、造纸化学品等领域的研发和生产。以领先的科技和一流的生产设备为基础，以严格的国际质量体系为标准，让自然与科技融入生活。先进的管理，行业领先的产品，优质的服务体系，每个环节的精心考量，为您事业发展，注入源源动力。
个人护理用化学品 表面活性剂 增稠剂 保湿剂 调理剂 珠光剂 乳化剂 润肤剂 防晒剂
家居用化学品 表面活性剂 合成油脂 珠光剂 洗涤增效剂
uce优纯
公司地址：广州市经济技术开发区永和经济区沧海二路七号
工厂地址：广州市天河区吉山工业区2号
电话：(020) 66602008
网址：www.startec.com.cn

源源动力
为您添翼

可持续发展的能量
需要永恒的动力之源
正如企业的飞跃
需要值得依赖的伙伴
星业科技
用专业 以服务
为您企业的再次腾飞
注入源源动力

萃取自然的科技，才是可持续发展的动力。

星业科技，以绿色无污染为目标，以健康环保为使命，致力于日用化工原料、造纸化学品等领域的研发和生产。以领先的科技和一流的生产设备为基础，以严格的国际质量体系为标准，让自然与科技融入生活。先进的管理，行业领先的产品，优质的服务体系，每个环节的精心考量，为您事业发展，注入源源动力。

日化原料（Uce）

个人护理用化学品

表面活性剂 增稠剂 保湿剂 调理剂 珠光剂 乳化剂 润肤剂 防晒剂

家居用化学品

表面活性剂 合成油脂 珠光剂 洗涤增效剂

广州星业科技股份有限公司

公司地址：广州市经济技术开发区永和经济区沧海二路七号

工厂地址：广州市天河区吉山工业区2号

电话：（020）66602008　　网址：www.startec.com.cn

STARTEC SCIENCE & TECHNOLOGY
startec
星业科技

APG
中国日用化学工业研究院是国家“八五”（两步法）
“九五”（一步法）烷基糖苷（APG）攻关项目的承担单位
上海发凯化工有限公司成功实现了APG“万吨级”产业化
技术显专业　品质更优良
★烷基糖苷（APG）是由来源于玉米和土豆淀粉的葡萄糖和来源于椰子油的脂肪醇制成的非离子表面活性剂，属于天然、绿色产品。
★APG产品表面张力低，去污力强，配伍性能好，泡沫丰富、细腻、稳定、溶解性好，耐强碱和电解质，有良好的增稠能力。
★APG产品与皮肤相容性好，对人体非常温和，能显著改善配方体系的温和性，无毒、无刺激，易生物降解。
★APG产品可广泛用于高档香波、儿童香波、洗面奶、沐浴露、餐洗、水果蔬菜洗剂等民用洗涤用品、化妆品及工业硬表面清洗、农药乳化、分散等领域。
上海发凯化工有限公司
生产地址：上海市金山区亭林镇林宝路318号
电　话：021-67231369　57234100
传真：021-67233055
邮　编：201505
网　址：www.shfinechem.com
邮箱：ridcidwt@163.com
广州办事处
地　址：广州市白云区机场路康雅花园康雅二街2号102房
电　话：020-36172863
邮　编：510400

中轻化工股份有限公司

Sinolight Chemicals Co.,Ltd.

中轻化工股份有限公司位于杭州市萧山区，为国有控股股份制公司。主要生产“洁浪”牌脂肪醇聚氧乙烯醚硫酸盐、脂肪醇硫酸盐、α-烯基磺酸盐、烷基苯磺酸等系列表面活性剂，年产量15万吨。

控股子公司中轻海鸥主要生产“海鸥”、“海利尔”品牌洗衣粉、洗洁精、洗衣液、衣物柔顺剂、工业洗涤剂及主要洗化原辅材料，并对外承接OEM业务。

公司始终秉持“市场是核心，质量是生命，诚信是根本，满意是目的”的经营理念，不断提升企业创新能力，先后完成了多项国家级、省级研发项目，编制了国家、行业标准，申报了多项国家发明专利。公司不断完善质量管理体系，已通过ISO9001质量管理体系认证，公司产品的适用性和满意度在业内得到高度评价和认同。

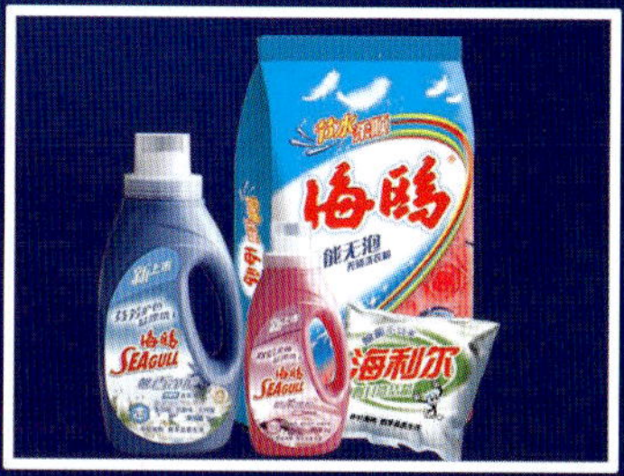  

表面活性剂

脂肪醇聚氧乙烯醚硫酸钠（AES）

本产品广泛用于餐洗、洗手液、洗发香波、复合皂、沐浴液及洗面奶、纺织工业中的维纶油剂、合成纤维油剂、静电消除剂、以及液体洗涤剂、复配型洗衣粉等。

脂肪醇聚氧乙烯醚硫酸铵（AES-A）

本产品广泛用于高档洗手液、洗发香波、复合皂、沐浴液及洗面奶等。

十二烷基硫酸钠（33%K12）

本产品广泛用于牙膏发泡剂、香波、浴剂、医药乳化剂、去污剂、分散剂、润湿剂、起泡剂、制剂、颗粒剂、胶囊剂、乳膏剂以及印染工业的均染剂和矿物的浮选剂等。

十二烷基硫酸铵（K12-A）

本产品广泛用于洗发香波、沐浴液、面部清洁液、婴幼儿浴液。

α-烯基磺酸钠（35%AOS）

本产品广泛用于各类洗衣粉、复合皂、餐具洗涤剂、洗发香波、沐浴液、洗面奶和纺织、印染、纸张、皮革、石油开采等。

十二烷基苯磺酸（LAS）

本产品广泛用于洗手液、洗衣粉、洗衣液、餐洗等。

粉状表面活性剂

α-烯基磺酸钠（92%AOS）

十二烷基硫酸钠（95%K12）

一站式OEM

中轻海鸥公司其前身为徐州汉高洗涤剂有限公司，拥有先进的洗涤剂生产设备，通过外资洗礼，公司管理规范，技术先进，生产能力强，可为客户提供一站式OEM服务。

地　址：浙江省杭州市萧山经济技术开发区建设一路60号

邮　编：311215

电　话：0571-82831730　82833786

传　真：0571-82835260 82831382

网　址：www.sinolight-chem.com

E-mail：slzc@sinolight-chem.com

中轻物产股份有限公司

SINOLIGHT MATERIALS CO., LTD.

中轻集团 SINOLIGHT

中轻物产股份有限公司
地址: 上海市浦东新区东方路 877 号 23 楼　邮编:200122
电话: 86-021-68752200　传真: 86-021-68750202　网址: http://smc.sinolight.c

主营产品目录

品名	规格	产地	包装
TX-40	原装	台湾	25 公斤
TX-10	原装	俄罗斯	215，220，240 公斤
TX-9	原装	俄罗斯	215，220 公斤
TX-8	原装	俄罗斯	215 公斤
TX-7	原装	俄罗斯、台湾	200 公斤
TX-6	原装	俄罗斯、台湾	200 公斤
TX-4	原装	俄罗斯、台湾	200 公斤
AE09	合成醇	壳牌	190 公斤
AE09	天然醇	国产、印尼，台湾	200 公斤
AE08	合成醇	壳牌	190 公斤
AE07	合成醇	壳牌	190 公斤
AE03	合成醇	壳牌	180 公斤
脂肪醇	各碳链	进口、国产	180 公斤

品名	规格	产地	包装
阿尔法烯烃	C14	壳牌	160 公斤
PEG-400	原装	俄罗斯，印尼	230，225 公斤
PEG-600	原装	俄罗斯，印尼	230，225 公斤
LAS	96%	中轻化工	210 公斤
AES	合成醇	中轻化工	100，160 公斤塑桶
AES	天然醇	中轻化工	100，160 公斤塑桶
AESA	70%	中轻化工	100，160 公斤塑桶
K12A	70%	中轻化工	100，160 公斤塑桶
AOS	35%	中轻化工	200 公斤塑桶
AOS（粉）	92%	中轻化工	25 公斤袋装
K12（粉）	93%	中轻化工	20 公斤袋装
APG		中国日化院	50 公斤，200 公斤塑桶
木质素磺酸钠		俄罗斯	30 公斤，620 公斤

销售网络

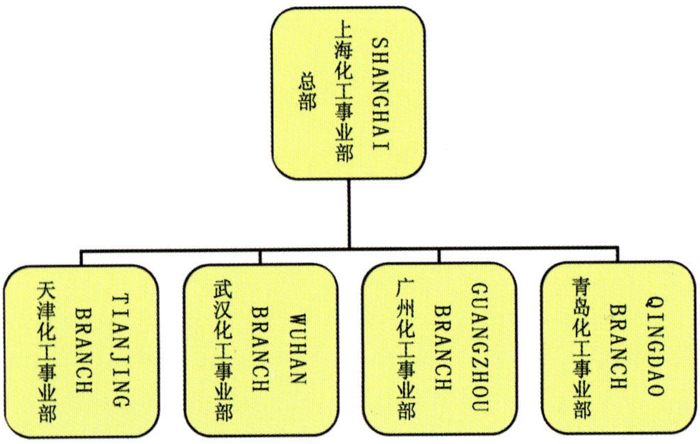

中轻物产股份有限公司

董事长、总经理　屠国萍
副总经理　胡 起　13311987953/021-6876570

化工事业部上海总部:
沈 燕 副总经理　13916007088/021-68671144
唐 亮　13818819354/021-68752200*184
丁桂俐　13817965186/021-68752200*103
赵凯熙　18616606086/021-68752200*181

化工事业部天津营业部:
冯 强　13702198838/022-24124360
邵艳芬　13702159778/022-24124360
杨 扬　13512856780/022-24124360

化工事业部武汉营业部:
覃绍武　13907140739/027-85553880
龚 明　13907163121/027-85553880

化工事业部广州营业部:
陈智斌　13602893035/020-83312287
陈国桢　13922737499/020-83312287

化工事业部青岛营业部:
邱成员　13791956210/0532-85968100
李 贵　13954258563/0532-85968100

HAOYUAN
浩元化工
浩元化工——
打造国际一流品质非离子表面活性剂生产基地。
1，脂肪酸甲酯乙氧基化物（FMEE）
2，异构醇聚氧乙烯醚系列
3，三乙醇胺
4，脂肪醇聚氧乙烯醚系列
5，烷基酚聚氧乙烯醚系列
6，聚氧乙烯蓖麻油系列
7，聚乙二醇系列
8，渗透剂系列
天津市浩元精细化工有限公司
电话：022-67161521　　022-67161520
传真：022-67161522　　022-67161863
地址：天津经济技术开发区汉沽现代产业区翠薇街18号
网址：www.tjhaoyuanchem.com

太原发凯化工公司

Taiyuan Finechem Chemical Co., Ltd

1.表面活性剂产品类

★AOS（α–烯基磺酸盐）粉状，活性物含量>97%。

★醇醚羧酸盐（AEC）系列

★醇（酚）醚磷酸酯（MAP）系列

★醇（酚）醚封端系列

★叔胺系列　双$C_{8\sim10}$、双C_{10}、C_{12-14}、C_{16-18}等

★季胺盐及衍生物系列　双$C_{8\sim10}$、双C_{10}、1231、D1821、1831、1227、BS–12、OA等

2.化学试剂类

产　品	生产/供应商	主要指标
溴化底米鎓	美国Sigma公司	指示剂
酸性蓝	美国Sigma公司	指示剂
海明1622	美国Sigma公司	纯度≥98%
月桂醇硫酸钠（K12）	美国Sigma公司	纯度>99%

地址：山西省太原市文源巷34号　邮编：030001

电话：0351–4071456　4085745　传真：0351–4084192

邮箱：jiayy21@yahoo.com.cn　网址：www.finechem–ridci.com

上海办事处

电话：021–62508790　传真：021–62503760

成都办事处

电话：028–66416166

IESD
IESD Expo
2013
国际表面活性剂
和洗涤剂展览会
International Exhibition
on Surfactant & Detergent
2013年4月10日—12日
中国·上海光大会展中心
Apr. 10–12, 2013
Shanghai Everbright Convention and Exhibition Center, China
电话: 86-21-64137426 传真: 86-21-64133729
官方网站
www.iesdexpo.com

《日用化学工业》

（双月刊）

- 全国中文核心期刊
- 中国科技核心期刊
- 中国核心学术期刊

创刊于1971年

- 美国《化学文摘》（CA）收录期刊
- 俄罗斯《文摘杂志》（AJ）收录期刊
- 美国《剑桥科学文摘》（CSA）收录期刊
- 《日本科学技术振兴机构中国文献数据库》（JST）收录期刊
- 美国《乌利希期刊指南》（UPD）收录期刊
- 波兰《哥白尼索引》（IC）收录期刊
- 《英国皇家化学学会系列文摘》（RSC）收录期刊
- 《中国科技论文统计源期刊》收录期刊
- 《中文科技期刊数据库》收录期刊
- 《中国期刊全文数据库》（CJFD）收录期刊
- 《中国期刊网》全文收录期刊
- 《中国学术期刊（光盘版）》全文收录期刊
- 《中国核心期刊（遴选）数据库》全文收录期刊
- 《中国科学引文数据库》来源期刊
- 《中国学术期刊综合评价数据库》（CAJCED）统计源期刊

国内统一刊号 ISSN 1001-1803 / CN 14-1320/TQ

《日用化学工业》双月刊，国际标准大16开本，每期定价12元，全年6期72元。

欢迎到当地邮局订购，邮发代号：2-328，国外代号：BM4325。

欢迎向本刊直接办理邮购业务，全年定价90元（含邮资）。

《日用化学品科学》

（月刊）

- 中国核心期刊　**创刊于1978年**

- 第三届国家期刊奖百种重点期刊
- 中国期刊方阵“双效期刊”
- 第一届、第二届北方优秀期刊
- 《美国化学文摘》（CA）收录期刊
- 俄罗斯《文摘杂志》（AJ）收录期刊
- 美国《剑桥科学文摘：材料信息》（CSA:MI）来源期刊
- 波兰《哥白尼索引》（IC）收录期刊
- 《中国期刊网》全文收录期刊
- 《中国学术期刊综合评价数据库》（CAJCED）统计来源期刊
- 《中国学术期刊》（光盘版）全文收录期刊
- 《万方数据库》全文收录期刊
- 《中国期刊全文数据库》（CJFD）全文收录期刊
- 《中文科技期刊数据库》收录期刊

国内统一刊号：ISSN 1006-7264 / CN 14-1210/TQ

地址：山西省太原市文源巷34号（030001）

电话：0351-4085741

传真：0351-4085741

《日用化学品科学》月刊，国际标准大16开本，每期定价12元，全年12 期144 元。

欢迎到邮局订购，邮发代号：22-43。

欢迎向本刊直接办理邮购业务，全年12 期180元（含邮资）。